CONSUMER SAFETY

소비자안전

소비자 안전

CONSUMER SAFETY

허경옥 지음

(주)교 문 사

머리말

최근 식품이물질 검출, 가공식품의 안전성문제, 놀이시설 등의 안전사고, 피부미용서비스로 인한 소비자피해, 전열기과열로 인한 화재, 압력밥솥 폭발, 노트북 컴퓨터 배터리 폭발사고 등 심각한 신체적 피해를 유발하는 안전사고가 끊이지 않고 있다. 이 같은 상황에서 수입완구, 육아용품 등의 오작동, 사용부주의 등으로 발생하는 크고 작은 피해로부터 소비자안전을 확보하기 위한 다양한 노력이 계속되고 있다. 다시 말해, 식품, 농축산물, 화장품, 불량식품, 공산품, 위생시설물, 놀이시설, 각종 서비스 식당 및 피부미용들로부터 소비자안전을 확보하기 위한 법적·제도적·정책적 노력이 계속되고 있다.

지금까지 소비자안전을 확보하기 위한 많은 노력이 진행되어 왔음에도 불구하고 소비자안전과 관련한 교육자료, 표준화된 대학교재가 매우 부족한 것이 현실이다. 지금까지 소비자안전에 대한 소책자, 팸플릿 등은 산재되어 있으나 소비자안전을 종합적이고 체계적으로 다루는 교재가 출판된 바 없다. 소비자안전이 소비자학에서 매우 중요한 주제임에도 불구하고 참고교재 및 대학교재조차 없어 교과개발이 필요하다는 생각을 계속해 오다가 이제야 출간을 하게 되었다.

본 서는 대학의 제품안전 관련 교양강좌, 소비자학 및 경영학(품질 부분) 분야의 전공강의, 소비자단체나 지방자치단체 등의 소비자안전 관련 프로그램, 여러 산업분야의 안전 관련 인력양성, 정부기관의 각종 안전정책, 안전교육, 안전홍보 및 캠페인 등에 중요한 자료로 활용할 수 있다.

또한 제품과 서비스로부터 소비자안전을 이해하고 제품으로부터 안전을 확보하기 위해 필수적인 소비자안전정책, 소비자안전법제도, 소비자안전사고 관련 사례, 소비자안전 확보를 위한 소비자실천 등을 포괄적으로 다루고 있다. 구체적으로 살펴보면, 본 서 제1장에서는 소비자안전의 개념과 특성, 주요 이슈, 소비자안전 관련 법, 소비자안전정책, 정부의 안전정보정책, 소비자지원 정책 등에 대해 다루고 있다. 특히, 제품안전 관련법 부분에서는 소비자안전 관련 법체계, 소비자기본법, 제품안전기본법, 리콜 관련 법규정, 제조물책임법 등에 대해 자세히 논의하고 있다.

제2장에서는 소비자안전관리정책으로 대표적인 소비자정책기관으로서 제품안전을 주로 다루는 기술표준원, 소비자안전 전반을 담당하는 한국소비자원의 소비자안전정책

에 대해 다루고 있다. 기술표준원의 제품안전정책은 주로 기술표준원이 관장하는 품질경영 및 공산품안전관리법, 전기용품안전관리법을 중심으로 논의하고 있는데, 안전검사, 안전검사기준, 안전검사의 표시, 개선·파기·수거명령, 공산품안전관리위원회 등에 대해 살펴보고 있다.

제3장에서는 미국, 유럽, 일본 등 세계국가와 ISO 등 국제사회의 소비자안전정책에 대해 자세히 다루고 있는데, 우리가 벤치마킹할 만한 중요한 정보를 제공하고 있다. 특히, 1972년 제정된 미국의 소비자제품안전법(Consumer Product Safety Act), 식품의약청(FDA), 소비자제품안전위원회(CPSC) 등의 활동에 대해 다루고 있고 1973년 제정된 일본의 소비생활용제품안전법 및 제품안전협회(법인 설립 당시 통상산업장관 인가) 활동에 대해서 자세하게 논의하고 있다.

제4장에서는 소비자안전정보와 소비자안전교육에 대해 다루고 있으며, 제5장과 6장은 소비자안전의 대상, 즉 어린이와 저소득층, 노인, 장애인 등 소외계층의 소비자안전에 대해 자세하게 논의하고 있다. 제7장에서는 소비자안전의 중요한 역할을 담당하는 기업의 소비자안전경영에 대해, 제8장에서는 전자상거래와 소비자안전, 제9장은 수입제품과 소비자안전, 제10장은 중고제품의 소비자안전에 대해 구체적으로 논의하고 있다.

제11장부터는 품목별로 구분하여 소비자안전에 대해 서술하고 있는데, 제11장은 식품, 제12장은 전기용품, 제13장은 화장품과 의약품, 제14장은 시설물 및 레저스포츠용품의 소비자안전에 대해 이슈별로 또는 중요한 내용을 골라 자세하게 살펴보고 있다. 이 책의 마지막 장인 제15장에서는 서비스와 소비자안전에 대해 다루고 있는데, 책의 지면상 식당서비스와 피부미용서비스의 안전에 대해서 집중적으로 다루고 있다.

충분한 시간적 여유 없이 출간을 서두르다 보니 여러 가지로 미흡한 부분이 많음을 인정하지 않을 수 없다. 앞으로 시간을 더 가지면서 미비한 것은 보완하고 좀 더 알찬 내용으로 개정하고자 한다. 이 책을 나오게 해주신 (주)교문사의 류제동 사장님 이하 편집부 직원 일동, 서둘러 출간할 수 있도록 계속 독촉해 주신 양계성 상무님께 감사의 말씀을 전한다. 또한 태어날 때부터 지금까지 엄마와 충분한 시간을 갖지 못한 나의 사랑스런 두 딸과 남편에게 미안한 마음을 전한다.

2011년 9월
성신여대 제2캠퍼스(운정그린 캠퍼스)
오패산 숲이 보이는 연구실에서
지은이 허경옥

차 례

CHAPTER 4
소비자안전정보와 소비자안전교육

CHAPTER

6 소외계층의 소비자안전

CHAPTER

7 기업의 소비자안전추구경영

CHAPTER 10
중고제품의 소비자안전

표 · 그림 · 소비자안전코너

표

그 림

소비자안전코너

1

CHAPTER

소비자안전의 기초

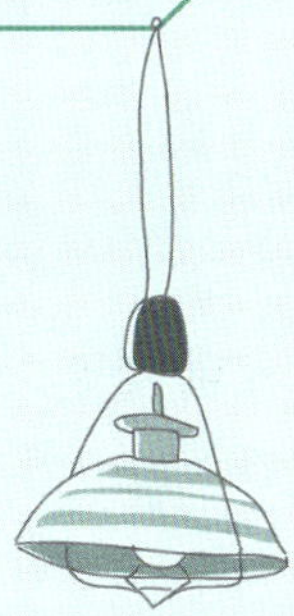

CHAPTER 1

소비자안전의 기초

소비자들이 소비생활로부터 생명·신체상의 위해를 받지 않고 안전한 소비생활을 영위하고자 하는 것은 인간으로서 기질 수 있는 기본적인 욕구이며 또한 권리이다.

또한 헌법 제125조에 의해 제정된 소비자기본법에서도 모든 물품 및 용역으로 인한 생명·신체 및 재산상의 위해로부터 보호받을 권리를 소비자의 기본권리 중의 하나로 규정하고 있다. 최근 우리 사회의 소비자는 안전불감증 사회에서 살고 있다고 할 정도로 위험을 안고 산다.

예를 들면, 과거 삼풍백화점 붕괴사고, 성수대교 붕괴사고, 도시가스 폭발, 항공기 추락, 불량식품, 결함제품 등 많은 위험과 사고를 당한 바 있고 아직도 일상 소비생활이 위협받고 있다. 소비자안전을 확보하기는 쉬운 것이 아니며 안전의 개념에 대한 소비자인식, 사회적 인식에도 차이가 있다.

본 장에서는 소비자안전의 개념, 특성, 주요 이슈 소비자안전정책 및 소비자안전 관련 법제도 등에 대해 살펴보고자 한다.

1. 안전의 개념과 특성

1) 안전이란

제품이 '안전하다'는 것은 제품을 사용할 때 소비자 혹은 그 주변 사람이 신체적인 피해 또는 재산상의 손실을 입지 않는 상태를 의미한다. 즉, 제품으로부터의 위해(harm, hazard)나 위험(risk)을 입지 않는 상태를 제품의 안전성으로 정의할 수 있다. 결국 소비자안전은 다양한 소비자 위험요인 또는 위해요인으로부터 위해가 발생하지 않도록 조치된 상태를 의미한다(배순영 외, 2006). 여기서 위험은 제품의 위해에 의해 피해를 입는 것 또는 위해에 의해 피해를 입을 확률(즉, 위해확률)로 보기도 한다. 예를 들면, 비가 올 때 도로를 주행하는 상황에서 미끄러지는 위해상황은 초보운전자나 능숙한 운전자에게나 마찬가지이다. 그러나 양자의 미끄러질 확률은 다르므로 위해에 의해 피해를 입을 확률인 위험(리스크)은 운전자에 따라 다르다. 마찬가지로 어떤 제품의 경우 완전 제로(zero) 위해제품이 존재하지 않을 수 있다. 이 같은 상황에서 소비자안전(consumer safety) 확보를 위한 정책이나 행동은 소비자의 생명, 신체, 재산에 영향을 미치는 위해요인을 제거·최소화하려는 여러 활동을 말한다(한국소비자원, 2002). 즉, 어느 정도의 위해존재를 피할 수 없다면 위험, 즉 피해를 입을 가능성을 줄이는 것이 안전확보활동의 목표가 될 수 있다. 이때 위험은 제품생산의 기술수준 또는 소비자의 올바른 소비나 사용에 따라 달라질 수 있다.

2) 위험의 정도

제품의 안전성을 나타내는 위험의 정도는 위해의 크기와 위해확률에 따라 달라진다. 즉, 제품 그 자체의 위해를 없애거나 줄임에 따라 위해확률을 줄일 수 있고 그 결과로 제품안전성을 향상시킬 수 있다. 결국 제품의 안전성은 제품에 내재된 위해나 위해확률뿐만 아니라 제품의 소비자 및 사용환경에 따라 달라진다. 위험감축 그 자체가 목표인 경우 내재된 위해를 줄이고자 하는 것이 목표이며, 소비자를 대상으로 하는 안전교육, 홍보 등은 잠재적 위해상황을 줄이고자 하는 노력이다.

3) 안전의 상대성

소비자안전은 상대적 개념으로 사회적 가치판단 또는 소비자의 인지에 따라 다르게 나타난다. 즉, 소비자안전은 소비자가 판단할 때 위해가 없는 상태를 의미한다. 배순영(2006)은 소비자안전 체감지수를 개발했는데, 그 구성 영역으로 위해발생가능성, 안전의 중요도 인식, 위해경험의 정도, 위해심각성의 정도 등 4가지 측면을 포함하였다.

4) 안전의 객관성과 주관성

소비자들은 제품을 구매하는 데 여러 위험요소들을 감수해야 한다. 자신이 기대한 만큼 제품이 기능을 할지에 대한 걱정도 하나의 유형인데, 소비자의 제품구매에 따라 위험의 존재 여부가 결정된다. 예를 들어, 소비자는 극장에 들어가서 영화 한 편을 선택하는 데 여러 과정을 거치게 된다. 하지만 소비자가 선택한 영화의 결과가 자신이 예측한 것과는 다를 수 있다. 이런 경우에도 일종의 구매위험인데, 그 정도를 줄이도록 노력하게 된다. 구매위험요소는 크게 객관적인 위험과 주관적인 위험으로 나눌 수 있다.

객관적 위험은 측정 가능하며 확인이 가능한 위험이다. 그리고 주관적 위험은 소비자의 개인적 특성에 따라 다르게 나타난다. 그런데 제품에 대한 소비자의 안전에 대한 지각은 소비자마다 다르게 나타나며, 받아들이는 느낌도 다르다. 위험의 요소가 확연히 드러나는 경우가 객관적 위험이며, 개인의 취향, 성격 등에 따라 다르게 나타나는 것은 주관적인 위험이다.

소비자가 구매의사결정에서 나타나는 위험요소는 ① 금전적 위험(지불한 만큼의 가치나 손실), ② 기능적 위험(제품의 성능이나 작동), ③ 신체적 위험(신체적 안전 여부), ④ 사회적 위험(타 소비자가 특정제품 구매 및 사용과 관련하여 나를 바라보는 위험), ⑤ 심리적 위험(내 자존감) 등의 유형으로 나타난다.

2. 소비자안전의 주요 이슈

소비자안전과 관련해서는 안전성, 안전인증기준 등 소비자안전과 관련한 주요 개념, 안전 관련 법제도, 안전비용 등 여러 측면에서 다양한 논쟁 및 이슈가 존재한다. 소비자안전, 소비자안전 관련 법제도를 이해하기 위해 논의되어야 할 사항을 살펴보면 다음과 같다.

1) 안전성수준과 안전인증기준

(1) 안전의 수위와 인증대상범위

언론이나 일반 소비자는 모든 제품에 대하여 막연하게 완전한 안전을 요구하지만 소비시장에 판매되는 어떤 제품도 완벽하게 안전하다고 말하기 어렵다. 즉, 완벽히 안전한 제품은 없다고 할 수 있다. 설사 현대의 과학적 지식에 근거하여 어떤 특정 제품이 완벽하게 안전하다고 판단하였다고 하여도 후일 새로운 과학적 지식에 의해 현재의 안전한 제품이 안전하지 않은 제품으로 평가될 수 있다. 예를 들면, 환경적 위해성이 있는 DDT의 경우 과거 한때는 인류를 해충의 피해로부터 해방시킬 수 있는 것으로 평가되었으나 현대과학에 따르면 DDT는 인체와 환경에 위해한 제품으로 판정되어 시장에서 자취를 감추었다. 즉, 현재 안전인증대상제품이 아니라고 해도 과학기술의 발전으로 새로운 인체 위해성이나 환경 위해성을 발견할 수 있다는 것이다. 현재 안전인증대상에서 제외된 제품이라도 후일 안전인증의 대상이 되는 다소 위해 가능한 제품이 될 수 있기 때문에 안전인증대상의 범위는 유동적이라고 할 수 있다.

(2) 제품의 잠재적 위험

인체나 환경에 안전하지 않은 제품이라 해도 현재의 과학적 지식에 근거하여 신체적·환경적 위해성을 방지하는 데에 최선을 다하였다면 그로 인하여 발생할 수 있는 불가피한 피해는 소비자가 그 제품을 사용하는 대가로 감수해야 한다. 이것을 '허용된 잠재적 위험' 이라고 하며, 헌법도 이러한 한계를 인정하고 소비자가 감수해야 하는 위험의 범위로 인정하고 있다. 결국 제품의 위험은 언제나 잠재적이라고 할 수 있다.

(3) 안전기준의 상향성과 기술수준의 선진화

보통 안전기준은 제품의 위해성이나 위험의 정도에 따라 설정하는 것이 보통이다. 이론적으로 현대의 산업기술로 해당 제품의 위해성을 방지할 수 있으면 그 산업기술이 비록 일반화되지 않고 있어도 소비자의 진정한 안전을 확보하기 위해서는 현대의 기술수준에 기초한 안전기준으로 정해야 하고 결과적으로 안전인증기준을 설정하여야 한다. 제품의 안전기준 또는 안전인증기준은 변화하는 소비자의 안전의식수준을 고려해야 하며, 또한 발선된 산업기술이 존재한다면 특별히 정당한 사유가 없는 한 안전인증기준의 설정에 반영되어야 한다.

2) 산업기술과 안전인증기준

(1) 제품안전과 산업발전

세계시장에서는 선진국의 안전기준 강화에 의하여 후발산업국가에서 생산된 제품의 수입을 간접적인 방법으로 제한하는 것이 현실이다. 이 같은 상황에서 자국의 안전기준을 어느 수준까지로 정할 것인지는 국가 정부의 중요한 의사결정사항이다. 이때 안전기준의 수준 및 안전인증대상 선정, 나아가 안전인증기준을 설정하는 데 있어 국내 사업자의 기술수준과 함께 세계시장 상황을 동시에 고려하여야 한다.

(2) 기업의 지속적 기술발전

기술발전과 안전은 매우 밀접하다. 안전강화는 기술발전을 촉진시킬 수 있다. 따라서 국가는 제품의 생산자가 지속적인 기술개발을 하도록 동기부여 측면에서라도 안전기준 및 안전인증기준을 강화할 필요가 있다. 다만, 어느 정도의 속도로 안전기준을 강화할 것인가 하는 것은 결정해야 하는 또 다른 중요한 사항이다.

(3) 안전기준의 강화속도

만약 안전기준을 급속하게 강화하여 국내 기술수준으로는 해결할 수 없을 정도로 강화하면 국내시장은 선진 외국의 안전기준이 높은 제품으로 점령될 것이다. 그렇다고 안전기준의 강화 속도를 지나치게 늦추게 되면 후발 산업국가가 생산한 안전기준이 낮은 제품의 가격경쟁력에 의하여 국내제품시장이 점령당할 수 있다.

3) 안전의 민간화와 정부 주도화

(1) 산업정책과 제품안전정책의 시너지효과

제품의 안전기준은 사회과학적 기준일 뿐만 아니라 자연과학적 기준이다. 소비제품의 안전기준은 단순히 자연과학적인 요소만으로 결정할 수 있는 사안은 아니고 중요한 정책적인 요소를 내포하고 있는 요소이기 때문에 사회변화에 영향을 받을 수밖에 없다. 한편, 안전기준에는 자연과학적 요소가 많이 포함되고 있는데, 산업정책과 소비제품의 안전관리정책이 상호 상승작용하여 안전확보에 시너지효과를 거둘 수 있어야 한다. 다시 말해, 소비자안전관리정책의 실패는 일반적으로 소비자안전관리정책 자체에 대한 실패로 끝나지 않고 산업정책의 실패를 유발할 수 있다. 또한 산업정책의 실패는 그 파급효과가 소비자안전관리정책의 실패로까지 미칠 수 있으므로 국가의 산업정책과 소비자안전관리정책은 불가분의 관계가 있는 점을 고려하여 소비자안전기준을 설정할 필요가 있고 안전기준을 설정할 때 다양한 관점에서 논의되고 결정될 필요가 있다.

(2) 안전의 민간성과 사회성

소비자안전 이슈가 국가 중심적으로 이루어져야 하는가 아니면 개별적 또는 민사적 문제로 간주되어야 하는가가 이슈가 될 수 있다. 소비자안전을 민간이 주도하면 국가는 정책적인 사항만을 정하고 기술과 관련되는 부분은 신뢰성 있는 민간조직이 소비자안전기준에 의하여 소비자안전관리를 수행할 수 있다. 안전이 민간에 의해 주도되는 대표적인 경우는 미국의 징벌적 손해배상제도이다. 미국의 경우 특정한 제품을 규제하기보다는 사후적으로 소비자피해가 발생하면 피해액의 몇십 배 또는 몇백 배를 배상하도록 함으로써 생산자가 스스로 안전관리를 강화하도록 하고 있다. 민간 차원에서 산업발전을 주도한 국가에서는 불안전제품 판매로 발생하는 피해가 사업자에게 귀속되므로 사업자 스스로 안전기준을 정하여 안전한 제품을 제조하는 시스템이 발달되어 있다.

그러나 1960년대부터 국가가 산업발전을 주도한 한국은 소비자안전기준 및 소비자안전관리제도를 민간인이 주도할 수 있는 체제나 시스템을 갖추지 못해 왔다. 향후 산업발전으로 민간부분이 주도할 수 있는 능력이 형성되면 소비자안전 및 소비자안전기준이 민간부문에 의해 주도될 수 있다. 이 같은 상황에서 현재로서는 가능하다면 다른 선진산업국가보다 우리나라가 발전된 기술을 가지고 있는 소비제품분야를 시범적으로 선정하여 소비자안전 및 소비자안전기준, 소비자안전관리제도를 민간 주도로 전환하여 보는 것도 하나의 방안이 될 수 있다.

4) 소비자안전정책의 방향

지금까지 우리나라 소비자정책은 주로 위해방지, 계량 및 규격의 적정화, 표시 및 광고의 적정화, 거래의 적정화 등의 기준제정이나 위반사항에 대한 규제정책을 수행하여 왔다. 그러나 상품과 시장정보의 효율적 생산 및 전달, 소비자안전확보, 기만정보의 방지, 소비자피해구제의 원활화 등이 소비자안전정책의 과제가 되고 있다. 따라서 소비자안전확보, 소비자교육, 소비자정보 제공, 제품 비교검사 실시 지원, 소비자상담 및 피해구제 등 소비자안전정책내용의 전환이 요구되고 있다. 구체적으로 위해정보시스템의 운영을 활성화하여 소비자안전 취약품목에 대한 관리를 강화하여야 한다. 소방서, 병원, 보건소 등의 137개 기관으로 조직된 위해정보보고기관의 보고업무를 활성화시키고 한국소비자원, 기술표준원, 기타 관련 기관의 소비자안전관리업무를 강화하고 국·내외 위해정보수집기관 간의 정보교류를 활성화한다. 식품의약품안전청, 국립기술품질원, 한국소비자원 등 관련 기관 간의 정보교류뿐만 아니라 미국의 FDA, CPSC, 일본의 JCIC 등 선진국 소비자안전 담당기관의 정보교류 채널을 상설화시켜야 한다.

궁극적으로 소비자안전을 확보하기 위해서는 소비자정보 제공, 소비자안전교육 강화 등 소비자안전행정을 추진하여야 한다. 제품시험 및 검사활동을 확대하여 소비자 선택 시 안전이 중요한 기준이 되는 비교테스트 정보를 제공하고, 안전정보공개명령제도를 도입하여 소비자들에게 중요한 안전정보를 사업자가 의무적으로 공개할 수 있도록 하여야 한다. 기만적인 표시나 광고는 철저히 규제하고, 안전정보수집의 체계화 및 안전정보분석의 전산화를 통해 소비자안전정보를 보다 효율적으로 그리고 신속하게 소비자에게 전달할 수 있는 안전정보시스템을 구축하여야 한다.

소비자안전코너 1-1

내부고발자와 소비자안전

내부고발이 지니는 중요성은 소비자안전이라는 공공의 이익을 유지하고 증진시키기 위해서 일반 소비자가 접근할 수 없는 정보가 제보되는 데 있다. 그러한 정보의 내용은 기업 내부에서 행해지는 위법행위에 대한 것일 수도 있고 일반 소비자가 인식하지 못하고 있지만 소비자안전에 막대한 영향을 미칠 수 있는 제품의 결함에 관한 것일 수도 있다. 이러한 정보를 지닌 자들이 공익을 위하여 제공하지 않는 경우에 그 결과라는 것은 단순한 사건의 발생에 그치지 않을 것이다. 따라서 기업의 내부근로자로부터 결함정보나 위법사실의 신고 또는 제보를 활성화하기 위한 제도적 장치가 필요하다. 신분 및 신변상의 위험을 감수하면서 소비자의 안전에 귀를 기울이고 이를 행동으로 옮긴 내부고발자를 두텁게 보호할 필요성이 있으며, 기업의 구성원들이 주저 없이 내부고발을 할 수 있도록 하는 제도적 장치를 만들어 나가는 것이 필요한 시점이다. 그러나 이들 '양심의 호루라기들'이 포상 등을 받기는커녕, 오히려 해고나 파면 등 신변의 위협을 받게 된다면 위법행위를 한 기업에 내부고발자가 없게 되고 위해사고를 사전에 예방하는 것은 사실상 불가능해진다.

우리나라의 경우 2001년 7월 부패방지법을 제정하면서 공공부문의 내부고발자보호에 관한 규정을 두고 있지만 그 적용범위 등 문제점을 내포하고 있고, 소비자안전 등 민간부문의 내부고발자보호를 위한 규정이 미비하여 위해나 위법행위를 사전에 근절하기 어렵다. 앞으로 환경보호, 근로자보호, 금융거래, 소비자보호 등 민간부문에서 내부고발자보호를 위한 제도적 장치의 마련이 시급하다. 안전한 사회로의 도약이 절실한 우리나라에서 소비자안전문제를 해결하기 위한 소비자보호방안의 하나로 내부고발 및 내부고발자보호제도의 정비가 필요하다.

이미 선진국에서는 소비자안전 등 민간부문의 내부고발촉진 및 내부고발자보호를 위한 법률을 마련하여 소비자보호에 만전을 기하고 있다. 대표직으로 영국의 공익제보법(Public Disclosure Act), 일본의 공익통보자보호법 등은 소비자안전 등 민간부문의 내부고발을 활성화하기 위한 목적으로 내부고발자보호를 규정하고 있다. 이 같은 필요에 의해 2010년 제정된 제품안전기본법에서는 내부고발자보호규정을 새롭게 포함하고 있다.

3. 소비자안전정책의 전개

1) 소비자안전정책기관

소비자안전정책을 담당하는 정부기관은 소비품목별로 해당 소관법적 근거에 따라 구분되어 있다. 소비자기본법에 따라 공정거래위원회와 한국소비자원이 소비자안전 전반을 다루고 있다. 공산품과 전기용품의 안전관리는 2010년 제정된 제품안전기본법, 기존의 품질경영 및 안전관리법과 전기용품안전관리법에 근거하여 지식경제부

기술표준원에서 담당하고 있다. 자동차안전의 경우 국토해양부에서, 식품의 경우 식품의약품안전청 등에서 담당하고 있다. 승강기안전은 행정안전부가 담당하고 있다.

2) 소비자안전정책 수단

소비자안전을 위한 제도적 장치로는 민사, 행정, 형사 등 다양한 법적 규제 수단이 있다. 이 중 소비자안전정책, 즉 행정적 수단의 대표적인 규제방법은 시정명령, 영업정지, 과태료, 과징금 등 행정제재는 물론 벌금, 징역, 양벌규정 등 형사제재가 있다. 그러나 정부의 행정규제 수단의 경우 해당 행정기관이나 검·경찰의 인력한계 등으로 모든 위법행위를 적발할 수 없어 사업자의 위법행위는 근절되고 있지 않다. 또 리콜이나 제조물책임의 경우에도 위해나 결함정보를 사전 또는 사후에 파악할 수 없는 경우 제도의 실효성을 확보할 수 없는 제도적 한계가 있다. 소비자안전을 위한 소비자보호 수단의 또 다른 수단의 하나로 예방적 기능을 하는 내부고발자보호제도가 제품안전기본법에서 도입되었다. 소비자안전의 관점에서 내부고발제도(whistleblowing)란 내부근로자가 결함정보나 위법사실을 공개하므로 위해사고를 내부로부터 사전적으로 차단하거나 사후적으로 최단시간 내에 위해나 결함원인을 발견하도록 함으로써 기업 내 위법행위의 근절을 위한 제1차적인 차단기제로 작용한다는 점에서 위해사고원인의 은폐를 방지하고 이로써 소비자의 안전할 권리를 보장하는 소비자보호수단이다.

소비제품의 안전성을 확보하기 위한 정부의 여러 정책 수단을 살펴보면, 첫째, 사고예방 및 재발방지를 위한 정부의 사전안전관리규제(safety regulations), 둘째, 안전사고가 발생한 경우 그 피해에 대한 사후안전관리규제, 셋째, 정부의 간접적 안전규제정책으로써 위해(危害)·위험정보의 공개정책, 넷째, 소비자에 대한 안전교육이나 홍보 등 소비자지원정책이 있다. 여기서는 앞의 세 가지 규제 수단에 대해 살펴보자.

4. 소비자안전 관련 법

1) 소비자안전 관련 법체계

제품안전에 관한 현행법체계는 일반법체계가 아니라 개별법체계로 구성되어 있다. 일반법은 모든 제품에 대해서 포괄적으로 적용되는 법률을 의미한다. 제품안전에 관해서는 소비자기본법, 산업표준화법, 표시·광고의 공정화에 관한 법률, 제조물책임법 등이 여기에 해당한다. 개별법은 각각의 품목에 대해서만 적용되는 법률을 의미하는데, 고압가스안전관리법, 수상레저안전법, 승강기제조 및 관리에 관한 법률, 시설물의 안전관리에 관한 특별법, 식품위생법, 어린이놀이시설 안전관리법, 자동차관리법, 전기용품관리법, 품질경영 및 안전관리법 등이 그것이다. 일반법과 개별법의 관계에 있어서 각 제품의 제품안전에 관한 사항은 개별법 규정의 적용을 받는다. 그러나 개별법이 존재하지 않거나 개별법이 존재하더라도 관련 규정이 미비한 경우에는 일반법을 적용할 수 있다. 예를 들면, 자동차의 안전에 관한 사항은 자동차관리법의 적용을 받고, 승강기의 안전에 관한 사항은 승강기제조 및 관리에 관한 법률을 우선적으로 적용한다. 모든 제품마다 개별법을 설치하는 데에는 한계가 있기 때문에 개별법이 존재하지 않는 제품에 대해서는 일반법을 적용할 수 있다. 개별법에 제품안전에 관한 사항이 충분히 규정되어 있지 않을 경우에도 소비자기본법 등 일반법의 안전 관련 규정을 적용할 수 있다.

제품분야별로 각각 개별법을 운영하여, 개별제품의 제조 및 출하단계에 대한 안전관리에 치중하고 있으므로 다양한 제품의 안전위해성에 대하여 일관되고 효과적인 대응은 어려운 실정이다. 이 같은 상황에서 위해제품의 리콜, 안전기준 운영, 사고제품조사 및 시장사후관리강화를 위한 전담기관 설치 등의 제도보완이 필요하다는 지적이 거세 왔다. 앞으로 제품안전에 대한 통일된 정책방향 수립, 소비자 중심 시장감시기능의 정착 등 모든 제품에 공통적이고 일반적으로 적용되는 총괄법 제정이 필요하다는 지적이 계속되어 온 결과 2010년 제품안전기본법이 제정되었다.

제품안전기본법은 제품의 안전성 확보를 위한 기본적인 사항을 규정함으로써 국민의 생명을 보호하고, 건강과 재산에 대한 피해를 예방하여 국민의 삶의 질 향상과 국민경제의 발전에 이바지함을 목적으로 제정되었다.

한국의 경우 소비자보호법이 1980년에 공포(2008년 소비자기본법으로 명칭 개정)되어 소비자안전에 대한 개념이 처음 제기되었다. 제품안전과 관련한 법규로는 품질경영 및 공산품안전관리법, 전기용품안전관리법이 대표적이다. 이 외에도 개별제품에 따라 건축법, 식품위생법, 도로운송차량법, 약사법, 고압가스안전관리법, 도시가스사업법 등이 안전과 관련한 법이다.

한국의 제품안전에 관한 법체계는 일반법과 개별법으로 구분할 수 있다. 일반법은 모든 제품에 대해서 포괄적으로 적용되는 법률을 의미하는데, 소비자안전 또는 제품안전에 관한 조항을 포함하고 있는 법률은 소비자기본법, 산업표준화법, 표시·광고의 공정화에 관한 법률, 제조물책임법 등이다. 개별법은 각각의 품목에 대해서만 적용되는 법률을 의미한다. 예를 들면, 품질경영 및 공산품안전관리법, 전기용품안전관리법, 고압가스안전관리법, 수상레저안전법, 승강기제조 및 관리에 관한 법률, 시설물의 안전관리에 관한 특별법, 식품위생법, 어린이놀이시설 안전관리법, 자동차관리법 등이다.

일반법과 개별법의 관계에 있어서 각 제품의 제품안전에 관한 사항은 개별법 규정의 적용을 받는다. 그러나 개별법이 존재하지 않거나 개별법이 존재하더라도 관련 규정이 미비한 경우에는 일반법을 적용할 수 있다(예 : 자동차의 안전에 관한 사항은 자동차관리법의 적용을 받고, 승강기의 안전에 관한 사항은 승강기제조 및 관리에 관한 법률을 우선적으로 적용). 모든 제품마다 개별법을 설치하는 데에는 한계가 있기 때문에 개별법이 존재하지 않는 제품에 대해서는 일반법을 적용할 수 있다. 개별법에 제품안전에 관한 사항이 충분히 규정되어 있지 않을 경우에도 소비자기본법의 안전 관련 규정을 적용할 수 있다. 그러나 소비자기본법은 소비자주권확보를 목표로 하는 일반법으로 제품안전 또는 소비자안전에 대한 일반법이 아니다. 이 같은 이유에서 개별법에서 적용할 수 없는 여러 소비제품의 안전을 확보하기 위한 제품안전에 관한 일반법 제정이 필요하다는 의견이 제기되어 온 바 제품안전기본법이 제정되어 2011년부터 시행되고 있다. 품목별 제품안전 관련 법의 경우 표 1-1에 정리·요약한 바와 같이 공산품의 안전을 주로 다루는 품질경영 및 공산품안전관리법과 전기용품의 안전을 다루는 전기용품안전관리법이 가장 대표적이다. 품질경영 및 공산품안전관리법의 경우 안전인증제도에 대해 자세하게 규정하고 있는데, 안전검사, 안전검사기준, 안전검사의 표시, 개선·파기·수거명령, 공산품안전관

표 1-1 소비자안전 관련 법 비교

구 분	소비자기본법	품질경영 및 공산식품안전관리법	전기용품안전관리법	식품위생법
안전 정책	• 소비자의 능력향상 • 기본/시행계획수립 • 소비자정책위원회 설치 • 소비자단체업무 • 취약계층보호 • 소비자안전센터 설립	• 품질경영에 관한 종합시책 • 공산품안전관리에 관한 종합계획 및 시행계획	해당 없음	• 식품영양표시 및 교육홍보 • 위생교육 • 교육
안전 기준	• 위해의 방지 • 계량 및 규격의 적정화 • 표시의 기준 • 광고의 기준 • 소비자분쟁의 해결	• 안전인증 등 • 안전인증의 표시 등 • 자율안전확인의 표시 등 • 안전품질표시대상공산품 안전품질표시 등	• 안전인증 등 • 안전인증의 표시 등 • 기타 전기용품 안전인증 • 기타 전기용품 안전인증	• 기준과 규격 • 표시기준 • 식품영양표시 및 교육홍보 • 식육의 원산지 등 표시
감시 법규	• 위해의 방지 • 소비자단체의 업무 등 • 소비자원의 업무 • 결함정보의 보고의무 • 소비자안전센터설치 • 검사와 자료제출 등 • 자료 및 정보제공 요청	• 자율안전확인대상공산품의 신고 • 어린이보호포장대상공산품의 신고 • 안전성 조사 • 공산품위해사고 예방협력 • 보고 및 검사 등	• 안전인증 등 • 안전검사 • 보고 및 검사 등	• 위해평가 • 유전자재조합식품 안전성 평가 • 출입, 검사, 수거 등 • 자가품질검사의 의무 • 품질관리 및 보고 • 식중독에 관한 조사보고
사후 시정 정책	• 시정요청 등 • 물품 등의 자진수거 • 수거, 파기 등의 권고 • 수거, 파기 등의 명령 • 위해정보수집 및 처리 • 위법사실의 통보 등 • 시정조치 등 • 시정조치의 요청 등	• 판매, 사용 등의 금지 • 안전인증 등의 취소 • 판매, 사용 등의 금지 • 안전품질표시대상 공산품의 안전품질 표시 등 • 어린이보호포장표시 등 • 안전성 조사결과에 따른 조치 등 • 개선, 수거, 파기명령 등	• 안전인증의 표시 등이 없는 전기용품의 판매, 사용 금지 • 안전인증대상전기용품의 개선, 파기, 수거명령 등 • 안전인증의 취소 등	• 품목의 제조정지 등 • 폐쇄조치·면허취소 등 • 위반시실의 공표 • 위해식품 등의 판매 등 금지 • 병육 등의 판매 등 금지 • 기준, 규격 고시되지 않은 화학적 합성품 등 판매금지 • 유독기구 등 판매, 사용금지 • 특정식품 등의 판매 등 금지 • 위해식품 등의 회수 • 시정명령·폐기처분 등 • 위해식품 등의 공표 • 시설의 개수명령 등 • 허가의 취소 등
피해 구제	• 소비자분쟁의 해결 • 소비자단체의 업무 등 • 자율적 분쟁조정 • 소비자원의 업무 • 피해구제의 신청 • 합의권고·분쟁조정 • 단체소송 등의 대상 등			

출처 : 제품안전관리기본체계 구축방안연구(2007), 기술표준원 용역보고서(저자 재정리)

리위원회 등에 대해 규정하고 있다. 또한, 전기용품안전관리법은 전기용품의 안전관리에 대해 다루고 있다.

이 외에도 식품위생법, 제조물책임법, 자동차관리법, 약사법, 대기환경보전법, 축산물가공처리법, 유해화학물질관리법, 승강기제조 및 관리에 관한 법률, 시설물안전관리에 관한 특별법 등이 개별법으로 해당 분야의 안전업무를 다루고 있다. 서비스 분야의 경우 별도의 서비스안전규정(예 : 시설물의 안전관리에 관한 특별법, 철도안전법, 항공안전 및 보안에 관한 법률, 수상레저안전법, 해상교통안전법, 생명윤리 및 안전에 관한 법률, 공중위생관리법, 공연법, 체육시설의 설치·이용에 관한 법률, 철도사업법, 약사법, 학원의 설립·운영 및 과외교습에 관한 법률 등)을 두고 있다.

2) 소비자기본법

소비자안전 관련 내용을 포함하고 있는 일반법으로서 소비자기본법이 존재한다. 소비자기본법에서는 소비자의 안전할 권리 선언, 국가의 위해방지기준 제정의무, 위해광고기준 제정의무, 위해정보보고기관의 지정 및 운영, 사업자의 위해방지기준 준수 및 위해광고기준준수의무, 결함정보의 보고의무, 사업자의 리콜 관련 의무 및 시정조치 등에 대해 정해두고 있다. 그러나 소비자기본법은 소비자안전을 주요 목적으로 하는 법규가 아니며 소비자안전정책에 대한 세부적이고 체계적인 법적 규정은 아니나 최근 법적 개정을 통해 소비자안전 내용을 확대하고 있다. 소비자기본법에 규정된 소비자안전과 관련한 주요 내용을 요약하여 살펴보면 다음과 같다.

(1) 소비자의 안전할 권리보장

소비자기본법에서는 소비자의 안전할 권리를 선언하고 있다(소비자기본법 제3조). 국가 및 지방자치단체는 이러한 안전할 권리 등 소비자의 8대 권리를 실현하기 위하여 관계 법령의 제정, 필요한 행정조직의 정비 및 운영 개선, 필요한 시책의 수립 및 실시, 소비자의 건전한 조직활동의 지원육성 등의 의무를 가진다.

(2) 위해방지기준제도

소비자기본법에서는 소비자의 생명, 신체 및 재산상의 위해를 방지하기 위하여 위해방지기준제도를 규정하고 있다. 그 내용은 다음과 같다.

- 기준제정권자를 중앙행정기관의 장으로 정하고 각 주무장관은 그 주관하는 물품 및 용역에 관한 위해방지기준을 정할 수 있도록 하고 있다.
- 해당 위해방지기준은 소비자의 생명, 신체 및 재산상의 위해를 방지하기 위한 기준으로 물품 및 용역의 성분, 함량, 구조 등 그 중요한 내용, 물품 및 용역의 사용 또는 이용상의 지시사항이나 경고 등 표시할 내용과 방법, 기타 위해를 방지하기 위하여 필요하다고 인정되는 사항이다.
- 위해방지기준을 제정하거나 변경한 때에는 이를 고시하여 일반에게 알려야 한다.
- 중앙행정기관의 장은 그 주관하는 물품 및 용역에 대한 위해방지기준을 사업자가 준수하는지 여부를 정기적으로 시험검사 또는 조사하여야 하며, 소비자의 생명, 신체 및 재산상의 안전에 현저한 위해를 끼칠 우려가 있는 경우에는 사업자에게 수거·파기 또는 금지를 명할 수 있다.
- 중앙행정기관의 장은 사업자가 앞의 수거·파기명령에 따르지 아니하는 경우 대통령령이 정하는 바에 따라 이를 직접 수거하여 파기할 수 있다.
- 사업자는 소비자안전에 관한 국가 및 지방자치단체의 시책에 적극 협력하여야 하며, 위해방지기준에 위배되는 물품을 제조·수입·판매하거나 용역을 제공하면 안 된다.
- 사업자가 소비자안전과 관련한 명령에 위반하는 경우에는 3년 이하의 징역 또는 5,000만 원 이하의 벌금에 처해진다.

(3) 안전시험검사시설의 설치·운영·결과 공표

소비자기본법에 따르면 국가 및 지방자치단체는 물품 및 용역의 안전성 등에 관하여 시험검사 또는 조사를 실시할 수 있는 기구와 시설을 갖추어야 한다. 소비자보호를 위하여 필요하다고 인정될 때 또는 소비자의 요청이 있을 때에는 시험검사 또는 조사를 실시하여 그 결과를 공표하고 소비자안전을 위하여 필요한 조치를 하여야 한다. 이 경우 사업자는 자료를 제출하고 의견을 진술할 수 있다.

(4) 검사와 자료제출

소비자기본법에서는 중앙행정기관의 장은 이 법의 시행을 위하여 필요한 때에는 소속 공무원으로 하여금 사업자의 물품시설 및 물품의 제조공정, 기타 물건을 검사하게 하거나 당해 사업자에게 그 업무에 관한 보고 또는 관계 물품이나 서류 등을 제출하게 할 수 있다. 이 경우 검사공무원은 그 권한을 나타내는 증표를 관계인에게 보여야 한다. 그리고 해당 공무원은 검사 또는 제출된 물품이나 서류 등에서 알게 된 내용은 이 법의 시행을 위한 목적 이외에는 사용하여서는 안 된다.

(5) 한국소비사원의 안전성 시험

한국소비자원은 소비자안전을 위하여 필요한 경우 물품 및 용역의 안전성 등에 관한 시험검사 또는 조사를 실시할 수 있다. 그리고 소비자안전 확보를 위하여 필요한 경우 그 결과를 공표할 수 있다. 또한 한국소비자원 시험 등의 업무를 보조하기 위하여 소비자기본법에서는 한국소비자원이 국립 또는 공립시험검사기관에 관계 물품에 대한 시험검사를 의뢰할 수 있도록 규정하고 있으며 의뢰받은 기관은 특별한 사유가 없는 한 우선하여 이에 응하도록 하고 있다.

3) 제품안전기본법

(1) 제품안전기본법의 제정배경

저가수입제품과 불법·불량제품으로 인한 안전사고의 지속적인 증가로 인해 제품안전에 대한 요구와 기대가 높아지면서 2010년 제품안전기본법을 제정하였고, 2011년부터 시행되고 있다. 앞서 논의한 바와 같이 제품안전에 관한 법체계가 일반법체계가 아니라 개별법체계로 구성되어 있었다. 구체적으로 소비자기본법, 전기용품안전관리법, 품질경영 및 공산품안전관리법, 산업안전보건법 및 고압가스안전관리법, 소방시설설치유지 및 안전관리에 관한 법률, 식품위생법 등 다원화되어 있다. 제품분야별로 각각 개별법을 운영하며, 개별제품의 제조 및 출하단계에 대한 안전관리에 치중하고 있으므로 다양한 제품의 안전위해성에 대하여 일관되고 효과적인 대응은 어려운 실정이었기에 리콜, 예비안전기준 운영, 사고제품 조사 및 시장사후관리 강화를 위한 전담기관 설치 등의 제도 보완이 필요하다는 판단하에 제품안전기본법을 제정하게 되었다. 제품안전에 대한 통일된 정책방향 수립, 소비자 중심 시장감시 기능의 정착 등 모든 제품에 공통적이고 일반적으로 적용되는 총괄법으로서 제품안전기본법을 제정하였다.

표 1-2 제품안전기본법과 소비자기본법의 관계

구 분	제품안전기본법	소비자기본법
목 적	• 국민의 생명을 보호, 건강과 재산에 대한 피해예방 • 국민의 삶의 질 향상과 국민경제의 발전에 이바지함	• 소비자의 권익 증진 • 소비자와 사업자 간 관계 규정 • 소비자정책추진을 위한 기본사항 규정 • 소비생활 향상 및 국민경제발전에 이바지
대 상	소비자가 최종으로 사용하는 물품 또는 그 부분품이나 부속품의 안전	소비자의 권리 중 하나로서 물품 또는 용역으로 인한 생명·신체 또는 재산에 대한 위해로부터 보호받을 권리의 보장
적용 범위	다른 법률에서 특별하게 규정하지 않는 제품안전에 대해서 규율	소비자의 권익에 관하여 다른 법률에서 특별한 규정을 두고 있는 경우를 제외하고는 소비자기본법 적용

(2) 제품안전기본법의 역할

① 제품안전정책 총괄

제품안전기본법은 산재되어 있는 개별 법규 등에 근거한 소비자안전정책을 체계적으로 규정하고 종합적으로 조정할 수 있도록 하고 있다. 구체적으로 계획수립, 안전정책위원회 설치 등을 규정하는 등 제품안전정책에 대한 체계적이고 총괄적인 정책을 수립하도록 하고 있다.

② 제품안전에 관한 국가정책방향의 설정

제품안전기본법을 제정한 결과 제품안전정책에 관한 새로운 이념과 방향성을 명확하게 제시하고 그에 의거하여 순차적으로 개별법의 정비나 정책의 변경을 도모하는 것이 가능하다.

③ 총괄적 신제품의 안전확보

제품안전기본법으로 인해 입법적으로 제도가 마련되지 않은 신제품 등에 대한 최소한의 제품안전관리를 달성할 수 있다.

④ 제품안전확보 수단의 입법 효율성 증대

그동안 소비품목에 따라 개별적으로 안전관리제도를 두고 있었는데, 제품안전기본법에 중복되는 부분에 대해서는 보편적으로 기본법에서 정하도록 하여 법적·경제적 차원의 목적이 달성된다.

표 1-3 전기용품안전관리법·품질경영 및 공산품안전관리법과의 관계

구 분	제품안전기본법	전기용품안전관리법 및 품질경영 및 공산품안전관리법
범 위	모든 제품에 공통적으로 적용될 수 있는 안전관리제도 구축	전기용품과 공산품에 대한 안전관리
성 격	각각의 개별 법률규정들에 대한 방향설정을 하는 법	전기용품, 공산품 등 개별제품에 대한 구체적인 안전관리제도 규정
한 계	일반법	특별법

(3) 제품안전기본법의 구성

제품안전기본법의 구성을 살펴보면 첫째, 총칙은 목적, 기본이념, 정의, 국가 등의 책무, 국민의 권리, 다른 법률과의 관계로 구성되어 있다. 둘째, 제품안전관리에 관한 종합계획의 수립 등은 제품안전관리에 관한 종합계획의 수립 등과 제품사고 등 통계의 작성을 포함한다. 셋째, 제품의 안전성 확보 수단은 안전성 조사, 제품 수거 등의 권고, 제품 수거 등의 명령, 권고 등의 해제 신청, 사업자의 제품 수거 등의 의무, 내부자 신고 등이다. 넷째, 제품안전관리의 기반조성은 제품사고 관련 자료제출 요청, 제품안전정보망의 구축 및 운영, 제품안전에 관한 교육훈련 및 홍보, 제품안전연구 등에 대한 출연, 제품안전 관련 단체 등과의 협력, 국제협력, 한국제품안전협회의 설립이다. 다섯째, 보칙은 예비 안전기준 운영, 비밀유지의 의무, 권한의 위임·위탁, 벌칙 적용에서의 공무원 의제이다. 여섯째, 벌칙은 벌칙과 과태료이다. 일곱째, 부칙이 있다.

(4) 제품안전기본법의 주요 내용

① 제품안전기본법의 목적과 적용범위

제품안전기본법의 목적은 제품의 안전성을 확보하여 국민의 생명을 보호하고 건강과 재산에 대한 피해를 예방하기 위한 종합적인 정책을 추진하고자 하는 것이다. 적용범위는 제품안전에 관하여 다른 법률에 특별한 규정이 있는 경우를 제외하고는 제품안전기본법을 적용한다.

② 국민의 권리와 국가 지방자치단체 및 사업자의 책무

제품의 안전성 확보 및 국민의 건강과 안전에 대한 피해예방을 위하여 국가와 지방자치단체의 제품안전정책의 수립 및 시행에 국민이 참여할 수 있게 한다. 국가 및 지방자치단체가 제품안전정책을 수립 및 시행하는 경우 소비자의 생명·신체 또는 재산에 대한 위해방지를 우선적으로 고려하고 안전취약계층을 보호하는 원칙을 제시한다. 사업자에게 안전한 제품을 생산, 판매 및 유통할 의무와 제품의 안전을 확인할 의무를 부여한다.

③ 제품안전관리에 관한 종합계획 수립과 제품사고 등 통계의 작성

제품안전관리 관련 종합계획의 수립 주체는 정부이고, 주기는 3년이다. 정부는 제품안전관리에 관한 종합계획을 수립하고, 종합계획을 수립한 중앙행정기관의 장은 소비자기본법 제23조에 따른 소비자정책위원회에 종합계획을 제출한다. 이때 제품안전 관련 종합계획은 제품안전 기반조성, 제품사고 발생 방지 및 대책, 제품안전 관련 연구개발, 제품안전에 관한 규제합리화, 제품안전 정보공유, 안전취약계층의 안전대책 등에 관한 사항을 포함한다. 또한 제품사고 및 제품불량 등 다양한 위해정보의 수집 및 분석 등에 관한 통계를 작성, 관리하고 이를 발표할 수 있도록 한다.

④ 안전성조사 실시의 근거

안전성조사란 제품과 관련된 생명·신체 또는 재산상 위해를 방지하기 위하여 제품의 제조·설계 또는 제품상 표시 등의 결함 여부에 관하여 검증·검사 또는 평가하는 일체의 활동을 말한다. 중앙행정기관의 장은 시중에 유통되는 제품의 위해성 여부를 확인하기 위하여 실시할 수 있으며, 위해성이 확인된 경우 해당제품의 판매금지, 개선, 수거 또는 파기 등을 권고하거나 명할 수 있도록 한다.

⑤ 제품의 수거 등의 권고 및 명령, 공표의 근거 규정

시중에 유통되는 제품의 제조·설계 또는 제품상 표시 등의 결함으로 인하여 소비자의 생명·신체 또는 재산에 위해를 끼치거나 끼칠 우려가 있는 경우, 제품수거(recall) 등의 권고를 할 수 있다. 수거 등의 명령 등을 할 수 있는 경우는 안전성조사를 실시한 결과 해당 제품의 위해성이 확인된 경우, 수거 등에 따른 권고를 받은 사업자가 정당한 사유 없이 그 권고를 따르지 아니하는 경우, 시중에 유통되는

제품의 제조·설계 또는 제품상 표시 등의 대통령령으로 정하는 중대한 결함으로 인하여 소비자의 생명·신체 또는 재산에 위해를 끼치거나 끼칠 우려가 있다고 인정할 만한 상당한 이유가 있는 경우이다.

⑥ 내부자 신고

제품결함에 대해 알고 있는 사업자의 고용인은 신고하는 경우 사업자로부터 불리한 처우를 받을 것을 우려해 신고하지 못하는 경우가 있을 수 있으므로 사업자에게 불리한 처우를 하지 못하도록 명시적으로 규정하여 최소한 제품결함에 대한 신고를 회피하지 않을 수 있도록 한다. 제도의 실효성 확보를 위해 신고를 한 이유로 신분상 불이익을 당한 고용인에게 소관 중앙행정기관의 장에게 불이익처분의 원상회복이나 그 밖에 필요한 조치를 요구할 수 있도록 규정한다.

⑦ 제품사고 관련 자료제출 요청

시중에 유통되는 제품의 제조·설계 또는 제품상 표시 등의 결함으로 인하여 사고가 발생한 때에는 사고의 경위와 원인을 파악하고 필요한 안전조치를 하기 위하여 사업자에게 사고와 관련된 자료의 제출을 요청하는 것이 가능하다. 제품사고의 경위 및 원인을 과학적이고 효율적으로 파악하기 위하여 제품안전 관련 업무를 수행하는 법인 또는 단체를 제품사고조사센터로 지정하여 제품사고의 경위 및 원인 등을 조사하게 할 수 있도록 한다.

⑧ 제품안전관리의 기반조성

제품안전관리의 기반을 조성하기 위하여 첫째, 제품안전정보망을 구축하고 운영한다. 제품안전에 관한 정책의 수립 및 집행과 소비자의 위해사고 예방을 위하여 제품의 안전에 관한 정보를 수집하여 제공한다. 둘째, 제품안전에 관한 교육훈련 및 홍보를 한다. 사업자와 고용인, 제품사용자가 제품안전에 대하여 이해하고 스스로 제품안전을 위한 실천이 가능하도록 중앙행정기관의 장이 실시한다. 셋째, 제품안전연구 등에 대한 출연으로, 제품안전에 관한 연구와 기술개발에 필요한 비용을 출연할 수 있는 근거를 마련한다.

⑨ 한국제품안전협회의 설립

제품의 제조업자와 유통업자는 제품의 품질향상과 안전성 유지를 위하여 지식경제부장관의 인가를 받아 한국제품안전협회를 설립하는 것이 가능하다. 제품안전관리제도에 대한 교육, 제품안전과 관련된 자료의 발간 및 보급, 불법 및 불량제품의 조사를 그 목적으로 설립한다.

⑩ 예비 안전기준 운영

현행법체계상 제품안전관리는 정해져 있는 안전기준을 토대로 이루어지나 제품 개발에 맞게 적시에 안전기준을 제정한다는 것은 현실적으로 어렵기 때문에 안전기준이 없는 경우 대책이 필요하다. 안전기준이 없거나 기존의 안전기준을 적용할 수 없는 제품은 예비 안전기준 운영이 필요하다. 중앙행정기관의 장은 제품에 대하여 인증 또는 조사 등을 실시하는 경우 별도의 안전기준을 정하여 운영할 수 있다.

4) 리콜 관련 법 규정

리콜과 관련한 법 규정에는 리콜제도가 있는데, 이는 소비자기본법상에 규정되어 있다. 리콜제도의 구체적인 내용을 살펴보면 다음과 같다.

(1) 결함정보보고의무제도

결함정보보고의무제도는 사업자가 제조·수입하거나 유통하는 제품의 제조·설계 또는 표시 등의 결함으로 인해 소비자의 생명·신체 및 재산상의 안전에 위해를 끼치거나 끼칠 우려가 있음을 알게 된 경우, 사업자로 하여금 5일 이내에 정부(시·도지사)에 보고하도록 의무화한 제도이다. 이는 자사제품의 결함 여부를 가장 잘 알 수 있는 사업자에게 스스로 결함정보를 보고하도록 함으로써 정부에서 제품의 위해성 여부를 신속히 확인하고 이를 통해 리콜을 활성화할 목적으로 도입되었으며, 사업자의 자발적 리콜을 유도하고자 하는 제도이다.

(2) 자발적 리콜

자발적 리콜은 사업자가 자사 제품의 결함으로 소비자의 안전에 위해를 끼치거나 끼칠 우려가 있는 경우 해당 제품에 대해 스스로 수거, 파기 또는 수리·교환·환급 등의 시정조치를 취하는 것을 말하며, 정부 명령에 의하지 않고 사업자 스스로 취하는 시정 조치이기 때문에 소비자에 대한 회사의 이미지와 신뢰를 향상시키는 데 기여할 수 있다.

(3) 리콜권고

결함이 추정되는 제품에 대해 위해성 평가기관의 엄격한 평가나 사업자 청문 등 복잡한 절차를 거치지 않고 간이 절차에 의한 판단으로 정부(시·도지사)가 해당 사업자에게 리콜을 권고하여 신속하게 소비자안전을 위한 조치를 취하도록 유도하는 제도이다. 현대의 제품은 고도의 기술적 장치 결합에 의해 제조된 제품들이 많기 때문에 제품결함을 입증하기란 쉽지 않으며, 입증을 위해서는 많은 인력과 시간이 소요될 수 있다. 따라서 리콜 권고제도는 엄격한 결함 확인 절차를 생략함으로써 신속하게 소비자피해 확산을 차단할 수 있는 장점이 있다. 다만, 리콜 명령과는 달리 사업자가 수락하지 않을 경우 시정조치를 강제할 수 있는 방법이 없기 때문에 권고의 부당한 거부 시 언론 공표 등 간접적인 제재만이 가능하다.

(4) 리콜명령

리콜명령은 결함이 확인된 제품으로부터 소비자의 안전을 확보하기 위해 정부(시·도지사)가 공식적인 절차를 거쳐 해당 사업자에게 리콜을 실시하도록 명령하는 제도로서 리콜명령제도는 시행 자체보다는 사업자의 자발적인 리콜을 유도하는 법적인 안전장치로서의 의미가 더욱 크다. 일반적으로 리콜 명령은 제품에 결함이 있는데도 불구하고 자발적 시정조치를 취하지 않거나 소비자안전을 확보하기에 미흡한 수준으로 리콜을 실시하는 사업자에게 내려진다.

5) 제조물책임법

최근 자동차 충돌, 가스 폭발, 각종 화재 등 적지 않은 사고가 발생하고 있다. 어린이 장난감 사고, 식중독 사고 등 이루 헤아릴 수 없을 정도로 많은 사고가 거의 매일 발생하고 있다. 오늘의 산업사회에서 소비자들은 첨단기술이 집약된 제조물을 사용하고 있다. 그러나 소비자들은 제조물의 성질, 성능 및 위험성을 제대로 알 수 없는 것이 보통이다. 뿐만 아니라 기업이 사용방법을 알려 주고 사용상의 주의사항이나 또는 위험에 대하여 경고를 하여도 소비자의 입장을 충분히 고려한 것이 아니라면 소비자가 그 내용을 제대로 알 수가 없다. 게다가 수많은 생활용품의 안전정보에 대하여 소비자가 철저하고 정확하게 관심을 가질 수 없는 것이 현실이다.

세계국가들은 이러한 실정을 고려하여 결함 있는 제조물에 의하여 사고가 발생한 경우 피해자가 손해배상을 쉽게 받을 수 있도록 하는 제조물책임제도를 시행하고 있다. 미국은 1960년대 초부터 판례로 제조물책임원칙을 인정하였다. 유럽에서는 1985년에 제조물책임에 관한 EC지침을 채택하고, 1987년부터 영국을 시작으로 대부분의 EU 회원국들이 제조물책임법을 시행하고 있다. 또한 일본도 1995년 7월부터 제조물책임법을 시행하고 있다.

우리나라에서는 20년간의 논의를 거쳐 제조물책임법을 1999년에 제정하였고, 2002년 7월부터 이 법률을 시행하고 있다. 이 법률에서는 결함제조물에 의하여 사고가 발생한 경우, 피해자가 제조업자의 고의 또는 과실을 입증하여야 손해배상을 받을 수 있었던 종전의 제도를 변경하였다. 제조업자의 고의 또는 과실은 입증할 필요가 없고, 제조물의 결함만 입증하면 손해배상을 받을 수 있도록 하여 피해자의 권리구제를 쉽게 하고 있다. 또한 이 법률은 이미 30여 개 국가에서 제정·시행되고 있는 외국의 제조물책임법과 국제적 조화를 도모하고자 하였다. 그리고 이 법률의 시행으로 수입품에 의한 국내 피해자의 구제를 가능하게 하고, 제조업자에 대하여는 제품의 안전성 제고를 위한 노력을 유도하는 효과가 있다.

(1) 제조물책임의 의의

제조물책임(product liability)이라 함은 제조물의 결함으로 인하여 생명이나 신체 또는 재산에 발생한 손해에 대하여 손해를 배상하는 책임을 말한다. 역사적으로 살펴보면, 단순한 상품이 거래되던 산업화 이전의 시대에는 매수인이 상품의 성질, 성능 등을 직접 파악하여 구입하였고, 이에 따라 결함상품에 의하여 손해가 발생하여도 주의를 게을리 한 매수인이 그 손해를 부담하여야 한다고 생각하였다. 그 후 상품의 종류가 증가하고 상품의 성질, 성능, 성분 등은 일반인이 제대로 알 수 없을 만큼 복잡하게 되었으며 상품의 유통경로도 복잡해졌을 뿐만 아니라 상품의 위험성도 높아짐에 따라, 매수인에게 상품에 대한 충분한 지식을 기대할 수 없는 상황에 놓이게 되었다. 따라서 매수인보다는 전문지식을 가지고 있고 또한 배상능력이 있는 매도인에게 결함상품에 대한 피해에 대하여 책임을 지도록 하는 매도인 책임원칙이 확립되기에 이르렀다. 그러나 이러한 매도인책임원칙도 현대산업사회의 상품거래에서 발생하는 피해에 적합하지 않게 되었다. 고도 산업사회에서 상품의 생산은 제조자, 판매는 유통업자(매도인), 소비는 소비자라는 거래형태가 나타났고 이로써 단순한 상품판매자인 매도인에게 결함상품에 대한 책임을 묻는 것은 오늘날의 거래실정에 알맞지 않기 때문이다. 그리고 소비생활의 안전은 소비자 자신의 판단에도 의존하지만, 상품을 설계·제조하는 제조자 등에게 의존하는 일이 많아지고 있기 때문이다.

실제 결함상품이 시장에 유통되는 경우 위험을 예견하여 회피할 준비가 되지 않은 소비자는 종종 생명, 신체, 재산의 피해를 입고 있다. 이에 제조자와 소비자 사이의 특별한 관계를 인식하게 되었으며, 또한 결함상품에 기인한 소비자피해가 빈번하게 발생함에 따라 직접적인 계약관계가 없더라도 결함상품으로부터 발생한 손해에 대한 배상책임을 제조자가 져야 한다는 제조물 책임정신이 새롭게 탄생하기에 이르렀다.

(2) 제조물책임법의 기능

① 소비자피해의 구제

우리나라에서는 계약책임 법리 또는 불법행위책임 법리 등을 적용하여 상품의 결함에 기인하는 피해에 대한 배상문제를 해결해 왔다. 다시 말하면 피해자가 계약관계가 있는 상품의 매도인에게 채무불이행책임 또는 하자담보책임을 물어 손해배상을 청구하거나, 직접적인 계약관계가 없는 제조자 등에게 불법행위로 인한 손해배상을 청구할 수 있다. 그러나 이러한 입장에 따르면 다음과 같은 문제가 있다.

- 채무불이행책임의 경우 직접 계약관계가 없는 제조자에게 책임을 물을 수 없다는 문제가 있다.
- 하자담보책임의 경우는 제조자에게 직접 책임을 물을 수 없을 뿐만 아니라 확대손해에 대한 청구가 불가능하다는 문제점이 있다.
- 불법행위책임의 경우 피해자는 일정한 요건, 즉 피해자가 가해자에게 고의 또는 과실이 있었음을 입증해야만 손해배상을 받을 수 있다는 문제점이 있다.

우리나라 법원은 그동안 결함상품과 관련하여 분쟁이 발생한 경우 민사법상의 책임법리, 특히 불법행위책임법리를 적용하였다. 그러나 기존 민사책임법리로는 결함상품 제조자에 대한 직접청구 또는 확대손해에 대한 청구가 불가능하거나 매수인이 제조자의 과실을 입증하여야 하는 등 사실상 피해구제를 어렵게 하였다. 이에 대하여 상품의 결함을 원인으로 발생한 손해에 대하여 상품의 제조자가 직접 일상 소비생활자인 피해자에게 손해배상책임을 지도록 하는 제조물책임제도는 현대산업사회에 적응하는 새로운 제도로 피해자의 구제를 보다 손쉽게 한다.

② 기업의 경쟁력 강화

고도산업사회에 이른 오늘의 경제실정에서 결함상품으로부터 피해를 입은 소비자가 손쉽게 피해구제를 받을 수 있도록 하여야 한다는 생각은 선진 외국의 경우 이미 정착되어 있다. 소비자는 상품의 성분, 성능, 제조공정 및 사용방법 등에 관한 모든 정보를 스스로 알 수 없게 되었을 뿐만 아니라 분쟁이 발생하여 소송으로 해결하려고 하여도 소송수행 및 사실입증 등에 어려움이 적지 않기 때문이다. 이러한 상황을 고려하여 각국에서는 제조물책임법을 제정하여 피해자의 권리구제에 이용하도록 하고 있다.

이러한 각국의 입법은 제조물책임에 관한 제조물책임법제의 국제적 통일운동의 결과이기도 하다. 헤이그 국제사법회의에서는 1973년 제조물책임에 적용할 법률에 관한 조약안을 채택하였고, EC에서는 여러 차례의 초안을 거쳐 1985년 제조물책임에 관한 EC지침을 채택하였다. 이 지침은 오늘날 많은 국가의 입법지침이 되었고 대다수 EU 국가는 이를 받아들이고 있다. 이러한 제조물책임에 관한 국제적 통일은 각국의 소비자보호수준이 국제수준으로 촉진될 수 있는 점, 제조자 사이에 경쟁이 확보된다는 점 그리고 국가 간의 자유로운 상품교역을 가능하게 한다는 점에서 그 효과가 있다.

우리나라의 제조물책임제도의 입법수준이나 내용은 이러한 국제적인 동향에 따른 것이다. 이에 따라 우리 기업의 상품에 대한 안전성 관리나 기타 이와 관련한 여러 가지 기업전략은 국제화 또는 세계화되지 않을 수 없게 된다. 선진 외국의 상품에 대한 안전성 수준에 우리 기업은 따르지 않을 수 없게 되고 그 배상제도나 위험예측 및 상품개발전략도 새로이 구상해야 할 것이기 때문이다. 이는 한편으로 기업의 부담이 될 수도 있으나 다른 한편으로 기업의 발전, 특히 국제시장 적응력 향상에 크게 도움이 되기도 할 것이다.

③ 사후구제제도 정착

현재는 상품의 안전성 등 품질관리를 기업에 맡기기보다는 정부에서 개입하고 있다. 이러한 간섭은 여러 가지 이유로 행해지고 있지만 그 가운데 가장 중요한 것은 기업에 상품을 사용하는 국민의 생활안전을 맡길 수 없다는 불신에 있다. 또 다른 이유는 결함상품피해에 대한 사후구제장치가 미흡하여 사전피해 차단장치인 행정간섭이 필요하였던 것이다. 제조물책임제도는 사후피해의 구제를 위하여 도입된 제도이다. 앞으로 상품생산과 교류가 급진전되는 사회에서는 사전행정규제에 한계가 올 것이고 이는 결국 사후구제로의 정책전환을 가져오게 할 것이다. 그리고 기업의 생존차원에서 기업 스스로 상품에 대한 안전성 확보 등 품질경영을 하지 않을 수 없게 된다. 결국 안전성 등 품질관리에 관한 행정 간섭은 점차 줄어들게 되고 이는 기업의 경영부담을 줄이는 것이 된다.

5. 소비자안전관리정책의 유형

1) 사전안전관리정책

소비자안전을 확보하기 위한 행정규제는 안전기준(safety standards)에 의한 사전안전규제와 사후안전규제가 있다. 정부의 사전·사후안전관리규제는 식품위생법, 약사법, 전기용품안전관리법 등과 같은 법률을 통하여 정부가 일정한 기준을 제정하고, 허가·승인·검사 등을 통하여 법령으로 정해진 각종 기준을 생산자가 준수하도록 하는 것이다. 안전기준을 통한 정부 규제는 제품의 기술적 복잡성으로 소비자들이 제품안전에 대한 사전 인지가 어려우며 피해발생 시 신체·생명·재산의 피해가 우려되는 제품에 대해 정부가 개별제품별로 안전기준을 정하여 이에 적합한 제품만을 생산·유통하도록 하는 것이다.

소비자안전을 도모하기 위한 사전적 안전기준을 통한 규제의 절차를 구체적으로 살펴보면, 첫째, 소비자안전을 위해 각종 위해방지기준을 제정하고 정기적인 시험,

검사, 조사를 통해 준수 여부를 확인한다. 둘째, 시험검사결과 소비자의 생명, 신체, 재산상의 위해를 끼칠 우려가 있는 물품 등의 경우에는 사업자에게 수거, 파기 등을 명령한다. 셋째, 소비자위해정보의 수집과 분석업무를 지속적으로 추진한다. 넷째, 사업자에게 자기가 공급한 물품 등의 결함정보를 알게 된 때 국가에 보고하도록 하는 정보고지의무를 부여한다. 다섯째, 소비자위해 발생에 대해 능동적이고 신속하게 대처하기 위해 사업자에게 위해물품의 자진수거 또는 자율적 리콜 등의 의무를 부여한다.

한편, 공산품의 경우 안전기준과 관련한 규제는 다음과 같은 방법을 포함한다. 첫째, 안전인증제도로서 품질경영 및 공산품안전관리법에 의해 안전성이 중요시되는 공산품에 대하여 최저안전기준을 설정해 놓고 제품 출고 전에 검사하는 제도이다. 둘째, 자율안전제도로서 안전검사 대상 공산품으로 인한 위험을 예방하기 위하여 공산품의 안전을 사업자 스스로 인증을 받도록 하는 제도를 말한다. 셋째, 형식승인제도로서 자동차·소방용 기구 등은 자동차관리법·소방법, 전기용품 등은 전기용품안전관리법에 따라 형식승인을 받도록 하고 승인을 받은 제품만 판매할 수 있도록 규제하는 제도이다. 넷째, 품질표시제도로서 소비자가 품질을 식별하기 곤란한 제품에 대하여 제품의 성분, 규격, 용도 등 품질에 관한 사항과 사용상 주의사항을 제품별 표시기준에 따라 제조자(수입업자)를 표시하도록 하는 제도이다. 다섯째, 품질인증제도로서 안전검사 대상 공산품에 부여하는 'KPS' 마크와 전기용품에 부여되는 'K' 마크, 보일러 등 열사용 기자재에 부여되는 '열' 마크, 가스용품에 대한 '검' 마크 등이 있으며, 지금까지 살펴본 것 이외에도 정부는 다양한 방법으로 안전을 확보하기 위해 규제를 하게 되는데, 다음과 같다.

- 허가제도 : 물품을 만들 기업에 대한 허가(예 : 약품 제조)
- 리콜제도 : 하자제품의 책임 수리 교환(예 : 자동차 리콜)
- 사전검사제도 : 공장출하 전 성능을 확인하는 제도(예 : 전구수명검사)
- 사후검사제도 : 유통 의약품 수거검사(예 : 소화제 성분검사)
- 생산자 추적(이력)시스템 : 소비자가 식품 내력을 알 수 있는 시스템(예 : 쇠고기 가공, 생산수단 및 유통단계를 알 수 있음, 제품은 인터넷쇼핑몰의 배송추적)

소비자안전코너 1-2

상품시험검사의 유형

현재 실시되고 있는 상품시험검사의 종류는 크게 세 가지 유형으로 분류할 수 있다.

- 감시테스트 : 판매되고 있는 상품의 법정 안전기준이나 표시 기준 및 규격 등에의 합치 여부를 확인·대조하기 위해 행정감독관청이 실시하는 시험검사
- 감별테스트 : 국·공립검사기관 및 소비자단체가 문제가 된 상품의 고발내용의 타당성을 판정하기 위해 실시하는 시험검사
- 상품비교테스트 : 국·공립 검사기관 및 소비자단체가 판매되고 있는 많은 상품 중 동일 종류, 동일 품종의 상품을 선정하여 그 성능, 안전성, 사용상 편리성 등 상품별로 품질의 우열을 종합적으로 비교하는 시험검사

2) 사후안전관리정책

(1) 시장감시 및 모니터링

시장감시(market surveillance)는 특정한 제품에 대해 책임을 가진 자가 그 제품에 적용되는 각종 규제를 준수하였는지 또 준수하고 있는지 여부를 조사하고 만약 이를 준수하지 않는 경우 적절한 조치를 취하기 위한 일련의 행위를 의미한다. 시장감시의 목적은 사용 중 위해 가능성이 있거나 위해한 공산품을 식별하여 신체에 위해나 죽음을 피하거나 최소화하는 것이 목적이다. 이러한 공산품은 판매 이전단계부터 위험한 것으로 판명이 되었어야 했거나, 아니면 시판 이후 위해한 것으로 판명된 것들이다. 공산품은 전자의 경우에 해당하는 것이 대부분이다. 국가는 시장에서 감시활동을 수행할 의무가 있으므로 정부가 직접 감시하거나 소비자단체 또는 소비자로 하여금 시장감시활동을 하도록 장려·지원한다. 국가가 어떠한 행위를 규제하기로 결정하였다면 이 규제에 대한 준수가 담보되어야 한다. 또 제품의 어떤 단계에서든 조사가 필요하다면 법적으로 뒷받침되어야 한다. 시장감시활동의 구체적인 사안들, 즉 검사의 목표, 검사의 주체, 장소, 시간, 방법 등은 제품이나 분야의 성격과 국가에 따라 달라진다. 시장감시활동은 제품의 주기에 따라 4단계에서 이루어질 수 있다. 디자인과 생산단계, 판매와 수입단계, 제품 사용단계, 제품 폐기단계가 그것이다. 시장감시활동을 펴게 되는 가장 중요한 이유는 건강과 안전, 환경, 투명성, 품질 확보 등이다.

(2) 시장감시의 메커니즘

① 제품의 기록 유지

제품의 기록보관은 문제발생 시 즉각적인 해결이 이루어지기 위한 필수적인 장치이다. 또한 유사한 위험성을 가지고 있는 제품의 식별과 관리를 위해서도 중요하다. 등록을 위해서는 제품이 시장에 출하되는 시점에서 상세한 내용을 관련 당국에 신고하는 책임을 생산자나 판매자에게 부과하여야 한다. 신고내용은 생산자의 명칭과 주소 그리고 판매자, 제품에 대한 상세정보와 재원 등이다.

② 생산 및 판매자에 대한 조사(inspecting)와 감사(auditing)

시장 전후의 활동에서 순응하고 있는지를 입증하는 기능으로 일반적으로 위험한 물품이 무엇인지를 식별하는 기능과 과거에 발견되지 못한 새로운 위험 공산품을 식별하는 기능을 하게 된다. 관계기관은 이러한 기능을 수행하기 위한 적절한 권한, 즉 강제력과 기소권한을 필요로 한다.

③ 제품에 대한 시료검사 및 전문가 평가

정부 당국은 공산품에 대한 무작위검사나 체계적 검사를 실시하여야 한다.

④ 안전정보 제공

위해정보는 생산자나 판매자뿐 아니라 다양한 분야에서 제공되어야 한다. 또한 이러한 위해정보가 생산자나 이해당사자뿐 아니라 다양한 정부기관 등에 공유되어야 한다.

⑤ 안전정보검증 절차 마련

안전과 관련한 잘못되거나 부적절한 정보로 왜곡되는 일이 없도록 기존의 안전 관련 정보들을 검증하는 절차가 마련되어야 한다.

⑥ 안전정보의 데이터베이스 유지

과거 발생했던 안전정보의 데이터 유지를 통해 유사 사건에 대한 기록뿐만 아니라 그 추세도 예측해 볼 수 있다.

(3) 시장감시사례

최근의 시장감시 대표적 사례로서 서울시 전자상거래센터 구축사례를 살펴보자. 전자상거래센터는 전자상거래 시 소비자들의 보호를 위해 인터넷쇼핑몰을 모니터링하여 소비자들의 피해를 예방하기 위해 센터를 설립하였다. 전자상거래법상 쇼핑몰 설립 시 쇼핑몰업자는 해당 기초자치단체에 신고해야 하는 것이 필수사항이다. 서울시에는 각 구청에서 신고된 서울시에 사업장을 둔 전자상거래쇼핑몰들의 DB(database)를 구축하게 되었다. 이 DB를 관리하고 활용하여 소비자들을 보호하자는 차원에서 전자상거래센터가 설립되었다.

전자상거래쇼핑몰의 모니터링 방식은 기본적으로 구청에 신고한 도메인 주소, 업체명, 사업자신원정보가 DB에 들어 있다. 이를 보고 모니터링단은 영업 중, 폐쇄사이트, 휴업 중 등을 체크하게 되는데, 신고된 사이트가 2005년 12월 현재 4만여 개 정도이다. 모니터링 시 사업자신원정보, 거래안전정보 등을 기술한 매뉴얼에 의해 모니터링하고, 대형업체의 경우에도 빠짐없이 체크하고 있다. 배송·환불 시 공지되어 있는 내용과 실제가 다른가 등을 확인하고 처음부터 소비자에게 불리한 내용을 제공하고 있는 사이트라면 이 정보를 소비자에게 제공하여 소비자가 알아서 판단할 수 있는 기회를 제공한다. 구체적으로 소비자가 중요시하는 항목 20여 개를 평가하는 평가지수 작업을 하여 모니터링점수, 만족도점수, 피해점수들을 합산하여 약 4개 군 정도로 분류(grouping)하고 있다. 이러한 평가 지수를 마련함으로써 업계 스스로 정화할 수 있도록 하는 것에 목적을 두고 있다.

2009년 약 46개의 문제 사이트를 적발하였는데, 신고를 받는 경로는 크게 상담과 신고로 나뉜다. 상담은 홈페이지 등에 피해사실을 상담하는 경우이고, 신고는 사기사이트를 제보받는 형태이다. 사이버 경찰청의 경우에는 사법기능을 가지고 범죄적발기능을 수행하는 기관으로 피해예방업무를 주로 하는 전자상거래센터와는 보완적인 관계에 있다. 언론으로부터 공신력이 인정되어 2005년에는 110회 정도 뉴스나 TV 등에 보도되었다.

① 사기 사이트

대부분의 사기 사이트는 사업자 신원을 허위로 신고하거나 도용한 경우이다. 허위사실이 확인되면 경찰청 사이버수사대와 유기적인 관계를 통해서 관리한다. 초기에는 직접 사이트 사업장으로 방문하였으나 건수가 늘어나기 시작하면서 인력부족 등의 이유로 사이버테러센터의 지구대에서 나가 허위인지를 확인하고, 허위일 경우 사기 사이트로 판명한 후 센터 홈페이지 등을 통해 공지를 하게 된다.

② 완전한 사기는 아니지만 문제가 있는 사이트

법적으로 문제가 있지는 않으나 소비자문제를 지속적으로 발생시키는 사이트의 경우에는 센터 홈페이지상에 피해다발업체의 명단을 공개하고 있다. 실제로 해당 사이트에 방문해 보면 1년에 500건 이상의 피해사례가 발생한 경우도 있다. 경우에 따라서는 공정거래위원회 등에 공문을 보내서 운영폐업을 요청하여 관계 부처에서 시정·공표명령을 내려도 무시되는 경우도 있기는 하나 이러한 악질 사업자의 경우가 아닌 대부분의 경우에는 중재만으로도 해결이 되고 있다.

6. 정부의 안전정보정책

안전정보정책은 크게 두 가지로, 안전정보시스템 구축을 통한 안전정보수집, 가공, 활용, 제공 등의 정책과 안전정보공개 정책으로 분류할 수 있다. 한국소비자원에서는 소비자위해정보시스템(CISS : Consumer Injury Surveilance System)을 운영하고 있다. 소비자위해정보제도란 소비자가 소비생활에서 물품이나 서비스로 인해 다치거나 사망한 사례를 수집하여 그 원인을 분석하고 사고의 재발 방지대책을 마련하기 위한 일련의 과정을 말한다. 우리나라의 소비자위해정보제도는 '소비자기본법' 에 의해 한국소비자원 소비자안전센터에서 운영하며 소비자안전센터는 소비자위해감시시스템을 통하여 정부에서 지정한 병원·소방서 등의 위해정보 제출기관, 소비자상담, 협력기관 등 다양한 채널로부터 위해정보를 수집한다. 수집된 위해정보는 일정한 조사나 시험검사 등을 통하여 분석·평가되어 사업자 시정, 리콜 권고, 제도 건의, 정보 제공 등의 소비자안전을 위한 대책마련으로 이어진다.

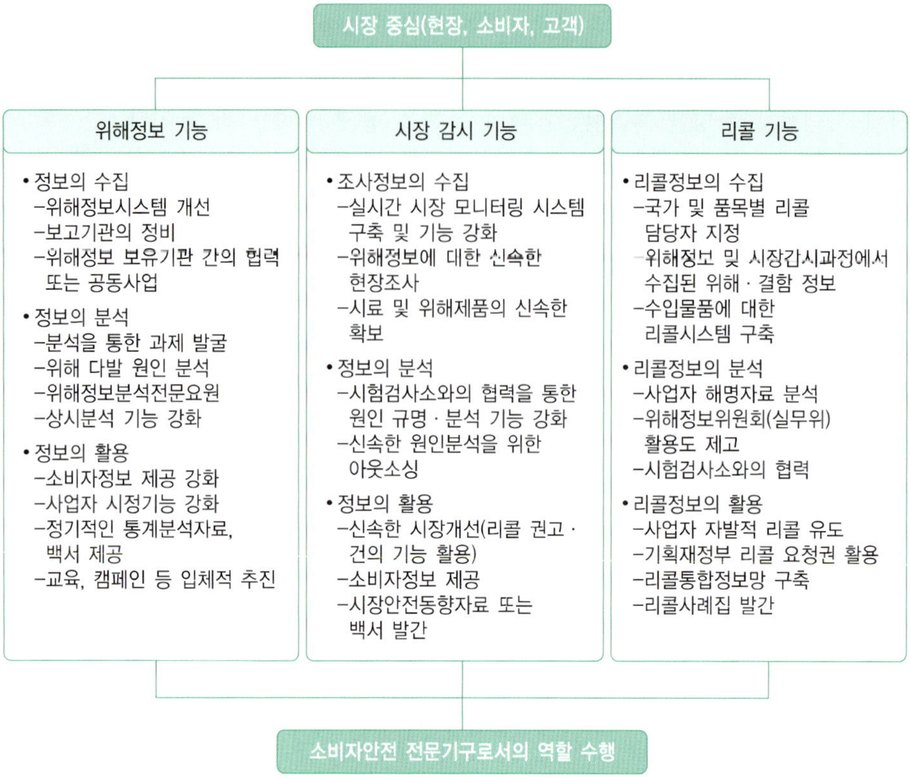

그림 1-1 안전정보의 활용 및 체제

1) 안전정보시스템

(1) 안전정보시스템의 기능

안전정보시스템의 주요 기능은 다음과 같다.

① 입체적/다층적/다양한 조사 및 정보수집

소비자위해정보(한국소비자원), 제품안전신고센터(시민 및 단체들이 개별적으로 신고 종합안전망 내에 신설), 시민모니터링단조사결과, 관세청의 통관자료정보, 시·도의 리콜조치점검 결과보고 등의 정보를 수집한다.

표 1-4 여러 주체들의 안전정보시스템 현황

기관 및 단체		정보의 수집			
		창구의 다양성	주체의 전문성	입체적·체계적 분류	목적(합목적적임)
정부 기관	한국소비자원	전화, 팩스, 인터넷, 우편, 방문	소비자전담	품목별 분류	소비자권익보호, 소비생활합리화
	한국산업안전보건공단	전화, 방문, 온라인 상담	산업안전전담	안전, 보건, 건설, 문화·교육·안전, 전문·특화사업	
소비자 단체	소비자 단체협의회	전국소비자단체(10개)	소비자전담	유형, 청구이유, 처리결과, 판매방법별 분류	소비자단체를 결합, 소비자운동을 효과적으로 전개
	소비자연맹	대구, 춘천, 인천, 목포, 의정부, 부산, 대전지부	• 소비자전담 • 식품, 건강, 사기의 안전, 환경, 정보 제공	분류된 바 없음	소비자권리 및 책임고취, 소비자운동 전개
	소비자 시민모임	성남, 원주, 안산, 태백, 대전 지부	소비자전담	품목별, 거래 유형별 분류	소비자주권 확립, 소비자의 삶의 질 향상
	녹색 소비자연대	대구, 천안, 포항, 인천, 고양, 공주, 제주, 안산, 평택 지부	• 환경 중심 • 식품, 구조물, 보건	분류별 상담은 받고 있으나, 체계적 정리는 없음	소비자권리보호, 환경고려 소비생활 실천
	대한주부 클럽연합회	전국 30여 개 지역 상담실 운영	여성·사회·환경·소비자민간단체	분류된바 없음	주부가치관 정립
	전국주부교실 중앙회	전국 47곳 지역 상담실 운영	여성·소비자단체	분류된바 없음	주부의 개발
	소비생활 연구원	• 전국 15개 지부 • 매우 다양	소비 관련 연구 교육기관	분류된바 없음	합리적 소비자계발과 건전한 소비실천 확산
안전 단체	안전생활연합	서울, 대전, 대구, 광주 지부	안전전담	분야별, 대상별 분류가 잘되어 있음	안전사고예방을 위한 위해요소점검 및 교육, 연구를 통해 안전도 향상
	안전생활 실천시민연합	약 15개 지부	안전전담, 특히 어린이 교통안전 중점	분야별, 대상별로 찾아보기는 어려우나 어린이안전은 체계적·세부적 분류	안전의식고취, 안전문화 정착

출처 : 효율적인 공산품 안전망 구축방안 연구(2006), 기술표준원 용역보고서

② 공산품 안전 관련 정보축적·분석 및 공개

안전정보시스템을 통해 축적·분석된 정보는 정기적으로 간행되어 관련 기관들의 조사활동과 연구를 가능하게 하며, 업계나 관련자들의 정책에 대한 예측가능성을 제고한다.

③ 자율적 안전관리 이행협약의 체결을 매개

안전정보시스템은 시민모니터링단과 업체(제조업자 및 수입업자) 간의 자율적 안전관리 이행협약 체결과 관련된 지원, 이행협약의 관리과정을 모니터링하고 제도적·관리적·상황적 보완을 모색한다.

④ 법적·행정적 조치의 객관적 근거를 생산

소비자안전정보 또는 위해정보는 소비자안전 확보와 관련한 법제도적 근거를 마련하는 데 중요한 자료로 사용할 수 있다. 다시 말해, 소비자안전과 관련한 다양한 유형의 정보는 소비자안전정책수립 등에 객관적인 근거로 사용하게 된다.

⑤ 제품안전 관련 정보공유

관련 기관 및 단체들의 소비제품안전 관련 정보 및 모니터링 관련 정보와 자료의 공유를 유도하고 토론과 의견 개진의 장으로 활용한다.

(2) 안전정보시스템의 역할

안전정보시스템은 무엇보다 모니터링의 기능을 할 수 있어야 한다. 정보망을 관리하며 자료 및 정보의 생산과 축적 및 분석에 1차적인 책임이 있다. 안전정보시스템은 소비자안전관리 당국으로부터 재정적·행정적 독립성을 갖고 있어야 하며, 상당한 전문성(소비자학, 공학, 실험능력, 행정 및 정책학, 통계학)을 자체적으로 보유하고 있어야 한다. 또한 안전정보시스템은 소비자들로부터 직접 안전 관련 신고를 받고 안전모니터링시스템의 직접적인 관리하에 운영하여야 한다. 안전정보시스템은 시민모니터링단을 운영하여야 하고 안전과 관련된 전반적인 정책을 수립하며 가이드라인을 제시할 수 있어야 하고, 기동대응반을 운영하여야 한다.

(3) 위해정보평가시스템

위해평가는 위해요소들에 대한 소비자안전을 확보하고 위해관리를 위한 정책결정의 과학적 근거를 마련하기 위해 수행하고 있다.[1] 2005년 식품위생법에도 위해평가 관련 규정이 신설되면서 식품안전에 대비한 위해평가는 더욱 강조되어 왔으며, 특히

1) 식품의약품안전청 위해평가지침서(2011)의 내용을 참조하였음

표 1-5 안전정보의 처리현황

기관 및 단체		정보확인 신뢰성	처리절차투명성 및 체계성	원인파악 및 교정	처리시간
정부기관	한국소비자원	약 30여 개 시험실 운영	모든 정보 공개원칙	소비자문제 중재 및 상담	인터넷 상담 기준 약 3일
	한국산업안전공단	크레인, 리프트, 압력용기, 프레스, 절단기, 로울러기 자체 기관 내에서 검사	설계, 완성, 성능, 정기검사 등의 단계로 나누어 비교적 객관적인 자체검사 실시		
소비자단체	한국소비자단체협의회				처리하지 않음
	한국소비자연맹	연맹실험실, 전문실험기관에서 상품테스트		소비자문제 중재 및 상담, 간담회, 토론회 개최하여 정책대안 도출	인터넷 상담 기준 약 3일
	소비자시민모임	자체 실험 및 전문 실험기관에서 테스트	각종 시험 조사 결과는 보유, 게재. 정보의 제한적 공개와 시험기관 비공개	소비자 문제 중재 및 상담 시험·테스트 결과 도출 후 성명서 발표	
	녹색소비자연대			중재 및 상담	인터넷 상담기준 약 2~10일
	대한주부클럽연합회		세탁물 및 의류심의의 경우 체계적 절차 보유	중재 및 상담	인터넷 상담기준 약 1~2일
안전단체	한국안전생활연합	신뢰 있는 제3기관에서 실험조사		온·오프라인을 통한 상담 및 중재	파악하기 어려움

출처 : 효율적인 공산품 안전망 구축방안 연구(2006), 기술표준원 용역보고서

멜라민, 낙지머리사건과 같은 식품사고 시에도 과학적 위해관리를 위한 도구로 활용된 바 있다. 국제적으로도 국제식품규격위원회(CODEX) 총회에서 식품 중 기준규격 설정 및 제·개정시 위해평가 결과를 반영하도록 권고하고 있으며, 위해평가의 공정성 및 투명성에 대해서도 계속 강조하고 있는 추세이다. 현재 WHO, 미국, 유럽 등의 규제기관에서는 위해평가수행을 위한 다양한 위해평가 가이드가 제공되고 있다. 우리의 경우 2011년 식품의약품안전평가원에서 위해평가지침서를 공개했는데, 이 지침서는 위해평가결과의 투명성과 과학적 신뢰성을 높여 식품 등의 안전성 확보에 기여하고 있다. 위해평가와 관련한 주요 내용을 살펴보면 다음과 같다.

① 위해평가의 정의

위해평가는 인체가 식품 등에 존재하는 위해요소에 노출되었을 때 발생할 수 있는 유해영향과 발생확률을 과학적으로 예측하는 일련의 과정으로 위험성 확인, 위험성 결정, 노출평가, 위해도 결정 등의 4단계로 이루어진다.

- 위험성 확인(hazard identification) : 독성실험 및 역학연구 등을 활용하여 화학적·미생물적·물리적 위해요인의 유해성, 독성 및 그 정도와 영향 등을 파악하고 확인하는 과정
- 위험성 결정(hazard characterization) : 위해요소의 노출량과 유해영향 발생과의 관계를 정량적으로 규명하는 단계로 동물실험 등의 불확실성 등을 고려하여 인체안전기준(TDI, ADI, RID 등)을 결정
- 노출평가(exposure assessment) : 식품 등을 통하여 사람이 섭취하는 위해요소의 양 또는 수준을 정량적 및(또는) 정성적으로 산출하는 과정
- 위해도 결정(risk characterization) : 위험성 확인, 위험성 결정 및 노출평가결과를 근거로 하여 평가대상 위해요인이 인체건강에 미치는 유해영향 발생과 위해 정도를 정량적 또는 정성적으로 예측하는 과정

② 위해평가의 일반원칙

- 위해평가는 위험성 확인, 위험성 결정, 노출평가, 위해도 결정 4단계에 따라 수행한다.
- 위해평가는 우선적으로 국내 상황을 반영할 수 있는 자료를 이용하되, 국내자료가 없거나 불충분할 경우 국제기구, 외국 자료를 활용한다.
- 위해평가는 식품 등의 제조공정을 포함하여 공급 및 섭취단계 전반에 걸쳐 사용되는 분석방법, 시료채취 및 검사, 노출빈도 등을 고려한다.
- 위해평가는 여러 상황을 고려하여 현실적인 노출시나리오를 작성한다. 단, 평가대상물질에 민감한 집단 및 고위험 집단의 경우, 급성, 만성, 누적, 복합적 영향을 고려하며, 임산부, 어린이 등 취약집단의 경우에는 보다 신중한 정보 조사 및 분석이 필요하고, 시나리오 작성 시 충분히 상황을 고려한다.
- 위해평가결과보고서에는 평가의 결과에 영향을 미치는 한계점, 불확실성 및 가정을 제시하고 평가에 참여한 전문가 간에 의견의 차이가 있을 경우 소수의 의견도 기록한다.

표 1-6 위해평가 필요성 검토

위해평가가 필요한 경우	위해평가가 불필요한 경우
• ADI 등 인체안전기준을 근거로 기준 설정(농약, 식품 첨가물, 오염물질 등) • 위해관리 우선순위를 정하기 위한 경우 • 인체위해의 유의한 증거가 없음을 확인하기 위한 목적 • 저감화 정책 등 가장 적합하고 효과적인 관리 대책을 선택하기 위한 경우	• GHP*로 문제해결이 가능한 경우 • 위해프로파일로 관리 가능한 경우 • 위험에 대한 충분한 정보가 부족한 경우 정보수집 후 평가

* GHP : Good Hygenic Practice

- 위해평가결과보고서에서는 과학적 정보의 불확실성 등을 고려하여 정략적 또는 정성적으로 표현할 수 있으나 과학적으로 가능한 범위 내에서 정량화한다.
- 위해평가결과보고서는 가능한 한 쉽게 이해하고 활용할 수 있는 서식으로 작성하고 이해관계자들이 검토할 수 있도록 평가결과를 공개한다.

③ 위해평가 필요성 검토

위해관리 초기 활동 중 위해관리목표 설정단계에서 기준규격 설정, 인체안전성 입증, 위해관리 우선순위 결정 등 위해관리 대책 및 정책 결정을 위해 위해평가 필요성이 검토된다.

④ 위해요소별 위해평가 유형

- 식품, 생약, 화장품 중 위해요소별 위해인자
  - 화학적 위해요소 : 잔류농약, 잔류동물용 의약품, 환경오염물질, 자연발생 독소, 곰팡이독소, 첨가물 및 용기포장 관련 화학물질 등
  - 생물학적 위해요소 : 감염성 세균, 독소생산 미생물, 곰팡이, 기생충, 바이러스 등
- 의도적 사용물질과 비의도적 오염물질
  - 의도적 사용물질 : 농약, 동물용 의약품, 첨가물 및 화장품 중 자외선 차단성분 등과 같이 의도적으로 사용되어 잔류하는 물질
  - 비의도적 오염물질 : 환경오염물질이나 제조과정 중 생성되는 유해물질로 비의도적으로 오염되는 물질(예 : 다이옥신, 중금속, 곰팡이독소, 벤조피렌 등)

- 의도적 사용물질로 만성독성, 발암성인 경우
  - 의도적 사용물질 : 국내·외 사용현황 등을 조사하여 의도적 사용물질임을 확인
  - 만성독성/발암물질 : 국내·외 독성자료를 조사(만성독성, 발암성, 유전독성 등을 확인), 국제기구(CODEX, WHO, IARC) 및 관련 기관(EPA, FDA, EU, 일본후생성 등) 평가보고서 등을 이용

⑤ 노출량 평가

농약, 동물용 의약품, 첨가물 등 의도적 사용물질의 경우에는 사용허가 및 등록과정에서 독성자료를 바탕으로 미리 발암성 등 독성 자료를 검토하므로 독성이 알려진 경우에는 사용금지로 관리한다. 다만, 의도적 사용물질이 비의도적으로 혼입된 경우에는 비의도적 오염물질과 동일한 방법으로 평가할 수 있다.

⑥ 위해도 결정

의도적 사용물질 중 발암물질 등 독성이 확인될 경우에는 사용금지대상물질로 분류하여 관리한다.

2) 안전정보정책

정부는 소비자에 대한 제품안전 또는 위해정보 관련 안전정책을 수립하고 시행하고 있다. 정부는 기업에게 제품의 품질, 제품의 안전 또는 위해상태, 리콜 정보 등을 의무적으로 또는 자율적으로 공개하도록 유도한다. 제품품질 또는 안전에 대한 정보공개의 구체적인 수단으로는 위해정보보고제도, 표시규제(labelling regulations) 또는 표시정보 공개, 위해제품의 리콜정보 공개 등이 있다.

(1) 위해정보보고제도

소비자가 물품이나 서비스를 사용하거나 이용하는 과정에서 인체에 상해를 입거나 사망한 사례 등을 수집하여 그 원인을 분석하고 사고의 재발방지 대책을 강구하기 위한 일련의 과정을 소비자 위해정보보고제도라고 한다. 위해정보보고제도는 소비자기본법 및 동법 시행령에 그 근거를 두고 있는 의무사항으로 정부는 소비자기본법에 의해 병원·소방서 등 전국의 57개 위해정보보고기관을 지정하여 한국소비

자원에 위해정보를 수집·분석하도록 하고 있다.

(2) 표시정보정책

표시정보의 의무화, 즉 표시규제는 제품의 안전성 확보를 위한 보편적인 정책수단 중의 하나로써 생산자에게 제품의 안전성에 대한 정보를 해당제품에 의무적으로 표시하도록 하고 있다. 즉, 제품의 제조일자, 사용방법 및 주의사항 등 품질에 관한 정보를 제품에 표시하도록 의무화시킴으로써 소비자의 사고위험을 줄이고 안전을 꾀할 수 있다. 품질정보를 제공하게 하는 또 다른 방법으로는 제품의 품질의 정도를 판정하여 등급을 매기는 등급평가표시도 있다. 이는 제품의 안전성에 대한 소비자의 정보탐색비용을 줄일 수 있는 수단이 되며 품질정보 공개 또는 표시규제의 한 유형이다. 한편, 제품의 규격, 중량, 용기, 포장방법 등을 표준화하는 것도 소비자가 동종 상품의 품질을 쉽게 비교할 수 있게 함으로써 제품의 안전성을 확보할 수 있는 수단이 된다. 우리나라는 일반 공산품, 식품 등 각 분야별로 제품의 표시, 등급, 표준화와 같은 위해 정보의 공개에 관한 관련 규정이 마련되어 있다.

(3) 리콜정보정책

위해의 가능성이 있는 제품을 해당제품 생산자가 자발적으로 리콜을 실시하거나 정부가 강제적으로 리콜을 명령하게 되는데, 리콜과 관련한 이 같은 내용을 정부가 직접 공개하거나 기업 또는 생산자가 공개하도록 하는 것도 정부의 안전규제 수단이다. 미국, 프랑스 등 선진국의 경우 소비제품의 안전성을 확보하기 위한 수단으로 리콜제도를 활성화하고 있는데, 리콜제도의 성공적 운영은 리콜 관련 정보 공개의 효율적 이행에 달려 있다.

7. 정부의 소비자지원정책

소비제품의 안전성을 확보하기 위한 정부의 다양한 정책 수단이 효과적으로 실행되지 못할 수 있다. 또 다른 측면에서의 정부의 규제 수단들은 비효율적인 측면을 내포하고 있다. 이 같은 차원에서 정부의 안전규제가 경제적 효율성에 미치는 영향에 대해서는 많은 논란이 있어 왔다. 미국의 경우 안전규제가 전체적으로 볼 때 소비자의 후생을 높였다고 보았지만, 많은 경제학자들은 안전규제가 오히려 중대한 정부의 실패를 초래하고 있다는 견해를 보이고 있다. 또한 제품위험의 본질이 거래당사자 간의 비대칭적 정보 및 소비자행동에 기인하고 있기 때문에 보다 근본적인 소비자안전확보 수단은 소비자에 대한 적절한 위험정보 제공과 소비자의 안전의식 고취를 위한 안전교육 및 홍보라고 할 수 있다. 즉, 제품의 위험특성에 대한 정확한 정보를 교육을 통해 소비자에게 제공하고, 민간단체, 언론매체를 통하여 적극적으로 홍보하는 것이 중요하다.

우리나라의 경우 그 동안 제품의 안전성에 관한 교육 및 홍보는 거의 민간에 의존해 왔으며 정부 차원에서의 지원은 매우 취약하였다. 그러나 1980년대 중반 소비자정책의 종합추진기관인 한국소비자원이 설립된 이후 소비자교육과 홍보정책이 체계적으로 추진되어 왔다. 그럼에도 불구하고 제품안전, 소비자안전을 확보하기 위한 교육 및 홍보가 충분하게 진행되어오지 않아 양적으로 질적으로 개선되어야 한다.

2
CHAPTER

소비자안전 관리정책

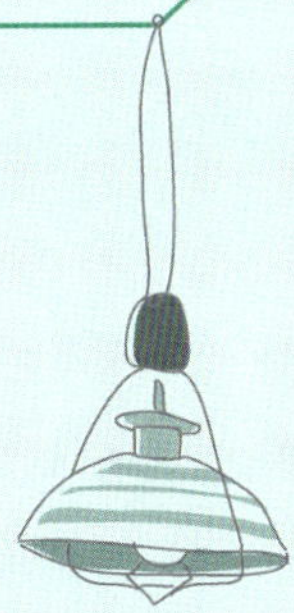

2

CHAPTER

소비자안전관리정책

소비자안전 확보를 위한 정부정책은 기술표준원의 경우 공산품 또는 제품의 안전관리정책, 한국소비자원의 안전센터 운영, 안전정보정책, 리콜제도 운영 등 소비자안전정책, 식품의약품안전청의 식품안전정책 등으로 구분할 수 있다. 이 외에도 자동차의 경우 국토해양부에서, 농수축산물의 경우 농림수산식품부, 승강기 안전의 경우 행정안전부에서 안전정책을 담당하는 등 정부 여러 기관에서 제품과 서비스별로 관장하는 법률에 근거하여 소비자안전정책을 수행하고 있다. 여기서는 제품안전을 담당하는 기술표준원의 안전정책과 한국소비자원의 소비자안전정책에 대해 구체적으로 살펴보고자 한다.

1. 기술표준원의 제품안전정책

저가의 품질이 낮은 공산품수입 증가, 신종 위해제품의 출시, 불법·불량 공산품에 의한 소비자의 생명·신체상의 안전사고가 다발하고 있다. 안전성이 확인되지 않은 신기술·신제품, 안전인증을 받지 않은 불법제품의 안전문제가 사회적 문제로까지 확대되고 있다. 특히, 수입개방에 따라 다양한 국가에서 생산된 상품의 수입이 무분별하게 늘어나면서 안전성 미검정 상품으로 인한 소비자안전사고가 증가하고 있다. 공산품의 안전관리정책은 지식경제부 기술표준원에서 담당하고 있다. 기술표준원의 제품안전관리제도는 크게 사전안전관리제도와 사후안전관리제도로 구분할 수 있다. 사전안전관리제도는 위해발생가능제품이라고 판단되는 경우 법적 규정을 토대로 의무적으로 사전에 안전검사를 받게 하는 안전인증제도, 사업자가 사전에 스스로 안전검사를 받게 하는 자율안전인증제도, 위해가능제품의 품질표시의무제도, 어린이보호포장제도 등이 있다. 사후안전관리제도는 유통 중인 제품의 안전성에 대한 모니터링, 시판품 조사, 불법 또는 안전치 못한 유통제품의 수거 및 회수(리콜) 등이 있다.

1) 제품안전정책의 개요

기술표준원은 제품안전기본법, 품질경영 및 공산품안전관리법, 전기용품안전관리법에 근거하여 공산품과 전기제품의 사용으로 인한 생명, 신체상의 위해, 재산상의 손해 등으로부터 소비자안전을 확보하기 위한 업무를 담당하고 있다. 기술표준원의 제품안전관리를 위한 주요 업무를 구체적으로 살펴보면 다음과 같다.

- 공산품 분야의 안전검사 기준의 제정·개정 및 인증대책수립·시행에 관한 사항
- 기계·기구 및 전기용품 안전기술 기준의 제정·개정에 관한 사항
- 전기절연물에 대한 안전기준의 제정·개정에 관한 사항
- 승강기검사 실시요령 등 안전 관련 규정의 제정·개정에 관한 사항
- 안전인증기관 및 검사기관의 지정·관리에 관한 사항
- 선진국의 안전기준 조사·분석 및 조치에 관한 사항
- 국제기구의 안전 관련 기술기준의 제정·개정 참여 및 교류·협력에 관한 사항
- 기계·기구 및 전기용품 등 공산품분야 기술전문위원회 운영에 관한 사항
- 항공기 검사전문기관 및 수입검사기관의 지정에 관한 사항
- 시중 유통 공산품에 대한 안전성 평가 및 조치에 관한 사항
- 제품인증과 관련한 공산품의 기술요소별 적합성 및 안전위해성 평가에 관한 사항
- 제품인증 등 기술장벽 관련 정보의 수집·분석 및 보급에 관한 사항

기술표준원에서는 위해발생가능성의 우려가 높은 특정 공산품을 안전관리대상으로 하여 안전인증, 자율안전확인, 안전표시 등 인증제도를 통해 제품의 안전관리업무를 수행하고 있다. 안전인증제도는 주로 공장심사제도를 활용하고 있다. 제품안전에 대한 사후관리제도로 신속조치제도, 제품안전자율이행협약제도, 시판품 조사, 모니터링제도 등을 운영하고 있다. 제품 출시 후 유통된 경우 사후관리를 하게 되는데 안전에 문제가 있는 경우 판매중지, 개선·수거·파기를 할 수 있다.

2) 제품의 사전안전관리제도

공산품안전관리제도로 제품안전인증을 받았다는 표시로써 과거에는 검, 안전마크 등을 제품에 부착하도록 하다가 2007년 품질경영 및 공산품안전관리법의 개정 이후 KPS(Korea Product Saftefy)마크로 대체되었다. 다시 2011년 이후부터는 KPS마크를 통일하여 KC마크를 사용하도록 하고 있다. 공산품 중 의무 대상제품의 경우 안전검사를 받은 후 그 인증표시로써 KC마크를 부착하게 된다. 공산품안전관리제도의 특성에 대해 표 2-1에 제시하였다.

그림 2-1 KC마크

KC마크는 안전인증, 자율안전인증, 어린이보호포장으로 나누어져 있다. 안전인증제도에 대해 구체적으로 살펴보면 다음과 같다.

표 2-1 제품안전인증제도의 특성

안전인증제도	주요 내용
안전인증(의무) 제품검사+공장심사	사망사고가 발생할 정도의 위해성이 중대한 품목 (어린이용 카시트, 안전모 등)
자율안전확인(임의+의무) 자율생산검사, 부적합 시 제재	신체에 안전위해의 우려가 있는 품목 (완구, 유모차, 기저귀 등)
안전·품질표시(의무)	사용 시 주의를 기울이면 안전성이 확보될 수 있는 품목 (연필깎기, 공책 등)
신속조치	위해제품 발견, 피해확산 우려 시

소비자안전코너 2-1

국가통합인증마크

국가통합인증마크(KC : Korea Certification Mark)란 기업환경개선과 소비자보호를 위해 그동안 각 부처마다 달리 사용하던 법정 강제인증마크(13종류 : 공산품 안전인증마크, 자율안전확인 마크, 승강기 인증 마크, 전기안전인증마크, 고압가스용기, 어린이보호 포장, 정보통신기기 인증, 에너지소비효율등급, 품질검사필증 물마크, 안전인증, 가스용품, 계량기 검정마크, 소방용품 검정마크)의 하나로 통합하고자 하는 것으로, 2009년 7월부터 지식경제부에서 우선 시행 후 2011년부터 전 부처로 확대실시하였다. 인증제도가 중복·사용되다보니, 국내적으로는 기업입장에서 시간과 비용이 낭비되는 문제점, 국가 간 거래에 있어서는 상호 인증이 되지 않아 재인증을 받아야 하는 등 국제 신뢰도 저하 및 국부 유출의 문제를 해결하기 위해 통합인증마크제도의 도입은 필수사항이다. 중국의 CCC, 유럽의 CE, 일본의 PS와 같은 맥락이다.

KC마크의 장점은 소비자 입장에서는 중복된 인증마크 사용으로 생기는 혼란이 줄어들며, 기업 입장에서는 원스톱(one stop) 인증시스템 구축으로 중복인증의 경제적 부담과 인증 소요기간이 단축되며, 인증비용 65.8% 절감, 소요기간은 26.7% 절감, 연간 279억 원의 예산절감이 예상된다. 국제무대에서는 국내 인증산업의 수출확대기반을 조성, 국제표준화 기준에 맞추어 기술무역장벽과 글로벌장벽에 효과적인 대응이 가능하고 글로벌 브랜드 육성을 통해 국내 인증산업의 위상이 높아지는 장점이 있다.

국가표준심의회 발표에 따르면 기존 13개 법정강제인증마크를 KC마크로 통합하고, 시험·검사성적서 상호인정을 확대하며, KC마크의 브랜드 인지도를 높여 인증 관련 산업을 크게 키우게 된다. 이에 따라 우선적으로 전기용품의 K마크, 공산품의 KPS마크, 승강기의 EK마크 등이 KC마크로 통합되고, 2011년 이후에는 모든 강제인증에 국가통합인증마크를 도입하게 된다. 또한 법적 강제인증제도의 20개 유형의 인증심사절차를 국제기준(IOS/IEC Guide 67)과 부합화시켜 국내 실정에 맞는 9개 유형으로 간소화·체계화시킨다고 한다.

(1) 공산품안전인증제도

안전인증제도란 제조업자 또는 외국제조업자(대리인 포함)가 의무 대상제품에 대해 안전인증을 받은 후 그 사실을 제품에 표시하는 제도이다. 이때 안전인증은 제품검사와 공장심사를 하여 공산품에 대한 안전성을 증명받게 되는데, 안전인증대상 공산품은 연 1회 이상 정기검사를 받아야 한다.

위해우려가 큰 공산품(특히, 어린이용 제품)은 제품검사뿐만 아니라 공장심사를 받도록 하여 지속적으로 안전한 제품을 생산·유통하도록 하고 있다. 안전인증대상 공산품은 소비자의 생명·신체상의 위해, 재산상의 손해 또는 자연환경훼손의 우려

표 2-2 제품안전인증제도(사전안전관리제도)

구 분	공산품				전기용품
기 준	안전인증	자율안전인증	안전품질표시	어린이보호포장	안전인증
심사내용	공장심사+제품검사	• 공인기관시험성적서 • 첨부 신고		어린이보호포장 후 판매	
사후관리	안전인증표시 등, 판매·사용 등 금지	자율안전확인 표시 등, 판매·사용 등 금지	안전·품질표시 등, 거짓 안전·품질표시금지 등	어린이보호포장표시 등, 판매 등 금지	• 시판품조사 • 정기검사
행정조치	• 판매중지 • 개선수거파기명령	• 판매중지 • 개선수거파기명령	• 판매중지 • 개선수거파기명령	• 판매중지 • 개선수거파기명령	개선수거파기명령
벌 칙	• 3년 이하 징역 또는 3천만 원 이하 벌금 • 1년 이하 징역 또는 1천만 원 이하 벌금	• 3년 이하 징역 또는 3천만 원 이하 벌금 • 1년 이하 징역 또는 1천만 원 이하 벌금	1년 이하 징역 또는 1천만 원 이하 벌금	• 3년 이하 징역 또는 3천만 원 이하 벌금 • 1년 이하 징역 또는 1천만 원 이하 벌금	• 3년 이하 징역 또는 3천만 원 이하 벌금 • 1년 이하 징역 또는 1천만 원 이하 벌금
과태료	• 1천만 원 이하 • 5백만 원 이하	• 1천만 원 이하 • 5백만 원 이하	5백만 원 이하	• 1천만 원 이하 • 5백만 원 이하	5백만 원 이하

가 있는 공산품 중 법적으로 지정된 공산품이다. 한편, 안전검사기관은 현재 8개 안전검사기관이 지정되어 있는데, 이는 한국화학시험연구원, 한국생활환경시험연구원, 한국기기유화시험연구원, FITI시험연구원, 한국의류시험연구원, 한국건자재시험연구원, 산업기술시험원, 한국완구공업협동조합이다. 또한 전기용품의 안전인증제도는 전기용품안전관리법에 의거하여 운영하고 있다. 전기용품을 제조하거나 외국에서 제조하여 한국으로 수출하고자 하는 사업자는 안전기관으로부터 제품출고 전(국내제조), 통관 전(수입제품)에 안전인증대상 전기용품의 경우 모델별로 안정인증을 받도록 하고 있다.

(2) 공산품자율안전확인제도

자율안전확인제도는 공급자적 합성선언(SDoC : Self Declaration of Conformity)이라고도 부르는데, 사업자가 공인시험기관에서 해당 제품이 안전기준에 적합한지를 스스로 확인받은 후 시험성적서를 첨부하여 신고하고, 제조(수입)하도록 하는 제도이다. 공산품자율안전확인제도는 임의와 의무(업체의 자율에 맡기되 부적합 시 제재)를 병합한 특성을 가지고 있다. 자율안전확인제도는 정부가 자율안전확인 대상제품을 지정하고, 제품별 안전기준과 실험인증방법을 규정하며, 제조자/판매자 준수 여부 확인방법과 위반 시 벌칙조항을 규정하게 된다. 사업자는 정부가 정한 안전기준 등에 부합하도록 하되 제3시험기관에서 시험검사를 실시한 후 인증서, 경고표시 등을 부착하여 판매하게 된다. 자율안전확인 대상 공산품은 소비자의 신체에 대한 위해를 초래할 우려가 있는 공산품 중 제품검사만으로도 그 위해를 방지할 수 있다고 인정되는 공산품이다. 이 제도의 효율적인 운영을 위해서는 산재되어 있는 공인인증기관 간의 수수료 인하 정책으로 인한 시험성적서 남발방지 등 유명무실한 제도로 전락하지 않도록 해야 한다. 현행 제도상 공인인증기관은 시험장비, 인력, 시설 등의 일정 요건만 갖추면 해당 제품에 대한 전문지식이 부족한 경우에도 공인성적서를 발급할 우려가 있다.

표 2-3 자율안전확인 대상 공산품

분 야	자율안전확인 대상 공산품
섬 유	등산용 로프, 스포츠용 구명복, 양탄자, 유아용 및 접촉성섬유제품
화 학	건전지, 부동액, 생활화학가정용품, 식탁용품 및 주방용품, 연질염화비닐호스, 자동차용 타이어, 자동차용 브레이크액, 자동차용 안전유리, 자동차용 앞면창유리세정액, 합성수지제주방용품 및 일반용품
기 계	빙삭기, 자동차용 휴대용 잭
토 건	물탱크, 미끄럼방지타일
생활용품	고령자용 보행차, 디지털도어록, 롤러스케이트, 롤러스포츠보호장구, 물안경, 바퀴운동화, 반사안전조끼, 벽지 및 종이장판지, 보온보냉용기, 보행보조차, 쇼핑카트, 스노보드, 스케이트 보드, 스키용구, 아동용 이단침대, 어린이용 액세서리, 완구, 유아용 삼륜차, 유아용 의자, 유아용 캐리어, 이륜자전거, 일회용 기저귀, 자동차용 정지표지판, 지팡이, 침대 매트리스, 학용품, 헬스기구, 휴대용 사다리, 휴대용 레이저용품

주 : 2010년 현재 47개 품목이나 위험한 신제품 출현 등으로 대상품목이 추가 또는 제외됨

표 2-4 안전·품질표시 대상 공산품

분 야	안전·품질표시 대상 공산품
섬유제품(1)	가정용 섬유제품(유아용 및 접촉성 섬유제품 이외의 제품으로서 외의류, 중의류, 학생복, 한복, 장갑, 양말, 기타 섬유제품 등의 섬유제품)
화학제품(5)	화장지, 합성수지제 필름, 습기제거제, 화장비누, 가죽제품
생활용품(7)	선글라스, 안경데, 덴드, 간이빨래걸이, 가구, 보안경, 가정용 공구, 면봉

주 : 2010년 현재 14개 품목으로 수시로 변경됨

(3) 공산품안전품질표시제도

안전품질표시제도는 주의·경고 및 품질표시가 필요한 공산품에 안전품질표시를 하도록 의무화하는 제도이다. 소비자가 취급·사용·운반 등을 하는 과정에서 사고가 발생하거나 위해를 입을 가능성이 있는 공산품과 소비자가 성분·성능·규격 등을 식별하기 곤란한 14개 공산품이 안전품질표시 의무대상이다. 기존의 임의규정인 품질표시를 의무화시킴으로써 소비자안전이 확보될 것으로 예상하고 도입한 제도이다.

(4) 어린이보호포장제도

어린이보호포장 대상 공산품은 성인이 개봉하기 어렵지 않지만 만 5세 미만의 어린이가 일정 시간 내에 내용물을 꺼낼 수 없게 설계 고안된 포장(용기를 포함한다)을 사용해야 하는 공산품(7개 품목)이다. 즉, 만 5세 미만의 어린이가 일정시간 내에 내용품을 꺼내기 어렵게 설계·고안된 포장·용기를 의미한다. 어린이 보호포장신고를 하지 않고 어린이보호포장마크를 표시한 자에 대하여 3년 이하의 징역 또는 3,000만 원 이하의 벌금이 부과되며, 어린이보호포장을 사용하지 않거나 신고를 하지 않았을 경우 판매중지 개선·수거 또는 파기 조치된다.

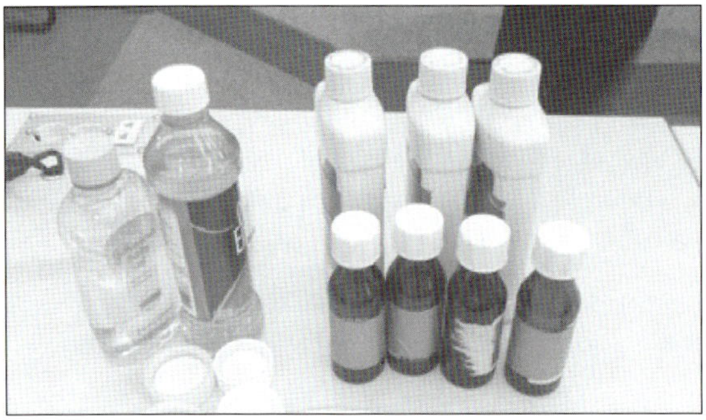

그림 2-2 어린이보호포장 적용 품목
출처 : 노컷뉴스

3) 제품의 사후안전관리제도

저가제품, 불량제품, 안전인증을 받지 않은 제품의 유통을 막기 위해서는 사후안전관리제도 강화가 우선되어야 한다. 사전에 수입제품안전관리를 실시했음에도 불구하고 교묘히 만들어진 불량제품, 안전치 못한 저가수입제품에 대한 정보는 언론을 통해 신속히 보도하여 가능한 한 많은 소비자들에게 알리고, 이미 유통된 제품을 지체 없이 회수하여 더 큰 피해가 생기는 것을 방지하는 것이 중요하다. 전통적 방식인 제품 출시 이전의 각종 규격 제정, 시험검사 강화, 인증제도, 검사제도의 강화만으로는 안전하고 품질 좋은 제품의 유통 및 소비라는 목표를 달성하기 어렵다. 효율적인 사후제품안전관리를 통해 산업의 국제경쟁력 강화를 추진하여야 한다. 특히, 사회적 보호가 필요한 저소득층, 어린이, 노인, 장애인, 여성 등 사회적 약자를 위한 안전한 소비생활환경 조성을 위해 노력해야 한다. 안전사고 사례분석 및 안전성 분석, 안전 확보 관련 제안에 관한 상담 및 정보수집뿐만 아니라 안전위험요소의 분산, 법 규제에 대한 적절한 대응, 정확한 안전대책방향설정이 필요하다. 제품의 안전 확보를 위한 사후안전관리수단은 신속조치제도, 제품안전자율이행협약제도, 시판품조사, 제품안전모니터링, 리콜제도 등이다. 이에 대해 구체적으로 살펴보자.

(1) 신속조치제도

신속조치제도란 안전인증, 자율안전확인, 안전/품질표시 대상품목 이외의 공산품에서 새로운 위해제품이 발견되면 소비자피해확산을 신속히 방지하기 위해 안전성조사 후 판매중지 및 언론 등에 공표할 수 있도록 한 제도로서 효율적인 사전·예방적 안전관리체계 구축기반 확립, 위해예방을 위한 시장 감시, 소비자 및 안전 관련 단체와의 협력, 불법·불량 제품신고 및 위해정보 수집·전파를 위한 공산품안전정보망 등의 운영을 목적으로 하고 있다. 주로 법적 지정 외 유해물질 함유 어린이용 제품에 대한 신속조치, 유해물질, 내분비계 장애물질(환경호르몬) 함유 어린이용 제품에 대해서는 판매 중지, 리콜 권고 및 언론 및 정보망을 통하여 공표하고 있다. 신상품 중 안전, 위해의 우려가 큰 공산품 등에 대해서 안전성 조사결과 위해성이 입증되거나, 어린이용 제품 등에 대한 판매중지 또는 리콜을 권고하고, 그 사실을 공표할 수 있도록 하고 있다. 신속조치를 공표할 수 있는 경우는 다음과 같다.

- 어린이·노약자·장애인 등의 생명에 위해를 가할 우려가 있는 경우
- 사고 발생 시 신체의 상해 정도가 심할 것으로 판단되는 경우
- 사고 발생에 따른 피해 우려지역이 광범위하여 신속한 조치가 필요한 경우
- 그밖에 공산품안전을 확보하기 위하여 지식경제부장관이 필요하다고 인정하는 경우

한편, 시정권고가 필요한 경우는 다음과 같다.

- 당해 공산품에 대한 위해성이 확인된 경우
- 어린이용 공산품에 대통령령이 정하는 유해화학물질 또는 내분비계 장애물질(추정물질을 포함한다) 등이 함유되어 어린이의 생명·신체에 위해를 끼칠 우려가 있는 경우

(2) 제품안전자율이행협약제도

제품안전자율이행협약제도(VAS : Voluntary Arrangement on Safety)란 2006년 7월부터 시행된 것으로 먼저 사업자들끼리 '자율안전관리 가이드라인 준수'를 선언하고 제품안전자율이행을 협약하는 제도이다. 이 제도는 사전예방적인 공산품 안전관리체계 정착 및 불법·불량제품의 자율적인 유통방지를 통한 소비자의 위해감소가 목적인 제도이다. 소비자, 기업 모두가 참여하는 사전 예시적 자율안전관리시스템은 우선 정부에서는 중점 안전관리 대상품목과 안전기준을 사전에 제시하고, 기업은 안전기준에 적합한 제품을 시장에 공급하기로 제품안전자율이행협약을 체결해 스티커 마크를 부여받는다. 민간단체로 구성된 제품안전지킴이단이 기업의 이행 여부를 모니터링하고 그 경과를 업체에 권고 또는 정부의 안전관리정책에 반영, 조치를 요청하는 시스템이다. 결국, 제품안전자율이행협약제도는 정부는 시장 감시에 대한 정책·지침을 제시하고 직접적인 시장관여는 최소화하며, 분야별 전문성 활용 및 공정성 확보를 위해 제품의 제조자·수입업자, 사업자 대표가 스스로 안전기준에 맞는 제품을 시장에 공급하겠다는 자율약속으로 사업자·소비자 간의 협약체결을 의미한다.

그림 2-3 제품안전자율이행마크(VAS)

(3) 시판품 조사

시판품 조사는 대표적인 제품안전사후관리제도로서 기술표준원에서 시행하고 있다. 현행 시판품 조사제도의 문제점은 표시사항 불합격제품에 대한 행정조치가 미흡한 점이다. 특히, 어린이보호포장제품의 유사품 판매유통 방지대책이 미흡하여 앞으로 철저한 사후관리가 필요하다. 안전검사합격증 반납제품의 수거, 파기 시 향후 유통금지를 위한 단속강화가 필요하며 소비자 스스로의 모니터링 및 관심이 필요하다. 안전검사마크에 대한 소비자 관심 및 지식, 구매 시 소비자의 안전인증마크 확인 등에 대한 소비자교육이 필요하며, 제조자, 수입자, 판매자 대상 시판품검사 관련 홍보 및 교육이 필요하다.

(4) 제품안전모니터링

안전사후관리제도의 대표적인 것으로 제품안전모니터링제도가 있다. 최근 기업규제 제한, 사전적 인증제도보다는 사후적 안전관리의 중요성 부각 등으로 기술표준원은 소비자가 직접 시장감시에 참여하는 제품안전모니터링제도를 확대·시행하고 있다. 제품안전 모니터링제도란 시중 유통제품에 대해 소비자가 직접 모니터링을 실시, 안전기준 부적합 제품에 대해 1차 자율시정을 조치하고, 미이행 시 정부에 행정조치를 요구하는 제도이다. 이 제도의 목표는 기업과 소비자 및 정부가 함께하는 자율안전관리체계를 확립하고자 하는 것으로 품질경영 및 공산품안전관리법 제30조(공산품 위해사고의 예방을 위한 협력 등)에 근거하고 있다. 기술표준원은 중점안전관리 대상품목과 안전기준을 사전에 제시하고 기업은 안전기준에 적합한 제품을 시장에 공급하기로 제품안전감시단과 제품안전자율이행협약을 체결하게 된다. 민간단체로 구성된 제품안전감시단이 기업의 이행 여부를 모니터링하고 그 결과를 업체에 시정권고하는 한편, 정부의 안전관리정책에 반영하거나 조치를 요청한다. 기술표준원에서는 대학생, 소비자단체 등을 활용하여 시장감시역할을 수행하고 있는데, 제품의 사후안전관리 차원에서 모니터링제도를 적극 활용하고 있다. 모니터링 대상제품을 선정하는 요인은 제품 측면, 소비자 측면, 생산자 측면, 사회적 측면으로 나누어 살펴볼 수 있다.

① 제품 요인

공산품의 생산과정에서 발생하는 위험요소의 내재 정도를 의미하는 것으로서 객관적 위해수준, 위해의 확산성, 유해물질 수준 등을 의미한다.

② 소비자 요인

소비자가 공산품의 사용과정에서 공산품의 사용방법이나 특성 혹은 안전한 취급방법을 몰라 위해가 발생할 수 있는 경우를 의미하는 것으로서 오작동·오용의 가능성, 체감위해수준, 위해정보습득 가능성 등을 포함한다.

③ 생산자 요인

생산자가 의도적, 비의도적으로 제품을 생산하고 유통시키는 과정에서 발생할 수 있는 요인을 말하는 것으로서 품질관리의 안정성, 탈법행위의 개연성, 제품생산의 용이성을 뜻한다.

④ 사회적 요인

동일한 위해도를 가졌다고 할지라도 위해 피해자의 분포, 사회적 불안감의 확산 등 공산품안전이 사회전반 및 공동체의 안정에 갖는 영향이 큰 경우를 의미하는 것으로서 위해 피해자의 집중도, 어린이·노인의 위험수준, 사회심리적 여파 등을 포함하는 개념이다.

2. 한국소비자원의 소비자안전정책

한국소비자원은 1987년 7월 1일 소비자보호법에 의해 설립된 기획재정부 산하 특수공익법인으로써, 소비자의 기본권익을 보호하고 소비생활의 합리화를 도모하며, 나아가 국민경제의 건전한 발전에 기여하도록 설립되었다. 2006년 이후 한국소비자원의 안전센터는 소비자안전업무를 수행하는 주요 기관으로 소비자안전넷, 어린이안전넷 등의 정보시스템을 구축하고 운영하고 있다. 위해정보 관련 사항은 소비자안전넷에서 위해 관련 정보수집 및 정보를 가공처리하고 있으며, 축적된 정보는 소비자안전 관련 정책사항 도출, 안전관리제도연구 등에 활용되고 있다. 2008년 이전에는 소비자업무를 기획재정부와 공정거래위원회가 분담하여 수행하고 있었으나, 2008년 이후 소비자업무의 대부분을 공정거래위원회에서 맡게 되었다. 공정거래위원회의 소비자업무는 공정거래위원회가 관할하는 법령에 근거하고 있다. 소비자기본법, 제조물책임법, 그리고 과거부터 관할하던 5개 특별법이다.

1) 소비자안전센터의 소비자안전정책

한국소비자원 내 설치된 소비자안전센터는 소비자기본법 제4조(소비자의 기본적 권리) 1호의 '물품 또는 용역으로 인한 생명·신체 또는 재산에 대한 위해로부터 보호받을 권리'를 확보하고, 정부의 소비자안전시책을 지원하기 위한 업무를 수행하고 있다. 한국소비자원에 설치된 법정기구인 소비자안전센터의 주요 업무는 소비자기본법 제51조 제3항에 의거하여 위해정보의 수집 및 처리, 소비자안전을 확보하기 위한 조사 및 연구, 소비자안전과 관련된 교육 및 홍보, 위해 물품 등에 대한 시정 건의, 소비자안전에 관한 국제협력, 그밖에 소비자안전에 관한 업무 등을 수행해야 한다. 소비자안전센터는 수집한 위해정보의 분석결과에 따라 위해방지 및 사고예방을 위한 소비자안전경보의 발령, 물품 등의 안전성에 관한 사실의 공표, 위해 물품 등을 제공하는 사업자에 대한 시정 권고, 국가 또는 지방자치단체에의 시정조치, 제도개선 건의 등 소비자안전 확보를 위한 업무를 담당한다.

2) 한국소비자원의 위해정보정책

한국소비자원 소비자안전센터의 위해정보시스템은 CISS(Consumer Injury Surveillance System), 즉 소비자위해감시시스템의 영문 머리글자를 딴 약칭으로, 소비자기본법 제8조(위해의 방지)와 제51조, 제52조(위해정보의 수집 및 처리) 및 동법 시행령 제39조(위해정보제출기관의 지정·운영 등)에 의거 전국의 65개 병원, 18개 소방서 등 위해정보제출기관과 한국소비자원의 소비넷을 통해 접수되는 소비자상담, 핫라인, 국·내외 언론 등으로부터 위해정보를 수집하고 분석·평가하여 관련 조치를 취할 수 있도록 구축된 소비자 위해상황 상시감시시스템이다. 다양하고 복잡한 기능을 갖춘 제품과 각종 화학적 변화과정을 거쳐 생산·판매되고 있는 많은 제품으로부터 소비자의 안전은 커다란 위협이다. 결함제품으로부터 소비자가 다치거나 사망한 사례를 신속히 수집하고 그 원인을 분석하여 대안을 마련하고자 위해정보제도를 운영하고 있다.

(1) 위해정보수집방법

위해정보를 수집하는 방법은 소비자기본법에 규정된 병원, 소방서 등 위해정보제출기관을 지정해 두고 있으므로 이들 기관에서 위해정보를 수집·분석한다. 소비자안전 정보제공기관은 병원, 소방서 등 전국의 80개 위해정보 보고기관으로써 이 기관으로부터 안전정보를 수집하고 있다. 정부는 소비자기본법에 의해 병원 등 위해정보 보고기관을 지정하여 한국소비자원에 정보를 수집, 분석하도록 위탁하고 있다.

한편, 한국소비자원에서도 자체적으로 위해정보를 수집하고 있는데, 소비자원에서 처리하고 있는 상품이나 서비스의 상담 및 피해구제를 통해 자체 수집하고 있다. 구체적인 방법은 소비자불만상담 및 피해구제사례, 핫라인, 소비자안전넷, 어린이안전넷, 해외기관 및 기타 각종 국내·외 언론매체 등을 통해서 위해정보를 수집하고 있다.

한국소비자원에서는 위해정보의 수집·분석 등을 위하여 웹사이트인 소비자위해감시시스템(CISS, www.ciss.or.kr)에서 연도별 리콜건수 및 품목별(자동차·공산품·식의약품) 리콜정보, 해외 리콜정보를 수집하여 제공하고 있으나, 자동차 이외에는 리콜정보 제공이 미흡한 실정이며, 제공하는 리콜정보의 형식도 통일되어 있지 않다는 지적이 제기되고 있다.

① 핫라인

핫라인(080－900－3500)을 통해 위해정보를 소비자들이 직접 제공할 수 있도록 수신자부담용 직통전화를 설치하여 수집하고 있다. 위해정보를 인터넷(http://www.cpb.or.kr, http://safe.cpb.or.kr)을 통해 제공할 수 있도록 한국소비자원 인터넷 홈페이지에 위해정보 신고란을 설치, 운영하고 있다. 게다가 각종 소비자보호활동을 하고 있는 해외소비자보호기관의 자료를 통하여 수집하고 있다.

또한 일반소비자들을 대상으로 소비자신고란을 운영하여 안전사고신고, 자동차결함신고를 받고 있다. 안전사고신고는 소비자가 상품 및 서비스 이용과정에서 다치거나 사망한 사고사례를 신고하도록 하고 있다. 자동차결함신고의 경우 소비자가 신체적으로 직접적인 위해를 입지 않았다고 하더라도 그러한 위험에 노출되어 있는 사례 혹은 자동차 결함에 관한 사례를 제보받는다. 소비자 제보·신고에 의한 자동차결함정보는 자동차의 품질개선 등 사업자 시정, 리콜건의 및 권고, 관계기관 통보, 법규정 정비 및 정책건의, 자동차에 대한 품질개선이나 리콜소식 등 관련 정보 제공 등이다.

② 소비자안전넷의 운용

소비자안전넷(CSN : Consumer Safety Network)은 인터넷을 통하여 실시간으로 소비자위해정보를 신속히 효율적으로 수집하고 분석·평가에 유용한 DB를 구축하여 일반 소비자 및 사업자 관련 유관기관 등이 쉽게 접근하여 이용할 수 있게 함으로써 소비자안전을 확보하고 소비자피해의 사전예방 및 확대방지 차원의 소비자위해정보시스템이다. 소비자안전넷의 주요 업무 및 활동은 다음과 같다.

- 소비자서비스 : 소비자에게 위해정보제도 소개, 위해정보 및 리콜정보 제공, 웹디렉토리 서비스 제공
- 위해정보수집망 구축 : 보고기관 실시간 입력프로그램, 원클릭 접속 프로그램 개발, 웹로봇을 이용한 위해정보 자동 수집
- 위해정보의 분석, 평가 : 위해정보의 편집, 사례조회, 통계조회, 위해정보 분석 평가과정의 업무 보고기능 구현, 업무 피보고자 지정 및 업무보고 현황관리
- 시스템 운영관리 : 코드관리, 사용자관리, 웹디렉토리관리, 통계 생성, 통계조회, 기존 시스템 연동, 물품코드 및 사업코드의 호환설계, 소비넷시스템상의 위해·위험정보의 이관 등 구현, 통계청 분류체계 또는 국제적으로 호환 가능한 코드체계 구현

③ 어린이안전넷의 운용

어린이안전넷은 어린이들이 안전한 환경 속에서 건강하고 행복하게 자랄 수 있도록 도움을 주기 위해 만든 인터넷상의 어린이안전 종합 정보망이다. 국무조정실이 후원, 재정경제부와 한국소비자원이 운영하고 있다. 우리나라의 안전제도, 어린이 안전사고 정보, 유형별 사고정보, 장소별 사고정보, 응급처치법, 이달의 안전사고 예방, 추천사이트 등을 통한 정보 제공을 하고 있다. 공지사항, 어린이안전정보, 어

린이 안전캘린더, 어린이안전법규, 자료실, 어린이 안전용품전시회 등을 통한 홍보활동을 하고 있다. 어린이안전교육은 어린이를 대상으로 교통안전, 가정안전, 학교안전, 놀이안전, 공공시설안전, 식품안전, 화재안전을 제공하며 선생님 및 부모에게는 미디어교육자료 등을 제공한다. 어린이사고신고, 유형별 사고정보, 장소별 사고정보, 연간 안전캘린더 등을 통한 온라인 신고접수 및 전화상담, 모바일 신고 등을 통해 사례를 수집한다.

(2) 소비자위해정보 제공 활용정책

① 위해정보 제공

한국소비자원은 위해정보를 소비자들에게 제공하고 있다. 위해정보 제공방법은 한국소비자원 사이트 내에 보도자료, 생활안전정보, 안전캘린더, 리콜, 제조물 책임, 자료실, 국내·외 소식 등의 형태로 제공하고 있다. 또한 자동차의 경우 자동차 알림방을 통해 조회, 자동차결심신고, 품질개선 및 리콜정보, 자동차상담 등의 업무를 수행하고 있다. 소비자안전확보를 위한 정보 제공은 9가지 품목별 정보 및 리콜정보, 국내/해외안전정보, 국내/해외 안전법령 및 규정 제공 등을 포함하고 있다. 또한 위해정보제도의 개념 및 위해정보수집과 관련된 정보 제공도 하고 있다. 한국소비자원의 안전정보 제공 현황은 다음과 같다.

- 사이트 내에 보도자료, 생활안전정보, 안전캘린더, 리콜(리콜정보, 자동차리콜, 공산품리콜, 식의약품리콜, 해외리콜), 제조물책임, 자료실, 국내·외소식 등을 제공
- 자동차알림방을 통해 조회, 자동차결함신고, 품질개선 및 리콜정보, 자동차상담 등

② 위해정보의 분석 및 평가

한국소비자원 소비자안전센터 중심의 위해정보분석 및 평가는 위해정보평가위원회 심의 결과에 따라 소비자 홍보 및 계도, 대정부건의, 사업자 시정촉구 등의 조치를 취하는 것이 보통이다. 또한 수정된 정보는 통계적으로 분석하여 활용되며, 구체적인 사례는 사고를 미연에 방지하기 위해 필요한 경우 소비자정보로 제공한다. 위해정보의 분석 및 평가방법은 다음의 과정을 통해 수행하고 있다.

- 사실확인 조사 : 수집된 위해정보는 위해경위, 피해자 및 해당사업자의 의견, 관련 규칙 및 법규내용 등 위해정보의 평가에 필요한 사항을 조사한다.
- 위해정보평가 실무위원회의 1차 평가 : 1차 사실 확인된 정보는 위해정보평가 실무위원회에서 당해 정보에 대한 처리방안을 심의한다.
- 2차 평가 : 1차 평가가 완료된 위해정보는 실태조사 및 시험검사 등의 심층조사를 통해 위해정보평가위원회에 상정되며 위원회는 위해정보에 대한 위해성 평가 및 조치방안에 대하여 의결한다.

③ 안전정보의 활용

한국소비자원의 소비자안전센터에서는 여러 채널에 의해 수집한 안전사고정보를 다음과 같이 활용하게 된다.

- 해당제품 시설물의 결함 수정 및 품질개선 등의 사업자 시정
- 리콜건의 및 권고
- 관계기관 통보
- 법규정 정비 및 정책건의 : 제보, 신고된 안전사고정보를 바탕으로 위해정보처리 속보 제공

(3) 한국소비자원의 최근 위해정보 수집결과

2010년 한국소비자원이 수집한 소비자위해정보는 총 4만 3,629건으로서, 2009년(3만 9,171건) 대비 11.4% 증가하였다.

2010년도 소비자위해정보를 위해발생 품목별로 살펴보면 대분류 품목으로는 '구조물, 건축물 및 제조용 자재'가 6,595건(15.1%)으로 가장 많이 수집되었고, 그 다음으로 '식료품 및 기호품' 6,263건(14.4%), '가구 및 가구설비' 6,022건(13.8%) 등의 순으로 2009년과 순서가 동일하다.

표 2-5 연도별 소비자위해정보 건수

(단위 : 건, %)

구 분	2008년	2009년	2010년
위해정보 건수	35,425	39,171	43,629
전년대비 증감률	34.5	10.6	11.4

출처 : 한국소비자원, 2010년 소비자위해정보 주요 통계분석

소비자위해발생 현황을 위해발생장소별로 살펴보면 '가정' 에서의 안전사고가 2만 1,949건(전체의 50.3%)으로 가장 많았으며, 그 다음으로 '상업시설' 3,001건(전체의 6.9%), '교통시설 1(도로, 인도, 자전거도로)' 2,094건(전체의 4.8%), '여가 및 문화 놀이시설' 1,324건(전체의 3.0%) 등의 순이었다.

2010년도 소비자위해정보의 위해품목별 위해발생장소를 살펴보면 '가구 및 가구설비' 는 물품을 주로 이용하는 장소인 가정에서의 위해사고가 4,540건(품목의 75.4%)으로 가장 많았고, 그 다음으로는 교육시설(357건, 품목의 5.9%)로 나타났다. '식료품 및 기호품' 도 가정에서의 위해사고(4,331건, 품목의 69.1%)가 가장 많았고, 그 다음으로 상업시설(800건, 품목의 12.8%), 교육시설(41건, 품목의 0.7%), 의료서비스 시설(31건, 품목의 0.5%) 등의 순으로 나타났다. '구조물, 건축물 및 제조용 자재' 도 가정에서의 위해사고(3,939건, 품목의 59.7%)가 가장 많았고, 그 다음으로 상업시설(512건, 품목의 7.8%), 교육시설(404건, 품목의 6.1%) 등의 순이었다. '가정용 기기, 용품 및 가전제품' 은 가정에서의 위해사고 발생비율(2,660건, 품목의 79.8%)이 매우 높았으며, 그 다음으로는 상업시설(144건, 품목의 4.3%)에서 많이 발생한 것으로 나타났다.

'차량 및 승용물' 은 교통시설 1(도로, 인도, 자전거도로)에서의 위해사고(1,655건, 품목의 57.6%)가 가장 많았고, '스포츠 및 레크리에이션 장비, 용품 및 액세서리' 는 스포츠/레저시설(885건, 품목의 36.2%)과 여가 및 문화 놀이시설(625건, 품목의 25.6%)에서 많이 발생한 것으로 나타났다.

표 2-6 품목별(대분류) 위해정보 건수

(단위 : 건, %)

품목(대분류)	건 수	%	품목(대분류)	건 수	%
구조물, 건축물 및 제조용 자재	6,595	15.1	시계, 보석 및 원석제품	138	0.3
식료품 및 기호품	6,264	14.4	발전기기, 배전기기 및 액세서리	115	0.3
가구 및 가구설비	6,022	13.8	정보통신기기	114	0.3
가정용 기기, 용품 및 가전제품	3,334	7.6	운수, 보관, 관리서비스	84	0.2
차량 및 승용물	2,872	6.6	도서, 음반	82	0.2
스포츠 및 레크리에이션 장비, 용품 및 액세서리	2,445	5.6	건축 및 보수 서비스	76	0.2
의류, 가방 및 개인 위생용품	2,292	5.3	산 동식물 및 동식물성 생산품	72	0.2
의약품, 의약외품 및 의료용구	1,355	3.1	문화용품	72	0.2
게임, 장난감, 미술공예품, 교육기자재, 액세서리	1,224	2.8	화학제품	70	0.2
물품취급조정, 저장기계, 액세서리 및 소모품	1,053	2.4	연료, 연료첨가제, 윤활유 및 부식방지제	58	0.1
배관, 유체 조절시스템, 장비 및 부품	872	2.0	기타 서비스	55	0.1
사무용 기기 및 용품	817	1.9	교육서비스	52	0.1
공구 및 범용기계	556	1.3	종이원료 및 종이제품	46	0.1
보건·위생서비스	369	0.8	수리·보수·가공서비스	8	0.0
애완동·식물 및 용품	286	0.7	세탁업서비스	6	0.0
위생장비 및 용품	279	0.6	산업용 제조, 가공기계 및 액세서리	4	0.0
농업, 어업, 임업, 야생동물용 기계 및 액세서리	275	0.6	정보통신서비스	2	0.0
국방, 치안장비 및 용품	273	0.6	렌털·리스·임대차	2	0.0
전기시스템, 조명부품, 액세서리 및 전기용품	227	0.5	금융·보험	2	0.0
기타 상품	217	0.5	법률·행정서비스	0	0.0
문화·오락 서비스	183	0.4	의료서비스*	4,761	10.9
총 계				43,629	100.0

* 의료서비스 품목에는 의료사고가 포함됨

출처 : 한국소비자원, 2010년 소비자위해정보 주요 통계분석

표 2-7 위해발생장소 현황

(단위 : 건, %)

발생장소	빈 도	%
가 정	21,949	50.3
주거시설	189	0.4
의료서비스시설	5,161	11.8
교육시설	1,561	3.6
스포츠/레저시설	1,274	2.9
교통시설 1	2,094	4.8
교통시설 2	376	0.9
산업 및 건설지역	75	0.2
농수축산업지역	194	0.4
여가 및 문화 놀이시설	1,324	3.0
공공시설	32	0.1
상업시설	3,001	6.9
자 연	285	0.7
기 타	6,114	14.0
총 계	43,629	100.0

출처 : 한국소비자원, 2010년 소비자위해정보 주요 통계분석

소비자위해발생 현황을 위해내용별로 살펴보면 '충돌/충격'에 의한 위해가 1만 8,163건(41.6%)으로 가장 많이 발생하였고, 그 다음으로 '기타(이물질 혼입·삼킴/흡인, 기타 등)' 7,809건(17.9%), '찔림' 4,682건(10.7%), '온도' 3,489건(8.0%) 등의 순으로 나타났다('의료시술 및 약물'은 5,346건(12.3%)이 수집되었으나, 다수의 의료사고건을 포함하므로 분석에서 제외). 위해내용을 세부적으로 살펴보면 '추락/넘어짐/미끄러짐'이 9,309건(21.3%)으로 가장 많았고, 그 다음으로 '사물 및 동물과의 충돌로 인한 둔상' 7,228건(16.6%), '이물질' 4,859건(11.1%), '긁힘/베임/찢어짐' 4,090건(9.4%) 등의 순이었다.

위해품목별 위해내용을 살펴보면 '구조물, 건축물 및 제조용 자재', '가구 및 가구 설비' 및 '스포츠 및 레크리에이션 장비, 용품 및 액세서리'는 충돌/충격에 의한 위해사고(각 6,097건, 5,698건, 2,285건)가 가장 많았고, 그 다음으로 찔림에 의

한 사고(각 343건, 221건, 83건)가 많은 것으로 나타났다. '식료품 및 기호품'은 기타(이물질 삼킴/흡인, 이물질 혼입, 기타 등)에 의한 위해사고(4,865건, 품목의 77.7%)가 가장 많았고, 그 다음으로는 화학적 영향(1,022건, 품목의 16.3%)에 의한 사고가 많은 것으로 나타났다. '가정용 기기, 용품 및 가전제품'은 찔림에 의한 위해사고(1,248건, 품목의 37.4%)가 가장 많았고, 그 다음으로 온도(987건, 품목의 29.6%), 충돌/충격(585건, 품목의 17.5%), 기타 물리력(300건, 품목의 9.0%) 등의 순이었다. '차량 및 승용물'은 온도에 의한 위해사고(1,124건, 품목의 39.1%)가 가장 많았고, 그 다음으로 충돌/충격(1,032건, 품목의 35.9%), 기타 물리력(593건, 품목의 20.6%) 등의 순이었다. '의류, 가방 및 개인 위생용품'은 화학적 영향(830건, 품목의 36.2%)에 의한 위해사고가 가장 많이 발생하였고 기타(이물질 삼킴/흡인, 이물질 혼입, 기타 등)(726건, 품목의 31.7%)의 순이었다.

소비자위해정보 건수를 위해자의 연령별로 살펴보면 '10세 미만'이 1만 3,318건(30.5%)으로 가장 많고, 그 다음으로는 '30대' 4,828건(11.1%), '40대' 4,159건(9.5%), '20대' 3,797건(8.7%), '60세 이상' 3,719건(8.5%), '50대' 3,484건(8.0%), '10대' 3,004건(6.9%)의 순이었다.

표 2-8 최근 3년간 연령별 위해정보 건수 및 위해발생 순위

(단위 : 건, %)

연령대	위해정보 건수(%)						위해발생 연령대 순위		
	2008년		2009년		2010년		2008년	2009년	2010년
10세 미만	8,306	23.4	10,090	25.8	13,318	30.5	① 10세 미만	① 10세 미만	① 10세 미만
10대	2,183	6.2	2,477	6.3	3,004	6.9	② 30대	② 30대	② 30대
20대	5,921	16.7	5,346	13.6	3,793	8.7	③ 20대	③ 20대	③ 40대
30대	7,416	20.9	7,343	18.7	4,830	11.1	④ 40대	④ 40대	④ 20대
40대	4,489	12.7	4,966	12.7	4,160	9.5	⑤ 60세 이상	⑤ 50대	⑤ 60세 이상
50대	2,463	7.0	3,106	7.9	3,486	8.0	⑥ 50대	⑥ 60세 이상	⑥ 50대
60세 이상	2,638	7.4	2,862	7.3	3,720	8.5	⑦ 10대	⑦ 10대	⑦ 10대
기 타	216	0.6	1,122	2.9	746	1.7			
미 상	1,793	5.1	1,859	4.8	6,572	15.1			
총 계	35,425	100.0	39,171	100.0	43,629	100.0			

출처 : 한국소비자원, 2010년 소비자위해정보 주요 통계분석

특히, 2009년도에 이어 '10세 미만' 연령대와 '30대'의 안전사고 발생이 가장 많았으나, 10세 미만의 경우 1만 3,318건으로 전년에 비해 32.0% 증가하였고 30대의 경우 4,828건으로 전년대비 34.3% 감소하였다. 전년도와는 달리 '40대'가 '20대'보다 위해가 더 많이 발생한 것으로 나타났다.

3) 한국소비자원의 리콜제도 운영

소비자기본법에 리콜제도와 관련한 규정을 담고 있어 한국소비자원에서는 리콜제도를 운영하고 있다(제1장 4. 소비자안전 관련 법 4) 리콜 관련 법 규정 참조).

표 2-9 품목별 리콜 관련 주요 사항

품 목		근거 법률	주관부처	리콜 요건	도 입
모든 물품용역		소비자기본법	중앙행정기관 시·도지사	소비자의 생명·신체 및 재산상의 안전에 현저한 위해를 끼치거나 끼칠 우려가 있는 경우	2001. 2
자동차		자동차관리법	국토해양부	안전기준에 부적합하거나 안전운행에 지장을 주는 결함이 다수의 자동차에 발생하거나 발생할 우려가 있는 경우	
		대기환경 보전법	환경부	배출가스 관련 부품에 대한 결함확인검사결과 제작차 배출허용기준을 위반하였을 경우	1991. 2
식 품		식품위생법	식품의약품안전청 시·도지사 시장·군수·구청장	식품위생상 위해가 발생하였거나 발생할 우려가 있다고 인정되는 때	1996. 12
의약품		약사법	식품의약품안전청 시·도지사 시장·군수·구청장	관련 법령을 위반하여 안전성·유효성에 문제가 있는 경우	
축산물		축산물 가공처리법	농림수산식품부 시·도지사	공중위생상 위해발생을 하였거나 발생 우려가 있는 축산물	2000. 3
공산품	안전검사대상 공산품	품질경영 및 공산품 안전관리법	지식경제부 시·도지사	안전검사기준에 부적합하거나 안전검사표시 등이 없는 안전검사 대상 공산품	2001. 4
	안전인증대상 전기용품	전기용품 안전관리법	지식경제부 시·도지사	안전인증대상 전기용품이 기술기준에 부적합하거나 안전인증 승인표시 규정을 위반한 경우로 개선·파기·수거명령만으로는 위해방지가 어려운 경우	2000. 7

제품의 안전성 결함으로 인해 발생한 소비자피해에 대한 예방적 그리고 사후적 구제수단으로써 리콜제도 및 제조물책임제도가 있다. 이 제도는 해당 피해에 대한 금전적 보상이 일차적 목적이지만 궁극적으로는 생산자가 소비자피해보상에 드는 추가적 비용을 제품안전성 향상에 투자하도록 하는 규제수단이다. 이때 소비제품으로 인한 피해가 발생하기 전 예방을 위한 규제를 사전적 규제라고 하고 피해발생 후 법원의 규제를 사후적 규제로 구분할 수 있다. 사전적 규제의 대표적 수단은 리콜제도이며, 사후규제의 대표적인 것은 제조물책임제도, 집단소송제도 등이 있다.

제품위험으로 인한 피해는 피해의 원인과 제품결함과의 인과관계, 제품사용상의 소비자 주의 여부, 피해규모의 판단 등에 대해 복잡한 형태를 띠고 있기 때문에 국가는 제조물책임제도 도입 이외에도 재판 이외의 피해구제제도로써 분쟁조정기구 설치 및 운영 등 준사법적 제도도 도입하고 있다. 제품 관련 사고 시 소비자가 소송을 통해 피해구제를 받기 위해서는 상당한 금전적·시간적 비용이 들게 되고 또한 절차가 복잡한 점 등 어려움이 따른다. 이 경우 소송에 이르기 전에 제3자의 분쟁조정기구가 당사자 간의 분쟁을 조정·중재하게 되면 간단하면서도 신속한 분쟁의 해결이 가능할 수 있다. 이 같은 이유에서 준사법적 권한을 가진 소비자분쟁조정위원회가 설치되어 있으며, 중앙정부와 지방자치단체, 업계에서도 각 분야의 조정시스템을 갖추고 있다.

(1) 우리나라 리콜 관련 법 제도

리콜제도는 여러 정부기관에서 담당하고 있는데, 소비품목별로 리콜을 담당하는 근거법률 및 주관부처가 달라 비효율적이며 리콜제도운영의 표준화 측면에서 개선이 요구된다는 지적이 제기되고 있다. 기술표준원은 표 2-2에 제시한 바와 같이 관할 2개 법에서 제시된 부분만을 다루며 해당 리콜명령 등 실질적으로 지방자치단체가 주요 리콜업무를 수행하고 있다. 기술표준원은 판매중지, 개선, 수거, 파기권고 등의 권한을 가지고 있고, 실질적 수행업무는 지방자치단체에서 가지고 있는 이원적 제도로 운영되고 있어 제품리콜이 효과적으로 수행되지 않고 있다. 미국의 경우 CPSC가 리콜을 총괄적으로 운영하고 있어 그 성과가 매우 가시적인 점을 벤치마킹할 필요가 있다.

(2) 미국의 리콜제도

미국은 품목별 리콜 관련 법률에 근거하여 해당기관에서 리콜명령 및 국민에 대한 결함사실 공표명령이 가능하나, 대부분의 사업자가 이미지 실추를 우려해 자발적으로 리콜을 시행하고 있으며, 정부에서도 리콜을 권고하는 방식을 적극 활용하여 사업자의 자발적 리콜을 활성화하고 있다.

소비제품의 리콜은 소비자제품안전법 및 동법 시행령 형태인 16CFR(CPSA : Consumer Product Safety Act)에 근거하여 소비자제품안전위원회(CPSC)에서 관장하고 있으며, 사업자는 리콜을 시행함에 있어 소비자제품안전위원회에 시정조치계획서를 제출하고 진행경과 및 완료결과를 보고한다. 자동차의 경우 자동차 및 관련 장비, 어린이안전시트, 타이어 등의 리콜은 49USC(United States Code Title 49 : Transportation)와 하위 시행령 형태인 49CFR(Code of Federal Regulations Title 49 : Tranportation)에 근거하여 운수부(Department of Tranportation) 산하의 구립고속도로교통안전청(NHTSA : National Highway Traffic Administration)에서 관장하고 있다. 식품의 경우 자발적 리콜을 위한 가이드라인의 성격인 21CFR에 근거하고 있으며, 식품, 의약품은 식품·의약품청에서 육류, 가금류는 농무부에서 각각 관장하고 있다.

사례

미국 리콜사례 1 **중국산 신발 리콜 : 납 성분이 초과 검출된 중국산 신발**

- 제품명 : Nordstrom Girls
- 제품 수 : 약 3만 1,000개
- 수입원 : Nordstrom, of Seattle, Wash
- 위해요소 : 여섯 가지 종류의 신발에 기준치 이상의 납 성분이 포함되어 있었다.
- 사고/상해 : 보고되지 않았다.
- 특징 : 신발의 외형이나 재질, 색상, 출시 사이즈 등 상품의 사진이 없어도 이해가 가도록 설명해 두었다.
- 독점판매원 : Nordstrom stores nationwide에서 2006년 9월부터 2009년 2월까지 35~45달러의 가격으로 판매되었다.
- 제조원 : 중국
- 구제방법 : 즉시 리콜조치된 제품을 어린아이에게서 멀리하고 가까운 Nordstrom store에서 환불 혹은 교환하였다.

출처 : CPSC 홈페이지(2009년 3월)에 올라와 있는 리콜제품정보

리콜된 중국산 신발

미국 리콜사례 2 인형 곰의 눈

리콜된 곰인형

- 제품명 : State Farm Good Neigh Bears
- 제품 수 : 약 800,000 in the United States and 27,000 in Canada
- 판매자 : State Farm, of Bloomington, Ill
- 위해요소 : 인형 눈이 쉽게 떨어져 아이들이 삼킬 위험이 있다.
- 사고/상해 : 떨어진 인형 눈을 아이가 입에 넣은 사례가 있었고 이밖에 보고된 사례는 없다.
- 특징 : 11인치(28cm), 18인치(46cm) 사이즈로 플라스틱 눈이 달려 있다. 인형은 갈색이고 흰색, 빨간색 섞인 티셔츠를 입고 있다.
- 판매처 : 2005년 9월부터 2007년 3월까지 이벤트 선물로 증정되었다.
- 제조원 : 중국
- 구제방법 : 어린이를 제품으로부터 멀리하고 즉시 폐기처분하도록 하였다.

미국 리콜사례 3 후드셔츠 리콜

〈The safety rewiew〉는 CPSC가 매달 발간하는 잡지로서 2009년 3월호(홈페이지에도 탑재됨)에 실린 리콜사례를 살펴보자. 'Recall Spotlight' 면에서는 최근 리콜제품 중 화제가 되는 제품을 소개하는데, 가정용 냉장고 리콜에 관해 소개한다. 또한 Sign up for recalls 코너를 만들어 배너를 클릭하면 리콜 서명에 동참할 수 있게 마련한 칸도 있다. 후드 카디건 모자부분에 달린 줄로 인해 안전사고를 당한 어린아이의 실제 사례도 실었는데 그림으로 자세한 설명을 덧붙이고, 대처법도 함께 제공한다.

실제 리콜이 된 어린이 후드 카디건 사진

출처 : The safety review 2009년 3월호 어린이 안전사고기사

미국의 안전사고 경고 그림

Recently, a 3-year old boy in California was strangled when the drawstring of the sweatshirt he was wearing became stuck on a playground set. Parents are advised to remove drawstrings from the hoods and necks of jackets and sweatshirts, and to shorten drawstrings around the bottom of the garments.

- 저자해석 : 안전사고 경고그림에서 어린아이가 후드 T셔츠를 입고 미끄럼틀을 타다가 후드의 줄이 미끄럼틀에 걸려 질식사 위험이 있음을 매우 명확하게 보여 주고 있다. 이 같은 위험발생가능성이 적다해도 혹시라도 모르는 위험에 사전 대처하고자 하는 세심한 관심을 벤치마킹할 만하다.

3
CHAPTER

세계국가와 국제사회의 소비자안전정책

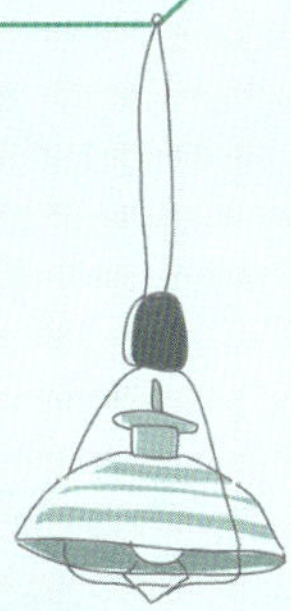

3
CHAPTER

세계국가와 국제사회의 소비자안전정책

1. 미 국

미국의 경우 1973년 설립된 소비자제품안전위원회(CPSC : Consumer Product Safety Commission)가 연방 차원에서 자동차, 의약품 등을 제외한 장난감, 가구, 의류제품과 가정, 학교, 레크리에이션에서 사용하는 모든 소비제품의 안전을 관리하는 정책을 수행하고 있다.

1) CPSC의 소비자안전정책

CPSC는 소비제품과 관련한 위해 및 위험으로부터 소비자안전을 확보하기 위한 소비자안전법(CPSA : Consumer Product Safety Act)을 근거로 1973년 설립된 독립적 행정기관이다. CPSC 설립의 목적은 다음과 같다.

- 소비제품의 상해위험으로부터 소비자보호
- 소비제품의 안전 관련 정보수집, 제공, 활용
- 미국 전역 안전기준 설정

- 소비제품안전 관련 법규제의 주정부 간 차이 최소화 : 미국의 소비자안전관리는 제품에 따라 각각 행정기관이 담당하고 있는데, CPSC는 개별 행정기관이 담당하지 않는 제품에 대해 소재와 부품 등에 따라 다음의 5개 법률을 통해 관장하고 있다.
  - 연방위험물질법(FHSA : Federal Hazardous Substances Act)
  - 가연성직물제품법(FFA : Flammable Fabrics Act) : 의류 등을 포함한 섬유제품류의 가연성
  - 독성방지포장법(PPPA : Poison Prevention Packaging Act) : 의약품, 포장을 포함 어린이보호포장
  - 냉장고안전법(RSA : Refrigerator Safety Act) : 냉장고 내 유아 유기사고 예방
  - 화재안전담배법(FSCA : Fire Safe Cigarette Act)

(1) CPSC의 주요 업무

CPSC는 소비자안전법(CPSA)을 근거로 식품, 의약품, 자동차, 보트 등 개별 법령이나 연방기관에 의해 규제되지 않는 주거, 학교, 여가 등 일상생활과 관련한 1만 5,000개가량의 소비제품의 안전을 관할한다. 소비자안전법(CPSA)은 제품의 위해로부터 소비자보호라는 목적 이외에도 소비제품의 상대적 안전성 평가에 관한 소비자 지원, 소비제품안전기준설정, 주정부 간 규제상충 조정, 소비제품 관련 상해 및 사망의 원인파악 및 예방·조사연구 등에 대해 규정하고 있다.

CPSC의 주요 업무는 첫째, 안전인증 업무를 수행한다. 예를 들면, 강제적 기준 설정, 위해제품의 판매금지 등이다. 둘째, 위험한 제품의 리콜명령 리콜제도를 운영한다. 셋째, 소비자에게 위해정보를 제공한다. 특히, 아동안전 분야의 CPSC의 활동은 매우 성과를 거두고 있다. CPSC의 주요 업무를 정리·요약하면 다음과 같다.

- 소비제품 안전기준에 관한 강제·임의 표준개발, 강제안전표준의 이행촉진 및 감독
- 소비제품안전법의 집행(조사, 리콜, 벌칙), 안전위해 소비제품 리콜제도 운영
- 소비제품으로 인한 안전사고원인과 대책 조사연구
- 소비제품 안전이슈 및 정보 제공
- 소비제품 안전사고 원인 정보수집 및 분석결과 제공

- 안전사고 감축을 위한 교육, 홍보
- 수입소비제품에 대한 안전관리
- 장난감, 완구 등 어린이용품의 안전관리

(2) 관련 기관별 소비제품안전관리 업무내용

제품안전관리방식을 경제 주체별로 구분하여 정리·요약하면 다음과 같다.

① CPSC의 안전관리업무

- CFR을 통해 강제안전표준과 안전요구조건, 지침서 등을 공고
- 강제안전표준 충족의무 및 임의안전표준준수 권고
- 강제안전표준준수 대상제품은 인증서 첨부 또는 판매자에게 제공
- 특정물질 사용금지(BAN), 사용금지물질, 제품 리스트 공고
- 특정 요구조건(requirement, 시험, 라벨 등) 준수의무 공고
- 품목에 따라 인증서 및 시험성적서 제출요구
- 소비자신고 또는 위해정보입수제품 심층조사
- 강제안전기준 미충족제품 발견 시 제재(벌금, 리콜)
- 안전위해제품의 정보 제공 및 제조/수입/판매/소비자대상 각종 교육

② 제조업체의(수입/유통/판매상) 안전관리업무

- 제조 또는 취급하고자 하는 소비제품에 어떤 규제가 있는지 확인
- 안전표준, 규정에 의거 시험 후(직접 또는 제3자) 요건충족 시 판매(판매/수입 전 라벨부착, 인증서 및 시험결과첨부 또는 제출)
- 인증서, 시험결과보고서 등 보관
- CPSC 요구 시 각종 안전 관련 자료 48시간 이내 제출
- 취급제품이 안전기준미충족 또는 안전위해가능성 발견 시 24시간 이내 CPSC보고 의무

③ 수입제품 통관관리기관의 안전관리업무

- 수입제품에 대한 안전성 조사 절차
- CPSC 수입감시반에서 세관에 샘플제출 요구 시 대응

- 세관에서 수출업자 또는 수입업자에 샘플제출 요구
- 수출업자 또는 수입업자 샘플제출 요구
- CPSC에서 샘플안정성 결과 통보 전까지 통관보류

(3) CPSC의 위해정보시스템

CPSC는 미국에서 판매되는 소비제품의 안전성에 대하여 제조업자, 수입업자, 유통업자 및 소매업자에 대한 위해정보요구·조사 등 안전 관련 감독권한을 가지고 있다. CPSC는 다양한 정보 수집시스템을 통해 정보를 수집하고 위험식별·삭감부의 역학담당실이 사용하는 정보파일은 다음과 같다.

- 전미 전산위해감시시스템(NEISS : National Electronic Injury Surveillance System)
- 사망증명서 파일(death certificate file)
- 상해·상해가능성 파일(IPI : Injury/Potential Injury File)
- 상세조사 파일(INDP : In·depth Investigation File)
- 전국화재사고보고시스템(NFIRS : National Fire Incident Reporting System)
- 전국 건강통계센터(NCHS : National Center for Health Statistics)

CPSC가 수집한 위해·상해 정보의 활용 용도는 다음과 같다.

- 위원회가 조사, 규제를 하는 경우의 우선순위 결정
- 위험제품 배제명령의 근거
- 업계에 대한 제품기준의 필요성 설득
- 자주적 제품안전기준 또는 강제적 제품안전기준 이용
- 제품안전기준의 효과 평가
- 소비자에게 제품 관련 위험을 알리며 제품안전지식 모색

① NEISS(전미 전산위해감시시스템)

미국에서는 1973년 CPSC 설립과 동시에 위해정보수집시스템인 NEISS(전미 전산위해감시시스템, National Electronic Injury Surveillance System)를 운용하고 있다. NEISS는 사고정보를 수집하는 통계처리시스템이라고 할 수 있다. NEISS는 통

계적으로 선정된 미국 전역 병원의 응급실로부터 제품 관련 사고데이터를 수집한다. 또한 NEISS는 제품 관련 위해정보시스템으로 전자상해감시체계, 소비자상담, 자체조사 등을 통하여 위해정보를 수집한다. NEISS는 1973년 소비재와 관련한 위해정보 제공을 목적으로 개발된 것으로 NEISS의 자료는 5,300개 이상의 종합병원 중에서 100개의 병원을 표본 추출하여 응급실에서 그 정보를 수집한다. 이 같은 정보는 특정 소비제품과 관련한 소비자부상의 사례를 추정하는 데 유용하며 특정 제품의 안전성 검토에 사용한다. 구체적으로, 위해사고 통계처리, 미국전역의 소비제품에 기인한 사고건수와 상해의 정도 추정, 소비자문제의 범위와 중대성 산출, 상세조사가 필요한 케이스 도출, 새로운 제도에 의한 사고건수와 사고발생 패턴에 대한 영향 감시 등으로 활용된다. 또한 위해의 유형을 분류하고, 위험을 줄이며, 위해요소를 제거하기 위해 필요한 조치를 규명하고, 위해공산품을 식별하며, 안전기준의 효과성에 대한 평가를 가능하게 한다.[2] 위해정보시스템을 통해 정보를 수집하는 구체적인 방법은 다음과 같다.

- 약 100개 병원으로부터 소비 관련 환자 현황 온라인 보고
- 보고내용의 정확도를 위해 전화 및 현장방문조사
- 전국 병원에서 수집된 데이터 표본통계 처리

NEISS는 병원으로부터 컴퓨터보고 및 전화·현장조사로 수집하는 정보조사시스템으로 병원의 구급실에 옮겨진 환자의 사고에 소비자제품이 관련되었는가의 여부를 NEISS 요원, 교육·훈련을 받은 병원 직원이 매일 검토하여 NEISS정보시스템에 입력한다. 위해정보의 정확성을 기하고 적절한 업무수행 여부를 확인하기 위해 CPSC 직원이 매년 1~3회 병원을 방문한다. CPSC의 정보송부절차는 다음과 같다.

- 당일 NEISS 데이터 입력 여부 검토 여지가 있는 모든 사고정보 수집
- 매뉴얼에 따라 대상이 되는 사고정보 선택
- 매뉴얼에 따라 코딩 시트에 기재
- 코딩한 정보를 컴퓨터에 입력(간단한 코딩 오류는 입력단계에서 수정됨)
- CPSC로 데이터 송신

2) 한국의 수집대상 병원 및 정보수집기관의 수는 80여 개로 미국의 5,300개와 비교됨

한편, 정보의 질적 관리를 위한 체크와 제품분석전문가가 내용을 체크한다. 질적 관리를 위한 체크는 대상선택 이외의 에러를 발견하거나 새로운 경향, 경향의 변화, 예상과 수령한 보고내용의 차이를 인식하기 위해 실시한다. 입력데이터가 불충분했거나 모순되는 경우 병원에 전화하여 조회하는 방법을 취한다. 병원으로부터의 데이터와 상세조사결과에 확률을 응용하여 사고나 제품의 결함에 대한 추측을 하게 되며, 상세조사에 의해 제품종류별 사고의 전국 추계와 위험 유형별 추계가 가능하다.

② 핫라인(hotline)

- 안전위해제품, 상해사고, 리콜제품 판매 신고, 리콜제품 수리, 교환·환불방법 문의
- 안전제품선택방법, CPSC소식지 수신요청 등

③ 웹사이트(web site)

- 홈페이지를 통한 안전사고 및 불만사항 신고 및 리콜정보 요청
- 소비자의견포럼(consumer opinion forum) 코너 운영
- 회원제 운영, 월 1회 소비제품안정정책 및 제도 관련 의견조회
- 민간업체 보고(소비제품안전법 제15조, 제37조)
- 제조업체, 수입업체, 도매업체, 소매업체 대상으로 제조·판매하는 제품이 강제/임의표준규정에 미준수 안전위해우려제품 안전장치미작동, 경고표시미흡 등 발견 즉시 CPSC에 보고 의무

④ 기타 사망 관련 데이터 수집

- 사망진단서(주정부로부터 제품 관련 사망확인서 구매)
- 프로젝트에 참가한 의사, 검사관으로부터 보고서 접수
- 언론을 통한 정보수집과 소비자, 변호사 의사 등으로부터 사망/상해사고 접수

지금까지 CPSC의 위해정보시스템에 대해 살펴봤는데, CPSC가 수집한 위해정보의 제공 및 활용방법은 다음과 같다.

- 소비제품으로 인한 사망상해발생 추이 분석
- 새로운 규제로 인한 안전사고발생 감소효과 분석

- 사고원인조사 및 대응방안수립
- 소비제품 안전기준의 적절성 평가
- 신규 안전관리대상제품의 우선순위선정
- 민간 또는 강제안전기준 설정의 기초자료

(4) CPSC의 어린이안전 확보업무

CPSC는 어린이안전에 많은 관심과 업무를 수행하고 있어 다른 국가의 귀감이 되고 있다. 장난감, 놀이용품 등의 안전관리를 CPSC에서 관장하며 리콜, 결함정보보고 의무제도 등 결함제품으로 인한 안전사고 예방의 노력을 하고 있다. 특히, 1994년 제정된 어린이안전보호법에서는 3~6세 어린이를 대상으로 제조된 작은 공, 구슬, 풍선 등 작은 부품을 포함하는 장난감은 질식위험 경고문 부착을 의무화시키고 있다. CPSC는 질식사고 등 위해정보를 사업자가 신속하게 CPSC에 보고하도록 하고 있으며, 완구류 질식사고에 대한 보고절차 시행으로 완구 등 유아용품의 리콜이 매우 활성화되고 있다. 연방위해제품법에서 3세 이하의 어린이용 완구 및 용품과 그 부품이 직경 31.7mm, 높이 25.4mm의 원통에 들어가는 제품은 어린이들이 삼킬 우려가 있어 판매규제를 하고 있다.

(5) CPSC의 리콜제도 운영

미국에서 공산품의 리콜제도는 CPSC를 통해 성과적으로 운영되고 있다. CPSC는 기업의 자발적 리콜을 유도하고 있는데, 기업체가 CPSC에 제품의 잠재적 위해가능성을 보고하거나, 자체 조사를 통한 위해가능성을 인지하게 되면 이를 평가하고 해당 공산품의 위해성 여부에 대해 잠정적인 결론을 내리게 된다. 그 결과 위해성으로 판단되는 경우 리콜조치를 취하게 된다.

한편, 1997년부터 CPSC는 긴급리콜제도(fast track product recall program)를 실시하고 있다. 구체적인 절차를 살펴보면 해당 회사가 위해가능성을 위원회에 보고하고 이를 보고한 날로부터 20일 이내에 리콜을 실시하는 경우에 한해서 별도의 위해성 여부를 판단하지 않는 제도이다. 이 제도의 시행으로 빠른 리콜을 기대할 수 있으며, CPSC는 위해성 여부 판단을 줄일 수 있게 된다. CPSC가 관련된 리콜은 미국 전체 리콜건수의 2/3 수준이다.

미국의 리콜 관련 정보시스템에 대해 살펴보자. 미국의 경우 품목별 리콜을 관장하는 6개 연방정부기관들이 상호협력하여 통합리콜정보 웹사이트인 U.S Goverments Recall(www.recall.gov)을 구축하여 리콜정보 및 위험제품정보, 각종 안전정보를 제공하고 있다. CPSC에서 통합리콜사이트를 운영하고 있으며, 품목별 주관기관의 웹사이트에서 제공하고 있는 리콜정보로 링크되어 계속적인 리콜정보탐색을 할 수 있는 형식이다.

CPSC가 주관하는 품목, 즉 리콜대상이 되는 소비제품은 가정용 제품, 의류, 전기전자제품, 가구, 가사용품, 어린이용품, 조명, 라이터, 야외용품, 스포츠운동용품 등이다. 리콜 정보시스템에서는 검색메뉴, 연도별·월별 리콜정보 목록, 제품 유형별·세부제품별·기업별 리콜정보검색, 관련 정보수신을 위한 이메일 등록, 위험제품정보 등을 수집·제공하고 있다. 소비자는 품목별로 구성되어 있는 다양한 검색메뉴에 의해 여러 방법으로 리콜정보를 쉽게 탐색할 수 있고, 리콜정보 키워드검색이 가능하며, 품목별 주관기관으로 링크됨으로써 해당 리콜정보의 상세한 내용을 검색할 수 있다.

2) 미국 소비자단체의 소비자안전활동

미국의 민간소비자단체인 미국소비자연맹(Consumers Union)은 1936년 뉴욕시에서 창설된 단체로서 소비자정보 제공, 소비자를 위한 컨설턴트, 실생활에의 다양한 소비자지원, 보다 나은 삶에 관한 개인 및 공공연구, 다양한 소비자운동을 펼치고 있다. 특히, 미국소비자연맹이 시행하는 상품품질테스트는 미국소비자는 물론 전 세계 소비자가 객관적인 중요한 기준으로 사용하고 있다. 이 단체의 상품테스트는 90% 정도가 자체 보유 시험소에서 행해지며 자동차를 위한 시험 코스까지 갖추고 있다. 미국소비자연맹은 소비자정보잡지인 〈Consumer Report〉(월간지)와 연간지인 〈Buying Guide Insure〉 2종류를 발행하고 있다. 이 잡지에 실린 품질비교정보는 전 세계 소비자들의 구매의사결정, 제조업체나 수출업체의 품질관리에 막대한 영향을 미친다. 미국 5대 잡지라 할 수 있을 만큼 잘 팔리고 있어 그 영향력은 막대하다고 하겠다. 발행부수는 약 239만부로서 광고는 일체 게재하지 않으며, 기업체와의 관계도 없다. 조사방법도 시험실 조사, 사용자 조사, 전문가의견 등 3자를 종

표 3-1 미국의 주요 기관 및 사이트 주소

기 관	사이트 주소
소비자제품안전위원회	CPSC(http://www.cpsc.gov)
미국소비자연맹	Consumer Union(http://www.consumerreports.org)
미국 리콜종합사이트	http://www.recalls.gov

합해서 품질성적 순서로 실제 상표명에 따라 공표한다. 최근 영화에 대해서 평가한 바 있고, 각종 서비스(보험, 의료제도, 양로원 등)의 품질평가도 시행하고 있다.

3) 민간 주도의 UL인증제도

미국의 소비자안전과 관련하여 중요한 것은 민간 주도의 품질인증제도이다. 연방정부에서는 소비자들의 안전, 보건위생 등 필수적인 사항에 대해서만 강제규정을 마련하여 규제하고 있다. 대표적인 민간품질인증제도로는 UL인증이 있으며, 자율규제가 원칙이나 일부 주정부에서는 UL인증을 필수사항으로 요구하고 있다.

그림 3-1 미국 민간의 UL인증마크

UL주식회사(Underwriters Laboratories Inc.)는 100여 년의 역사를 지닌 미국 최초의 세품안전시험 및 인증기관이다. UL은 비영리법인의 자격으로 전기·전자제품에 대한 임의규격제정 및 인증, 시험·검사업무를 수행한다. 완제품에 대해서는 UL검사원이 연간 4회 공장을 방문해 사후관리를 하고 있다. UL마크는 사실상 전기·전자제품을 보장하는 것으로서 미국에서 유통되는 전기용품의 대부분이 UL인증제품이다. 미국 내 플로리다 등 5개 주 및 일부 도시에서 UL증명을 의무화하고 있으며, UL인증이 없는 제품은 미국 내에서 소비자들이 구매회피하고 있고, 미국 내 대부분의 회사들이 수입·판매하지 않는 경향이 있기 때문에 UL미인증제품은 미국 내 판매가 사실상 불가능하다.

소비자안전코너 3-1

캐나다의 품질인증제도

캐나다에서는 국민의 안전 및 정부 산업계의 공익을 위해 1919년 설립된 비영리 민간단체인 캐나다규격협회(CSA : Canadian Standards Association)가 인증제도를 운영하고 있으며, 품목에 따라 강제 또는 임의규격 인증제도를 운영하고 있다. 캐나다에서는 전기용품, 가스, 석유 등에 대해서는 의무적으로 CSA 안전시험을 받도록 규정하고 있으며, CSA인증이나 개별 주 또는 국가 당국의 승인을 받지 않고 판매하는 제품에는 법률에 의하여 엄격하게 규제하고 있다. 캐나다 국민의 안전 및 정부, 산업계의 공익을 위해 CSA 규격에 따른 시험 및 인증을 제공한다. CSA의 자기적합성선언제도는 초기 샘플링 검사와 함께 2년마다 사후공장조사를 시행한다. CSA는 불량품으로 인해 생기는 문제에 법적 책임을 지지 않음으로써 인증받은 제품이라 하더라도 해당 제품의 품질관리 및 사후관리책임은 전적으로 제조자에게 있음을 분명히 하고 있다.

2. EU(유럽연합) 및 유럽국가

유럽연합(EU)에서는 1980년대 말부터 EU 차원에서 제품의 안전성을 확보하고, 회원국 안전규칙의 균일화를 도모하는 입법을 개시하였으며, 1993년부터 소비자의 안전·위생·건강·환경과 관련하여 유럽연합이 정한 기본적 조건을 준수하는 제품에 통일된 CE마크(Conformité Européenne mark)를 부착하는 것이 의무화되고 있다.

1) EU(유럽연합)의 안전 관련 제도

유럽 EU가맹국은 안전감시기관의 설립과 권한부여의 의무가 있으며 EU위원회는 통지와 정보교환 임무를 수행한다. 감시기관의 권한에는 제품의 안전검사, 경고표시의 요구, 판매의 정지·금지, 제품의 리콜 등이 포함된다. 가맹국은 판매금지나 리콜 등의 조치를 즉시 EU위원회에 통지하여 공유하도록 하며, EU 차원에서의 대응이 필요한 경우 EU위원회는 소정의 절차를 거쳐 가맹국에 제품의 판매정지나 리콜을 명하는 결정을 내릴 수 있다.

(1) 유럽인증제도(EOTC : European Organization for Testing and Certification)

유럽에서 안전인증을 받아야 하는 주요 대상품목은 완구류, 단순압력용기류, 가스기기류, 기계류, 전자파적합성, 통신단말기, 비자동저울, 개인 보호장비, 이식용 의료기기, 온수보일러, 건축자재, 저전압기기, 의료장비, 일반안전제품, 위성용 지상기기, 민수용 폭약, 방폭기기, LIFT승강기 등이다. 인증마크는 큰 위험요인이 없을 경우 자기적합성선언에 의한 자기인증에 의해, 큰 위험이 있는 경우에는 EU 차원의 지정검사관의 인증을 통해 부착하게 된다. 유럽에서 제품을 유통 또는 판매하고자 하는 제조자는 그 제품이 해당하는 EU지침에 적합하다는 것을 선언하게 된다.

(2) CE마크

CE마크제도는 특정제품에 관한 EU가맹국의 안전법규를 균일화시킴으로써 기술장벽을 제거하고 회원 국가 간 제품의 자유로운 유통을 촉진시키는 데 그 목적이 있다. CE마크제도의 이행, 운영, 감독, 관리는 각 회원국별로 이루어지며, CE마크의 의미는 제조자, 수입업자, 제3의 인증기관 중 하나가 지침에서 정한 적합성 평가 모듈에 의해 적합성 평가를 수행했다는 것을 뜻한다.

EU마크적용대상 품목에 따라 큰 위험요인이 없는 경우 자기적합성 선언에 의한 자기인증에 의해, 큰 위험이 있는 경우에는 EU 차원의 지정검사기관(유럽시험인증기구, EOTC : European Organization for Testing and Certification)의 인증을 통해 붙여진다. 위해우려가 적은 제품은 제조물책임법 및 시장감시(market surveillance)를 통해 보다 간소하고 비규제적인 방법인 공급자적합성 선언 등으로 전환, 비중을 강화하고 있다. 안전규제가 존재하지 않는 제품에는 제품안전지령이 적용된다. 안전하지 않은 제품을 유통시킨 자에 대한 벌칙과 회수 등의 시정조치, 감시기관의 설치 등을 포함한 입법을 하도록 하고 있다.

유럽의 CE마크 대상제품은 완구류, 가스기기, 기계류, 전자파 관련 제품, 의료기기, 건축 장비 등 총 21개 품목군(EU 및 EFTA회원국 전체에서 판매되는 공산품의 약 40%가 해당)이다. CE마크규제의 대상이 되는 제품을 유럽연합 내에서 유통·판매하기 위해서는 EU가 정한 안전기준에 적합하다는 표시인 CE마크를 반드시 제품

표 3-2 유럽 CE마크 대상 품목

분 류	대상 품목
완구(toys)	14세 미만용 완구(단, 크리스마스 트리, 불꽃놀이, 놀이터시설, 스포츠용품 등은 제외)
단순압력용기(simple pressure · vessels)	사용압력 0.5bar 이상의 용접용기(단, 원자력, 배, 비행기용은 제외)
가스기기(gas appliance)	가스를 이용한 조리기구, 히터, 온수기, 버너, 냉장고, 조명 및 세척기 등(온수보일러는 구모델에 적용)
기계(machines)	기계톱, 평삭반, 프레스, 선박 등 일반 공작기계류와 목공기계 등 산업용·가정용 기계
엘리베이터	전기식 또는 유압식 엘리베이터
개인보호장비(personal protective equipment)	안전 건강에의 위험으로부터의 개인용 보호 장비(단, 다른 지침으로 규정되는 동일 용도의 장비는 제외)
비자동저울(non · automatic weighing machines)	상업, 의료, 통관 등의 목적으로 사용되는 제반 계량 저울
전자파적합성(emc)	무선장비, 가정용 전기기기 등 전자기 등을 발생시켜 무전기 등 통신장비의 전파를 방해할 가능성이 있는 장비
이식용 의료기기(active implantable medical devices)	심장 근육 등 신체에 이식되는 전자의료장치
의료장비(medical device · general)	각종 의료기기
건축자재(construction products)	시멘트, 타일, 목재, 문, 위생도기 등
전자기기	정격 전압하의 산업 및 가전제품
저전압기기(low · voltage electrical products)	교류 1,000V 이하, 직류 1,500V 이하 기기
위성 지상기기(satellite earth stations for telecommunications)	승강기(lifts)
민수용 폭약(explos lives)	폭약류
건설장비	굴착기, 도저, 로저 등
계량기	전력계
측정기기	측정기기
방폭전기기기(equipment for use in explosive atmospheres)	방폭 등
일반안전제품(recreational crafts(boats))	오락용 소형선박 등
통신단말기(telecommunications terminal equipment)	전화기, 팩시밀리 등
온수보일러(boilers)	유류 또는 가스연료를 이용한 새로운 온수보일러

에 표시하여야 한다. CE마크제도는 EU 공동의 강제 규격인증제도로서 소비용 제품, 소비자가 사용할 가능성이 있는 제품 중 상업활동의 과정에서 공급되어 있으면 무상이거나 중고품이라도 대상에 포함된다.

2) 유럽의 위해정보시스템

유럽의 소비자용 제품의 사용에 기인하는 위험에 대한 위해정보수집제도는 유럽 공동체에서 광범위하게 운영되는 '유럽 가정·레저사고조사시스템(EHLASS)' 과 '신속교환정보시스템(RAPEX)' 등이 있다.

(1) 유럽 가정·레저 사고조사시스템

EHLASS(European Home and Leisure Accident Surveillance System)란 소비용 제품에 관련된 사고에 대한 공동체 정보시스템의 확립이 가능한가 여부를 조사하기 위해 1987년부터 실시된 5년간의 실험 프로젝트 성격의 조사시스템이다. 가맹국은 사고에 관한 정보를 수집·분석하여 매년 EU 위원회에 보고해야 하며, EU위원회는 가맹국에 재정원조를 한다. 각 국가별, 상황별로 다양한 데이터의 활용대책이 있으며, 크게 예방, 제품 개량을 위한 업계와의 교섭, 규제기준 도입의 3가지 유형으로 나눌 수 있다. 사고방지 추진, 소비용 제품의 안전성 제고, 소비자정보 제공 및 교육을 위한 사고정보수집을 목적으로 하고 있다. 기본 정보는 가맹국이 선택한 병원에서 수집되며 필요한 항목이 충족되면 각 가정에 대한 인터뷰 등 다른 방법에 의한 정보수집도 인정된다(독일과 룩셈부르크는 가정인터뷰 방식 채용). 위해정보에 포함되는 정보는 사고장소, 사고일자, 치료장소, 사고 시 피해자가 취하고 있던 행동, 사고의 형태, 사고와 관련된 제품 종류, 피해자의 연령, 성별, 피해를 입은 신체의 부위, 치료기간, 간단한 사고 개요와 원인 등이다. 각 국가별, 상황별로 다양한 데이터의 활용대책이 있으며 크게 예방, 제품개량을 위한 업계와의 교섭, 규제기준 도입의 3가지 범위로 나눌 수 있다. EHLASS시스템 이전부터 독자 시스템으로 사고정보를 수집했던 영국, 네덜란드 외에 프랑스, 포르투갈, 덴마크에서도 데이터 활용방안을 강구하였다.

표 3-3 유럽의 안전 관련 주요 사이트

EC 소비자국	EC Consumer Affairs(http://ec.europa.eu/consumers/index_en.htm)
유럽 리콜종합사이트	http://ec.europa.eu/consumers/safety/rapex/index_en.htm

(2) 신속정보시스템

소비자용 제품의 사용에 기인하는 위험에 대한 신속정보시스템(RAPEX : Rapid Exchange of Information)은 일반제품안전지령을 가맹국이 국내 입법할 때까지 존속하는 것으로 결정되어 있다. 통상의 상태나 예견가능한 상태로 사용하였을 때 소비자의 건강이나 안전에 중대하면서도 절박한 위험이 있으면 제품의 사용이나 판매를 금지·제한하는 긴급조치를 취한다. 식품 및 의약품에 대해서는 동일한 별도의 시스템이 EU위원회에 의해 운영된다. 가맹국은 제품의 특징, 위험의 종류와 정도, 긴급조치의 내용을 인지하는 즉시 통지하여야 한다. EU위원회는 이 정보를 다른 가맹국의 담당부서에 통지하여 가능한 한 빨리 대응조치를 EU위원회에 통보하도록 하고 있다.

3) 영국의 소비자안전정책

영국에서는 영국표준협회(BSI)에서 품질·안전규격 인증제도를 실시하여 BSI 마크를 부여하고 있다. 임의품질규격 인증으로 대상품목은 전기·전자제품에서 도자기 등 생활용품에 이르기까지 광범위한 품목을 대상으로 하며, BSI 인증은 소비자와 제조업자 간 필요성 인식 또는 이해에 따라 수시로 인증대상품목이 추가되고 있다.

표 3-4 영국의 BSI마크 대상 품목

분 류	대상 품목
건설자재	건축, 토목자재, 실내장식재(바닥재 등)
엔지니어링 및 소비재	가정용 배관용품(파이프 피팅, 밸브류), 공업용 밸브 및 피팅, 문 개폐기, 방화용품 등
의료·개인 안전용품	의료기기, 헬멧 등
전기부품 및 광학측정기	전기부품, 광학측정기
전기·가스설비	전기 및 가스기구(보일러, 조리기구, 온수기 등)

한편, 영국표준협회(BSI)는 전 제품분야에 대하여 국가규격을 작성·보급하는 기관으로서 1901년 기술표준위원회(engineering standards committee)로 발족, 1931년 현재의 명칭으로 변경되었다. BSI는 영국산 제품의 표준(british standards) 제정, CE마크 인증대행 공식인정기관으로서 1955년 이후 EU 공동지침에 의한 품질검사 및 인증업무를 시행하고 있다. 영국 국민의 건강 및 환경보호 차원에서 BSI 마크규격요건이 점차 품목별로 까다로워지고 다양화되고 있으며 BSI는 영국표준 제정과 더불어 EU 차원의 통일화된 표준 제정에도 적극적으로 참여하고 있다.

한편, 영국의 소비자협회(consumer association)는 민간소비자단체로로서 미국 CU와의 긴밀한 공조와 함께 1957년에 창립되어 상품시험실도 갖추고 있으며 상품 품질테스트도 수행하고 있다. 상품시험, 상품테스트 결과는 월간지인 〈Which?〉 그리고 여러 별책기관지 등에 게재되고 있다. 품질테스트 결과가 영국 BBC TV방송에 발표되기도 하였다. 요즘은 잡지인 〈Which advice center〉를 도시의 노동자주택지역에 설치해 기관지를 읽지 않는 계층을 위한 상품구매의 자문이나 소비자문제를 지원하고 있다.

4) 독일의 소비자안전정책

독일에서 소비용 제품의 안전확보에 관한 주요 법률은 1968년에 제정되고 1979년 개정된 기기안전법(GSG : Geraetesicherheits Gesetz)이다. 품질보증체제의 중심인 전문가 기관의 연합조직인 기술감리협회 TÜV(Technischer Uberwachungs)는 정부공인의 검사기관이면서 제품안전의 확보에도 큰 역할을 하고 있다. 전기, 전자, 기계, 의료기 분야에서 GS(Geprüefte Sicherheit : Safety Approval)와 CE마크 제도를 주관하고 있다. 독일에서 제품을 유통시키고자 하는 제조업자는 그 제품이 해당하는 기술기준에 적합한 것을 제시하기 위하여 지정된 시험기관의 검사를 받아 합격하면 안전마크(GS마크)를 부착한다. GS마크 대상 품목은 가정용 제품, 완구, 스포츠용품, 원예용품, 조명·냉난방장치, 산업용 기기 등 광범위한 제품을 포함한다. GS마크는 반드시 취득해야 하는 강제 마크는 아니나, 취득제품에 대한 고객의 선호도가 높아 필수적인 것으로 인식되고 있다. GS마크의 인증은 연방정부가 승인한 기관에 대해서만 부여되는 권한이나, 인증을 위한 시험은 제품의 원형시험과 제조설비의 검사가 주를 이루고 있다. GS마크는 검사기관의 이름(VDE, TÜV, DEKRA 등)을 표시해야 하며, GS마크 단독으로는 사용할 수 없다. GS마크 부착상품으로 인한 사고발생 시 제조업자가 산재보험에 의거 우선 조치하고 시험·검사기관에 정산 요구, 보험에 의거하여 해결한다.

한편, 1964년 연방정부가 전액 출자해 설립한 독일의 상품테스트기관은 상품테스트재단(stiftung warentest)이다. 그 후 국민과 재단 반절의 수익으로 운영 월간지인 〈Test〉를 발행하고 있는데, 발행부수는 40만 부 이상이다. 상품테스트는 주로 국립재료시험소나 공과대학 등에 의뢰되어 시행되고 있다. 최초에는 보험, 은행, 수리와 같은 서비스의 품질테스트를 많이 하였고, 테스트 결과는 월간지 이외에 신문이나 TV에 공개되고 있다. 〈Test〉지는 1만 곳이 넘는 각급 학교에 무료로 배포되고 있고 소비자교육 자료로서 활용된다.

5) 프랑스의 소비자안전정책

프랑스 제품안전규칙에 큰 역할을 하고 있는 법률은 제품 및 서비스에 대한 소비자보호 및 정보에 관한 법률(통상 소비자보호법)이다. 이 법은 소비생활용 제품에 대해 포괄적으로 적용되며, 특별법에 의해 규제되고 있는 제품에 대해서는 적용 제외한다. 프랑스 인증제도로는 1926년 설립된 비영리 민간기구인 프랑스 규격협회(AFNOR : Association Francaise de Normalisation)가 운영하는 NF마크제도가 있으며, 완구 등 일부 제품 외에는 법률로 의무화된 것은 아니다. 품목에 따라 강제성 적용(EU의 의무 규격기준 준수 품목과 유사)이며 대상 제품분야는 공업제품, 환경 및 식품, 서비스분야(영상) 등이다. NF마크 의무화 품목은 가스기구, 장난감, 보호헬멧, 페인트, 전자놀이 기구 등이다. NF규격 중 전기규격에 한해 민간단체인 프랑스 전기기술협회(UTE : Union Technique de l'Electricite)가 관장하는 UTE 마크가 있다. 품목에 따라 강제적으로 적용(사실상 강제적 마크로 운영)하는데, 대상품목은 전기측정기기, 폭발위험이 있는 장소에서 사용하는 전기기기, 방사선장치와 의료용 전자기구, 자동차용 조명기구 등이 의무화되어 있다. 전기제품에 대해서는 다음의 3가지 법률이 관련되어 있다.

- 전기기기의 안전성에 관한 법률 75·848(1975년), 동법 개정령 81·1237(1981년)
- 표준화에 관한 법률(1941년)
- 소비자보호에 관한 법률 78·23(1978년)

안전규제제도에 해당하는 품목은 수입의 경우 수입상이 해당품목의 샘플을 LNE(Laboratoire National D'essais) 등 정부가 인정하는 기관에 제출하여 사전심사를 받아야 하며 프랑스에서 생산한 제품의 경우도 출고 전에 해당품목의 샘플을 관련 기관에 제출한 후 판매한다.

3. 일 본

일본의 공산품안전 관련 법률은 기기 관련 설비를 대상으로 하는 노동안전위생법, 고압가스단속법, 소방법이 있고, 가정용품을 대상으로 하는 법규로서는 전기용품단속법, 유해물질을 함유하는 가정용품의 규제에 관한 법률, 가스사업법, 가정용품품질표시법, 소비생활용 제품안전법 등이 있다. 개별법의 규제를 받고 있지 않은 제품에 대해서는 소비생활용 제품안전법에 의해 포괄적으로 규제한다. 소비생활용 제품안전법의 대상은 주로 일반 소비자의 사용을 목적으로 하는 제품에 한정되며, 업무용 제품이나 산업기계 등에는 적용되지 않는다. 또한 통상산업성관계의 기준·인증제도 등의 정리 및 합리화에 관한 법률에 의해 제품안전 관련 4가지 법(전기용품안전법, 소비생활용 제품안전법, 가스사업법, 액화석유가스 보안의 확보 및 거래의 적정화에 관한 법률)에서 공통적으로 PS마크제도를 운영하고 있다.

소비생활용 제품안전법은 소비생활용품의 결함에 의한 사고를 미연에 방지하고, 안전한 소비생활을 확보하기 위하여 국가에 의한 위험한 제품의 규제와 제품의 안전성 확보향상에 관한 민간의 자주적인 활동추진 등을 위한 체제가 규정되어 있다. 특정제품의 검정 등의 업무, 소비생활용 제품에 대한 안전성 확보업무, 소비생활용 제품에 있어서 생긴 손해보상의 원활한 실시를 위해 제품안전협회를 설치·운영하고 있다.

표 3-5 일본 PSC마크 대상 품목

분 류	대상 품목
특정제품 (3품목)	• 가정용 압력냄비·압력솥(용적량 10L 이하의 것, 9.8kPa 이상 게이지압력으로 사용 설계된 것) • 승차용 헬멧(자동이륜차 또는 원동기가 부착된 자전거용에 한함) • 등산용 로프(신체확보용의 것에 한함)
특별특정 제품 (3품목)	• 유아용 침대(가정에서 24개월 이하 유아용 수면/보육사용에 한정, 동작형은 제외) • 휴대용 레이저응용장치(레이저광을 외부에 조사하여 문자와 도형을 표시하는 것을 목적으로 설계된 것에 한함) • 욕조용 온수순환기(2003. 8. 1. 추가)

1) 정부 주도에 의한 안전규제

소비생활용 제품안전법에 따라 소비생활제품 가운데 구조, 재질, 사용상황 등으로 미루어 볼 때 소비자의 생명 및 안전에 특히 위험을 끼칠 요소가 많다고 인정되는 제품을 지정하여 자기적합성 확인 및 제3자 검사기관의 검사·신고를 통해 PSC(Product Safety Consumer)마크를 부여한다. 자기확인 및 제3검사기관에 의한 검사신고제도로서 대상품목은 특정제품 3개 품목(가정용 압력냄비·압력솥, 승차용 헬멧, 등산용 로프)이며, 특별 특정제품 3개 품목은 유아용 침대, 레이저 포인터, 욕조용 온수순환기이다.

일본 소비생활용 제품안전법은 안전기준에 적합하다는 취지의 PSC마크가 미부착된 특정 제품의 판매를 금지하고 있으며, PSC마크가 없는 제품이 시중에 유통될 경우 국가는 제조사업자에게 회수 등의 조치를 명할 수 있다. 사업신고자는 제조 또는 수입하려는 제품이 특별특정제품일 경우 주무장관이 인정 또는 승인하는 검사기관에 의해 적합성검사를 받고 해당 증명서를 교부받아 보존해야 한다.

2) 민간 주도의 안전인증제도

사단법인 일본제품안전협회는 특정제품을 포함한 소비생활용 제품의 사업자 등으로부터 신청을 받아 제품의 안전기준을 책정하고 안전성을 인정받은 제품에는 SG(Safety Goods)마크를 부착하도록 하고 있다. SG마크를 표시하기 위해서는 사전에 안전기준에 의한 적합 여부검사에 합격해야 한다. SG마크는 소비생활용품에 의한 일반 소비자의 생명 또는 신체 위해를 방지하기 위하여 특정제품의 제조 및 판매를 규제하는 동시에 소비생활제품의 안전성을 확보하기 위해 민간의 자발적 행동을 촉진하기 위한 것이다.

대상품목(2004년 12월 현재)은 유아용 제품(21), 가구·가정·주방용품(31), 스포츠·레저·휘트니스·원예용품(56), 복지용구 제품(8), 기타(13) 등 129품목이다. SG마크 부착제품에 의해 소비자가 사망하거나 후유장해를 입는 중대·사고가 발생한 경우에는 일시금이 교부되고, 협회나 제조업자에게 책임이 있다고 인정되는 경우에는 배상금을 지급한다.

일본안전제품안전협회는 제품안전성 확보를 위해 소비자, 유통업자, 중립자 등 각계각층의 의견을 반영하여 몇 단계의 확인을 거쳐 안전기준을 작성하고, 작성 후에는 제품의 개발상황, 사고발생상황 등을 고려하여 적절히 개정하고 있다. 일본제품안전협회에서는 소비생활용 제품의 안전성의 확보를 위하여 필요한 시험, 조사, 지도 및 정보 제공을 한다.

이 외에도 일본의 다양한 분야의 협회, 공업회 등 각종 단체가 표준을 정하고 기준에 적합하다고 인정되는 제품에 대해 품질인증마크를 부여하고 있다. 손해배상조치가 있는 주요 공산품 대상 마크제도로는 BL마크(Better Living), ST마크(일본완구협회), SF마크(일본煙火협회), 보트·서핑기준합격마크(일본공기비닐제품공업협동조합) 등이 있다.

3) 일본의 소비자안전정책기관과 법제도

(1) NITE

일본의 정부기관인 NITE(National Institute of Technology and Evaluation)는 소비자제품안전, 화학물질 관리, 바이오기술, 적합성 평가 업무를 수행하는 독립행정법이다. 이 기관은 일본 경제산업성의 싱크 탱크(think tank) 역할을 수행하는데, 설립목적은 다음과 같다.

- 소비자제품안전(위해정보 수집, 전달, 시험평가 등)
- 화학물질관리(위해화학 물질 정보 수집, 전달, 시험평가 등)
- 바이오기술(바이오기술 개발, 안전기준 개발 등)

- 적합성 평가(적합성 평가 기준개발, 적합성 평가 업무 등)[3]

(2) 소비생활용 제품안전법

소비생활용 제품안전법은 소비물품이나 소비용품의 안전에 관한 일반법으로 제정되었다.

① 제정배경

복잡 또는 고성능 소비생활용품이 개발되고 풍요로운 소비생활에 기여해 왔으나 소비자는 이와 같은 다양한 제품의 안전성에 대하여 스스로 판단하는 것이 사실상 불가능한 경우가 많다. 제품의 결함에 의한 사고나 고충이 발생하고 있어 국민의 안전한 소비생활을 실현하기 위해 각종 소비생활용 제품을 대상으로 안전성 확보를 위한 일반법으로서 1973년 6월 이 법을 제정·공포하였다. 이 법의 내용은 크게 국가에 의한 안전성의 규제(특정제품의 지정 등), 민간의 자주적 노력의 촉진(제품안전협회의 설립) 두 가지 부분으로 구성되어 있다.

- 국가에 의한 안전성 규제 : 일반 소비지의 생활용품 가운데 안전성 측면에서 문제가 있는 것을 특정제품으로 지정하고 있다. 이 특정제품은 국가가 안전기준을 정하여 그 안전기준에 적합한 취지의 표시가 부착되지 않으면 판매할 수 없도록 하고 있다. 안전검사사무는 국가검정기관 외에 제품안전협회가 할 수 있도록 하고, 이 경우 제품안전협회는 전국에 네트워크를 유지하고 수출검사기관 등 민간 검사기관의 협력을 얻어 안전인증 등의 업무처리를 하도록 하고 있다.
- 민간 자주 안전성 확보 : 안전한 제품을 공급하는 것은 기업의 사회적 책임의 근본이며 민간의 자주적 활동을 통해 기업의 안전제품 생산을 촉진시켜야 하기에 이 법을 제정하였고 제품안전협회가 설립되었다. 이 협회는 국가의 특성제품에 관한 검정 등의 사무, 소비생활용 제품에 대한 안전성의 인정 및 그 제품의 결함에 의한 사고가 발생할 경우의 손해배상사무를 행하는 외에 소비생활용 제품의 안전성의 확보를 도모하기 위하여 필요한 시험조사지도 및 정보 제공의 업무를 수행한다.

3) 임남혁(2008), NITE 안전관리전략 분석 및 활용방안 모색, 지식경제부 기술표준원 안전정책개발 워크숍 자료

- 긴급한 경우의 조치 : 일반 소비자의 생명, 신체에 대하여 특히 위해를 미칠 우려가 많은 제품에 대하여 본래 특정제품으로서 시행령으로 지정하고 이 법에 근거하여 규제할 수 있다. 특정제품으로 하는 것으로는 안전기준의 작성, 심의회의 자문 등으로 시간을 요하므로, 그 사이 사고발생의 확대방지를 위한 긴급조치로서, 제품결함에 의한 일반소비자의 생명 또는 신체에 중대한 사고가 발생하고 또는 발생할 급박한 위험이 있는 경우 그 제품의 제조사업자 등에 대하여 판매정지 또는 필요에 따라서 회수하는 등의 긴급조치를 취할 수 있도록 하고 있다.

② 소비생활용 제품안전법의 주요 내용

- 법제정 목적 및 적용 : 소비생활용 제품에 의한 일반소비자의 생명 또는 신체에 대한 위해발생의 방지를 도모하기 위하여 특정제품의 제조와 판매를 규제하고자 제정되었다. 소비생활용 제품의 안정성 확보에 따라 민간의 자주적인 활동을 촉진하기 위한 조치를 강구함으로써 일반 소비자의 이익을 보호하는 것에 중점을 두고 있다. 이 법에서 소비생활용 제품이라 함은 주로 일반 소비자의 생활용으로 제공되는 제품을 말하는데, 다음의 경우는 소비생활용 제품이 아니다.
  - 선박법의 적용을 받는 선박
  - 식품위생법의 적용을 받는 식품, 식품첨가물 및 세정제
  - 소방법의 적용을 받는 소방용 기계 기구
  - 독물 및 독극물규제법에서 규제하는 독물 및 극물
  - 도로운송차량법의 적용을 받는 도로운송차량
  - 고압가스규제법의 적용을 받는 용기
  - 무기제조법의 적용을 받는 엽총 등
  - 약사법의 적용을 받는 의약품, 의약부외품, 화장품 및 의료용구
  - 기타 위해의 염려가 없다고 인정되는 제품으로 시행령에서 정하는 것
- 특정제품에 대한 규제 : 이 법에서 특정제품은 소비생활용 제품 가운데 사고의 상황, 위해발생 가능성, 피해건수를 참고하여 선정하는데, 최종적으로 제품안전 및 가정용품 품질표시심의회에서 심의 후 시행령으로 지정한 후 이것에 대해 국가가 안전기준을 부령으로 정하고, 그 안전기준에 적합한 취지의 표시(SG마크)가 부착되지 않으면 판매할 수 없도록 하고 있다. 다시 말해, 이 법에서 특정

제품이라 함은 소비생활용 제품 가운데 구조, 재질, 사용상황 등으로 보아 일반 소비자의 생명 또는 신체에 대하여 특히 위해를 끼칠 염려가 많다고 인정되는 제품으로 시행령으로 정하는 것을 말한다. 특정제품은 가정용 압력냄비 및 압력솥, 승차용 헬멧, 야구용 헬멧, 유아용 침대, 롤러스케이트, 등산용 밧줄, 탄산음료 병조림, 탄산음료를 충전하기 위한 유리병 등이다. 다른 법률에 의하여 전면적으로 안전성 확보가 행해지고 제품에 대하여는 이 법에서 특정제품으로 삼지 않는다.

- 긴급명령 등 행정조치 : 주무장관은 긴급한 경우 소비자안전을 위한 긴급명령을 할 수 있다. 특정제품을 제외한 소비생활용 제품의 결함으로 인하여 일반 소비자의 생명 또는 신체에 중대한 위해가 발생하거나 발생할 급박한 위험이 있는 때에는 그 제품의 제조 또는 수입자에게 결함·위해제품의 회수를 하거나 업무상황보고 및 긴급조치를 명할 수 있고 현장검사권도 가지고 있다. 주무장관은 필요한 경우 특정제품의 제조, 수입자 또는 판매자의 사무소, 공장, 사업장, 점포 또는 창고에서 특정제품, 장부, 서류, 기타 물건을 검사할 수 있다. 이때 국가는 이 규정에 의한 명령에 의하여 생긴 손실을 소유자 또는 점유자에 대하여 보상하여야 한다.
- 행정조치 요구권 : 소비생활용 제품에 의해 소비자의 생명 또는 신체에 위해가 발생할 우려가 있다고 인정될 때에는 주무장관에게 의견을 제출하여 적당한 조치를 취할 것을 요구할 수 있다. 행정조치요청을 받은 주무장관은 필요한 조사를 실시하고 그 내용이 사실이라고 인정될 때에는 법률에 의한 적당한 조치를 취하여야 한다. 예를 들면, 판매 및 표시제한 등을 위반한 자, 위해방지명령을 위반한 자 그리고 긴급명령을 위반한 자 등은 1년 이하의 징역 또는 30만 엔(약 400만 원) 이하의 벌금에 처한다. 검사거부, 방해, 기피 등의 경우에는 일징한 벌금을 과한다.

(3) 소비생활용 제품안전법과 다른 개별법과의 관계

일본 소비생활용 제품안전법은 소비자의 생활용품의 안전성과 관련한 제품에 법률적 구성이 되어 있다. 소비생활용 제품안전법은 소비생활용 제품의 안전성에 관한 일반법이고, 기존 규제법은 특별법의 지위를 가진다.

표 3-6 일본전기용품 안전법 대상 품목

구 분	주요 품목	유예기간	신 마크	구 마크
특정 전기용품 (112품목)	온수기, 온장고 등 32품목	2006. 3. 31	PS E	〈갑종전기용품〉
	전기마사지기, AC어댑터 등 36품목	2008. 3. 31		
	형광등용 소켓, 스위치 등 42품목	2011. 3. 31		
특정 이외 전기용품 (338품목)	냉장고, 세탁기, TV, 음향기기 등 227품목	2006. 3. 31	PS E	마크 없음 〈을종전기용품〉
	전기스탠드, 에어컨 등 65품목	2008. 3. 31		
	전선관 등 45품목	2011. 3. 31		

예를 들면, 식품위생법, 약사법, 전기용품규제법 등과 같이 개별제품의 안전성을 확보하기 위한 각종 개별법 또는 기존규제법으로서 기능하고 있다.

기존규제법에 의하여 안전성 규제가 행해지고 있는 제품이라도 그 규제에 의해 안전성의 문제가 남아 있는 제품에 대하여는 소비생활용 제품안전법의 대상으로 한다. 다만, 기존규제법은 기준 또는 규격을 정할 수 있는 부분에서 다른 규제에 위임할 수 있다. 다시 말해, 소비생활용 제품안전법에서 이중규제가 되지 않도록 하고 있다. 예를 들면, 압력냄비의 경우 예상되는 위험성은 하나는 음식에 유해물질이 용해되지 않는가 하는 것이고 다른 하나는 폭발성인 가운데 전자는 식품위생법에서 규제하고 있으나, 후자에 대하여는 어떠한 규제가 없기 때문에 전자에 대하여는 식품위생법에 규제를 위임하고, 후자에 한하여 안전기준을 정하며 소비생활용 제품안전법으로 규제한다(강창경, 1997).

4) 일본의 위해정보시스템

일본에서는 소비자위해정보수집방법을 이원화하여 사고보고신고제도와 위해통보제도를 시행하고 있다. 위해정보수집 및 활용시스템에 대해 구체적으로 살펴보자.

(1) 사고보고신고제도

사고보고신고제도는 다음에 제시하는 예와 같이 특정상품류에 대하여 위해 또는 위해에 관련된 정보를 법령규정에 의하여 당해 관청 또는 사업자로 하여금 신고하도록 하는 제도로 수집된 정보는 일반에 공표된다.

- 식중독사고신고제도(후생노동성)
- 화재사고신고제도(소방청)
- 가스사고신고제도(경제산업성)
- 교통사고정보수집제도(경찰청)

(2) 위해정보통보제도

위해정보통보제도는 법령에 의한 신고제도와는 별도로 행정기관이 각각의 소관 상품에 관한 위해정보를 임의로 수집하는 제도이다.

① 위해정보시스템(국민생활센터)

국민생활센터의 위해정보시스템에서는 1970년 이후 전국의 소비생활센터에 접수된 소비자상담 가운데 상품·서비스와 관련된 인신사고를 '위해', 인신사고 발생 우려가 있는 사고를 '위험'으로 구분해 수집하고 있다. 1978년부터는 협력병원(2004년 20개 병원)을 통해서도 위해정보를 수집하고 있다. 수집된 정보는 국민생활센터에서 분석·평가한 후 동종사고의 예방을 위해 사고원인과 주의사항 등을 정리하여 〈생활의 위험〉과 월간지 〈국민생활〉 등에 게재하고, 전국소비생활센터와 보도기관을 통해 일반 소비자들의 주의를 환기시키고 있다.

② 사고정보수집제도(경제산업성)

사고정보수집제도는 소비생활용 제품의 결함에 의한 사고정보를 신속하게 빠짐없이 수집하고, 이 정보를 검토하여 필요한 시책을 강구하며 사고의 발생방지에 도움이 되는 것을 목적으로 한다(1974년 10월부터 실시). 사고정보의 범위는 경제산업성이 소관하는 소비생활용 제품(가정용 전기제품, 부엌·식탁용품, 연소기구, 가구·주택용품, 승용물·승용물용품, 신변잡화, 보건위생용품, 레저용품, 유아용품, 섬유제품 등)의 결함에 의해 인적 피해가 발생한 사고, 발생할 가능성이 높은 물적 사고, 사고발생할 가능성이 있는 중대결함이 발견된 경우를 대상으로 한다.

③ 가정용품 관련 건강피해 병원모니터제도(후생노동성)

이 제도는 각종 건강용품의 건강피해실태를 파악하고 가정용품 안전대책을 추진하기 위하여 대학부속 병원, 공립병원 등 피부과, 소아과 각각 8개소를 모니터링 대상병원으로 지정하여 1979년 9월부터 가정용품과 관련된 건강피해정보를 수집하고 있다. 1979년 5월 이 제도의 발족 이후 2001년까지 누계 2만 443건이 보고되었다. 이 밖에 후생노동성에는 의약품 부작용 모니터제도, 약국 모니터제도 및 의료용구 모니터제도 등이 있다.

5) 일본 민간소비자단체의 소비자안전 확보활동

일본의 소비자협회는 1961년 창립된(비영리 소비자조직) 소비자단체로 상표테스트, 소비자교육, 조사, 고정처리 등의 업무를 수행한다. 운영자금은 정부보조금과 민간기부금, 기관지인 〈월간소비자〉의 구독료 등으로 충당한다. 원래 일본에서 상품테스트의 효시는 1950년대 초부터 발간된 격월간지인 〈삶의 수첩〉에서 시작되었다. 이 외에도 특수법인으로 '국민생활센터'가 있으며 이는 1970년대 후반부터 품질비교테스트가 시작되었다. 이 센터가 일반소비자협회와 다른 점은 전혀 종합평가를 하지 않는다는 것이다. 주로 상품의 안전성, 연구성, 사용간편성, 표시의 정당성, 절약성 등에 관한 여러 항목을 필요에 따라 테스트하며, 항목마다 개별 비교평가하고 테스트결과는 기관지인 〈국민생활〉에 공표한다(한희영·한동철, 2001).

4. 중 국

중국은 중국 내 생산품에 대해서는 CCEE(상품안정인증)마크를, 수입제품에 대해서는 CCIB(수입상품안전품질인증)마크를 부착하도록 하는 이원적으로 운영시스템을 가지고 있다. CCC마크의 종류는 다음과 같다.

- CCC S : 안전 규격
- CCC EMC : 전자파 규격
- CCC S & E : 안전 및 전자파
- CCC F : 소방법에 관련되는 경우

그림 3-2 중국의 CCC 인증 통합내용

중국의 인증제도는 복잡한 인증절차, 과다비용, 검사기간의 장기화, 관련 기관 업무 중복 등 여러 문제점이 제기되어 왔다. 이 같은 상황에서 2002년 12월 중국은 WTO 가입을 계기로 안전인증제도 및 내부관리체계를 국제기준에 맞춰 전면 개편하였다. 특히, 이원적으로 운영되던 국내산품과 수입품에 대한 인증제도를 단일 통합하여 CCC마크를 탄생시켜 인증검사대상 품목, 기술 관련 법규, 인증마크, 인증비용 등을 일원화시켰다.

수입품과 중국산제품에 통합된 중국의 강제인증 CCC(China Compulsory Certificate) 혹은 3C는 중국 내에 유통되는 모든 상품에 대해 안전인증과 품질인증을 받도록 한 제도이다. CCC 인증대상품목은 전선 케이블류, 회로 스위치류, 저압 전기장치, 소형전동기, 전동공구, 용접기, 가정용 기기, 음향 영상설비, 정보기술장비, 조명장비, 전자통신 단말기, 차량 및 안전제품, 차량 타이어, 안전유리, 농기계, 라텍스제품, 의료기기, 소방제품, 안전기술 예방설비 등 135개 품목이다.

중국의 국가품질감독검험검역총국(AQSIQ)에서 품질인증제도의 기준마련과 인증품목의 승인을 담당하며 국가인정인가감독관리위원회(CNCA)에서는 인증품목 개발 및 인증마크결정 등의 업무를, 인증기관(DCBs)에서는 인증업무를 수행한다. CCC 인증이 없는 경우 중국 내 생산·수입·수출이 금지되며 경우에 따라 3만 위안(약 500만 원) 이하의 벌금이 부과된다. CCC 인증의 공장 조사는 매년 1회 실시된다.

표 3-7 중국, 호주, 네덜란드의 소비자안전 주요 사이트

국가별 주요 기관	사이트 주소
중국 국가품질감독검험검역총국	AQSIQ(http://english.aqsiq.gov.cn)
호주리콜종합사이트 호주경쟁 및 소비자위원회	http://www.recalls.gov.au ACCC(http://www.accc.gov.au)
네덜란드 식품 및 소비자제품 안전감독원	VWA(http://www.vwa.nl)

5. 호 주

호주에서는 독립된 소비자보호법을 제정하지 않고 거래법(trade practice act)에서 사업자의 부당거래행위, 결함상품에 대한 손해배상, 제조물책임 등을 규정하고 있다. 호주에서는 연방소비자보호청 하부기관인 연방소비자보호국(FBCA : Federal Bureau of Consumer Affairs)과 거래 및 소비자위원회(ACCC : Australian Competition and Consumers Commission)가 소비자정책을 담당하고 있다.

FBCA는 연방정부의 소비자정책을 총괄하며 소비자정보 제공과 교육·출판 등의 업무 및 소비자안전기준의 제정·집행을 담당한다.

ACCC는 경쟁촉진업무, 소비자보호업무 중 거래분야 총괄, 소비자안전 관련 주요 시책의 집행을 담당하며, 생산·유통금지 및 강제리콜명령, 긴급금지명령 등의 권한이 있고 제조물책임제도에 따라 손해나 위해를 입은 소비자를 대신해 대리소송을 제기하기도 한다. 독립한 비정부·비영리단체인 호주규격협회(SAA : Standards Association of Australia)에서도 호주 제정 이외에 품질인증제도를 시행하고 있다. 소비자제품안전에 관한 법령 중 대부분이 호주규격협회가 적용한 AS규격을 승인하여 사용하고 있다. 호주규격협회는 영국규격(BS)을 다수 받아들여 사용해 오고 있다.

한편, 호주와 뉴질랜드는 긴밀한 경제관계 유지를 통한 통일시장 형성의 일환으로 국가 간 상호인정협정(MRA : Mutual Recognition Agreement)을 체결하고 양국 간 무역의 기술적 장벽을 모두 제거하기 위하여 규격과 자기적합성선언 인증을 공동으로 사용한다. 호주는 1980년대부터 이 같은 자기적합성 인증제도를 발전시켜 왔으며 이 제도는 캐나다의 모델로 활용된 바 있다.

호주의 전국적 차원의 위해정보수집시스템은 NISU(National Injury Surveillance

Unit)이며 이는 호주보건성(department of health and aging)과 플리더스대학 연구센터와 제휴하여 운영하는 정보시스템으로 전국적인 전산망이라 할 수 있다. 그 외에도 호주는 전산망의 연결을 통하여 주(state) 또는 지역(community) 차원의 위해정보수집시스템을 가동하고 있으며, 이들은 전산망으로 상호연결하여 유기적인 공조체계를 하는 등 활발한 움직임을 보이고 있다. 대표적인 위해정보수집시스템은 호주 빅토리아주 보건성(department of community service and health)에서 운영하는 빅토리아 상해정보수집망(VISAR)이 있다. VISAR은 1988년부터 왕립아동병원에서 주관하다가 1990년부터 모나쉬대학 부설연구소인 MUARC(Monash University Accident Research Institute)에서 주관하여 위해정보수집을 하고 있다. 빅토리아주 비상기획부 '응급실상해조사망'은 보건성에 보고하는 35개 병원에서 자료를 보고받으며 빅토리아주 보건성은 상해조사보고서를 분기별로 제공하고 있다.

6. ISO

1) ISO의 주요 활동

ISO(국제표준화기구)란 여러 나라의 표준제정단체들의 대표들로 이루어진 국제기구로 나라마다 서로 다른 산업, 통상규격을 조정하고 통일한다. ISO라는 명칭은 '동등하다' 라는 뜻을 가지고 있는 그리스어의 'isos' 에서 유래되었고 1947년 2월 23일 설립되었다. 설립 목적은 지적 활동, 과학, 기술, 경제활동분야에서 세계 상호간의 협력발전으로 공업규격 조정, 통일, 물자 및 서비스의 국제적 교류원활 등의 활동을 수행한다. 146개 회원국(2006)이 가입되어 있으며 본부는 스위스 제네바이다. 한국은 1963년 가입하였으며 한 국가에서 하나의 기관만이 등록 가능하다. 우리나라의 경우 지식경제부 기술표준원이 대표기관으로 참여하고 있다. 주요 규격은 다음과 같다.

- ISO 639 : 언어 명칭에 관한 국제표준
- ISO 3166 : 국가영토에 관한 국제표준
- ISO 8601 : 날짜표기에 관한 국제표준
- ISO 9660CD-ROM : 파일시스템 국제표준

- ISO 15924 : 문자 표기 등에 관한 국제표준
- ISO 14000 : 환경 관련 국제규격 및 표준화에 관련 부분
- ISO 9000 : 품질관리에 관련한 국제표준 규격

International Organization for Standardization

그림 3-3 ISO마크

ISO의 규격은 그 기구의 설립취지에 맞게 자발적 규격이다. 따라서 법적 구속력이 없다. 그럼에도 불구하고 대부분의 세계회원국들이 ISO의 규격에 따라가는 추세이고 개별 국가의 규격이 ISO 규격과 차이가 있을 경우와 그 표준을 사용하지 않는 경우에는 국제무역에서 불편을 겪을 수 있다.

2) ISO 9000 시리즈(품질인증)

(1) ISO 9000의 제정배경

제2차 세계대전 후 미군의 조달부서는 제품에 대한 기술적 조달요구사양에 미군규격(MIL Q 9858)으로 제정하고 이 규격을 토대로 공급자에 대한 품질경영시스템 심사가 미군의 조달제도에 도입되었다. 그 이후 우주산업과 원자력산업에도 품질경영시스템 심사가 채택되어 점차 민간에 확산되었다. 국제규격제정을 하게 되었고 그 과정에서 종종 기존 국가들의 규격을 참고로 하였다. 1982년 ISO에서도 미국의 국가규격(ANSI Z1-15)과 영국의 국가규격(BS 5750)이 논의대상이 되면서 국제 표준제정의 중요성이 부각되었다. 1970년대 영국과 프랑스, 독일, 캐나다 등에서 복잡한 기능과 성능을 보유한 공업제품과 고액의 제품에 대하여 '공급자가 요구한 사양을 만족하는 제품을 공급한다.'는 신뢰성 부여를 위한 품질관리, 품질보증의 중요성이 인식되었다. 1976년에 ISO에 품질보증에 관한 위원회인 TC 176이 설립되어 규격제정활동이 시작되었고 1987년 ISO에 의해 품질관리 및 품질보증에 관한 국제규격인 ISO 9000 시리즈가 발행되었다. ISO 9001, 9002, 9003은 품질경영시스템 요구사항을 규정하고 있다. 현재 ISO 9000, 2000년판에서는 ISO 9001로 단일화되었다. 1979년의 스탠더드 코드(standard code)에서는 국제적으로 인지된 규격이 있는 경우 각국은 이 규격을 도입하도록 노력해야 한다고 규정하면서 ISO/IEC규격의 중요성이 한층 강화되었고 국가별 규격과 지역규격의 국제적 정합의 필요성에 대한

인식도 심화되었다. 1992년의 EC시장통합을 계기로 ISO 9000 시리즈가 전 세계에 퍼져가게 되었고 EC시장의 통합을 위해서는 정치·경제제도의 조화만으로는 부족하므로 기술적 장해를 제거해야 했기 때문이다.

ISO 9000 규격은 1970년대부터 유럽의 지역통합경제체제가 형성되어 그 결과로 유럽 영내에서의 통상 장해를 제거하고 산업별 성숙도와 기술수준이 서로 다른 나라가 상호 불신감을 없애기 위하여 품질경영시스템 인증제도가 도입되었다. 제품구매자가 품질경영시스템에 관하여 제3자 인증을 공급자에게 요구함으로써 이 제도는 유럽 영내에서 뿐만 아니라 EC에 제품을 수출하는 외부의 국가에게도 널리 보급되었다.

인증제도의 필요성을 논의하면 구매자가 기업인 경우는 구매에 앞서 사양서 등에 자신의 요구사항을 공급자에게 제시하는 것이 일반적이다. 공급자는 구매자의 요구사항을 만족시키는 제품이나 서비스를 제공하기 위하여 기업활동을 하고 있지만, 구매자는 공급자에 대하여 품질경영의 실시나 품질보증 활동을 요구하게 된다. 그러나 공급자로서는 거래하는 구매자가 다수인 경우가 대부분이므로 각 구매자가 상이한 품질경영시스템이나 품질보증활동을 요구하게 되면 일대일 대응이 어렵다. 제3자인 품질경영시스템 인증기관이 구매자를 대신하여 국제적 통용기준이며 공통의

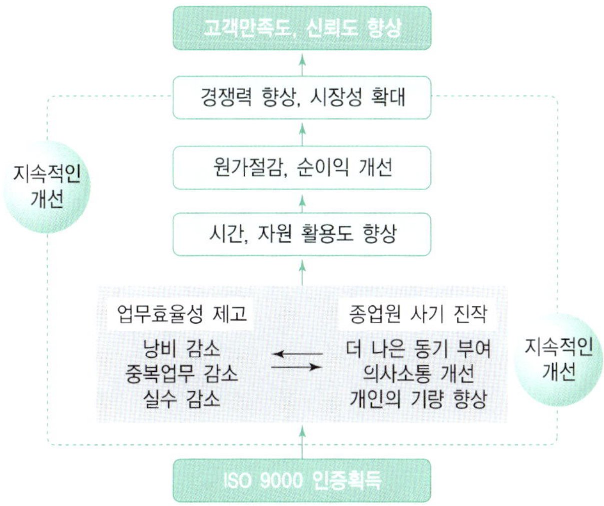

그림 3-4 ISO 9000 인증획득의 효과

척도인 ISO 9000 시리즈 규격에 따라 공급자의 품질경영시스템이나 품질보증활동을 심사하여 인증함에 따라 공급자는 중복심사로 인한 업무의 복잡성을 피하고 시간이나 경비절약의 효과를 얻을 수 있으며 구매자 역시 객관적인 신뢰감을 얻을 수 있다. 특히, 국제기준에 적합한 품질경영시스템의 정비와 경영수법을 확립하고 품질매뉴얼 및 기타 표준화와 문서화에 의해 지속적으로 개선하여 기업 내 불합리한 사항을 제거할 수 있고 국제시장에의 진출이 용이해진다. 상거래 및 입찰 시 우대받을 수 있고 제품의 품질향상과 불필요한 사항의 제거로 인한 이익이 확보된다.

고객에 의한 품질감사가 간소화되며 PL(제조물책임)법 시행에 대한 대응이 가능하다.

(2) ISO 9000 규격의 구조 및 내용

ISO 9000 시리즈(품질경영규격)는 공급자에 대한 품질경영 및 품질보증의 국제규격을 의미한다. 세계경제가 글로벌화되고 있는 상황에서 국가와 조직(기업 등)에 따라 품질보증에 대한 개념은 서로 상이하다보니 제품과 서비스의 자유로운 유통이 방해받지 않도록 하기 위하여 ISO 9000 시리즈가 제정된 것이다. 규격은 영국의 BS 5750을 기본으로 하여 유럽과 미국의 개념과 습관의 영향을 크게 받는다.

(3) ISO 9000 : 2000 개정 배경

ISO 9000(품질경영시스템 인증제도)은 기업 또는 공장의 품질경영시스템이 한국산업규격(KSA 9000 시리즈) 또는 국제규격(ISO 9000 시리즈)에 적합한지를 인증기관이 심사하여 인증하고 공표하는 인증기능(certification), 인증심사를 수행할 심사원의 자격을 평가하고 등록하는 심사원자격 인증기능(registration), 인증기관 및 연수기관이 수행하는 인증업무와 연수업무에 대하여 적절한 능력을 보유하고 있음을 심사하여 인정하는 인정기능(accreditation)이 상호연계되어서 이루어지는 제3자 인증행위이다. ISO 9000 시리즈는 5년마다 개정하는 것을 원칙으로 한다. 1994년 ISO 9001-9003의 소 개정은 제품의 품질이라는 종래의 개념으로부터 탈피하지 못하고 종래의 '제품'의 개념이 제조업자가 만드는 제조품이라고 생각되었기 때문에 제조업 중심의 규격이라는 한정된 범위 내에서 이루어졌다. 이 같은 상황에서 2000년 12월 ISO 9000 시리즈의 개정작업이 이루어졌다. 개정사유는 고객만족실현과 고객요구사항에 부응하기 위해 그리고 변화하는 산업사회에 적응하고 과다한 문서관리보다 성과개선에 집중하기 위함이었다. 성과 중심으로 다른 경영시스템과의 방용성을 증대시켜 조직의 핵심프로세스에 대한 역량집중, 조직활동에 가치부여, 성과달성, 지속적인 개선기회를 제공하는 데 있다. 제품의 정의를 서비스업 등에도 적합할 수 있도록 넓은 의미로 파악하게 되었다. 또 ISO 이후부터 있었던 TQM(종합적 품질관리) 가운데 PDCA사이클(Plan, Do, Check, Act) 요소를 도입하였고 2000년 개정판에서는 경영의 중요성을 강조하며 종래의 품질시스템이 '품질경영시스템'으로 바뀌었다. 2000년 판에서는 제목에서도 '품질경영시스템-요구사항'으로 크게 변화하였다. 품질경영시스템이란 조직(기업 등)이 고객의 요구에 대응하기 위해서는 요구에 관한 정보를 입력하고, 제품과 서비스에 반영하여 출력해야 하며 이 입력을 출력으로 변환하는 것을 ISO에서는 '프로세스'라고 부른다. 이는 끊임없이 변화하는 고객요구에 대응하기 위하여 프로세스를 지속적으로 개선해 나가는 품질경영시스템이다. ISO 9000 시리즈 가운데 ISO 9001은 품질경영시스템 요구사항을 규정하고 있다. 이 요구사항은 어떠한 업종이나 조직에도 대응할 수 있도록 범용적인 표현으로 기술되어 있다.

예를 들면, ISO 9001의 1994 규격의 기본은 제조 중심의 규격으로 품질보증에 초점이 맞추어져 있었으나 2000년 개정판은 다양한 업종·규격에 대응(서비스업, 판매업, 운송업, 건축업, 관공서, 소프트하우스 등 중소기업에도 적용가능)하여 경영의 중요성에 초점을 맞춘 품질경영시스템으로 변경되었다.

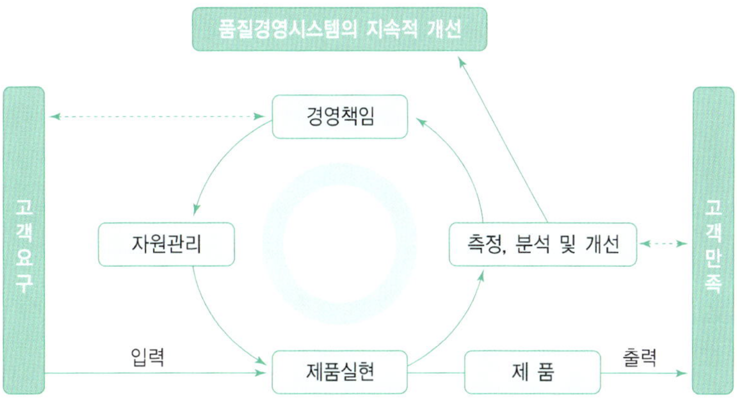

그림 3-5 프로세서를 기반으로 한 품질경영시스템

ISO 9000 : 2000 품질경영 8대 원칙

- 원칙 1(고객 중심) : 조직은 고객에 의존하고 있다.
- 원칙 2(리더십) : 리더는 조직의 목적과 방향의 일관성을 확립한다.
- 원칙 3(전원참여) : 모든 계층의 사람들이 조직의 필수요소이다.
- 원칙 4(프로세스 접근방법) : 관련된 자원 및 활동이 하나의 프로세스로 관리될 때 바라는 결과가 보다 효율적으로 얻어진다.
- 원칙 5(경영에 대한 시스템접근방법) : 조직의 총체적 성과에 대한 지속적 개선은 조직의 궁극적인 목표가 되어야 한다.
- 원칙 6(지속적 개선) : 조직의 총체적 성과에 대한 지속적 개선은 조직의 궁극적인 목표가 되어야 한다.
- 원칙 7(의사결정에 대한 사실적 접근방법) : 효과적인 결정은 데이터 및 정보의 분석에 근거한다.
- 원칙 8(상호유익한 공급자 관계) : 조직 및 조직의 공급자는 상호 의존적이며, 상호이익이 되는 관계는 가치를 창조하기 위한 양쪽 모두의 능력을 증진시킨다.

7. 세계 각국의 소비자안전정책의 비교

1) 세계 각국의 안전관리제도의 비교

우리나라와 미국, EU연합, 일본 등 주요 외국의 공산품안전관리제도 비교는 표 3-8에 제시한 바와 같다. 미국, EU 등은 사업자 스스로 제품이 안전기준에 적합하다고 인증하는 자기적합성선언(self declaration of conformity)제도를 도입·운용하여 위해문제발생 시 리콜 등을 통해 규제하고 있다. 우리나라의 공산품 안전관리제도는 품목별로 개별법에 근거하여 소관 부처에서 품질관리 차원에서 안전기준의 제정, 위해제품 시정조치 등 체계적으로 안전업무를 수행하고 있다.

표 3-8 우리나라와 주요 외국의 공산품안전관리제도 비교

구 분		한 국	미 국	EU 연합	일 본	중 국
법		품질경영 및 공산품 안전관리법	소비자제품안전법, 연방유해물질법, 독성방지포장법, 가연성섬유법	일반제품 안전지침, CE마크제도	소비생활용 제품안전법	중국강제 인증 제도
대상 품목	강 제	안전인증마크, 자율안전확인, 안전·품질표시	대상품목명시곤란	CE마크	PSC마크	CCC마크
	임 의		UL마크		SG마크, ST마크	
적합성 평가		출고(통관) 전 안전검사	자기적합성선언	자기적합성선언 또는 안전인증	안전검사/ 안전인증	
사후 관리		정기검사	시판품 조사 또는 현장검사	시판품 조사 또는 정기검사	정기검사	현장검사
리콜 요건		안전기준위반, 중대제품위험	안전기준위반, 중대제품위험	위험한 제품	안전기준부적합 특정제품 또는 가정용품	

표 3-9 한·미 양국의 제품안전관리제도 비교

CPSC(소비자제품안전위원회)	KATS(기술표준원)
• 안전관리 대상 소비제품(15,000여 개) • Regulated Product(282여 개) • Unregulated Products * 필요시 강제안전표준/규정 추가 및 관리 • Regulated Products 안전규제방식 - 강제표준, BAN, 자격요건, 라벨 등 - 자발적 안전표준 준수 권고 - 인증서, 시험성적서 제출/보관 - 강제표준, 규정위반, 안전위험발견 시 리콜 - 제조/수입/판매자 보고의무 위반 시 벌금 - 소비자신고와 위해정보에 의거 현장 확인	• 안전관리 대상 공산품(354개) • 안전규제방식 - 안전인증, 자율안전확인, 안전표시 - 공장심사제도 문제점 지적 - 자율안전확인제품 사후관리미흡 - 인증/신고 시와 다른 제품 출시 위반 시 판매중지, 개선수거파기 명령, 징역, 벌금, 과태료 등 모니터링, 시판품 조사, 세관장 확인품목 지정

2) 세계 각국의 위해정보시스템

선진 외국에서는 소비자안전제도의 기초가 되는 위해정보수집체계에 있어서도 전국에 산재해 있는 병원과의 유기적인 위해정보교환시스템과 사업자의 위해제품

보고체계 등을 갖추고 있다. 수집된 위해정보에 대한 원인분석을 통해 안전기준의 강화와 위해제품의 유통을 근절하고 있다.

소비자의 안전을 확보하기 위해서는 결함제품으로부터 소비자가 다치거나 사망한 사례를 신속히 수집하고 그 원인을 분석하여 대안을 마련하는 등 사고의 예방 및 재발방지를 위한 노력이 중요하다. 위해정보제도란 이와 같이 소비자가 상품이나 서비스를 사용하거나 이용하는 과정에서 인체에 상해를 입거나 사망한 사례 등을 수집하여 그 원인을 분석하고 사고의 재발방지를 위한 대책을 강구하기 위한 일련의 과정을 말한다.

위해의 발생원인, 위해 정도 등에 따라 관련 안전기준의 제정 및 보완, 위해제품에 대한 시정조치, 소비자에 대한 정보 제공 등 다양한 조치방안을 통해 소비자안전의 활성화를 위해 필수적인 제도이다.

우리나라의 위해정보수집체계는 법적인 사고보고신고제도와 임의적 위해정보제도가 운영되고 있다. 사고보고신고제도는 관할 정부부처에 의해 강제적으로 시행되고 있는 위해정보수집제도이다. 사고보고신고제도에는 보건복지부의 식중독사고신고제도가 있으나 실질적인 제품으로 인한 위해정보제도로는 보기 어려운 실정이다. 이 외에 행정안전부 주관의 화재발생신고제도가 있다. 임의적 위해통보제도는 기술표준원 주관의 생활용품위해제도와 한국소비자원이 운영하는 위해정보제도가 있다. 우리나라의 경우 여러 기관에서 산발적으로 위해정보를 수집하고 있으나 수집실적이 미약하고 전반적으로 위해정보수집체계가 구축되어 있지 않다. 수집된 위해정보의 분석, 평가, 관리시스템도 체계적으로 이루어지지 않아 위해정보의 후속조치가 미흡한 실정이다.

표 3-10 한·미 양국의 안전표준과 규정위반제품 관리시스템

CPCS(소비자제품안전위원회)	KATS(기술표준원)
다양한 위반정보 수집채널 구축 활용 • 제조/수입/판매자, 세관, 국경수비대 • 소비자 - 위반정보 시 준법감시인(compliance officer) 정밀조사 - 위반 시 통보, 공표 리콜, 축출, 벌금, 인신 구속 조치	• 안전위해제품 감시체계 • 단속권한 : 시·도, 지방자치단체 • 소비자의 안전감시체계 구축 필요 - 제조/수입/판매자의 보고의무 신설 - 제품 조사 위한 전문인력 확대 - 위반 시 철저한 벌칙 필요

표 3-11 우리나라의 공산품안전망

정부기관	한국소비자원, 한국산업안전보건공단
소비자단체	한국소비자단체협의회(소비자연맹, 소비자시민모임, 녹색소비자연대, 대한주부클럽연합회, 소비생활연구원, 전국주부교실중앙회, 소비자교육원)
안전시민단체	한국생활안전연합, 안전생활실천시민연합
기 타	안전방송(www.safetytv.co.kr) : 산업안전정책, 일반안전관리, 건설, 가스, 파공, 군수, 소방, 학교 및 생활안전과 산업보건, 직업병 예방에 중점을 두고 재해예방사례, 중대재해사례 등을 신속보도, 기사분류를 통하여 비교적 쉽게 기사 및 정보에 접근, 주간 안전신문 발행, 노동부 및 정부 관련 부처, 노동 관련 단체기관, 전국의 3만여 사업장에 배포되고 있음. 이 외에도 노동관계 월간지인 〈월간안전〉, 〈매일안전뉴스〉, 〈노동뉴스〉 간행

1996년 소비자보호법의 개정에 따라 행정기관, 소비자단체, 병원, 학교 등을 위해정보보고기관으로 지정하였고 2005년 당시 80개 기관 운영을 두고 있다(국·공립병원 62개, 소방서 18개). 한편, 한국소비자원 자체의 위해정보수집방법은 다음과 같다.

- 소비자불만상담 및 피해구제사례
- 핫라인(080-900-3500)
- 소비자안전넷(http://safe.cpb.or.kr)
- 어린이안전넷(http://isafe.go.kr)
- 해외기관 및 기타 각종 국내·외 언론매체 등

또한 한국소비자원의 위해정보처리 절차를 살펴보면, 한국소비자원에서는 위해정보보고기관과 피해구제사례 및 해외정보 등을 통해 위해정보를 수집하여 사실 확인, 시험검사 등 과학적인 조사·분석을 실시한다. 그 후 한국소비자원은 당해 물품 또는 용역을 주관하는 중앙행정기관(2008년 이후 공정거래위원회)의 장에게 업무상 취득한 위해정보를 보고한다. 위해정보평가업무의 효율적인 추진을 위해 한국소비자원 내에 '위해정보평가위원회'를 두고 그 심의결과에 따라 소비자에게 사고예방홍보를 하고 제도개선, 품질개선 등을 정부에 건의하거나 사업자에게 권고하고 있다.

지금까지 살펴본 바 우리나라 위해정보시스템의 문제점 및 개선방안은 다음과 같다. 첫째, 체계적인 연구에 근거한 대상품목의 조정과 안전관리대상품목의 가감의

표 3-12 한·미 양국의 제품안전 관련 사고정보수집체계 및 활용

미국 CPSC(소비자제품안전위원회)	KATS(기술표준원)
• 정보수집 채널 NEISS(100개 샘플병원 정보) - 사망진단서 - 의사, 검시관 보고 - 언론 스크랩 사망 정보수집 - 변호사, 의사, 소방서 등	• 정보수집 채널 - 언론 보도자료, 한국소비자원(CISS) 신고자료 - 통계 대표성 및 신뢰도 저하 - 안전성 시험을 위한 장비 및 인력부족
• 정보처리 및 분석 - CPSC 내에 전문인력 근무 - 시험과가 운영하는 자체시험실 운영	• 통계자료 미흡으로 인한 문제점 - 안전관리대상 지정 제품의 필요성 입증 및 성과 측정 불가 - 안전관리대상제품의 가감 및 조정 시 판단 근거 확보 곤란 - 제품안전관리정책 목표 설정의 어려움

유연성 확보를 위한 법개정이 필요하다. 둘째, 제품안전기준의 재검토 및 전문가 자문 그룹의 구성, 노약자를 위한 제품안전 기준의 개발도 중요하다. 셋째, 제품안전 사고통계 확보를 위한 네트워크 구성, 시험장비 및 분석 전문인력확보 등 효율적인 체제와 안전위해제품 발견보고 의무제 도입, 지방자치단체에 의한 단속, 제품안전 관리제도가 우선이다. 넷째, 소비자의 안전감시체계 구축, 모니터링을 통한 소비자 참여확대방안을 통해 소비자안전을 확보하고 제품안전 관련 대국민 서비스 제공 확대방안을 모색할 필요가 있다.

3) 세계 각국의 소비자안전 지원서비스

미국의 경우 일반소비자 대상 정보 제공, 교육 등 다양한 소비자 및 제조자 지원을 하고 있다. 우리나라 기술표준원은 안전인증제도 운영을 중점적으로 하고 있고, 소비자 대상 서비스는 한국소비자원이 주로 담당하고 있다. 미국 CPCS(소비자제품안전위원회)는 강제 임의 안전표준 및 규제정보 제공, 안전제품 구입 및 사용지침서 발간, 제품별 심층조사 보고서 제공, 안전취약제품 체크리스트 배포, 제품사고 통계 제공, 어린이제품안전 전용 메뉴 운영, 안전위해제품 온라인 신고 접수 등의 지원을 하고 있다. 한국의 KATS(기술표준원)는 제품안전포털시스템 운영, 민원 회신 서비스(제조/수입업자), 대국민 홍보 및 교육 등의 지원을 하고 있다.

4

CHAPTER

소비자 안전정보와 소비자안전교육

4 CHAPTER 소비자안전정보와 소비자안전교육

소비자기본법에 따르면 소비자는 안전과 권익을 위하여 모든 물품 및 용역으로 인한 생명, 신체 및 재산상의 위해로부터 보호받을 권리를 가진다고 규정하고 있다. 안전할 권리는 소비자의 가장 기본적인 권리인데, 아직도 소비자 개인, 기업, 정부 나아가 세계적 과제이다. 급속한 산업화의 진전에 따라 대량생산·대량판매가 이루어지고 기술개발로 인한 새로운 제품이 속속 출현하면서 이들 제품의 안전성 결여로 인한 소비자피해도 증가하고 있다.

특히, 최근에는 소득수준의 향상으로 더 높은 소비자안전을 요구하고 있다. 소비자들은 제품의 양이나 성능뿐만 아니라 안전성에 대해 더 많은 관심을 가지게 되었고 소비자안전의 문제가 모든 소비자들에게 가장 중요한 이슈가 되었다. 소비자안전을 확보하기 위해서는 무엇보다 소비자안전정보시스템의 효율적 운영 및 소비자안전교육이 전제되어야 한다.

여기서는 안전정보 및 안전정보시스템, 소비자의 안전정보탐색행동 등에 대해 살펴보고 또한 소비자안전교육에 대해 논의하고자 한다.

1. 안전정보와 안전정보시스템

1) 안전정보란

안전정보란 제품을 사용할 때 소비자 혹은 그 주변 사람이 신체적인 위해(hazard)와 위험(risk) 또는 재산상의 손실을 입지 않기 위한 모든 범위의 정보를 의미한다. 여기서 소비자안전은 해당 제품 고유의 위해요인 그 자체를 없애거나 줄임으로써 달성될 수 있지만 해당 제품을 사용하는 소비자 및 사용환경에 따라 달라지므로 소비환경 또는 사용환경 전체가 안전의 범위가 된다. 다시 말해, 소비자안전을 위한 정보의 범위는 제품 자체의 안전에 대한 정보 이외에 소비자의 사용 및 소비환경을 포함하는 포괄적인 정보를 의미한다. 다시 말해, 위해사고에 영향을 미치는 요인, 위해사고 발생과정을 모두 고려한 광범위한 범위정보를 포함하여야 한다.

결론적으로 제품안전을 위한 정보는 제품 자체의 설계, 제조, 경고 등 표시상태, 소비자의 제품사용 경험, 제품 지식 등 소비자 측면과 제품사용 목적, 사용환경(사용강도, 사용시간)에 대한 모든 정보를 포함한다. 표 4-1은 안전과 관련한 표시를 표준화시킨 것으로 이 같은 표시도 중요한 정보로써의 기능을 수행한다. 세계 소비자들이 쉽게 그리고 신속하게 안전 관련 표시를 이해하도록 표준화시킨 것이다.

표 4-1 제품안전그림표지 국가표준(KS)

분류번호	안전정보	안전표지	적용제품
001	입에 넣지 마시오		완구, 크레용, 크레파스, 유아용 교구, 그림물감, 외상 치료용 연고, 연필 등
002	보호자와 함께 사용하시오		보행기, 유모차, 쇼핑카트, 유아용 의자, 기능성 완구, 물놀이 기구, 라텍스 풍선 등
003	위에 올라가지 마시오		유아용 의자, 유모차, 보행기, 이층침대, 책상, 쇼핑카트, 어린이용 자동차 등
004	얼굴과 머리를 향해 쏘지 마시오		발사체 완구, 비비탄 총 등

출처 : 2005년 12월 20일 기술표준원 제정

2) 안전정보시스템

정부기관에서는 인터넷상에 소비자안전정보 사이트를 개설하여 안전정보시스템을 운영하고 있다. 대표적인 안전정보시스템은 기술표준원이 운영하는 제품안전포털시스템 사이트인 'Safety Korea'와 한국소비자원 안전센터에서 운영하는 소비자안전정보시스템(CEISS)이다. Safety Korea는 소비자가 안전한 제품을 사용할 수 있도록 다양한 정보를 종합적으로 제공하고 있다.

생활용품·전기제품 등에 대한 안전정보, 국내·외에서 이미 위해(危害)가 발생한 제품에 대한 정보 제공, 공산품·전기용품의 안전위해정보를 평가·분석, 국내·외 위해제품에 대한 리콜정보, 안전 관련 국내·외 법령정보 등을 제공하고 있다. 또한 제품안전인증 및 인증취소 내용을 실시간으로 공개하고 있다. 제품명, 제품인증모델, 제품인증번호 중 어느 하나를 입력하거나 법정 용어 대신 유사언어를 입력하더라도 인증제품검색이 가능하도록 검색의 용이성을 추구하고 있다. 예를 들면, 사이버쇼핑몰에서 소비자가 구매하고자 하는 제품이 안전인증을 받은 제품인지를 소비자가 직접 확인할 수 있다. 게다가 자유토론방을 개설하여 제품안전 관련 소비자들과의 커뮤니케이션을 강화하는 등 소비자의 적극적인 참여를 통한 안전확보 네트워크로써의 역할을 수행하고 있다.

한편, 한국생활용품시험연구원 등 8개 제품안전인증기관(한국생활환경시험연구원, 한국전기전자시험연구원, 한국산업기술시험원, 한국전자파연구원, 한국화학시험연구원, 한국기기유화시험연구원, FITI시험연구원, 한국의류시험연구원)과 네트워크를 구축하여 제품안전인증 및 취소내용을 제품안전포털시스템에 실시간으로 전송되도록 하여 한눈에 볼 수 있도록 하였다. 한국소비자원의 안전정보시스템은 제2장에서도 자세하게 다룬 바 있고 제3장 맨 뒤 세계 각국의 위해정보시스템에서도 다룬 바 있어 여기서는 생략하고자 한다. 이 외에도 소비자단체 등에서도 안전정보시스템을 운영하고 있는데, 다음과 같다.

(1) 한국소비자원

자동차용품시험실, 보일러실험실, 소음측정실, 전자파측정실, 유전자분석실, 유기화학분석실, 무기화학분석실, 식품분석실 등 약 30여 개의 자체 시험실에서 시험·조사하여 소비자문제 중재 및 상담을 수행한다.

(2) 한국소비자연맹

시중에 유통되는 제품을 수시로 수거, 전문검사기관에 테스트를 의뢰하거나 전문가와 소비자 입회하에 과학적인 사용검사를 실시한다. 또한 공산품·식품의 위해 여부, 수질검사, 실량검사도 실시한다. 이 외의 단체들은 신뢰성을 확인하기 어려운 면이 있다.

(3) 한국생활안전연합

조사 등이 필요한 경우에는 전문실험기관과 연계활동을 하고 있으며, 모니터링 활동의 경우에는 한국생활안전연합에서 직접 담당하는 경우도 있다. 그러나 전문실험기관에 직접 용역의뢰를 하는 경우는 거의 없다.

소비자안전코너 4-1

인터넷쇼핑몰 제품도 '안전마크' 단다

소비자들의 이용이 급증하고 있는 온라인쇼핑몰 유통제품에 대한 인전관리가 강화된다. 지식경제부 기술표준원은 사이버쇼핑몰 안전관리 규정 정비, 사업자·단체의 자율적 안전관리 유도, 불법제품 유통방지 관리체계 구축, 안전관리정보의 지속적 제공 및 교육 등을 통해 불법, 불량제품의 유통을 차단, 소비자들의 안전사고를 예방하겠다고 밝혔다.

사이버쇼핑몰을 통한 물품 구입은 해마다 급증하고 있지만, 온라인상으로 안전검사 여부 확인이 불가능한 경우가 많아 소비자들의 피해가 확산돼 왔다. 이에 따라 기술표준원은 우선적으로 사업자 스스로 불법제품을 판매하지 않도록 하는 자율적 안전관리를 적극 유도하기로 했다. 사업자가 공동으로 적용할 수 있는 자율안전관리 규정을 마련하고 이 규정을 자율적으로 이행하는 사업자에게 '제품안전자율이행' 마크를 게재해 홍보할 수 있도록 할 방침이다.

특히, 소비자가 사이버쇼핑몰을 통해 제품을 구매할 때에도 일반매장에서 눈으로 직접 확인하고 구매하는 것과 동등한 수준으로 안전성을 확인할 수 있도록 하기 위해 관련 규정의 정비를 추진할 계획이다. 사업자와 소비자 등이 실시간으로 안전검사 등의 제품안전관리정보를 확인할 수 있도록 온라인 제품안전정보망을 구축하고 위해정보 및 불법제품 유통정보의 신고, 접수를 위한 정보관리센터를 운영할 계획이다.

한편, 기술표준원은 사이버쇼핑몰 사업자·관련단체·소비자 단체 등을 대상으로 사이버쇼핑몰 제품안전관리 세부추진방안에 대한 의견 수렴을 위해 지난 19일 기술표준원 중강당에서 설명회를 개최했다. 이날 토론회에서는 사업자, 관련 단체, 소비자가 참여하는 가칭 '사이버몰안전관리협의회' 운영계획 및 안전관리규정 등 세부 추진방안이 논의됐고 기술표준원과 사업자단체가 안전관리 업무협력을 체결, 사이버몰 유통 불법 불량제품에 대한 시장감시 및 시정권고 등을 할 수 있도록 할 계획이다.

출처 : 이데일리, 2006년 10월 23일

2. 소비자의 안전정보활동

소비자의 안전정보수집, 활용, 전파 등의 안전정보활동은 아직 미흡한 편이다. 여기서는 소비자안전정보와 관련한 소비자 측면의 주요 이슈 및 문제점에 대해 살펴보고자 한다.

1) 소비자안전정보의 불완전성

소비자안전정보의 문제는 정보의 양적인 측면과 부정확한 안전정보 등 질적인 측면에서 모두 완전하지 못하다는 의미이다. 소비자의 안전정보불완전성은 수요자측, 즉 소비자의 안전정보 탐색부족, 활용부족, 이해부족 등에서도 기인한다. 한국소비자원(2007)의 연구·조사결과에 따르면 소비자들이 제품구입 시 특정 제품의 위험에 관한 정보를 어느 정도 인지하고 있는지에 대한 조사결과 해당제품의 위해정보를 잘 알고 있는 경우가 전체의 40% 수준밖에 되지 않는 것으로 드러나고 있다. 또한 대부분의 소비자들이 사고원인을 분명하게 알지 못하고 있는 것으로 밝혀졌다. 특히, 의약품이나 학용품, 식품 등의 제품은 약 80%의 경우가 사고의 원인을 제대로 알지 못하는 것으로 나타났다. 또한 일상 제품의 유해물질함유에 대해 조사한 결과 유해물질 함유에 대해 잘 알고 있는 소비자는 응답자의 17%에 불과하였다. 즉, 대부분의 소비자들은 제품의 위험 관련 정보가 부족하며 제품의 사고원인에 대한 정보가 부족함을 알 수 있다.

한편, 소비자가 상품구입 시 제품에 표시된 표시사항을 어느 정도 확인하는지 조사한 결과 소비자의 절반 정도는 표시내용을 확인하지 않는다고 한다. 보통 품질정보 및 위험 관련 정보는 소비자의 정기적인 제품구입경험에 의해 알게 되는데, 정기적으로 자주 구매하지 않는 제품의 경우 생산자의 자발적 혹은 강제적 제품표시를 통해 위험을 인지하게 된다. 그러나 소비자들이 제품품질 및 안전정보를 충분하게 읽거나 인지하지 않은 경우 안전정보의 불완전성은 심각하다고 하겠다.

표 4-2 안전정보의 전파

기관 및 단체		목적에 적합하도록 홍보 및 전달단계 관리	정보가 필요한 당사자에게 전달
정부 기관	한국소비자원	• 소비자 정보지인 소비자시대 발간 • 온·오프라인상으로 객관적 정보 제공	비교적 쉽게 사례 및 정보검색 가능
	한국산업안전공단	안전보건 웹진 wish 운영·홍보	• 비교적 쉽게 사례 및 정보 검색 가능 • 안전보건정보서비스의 경우 회원제 공개가 되어 있어, 일반인의 접근이 용이하지 않음
소비자 단체	한국소비자단체협의회	간행물을 초·중·고·대학교 도서관에 비치	비교적 쉽게 사례 및 정보 검색 가능
	한국소비자연맹		사례를 분류별로 찾아보기 어려움
	소비자시민모임		테스트 결과는 회원에게만 공개, 중대한 사안만 시한부 공개로 일반인 접근 어려움
	한국소비생활연구원	소비자교육프로그램 운영 및 제공	정보 상당부분 공개, 접근용이
안전 단체	한국안전생활연합	박람회 등을 이용한 직접홍보 및 교육자료 배포	정보 상당부분 공개, 접근용이
	안전생활실천시민연합	어린이교통안전 관련 교육프로그램 운영 및 제공	웹페이지 개편 중

출처 : 효율적인 공산품안전망구축방안 연구(2006), 기술표준원 용역보고서

2) 수요 측면에서 소비자안전정보문제

소비자들이 제품위험 관련 정보를 충분히 읽거나 탐색하지 않는 원인, 즉 소비자안전정보의 문제는 크게 네 가지로 설명할 수 있다. 첫째, 소비자는 제품의 특성을 충분히 파악하는 데 비용이 지출되므로 안전정보획득 및 활용을 적극적으로 하지 않는 경향이 있다. 기술발달로 더욱 다양하고 정교한 제품이 생산되는 상황에서 이들 제품의 안전에 대한 정보탐색부족은 올바르지 않은 사용 및 소비, 안전사고유발 등으로 이어질 수 있다. 소비자는 구매제품의 위험성, 다른 제품과의 안전성 비교, 제품생산자가 제품생산과정에서 얼마나 안전에 주의하는가 등에 대한 정보를 획득하기 위해 탐색비용을 지출해야 한다. 보통, 소비자는 안전정보탐색 노력 비용이 노력의

이익보다 크다고 판단하는 경우 소비자는 안전정보탐색 노력에 소홀하게 된다.

둘째, 소비자는 제품의 위험가능성을 과소인지하는 성향이 있다. 예를 들어, 하루에도 수많은 자동차 사고통계 및 위해소식을 접하고 있으면서도 '설마 내가' 라는 생각을 가지고 있고, 위험은 자신과는 무관하다는 심리적 판단을 하는 경향이 있다. 소비자의 사고발생 가능성을 무시하는 성향은 위험 관련 정보탐색을 소홀하게 만드는 원인이다.

셋째, 탄산음료의 병이 폭발하는 경우처럼 제품의 사고발생 빈도가 매우 낮은 경우 소비자는 안전정보를 탐색하지 않는 경향이 있다. 보통 소비자는 구매 및 사용경험에 의해 제품의 위험정보를 탐색하는 경향이 있는데, 이는 바람직하지 않을 수 있다. 또한 피해의 심각도가 큰 경우임에도 소비자 자신의 경험문제에 의해 위험정보탐색 여부를 결정하는 것은 심각한 문제를 불러일으킬 수 있다.

넷째, 소비자는 반복해서 사용하지 않는 제품의 경우 또는 단기적 사용을 위한 구매의 경우 구입 전에 제품안전정보탐색을 소홀히 할 가능성이 높다.

3) 공급 측면에서 소비자안전정보문제

대량생산·소비시대에서 소비자는 수많은 정보의 홍수 속에 놓여 있으며 제품의 위험에 관한 정보도 예외는 아니다. 그러나 여러 제약 아래 놓여 있는 소비자가 수많은 안전정보를 효율적으로 소화해 내기란 쉽지 않다. 소비자는 제품안전에 관한 완전한 정보를 가지기 어렵고 정보가 충분히 주어진다 해도 소비자의 사회·경제적 환경 또는 인구통계적 특성에 따라 안전정보탐색능력 수준이 다르며 그 결과 일부 소비자는 안전정보의 사각지대에 놓이게 된다.

일반적으로 소비자는 제품위험정보를 적게 소유할수록 자신의 조심성이나 주의수준을 줄이게 되어 제품 관련 사고율이 높아진다. 또한 안전정보를 부정확하게 인지하는 경우, 제품의 위험수준을 과대인지하거나 과소인지하는 경우, 소비자는 적정한 정도의 주의수준을 보이지 않아 일반적으로 기대되는 사고발생보다 높은 사고를 초래하게 된다.

또 다른 한편, 소비자의 안전정보부족은 생산자의 제품안전경영 및 안전제품생산 및 유통 노력에 부정적 영향을 미친다. 생산자는 소비자의 안전정보탐색활동 부족

성향을 악용하여 제품의 안전성 향상을 위한 노력을 게을리 할 수도 있다. 악순환적으로 자신의 제품에 대한 위험 관련 정보를 잘 알고 있는 생산자는 여러 가지 이유로 이러한 정보를 소비자들에게 공개하지 않으려 할 것이며 그 결과 소비자의 제품 위험정보가 부족해지게 된다.

결국 소비자들은 안전한 제품을 구매하고 사용하며 기업의 안전추구경영을 촉구할 책임이 있다. 이를 위해 소비자는 TV, 신문, 전문기관의 안전정보지 등을 활용하여 객관적인 안전정보를 적극적으로 탐색해야 한다. 기술표준원에서 운영하는 제품안전에 관한 종합정보지 '제품안전뉴스', 제품안전포털시스템 등의 검색을 통하여 불법·불량제품 관련 정보를 실시간으로 검색할 필요가 있다. 또한 정보탐색과정에서 다양한 정보 중 상품안전문제를 우선적으로 파악하고 그 결과를 다른 소비자들과 적극 교류하여야 한다. 제품보증의 실태와 특성에 대한 정보, 고도의 기술제품이나 위험 가능성이 높은 제품에 대한 안전정보는 물론 편의품적인 성격을 갖는 일상

표 4-3 안전정보 제공의 특성

기관 및 단체		정기적 간행물	정책 환류
정부 기관	한국소비자원	소비자시대	소비자보호정책 제도 연구
	한국산업안전보건공단	안전보건 웹진 〈wish〉 발간, 〈안전보건〉, 〈안전보건정보〉, 〈안전을 지키는 사람들〉 발간	
소비자 단체	한국소비자단체협의회	•〈월간소비자〉 •〈주간뉴스레터〉	정책연구 및 제안, 세미나 및 공청회 개최
	한국소비자연맹		간담회, 토론회 개최 정책대안 도출
	소비자시민모임	〈소비자리포트〉	간담회, 토론회, 세미나 개최 정책제안
	녹색소비자연대	격월간 〈녹색살림〉	보고서, 토론 발제문, 연구논문 등을 통한 정책제안
	전국주부교실중앙회	〈월간주부교실〉	
	한국소비자교육원		소비자의 여론을 종합하여 정책제안, 소비자보호장치 마련
안전 단체	한국안전생활연합	• 계간지 • 안전시대	공청회, 간담회를 통한 정책제안 활동
	안전생활실천시민연합	월간 〈safe club〉	공청회, 간담회를 통한 정책제안 등

출처 : 효율적인 공산품 안전망 구축 방안 연구(2006), 기술표준원 용역보고서

용품이나 식품 등에 대해서도 안전정보를 적극 탐색하고 활용하여야 한다. 소비자는 습관적 선택 및 안전정보탐색 부족에 의한 안전치 못한 제품구매 요소를 제거하도록 노력해야 한다.

4) 소비자안전정보의 중요성

소비자문제나 소비자피해를 예방하는 차원에서 그리고 합리적인 소비생활을 유도하는 차원에서 소비자안전정보는 중요하다. 다시 말해, 사후적 소비자안전 확보를 사전적 예방 안전 확보로 전환하기 위하여 소비자안전정보의 중요성을 인지하여야 한다. 이를 위해서는 정보수집의 전산화, 정보의 체계적 분석, 정보전달방법의 개선, 세계 소비자정보의 제공이 시급하다. 한국소비자원의 소비자안전정보시스템(CISS)은 병원, 학교, 관공서 등 다양한 기관에서 위해제품에 대한 고발이나 소비자문제를 접수하고 있으나 여러 기관에서 접수된 소비자고발 및 소비자정보가 체계적으로 수집·관리되지 않고 있다. 따라서 각종 정보에 대한 전산화 및 전산망의 연결, 소비자정보를 수집하는 기관들 간의 연계강화 등 과학적이고 종합적인 정보수집 및 관리체계가 시급하다.

한편, 소비자정보를 어떻게 소비자에게 효과적으로 전달하느냐 하는 문제는 소비자정보수집 못지않게 매우 중요한 문제이다. 그동안 많은 소비자단체들이 제공하는 소비자정보지는 비매품형식으로 회원에게만 전달되고 있는 문제점이 있다. 〈소비자시대〉는 유가로 제공되고 있으나 소비자의식 부족과 소비자정보를 탐색하지 않는 대부분의 소비자들 때문에 정보전달이 제대로 되지 못하고 있는 실정이다. 기술표준원의 각종 정보지 역시 회원에게 주로 전달되고 있다. 따라서 어떻게 효과적으로 소비자정보를 소비자에게 전달할 것인가에 대한 충분한 노력이 이루어져야 한다.

3. 소비자안전교육의 기초

1) 소비자교육의 이해

소비자교육은 소비자가 개인적·사회적 존재로서 자아를 실현할 수 있도록 소비자능력(consumer competency)을 키워주는 것이다. 즉, 소비자교육은 소비자역할

표 4-4 소비자교육의 목표

목 표	소비생활 이해	합리적 의사결정과 기술개발	새로운 소비문화 형성
세부 목표	• 기본 지식과 이해를 터득 • 비판의 눈을 가지고 가치 체계를 발전	• 지식·이해·가치를 바탕으로 합리적 의사결정능력 터득 • 합리적 의사결정 반복을 통해 다양한 생활기술을 개발·적용	• 소비자권리와 책임을 이해 • 문제해결을 위해 법과 제도를 적용 • 소비자시민으로서 각종 경제·사회정치에 참여

을 효과적·효율적으로 수행하기 위해 필요한 소비자지식, 태도, 기능을 개발시켜 주는 것이다. 특히, 21세기 소비자교육은 디지털경제시대에 걸맞은 신소비자상의 양성을 목표로 한다. 신소비자란 자주적이고 책임감 있고 정보화된 소비자로서 다음과 같은 의미를 내포하고 있다.

- 자주적인 소비자 : 소비의사결정을 자신의 가치에 맞게 스스로 내릴 수 있는 소비자
- 책임감 있는 소비자 : 자신의 소비가 경제·사회·정치·자연환경에 미칠 제반 영향을 고려할 줄 하는 소비자
- 정보화된 소비자 : 소비자정보의 중요성을 인식하고 이를 의사결정에 충분히 활용하는 소비자

표 4-5 경제 주체별 소비자교육의 목표

구 분	목 표
개인 및 가계소비자 측면	• 선택에 대한 비판적 사고능력의 개발 및 촉진 • 현대경제사회에서 생활하는 자신감 및 자립심의 증진 • 소비자피해예방과 소비자권리의 확대로 소비자주권이 향상 • 균형 잡힌 생활양식 형성과 생활의 질 증대 • 기업 및 생산자 측면 소비자만족의 증대와 소비자불평의 감소
기업 및 생산자 측면	• 소비자만족의 증대와 소비자불평의 감소 • 만족한 소비자의 구전으로 인한 기업이미지와 로열티의 제고 • 기업자율구제 지원강화로 경영비용 감소 • 건전한 기업이 생존하는 시장메커니즘 마련
정부 및 사회적 측면	• 소비자와 사업자 간의 힘의 균형으로 경제시스템 만족도 증진 • 소비자정책 등 각종 공공정책 실현이 원활해지는 환경 조성 • 공공 이익에 대한 관심증대로 사회적 비용의 감소 • 국민생활의 질이 향상되고 건전한 사회가 구성

소비자교육의 내용은 크게 다음과 같이 세 가지 차원으로 첫째, 소비생활의 기본을 이해하고, 자신의 가치세계를 인식·발전시키는 차원, 둘째, 자신의 처지를 기반으로 사회적·경제적·생태 상황을 고려하여 합리적 의사결정을 내리는 차원, 셋째, 소비자권리와 책임을 이해하고 소비자시민의 역할을 잘 수행하여 새로운 소비문화를 형성해 나가는 차원이다.

2) 소비자안전교육의 개념

소비자교육이란 합리적인 소비선택 또는 소비생활의 질적 향상을 유도하기 위한 교육을 말한다. 소비자교육은 소비자로 하여금 스스로 소비자역할을 수행하는 데 필요한 능력을 개발하도록 도와주는 데 의의를 두고 있다. 경쟁력 있는 소비자란 주체적이고 정보화되어 있으며, 책임 있는 소비자행동을 할 수 있는 소비자를 의미한다. 소비자교육에 대한 이 같은 기본적 논리를 소비자안전교육에 응용할 수 있다. 무엇보다도 소비자안전교육의 목표는 소비자가 안전한 소비생활을 유지하기 위한 주체적이고, 정보화되고, 책임 있는 소비자를 육성하는 것으로 정의내릴 수 있다. 소비자안전교육은 개인 소비자로서 안전한 삶을 유지하는 데 중요할 뿐만 아니라 사회적으로도 안전한 소비문화형성을 가능하게 하며, 경제적 측면에서도 국가의 경쟁력을 강화시키는 효과가 있다. 기업 측면에서 제품안전 소비자교육은 안전한 제품생산 및 유통, 판매를 통해 기업발전과 기업의 자율규제가 가능하도록 한다. 이는 기업의 경쟁력을 강화시킬 뿐만 아니라 국제경쟁력도 향상시켜 나갈 수 있는 원동력이 되는 것이다.

3) 소비자안전교육의 목표

소비자안전교육의 목표는 교육 주체, 교육대상자 등에 따라 다소 차이가 있을 수 있으나 소비자안전교육의 목표는 다음과 같이 정리할 수 있다.

- 안전과 관련된 가치관에 대한 자신의 우선순위를 확고히 정하도록 한다.
- 소비자로서 수행해야만 하는 안전과 관련된 책임과 권리를 이해하도록 한다.
- 자원을 이용할 때 안전을 깊이 고려하는 통찰력을 갖게 하도록 한다.

- 개인의 안전과 관련된 가치관과 목표를 바탕으로 안전한 행동의 의사결정을 할 수 있는 능력을 몸에 익히도록 한다.
- 소비자의사결정에서 비판적 사고를 근거로 하여 안전 관련 정보를 적극 이용할 수 있도록 한다.
- 소비자, 노동자, 시민 역할의 하나로서 안전의 중요성을 인식하도록 한다.
- 가정생활에서도 소비자시민임을 자각하고 생활안전에 주의하는 행동을 하도록 한다.

4) 소비자안전교육의 유형

안전한 소비생활이라는 목표를 달성하기 위해서 소비자안전교육은 가정, 학교, 사회에서 실시하게 된다. 가정에서의 안전교육은 어린이 안전사고 발생이 가정에서 많이 일어나므로 중요하다. 또한 가정에서의 안전교육은 어린 시절 가정에서의 안전사고 예방교육의 중요성, 안전한 생활습관형성 등의 차원에서 매우 중요하다. 학교소비자안전교육은 공식적인 교과과정을 통하여 체계적으로 교육이 가능하므로 가장 효과적인 교육이 이루어질 수 있다. 사회소비자교육은 일반 소비자를 대상으로 이루어지고 있으며 소비자교육 담당교사, 소비자업무를 담당하는 공무원, 기업의 소비자업무담당자, 사회소비자교육담당자 그리고 소비자업무전문가를 위한 안전교육을 모두 포함한다.

(1) 가정의 소비자안전교육

가정은 인간이 태어나서 가장 먼저 접하게 되는 교육의 장이다. 특히, 가정에서 보내는 시간이 상대적으로 많은 유아 및 어린이들의 경우 소비자안전교육이 중요하다. 또한 어린이 안전사고발생 다발장소가 가정이므로 가정에서의 안전교육은 필수적이다. 어린시절부터 안전을 추구하는 생활방식 및 습관형성은 향후 전 생애기간 안전추구 생활양식을 형성하는 데 중요하므로 가정에서 어린시절부터 안전한 제품 소비 및 사용과 관련한 적절한 훈련과 체험 등 소비자안전교육을 받아야 한다. 가정에서의 소비자안전교육은 따로 있는 것이 아니라 부모의 행동과 지침이 바로 소비자안전교육이다. 이것은 향후 자녀의 안전과 관련한 사회화가 주로 부모의 행동과 실천, 습관 등의 영향을 받기 때문이다.

(2) 학교의 소비자안전교육

학교에서의 소비자안전교육은 소비자안전교육의 목표가 수립되고 소비자안전교육의 내용이 교육과정 속에 체계적으로 설정되어 효과적으로 수행된다. 또한 피교육자의 지식이나 기능수준에 따른 단계적, 체계적, 지속적인 소비자안전교육이 이루어지므로 가장 효율적이다.

지금까지 학교 소비자교육의 주요 내용은 합리적 소비생활, 소비자정보, 소비자문제의 발생과 해결, 상품의 유통과정, 소비행동과 문제, 구매의사결정과정, 소비자의 권리 및 책임 등 광범위한 내용을 모두 포함하고 있다. 그러나 제품 및 서비스, 시설물, 기타 소비생활과 관련한 안전내용이 포함되지 않아 향후 개선이 요구된다.

현재 우리나라 중·고등학교 소비자안전교육은 몇 가지 문제를 안고 있다. 첫째, 소비행동의 의사결정에 있어서 매우 중요한 요소 중의 하나인 안전한 삶, 안전한 사용 및 소비 등에 대한 교육이 양적으로 절대적으로 부족하다. 최근 대학에서 1980년대부터 소비자의 중요성이 부각되면서 소비자학 관련 학과가 양성되고 있으며, 관련 학과를 중심으로 소비자교육이 시행되고 있으나 다른 내용에 비해 안전교육, 소비자안전 등에 대한 내용이 절대적으로 부족하다. 둘째, 현재의 학교 소비자교육의 내용은 대체로 이론적 접근에 치우친 경향이 있다. 실생활의 다양한 상황에서 겪는 위해 및 안전 관련 소비생활체험을 바탕으로 한 안전교육의 내용이 구성되어 있지 않다. 셋째, 학교소비자안전교육이 상당히 소극적이고 수동적인 경향을 띠고 있다. 안전 측면에서의 소비자주권을 강조하고 안전이 확보될 수 있는 소비자의 역할 및 책임을 충분히 제시하지 못하고 있다.

5) 교육 주체별 소비자안전교육

(1) 기업의 소비자안전교육

최근 소비자의 안전욕구에 부응하는 기업경영으로써 기업 이미지를 고취시키고 소비자와의 관계를 형성함으로써 기업 수익을 향상시키려는 소비자안전추구경영이 부각되고 있다. 이러한 기업경영 패러다임의 변화는 소비자안전에 있어 기업의 역할이 과거보다 증가함을 의미한다. 그러나 여전히 기업의 AS, 소비자 대상 제품교육이 증가하고 있기는 하나 제품안전, 서비스 관련 안전을 주요 주제로 하는 소비자안전교육은 여전히 부족하다. 기업들은 제품안전교육을 적극적으로 수행하여 신제품에 대한 수요를 창출하고, 제품의 올바른 사용법을 교육함으로써 소비자안전사고를 예방함과 동시에 제품과 기업에 대한 소비자의 안전성을 높이는 효과를 거두어야 한다.

(2) 정부의 소비자안전교육

정부는 소비자로 하여금 안전에 관심을 가지게 하고 안전사고를 예방하여 안전사고와 관련한 사회적 비용을 줄이기 위해 소비자 안전교육을 수행하여야 한다. 한국소비자원은 소비자교육연수팀을 구성하여 다양한 계층을 대상으로 소비자안전교육을 수행하고 있다. 공무원, 교사, 초·중·고등학생, 대학생, 신용카드 담당직원, 지방 공무원, 사법 연수생, 소비자문제 전문요원 등 각계각층의 소비자나 기업의 근로자들을 대상으로 소비자교육 서비스를 제공하고 있다. 다만, 많은 소비자교육 중 제품안전, 안전한 소비생활, 안전 관련 법제도 등 안전이 주제가 되는 교육의 비중이 높지 않다는 데 문제가 있다. 한국소비자원의 소비자교육 내용에 있어서 물품·용역의 규격·품질·안전성 등에 관한 시험검사 및 조사, 소비자안전 관련 제도 및 정책의 연구·건의, 소비생활의 합리화 및 안전을 위한 각종 정보수집 및 제공, 소비자안전 관련 교육연수 및 홍보 등이 보다 확대될 필요가 있다.

경기도 소비자정보센터가 여름방학을 맞아 도내 지역아동센터를 중심으로 어린이 소비생활 안전교육을 실시한다. 7, 8월 중에 집중적으로 진행되는 이번 교육은 어린이의 소비생활과 관련하여 어린이와 보육교사의 안전의식을 높여 안전사고를 예방하기 위해 진행된다. 교육은 소비생활 안전사고 통계, 안전사고 사례(화약류, 액세서리, 레포츠기구, 불량식품, 다중시설사고 등), 안전사고 예방을 위해 주의할 점 등 사례를 재연한 동영상으로 구성되어 있으며, 특히 여름철 물놀이안전에 관한 내용을 강조해 교육하고 있다.

(3) 소비자단체의 소비자안전교육

소비자단체는 사회소비자교육을 수행하는 대표적인 주체이다. 소비자기본법에서는 소비자교육을 소비자단체의 업무로 명시하고 있다. 현재 소비자교육활동을 펼치는 소비자단체는 10여 개이며 한국소비자단체협의회를 결의해 소비자단 공동활동을 펼치고 있다. 다만, 소비자단체에서 안전교육프로그램을 자체적으로 개발하거나 개별 모니터링 등을 통해 제품안전을 확보하기 위한 체험교육, 소비자안전교육이 더욱 강화될 것이다. 소비자단체협의회에서는 어린이 소비자교육사이트(kids)를 개설·운영함으로써 인터넷을 통하여 어린이 소비자를 교육시키고 있다.

(4) 매스미디어의 소비자안전교육

매스미디어는 오늘날 거의 언제 어디서나 쉽게 접할 수 있고 실제로 소비자들은 그것들을 읽거나 듣거나 보는 데 많은 시간을 소비한다. 매스미디어는 정보와 의견의 전달수단으로서, 선전, 광고와 홍보의 수단으로서, 교육과 사회화 수단으로서 또는 오락의 수단으로서 생활에서 분리할 수 없는 매체가 되었다. 최근 TV 소비자고발, 불만제로 등의 프로그램에서 소비자안전에 대한 내용을 많이 다루고 있어 그 효과가 가시적이었다. 그러나 아직도 언론, 방송, 신문 등 매스미디어가 제품안전, 소비자안전을 확보하는 데 중요한 역할을 수행할 수 있음에도 불구하고 그 역할이 충분했다고 보기 어렵다. 매스미디어의 파급효과를 활용하여 안전한 소비생활과 소비자안전교육이 더욱 활성화되어야 겠다.

그림 4-1 안전사고예방 캠페인 홍보물 예시

(5) 인터넷 자발적 소비자안전교육

정보망을 공유하는 네트워크 시대인 21세기에는 새로운 사실이나 기술, 기능의 습득을 위해 학습자가 자발적으로 인터넷 등을 활용하여 학습하는 형태로 전환되어 가고 있다. 이러한 변화는 무한한 학습 콘텐츠를 보유하고 있는 인터넷의 확산으로 더욱 가속화되고 있으며, 과거의 피동적인 교육의 많은 부분을 자발적 학습으로 대체시키고 있다. 소비자는 자신이 필요로 하는 제품안전정보를 제공하는 사이트를 적극적으로 활용하고 자신의 안전경험이나 지식을 교류하여 소비자들 간에 교육의 장이 되어야 한다. 안전 관련 정보 및 교육자료가 축적되어 소비자의 안전한 제품선택, 안전한 소비생활의 능력을 향상시킬 수 있다.

6) 소비자안전교육의 활성화 방안

안전한 소비생활을 유도하기 위해서는 소비자안전교육의 활성화가 시급하다. 소비자들의 의식고취, 소비선택의 중요성 인식, 건전한 소비생활, 생산적 소비추구 등을 위한 소비자교육은 오래전부터 진행되어 왔으나 소비자안전교육은 거의 진행되어 온 바 없다. 소비자안전교육은 교육 주체에 따라 학교소비자안전교육, 사회소비자안전교육, 가정소비자안전교육, 기업소비자안전교육 등으로 구분할 수 있는데, 어떤 형태의 소비자교육이든 모두 양적 측면과 질적 측면에서 미흡하다는 것이 지배적인 견해이다. 따라서 소비자안전교육의 양적 증대가 우선적으로 시급하며, 교육대상 및 계층에 맞는 다양하고 실용성 있는 안전프로그램 개발, 실질적이고 생활에 도움이 되는 소비자안전교육을 위한 과제는 산적해 있다.

지금까지 정부기관, 연구소, 기업, 언론, 소비자단체, 학교 등 다양한 기관에서 안전교육이 시행되어 왔으나, 강의형식으로 진행되기도 하고, 교재를 발간해 소비자의 안전교육에 힘쓰고 있으나 일반 대중들에게 널리 전달되지 않고 있다. 이 같은 문제점을 개선하기 위해서는 첫째, 언론매체를 통한 소비자안전교육을 강화해야 한다. 소비자들에게 보다 친근한 대중매체를 통해서 소비자안전교육을 수행한다면 홍보의 효과로 안전교육의 실효성을 높일 수 있다. 아무리 좋은 정부나 기업, 소비자단체의 안전교육시스템이 있더라도 소비자에게 효과적으로 전달되지 않으면 무용지물이기 때문이다.

둘째, 안전교육자료 개발이 활성화되어 소비자안전교육의 효과를 높여야 한다. 한국산업안전보건공단에서는 초등학교 교사용 어린이안전교육지침서를 발행한 바 있다. 이 지침서에서는 어린이사고사례를 통한 안전교육지도를 추구하고 있는데, 어린이안전교육의 구체적인 지도내용을 예시를 통해 제시하고 있어 교사들이 학교현장에서 어린이안전교육을 효과적으로 실시할 수 있다. 민간 기관인 Safekids Korea에서는 교통안전, 화재안전, 자전거안전, 물놀이안전, 학교안전, 가정안전, 스포츠안전, 중독안전, 질식안전 등 어린이 및 부모안전교육자료를 개발한 바 있다. 그러나 아직까지 안전교육을 위한 교재나 자료개발이 부족한 상황이다. 특히, 어린이안전확보를 위해 그림, 만화, 동영상 등 각종 시청각자료를 이용한 안전교육으로 어린이안전사고를 예방해야 한다.

셋째, 기업은 소비자안전에 더욱 관심을 갖고 이를 위한 노력을 추가시켜야 한다. 제품을 판매하여 이윤을 얻는 것이 기업의 목적이기는 하나 소비자의 안전이나 안전에 대한 알권리에 합당한 제품개발서비스를 하지 않으면 소비자로부터 외면당하게 된다. 따라서 제품판매에만 집중할 것이 아니라 안전제품개발 및 생산, 안전한 사용 및 소비에 대한 정보 제공 및 교육 등 소비자안전교육에 관심과 지원을 아끼지 말아야 한다.

넷째, 안전에 취약한 소비자계층을 대상으로 하는 다양한 안전교육 프로그램 개발 및 시행이 필요하다. 어린이, 노인, 장애인 등은 같은 제품이라도 일반 성인과 다른 예상치 못한 사고 및 안전문제가 발생하기 때문이다. 예를 들면, 어린이제품의 안전에 대한 홍보·교육을 강화시켜야 한다. 전국 문구점, 도·소매점 및 대형매장 등을 대상으로 어린이용 제품 안전캠페인을 실시하여야 한다. 유통·판매업자의 인식부족을 감안하여 현장단속과 지도·계몽을 병행하여야 한다. 지방자치단체와 협력하여 소비자안전교육 프로그램을 개발·운영하고 언론, 방송매체, 인터넷 등 홍보매체를 적극 활용한다. 안전사고 예방을 위한 안전지침 개발·보급 등은 기업이미지 확보, 기업의 경쟁력 강화에 필수요건이다.

4. 소비자안전 확보활동

소비자의 8대 권리 중 안전할 권리는 가장 기본적인 권리이고 소비자가 상품이나 서비스의 사용으로 인하여 생명, 신체, 재산상의 위해로부터 보호받을 권리를 의미한다. 이 권리가 실현되기 위하여 소비자의 건강, 생명 등 안전을 위협하는 상품 및 서비스는 판매, 제공되어서는 안 된다. 오늘날의 소비자는 농약, 항생제, 중금속, 납, 수은 등 많은 위해요소에 방치되어 있으며 소비자의 안전이 위협받고 있어 안전할 권리의 실현이 중요한 과제이다. 1980년대의 소비자운동은 소비자피해구제, 역시 소비자교육이나 소비자의식조사 및 거래조사, 세미나 등이었다. 그 후 소비자운동은 단순히 가격이나 품질을 문제시하는 차원을 뛰어넘어 소비자안전문제까지 강조하기 시작하였다. 예를 들어, 상품에 대한 감시에 있어서도 과거처럼 단순히 불량상품 여부만을 판별하는 것이 아니라, 국내·외에서 제조된 위해상품에 대한 안전확보문제를 강조하게 되었다.

그러나 아직도 우리나라 소비자들은 의식주부터 기타 생활용품이나 가전제품에까지 많은 위험에 노출되어 있다. 소비자안전을 위협하는 기사들을 쉽게 찾아볼 수 있다. 그러나 우리나라 소비자들은 그러한 위험 속에서 과연 얼마나 민감하게 반응할까? 소비자들이 당면하고 있는 위험들은 무엇이 있으며 그것을 해결하기 위해서는 어떻게 해야 할 것인지에 대하여 연구조사 및 소비자안전 확보에 소비자운동의 관심이 집중되어야 한다.

안전의 권리를 보장하기 위하여 최근 많은 정부 관련 기관 및 소비자단체에서는 위해 상품 및 서비스 등 위해요소에 대해 보상금까지 내걸고 신고센터를 운영하고 있다. 그럼에도 불구하고 소비자안전을 위협하는 제품이 늘고 있는 가운데 소비자들은 소비자안전에 대해 어떤 의식을 가지고 있고 그와 관련된 사례에는 어떠한 것들이 있는지 조사해 보아야 한다. 소비자들이 소비자안전을 확보하기 위한 스스로의 활동 유형은 다음과 같다.

- 소비자안전정보교류 및 체험안전정보활용 촉진활동
- 제품 및 서비스의 안전성 모니터링 및 결과 공개
- 소비자안전사고 및 피해사례 경험교류
- 위해제품 및 결함제품 등 불안전제품의 불매운동
- 안전의 소비자욕구 등을 기업의 생산, 유통, 판매에 반영시키고자 하는 활동

소비자가 할 수 있는 다양한 안전 확보활동 중 대표적인 유형의 몇 가지를 구체적으로 살펴보자.

1) 불안전제품의 불매운동

인터넷의 발달로 인해 안전치 못한 제품의 불매운동이 자유로운 소비자안전 확보활동으로 가능하게 되었고 더욱 빠르게 활동적으로 소비자 사이에서 번지게 되었다. 2008년 노래방 생쥐새우깡 사건은 식품집단소송제와 식품이력추적관리제를 도입하는 직접적 계기가 됐을 만큼 사회적으로 파장을 뿌렸다. 이 과정에서 네티즌들을 중심으로 펼쳐진 제품불매운동이 막강한 힘을 과시하였다. 한편, 석면 파우더에 대한 소비자불만이 불안심리로 확산되면서 제품불매 및 집단소송으로 불거진 바 있

다. 석면 파동에 대한 불만여론이 오프라인을 넘어 인터넷까지 확산되면서 불만여론을 넘어 집단소송 움직임까지 일어났던 것이다. 불안전제품 불매운동을 넘어서서 정치적으로 올바른 소비를 통해 더 나은 세상을 사려는 사람들에게 어떤 기업의 제품을 사는 행위는 공적 행동 또는 정치적 행동의 의미를 가질 수 있다. 최근 전 세계에서 벌어지고 있는 소비자운동의 사례인 전쟁물자 만드는 기업제품의 불매운동, 그리고 노동탄압하며 만든 옷을 안 사고 안 입기 운동, 노동착취기업인 스타벅스 커피 마시지 않기 운동 등은 제품의 품질 대신 제품을 생산한 기업의 정치사회적 행태에 항의하는 소비자안전을 넘어 소비자주권실현운동이다.

2) 소비자안전동호회활동

최근 소비자들은 동호회와 같은 커뮤니티 활동을 통해 제품의 문제점을 제기하고, 한발 더 나아가 제품리콜을 요구하고 있다. 이 같은 동호회활동에 힘입어 기업들의 소비자 대응 방식도 크게 달라졌다. 실제 사례로 현대자동차는 2009년 NF쏘나타 LPG 차량 1만 6,000여 대를 대량 리콜했다. 연료공급장치 불량으로 갑자기 시동이 꺼지는 현상이 일부 차량에서 발생한 데 따른 긴급 조치였다. 현대차가 차량 결함을 발견해 위험을 사전 예방한 데는 소비자동호회의 도움이 컸다. 인터넷에서 활동 중인 NF쏘나타 LPG동호회가 연료공급장치 불량 사실을 끊임없이 제기하자 회사가 이를 수용해 실제 리콜로 이어졌기 때문이다.

삼성전자는 '애니콜 홈페이지'(www.anycall.com)에 회원들의 커뮤니티 공간인 '마니아클럽'을 운영하며 소비자들의 의견을 수렴하고 있다. 특히, 회원들의 대규모 오프라인 정기모임과 세미나 등을 후원하고 이 자리에 상품 기획·디자인 등 실무 담당자들이 참석해 소비자들의 새로운 아이디어와 제품에 대한 의견을 청취하고 있다. 지난해 출시돼 큰 인기를 끌었던 삼성전자의 슬림슬라이드폰에 적용된 '통신제한' 기능은 회원들의 의견을 참고해 제품에 반영한 대표적 사례다.

LG전자는 국내 최대 이동통신 동호회 '세티즌' 회원 50명을 선발해 자사 휴대전화 개발팀과 함께 제품 기획을 진행하고 있다. 휴대전화 제품개발단계에서 사용자들의 의견을 적극 반영해 소비자밀착형 제품을 만들겠다는 게 LG전자의 취지다.

3) 소비자안전 캠페인

소비자안전 캠페인은 자치단체, 소비자단체, 각종 관련 기관들의 지원 및 주관으로 많이 펼쳐진다. 예를 들면, 한국여성정책연구원에서는 식품안전에 관심과 경험이 많은 소비자단체를 중심으로 소비자탐사대를 출범시킨 바 있다. 식품안전 소비자탐사대의 주요 활동내용은 소비자 스스로 식품에 잠재된 안전문제를 사전에 발굴, 안전성에 대한 정보수집 및 문제제기, 식품안전 이슈평가 및 토론회, 식품안전의 합리적인 해결방안 마련, 식품안전정책에 대한 의견제시 및 제안 등 식품안전관리활동이다(식품의약품안전청, 2008년 9월 25일 보도자료).

한편, 서울시 관악구가 위생상태가 불량하고 정서를 저해할 수 있는 식품으로부터 어린이를 보호하기 위해 2009년 3월 초등학교 학부모 220명을 '학부모식품안전지킴이'로 위촉하고 발대식을 개최했다. 이들은 지역 내 초등학교 어머니들과 함께 건강저해식품, 식중독, 비만으로부터 어린이들을 적극적으로 보호하기 위해서 식품업소에 대해 월 1회 이상 지도점검을 하고 식품진열대, 쇼 케이스, 용기교체비용을 지원했다. 학부모 식품안전지킴이는 보호구역 내 식품취급업소에 대한 지도점검, 모니터링과 함께 아이들에게 안전한 먹을거리에 대한 지도활동을 하였다(아시아경제, 2009년 4월 14일).

이 외에도 한국전자산업진흥회는 가전업계와 함께 여름철 전자제품 안전하게 쓰기 캠페인을 벌였다. 전자산업진흥회는 장마철이나 휴가 때 쓰지 않는 PC, TV 등의 전원 플러그를 뽑아둘 것, 휴대용 전자제품을 차 안에 오래 두지 말 것, 에어컨, 선풍기 등은 타이머기능을 사용해 질식, 저체온증을 막을 것 등을 당부했다.

대전소비자연맹은 한국가스안전공사와 공동으로 2007년 12월 가스안전생활화를 위한 캠페인을 진행했다. 가스사용량이 증가하고 에너지 차지 비중에서도 가스가 점차 그 영역을 넓혀 가지만 아직 소비자들의 가스안전의식은 부족하다. 가스사고가 줄어들기는커녕 늘어나고 있고 가스사고는 대형사고로 이어진다. 재산피해도 크지만 인명피해도 크다는 것이 가스사고의 특징이며 그 예방이 더욱 필요하다. 특히, 날씨가 추운 겨울철에 문을 닫고 생활하기 때문에 환기가 잘 되지 않아 가스보일러나 가스난로 등의 불완전 연소로 가스질식 사고가 발생할 수 있어 이 같은 캠페인을 펼쳤다. 소비자안전활동의 향후 발전방향은 다음과 같다.

소비자안전코너 4-2

기업의 인터넷 동호회 활용사례

LG상사는 디지털카메라 인터넷 동호회 'SLR클럽'이 불매운동에 나선 뒤에야 일본 캐논의 전문가와 인터넷 동호회 대표를 초청해 공동테스트를 실시하는 등 한바탕 소동을 거친 뒤 제품에 하자가 없다는 점을 입증했다. 하지만 이를 계기로 고객에 대한 애프터서비스를 크게 강화했다.

인터넷동호회가 활성화되면서 기업들이 마케팅에 활용하는 사례도 늘어나고 있다. LG이숍(www.lgeshop.com)은 쇼핑몰 운영에 고객 모니터 커뮤니티 '이숍 프렌즈'를 적극 활용하고 있다. LG이숍은 월 활동비를 지급하는 이숍 프렌즈 회원을 6개월마다 새로 뽑는다. 우수 제안이 채택되면 특별 포상금도 지급한다. 최근 LG이숍이 시작한 화장품 초저가 판매나, 비교검색서비스, 미리계산기능 등은 이숍 프렌즈의 제안으로 도입된 것들이다.

CJ홈쇼핑이 CJ몰(www.CJmall.com)에서 운영 중인 '오미감'은 특정 프로그램에 대한 동호회 형식으로 출발했지만 4월부터 CJ홈쇼핑 전체의 방송 커뮤니티로 커진 경우다. 오미감에 올라온 글은 무려 11만 여건으로 홈쇼핑 방송과 상품에 대한 소비자 의견과 정보뿐 아니라 생활의 지혜나 이야기 등이 교류되고 있다.

전자상거래사이트 옥션(www.auction.com)에서는 판매자 간의 모임인 셀리안(www.sellian.com)이 최대의 압력단체로 부상했다. 셀리안은 2002년 4월에 다음 카페로 시작해 현재 약 1만 명의 회원이 가입한 국내 최대의 옥션 판매에 대한 정보 사이트 역할을 하고 있다. 판매자 간에 판매 노하우와 실전기술을 나누고 부산지역에서는 옥션 판매 교육행사도 열고 있어 회사가 강사비와 운영비를 지원하기도 한다. 판매자들의 불만이나 요청사항을 모아 회사 측에 전달하고 사이트에 문제가 생기면 회원들이 먼저 감지하고 회사에 통보하기도 한다.

- 전문적인 소비자안전커뮤니티 사이트나 공간 개설(제품모니터링 및 리콜, 위험제품불매운동)
- 소비자안전단체들의 활발한 온·오프라인 활동 주도
- 소비자안전문제에 관심을 기울이는 소비자 스스로의 자세
- 소비자 스스로의 적극적인 안전정보 탐색, 제공, 교류, 활동하기, 구경꾼이 아닌 안전 확보활동 참여자
- 안전추구 소비자의 리더가 되기

5. 소비자안전 확보를 위한 소비자안전운동의 방향

소비자들의 생활환경이 급격히 변화되면서 소비자운동의 역할도 그 이상의 많은 변화를 요구받고 있다. 소비자운동의 이념이나 운동전략의 전환이 새롭게 모색되어야 하며, 소비사회의 변화 내지 발전을 주도하는 소비자운동으로 거듭나야 하는 상황이다. 소비자운동이 나아갈 방향을 소비자안전 측면에서 논의하면 다음과 같다.

첫째, 금융, 증권, 의료, 법률서비스, 국민행정 전반으로 소비자운동이 확산되고 있음에도 아직도 이들 분야에서의 안전한 소비생활과 관련한 소비자운동이 저조한 상황이다.

둘째, 신기술제품, 복잡한 기능을 보유한 제품, 수입제품이 급증하는 상황에서 소비자안전문제는 고도의 전문성이 요구되고 있다. 여기에서 수입상품의 안정성, 특히 수입식품의 안전성 문제가 제기되고 있지만 안전성에 대한 전문적 지식부족, 소비자안전정책의 방향설정 등 어려운 과제를 안고 있기도 하다.

셋째, 제품과 서비스별로 안전정보의 축적 등 안전정보시스템 확보에 보다 많은 투자와 노력이 필요하다. 정보화시대에 쏟아지는 정보의 홍수 속에서 소비자에게 꼭 필요한 정보를 가려 적절히 제공해 주는 역할이 향후 소비자운동의 과제이다.

넷째, 소비자안전은 누구보다도 소외계층, 저소득층 등에 더 큰 안전피해가 발생하고 있다. 앞으로 기업, 소비자단체, 정부는 안전의 사각지대인 약자의 소비자안전 지원운동으로 지속되고 강화되어야 한다. 우리 사회 전체의 지속적인 안전을 위한 소비자안전운동의 역할을 찾아야 한다.

다섯째, 소비자안전 확보운동 영역의 확대이다. 소비자안전은 결국 소비자안전 전반을 총괄하는 포괄적인 사회안전운동이며, 그러한 의미에서 환경, 녹색소비, 책임 있는 소비 등 여러 부분의 안전운동과도 적극적인 연대와 공조가 필요하다.

5

CHAPTER

어린이의 소비자안전

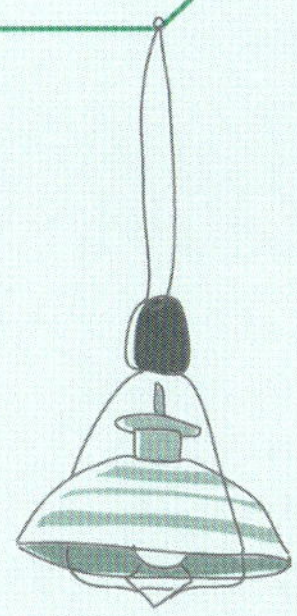

CHAPTER 5 어린이의 소비자안전

우리나라 어린이 사망의 주요 원인 중 50% 이상은 각종 사고로 인한 사망이며, 사망자 중 9세 이하 어린이의 사고발생률이 82%를 차지한다. 어린이 안전사고로 인한 상해가 가장 많이 일어나는 장소는 어린이가 가장 많은 시간을 보내는 집 안으로 가정에서의 사고관리대책이 시급한 실정이다. 생활안전사고의 유형으로는 각종 생활용품 및 구조물에 충돌, 추락, 감전, 화상, 중독, 질식 등의 위해사고가 상당수 보고되고 있으며, 영유아의 가정 내 생활안전사고 유형을 살펴보면 물품이나 시설물에 신체의 일부가 끼이는 사고가 23.7%로 가장 많고, 바닥에 미끄러지거나 물체에 걸려 넘어진 사고가 20.9%, 시설물이나 가구 등에서 떨어져서 생긴 사고가 16.1%, 부딪힘 11.3%, 화상 10% 등으로 집계됐다(한국소비자원 자료). 이러한 어린이안전사고 발생원인에 대한 연구 결과 본인의 부주의한 행동과 타인과의 장난이 가장 큰 사고 원인으로 파악되고 있으며, 안전하지 못한 시설·설비, 기구에 대한 지식부족 및 조작미숙, 안전생활지도 부족 순서로 나타나고 있어 어린이안전에 대한 관심과 인지가 중요하며 생활지도가 시급함을 알 수 있다. 본 장에서는 어린이안전사고의 현황, 어린이소비자안전법제도, 외국의 어린이소비자안전 등에 대해 살펴보고 어린이안전사고를 예방할 수 있는 방안 등에 대해 살펴보고자 한다.

1. 어린이안전사고 현황

우리나라는 OECD 국가 중 어린이안전사고로 인한 사망률이 높은 편으로 최근 몇 년간 감소추세에 있으나 앞으로도 어린이안전사고 정보시스템 가동 및 안전사고 예방을 위한 다양한 노력이 필요하다. 특히, 어린이용 제품은 어린이에게 정서적 안정감을 주고 창의력을 키우는 데 도움을 주는 것이 대부분인데, 이러한 제품에서 안전성이 결여된다면 어린이에게 신체적 사고는 물론 마음에 상처를 줄 수 있다.

소비자위해사고 접수건수가 매년 증가하고 있고, 특히 10대 미만 어린이들이 안전사고를 많이 당하고 있어 부모들의 주의가 필요한 것으로 나타났다(파이낸셜뉴스 경제, 2009년 3월 12일). 한국소비자원은 2008년 1년간 소비자위해감시시스템(CISS)에 접수된 소비자위해사고 접수건수는 3만 5,425건으로 전년 2만 6,330건에 비해 34.5%나 늘었다고 밝혔다.

연령대별로는 '10세 미만'에서 발생한 사고건수가 8,306건(23.5%)으로 가장 많았고, 30대 7,416건(20.9%), 20대 5,921건(16.7%)의 순이었다. 특히 '10세 미만'의 위해사고는 지난 2007년 4,576건과 비교할 때 81.5%나 증가해 이들을 대상으로 한 소비자안전교육 등 예방대책이 필요한 것으로 지적됐다. 품목별로는 식료품(6,495건, 18.3%) 관련 위해 사고가 가장 많았고, 건물 및 설비 등 시설물(5,828건, 16.5%), 차량 및 승용물(4,135건, 11.7%) 등의 순이었다. 식료품 중 위해사고가 많이 발생된 품목은 '빵 및 과자류' 1,176건(18.1%), 어패류 및 어패류 가공식품(901건, 13.9%) 등이었고, 주요 사고 유형은 이물질 혼입·섭취(2,697건, 41.5%), 부패·변질(1,348건, 20.7%)인 것으로 나타났다.

접수된 위해사고 중 절반이 넘는 사고가 가정 내에서 발생했고(1만 9,050건, 53.8%) 도로(5,340건, 15.1%), 공공행정 및 서비스 지역(3,616건, 10.2%), 공원 및 놀이시설(1,113건, 3.1%) 등의 순이었다. 위해사고원인으로는 추락·넘어짐·미끄러짐이 7,647건(21.6%)으로 가장 많았고, 과도한 동작(5,485건, 15.5%) 충돌·충격(4,538건, 12.8%), 이물혼입 및 섭취(3,531건, 9.9%) 등의 순이었다.

결국 가정 내에서 어린이들이 안전사고를 당하지 않도록 부모들의 각별한 주의가 필요하며 어린이안전사고와 관련한 조사 및 모니터링 결과는 교육과학기술부, 보건복지부 등 관련 행정기관에서 안전사고예방과 소비자안전의식 제고에 적극 활용할 필요가 있다.

특히, 어린이안전사고 중 소비제품으로 인한 문제는 소비자안전에서 매우 중요한 사항이다.

안전사고의 위험성이 있는 어린이용 제품은 대부분 품질경영 및 공산품안전관리법에 따라 안전관리를 하고 있으나 안전사고는 지속적으로 발생되고 있다. 또한 안전검사에 합격한 제품도 검사 당시의 품질을 유지하지 못하는 경우가 있다. 게다가 일부 수입업자의 경우 통관 시 안전검사 수검 여부를 확인하지 않는 점을 이용하여 안전검사도 받지 않은 수입제품을 유통시키는 경우도 있다. 어린이는 새로운 제품에 대한 호기심과 구매욕구가 많아 신종제품의 시장유통이 급증하고 있는데, 이러한 제품일수록 위해성이 높은 편이다.

지식경제부 기술표준원과 한국소비자원이 2005년 어린이놀이용품 중 위해다발품목인 모형자동차, 작동완구, 킥보드, 인라인스케이트 등 64개 제품을 수거해 공동조사한 결과, 작동완구와 킥보드의 경우 60%가 안전검사를 받지 않은 채 유통되고 있으며, 이 중 절반 수준이 안전기준에 미달되는 제품으로 드러났고, 특히 수입품은

표 5-1 연령대별 어린이안전사고 유형

(단위 : 건)

구 분	1세 미만	1~3세	4~6세	7~14세	전 체
추락/넘어짐/미끄러짐	55	525	371	484	1,435
충돌/충격	15	503	277	318	1,113
이물질 흡입 및 섭취	47	208	99	42	396
날카로운 물체에 베임/찢어짐	15	117	79	136	347
압궤(눌림/끼임)	8	40.4	143	97	416
고온(화상)	25	192	36	29	222
찔 림	5	55	42	71	173
부패/변질	5	12	5	11	33
기 타	44	114	82	166	406
전 체	219	1,834	1,134	1,354	4,541

출처 : 한국소비자원(2007)

83%가 안전검사를 받지 않은 채 유통되었다. 또한 안전검사를 받지 않은 제품 중 절반 정도가 안전성능에 부적합하여 안전사고 위험이 높은 것으로 드러났다. 검사 미필제품 모두 표시사항을 제대로 기재하지 않았으며, 수입제품의 경우 중국어나 영어로만 표시되어 있어 소비자가 알아보기 힘든 제품도 상당수 있는 것으로 조사되었다.

2. 어린이소비자안전법제도

어린이안전과 관련한 법규는 어린이복지법, 품질경영 및 공산품안전관리법, 소비자기본법 등에 분산되어 있다. 현재 어린이안전관리법제의 기본적 체계가 통일적으로 규율되어 있지 않다. 어린이용품의 제조 및 수입단계의 안전예방제도, 이용단계의 안전유지제도, 사고단계의 안전조치제도가 통일적으로 규율되지 않고 유기적으로 연계되지 않아 어린이안전관리에 한계를 드러내고 있다. 어린이용품의 제조, 설치, 검사 및 유지·보수·관리 등과 관련된 업무도 지식경제부, 보건복지부 등 여러 소관 부처에 분산되어 운영되고 있다. 전반적으로 어린이안전 관련 규정이 미흡하고 어린이용품의 안전문제를 통합적으로 관리할 수 있는 법적·행정적 체계가 확립되어 있지 않다.

1990년 이후 한국소비자원에 의해 어린이생활용품 및 놀이용품과 관련된 안전사고 및 실태조사 연구가 집중적으로 이루어지기 시작했지만 학계, 전문가, 관련 행정기관 등은 앞으로도 어린이용품 안전조사분석 및 관련 법제도 개선 등에 노력을 기울여야 한다.

1) 어린이안전 관련 법

어린이안전을 다루고 있는 법은 어린이복지법, 품질경영 및 공산품안전관리법, 제조물책임법, 어린이시설안전관리법 등이다. 이 외에도 유아교육법, 소비자기본법, 식품위생법 등 여러 개별 법에서 어린이안전과 관련된 사항들을 규정해 두고 있다.

표 5-2 어린이복지법 시행령(2004) : 어린이용품의 안전기준 제시

구 분	안전기준
어린이 위해 제품	• 제품의 성분·함량·구조 등에 대한 정보를 제공하여야 한다. • 제품사용이 적당한 연령을 표시하여야 하며 연령에 따른 주의사항을 명기하여야 한다. • 제품의 사용방법 및 안전사고와 관련된 정보를 제공하여야 한다. • 기타 위해방지를 위하여 필요한 사항을 표시하여야 한다.
어린이 이용 놀이 시설물	• 놀이시설물의 어떠한 부분에도 어린이의 살을 베거나 찌를 수 있는 날카로운 부분, 모서리, 뾰족한 부분이 없도록 하여야 한다. • 놀이시설물의 돌출부분인 볼트와 너트는 위로 튀어나오지 아니하도록 하여야 하며, 볼트와 너트가 위를 향하고 있는 때는 그 높이가 3.2mm를 넘지 아니하도록 하여야 한다. • 어린이가 추락할 가능성이 있는 놀이시설물 아래와 주변의 공간(안전지대)은 충격을 흡수할 수 있도록 하여야 하며, 어린이가 걸려 넘어지거나 부딪칠 수 있는 방해물이 없도록 하여야 한다. • 움직이는 부분들이 서로 맞물리는 놀이시설물의 경우 어린이의 신체 일부분이 끼지 아니하도록 그 맞물림의 형태 및 그 힘을 점검하여야 한다. • 놀이시설물에 구멍이나 틈이 있는 경우 주의 깊게 디자인하여 어린이의 몸이 빠지거나 끼는 사고가 없도록 하여야 한다. • 놀이시설물 사이에 연결되거나 바닥과 놀이시설물에 45° 이내로 연결된 줄은 어린이가 많이 다니는 곳에 설치하지 말아야 한다. • 놀이시설물은 안전하게 설치하여야 하며, 제조업자의 취급설명서에 따라 설치하여야 한다. • 안전사고 예방을 위하여 관리인은 각 놀이시설물에 대한 적절한 점검일정을 세우고 이를 지켜야 하며, 안전관리를 위하여 취한 모든 행위는 기록으로 보관하여야 한다.

(1) 어린이복지법

어린이용품의 안전기준에 관한 규정은 어린이복지법(제9조 제2항)에서 살펴볼 수 있다. 그 내용을 살펴보면 국가는 대통령령이 정하는 바에 따라 어린이복지시설과 어린이용품에 대한 안전기준을 정하고 어린이용품을 제작·설치·관리하는 자에게 이를 준수하도록 할 의무가 있다고 명시하고 있다.

그러나 어린이복지법 시행령에서 어린이용품의 대상이 명확하게 규정되어 있지 않으며, 어린이용품의 안전기준을 위반한 경우 위반사업자에 대한 행정제재와 관련된 사항이 미비하고, 안전기준의 효력에 한계가 있다. 또한 어린이용품 안전교육에 관한 근거 규정이 미흡하다.

(2) 어린이안전 관련 품질경영 및 공산품안전관리법

이 법에서는 어린이용품 중 일부를 안전검사 대상 공산품으로 정하고 있고, 일부는 자율안전 대상 공산품에 포함하여 안전관리를 하고 있다. 안전검사 대상 공산품은 작동완구, 인라인스케이트, 비비탄총 등인데, 이들 제품은 안전검사를 받아야만 출고 또는 수입하여 유통시킬 수 있다. 한편, 어린이의 사용빈도가 높은 비작동완구, 학용품, 유아용 의류 등은 자율안전인증제도로 관리되고 있으나, 생산자의 인증기피로 인증실적이 거의 없는 실정이고, 자율권장제도이기 때문에 안전기준을 위반한다 해도 법적 조치를 취할 근거가 없어 실효성이 낮은 편이다. 최근 비비탄총, 본드풍선, 신종점프기구, 어린이화장품 등 새로운 제품이 시장에 출시되고 있으나, 이들 제품에 대한 안전기준 마련, 의견수렴 및 심의, 법률개정 등의 절차를 거치는 데 1년 정도의 장시간이 소요되며, 특히 관련 부처가 불명확하여 안전관리의 사각지대에 있는 품목도 있다.

안전검사 대상품목에 대한 사후관리는 시·도지사에 위임하여 담당하도록 하고 있으나, 시·도지사는 인력과 예산 등의 부족으로 심도 있는 안전관리를 하지 못하고 관련 기업이나 유통업소 방문단속만을 수행하는 형편이다. 특히, 시중에 유통 중인 제품을 시험·분석하여 불량제품인지의 여부를 밝히는 시판품 조사는 수행하지 않고 있어 효율적인 사후관리에 한계가 있다. 한편, 수입제품의 경우 보통 관세청의 통관자료 분석을 토대로 불법제품으로 의심되는 제품에 대해 경찰청과 합동단속을 실시하고 있다. 앞으로는 어린이용 제품에 대한 시판품 조사를 강화하여 불법·불량 어린이용 제품을 생산, 수입, 유통하는 기업에 강력한 행정조치를 취할 필요가 있다. 문제의 제품은 리스트를 만들어 유통업체에 통보하여 진열 또는 판매할 수 없도록 하는 등 불법, 불량제품의 유통을 차단하여야 한다.

(3) 어린이안전 관련 제조물책임법

어린이는 장난감을 생각지도 못한 방법으로 사용하는 경우가 종종 있기 때문에 어디까지가 위험에 대해 예견 가능한 것인가에 대해서는 소송상 큰 쟁점이 되고 있다. 따라서 장남감은 제품 자체의 안전성을 확보해 두는 것이 가장 중요하다. 어린이용품 제조의 경우 제조물책임과 관련하여 준수하여야 할 사항을 살펴보면, 첫째, 장난감에는 반드시 경고표시를 하여야 한다. 장난감은 어린아이들이 사용하게 되므로 '통상 지니고 있어야 할 안전성'이나 '통상 예견되는 사용형태'의 범위는 다른 제조물보다 더욱 광범위하게 해석되어야 한다. 소비자가 어린이이므로 잘못 사용하는 것을 막기 위하여 반드시 '경고표시'를 하여야 할 뿐만 아니라 어린이들도 쉽게 이해할 수 있도록 표기하여야 한다. 특히, 연령이 낮은 어린이용 제품인 경우에는 작은 부품이나 날카로운 부분의 사용에 충분한 주의가 필요하다. 그러나 경고표시의 존재가 면책사항이 되는 것이 아님에 유의하여야 하며 장난감에 의한 사고의 예를 들면 뾰족한 부분에 얼굴 등이 찔리는 사고, 부품 등을 가지고 놀다가 삼키는 사고, 제품이 부서져서 어린이가 상처를 입는 경우 등이다. 위의 사례에 대해 제조업자가 제조물책임법상의 책임을 지게 되는 이유는 어린이가 제품을 잘못 사용하는 것은 당연한 일이며, 제조업자는 어린이가 사용할 때 발생할 수 있는 오용의 가능성을 충분히 염두에 두고 미리 안전사고를 예상하여 설계·제조할 필요가 있기 때문인 것이다.

둘째, 사용설명서의 경우 보호자를 대상으로 사용설명서 첨부가 필수적이고, 문자를 해독할 수 있는 어린이를 대상으로 하는 장난감인 경우에는 연령에 맞도록 쉽게 표현한 어린이용 설명서를 첨부하는 것이 좋다.

지금까지 어린이용품 안전 관련 법제를 살펴본 바, 어린이용품의 제조에서 설치, 검사 및 유지, 보수, 관리에 이르기까지 단계별로 관련 법과 소관 부처가 다원화되어 있어 어린이용품의 제조 및 수입단계의 안전예방제도, 이용단계의 안전유지제도, 사고단계의 안전조치제도가 통일적으로 수행되지 않고 있고, 또한 유기적으로 연계되지 않고 있음을 알 수 있다. 어린이용품의 제작, 유통, 사고 등 단계별로 드러나는 문제점들을 살펴보면 다음과 같다.

① 제작단계

어린이용품 안전정책의 수립, 사업자 신고제, 안전기준의 제정, 안전인증제도 등 안전예방제도 미흡

② 유통단계

사업자의 안전점검의무, 안전관리규정의 제정의무, 안전검사, 안전관리자의 선임, 안전교육 등 안전유지제도 미흡

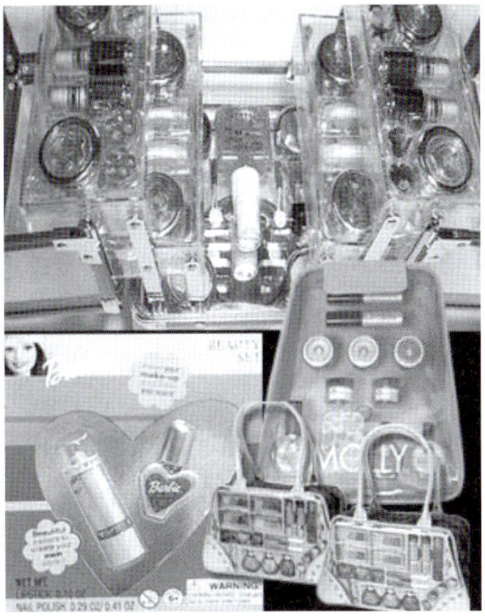

주 : 인터넷사이트 등을 통해 판매되고 있는 어린이 색조 화장품

그림 5-1 완구류로 제조·수입되는 어린이 화장품

③ 사고단계

회수, 교환 등 리콜제도, 보험가입의무, 사고통보의무 등 안전조치제도 미흡

2) 어린이소비자안전관리제도

어린이소비자안전관리를 위한 가장 대표적인 제도가 기술표준원의 어린이보호포장제도(KPS제도)이다. '어린이보호포장'이란 어른은 쉽게 개봉할 수 있으나 어린이는 쉽게 개봉할 수 없도록 하는 포장을 말한다. 만 5세 미만의 어린이가 부주의로 가정용 생활화학제품을 마시거나 흡입함으로써 발생하는 위험을 예방하기 위해 이런 위험이 발생할 소지가 있는 제품들은 어린이보호포장을 한 후에 판매하도록 하는 제도이다.

어린이보호포장 대상 공산품은 방향제, 세정제, 접착제, 얼룩제거제, 광택제, 부동액, 자동차용 앞면 창 유리세정액 등 7개 품목이다. 어린이보호포장 안전기준 내용을 살펴보자. 어린이 및 성인의 적합성 조건 시험을 위해 만 5세 미만의 어린이 200명으로 모집단을 구성하여 보호포장 개봉시험에 참가한 어린이의 85% 이상이 5분 내에 보호포장을 개봉하지 못하여야 한다. 개봉하지 못한 어린이에게 개봉시험을 보인 후 다시 5분간 시험하여 80% 이상이 개봉하지 못해야 한다. 한편, 성인 100명으로 모집단을 구성하여 개봉방법에 대한 설명이 없어도 90% 이상의 성인이 개봉할 수 있어야 한다.

어린이보호포장제도 위반 시 벌칙, 즉 어린이보호포장신고를 하지 않고 KPS 마크를 표시한 자에 대하여 3년 이하의 징역 또는 3,000만 원 이하의 벌금을 물도록 하고 있다. 또한 어린이보호포장을 사용하지 않거나 신고를 하지 않았을 경우 판매 중지, 개선, 수거 또는 파기 조치를 취할 수 있다.

한편, 한국소비자원의 어린이 안전정책을 살펴보자. 2003년 5월 5일 정부에서는 어린이날을 맞이하여 어린이들이 안전한 환경에서 건강하게 자랄 수 있도록 2003년을 '어린이안전원년'으로 선포한 바 있다. 이에 따른 어린이안전 종합대책의 일환으로 만들어진 것이 한국소비자원의 '어린이안전넷'이다. 어린이안전넷에서는 어린이의 눈높이에 맞춰 귀여운 캐릭터를 이용하여 소비자안전에 관한 정보를 제공하고 있다. 그 내용을 보면 어린이안전신고에 관한 사항, 우리나라의 안전제도, 어린이 안전사고 정보, 안전사고 뉴스, 안전 법규 등을 제공한다. 또 그것을 게임의 형식으로 재미있게 교육하고 있다.

그림 5-2 한국소비자원 어린이안전넷 홈페이지

3) 어린이소비자안전정책 수행기관

우리나라의 경우 어린이용품 안전 관련 법제도가 유기적으로 연계되지 않고 있고, 체계화되어 있지 않아 어린이용품으로부터의 안전정책 수행기관도 일원화되어 있지 않다. 어린이안전관리법제는 소비자기본법(공정거래위원회), 품질경영 및 공산품안전관리법(지식경제부), 어린이복지법(보건복지부) 등으로 구성되어 있다. 따라서 어린이안전관리법제는 어린이용품의 제조에서 설치, 검사 및 유지·보수·관리에 이르기까지 단계별로 관련 법과 소관부처가 다원화되어 있는 실정이다. 소비자안전업무의 가장 기초가 되는 어린이용품 관련 위해정보도 소관부처 및 산하기관이 개별적으로 수집하고 있으며, 이를 종합적으로 분석·평가하여 위해제품에 대한 시정조치나 위해정보의 소비자 제공으로 연계시키는 체계가 필요하다. 또한 위해정보 보고기관으로 지정된 대부분의 기관들이 위해정보보고를 위해 필요한 인력을 갖추고 있지 못하고 있으므로 이들 기관의 자발적 참여를 높일 수 있는 전략이 시급하다.

이에 비해 대부분의 OECD 회원국들은 어린이용품 안전에 관한 문제를 통합적으로 관리할 수 있도록 법적·행정적 제도를 체계적으로 확립·운영하고 있으며, 어린이용품 안전기준 설정 시 기술적·과학적 검사기관 및 근거 법과 행정체제와 명확하게 연결되어 있다.

한편, 우리나라의 경우 어린이용품 안전과 관련된 국제적 협력체계구축에 적극 참여하여야 한다. 대부분의 OECD 국가들은 어린이놀이시설물의 안전과 관련된 국가기준을 설정하여 어린이용품을 생산할 때 적용할 뿐만 아니라, 유럽표준위원회(CEN)나 국제표준기구(ISO)의 어린이용품 안전과 관련된 기준개발에 적극적으로 참여하고 있다. 향후 우리도 국제적 협력을 통해 세계 공동의 안전기준개발에 적극 참여하여야 한다. 그러나 우리나라는 어린이안전보호에 대한 사회 전반적인 인식부족으로 인해 국제적 협력을 통한 안전사고 위해정보교환 및 이를 바탕으로 한 세계 공동의 안전기준 개발연구에 적극적으로 참여하지 못하고 있다. 최근 개정된 어린이용품 관련 기술표준원 고시 안전기준의 경우 대부분이 CEN에서 개발된 유럽공동기준을 우리말로 해석하여 제시한 수준이며, 세계 공동기준개발 연구에 적극 기여하지 못한다는 지적이 제기되고 있다.

표 5-3 어린이 안전 확보를 위한 정부 주요 부처별 소관 업무

소관 부처	주요 담당 업무	소관 법령
국무조정실	어린이 안전종합대책 총괄·조정	
공정거래위원회 (한국소비자원)	• 어린이안전넷 운영 • 어린이 위해정보수집/평가, 안전사고예방정보 제공 • 어린이안전교육	• 소비자보호법 • 위해정보보고기관 지정운영/관리규정 • 위해물품 및 용역의 결합시정 절차 등에 관한 규정
교육과학 기술부	• 학교안전교육(교육과정 운영) • 학교안전교육 계획수립 및 교육교재 개발·보급 • 어린이집·유치원·초등학교 놀이터 안전관리 • 학교 내 안전전담관리사 배치 및 안전지도교사 안전교육연수	• 초·중등교육법 • 어린이복지법 • 학교보건법
행정안전부 (경찰청)	• 어린이 보호구역(school zone) 지정·단속 • 어린이 보호구역의 노상적치물 정비 • 교통사고예방을 위한 지도·단속 • 어린이 통학버스 안전관리 • 이동안전체험교실, 어린이안전캠프, 어린이교통공원 운영 • 물놀이 사고 등 익사사고 예방대책 추진 • 학교시설의 소방안전관리 및 정기 안전교육	• 도로교통법 • 소방법
문화체육관광부	청소년 수련시설 및 유원시설 안전관리	청소년기본법
지식경제부	• 놀이기구 및 놀이용품에 대한 안전기준개선 및 사후관리 • 어린이용품 안전검사기준 및 주의·경고표시개선	품질경영 및 공산품안전관리법
보건복지부 (식품의약품 안전청)	• 보육시설 안전 • 어린이약물사고방지를 위한 안전용기, 포장사용 품목 지정 • 어린이 기호식품 등 식품 관련 업소 단속	• 약사법 • 식품위생법 • 의약품안전용기·포장 규정
국토해양부	주택건설, 건축설계 기준 등 설정	• 주택법 • 자동차안전기준에 관한 규칙

3. 외국의 어린이소비자안전

1) 미 국

미국의 경우 어린이생활에 많은 영향을 미치는 장난감, 놀이터, 어린이용 가구,

어린이보호제품, 헬멧, 물놀이 장비로부터의 안전에 대한 규격화를 통하여 어린이 사고예방에 노력을 기울이고 있다. 소비자안전위원회(CPSC)의 소관으로 제정된 어린이소비자안전을 위한 법률은 다음과 같다.

- 독극물방지포장법 : 이 법은 가정용 제품을 취급하거나 삼킴으로써 발생하는 심각한 상해 또는 질병으로부터 어린이를 보호하기 위한 특별포상기준을 규정하고 있다.
- 어린이안전보호법 : 이 법은 어린이의 위해방지를 위한 것으로 완구류(3~5세 어린이를 위한 완구류, 질식의 위험이 있는 작은 조각으로 된 완구류에 초점) 및 자전거 헬멧에 초점을 두고 있다.

한편, 연방정부위해법은 위험요소를 포함한 제품의 잠재적인 위험에 대한 경고표시를 제품에 명시하도록 규정하고 있고, 어린이안전보호법은 3세 미만 어린이의 질식을 예방하기 위한 법으로 질식위험에 대한 경고표시가 제품포장에 제시되어야 함을 명시하고 있다.

이 외에도 미국에서는 정책건의기구로 CAC(Consumer Advisory Committee)를 운영하는데, 이용자권리 및 어린이나 빈곤층과 같은 취약계층의 통신권리보장에 주력하고 있다. 또한 사용자의 유형에 따라 특화된 콘텐츠를 제공하고 있다. 예를 들면, 일반 이용자, 장애자, 소수민족이나 지방정부 등 사용자 유형별로 다른 정보 및 가이드를 구축하고 있다.

미국의 경우 어린이안전을 위하여 중앙정부의 노력과 함께 주정부 차원의 노력을 병행하고 있다. 특히, 어린이안전을 위한 상해예방프로그램으로써 대표적인 전국 규모의 어린이안전예방단체인 National Safe Kids에서는 어린이 교통안전, 화재와 화상안전, 익사사고 예방, 중독과 쇼킹 예방, 추락 예방 등 5개 영역의 어린이사고 예방에 초점을 맞추어 지역과 연대적인 활동을 하고 있고, 어린이안전을 위한 입법활동 등을 하고 있다. 한편, 소비자안전위원회(CPSC)와 ASRM, CFA(미국소비자연방)에서는 어린이안전을 위한 안전기준을 제정하고 있는데, 예를 들면 CPSC에서는 재킷이나 스웨터와 같은 겉옷의 목끈과 허리끈으로 인한 질식사고를 예방하기 위한 안전지침을 제시하고 있다. 연방위험물에 관한 법은 위험수준의 납 성분 함유 장난감이나 어린이용품 생산을 금지하고 있다. 어린이안전보호법에서는 3~6세 어린이를 대상으로 제조된 작은 공, 풍선, 구슬, 작은 부품을 포함하는 장난감에는 질식위험경고문 부착을 의무화하고 있다. ASTM은 장난감 안전에 대한 소비자안전설명서 기준, 장난감 안전기준을 제정하여 시행하고 있고, 장난감총은 진짜 총과 구별하기 위하여 화기안전규제법에 의해 표시요구를 준수하여야 한다. 한편, 미국의 경우 어린이안전교육을 적극적으로 시행하고 있다. 연방모자보건국에서는 1993년 어린이 복지시설과 유아교육기관의 건강과 안전을 위한 기준(980개)을 마련하였고, 1997년에는 치명적인 상해에 대한 기준(180개)을 교사와 각 교육기관에 제시하였다.

2) 유럽연합

유럽의 경우 유럽연합(EU) 산하 유럽표준화기구(CEN) 및 유럽 전기공학표준화기구(CENELEC)에서 소비제품에 대한 안전기준을 제정하고 있으며, 소비제품 관련 유럽연합 지령에서 요구하는 조건을 충족하는 상품에 대해 CE마크를 부여하고 있다. 현재 유럽연합 회원국에서 생산되는 소비제품의 약 50% 정도가 유럽연합에서 제정된 소비자안전 관련 지령 및 규정에 의해 통제되고 있으며, 완구의 경우 완구안전에 대한 EU 지령인 완구안전기준 EN71과 전기작동완구안전기준 EN50088을 따르도록 하고 있다. 유럽연합 완구안전기준의 내용은 기계·물리적 성질, 방염성, 유해원소의 용출, 화학실험용 세트에 대한 사항, 화학 놀잇감 세트에 대한 사항, 연령 경고표시에 대한 것이 포함되어 있다.

영국, 스웨덴, 독일, 프랑스 등 유럽 국가에서는 CEN에서 개발된 완구안전기준(EN71)에 기초하여 자국 내의 엄격한 완구안전기준을 설정해 놓고 있으며, 선진국 대규모 장난감 회사들은 이런 기준 이외에도 자체적으로 자사제품의 안전기준을 강화하고 좀 더 엄격한 검사방법을 적용하여 제품관리를 하고 있다.

구체적인 사례를 살펴보면, EU집행위는 최근 어린이 안전보호장치가 장착된 라이터만 EU시장에서 시판할 수 있도록 하는 규정을 채택한 바 있다. 이는 EU 소비자안전위원회가 내놓은 '어린이들이 쉽게 라이터에 불을 붙일 수 없도록 안전장치를 장착해야 한다.'는 의견에 근거한 것으로 EU에서는 안전장치가 없는 라이터를 가지고 놀다가 일어난 화재로 매년 34~40명이 목숨을 잃고 있고, 사망자 중 대부분이 어린이들이며 재산피해 또한 상당한 것으로 집계되고 있다. 어린이안전보호를 위한 이러한 규정은 이미 미국, 캐나다, 호주, 뉴질랜드 등 여러 나라에서 시행되고 있다. 특히, 미국에서는 1995년부터 어린이안전보호장치가 마련돼 있지 않은 라이터는 시판할 수 없도록 했으며 그 결과 어린이사고를 60% 정도 줄인 것으로 알려지고 있다. 대부분의 유럽과 아시아 라이터 제조업체들은 수년 전부터 이 같은 보호장치를 포함하고 있는 안전라이터를 생산해 수출하고 있다.

4. 어린이소비자안전사고 유형 및 사고사례

어린이안전사고의 유형을 구분하고 실제사고가 발생한 사례를 품목별로 살펴보면 다음과 같다.

사례

장난감 안전문제사례 1 **장난감 및 학용품 환경호르몬 검출**

어린이용 장난감과 학용품에서 유해물질이 검출되어 사회적 문제가 되고 있다. 환경운동연합이 장난감과 학용품 17가지를 조사한 결과, 10개 제품에서 환경호르몬이 기준치를 훨씬 웃도는 수치가 나왔다고 밝혔다. 10가지 제품 중 7가지에서 디에틸헥실프탈레이트(DHEP)가 검출되었고 나머지 3가지에서는 디이소노닐프탈레이트(DNP)가 나왔다. 이들 환경호르몬은 합성수지를 부드럽게 만드는 가소제로 몸 속에 들어가면 호르몬분비 장애는 물론 암도 일으킬 수 있어 사용이 엄격히 제한되는 물질이다. 유해(有害)환경호르몬이 나온 제품 가운데 주영아이의 '뽀롱뽀롱 뽀로로 공', 월드코리아의 '쿠쿠스 닥터세트', 미미월드의 '뽀로로 병원놀이' 등 3개 제품은 자율안전확인마크(KPS)가 붙어 있었다고 한다.

장난감 및 학용품

초등학생들이 문구점에서 즐겨 찾는 '야광 스티커'와 '캐릭터 클립' 등은 DEHP가 각각 22%, 36.7%나 나왔지만 안전관리법 대상 품목이 아니다. 특히, 캐릭터 클립은 어린이들이 입으로 빠는 경우가 많은데도 안전검사조차 시행되지 않고 있었고 또한 가짜 KPS마크가 부착된 용품도 적발돼 더욱 사회적 문제가 된 바 있다.

출처 : 소년한국일보, 2008년 10월 22일

장난감 안전문제사례 2 장난감에서 유해물질 납 검출

장난감에서 납·바륨 등이 검출되었다. 중국산 제품에서 신체 이상에 위험이 있는 위험물질이 검출되어 세계적 문제가 된 바 있다. '토마스와 친구들' 이란 장난감 기차를 판매하는 미국 RC2사와 세계적인 장난감 회사인 미국 마텔사가 자사 브랜드로 판매되는 중국산 장난감을 어린이안전에 문제가 있다는 이유로 리콜을 실시해 관심을 끈 바 있다.

어린아이들은 무엇이든 입으로 가져가 빠는 습관이 있다. 이때 장난감 페인트가 벗겨지면 페인트에 함유된 납, 바륨 등 중금속을 먹을 우려가 높으므로 주의해야 한다. 바륨은 중독될 경우 근육마비, 위장염, 고혈압 등을 일으킬 수 있는 유해물질이다. 납 성분은 생식능력 교란과 불임, 빈혈, 신경계 이상을 비롯해 아토피를 일으키는 독성물질로, 몸 안에 과다하게 쌓이면 사망에 이를 수 있다. 특히, 어린이가 납에 중독되면 식욕 부진, 피로감과 더불어 ADHD(주의력 결핍 과잉행동증후군)이 나타날 수 있어 더욱 주의가 필요하다. 플라스틱 장난감을 말랑말랑하게 만드는 데 쓰이는 프탈레이트계 가소제는 폐와 신장에 나쁜 영향을 미치고 내분비계 장애를 일으킬 수 있다. 그러므로 장난감 성분에 독성이 포함됐는지를 잘 살펴봐야 하며, 장난감은 아니라도 그런 성분이 포함된 물건을 가지고 놀지 않도록 신경써야 한다.

출처 : 쿠키뉴스, 2007년 8월 26일

소비자안전코너 5-1

부모교육 : 장난감과 안전

필요 이상으로 장난감을 많이 구입하는 것은 혼자서 놀이에 빠져 사회성을 떨어뜨리는 계기를 만들거나, 심하면 자폐로 이어질 수 있는 '장난감 중독'을 낳을 수 있다. 따라서 부모는 아이가 많은 장난감을 지나치게 자주 원할 때는 단호하게 거절하는 용기도 필요하다. 생일 등 특별한 날을 정해 장난감을 사주는 게 좋다.

아무리 안전한 장난감이라도 제대로 관리하지 않으면 더러워지거나 파손되며, 이는 아이들에게 해가 될 수 있다. 장난감에 이상은 없는지 수시로 점검하고 살펴봐야 한다. 블록 등 플라스틱 장난감은 물수건과 면봉으로 구석구석 가볍게 닦고 유아전용 세제로 세척한 후 그늘에 말려 습기를 완전히 제거하도록 한다. 열소독은 환경호르몬이 유출될 위험이 있으므로 피한다. 원목 소재 장난감은 주 2회 마른 수건으로 닦아주는 것이 좋다. 표면에 코팅이 돼 있다면 물수건으로 닦은 후 마른 수건으로 한 번 더 닦고, 그늘에 말려 나무에 물기가 남지 않도록 한다. 학교 앞 문방구에서 쉽게 구할 수 있는 놀이용 폭죽, 비비탄을 사용하는 권총, 기관총 혹은 레이저 기능이 내장된 총, 중국에서 불법으로 복제된 어린이용 장난감 수갑 등이 안전사고를 일으키고 있다.

미니카와 같은 금속 장난감에 물수건을 사용하면 녹이 슬 염려가 있으므로 금물이다. 마른 수건과 면봉으로 먼지를 닦도록 한다. 공과 같은 고무재질은 주 2회, 유아용 세제와 스펀지를 이용해 흐르는 물에서 세척하는 것이 좋다. 봉제 인형은 정기적으로 먼지를 털어낸 다음 햇볕에 말려 소독한다. 그리고 한 달에 한번 정도는 멸균을 위해 유아용 세제 물을 천에 묻혀 주무르듯 닦아낸다.

사례

장난감총 사고사례 1　비비탄총의 작은 부품을 코에 넣은 사고

서울에 사는 4세 여자 어린이가 비비탄 총알을 코에 넣는 사고가 발생하였다. 이 사건 이후 본체 및 취급설명서에 '코나 입에 비비탄 총알을 넣지 말 것'이라는 취지의 주의표시를 실시하게 되었다.

출처 : 한국소비자원, 2001년 7월 5일

장난감총 사고사례 2　장난감 총알 터짐으로 화상사고

장난감 총알이 터져 11세 어린이가 화상을 당한 바 있다. 광주 YWCA 소비자상담실에 따르면 11세 어린이가 장난감 총에 장전할 총알을 손대다 갑자기 총알이 터지면서 손가락 2개가 3도 화상을 입는 사고가 일어났다.

출처 : 뉴시스, 2007년 3월 5일

사례

어린이 놀이시설 안전사고사례 1　실내유아용 그네에 의한 손가락 상해사고

사고 당시로부터 5년 전 구입한 조립식 그네를 5세의 남자 어린이가 놀던 중 동 그네의 등받이 파이프와 손잡이 봉을 연결시키고 있던 부분에 손가락이 삽입되어 엄지손가락 한마디가 절단되는 사고가 발생했다. 사고 후 바로 봉합수술을 실시하여 손가락 봉합은 가능하였으나 뼈와 손톱은 변형 및 자유자재로 움직이는 것이 불가능하게 되는 피해가 발생하였다. 그 후 그네의 좌석부분이 들떠 있었고 이로 인해 발생한 간격에 손가락이 끼어 파이프의 단면에 의해 손가락이 절단되었다고 판단되어 개발·설계단계에서 유아의 손가락이 끼지 못하게 안전설계를 하도록 통보하였다.

출처 : 영국, 1996년 6월 12일

어린이 놀이시설 안전사고사례 2　보행기의 진공증착 도막이 벗겨짐에 의한 사고

보행기 상판 인형에 진공증착된 페인트가 벗겨져 유아가 빨아먹었던 것이다. 결국, 제조상의 결함으로 인정하여 무독성 페인트를 사용하고 벗겨지지 않도록 진공증착하도록 하는 조치가 내려진 바 있다.

출처 : 미국, 1997년 12월 23일

사례

가전제품 사고사례　드럼 세탁기에 어린이가 갇히는 사고

경기도 고양과 전라도 전주에서 7, 8살 어린이가 드럼 세탁기에 갇혀 질식사하는 사고가 발생하였다. 경기도 부천에서 안방에서 놀던 2살 남자아이가 블라인드 줄에 목이 감겨 목숨을 잃은 바 있다.

출처 : SBS뉴스, 2008년 10월 8일

사례

유아용품 사고사례 1 유아용 로션 & 치약 삼킴 문제

유아용 로션이나 치약 용기는 편의를 위해 내용물을 펌프로 짜게 되어 있는 제품들이 많이 출시되고 있는데, 유아들의 경우 호기심으로 인해 펌프를 입에 물어 내용물을 빨아 삼키는 일이 자주 발생하고 있다. 문제는 아이들이 펌프를 빨았을 때 그 내용물이 너무나 쉽게 빨아들여진다는 점이다. 시중에 유통되는 어린이용 치약 혹은 유아용 치약의 경우 상당수는 아이들이 삼켜도 무해한 것으로 알고 있고 일부 제품은 삼켜도 안전하다고 광고를 하고 있다. 실제로 한 연구결과에 따르면 3세 어린이의 23%는 양치 중에 사용된 치약의 대부분을 먹는 것으로 나타났고 29%는 절반가량을, 46%는 약간의 치약을 섭취한다고 보고하고 있다. 2명 중 1명이 양치질 도중 치약을 삼킨다는 사실이다. 전문가들은 어린이 치약에 성인용 치약과 동일한 1,000ppm의 불소함량을 사용하는 것은 반점치 등의 발생 위험이 있다면서 미취학 어린이에게 있어서 고농도의 불소함유치약은 피해야 한다고 주장한다. 이러한 이유로 영국은 6세 미만의 영아는 600ppm 미만의 불소치약을 사용하도록 하고 있고, 그리스는 500ppm 이하, 네덜란드는 500ppm의 불소치약을 사용하도록 하고 있는 등 유럽의 여러 나라가 어린이용 치약의 불소농도에 대해 명확한 규정을 가지고 있다. 그러나 우리나라의 경우 이러한 기준이 없을 뿐만 아니라, 대부분 유럽의 기준을 넘고 있다.

출처 : 헬스코리아뉴스, 2008년 10월 9일

유아용품 사고사례 2 플라스틱 젖병의 안전문제(비스페놀-A 유해 연구결과)

아기 젖병이나 플라스틱 용기에 들어 있는 비스페놀-A(BPA, bisphenol-A)성분이 전립샘암, 유방암과 성조숙증 등의 문제를 일으킬 수 있다는 연구결과가 나왔다. 미국 국립보건원, 질병관리연구센터, 식품의약국(FDA, food and drug administration) 공동 연구팀이 발표한 국립독물프로그램(NTP, National Toxicology Program) 보고서에 따르면, 미량의 BPA를 주입한 실험용 쥐에서 전립샘 종양, 유방암, 비뇨체계 이상, 성조숙증 등이 발견됐다. 미국 ABC방송, AP통신 등 공동연구팀은 이번 실험이 동물실험에 불과해 사람에게도 같은 결과가 나올지 알 수 없지만 아이들이 BPA에 노출되면 신경계와 행동에 영향을 받아 성장을 방해할 가능성이 있는 것으로 밝혔다고 보도했다. 아기젖병, 플라스틱 물병 등에 함유된 BPA는 비정상적인 호르몬 활동을 유발하는 환경호르몬처럼 내분비계 교란작용을 일으킬 가능성이 있는 물질로 알려져 있다. 미국 식품의약국은 젖병 등 용기의 BPA 함량이 미미하기 때문에 식품접촉 용도로의 사용은 안전하다고 밝히고 있다. 지난해 8월 미국국립보건원의 연구원들이 사람을 대상으로 한 BPA 연구를 요구했으나 FDA는 이 물질의 사용을 금지하거나 제한할 어떤 근거도 없다고 논란을 일축한 바 있다.

출처 : 코메디닷컴, 2008년 4월 16일

사례

약품 사고사례 **어린이 약(시럽)의 표시불량**

약국에서 판매되는 어린이 시럽 10개 중 7개 제품이 성분표시 없이 타르색소(단백질과 결합 시 알레르기 반응 가능성)를 포함하고 있다. 또한 제품 겉면에 표기된 용법·용량과 내부에 첨부된 설명서의 내용이 다른 경우가 많아 안전사고의 위험이 있는 것으로 조사되었다.

출처 : 세계일보, 2007년 4월 5일

사례

식품 사고사례 1 **어린이 불량식품 유해 성분검출**

어린이를 상대로 초등학교 주변에서 판매되는 건포류, 스낵, 초코바 등의 간식에서 인체에 유해한 성분들이 검출되어 아이들의 건강을 위협하고 있다.

식품 사고사례 2 **미니컵 젤리 질식사망 사고**

2007년 5월 7세 어린이가 미니컵 젤리를 먹다가 기도가 막히는 질식사고가 발생한 바 있다.

출처 : 동아일보, 2007년 6월 11일

사례

어린이안전사고사례 1 **바퀴 달린 놀이기구 '사고뭉치'… 어린이사고 1년 새 3배**

킥보드 인라인스케이트 등 바퀴 달린 놀이기구를 타다가 사고를 당하는 어린이가 크게 늘고 있다. 한국소비자원은 "2001년부터 올 3월까지 접수된 안전사고 1만 5,528건을 분석한 결과 바퀴 달린 놀이기구와 관련된 안전사고가 903건이었으며 이 가운데 14세 이하 어린이의 사고는 585건"이라고 말했다. 바퀴 달린 놀이기구로 인한 어린이 사고는 2002년 97건에서 2003년엔 272건으로 세 배로 늘어난 데 이어 올해 1~3월에는 78건으로 지난해 같은 기간(28건)에 비해 또다시 2.8배로 늘었다. 품목별로는 인라인스케이트가 219건(37.4%)으로 가장 많았으며 다음은 자전거(35.6%), 킥보드(20.5%), 바퀴 달린 운동화(3.8%) 등의 순서였다. 소비자원은 "날씨가 풀리는 3월부터 7월까지 바퀴 달린 놀이기구의 안전사고가 급증하는 만큼 부모들은 이 시기에 각별히 주의해야 한다"고 말했다. 놀이공간이 부족해 아이들이 도로나 주차장 등에서 놀아서인지 사고는 도로 및 길가(42.1%)에서 가장 많이 발생했다. 다치는 부위는 얼굴과 머리(43.9%)가 많았으며 2주 이상 치료를 받아야 하는 중상 사고도 14.2%였다. 소비자원은 "부모는 반드시 자녀가 헬멧 등의 안전 장구를 착용하도록 가르쳐야 한다"고 말했다.

출처 : 동아일보, 2004년 4월 27일

어린이안전사고사례 2 **승합차에 혼자 있던 어린이 숨져**

5살 난 어린이가 한 낮에 승합차 안에서 숨진 채 발견됐다. 더운 날씨에 꽉 막힌 차 안에서 질식해 변을 당한 것으로 보여 각별한 주의가 요구되고 있다.

5살 난 오모군이 교회 친구 8명과 승합차를 타고 교회에 도착한 시각은 오전 10시 쯤. 운전사 49살 최모씨는 아이들이 내리는 것을 본 뒤 다시 차를 몰고 집으로 왔다. 차 안에 오군이 혼자 남아 있었지만 아무도 몰랐다. 5시간 반이 지난 오후 3시 반쯤, 최씨는 승합차를 몰고 다시 교회에 도착해 문을 열고서야 오군을 발견할 수 있었다. 오군은 운전석 바로 뒷좌석에서 구토를 한 채 의식을 잃고 쓰러져 있었다. 오군 등 어린이들이 탔던 승합차에는 운전사 최씨 외에 다른 인솔교사는 없었던 것으로 확인됐다. 유족들은 교회와 운전사의 관리소홀로 오군이 숨졌다고 주장하고 있다.

출처 : YTN TV, 2005년 7월 20일

어린이안전사고사례 3 **생후 3개월 여아, 침대 벽 사이 끼여 숨져**

침대 위에서 잠을 자던 생후 3개월 된 여아가 침대와 벽 사이에 끼여 병원으로 옮겨졌으나 치료 도중 숨졌다. 5일 오전 9시 15분께 대전시 중구 S병원 중환자실에서 심폐소생술 등 치료를 받던 김모(32, 중구 대흥동)씨의 생후 3개월 된 여아가 숨졌다. 김씨는 경찰에서 "어제 정오께 침대 위에 딸아이를 재운 뒤 그 옆에서 잠을 자다 오후 3시께 깼는데 아기가 침대와 벽 사이에 끼인 채 숨을 쉬지 않아 병원으로 급히 옮겼다"고 말했다. 경찰은 김씨 등을 상대로 정확한 사고경위를 조사하고 있다.

출처 : 연합뉴스, 2005년 6월 5일

사고예방지침

- 사고예방지침 1 약품 및 안전사고 예방

어린이 중독사고를 미연에 방지하기 위해서는, 가정용 화학제품은 어린이의 손이 닿을 수 있는 싱크대 밑 공간에 보관하기보다는 되도록 높은 위치의 수납장에 보관하는 것이 좋으며, 특히 살충제를 집 안에 설치할 때는 어린이의 손이 닿지 않도록 위치 선정에 각별한 주의를 해야 한다. 의약품은 가방이나 침실 탁자 속에 보관하지 말고 되도록 잠금장치가 있는 의약품 수납장을 별도로 마련하여 보관하는 것이 안전하며, 이 외에도, 제품 구입 시 '어린이 안전캡'이 달린 용기를 선택하는 것이 좋고, 모든 제품은 원래 담겨 있던 용기에 보관하는 것이 혼동을 피할 수 있는 방법이다. 만약, 어린이가 세척제, 의약품, 화장품 등 화학물질을 삼켰을 경우에는, 즉시 먹은 것을 뱉어내도록 유도하는 것이 좋으나, 억지로 토하게 하면 경우에 따라 기도를 통해 폐로 음식물이 들어갈 수 있으므로 주의해야 하며 또한, 응급실로 어린이를 이송할 때는 어린이가 먹은 제품을 꼭 챙겨 병원에 같이 가지고 가야 중독된 물질을 종류와 특성을 확인하여 치료가 가능하다.

• 사고예방지침 2 화재 예방

화재라는 것은 남녀노소 그리고 어린이뿐만 아니라 어른들에게 무서운 재앙이다. 하지만 어린이 관련 화재의 사례는 어린이의 장난 또는 화재에 안전하지 못한 환경 속에서 화재가 일어나는 경우가 많기 때문에 예방이 필요하다. 대표적인 시설은 교회 수련회, 유치원 수련회 등 단체 수련회를 가는 경우를 많이 들 수 있고, 그 피해 또한 단체이기 때문에 당연하게 피해가 큰 것으로 기록되고 있다. 사고 예방 방법으로는 화재가 일어나지 않도록 평소에 주변인, 어른들이 사는 가정에서 콘센트나 가스밸브 등을 주의하고 항상 생각하면서 사용해야 하며, 단체로 수련회를 갔을 때에는 교사나 지도하는 사람이 미리 수련장의 장소를 방문하여 사전에 예방을 하고 체크를 하여 화재에 관련되어 안전한 장소인지 미리 확인해야 한다.

또한 아이들이 라이터 또는 가스불로 장난을 일삼는지를 확인하고, 화재교육을 실시해야 할 것이다. 그리고 화재가 났을 때 어떻게 대피해야 하는지를 한 번이 아닌 여러 번에 나누어 교육하여 사전에 방지할 수 있도록 해야 할 것이다.

• 사고예방지침 3 전기콘센트

아이들은 호기심이 많아 뭐든 일단 만져보거나 입에 넣는 습성이 있다. 예를 들면, 콘센트에 호기심을 가지고 뾰족한 물건으로 콘센트 구멍에 막대기를 집어넣으려고 하는 경우를 들 수 있다. 어른들에게는 별것 아닌 것이지만 집 안 물건이나 시설물들이 아이들에게 치명적일 수 있다. 콘센트에 덮개를 부착하거나 커버가 있는 콘센트를 설치함으로써 안전사고를 예방할 수 있다(삼성화재).

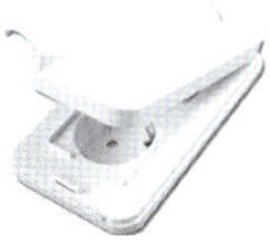

전기콘센트

전기콘센트 안전사고 발생

• 사고예방지침 4 문을 열고 닫을 때 발생

아이의 친구들이 집에 찾아오거나 손님들로 집 안이 북적거릴 때, 그리고 명절이나 제사 같이 가족들이 집 안에 많을 경우에 아이들은 문을 열고 닫으면서 문 장난을 많이 한다. 이로 인해 문틈에 손이 끼이는 사고가 순식간에 일어나서 뼈에 금이 가는 사례가 많다. 각별한 주의를 통하여 다친다는 것을 어필하여야 하며, 이러한 경우에는 문 닫힘 방지 쿠션을 부착함으로써 예방할 수 있다.

현관문 안전사고 발생

• 사고예방지침 5 통조림 등 깡통의 날카로운 부위

우리나라는 특히 다른 나라에 비해 통조림 수요가 높은 편이고, 구매 또한 많이 하는 편이라 어린이들의 접촉이 많은 물건이라 할 수 있다. 캔 뚜껑의 개봉한 단면은 눈으로 보아도 스치면 베일 것같이 날카로워 보인다. 물론 개봉 후에 음식을 아이들에게 주면 되겠지만 개봉 후에 놓는 위치와 분리수거하는 곳을 신경 써서 배치를 해야 하고, 사용 후 아이들 손에 닿지 않게 하는 것이 예방이라고 할 수 있다.

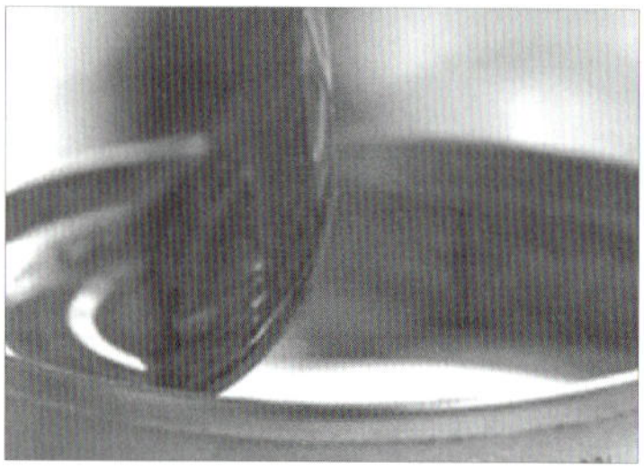

통조림 안전사고 발생

• 사고예방지침 6 에스컬레이터 사고 예방

일반 백화점, 지하철, 대형 할인마트에서 흔히 볼 수 있는 에스컬레이터는 사람의 편의를 위해 만들어진 기계로 상당히 유용하고 편리하다. 하지만 구조상 어린이들에게 상당한 위험요소로 부각되고 있고, 사건사고가 많은 문젯거리 중에 하나이다. 손이 사이에 끼어서 절단사고가 날 수도 있고, 장난치다가 옷이 끼어서 다치는 경우, 그리고 역방향으로 오는 에스컬레이터를 타는 경우가 빈번히 발생한다. 예방을 위해 부모님과 동행, 끼임방지, 안전손잡이만 잡도록 유도하며, 어린이에게 위험을 인지시키는 것이 중요하다.

에스컬레이터 안전사고 발생

• 사고예방지침 7 캐나다의 화재안전 점검방법

일반 고층 건물은 물론 주거용 아파트, 연립주택 등에 이르기까지 소방당국은 연 1회 화재발생에 대비하여 설치해 놓은 각종 부착물들을 점검한다. 예를 들어, 아파트인 경우, 방마다 있는 화재감지기, 스프링쿨러 그것과 연결된 수도관과 전선, 휴대 소화기 그리고 현관 로비의 총괄 센서파넬, 단전에 대비한 자가발전기, 비상계단 전조등, 각층 홀에 있는 소화전 등을 아파트 관리 책임자와 함께 점검한다. 해당지역 소방서는 점검일 2주 전에 각 건물 관리사무소에 점검 날짜, 시간을 통보하며, 관리사무소에서는 즉시 각 세대에 개별 통보하거나 현관에 게시한다. 만일 약속된 시간을 어길 경우에는 벌금을 물고 사고가 날 경우에는 책임을 모두 져야 한다. 이러한 충분한 사전 준비 때문에 지난 20여 년간 대형 화재는 발생하지 않았다.

5. 어린이안전사고 유형과 예방지침

1) 장난감으로 인한 안전사고 및 예방지침

(1) 사고 유형

장난감으로 인한 어린이 안전사고 유형은 다음과 같다.

- 작은 것을 삼키는 사고
- 장난감의 작은 부품이나 장난감에 부착된 리본이나 끈 등으로 인한 질식사고
- 장난감총알 등에 의해 눈을 맞거나 귀나 코에 들어가는 사고
- 장난감의 뾰족하거나 날카로운 부분에 의한 상해사고
- 전기 장난감이나 화약, 불꽃놀이와 같은 것에 의한 화상 또는 폭발 사고
- 장난감 미끄럼틀과 같이 높이가 있는 장난감에서의 추락사고
- 물놀이 장난감을 사용하는 중에 일어날 수 있는 익사 사고
- 납이 포함된 페인트가 칠해진 장난감과 관련한 납 중독사고

(2) 장난감사고 예방지침

장난감으로 인한 어린이안전사고를 예방하기 위한 수칙은 다음과 같다.

- 3세 이하의 어린이는 모든 것을 입에 넣는 습관이 있으므로 작은 부품으로 되어 질식 위험이 있는 큰 어린이용 장난감을 구입하는 것은 피해야 한다.
- 어린아이에게 질식위험을 줄 수 있으므로 1.75인치(약 4.5cm)보다 작은 구슬, 공, 구슬이 있는 장난감은 피해야 한다.

소비자안전코너 5-2

삼킴으로 인한 어린이안전사고사례

- 사례 1 : 2008년 2월, 만 1세 남아가 장난감 자석 7개를 삼켜 병원에서 제거 수술함
- 사례 2 : 2008년 1월, 만 2세 남아가 단추모양의 수은 건전지를 3개 삼켜 병원에 입원
- 사례 3 : 2007년 9월, 만 1세 남아가 커터칼 조각을 삼켜 치료받음
- 사례 4 : 2008년 2월 만 2세 여아가 깨진 수은 체온계를 삼켜 치료받음

- 날카롭거나 뾰족한 장난감은 피해야 한다.
- 8세 미만의 어린이는 터진 풍선이나 불지 않는 풍선에 의해 질식할 수 있다. 만약 고무풍선을 사용해야 한다면 어린이의 손이 닿지 않는 곳에 보관하고 어린이가 풍선을 불지 못하도록 하며, 풍선을 사용한 후에는 공기를 빼고 즉시 버리도록 한다.
- 장난감을 선택할 때에는 어린이의 나이, 관심, 기술수준을 고려한다. 작은 부품 등이 견고하게 부착된 튼튼한 제품을 구입하도록 하고 용도에 맞게 사용하며 표시에 지시하는 바를 따르도록 한다.
- 장난감을 안전한 환경에서 사용하게 한다. 타고 노는 장난감은 계단, 교통지역, 수영장 근처에서는 사용하지 못하도록 한다.
- 어린이가 놀 때에는 항상 지켜보아야 한다. 놀이에 함께 참여하여 상호작용을 하면서 감독하는 것이 더욱 효과가 좋다.
- 아이가 놀고 난 후에는 장난감을 안전하게 치우도록 교육한다. 어린아이용 장난감은 좀 큰 아이들의 것과 분리하여 보관한다.
- 3세 이하 어린이에 질식위험을 줄 수 있는 작은 부품이 든 장난감은 구매를 고려한다.
- 규칙적으로 장난감이 파손된 것은 없는지 검사하고 즉시 수선하거나 폐기하도록 한다.

2) 놀이시설 안전사고 및 예방지침

(1) 사고 유형

놀이시설 관련 어린이 안전사고는 놀이공원이나 야외 유원지의 놀이기구가 고장을 일으켜 발생하는 사고가 대표적이다. 이 외에도 사람이 붐비는 곳에서 조금만 부주의해도 어린이가 보호자와 떨어져 길을 잃고 헤매거나 기물 등에 다치는 사고가 발생하게 된다.

(2) 놀이시설사고 예방지침

놀이시설 관련 어린이안전사고를 예방하기 위한 수칙은 다음과 같다.

- 5세 이하 어린이를 감독하기 위해서는 1명 어른이 두 명 어린이를 데리고 다닐 수 있어야 한다.
- 어린이가 무서워하는 놀이기구는 태우지 말아야 한다.
- 어린이가 놀이기구를 타다가 무서워할 때에는 어떻게 해야 하는지 알려 주어야 한다. 즉, 운행 중에는 놀이기구에서 내리려 하지 말고 끝날 때까지 가만히 앉아서 손과 발을 안전하게 기구 안에 두어야 함을 알려 주어야 한다.
- 덩치가 작거나 나이가 어린 어린이는 놀이기구에 절대로 타지 못하게 해야 한다.
- 먼저 내리려고 서두르거나 다음 기구를 타기 위해 움직이고 있는 중에도 나가려고 하는 경우가 있으므로 어린이에게 놀이기구를 탈 때에는 기구가 완전히 멈추기 전에는 일어서지 못하게 한다.
- 어린이가 얼마나 안전요원의 지시를 잘 지키고 가만히 앉아있을 수 있는지 잘 판단하여 놀이기구를 선택하여 태우도록 한다.
- 어린이가 놀 때에는 항상 지켜보아야 한다. 놀이에 함께 참여하여 상호작용을 하면서 감독하는 것이 더욱 효과가 좋다.
- 어린이가 길을 잃어버릴 때를 대비하여 만날 장소를 어린이와 미리 약속해 두는 것도 필요하다.

3) 놀이터 안전사고 및 예방지침

(1) 사고 유형

놀이터에서 놀이기구 관련 사고는 주로 5, 6, 9월에 많이 발생하며 주로 발생하는 사고 유형은 놀이기구에 부딪히거나 추락하는 것이다. 또한 놀이기구의 관리소홀로 낡고 부서진 부분에서 찔림, 베임 등의 외상 관련 사고도 많다. 한편, 놀이시설의 페인트나 흙에서 납이 포함되어 있을 수 있어 납흡입 위험에도 주의해야 한다.

(2) 놀이터 안전사고 예방지침

놀이터 어린이안전사고를 예방하기 위한 방안은 다음과 같다.

- 놀이터 바닥은 모래, 고무조각 등의 부드러운 충전재로 되어 있어야 하며 두께는 최소 30cm(12인치)는 되어야 한다. 또한 설치하는 놀이기구 주변으로 최소한 1.8m(6피트) 정도의 반경을 유지해야 한다. 단, 놀이기구가 높을수록 반경은 더 넓어야 한다.
- 어린이가 놀이터를 이용할 때에는 보호자가 항상 감독하면서 곁에 있어야 한다. 어린이에게 놀이기구에서 밀고 당기는 장난을 치거나 부적절한 사용을 못하도록 하고 안전한 이용방법에 대해 교육한다.
- 어린이의 나이에 알맞은 놀이기구를 이용하도록 하고 5세 미만의 어린이는 별도의 공간을 마련해 주는 것이 좋다.
- 어린이의 옷차림은 모자가 달리거나 끈, 리본이 달린 것을 피하고 목도리나 끈 달린 장갑을 착용하였거나 소지품을 휴대한 채 이용하는 것을 못하도록 한다.
- 흙 묻은 손으로 얼굴, 눈을 비비지 않고 놀이터를 이용한 후에는 반드시 손 등을 깨끗이 씻도록 한다.

4) 가정 내 안전사고 및 예방지침

(1) 부 엌

- 칼, 플라스틱 백, 라이터, 성냥은 어린이가 손대지 못하도록 잠궈 놓는다.
- 조리 중에 자리를 떠나거나 냄비의 손잡이를 스토브 뒤쪽으로 돌려놓거나 뜨거운 액체나 음식물을 탁자의 모서리에 둠으로써 화재와 화상을 입게 되는 것을 방지한다.
- 옷에 불이 붙었을 때 멈춤, 떨어뜨림, 구르기의 일련의 과정을 자신뿐 아니라 아이들에게도 숙지시킨다.
- 어린이에게 딱딱한 캔디, 견과류, 포도, 팝콘, 당근, 건포도 같은 목에 걸릴 수 있는 딱딱하고 둥근 음식물은 주지 않는다.
- 정수기의 뜨거운 물이 나오는 곳에는 어린이의 접근을 막아 뜨거운 증기 등에 의한 화상을 피한다.

(2) 침 실

- 유아를 유아용 침대(바가 있는 침대)에서 등을 바닥으로 해서 재울 때에는 베개를 배지 않도록 하거나 부드러운 침구류를 깔아 준다.
- 유아용 침대를 사용할 때에는 국내 기준에 맞는 것으로 하되 매트리스는 잘 맞고 아늑한 것으로 사용한다.
- 작은 완구, 풍선, 작은 공은 어린아이의 손이 닿지 않게 한다.
- 완구를 고를 때에는 연령 표시를 확인하고 완구 정리 서랍에는 안전 뚜껑지지대가 있어야 한다.
- 목 졸림을 예방하기 위해서는 안전한 블라인드용 술 장식을 사용하고 완구나 노리개 젖꼭지에 끈을 달지 않는다.

(3) 욕 실

- 욕실에, 특히 목욕 중인 어린이를 혼자 남겨두지 않는다.
- 뜨거운 증기나 물에 의한 화상을 예방하기 위해 물 끓이기 온도계를 120°F에 세팅해 두고 반화상 기기를 설치한다.
- 욕조와 샤워기에는 미끄럼 방지 처리와 손잡이 바를 설치한다.
- 헤어 드라이기, 컬리 아이롱과 같은 가전기기는 어린이의 손과 물이 닿지 않게 한다.

(4) 모든 생활장소 구역

- 담배를 피울 경우 집 안에서 특히 어린이 주위에서 피우는 것을 금한다.
- 난로, 벽난로, 나무를 태우는 난로, 실내용 난방기구, 가정용 가스기기는 적절하게 환기시키고 매년 검사한다.
- 계단과 같은 위험한 장소를 차단하도록 한 안전문, 콘센트의 구멍을 막는 안전 플러그, 서랍이나 캐비닛의 안전 빗장을 사용한다.
- 추락을 예방하기 위해서는 복도와 계단에 적절한 조명을 하고 미끄럼방지를 위해 플러그를 바닥에 고정시킨다.
- 세정제, 살충제, 기타 잠재적 위험물질은 라벨에 표시되어 있어야 하며 어린이가 손대지 않도록 보관한다.

6. 어린이용 수입제품과 소비자안전

최근 저가·불량 어린이용품이 계속적으로 수입되면서 이들 제품으로 인한 안전문제가 사회적 이슈가 되고 있다. 특히, 세계적인 장난감 회사인 마텔(Mattel Inc.)사가 2007년 10월 페인트의 납 함량 기준치 초과와 삼킴 가능성 등을 이유로 중국산 완구에 대한 리콜을 발표한 바 있다. 또한 EU, 영국, 호주, 뉴질랜드 등 주요 선진국을 중심으로 중국에서 제조된 어린이용품(완구, 턱받이, 의류 등)의 대규모 리콜 조치가 취해진 바 있다. 이 같은 일련의 리콜조치 이후 수입 어린이용품의 안전문제가 우리 사회는 물론 전 세계에서 중요한 이슈가 되고 있다.

1) 어린이용 수입제품 안전관리제도 현황 및 개선방향

품질경영 및 공산품안전관리법에 의하여 2007년 3월 이후 제조·수입된 수입완구의 경우, 자율안전 확인 대상으로 KPS마크를 부착하고 유통하여야 한다. 또한 작동완구의 경우 관세법에 따라, '세관장확인품목'으로 지정·관리되고 있다. 즉, 작동완구는 국가가 지정하는 인증기관으로부터 자율안전확인을 받은 후 세관확인 절차를 거쳐 유통시키도록 되어 있다(비작동완구는 수입단계에서 안전성 확인절차가 없음).

소비자안전코너 5-3

마텔, 또 중국 장난감, 5만 5,000점 리콜

세계적인 장난감 기업 마텔이 2007년 네 번째로 중국산 장남감 5만 5,000점에 대해 리콜을 실시하였다. 마텔사 관계자에 따르면 리콜제품 중 1만 2,000점은 영국과 아일랜드에서 판매된 것으로 아이들이 사용하는 장난감에 과도한 납 성분이 든 페인트를 칠했다는 이유로 리콜 조치를 단행하였다. 납 성분은 아이들이 먹었을 경우 뇌손상 등 심각한 부작용을 일으킬 수 있다.

마텔사는 리콜 조치 대상을 마텔 홈페이지(www.mattel.com)에 고지했다. 마텔사는 리콜된 장난감이 영국과 아일랜드 소재 마텔 자회사인 피셔프라이스(Fisher-Price)의 일부 브랜드와 '고 디에고 고' 제품들이라고 밝혔다. 유럽연합(EU)의 한 관리는 문제의 장난감이 미국과 캐나다에서도 판매됐다고 밝힌 바 있다.

출처 : 뉴시스, 2007년 10월 26일

그러나 시판품 조사 결과에 따르면 자율안전확인제도가 제대로 운영되지 않고 있는 경우도 있고, 안전하지 못한 완구들이 수입·유통될 우려가 있으므로 수입 통관 시 자율안전확인 여부를 철저히 확인하고, 비작동 완구도 세관장확인품목으로 지정·관리하는 등 유통 전 단계에서의 조치가 필요하다는 지적이 거세다. 자율안전확인을 받은 수입완구제품에 대해서도 정기검사를 신설하거나 공장심사까지도 포함하는 안전인증대상 공산품으로 지정하는 등 보다 엄격한 안전성 심사강화 방안 마련이 필요하다는 목소리가 드높다.

최근 중국산 장난감 등 유아용 제품의 리콜로 진통을 겪고 있는 미국의 경우, 중국산 소비재의 안전성에 대한 우려가 고조됨에 따라 유해상품의 수입제한조치를 내놓고 있다. 특히, 만 5세 이하 어린이용품에 대해서는 제3자 시험분석 및 인증을 의무화하는 어린이용품안전법안(Children's Products Safety Act)이 제안되는 등 수입되기 전 적합성 검증을 의무화하여 위험한 어린이용품의 수입을 원천적으로 차단하고자 노력하고 있다.

우리나라의 경우 불법·불량 수입제품의 유통 단속강화 및 안전인증기관 강화가 필요하다. 예를 들면, 수입제품에 대해 완구안전기준에 따른 안전표시(경고! 3세 미만의 어린이는 사용할 수 없음. 작은 부품을 포함하고 있음)를 하지 않은 것에 대한 조치가 필요하다. 경고문구를 표기한 업체의 경우도 품질표시와 안전표시 간의 크기나 색상의 구분이 없거나, 표시기준대로 표시하지 않아 소비자에게 충분한 안전정보를 제공하지 않고 있는 것으로 확인되고 있다. 또한 자율안전확인을 받은 제품의 경우에도 연령에 맞지 않은 작은 부품을 포함하고 있으며, 안전경고 문구가 표기되지 않은 사례가 발견되고 있다. 이에 따라 안전인증기관의 형식적인 시험제도에 대한 우려, 불량·불법 수입제품의 유통에 대한 단속에 대한 사회적 공감대가 형성되고 있다. 구체적으로 표시사항 등 불량수입제품에 대한 개선·수거·파기 등 행정조치가 필요하며, 안전인증기관에 대한 철저한 심사 및 사후관리가 필요하다. 또한 제조·수입된 완구와 보따리 장사나 개별적으로 유통되는 제품에 대해서는 안전성을 검증할 방법이 없기 때문에 수시로 시장모니터링을 통해 불량제품에 대한 단속강화가 필요하고, 안전인증기관에 대한 신뢰성 확보를 위한 시스템 관련 개선이 필요하다.

2) 어린이용 수입제품 유해물질관리방안

현행 품질경영 및 공산품안전관리법으로 안전인증, 자율안전확인, 안전·품질표시, 어린이보호포장과 같은 인증제도 수입어린이용 제품에 대한 안전관리 및 리콜은 가능하지만 강제적 인증관리 대상 제품에 규정되지 않은 유해물질에 대해서는 체계적인 안전관리가 불가능한 실정이다. 환경부에서는 '제조·수입 또는 사용 등을 금지하거나 제한하는 화학물질에 관한 규정'을 개정하여 3세 이하의 유아용 제품에 폼알데하이드 및 이를 1% 이상 함유한 혼합물질을 사용하지 못하도록 제한했으며, 13세 이하 어린이가 사용하는 장신구에는 납 및 이를 0.06% 이상 함유된 혼합물질 사용을 제한하고 있다. 그러나 영유아의 발달과 성장에 영향을 주는 프탈레이트가소제와 납 등 중금속을 완구에서 완전히 배제하고 있지 않아 관련 기준의 적용범위가 보다 확대되어야 할 것으로 판단된다.

최근 전 세계적으로 리콜이 실시된 중국산 구슬 장난감 '아쿠아닷츠'(마약성분검출) 사례의 경우, 해당 수입업체가 자발적 리콜을 실시했으나, 우리의 안전기준에서는 해당 유해물질에 대한 관리기준이 없어 관련 기관에서 신속한 조치를 취하기에는 한계가 있다. 따라서 현재 강제적 관리 대상 제품 기준에서 규정하고 있는 유해물질 이외에도 어린이안전에 위해할 수 있는 물질에 대한 연구 등을 통한 유해물질의 포괄적인 관리방안 마련이 시급하다.

어린이는 성장과정에서 나타나는 '입에 넣는 습성, 기는 습성'으로 인해 공기보다 무거운 오염물질이나 생활용품 등에 흡착되거나 유해물질에 노출될 기회가 많고, 신체기관과 조직이 미성숙하다. 또한 면역시스템이 취약하며, 성인에 비해 신진대사가 활발해 단위 체중당 음식섭취량, 공기흡입량 등이 많아 동일 유해물질에 대해서도 어른보다 매우 취약한 신체적 특성을 지닌다. 미국 캘리포니아에서는 지난 2009년부터 어린이용품에 6종의 프탈레이트(DEHP, DBP, BBP, DINP, DIDP 및 DNOP) 사용을 제한하는 법안(AB 1108)을 통과시키는 등 어린이용품의 유해물질 사용에 대한 국제적 기준이 강화되는 추세이다.

3) 어린이용 수입제품 안전을 위한 사업자와 가정의 노력

(1) 사업자 규정 준수 노력 및 안전의식 강화

안전의식제고를 위해 해당 지방자치단체, 완구협회 등 관련 기관이 협력하여 완구 제조·수입·판매업자에 대한 체계적인 교육프로그램을 운영할 필요가 있다. 완구 관련 사고가 매년 증가하고 있으며, 이 중 이물질흡입이 절반 정도(48.1%)를 차지하고 있는 것으로 나타남에 따라 작은 부품 포함 여부 등에 대한 안전표시를 강화하는 등 안전사고 예방을 위해 사업자의 자발적인 노력이 요구된다.

(2) 가정 내 안전사고 방지를 위한 보호자의 세심한 관심과 주의

영유아 시기는 호기심이 강하며 무엇이든 입으로 가져가는 특성으로 인해 안전사고 발생 개연성이 높아 보호자의 세심한 관심과 주의가 절대적으로 요구된다. 눈, 코, 입 등으로 완구의 작은 부품을 넣어 발생하는 이물질 흡입사고가 48.6%(416건)로 가장 빈발하는 사고 유형이며, 이러한 사고는 영유아의 소화기, 호흡기 등을 손상시킬 수 있으므로 보호자는 완구의 작은 부품 탈락 및 부서짐 상태 등을 주기적으로 살펴 가정 내 안전사고 예방에 관심을 기울여야 한다(소비자안전국 생활안전팀, 2007).

어린이안전사고는 어린이의 신체적, 행동 특성상 많이 발생하지만, 보호자의 부주의나 무관심으로 인해 많이 발생하고 있다. 특히, 가정 내에서 3세 이하 영유아 안전사고가 전체 어린이안전사고의 44.1%를 차지하고 있는 것은 보호자의 책임과 역할이 매우 중요함을 알 수 있다. 어린아이를 가진 부모들은 좀 더 책임의식을 가지고 아이의 안전문제에 관심을 기울여야 한다.

완구의 안전기준은 3세 미만의 완구에 대해서 표시, 안전성 검사 등을 차별화하여 보다 엄격한 기준을 적용하고 있으므로 연령에 맞는 완구를 구입하는 것도 중요하다. 형제·자매가 있을 경우 3세 미만의 영아가 작은 부품이 포함된 장난감을 가지고 놀지 않도록 놀이공간을 분리하거나 놀이하는 동안 보호자의 세심한 관찰이 필요하며, 작은 부품으로 영아가 다칠 수 있음을 형제·자매에게 알려 주어 놀이시간이 끝난 후에는 지정된 곳에 장난감을 보관하도록 하는 가정 내 안전교육도 필요하다.

6
CHAPTER

소외계층의 소비자안전

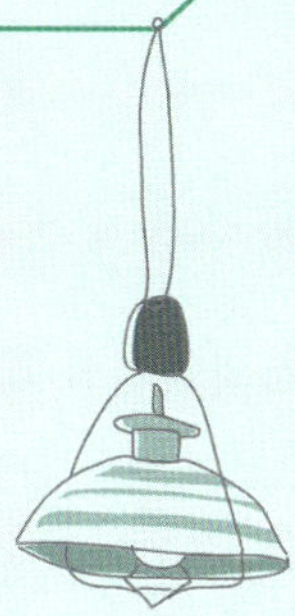

6
CHAPTER

소외계층의 소비자안전

소비자안전의 문제는 소외계층의 경우 더욱 중요하다. 소외계층일수록 안전의 사각지대에 처해 있을 가능성이 많기 때문이다. 저소득층의 경우 경제적 자원부족으로 저가조악제품이나 불법 미인증제품을 구매·사용할 가능성이 높으며, 노인이나 어린이의 경우 제품의 안전한 사용 측면에서 일반소비자에 비해 불리할 가능성이 높다. 장애인의 경우 안전한 장애인용품이 매우 중요하나 품질과 안전이 보장된 장애인용품이 시장에 존재하지 않는 경우도 있는 등 여러 측면에서 안전 확보에 어려움이 많다. 본 장에서는 소외계층으로 볼 수 있는 저소득층, 노인, 장애인의 소비자안전에 대해 살펴보고자 한다.

1. 저소득층의 소비자안전

1) 저소득층의 안전문제

저소득층은 소득부족으로 저가상품구매, 미인증불법제품의 인터넷구매, 전기 및 가스 등의 요금체납으로 인한 에너지사용 결핍문제 등이 주요 소비자안전문제이다. 삶에서 기본적인 사항인 전기안전문제를 살펴보자. 한국전기안전공사가 2009년에 실시한 저소득 취약계층점검 및 시설개선현황을 보면 전체 점검 호수 1만 8,145세대 가운데 약 69.6%에 해당하는 1만 2,633세대가 전기안전 불합격 판정을 받았다. 이는 저소득 취약계층 10가구 중 무려 7가구가 전기안전의 사각지대에 놓여 있음을 의미한다. 저소득 취약가구의 범주에는 노인세대, 소년소녀가장, 여성가장세대, 장애인세대, 일반 저소득계층세대로 구분되어 있는데, 이 중 화재 시 가장 대처능력이 떨어지는 장애인세대의 불합격 판정률이 74.5%로 전기안전에 가장 취약한 것으로 나타났고, 저소득 일반세대가 71.4%, 노인세대가 69%, 소년소녀가장세대가 43%의 순서로 나타났다. 부적합 유형별로는 누전차단기능 불량, 개폐기 차단기 불량, 옥내배선 불량, 가정 내 콘센트 설치불량 등으로 많았다.

이처럼 저소득 취약계층세대의 전기안전시설이 취약한 것은 이들이 사는 집 대부분이 주거형태가 좋지 않고, 맞벌이 등 하루하루 사는 게 어렵다 보니 전기안전에 대한 문제인식을 갖기도 어렵고, 설사 문제를 발견한다 하더라도 돈을 들여 고치는 것은 엄두도 내지 못하기 때문이다. 또한 이들이 거주하는 집이 대부분 취약한 조건의 주거형태인데, 집을 임대해 준 집주인 역시 경제적 사정이 그리 좋지 않으며 개인 가정을 드나들며 점검할 수 없다는 점이 원인이다.

전기안전공사가 2008년 일반주택을 대상으로 실시한 정기점검 결과 667만 가구 가운데 불량가구는 2.8%인 19만 가구에 그쳤다. 저소득 취약계층의 전기안전 부적합률은 일반주택의 불량률에 비해 24배가 넘는 실정이어서 안전 사각지대에서 생활하는 저소득층의 전기안전 보장이 시급하다.

이 같은 상황에서 최근 저소득층의 전기안전 지원사례가 증가하고 있다. 소방방재청에서는 저소득 취약계층 전기안전점검과 전기안전정비를 추진한 바 있다. 재난에 취약한 가구를 대상으로 전기콘센트, 누전차단기, 가스밸브 등 노후시설을 사전 점검하고 정비해 주고 있다. 사업을 시행할 시·군·구에서는 전기·가스·건축 등 분야별로 안전복지 컨설팅단을 구성, 재난 취약 계층인 서민들의 주거시설을 직접 방문하여 사전에 위험요인을 제거하는 등 경제적으로 어려움을 겪고 있는 저소득층을 대상으로 무료안전 점검서비스를 실시하고 있다. 소방방재청은 2010년 이후부터는 차상위 계층까지 그 대상 범위를 점차 확대하여 안전서비스를 제공할 예정이다(부산광역시 소비생활센터).

한편, 청주시는 안전점검의 날을 맞아 시설물 점검 및 안전의식 고취를 위한 캠페인을 전개하였다(뉴시스, 2009년 1월 5일). 청주시 공무원, 한국전기안전공사 직원 등이 참석한 가운데 시민 안전의식제고와 안전문화 정착을 위해 '안전점검의 날' 행사를 실시했다. 한국전기안전공사, 가스안전공사, 소방서 직원 등 11명은 문화동 등 3개동의 저소득층 재난취약가구 10가구를 대상으로 전기·가스·소방 등에 대한 시설을 점검하고 개보수를 실시했다.

서울시는 홀몸노인, 소년소녀가장, 조손(祖孫)가정 등 1,500여 소외계층을 방문해 저소득층 전기시설 안전점검을 무료로 실시하였다(에이블뉴스, 2009년 4월 1일). 또한 고장 및 정전 등 응급상황이 발생할 경우 도움을 받을 수 있는 전기안전 긴급출동 '스피드 콜' 서비스 제도(1588-7500)를 운영해 시민안전 확보에 주력하고 있다. 도봉구는 2009년 6월 지역 내 저소득가정 70가구를 대상으로 '전기시설 안전점검'을 무료로 실시하여 저소득가정의 노후한 전기시설 교체 및 안전장치 작동 여부를 확인함으로써 안전의 사각지대에 방치될 우려가 있는 저소득층의 안전한 전기시설 사용을 확보하고자 노력하였다(시민일보, 2009년 2월 18일).

강원도 정선군은 생활안전사고에 취약한 저소득층 가구를 대상으로 안전복지서비스 사업을 추진하였는데, 전기시설의 노후불량으로 인한 전기누전, 화재사고 등 위험요소에 대해 정비하였다. 이와 함께 주기적 안전점검을 통해 노후한 저소득계층의 주거환경을 개선하는 사업을 추진할 예정이다(뉴시스, 2008년 6월 5일).

2) 저소득층의 소비자안전 확보방안

(1) 저소득층 안전교육 강화

소비경험과 정보가 부족한 저소득층 소비자를 대상으로 적절한 안전소비자교육을 실시해야 한다. 안전교육 주최자는 저소득층 소비자들의 시간, 경제, 심리적 상황에 맞춰 적정한 수준을 파악한 후 그에 대응 체계화된 교육 및 교육프로그램을 개발하고 현장교육을 실시하여야 한다.

(2) 기업의 안전제품 생산·유통·관리 강화

제품의 안전관리는 상당한 비용을 수반하는 만큼 최근에는 경기가 침체되면서 비용을 절감하고자 하는 기업과 가격이 저렴한 제품을 구매하고자 하는 저소득 소비자들의 욕구가 맞물려 안전인증을 받지 않은 저가제품이 유통되면서 저소득층 소비자피해 우려가 커지고 있다. 저소득층 소비자위해 발생은 사회적 비용의 증가를 초래하게 된다.

세계적인 경기침체가 본격화되면서 기업들이 비용절감 우선순위로 제품안전 관련 비용을 선택하는 경우가 늘고 있다. 심지어 안전은 불필요한 규제이고 기업의 경제활동을 제약하는 것으로 오인하기도 한다. 하지만 안전에 대한 투자는 결코 비용이 아니라 소비자의 신뢰를 얻는 투자라고 인식하는 것이 필요하다. 기업은 소비자가 의심할 때는 과감하게 리콜을 통해 소비자의 신뢰를 얻는 것이 필요하다. 기업은 소비자에게 객관적인 정보를 제공하는 등 지속적인 위험 커뮤니케이션 설득을 통해 정확한 사실을 알리고 소비자는 해당 정보를 명확하게 이해하도록 하는 노력이 필요하다.

정부는 이러한 문제해결을 위해 상품의 위해평가와 위험관리 그리고 위험 커뮤니케이션 과정을 거치도록 제도화하는 역할을 해야 한다. 또한 전기·가전제품, 화학제품 등 제조물결함책임위험이 높은 산업분야의 경우 제조물책임대비 노력, 안전한 제품생산 등에 많은 노력이 필요하다. 한편, 기업의 사회적·윤리적 책임으로 저소득층 등 소외된 소비자들을 위한 다양한 지원이나 서비스 제공 등이 적극 시행되어야 한다. 고소득층 소비자, 고액구매 소비자만이 기업의 관심고객이 되어서는 안 되고 소액지출 다수소비자의 안전과 그들로부터의 신뢰와 이미지가 중요함을 인식하여야 한다.

(3) 소비자의 적극적 역할

우리나라 소비자들의 안전의식수준이 낮은 것으로 평가되고 있는데(한국소비자원, 2007), 낮은 의식수준의 원인은 '소비자의 안이한 사고와 귀찮아서'로 나타나고 있으며, 이 같은 낮은 안전의식은 저소득층에서 더욱 두드러지게 나타나고 있다. 대부분의 조사결과에서 학력이 높고 고소득 계층일수록 안전 관련 표시사항을 꼼꼼히 확인하는 것으로 드러나고 있다. 저소득층의 적극적인 안전 관련 정보탐색 그리고 이들을 위한 소비자안전교육이 시급하다고 하겠다.

소비자안전코너 6-1

저소득 근로자 전용 인터넷쇼핑몰 개설

근로복지공단은 저소득 근로자나 그 가정이 필요한 상품을 일반 인터넷쇼핑몰보다 싸게 구입할 수 있는 온라인쇼핑몰 '복지상품몰'을 2009년 8월 개설한다. '복지상품몰'은 공단에서 운영 중인 근로자복지 전문포털인 희망드림 근로복지넷(www.wokdream.net)의 새로운 부가 콘텐츠로 최저가격 보상제가 적용된다. 이용 대상은 월 평균 임금 170만 원 이하 근로자나 근로복지넷의 기업회원 중 선택적 복지지원 서비스에 가입한 중소기업 소속 근로자다. 상품 구입은 하루에 세 가지 품목으로 제한되며, 근로복지넷에서 먼저 회원 가입한 후 복지상품몰 메뉴로 들어가면 된다.

출처 : 연합뉴스, 2009년 8월 11일

2. 노인의 소비자안전

1) 노인소비자의 안전 현황

(1) 품목별 노인안전사고 현황

60세 이상 노인소비자가 한국소비자원에 소비자불만피해상담을 접수한 내용을 품목별로 구분하여 살펴보면, 총 4,629건 중 의료서비스가 1,002건으로 가장 많았고 병·의원서비스를 이용하는 과정에서 발생된 피해에 대한 상담이 많았다. 정보통신서비스는 873건으로 2위를 차지하여 노인소비자의 휴대폰이나 인터넷 사용으로 인한 피해가 점차 증가하는 것으로 나타났다. 따라서 건강이나 병원·의료서비스 외에도 앞으로 노인소비자를 대상으로 한 정보통신서비스 분야의 피해예방을 위한 방안이 마련될 필요가 있다. 또한 항상 1~2위를 차지하던 건강식품이나 기능성식품 등 식료품기호품 관련 불만피해상담이 140건으로 전체 품목별 상담 중 7위를 차지한 것이 주목할 만한 결과이다.

노인불만피해상담을 물품 및 서비스분야로 구분하여 살펴보면 제품분야상담 1,307건 중 차량 및 승용물이 290건으로 가장 많았으며 토지·건물 설비가 247건, 식료품·기호품이 140건 순서로 나타났다. 특히, 정보통신기기가 101건으로 4위를 차지하여 60세 이상 노인소비자도 휴대폰 등 통신기기 사용이 많았고, 보건·위생용품과 의류·섬유신변용품이 각각 95건 순으로 높았다. 서비스분야 상담 3,322건 중 의료서비스가 1,002건으로 가장 많아 노인소비자가 의료서비스불만이 많음을 쉽게 알 수 있으며, 정보통신서비스가 873건, 금융·보험이 631건, 문화·오락서비스가 261건으로 4위를 차지하여 노인소비자들의 문화, 오락 등 여가생활참여가 늘어나고 있음을 알려 준다.

(2) 노인안전사고사례별 현황

한국소비자원의 노인안전사고 조사 결과 주택시설에 의한 노인안전사고는 주로 욕실·화장실, 방·침실, 계단 등에서 바닥(36%)이 미끄러워 미끄러지거나, 계단(14%)을 내려오다가 넘어지고, 방문턱(6%)에 걸려 넘어지는 경우가 많았다. 제품에 의한 사고는 주로 방·침실에서 침대(22%), 의자(16%)를 이용하다가 떨어지고 부엌에서 주방용품(14%)을 사용하다가 화상을 입거나 손을 베이며 매트·이불류(10%)를 잘못 디디면서 미끄러지는 경우 등이었다. 노인안전사고로 인한 상해부위는 다리를 다친 경우가 32%로 가장 많고 허리·골반을 다친 경우는 25%로 주로 노화로 인해 뼈가 약화되거나 골다공증에 의한 골절상이 많았다. 노인안전사고로 인한 상해 정도는 58%가 병원에 입원하여 치료를 받았고 34%가 통원치료를 받았으며 치료기간은 입원 1주 이상이 47%이고 입원 1개월 이상도 14%나 되었다. 노인안전사고를 성별로 보면, 여성노인이 남성노인보다 3배 정도 많았으며 치료기간도 장기적이고 입원하는 경우(입원 1개월~6개월 미만이 남자보다 4.3배)가 많았다. 노인안전사고원인을 살펴보면, 노인질환이나 신체기능 약화로 인해 불가피하게 다친 사고는 13%에 불과하여 나머지 87%는 노인에 대한 안전교육과 주택 개·보수를 통해서 사고를 예방하는 것이 가능한 것으로 나타났다.

(3) 노인거주주택의 안전성 현황

노인 476가구를 대상으로 노인거주주택을 관찰 조사한 결과 42.3%가 사고위험성이 있는 가구로 나타났다. 조사방법은 대상가구 주택의 욕실·화장실, 계단, 부엌 등 사고위험이 높은 구역에 대해 41개 항목의 점검사항을 표로 작성하여 조사원이 직접 관찰하였다. 구체적인 조사결과로 노인안전사고를 유발시킬 수 있는 대표적인 예는 가정 내 계단의 기울기가 노인이 이용하기 힘든 28° 이상인 가구가 79%였으며, 도시지역의 경우에는 기울기가 41° 이상인 가구도 19%나 되었다. 또한 계단에 난간(손잡이)이 설치되지 않은 가구가 54%, 욕실·화장실 출입구에 턱이나 계단이 있는 가구가 61%, 욕실·화장실에 매트를 사용하는 가구 중 미끄럼방지매트를 사용하고 있지 않은 가구가 80%, 가정 내 화재에 대비한 화재경보기나 연기감지기, 소화기 중 1가지도 비치하고 있지 않은 가구가 79%, 긴급사건발생 시 타인에게 알릴 수 있는 비상벨이 없는 가구가 94%, 욕조에 최소한 1개의 손잡이도 없는 가구가 88%, 재떨이 등 담배용품이 이부자리 근처에 놓여 있는 가구가 45%, 거실에서 발코니로 나가는 부위에 턱이 있는 가구가 67% 등이었다. 노인소비자안전을 위한 주거시설의 문제는 어떤 것인지 구체적으로 살펴보면 다음과 같다.

① 욕실·화장실

욕실·화장실은 물기와 바닥 재질로 인해 미끄럽다. 특히, 노인은 다리와 허리가 약해 옷을 벗은 상태에서 미끄러지면 크게 다친다. 욕실의 깔판·매트는 미끄럼 방지 처리가 되어 있는 제품을 고른다. 미끄럼 방지 처리가 안 된 제품은 사용하지 않는 것이 오히려 안전하다. 욕실·화장실 내부는 정리 정돈을 잘해 뾰족한 모서리나 날카로운 물건 등을 없앤다. 노인이 미끄러져 넘어지면서 욕실 내부에 놓인 물건에 부딪혀서 다치는 경우가 많기 때문이다. 욕조 이용 시 노인이 쉽게 잡을 수 있는 위치에 손잡이를 설치한다. 욕조에 들어가거나 나올 때 몸의 균형을 잡을 수 있도록 손잡이를 설치하면 노인이 미끄러지거나 넘어져서 다치는 사고를 줄일 수 있다. 화장실이 가까운 방에 노인이 거주하는 것이 좋다. 야간에 사용하는 것을 고려하여 침실에서 욕실까지의 통로에는 걸림돌이 될 만한 물건은 두지 않는 것이 안전하다. 미끄러져서 쓰러지는 등의 긴급 상황 발생 시에 대비해 가족 등 타인에게 알릴 수 있는 비상벨을 욕실에 설치한다. 노인의 출입이 잦은 화장실·욕실 입구에는 턱이나 계단이 없어야 걸려서 넘어지는 사고를 줄일 수 있다. 주택 개·보수를 통해서 위험 요인을 없앤다. 스위치는 어둠 속에서도 찾기 쉽도록 출입구 바깥에 설치한다.

② 계 단

시력이 저하된 노인이 계단을 오르내릴 때 계단 디딤판과 가장자리가 확연히 보이도록 밝은 전등을 끼운다. 계단이 어두우면 발을 헛디디는 경우가 있기 때문에 그림자가 생기지 않는 것을 설치한다. 2층에 노인이 사는 주택은 계단에 설치된 전 등을 계단의 위와 아래 양쪽에서 스위치를 켜고 끌 수 있도록 한다. 난간은 계단 양쪽에 설치하는 것이 좋다. 여의치 못할 때에는 계단에서 내려올 때 더 많은 사고가 발생하므로 내려오는 오른쪽에 적어도 1개의 견고한 난간을 설치한다. 계단에 카펫을 깔 때에는 확실하게 고정시키고 계단 상단에는 소형 매트를 두지 않도록 한다. 계단에 확실하게 고정되지 않은 카펫을 깔거나 계단 상단에 소형 매트를 놓을 경우 발이 걸리거나 미끄러져서 넘어진다. 동일 계단 간에 높이 차이가 나거나 계단 디딤판이 고르지 못하면 잘 보이게 표시해 둔다. 계단을 만들 때는 운동신경이 둔하고 발을 들어올리기 힘든 노인들은 계단코에 걸려서 넘어질 수 있으므로 디딤판 앞쪽이 더 나와 있는 계단코를 설치하지 않도록 하고 계단코가 있는 계단은 이를 없애도록 한다. 주택 건축 시 노인이 거주하는 주택은 계단의 높이를 16cm 이하, 너비를 32cm 이상으로 시공하는 것이 안전하다.

③ 부 엌

화재의 위험성이 높은 부엌에는 가스 누출 경보기나 화재경보기를 설치해 경고 신호를 어디서나 들을 수 있도록 한다. 가스레인지나 화로 근처에 타월걸이나 커튼이 있으면 다른 곳으로 옮기거나 커튼을 떼어낸다. 선반이나 싱크대 등의 높은 곳에 있는 물건을 꺼낼 때는 안정적인 받침대를 준비해 쓰는 것이 좋다. 사용하기 전에는 받침대가 안정적으로 놓여 있는지를 확인한다. 가스레인지·화로·싱크대 등 음식을 조리하거나 칼을 사용하는 곳은 조명은 밝게 한다. 부엌은 바닥에 물기가 있는 경우가 많으므로 미끄럼을 방지할 수 있는 바닥 마감재료로 마감하도록 한다. 불가피하면 부엌에 마른 걸레를 두고 수시로 물기를 닦는다. 부엌의 전선과 전기제품은 싱크대나 열이 발생하는 곳에서부터 일정 거리를 둔다. 전기제품이나 전선은 물이 묻으면 쇼크나 감전사고를 일으키고 열에 의해 전선이 손상되기 때문이다.

④ 방·거실

노인의 잠자리는 전등 스위치 가까운 곳으로 한다. 스위치가 잠자리 가깝게 있어야 야간에 화장실 등을 갈 때 발을 헛디뎌 넘어지는 사고를 막는다. 화재예방을 위하여 이부자리나 침대 근처에는 라이터·재떨이 같은 물품을 두지 않는다. 전기담요를 사용할 때에는 위쪽에 다른 이불이나 방석 등을 올려놓지 않는다. 전기담요를 접거나 담요 위에 이불을 덮어 두면 과도한 열로 인해 화재가 발생할 수도 있다.

노인이 주거시설에서 흔히 입는 안전사고

- 욕실에서 몸을 씻고 나오다가 욕실 바닥에 미끄러져 몸의 균형을 잃고 넘어지면서 허리를 욕조 모서리에 부딪혀 1개월간 입원치료를 받았다.
- 방에서 나오다가 방바닥의 민속장판에 미끄러지면서 방바닥에 손을 짚어 손목을 다쳐 2주간 치료했다.
- 싱크대 선반 위의 냄비를 내리려고 간이 의자를 놓고 올라섰다가 몸의 균형을 잃으면서 의자와 함께 넘어져 손목뼈에 금이 가 1개월 정도 치료받았다.

긴급한 상황발생 시에 자리를 옮기지 않고 전화를 걸거나 잠을 자다가 걸려오는 전화를 받을 수 있도록 전화기를 잠자리 가까이에 둔다.

2) 노인소비자의 안전의식

노인소비자 476명을 대상으로 노인소비자들의 안전의식 및 행태에 대한 설문조사를 수행한 결과 노인소비자 중 사고경험이 1번 이상 있는 경우가 22%, 사고는 발생하지 않았으나 위험을 1~2번 이상 경험한 경우가 48%나 되어 노인소비자의 절반 정도가 가정 내에서 사고위험을 경험한 것으로 나타났다. 가정 내 노인사고경험자 중에 노인단독가구가 51%를 차지하고 노인 혼자 있는 시간이 길면 길수록 사고경험이 많음을 알 수 있다.

사고위험장소에 대한 인식에 있어서 실제사고 장소와 큰 차이를 보이고 있지 않으나 방·침실에서의 실제사고는 전체사고건수의 19%(189명)인 반면 노인들은 단지 1%만이 위험장소로 생각하고 있어 안전하다고 생각하는 방·침실이 노인들이 주의해야 할 장소인 것으로 나타났다. 우발적인 사고 발생 시 대처능력을 알아보기 위하여 병원·소방서·친척 등의 전화번호를 알고 있는지의 여부를 알아본 결과 전혀 모르고 있다는 경우가 39%이고, 기억하고 있다고 한 경우가 41%로 나타났으나 노인의 기억력 저하를 감안하면 비상 시에 제대로 타인에게 알릴 수 있는 노인은 적은 것으로 나타났다.

한편, 노인가정에서 발생한 화재의 상당부분이 이부자리에서의 끽연으로 인한 사고였던 점을 감안하여 조사대상 노인 중 최근 1주일 동안 이부자리에서의 끽연횟수를 알아본 결과 담배 피우는 노인 중에 이부자리에서 매일 담배 피우는 경우가 40%, 1~2번 이상이 22%로 나타났다. 최근 1개월 동안 부엌에서 가스레인지나 화로 위에 음식이나 물을 올려놓고 불을 켜놓은 상태에서 잊어버린 횟수를 조사해 본 결과 1번 이상 잊은 경우가 46%이었고 4번 이상 잊은 경우도 12%나 되어 화재의 위험성이 높은 것으로 나타났다.

3) 노인용품시장 현황

(1) 업체규모와 노인안전

노인용품판매 생산업체는 영세하다보니 소비자안전사고부문은 취약하다. 노인용품생산업체에 대한 조사결과 총 매출액이 10억 미만인 업체가 응답업체 전체의 45.7%에 이르는 것으로 나타났으며, 종업원 수가 30명 미만인 업체가 64.3%에 이르는 것으로 나타났다. 응답 업체의 70.7%가 연구 인력을 두고 있다고는 하지만 1~3명 미만의 연구 인력을 두고 있는 경우가 50.1%에 달하는 것으로 나타났으며 응답업체의 절반에 못 미치는 42.9%가 독립된 소비자상담실을 두고 있고, 1명의 상담원만을 두고 있다는 업체가 전체의 66.7%에 달하고 있어 노인안전사고 후 상담 및 피해구제가 효율적이지 못함을 알 수 있다.

(2) 유통마진과 판매방법

노인용품의 유통마진은 높고, 방문·통신판매방법의 비중이 높다. 노인용품 총 유통마진율의 평균은 141% 정도이며, 단계별 유통마진율은 제조업체 마진율평균이 35% 정도, 유통업체 마진율평균이 78.5% 정도로 나타났다. 매출액 총액에서 무점포판매가 차지하는 비율은 18.8% 정도로 우리나라 소매업 전체에서 방문·통신판매가 차지하는 매출액 비중인 약 2%보다 상당히 높다고 할 수 있다.

(3) 노인용품이용 현황

우리나라 노인소비자의 노인용품 이용은 초보수준이라고 할 수 있다. 노인소비자의 24.3%는 노인용품을 한 가지도 가지고 있지 않은 것으로 나타났다. 또한 조사대상 44개 노인용품의 65.9%에 해당하는 29개 노인용품이 소유율 5% 미만이었다. 노인용품을 임대 사용한 경험이 있는 노인소비자는 0.5% 정도에 불과하며, 대여업체가 있다는 것을 인지하고 있다는 사람도 7.4% 정도에 불과한 것으로 나타났다.

(4) 정보탐색 및 구입자

노인소비자들은 전문적 정보 없이 노인용품을 구입하고, 본인보다는 가족이 구입하는 비율이 높은 것으로 조사되고 있다. 노인소비자들은 노인용품에 대한 정보를 제품을 사용하고 있는 사람(40.4%), 각종 광고매체(38.1%), 영업사원·판매원(10.7%)에게서 주로 얻고 있는 것으로 나타났다(의사나 전문가, 전문서적의 비율은 각각 2.7%, 0.2%로 미약하다). 노인용품을 가족(배우자·자녀)이 구입하는 비율은 노인용품 종류별로 약 50~60%에 이르는 반면, 본인이 구입한 비율은 30~40%에 이르는 것으로 나타나 본인에게 적합하지 못한 제품을 구입하지 못할 가능성이 많은 것으로 나타났다.

(5) 구매점포

노인용품 구입 시 노인들은 임시·행사매장을 이용하는 비율이 높고, 이러한 구입행태는 소비자피해로 이어지는 경향이 있다. 노인용품구매장소를 살펴보면 일상생활용품은 30.7%, 가정의료용품은 26.2%, 의료보조용품은 15.2%가 방문·통신·특수판매를 통해 구입하는 것으로 나타나, 우리나라 소매업 전체에서 방문·통신·특수판매가 차지하는 매출액 비중인 약 2%를 크게 능가하고 있다. 한국소비자원에 60세 이상 노인소비자의 노인용품에 대한 피해구제건수를 판매방법 측면에서 분류하면 77.8%가 방문·통신·특수판매에 의한 것으로 방문·통신·특수판매 등의 무점포판매에 의한 소비자피해가 심각함을 나타내 주고 있다.

(6) 노인용품정책의 부재

고령화시대에 진입한 우리나라 노인용품 관련 정책은 전무(全無)한 실정이다. 노인용품에 대한 법적인 정의 및 분류체계도 명확하지 못한 상태이다. 반면 일본은 1993년 복지용구의 연구개발 및 보급촉진에 관한 법률을 제정하여 노인 및 장애자의 일상생활상의 편의를 도모하기 위한 용구 및 이들의 기능훈련을 위한 용구와 보조기구를 복지용구로 명시하고 이의 연구개발 및 보급촉진책을 마련하였다. 우리나라의 노인용품에 대한 정책부재가 노인용품에 대한 인식 및 수요부족을 낳고 이는 또 다시 노인용품산업발전을 저해하고 있다. 따라서 향후 노인용품을 연구·개발하고 보급을 촉진시키기 위한 법률제정, 노인소비자들이 노인용품을 쉽게 접할 수 있도록 하는 노인용품 상설전시장의 설치, 노인들이 용이하게 구입할 수 있도록 노인용품판매점 전문화 시도, 업계의 자율규제 장려가 시급하다.

4) 노인소비자 피해특성 및 상술 유형

(1) 노인소비자 피해의 특성

노인소비자 피해는 다른 연령층 소비자와 다른 특성을 가지고 있는데, 구체적으로 제시하면 다음과 같다.

- 신체적, 정신적으로 취약한 노인들이 대상
- 정상적인 판매보다는 방문판매를 주로 이용
- 노인정 등 노인들이 많이 모이는 장소를 이용, 사은품이나 유창한 화술로 구매유도
- 건강에 관심이 많은 노인들의 심리를 이용, 건강 관련 상품을 주로 판매
- 경로잔치, 사은품 및 무료추첨상품 제공 등을 빙자, 고가의 제품판매
- 수입이 없는 노인들을 대상으로 하기 때문에 그 피해가 가정 내 불화로 확산
- 최근에는 빈 사무실을 상기간 임대(3~6개월)하여 제품설명회를 빙자한 물품상매
- 일단 구매한 물건은 할 수 없다는 노인들의 체념심리와 해약 절차를 모르는 약점을 교묘히 이용, 무조건 제품을 떠맡기는 수법 구사

(2) 노인소비자 대상 상술

노인을 대상으로 하는 교묘한 상술이 사회적 문제가 되고 있다.

- 사은품 제공 : 상술사은품을 제공하거나 생필품을 싸게 판다고 유인하여 고가제품 강매
- 강연회 상술 : 각종 강연회에 무료로 초대하고 전집류나 건강식품 강매
- 효도관광 상술 : 온천이나 관광지를 무료로 또는 싸게 구경시켜 준다고 회원을 모집하여 관광버스 안이나 관광지에서 상품 강매
- 경로잔치(제품설명회) 상술 : 경로잔치나 신제품설명회를 개최한다고 유인하여 여흥을 제공하고 고가의 건강 관련 제품 강매, 처음에는 일용잡화 등을 무료로

배포해서 일종의 흥분상태에 빠지게 한 후 고액의 물건을 판매하거나 설명회가 끝난 후 공장을 견학시키고 견학기념선물을 줌으로써 소비자의 구매욕구를 자극하여 제품을 판매

- 공공기관 사칭 상술 : 가스안전공사·동사무소 등 공공기관을 사칭, 집을 방문하여 원하지 않는 상품을 떠맡기고 물품대금이나 설치비 요구
- 당첨상술 : 길거리나 역 근처에서 당첨되었다면서 상품을 억지로 떠맡기고 대금청구
- 설문조사 상술 : 각종 설문조사를 한다면서 지하철역이나 버스터미널 등 번잡한 장소에서 판매원이 설문조사를 빙자하여 사람을 유인하거나 가정을 방문하여 설문조사를 한다면서 소비자의 관심을 끈 다음 성명·주소 등을 적게 하고 제품을 우편으로 우송
- 기타 : 이밖에 허위적이고 기만적인 상술로 제품을 판매하는 행위

위의 노인 대상 상술 중 경연회 상술로 인한 노인소비자의 피해가 가장 빈번한 것으로 밝혀지고 있다.

5) 노인소비자안전문제

(1) 법규문제

소비자안전이나 소비자주권 관련 대부분의 법규에서 노인소비자가 취약계층으로 구분되지 않고 일반소비자와 함께 동일한 규정에 의해 처리되고 있다. 노인소비자와 같이 취약계층에 속하는 만 20세 미만인 미성년자의 경우 민법 제5조(미성년자의 능력)에서 미성년자가 법률행위를 함에는 법정대리인의 동의를 얻어야 하고 이를 위반한 행위는 취소할 수 있으며, 동법 제141조(취소의 효과)에서 취소한 법률행위는 처음부터 무효인 것으로 보고 있다. 그러나 60세 이상 노인소비자의 경우 민법이나 방문판매 등에 관한 법률, 전자상거래 등에서의 소비자보호에 관한 법률 등 특수거래 관련 법규 중 어느 법규에서도 취약계층으로 보호받지 못하고 일반소비자와 동일한 법규를 적용하고 있다. '방문판매 등에 관한 법률' 등에 65세 이상 노인소비자 보호조항을 별도 포함하는 방안을 강구하여야 한다(예 : 청약철회기간의 특별 연장 조항, 계약 행위 시보다 자세한 정보를 제공하고 이에 대한 입증자료, 즉 노인소비자의 서명 등의 첨부 의무화 및 위반에 대한 제재조치 강화 등).

(2) 노인용품 판매업자문제

노인소비자가 경제적·사회적·심리적으로 취약한 점을 악용한 기만상술행위가 만연하다는 점이다. 실제로 판매원들은 노인소비자에게 사실과 달리 허위·과장상술로 제품을 판매하거나 계약서 미교부행위, 적법한 기한이나 절차에 의한 청약철회요구에도 이를 묵살하거나 교묘한 방법을 동원하여 청약철회를 고의로 회피하는 등 부당행위와 관련 법규를 제대로 지키지 않고 있다.

(3) 노인소비자 개인 차원의 문제

노인소비자의 경우 계약 이전에 계약과 관련한 사항에 대한 정보를 꼼꼼히 확인하지 못할 뿐 아니라 관련 법규 등 법적 지식 부족으로 피해가 발생되었을 때 즉시 가족과 상의하지 못하다가 청약철회기간이 한참 경과된 다음에야 알려 문제를 키우는 경우가 많다. 노인소비자의 대부분은 피해의 원인이 노인소비자 자신에게 있지 않음에도 불구하고 개인적인 잘못으로 생각하거나 단지 복잡하고 귀찮다는 생각에 스스로 권리를 포기하는 경우가 많다. 또한 노인소비자는 외롭고 심심함을 달래기 위해 무료공연이나 무료관광 및 사은품 제공 등의 상술에 쉽게 휩쓸리고 여기에 공짜를 좋아하는 심리가 맞물리면서 판매업자의 기만상술을 더욱 부추기는 등 여러 가지 복합적인 요인들이 노인소비자 피해 발생의 문제를 야기시키는 원인으로 작용한다.

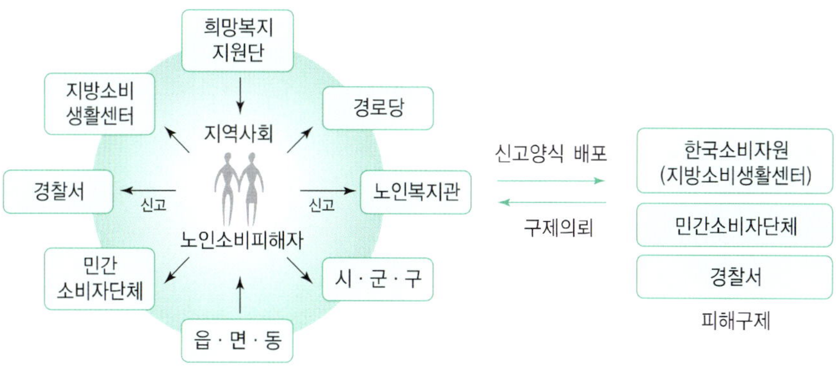

그림 6-1 노인소비자의 소비자문제 신고 및 피해구제 체계도

6) 노인소비자안전 확보방안

보건복지부는 부적절한 판매행위로 인한 노인들의 피해를 예방하고 구제하기 위하여 노인소비자권익보호 대책을 마련, 관련 부처 협의를 거쳐 추진하기로 하였다. 최근 노인을 대상으로 효도관광·홍보관 등을 빙자하여 허위광고·강매·폭리 등을 일삼는 부적절한 판매행위가 기승을 부려 노인 피해자가 빈발하고 있다. 노인의 절반이 최근 1년 5개월 동안 무료관광·당첨·공연 및 사은품 등을 미끼로 판매목적을 은닉하고 접근하는 불법·부당 판매행위를 경험한 것으로 나타났으며 노인 대상 불법·부당 판매행위로 인해 금전적 손해뿐만 아니라 가족 간 불화를 겪은 경우도 상당한 것으로 나타났다(노인 대상 불법·부당 판매행위 관련 이용 및 피해실태조사, 2008년 5월, 65세 이상 노인 1,000명 대상). 이는 우리 사회가 신체적, 심리적으로 취약한 계층인 노인을 보호해야 함에도 불구하고, 오히려 이러한 취약점을 이용하여 노인을 상대로 사기·강매·폭리 등을 일삼는 경우가 많음을 보여 준다. 노인소비자 권익강화 및 안전을 확보하기 위해서는 노인들이 안전사고피해를 입은 경우 지역사회에 소비자안전사고신고창구를 다양화하여 노인들의 접근성을 높이고 신고창구와 피해구제기관 간 연계체계를 구축하여 안전사고피해노인들이 신속하게 피해를 구제받을 수 있어야 한다. 또한 노인대상 불법·부당판매업자에 대한 제재조치를 강화하고, 노인들의 피해구제장치를 확충해야 하는데, 구체적인 내용은 다음과 같다.

- 재화 또는 용역을 판매할 목적으로 부적절한 방법을 통해 노인을 유인하거나 기만하는 행위를 금지행위로 규정하고 금지행위에 대한 조사 및 조사의 거부행위 등에 대한 과태료부과와 동 금지행위에 대한 벌칙을 규정한다.
- 동 금지행위로 인해 노인소비자가 오인하였을 경우 계약을 취소할 수 있도록 하고 오인이 없었음에 대하여 판매자가 입증하도록 하며 노인을 대상으로 사기·강박 등에 의하여 재화 또는 용역을 판매하거나 폭리를 취하는 자에 대하여 가중 처벌한다.[4)]
- 노인의 경우 판단력 감퇴 등 신체적·심리적으로 취약함을 고려하여 청약철회기간을 연장하도록 추진한다.

---

4) 현행 '특정경제범죄 가중처벌 등에 관한 법률'은 사기, 공갈 등의 죄를 범한 자가 그로 인해 5억 원 이상의 재물 또는 재산상의 이익을 취득한 경우는 가중처벌하도록 규정하고 있다.

소비자안전코너 6-2

현행 노인복지법의 상의 금지행위(제39조의 9)

1. 노인의 신체에 폭행을 가하거나 상해를 입히는 행위
2. 노인에게 성적 수치심을 주는 성폭행·성희롱 등의 행위
3. 자신의 보호·감독을 받는 노인을 유기하거나 의식주를 포함한 기본적 보호 및 치료를 소홀히 하는 방임행위
4. 노인에게 구걸을 하게 하거나 노인을 이용하여 구걸하는 행위
5. 노인을 위하여 증여 또는 급여된 금품을 그 목적 외의 용도에 사용하는 행위

- 현행 방문판매 등에 관한 법률은 계약체결을 강요하거나 청약철회 또는 계약 해지·방해 목적으로 소비자에게 위력을 가하는 행위, 허위 또는 과장된 사실을 알리거나 기만적 방법을 사용하여 소비자를 유인 또는 거래하거나 청약철회 또는 계약의 해지를 방해하는 행위 등을 금지행위로 규정(제11조)
- 현행 노인복지법은 제39조의 9의 금지행위를 위반할 우려가 있는 장소에 출입하여 노인 또는 관계인에 대하여 필요한 조사를 하거나 질문을 하게 할 수 있도록 하고 정당한 사유 없이 관계 공무원의 출입 또는 조사 질문을 거부·기피·방해하거나 거짓의 답변을 한 자에게는 500만 원 이하의 과태료를 부과하도록 규정(제61조 2 제1항)
- 동 금지행위 포함 시 별도조항 삽입 없이도 동 행위에 대한 조사와 조사에 대한 거부행위 등에 대하여 과태료 부과 가능

- 공정거래위원회 및 지방자치단체가 불법·부당한 방문판매업자 등의 정보를 경로당 및 노인복지관 등에 공개하도록 추진한다.

게다가, 노인소비자안전교육 및 안전사고 예방교육을 실시해야 한다. 구체적으로, 지역사회에서 경로당·노인복지관 등을 통해 노인들에게 소비자안전교육 및 홍보를 실시해야 한다.

또한 노인소비자 권리 및 안전사고피해 예방에 대한 교육을 실시할 수 있는 전문가인력을 확충한다. 가능한 경우 드라마 등 방송프로그램을 통해 노인 대상 홍보관 등의 피해실태 및 안전사고 예방방안을 홍보·교육한다.

끝으로, 노인사고 시 긴급히 통보할 수 있는 체계구축과 사고예방에 도움을 줄 수 있는 노인 일상생활용구대여시스템이 필요하다. 건설교통부에서는 개인주택 등 건축 시 노인안전을 고려할 수 있는 표준노인주택설계 및 디자인지침을 마련해야 한다. 주택사업자 단체는 주택건축 시 노인안전이 반영될 수 있는 정보 제공 및 유인장려가 필요하다. 소비자에 대해서는 '가정 내 노인안전사고 예방수칙'을 제작·배포하

여 노인들의 안전의식 제고를 위한 교육 및 계몽자료로 활용할 필요가 있다.

7) 미국의 노인소비자안전관리 현황

미국은 고령자보호에 대하여 약자를 보호한다는 관점에서만 보호할 뿐 고령자만을 특별히 보호하는 관점은 대체적으로 배제하고 있다. 이러한 관점이 우세한 이유는 헌법상 문제로서 법 앞에 평등을 구하는 헌법질서에 대해 일정한 연령의 사람에게 다른 사람과 다른 일정한 보호를 한다는 것은 헌법에 위반한다는 점, 기술상 문제로서 고령자라 하더라도 개개인의 편차가 있기 때문에 일정 연령을 기준으로 보호를 한다는 것이 어렵다는 점, 외국인, 장애자, 주부 등과 같은 사회적 약자와의 균형문제가 있다는 점이다. 이러한 관점은 연방 차원이나 일반적인 거래관계를 규율하는 법에서는 더욱 엄격히 적용되는 편이고 주 차원에서나 고령자를 위해 특별히 제정된 법률 또는 사업자에 대한 제재를 규율하는 법에서는 고령자를 연령에 의해 규정하고 일정 연령 이상의 고령자를 보호하는 경우도 있다. 거래분야에 대해서는 노인소비자 피해가 많은 전화권유판매, 가옥수리, 개호서비스, 주택문제 등의 여러 분야에 걸쳐 사회적 약자 차원에서 고령자를 고려하되 특별히 특혜를 주지는 않으면서 소비자피해를 방지하기 위한 사기 등을 금지하고 정보 제공 등을 엄격히 규정하고 있다.

전화권유판매 관련 텔레마케팅에 관한 규칙에서는 부실표시 등의 사기 행위, 강박 등의 남용 행위를 금함과 동시에 업자에게 기록보존 의무를 할당하고 있다. 미국은 연방 차원에서 1984년 제정된 '미국의 판결 가이드라인'에 1987년 고령자에 대한 범죄와 직접 관계되는 조항을 추가하여 처벌의 가중을 규정하고 있다. 이 가이드라인에서는 피해자가 약한 피해자라는 것을 알거나 알 수 있는 상황에서 범죄를 범한 경우 피고인에게 3배를 가중한다거나 피고인이 약한 피해자를 다수 끌어들인 것일 경우 다시 한 번 2배를 가중한다고 명시함으로써 고령자를 보호하고 있다. 반면 고령자를 보호하는 법률인 '고령자 안전법'이나 '사기판매에 대항하는 고령자법'에서는 55세 이상 연령자에 대한 사기 행위 등에 대해 강화된 형량을 규정하고 있다.

3. 장애인의 소비자안전

1) 장애인의 소비자안전 이슈 및 현황

우리 사회에서 장애인을 위한 복지시설을 늘리고 장애인이 편리하게 살 수 있도록 만들겠다는 공감대가 형성되어 있다. 그러나 아직까지 소비생활에서 장애인안전 및 장애인소비자복지를 위한 사회적 공감대, 법제도, 관심이 부족하다. 한국 전체인구의 4.4%인 214만 명이 장애인이다. 그 중 후천적 장애가 90%가 넘는다고 한다. 그들 모두 똑같은 소비자지만 장애인소비자안전에 대한 우리사회의 인식과 배려는 턱없이 부족하다. 장애인이 소비자로서 권리를 실현할 수 있을 때 진정한 소비자안전이 확보되었다고 할 수 있다. 장애인소비자의 안전을 확보하기 위한 실생활에서 많은 노력이 계속되고 있다. 예를 들면, 식당과 모든 건물출입문에 경사로를 배치하는 것, 극장과 문화시설에 장애인석을 분산배치하는 것, 식당의 점자메뉴판, 수화를 두 손으로 할 수 있는 핸드폰 받침대, 촘촘한 크기의 배수구덮개 등 일상소비생활 분야 전반에서 장애인이 안전하게 생활할 수 있도록 하는 다양한 노력이 계속되고 있다. 일부제품에서 시각장애인을 배려하여 점자표시를 해놓거나, 장애인들의 불편을 최소화할 수 있는 제품을 개발하여 유통하고 있지만 아직까지 턱없이 부족하다. 2008년 1월부터 노인이나 시각장애인을 위해 건강기능식품의 제품명, 유통기한 등을 점자로 표시하고, 활자 크기를 크게 하겠다고 하였지만 실제 조사결과 건강기능식품·일반 의약품 중 조사대상 일반의약품의 93.4%는 시각장애인을 위한 점자표시를 외면했다. 예상치 못한 사고나 질병에 대비해 가입하는 보험 역시 장애인에게 차별적이라는 지적이 많다. 2010년 4월 KBS '소비자고발' 방송프로그램에서는 장애인의 날을 맞아 소비자로서의 장애인에 대해 다루었다(4월 20일 장애인의 날). 소비자는 상품이나 서비스에 정당한 지불을 하고, 생산자에게 당연히 우대를 받아야 하는 존재이다. 그러나 장애인이라는 이유로 차별을 받는 경우가 많고, 안전장치가 제대로 되어 있지 않아 장애인이 사용하기에 불편을 겪거나 위험한 사고를 당할 여지가 많다. 최근 자전거 이용 활성화에 정부와 지방자치단체가 박차를 가하고 있으나 인도 등에 무분별하게 설치된 볼라드(자동차진입방지봉)가 시각장애인에게 큰 장애물로 작용한다고 여러 번 지적되어 왔다(아시아투데이, 2010년 6월 15일). 그동안 장애인들이 소비자로서 그들의 권리를 누리고 사회의 한 구성원으로 살아갈 수 있도록 많은 정책을 펼쳤음에도 불구하고 장애인은 여전히 소외된 소비계층으로 살아가고 있는 상황이다.

2) 우리나라 장애인소비자안전 관련 법제도

우리나라의 장애인에 대한 관련 법 제도 중 전반적인 내용을 담고 있는 장애인차별금지법 중 소비자로써 장애인안전에 연관이 있을 수 있는 차별금지내용을 살펴보자.

(1) 차별금지내용

- 직접 차별 : 장애인을 정당한 사유 없이 제한, 배제, 분리, 거부하여 불리하게 대하는 경우
- 간접 차별 : 형식상으로 공정한 기준을 적용했더라도 장애를 고려하지 않은 기준을 적용함으로써 장애인에게 불리한 결과가 발생하는 경우
- 정당한 편의 제공 거부에 의한 차별 : 과도한 부담이나 현저히 곤란한 사정 등 정당한 이유 없이 편의시설이나 장애를 고려한 서비스 등의 제공을 거부하는 경우
- 정당한 편의 : 장애인이 장애가 없는 사람과 동등하게 같은 활동에 참여할 수 있도록 장애인의 성별, 장애의 유형 또는 정도, 특성 등을 고려한 편의시설, 설비, 도구, 서비스 등 인적·물적 제반수단 제공
- 광고에 의한 차별 : 광고의 내용이 장애인에게 정당한 사유 없이 제한, 배제, 분리, 거부 등 불리한 대우를 표시·조장하는 경우

(2) 소비생활 관련 장애인 관련 법규정

- 장애인차별금지법 : 장애인차별금지법(제17조)에서는 각종 금융상품과 서비스의 제공에 있어서 정당한 사유 없이 장애인을 제한·배제·분리·거부하여서는 아니된다는 규정이 있다.
- 식품위생법 : 식품위생법(제5조)에서는 시각장애인을 위하여 제품명, 유통기한 등의 표시사항을 알기 쉬운 장소에 점자로 표시할 수 있다. 이 경우 '점자표시는 스티커 등을 이용할 수 있다'라는 규정이 있다.

3) 장애인소비자단체

(1) 장애인 활동보조서비스 소비자연대

장애인소비자의 권리확보를 위한 장애인 활동보조서비스연대는 5가지의 활동원칙을 내세우며, 소비자의 이름으로 진행 중인 활동보조서비스를 소비자 중심의 서비스가 되도록 하기 위해 출범하여 연대하였으며, 특정 장애 유형을 위한 서비스가 아닌 장애 유형별 단체로서의 한계를 극복하고 모든 장애인을 포괄하여 복지서비스 전반에 대한 장애인소비자의 권리를 찾는 복지서비스 소비자연대로의 확대를 위해 노력함을 목표로 한다. 이 단체의 주요 활동은 다음과 같다.

- 복지서비스의 소비자로서의 목소리를 전한다.
- 복지소비자주권의 공동 목표를 실현한다.
- 모든 장애인은 소비자로서 동등한 권리를 가진다.
- 복지서비스 소비자연대로의 확대를 위해 노력한다.
- 소비자의 권리를 지속적으로 주장한다.

(2) 한국장애인소비자연합

장애인 관련 단체 및 소비자보호단체에서 실시됐던 소비자상담사례는 수천 건에 이르고 있다. 그러나 장애인들이 소비자권리에 있어 침해를 당했음에도 불구하고 이를 해결하기 위한 상담기관이 없었다. 이를 해결하기 위해 장애인소비자인권상담에 대한 공식적으로 대응할 수 있는 기구가 필요하다고 판단하여 한국장애인소비자연합은 각종 장애인소비자 정책·제도 확충 및 소비자로서의 장애인의 권익신장을 위해 사회적 합의를 도출하는 데 핵심적인 역할을 담당하고자 설립되었다.

4) 외국의 장애인소비자안전관리법제도

미국과 영국에서는 장애인소비자를 위하여 '점자표시의무화'를 시행하고 있고, 대부분의 식당의 점자메뉴판을 활성화시키고 있다. 또한 독일에서는 장애인들이 공연을 관람할 때 다양한 좌석에서 공연을 볼 수 있도록 제도화하였다.

한국도 장애인들을 위해 샴푸와 음료수에 점자가 있다. 어느 음료수에는 음료수라는 점자와 함께 장애인들을 사랑한다는 하트모양의 점자를 새겨 놓았다. 국립중앙박물관에는 다른 언어 일본어나 중국어와 같이 통역서비스에 수화부분을 따로 넣어 놓았다. 청각장애인소비자를 위한 수화해설 서비스다. 세계 소비시장의 중심인 미국에서 한국기업이 휴대전화제품 중 하나에 시각장애인을 배려한 휴대폰을 개발하였다. 문자메시지를 음성으로 전달할 수 있는 TTS(Text To Speech)를 삽입했다. 그러나 국내에서는 판매자 자체가 TTS를 모르고 있고 시중에 출시된 제품이 없는 상황이다. 한편, 외국의 유명한 스마트폰 회사인 애플은 휴대전화에 기본적으로 보이스 오버 기능이 들어가 있다. 이 기능을 통해 음성안내만으로도 문자를 보내고 작동이 가능하다.

5) 장애인소비자 안전사고사례

이 같은 문제를 해결하기 위해 모회사에서는 이 스틸그레이팅 위를 감싸 보행자 안전을 돕는 덮개 '유디카바'를 새로 개발했다(mk뉴스, 2010년 11월 3일). 이 덮개는 스틸그레이팅 위에 얹어 고정시키는 것으로 빗물만 빠지도록 하고 낙엽이나 쓰레기, 하이힐, 차량바퀴 등이 빠지지 않도록 해준다. 우레탄과 폴리카보네이트 재질로 돼 있어 자체 탄성력이 우수하기 때문에 사람이 넘어져도 충격을 완화시켜 안전사고를 예방한다.

특히, 폴리카보네이트는 격자형 구조에 우레탄이 끊어지는 것을 방지하고 우레탄은 보행자를 보호하면서 폴리카보네이트 훼손을 막는 기능을 하고 있다. 특수한 구멍 구조로 인해 흙으로 막히지도 않는다.

이 제품은 2010년 열린 전국장애인체전 행사를 위해 대전시 한밭종합운동장과 문화테니스장 등에 설치됐다.

사례

장애인안전 관련 사례 1 의료용 스쿠터 안전문제

의료용 스쿠터 작동 이상으로 이를 이용하는 장애인들의 불만이 높다. 특히, 주행거리가 짧거나 법정정지거리기준을 초과하는 등 안전사고의 위험이 높아 보완이 시급하다는 지적이다. 한국소비자원은 현재 시판 중인 5개 의료용 스쿠터를 대상으로 품질시험을 실시한 결과를 지난달 28일 발표했다. 이에 따르면 장애물 통과능력에서 5개 모두 기준에 미달했고, 정지거리 초과는 4개(80%) 제품에서 나타났다. 장애물통과능력에 관한 의료기기 기준에 따르면 의료용 스쿠터는 높이 10cm의 턱을 전·후진으로 안전하게 넘을 수 있어야 하지만 이들 5개 모델은 이를 충족하지 못했다. 특히, 모든 모델이 도움닫기 없이는 전진해 장애물을 넘지 못했고, 후진 시에는 도움닫기와 상관없이 모두 넘지 못했다.

출처 : 수원신문, 2010년 5월 4일

장애인안전 관련 사례 2 휠체어 리프트 안전관리

전국 지하철역에 설치되어 있는 장애인용 휠체어리프트의 안전관리가 소홀한데다 성능이 개선된 신형 리프트는 10%에 불과해 대책 마련이 필요하다는 조사 결과가 나왔다. 한국소비자원은 전국 31개 지하철역에 설치된 휠체어리프트의 안전 실태를 알아본 결과 20개 역에서 안전스위치가 제대로 작동하지 않거나 비상정지버튼과 인터폰이 고장나는 등 문제점이 발견됐다고 밝혔다.

출처 : YTN, 2007년 8월 31일

장애인안전 관련 사례 3 저상버스

차체 바닥이 낮고 출입구에 계단이 아닌 경사판을 장착해 장애인이 휠체어를 탄 채 편리하게 오를 수 있도록 한 저상버스의 경우 아기를 유모차에 태운 채 오르내릴 수 있을 뿐만 아니라 노약자들도 쉽게 이용할 수 있다는 점에서 장애인단체와 시민단체들이 그동안 의무도입을 주장해 왔다. 하지만 이처럼 저상버스가 늘어도 장애인 이동에는 실질적인 도움이 되고 있지 않다. 도로와 버스정류장 간의 턱이 높은데다 그 턱을 낮춘 곳에는 불법주차 차량이 자리를 잡고 있어 버스의 진입을 막기 일쑤기 때문이다.

출처 : 뉴시스, 2008년 3월 26일

장애인안전 관련 사례 4 장애인 운전보조장치

장애인 운전보조장치로 개발된 스티어링 휠(핸들)에 붙이는 파워봉도 원래 장애인을 위한 기구였는데, 오히려 여성운전자들이나 긴 시간 운전해야 하는 기사들이 많이 달고 있다. 장애인 당사자가 차를 구매하거나 운전할 때 긴요한 옵션이나 기능에 대한 설명을 쉽게 얻을 수 없다. 장애인 자동차구입에 관한 정보를 기본적으로 담은 곳은 '현대자동차' 정도였다.

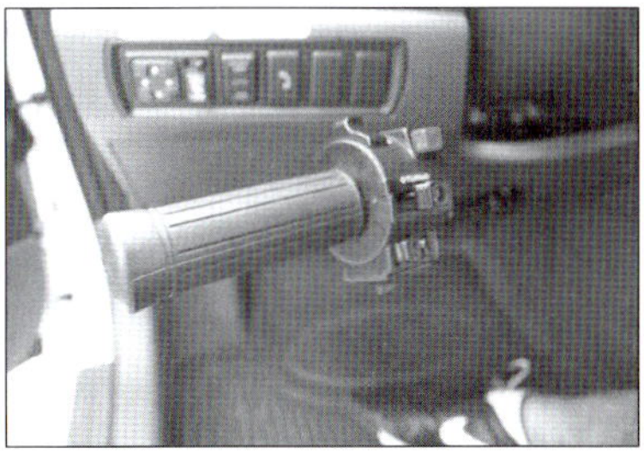

장애인 차량용 콘트롤러

오른손의 소근육 운동이 힘들어서 스텝기어나 버튼식 스마트키를 옵션으로라도 달 수 있는지, 왼발 브레이킹을 위해 브레이크페달을 약간 왼쪽으로 달거나 더 길게 달 수 있는지, 아예 운전석 위치를 일본 수출차량처럼 오른쪽으로 배치할 수 있는지, 타고 내리기 용이하게 차량시트 높이는 얼마인지, 시트 앞뒤 위치조정은 자동으로 가능한지, 진정 나는 알고 싶었다.

출처 : 함께걸음신문, 2010년 8월 9일

장애인안전 관련 사례 5 장애인 화장실

모 공원의 장애인화장실의 경우 출입문이 좁아 전동휠체어나 스쿠터를 타는 장애인은 이용하기 어렵다. 손잡이도 잘못 설치돼 있고, 비상 호출벨도 설치되어 있지 않다. 일반 남자화장실의 경우, 입구에 계단이 있고 소변기에 손잡이도 없어 목발을 사용하는 장애인이 소변을 보려면 불편하다. 휠체어를 대여해 주는 서비스를 하고 있는데, 관리가 제대로 되지 않아 먼지가 묻은 채로 방치되어 있었다는 지적이 제기된 바 있다.

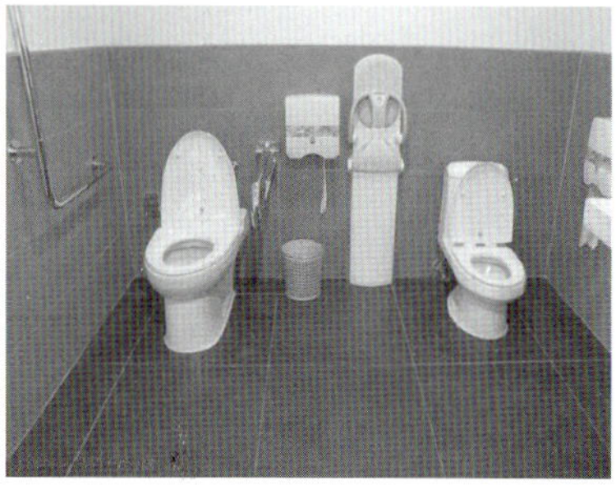

장애인화장실 내부(비상 호출벨이 없고, 휴지걸이도 용변기 뒤에 설치해 불편하다)

출처 : 에이블 뉴스, 2010년 7월 20일

7
CHAPTER

기업의 소비자안전 추구경영

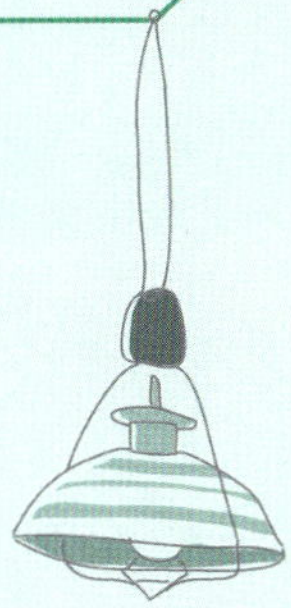

7 CHAPTER 기업의 소비자안전추구경영

소비자는 기업이 생산하고 유통시킨 소비제품이나 서비스로부터 안전사고를 입거나 사고로 피해를 입기도 한다. 예를 들면, 자동차 브레이크 고장으로 인한 앞차와의 추돌, 어린이들의 장난감으로 인한 부상, 식중독, 놀이공원에서의 안전사고 등이 빈번하게 발생하고 있다. 소비자들은 일상소비생활에서 안전사고에 노출되어 있는데, 기업이 제공한 제품이나 서비스로 인한 소비자피해를 예방하고 소비자안전을 확보하는 것은 기업의 중요한 과제이다. 기업의 소비자안전추구경영은 소비생활에서 발생하는 사고나 재산상의 피해를 방지하는 노력과 관심을 뜻한다. 기업은 제품안전, 소비자안전을 경영의 제1우선으로 하고 안전제품생산, 안전 강조 마케팅, 유통과정에서의 제품안전 확보, 리콜 및 제조물책임이행 등 제품안전생산 및 관리에 최대한 중점을 두어야 한다. 기업의 안전경영은 이윤을 창출하고 기업의 생존경영을 위해서도 필수적이다. 안전한 제품생산 및 유통이 기업의 경쟁력이므로 안전제품생산 및 유통 등 안전경영, 제품에 대한 소비자불만 및 안전사고피해를 예방하는 등 소비자안전을 확보하는 데 기여해야 한다.

본 장에서는 기업의 소비자안전추구경영, 기업의 제품안전 사후관리 등에 대해 살펴보고자 한다.

1. 기업의 소비자안전추구경영

소비자안전을 위해 적극적으로 대응하는 기업이 늘어나고 있으나 아직도 소비자안전에 대한 대응을 비용부담으로 인식하는 기업도 사라지지 않고 있다. 기업의 목적이 이윤추구에 있지만 비용의 증가만을 우려해서 소비자안전에 소극적으로 대응할 경우 기업 이미지 실추와 함께 경영위험에 직면할 수도 있다. 따라서 기업은 경쟁력 강화를 위한 투자로서 소비자안전추구경영을 실행하고 소비자안전에 대한 사고전환이 필요하다. 기업은 안전기준 준수는 물론 품질관리를 강화하고 소비자안전사고가 발생했을 경우 적극적으로 대응함으로써 기업의 경쟁력 및 이미지 제고에 적극 나서야 한다. 예를 들면, 소비자안전사고를 예방하기 위해 성분, 유통기한, 오·남용 시 위험발생 가능성, 주의사항 등 안전정보를 적극 제공하여야 한다. 또한 기업은 소비자안전을 위한 다양한 홍보 및 소비자 및 직원 대상 안전교육 시행, 각종 안전 관련 서비스 제공 등의 경영활동을 수행해야 한다.

1) 소비자안전경영시스템

기업에서 소비자안전추구경영을 하기 위한 주요 업무는 제품안전에 관한 프로그램 개발·시행, 안전·품질표시, 품질보증시스템 구축, 안전인증 및 안전성 평가기준 개발, 공장·인프라의 안전설계, 안전성 확보에 대한 경영자, 관리자, 직원대상 교육 등이다. 소비자안전경영을 추구하기 위한 업무 영역을 구분하여 살펴보면 다음과 같다.

- 제품안전관리시스템 : 경영 및 기획부문, 설계 및 제조부문, 관계회사/대리점 부문 등에서 안전관리시스템 운영
- 제품 자체 안전성 : 제품기획서, 설계사양, 시작품 및 양산품, 안전 관련 제안, 안전지도서 발간 등에서 안전을 제1우선으로 함
- 제품 관련 안전성 : 제품사용설명서, 제품 자체 시험으로 안전성 평가
- 안전관리시스템 : 안전 프로그램 개발, 안전평가제도, 제품 환경영향평가실시, 안전교재 개발, 안전교육 훈련 및 지도

환경, 건강, 안전문제는 기업환경이 공급자 중심의 시장에서 소비자 중심의 시장으로 전환되면서 더욱 부각될 수밖에 없는 과제이다. 결국 소비자안전문제에 적극

적으로 대응하는 기업만이 소비자의 신뢰를 얻어 시장에서 경쟁력을 얻을 수 있다고 하겠다.

2) 소비자안전 관련 기업윤리경영

소비자안전을 중요시하는 윤리경영을 통해 안전경영을 추구하는 것이 중요하다. 안전확보를 위한 안전경영전략을 제시하면 다음과 같다.

- 제품생산 및 관리체계 개선
- 제품개발 및 디자인 개발 시 안전성을 높이려는 노력
- 임직원의 안전의식 교육
- 소비자안전 관련 제반 법규 준수
- 소비자안전 관련 기본대책 수립
- 소비자 불만사항을 제품과 서비스에 반영
- 소비자 개인정보 보안을 위한 제반대책 마련

전국경제인연합회에서 2004년에 만든 소비자보호강령안 중에 소비자안전을 확보하기 위한 내용이 포함되어 있다. 소비자보호강령안 항목을 자세히 살펴보면 '사후의 피해보상뿐만 아니라 사전에 예방하는 시스템을 정착시키도록 한다' 라는 항목이 있다. 소비자안전문제가 발생했을 때 보상금만 주는 형태가 아니고 문제가 발생하기 전부터 소비자안전 확보에 기업이 앞장서서 노력하고자 함을 반영하고 있다. 또 소비자안전을 위협하는 비정상적인 상품을 생산·판매할 경우 각 기업들 간 또는 기업과 소비자단체 간의 정보교류를 활발히 하여 이를 근절하고자 하는 노력을 포함하고 있다.

전국경제인연합회는 2004년 10월 13일 소비자보호 및 고객만족센터담당 임원 및 부서장, 소비자단체 관계자 등 200여 명이 참석한 가운데 '소비자보호와 고객만족 제고전략 간담회' 를 개최했다. 이날 간담회를 통해 전경련은 소비자보호강령(안)을 제시했다. 소비자보호강령(안)은 기업이 소비자의 권익을 증진하고 고객과의 상호 윈윈(win-win)을 위해 적극 협력하는 등 기업이 해야 할 역할을 강조하는 8가지 사항을 담고 있다.

- 우리는 첨단기술과 지식을 이용하여 가격, 품질, 안전 및 환경 측면에서 고객의 가치를 최우선으로 삼는다. 이러한 신념을 바탕으로 최상의 제품과 서비스를 개발하고 제공함으로써 소비자로부터 긍정적 이미지를 확보하고 유지한다.
- 우리는 소비자의 권익을 향상시키기 위해 경쟁사와 선의의 경쟁을 추구하고 공정한 거래질서를 준수한다. 타사보다 경쟁우위를 점하기 위해 자사제품을 과장 광고하거나 타사제품을 비방하는 행위를 삼간다.
- 우리는 소비자의 건강을 위협하는 상품을 제조·유통·판매하는 행위를 하지 않도록 한다. 불량식품이나 가짜 의약품, 국산으로 둔갑시킨 외국산 농산품 등 비정상적인 상품을 직·간접적으로 거래하는 행위가 근절되도록 기업 간 또는 기업과 소비자단체 간 상호정보교류와 유기적인 협조체제를 구축한다.
- 우리는 소비자가 물품구매나 용역 계약 시 모호한 규정이나 불공정약관으로 인하여 피해를 입지 않도록 적극 노력한다. 기업이 생산한 제품이나 용역 관련 정보와 공정약관을 소비자에게 충분히 설명하여 소비자가 스스로의 판단에 의해 합리적으로 선택할 수 있도록 한다.
- 우리는 일반 마케팅 과정이나 전자상거래에서 얻게 된 고객의 정보를 여타 목적으로 활용하지 않도록 한다. 특히, 인터넷 이용의 대중화로 급증하고 있는 전자상거래상 분쟁의 소지를 최소화하며 소비자의 개인정보를 고객의 동의 없이 사용하는 일이 발생하지 않도록 주의한다.
- 우리는 소비자가 항상 옳다는 신념을 가지고 소비자의 의견을 폭넓게 청취하여 개선점을 적극 강구하도록 한다. 고객의 목소리를 최우선으로 삼아 이를 전 임직원이 공유하고, 나아가 예상되는 소비자의 불만까지 고려하여 사전에 예방하는 시스템을 정착시키도록 한다.
- 우리는 소비자보호와 관련한 조직활동을 활성화하여 소비자에게 한발 가까이 다가가도록 최선을 다한다. 기업 내 소비자보호와 고객만족을 위한 전담조직을 강화하여 소비자를 존중하는 기업문화를 전사에 전파하는 데 매진한다.
- 우리는 리콜제도, 제조물책임법, 식품안전 관련 제도 등 소비자안전강화 추세에 부응하여 이를 업무에 적극 반영하도록 한다. 제품과 관련하여 가능한 한 소비자의 피해가 발생하지 않도록 최대한 안전조치를 강화하되, 만약 제품의 결함 발생 시에는 신속하고도 공정한 절차에 의해 소비자가 입은 피해를 적절히 보상

하도록 적극적인 노력을 기울인다.

3) 전사적 안전경영시스템

기업의 소비자안전추구경영을 추구하기 위해 제품안전담당자(또는 제품안전 엔지니어)는 제품안전에 관계된 관리능력과 제품안전전문기술 능력이 있어야 하므로 사내·외 전문양성기관을 활용하거나 자체적으로 훈련시킨다. 제품안전담당자와 제품안전 엔지니어는 관리와 기술 분야에서의 경험, 판단력, 평가능력과 종합적인 조정 능력이 필요하다.

사내 제품안전 전문가는 기술적인 제품에 대해 전문지식을 가지고 있어야 한다. 고객의 사용 현장에서 기대하지 않았던 제품고장이나 사고를 조사할 뿐만 아니라 신제품설계 및 개발에 있어서 제품과 그 성능의 모든 면에 대해 지식과 노하우를 가지고 있어야 한다. 각 부서별로 제품안전경영시스템 체제에 따라 제품의 기획부터 개발, 생산, 서비스에 이르는 각 단계별로 안전에 대한 세부 실행내용을 준수하여야 한다.

제품안전경영시스템을 전사적으로 확대하기 위해서는 전 사원의 이해를 충분히 얻는 것이 중요하다. 제품안전경영시스템을 왜 하는지 그 의미하는 바를 위험관리적 입장에서 전 사원에게 교육할 필요가 있다. 먼저 기업에서는 전 사원을 대상으로 제품안전 마인드를 고취시키고, 그 다음 전문교육이수를 통하여 제품의 안전확보실현을 위한 자질을 함양시켜야 한다. 제품안전교육은 전 사원에게 기업의 안전책임이 기업경영과 제품판매에 어떠한 영향을 미치는지를 교육시켜야 한다. 제품안전경영시스템 구축을 통한 대응책의 필요성과 자사제품의 안전성, 취약점을 중점적으로

표 7-1 기업의 소비자안전경영활동

목 표	세부 활동
• 공산품, 식·의약품 안전관리 강화 • 품질 향상을 통한 부정 불량품 근절 • 공정 및 제품의 환경오염 방지를 통한 환경보호 강화	• 자체 안전기준의 강화 • 유해한 약품·첨가제 사용방지 • 자율적 리콜조치 실시 • 공정 및 품질관리 강화 • 환경친화제품 개발 • 공정상의 오염방지 추진

출처 : 노영화·황정선(1995), 소비자지향적 기업경영에 관한 연구, pp. 105~108

소비자안전코너 7-1

저비용 항공사 안전대책 대폭 강화

저비용항공사들에 대한 조종사 교육훈련이 강화되고 항공기 정비 주기도 단축되어 안전확보 대책이 강화된다. 조종사에 대한 교육훈련은 10%선에서 강화된다. 국토해양부 항공안전본부는 최근 저비용 항공사 설립이 늘어남에 따라 이들 항공사의 안전확보 대책을 발표했다. 항공안전본부가 만든 대책은 저비용항공사 항공기의 경우 정비주기를 일반 항공보다 10% 단축하도록 하고 일반 항공 조종사의 경우 연령에 상관없이 승무시간이 '1개월에 100시간 미만'으로 되어 있지만 저비용 항공사 소속인 경우 60세 이상은 90시간 미만으로 제한할 방침이다. 그러나 안전기준 강화가 신규 항공사의 활성화 및 국내 항공산업발전을 저해할 우려가 있다는 점 등을 고려해 안전성 검증기간을 90일에서 45일로 줄이는 등 지원대책도 함께 마련할 방침이다.

출처 : 서울연합뉴스, 2008년 4월 2일

교육시켜야 한다. 제품의 기획, 설계, 제조, 판매, 서비스, 폐기 등 라이프사이클을 통하여 제조물책임위험을 최소화하기 위해서는 전 종업원이 고객을 이해하고 제품에 대한 기본지식을 가지고 있어야 한다.

4) 안전제품 개발사례

소비자안전경영에서 가장 중요한 것은 안전한 제품을 생산하는 것이다. 최근 많이 발생하고 있는 안전치 못한 제품으로 인한 안전사고 유형에는 어떤 것이 있는가를 먼저 살펴보자. 첫째, 제품 자체의 결함으로 인하여 안전사고가 발생하는 경우이다. 특히, 어린이 장난감의 경우 이런 문제가 많이 발생하는데, 이때 제품의 결함이란 성능과 부품의 결함뿐만 아니라 디자인의 결함 때문에 어린이들이 상처를 입는 경우가 많다. 따라서 제품 자체의 결함 때문에 소비자가 피해를 보지 않도록 기업은 안전한 제품을 개발·제조하여야 한다.

둘째, 제품 자체가 위험하게 만들어진 경우이다. 예컨대, 고속도로에서 제한속도가 시속 100km인데, 시속 180km의 성능을 낼 수 있는 오토바이를 제조·판매하는 경우이다. 이 때문에 속도와 스릴을 즐기려는 많은 사람들이 희생을 당하고 있다. 이러한 제품에 대해서는 두 가지 상반된 견해가 있다. 즉, 소비자가 그 위험성을 충분히 알고 사용하기 때문에 위험은 소비자의 책임이고, 기업에는 책임이 없다는 입장이 그 하나이다. 그러나 피해가 크면 법적으로 제재를 하지 않을 수 없게 된다. 가령 18세 미만 청소년의 사용을 금지한다든지, 아니면 제품 자체의 사용을 전면 금지할 수도 있다. 이러한 법적 규제는 사회적 여론을 반영하기는 것이기 때문에 기업에서는 정부의 이러한 규제가 나오기 전까지 적절한 안전대책을 강구할 필요가 있다.

셋째, 건강에 좋다는 식품 때문에 발생하는 위험이다. 건강식품을 마치 만병통치약인 것처럼 허위·과장하여 판매하는 경우나, OO병에 특효라는 식품이 때로는 백해무익하거나 건강에 치명적인 유해를 가하는 경우도 있다.

결국, 기업의 안전한 제품생산이 가장 중요하다. 최근 소비자의 안전사고를 예방하기 위해 기업은 새로운 안전한 제품들을 개발해 내고 있다. 기업이 제품 자체를 통해서 소비자안전을 실현하는 경우로 실제 예를 살펴보면 다음과 같다.

- 주전자에서 물이 끓을 때 '삑-' 하고 소리를 내서 소비자가 혹시 주전자를 가스레인지에 올려놓은 것을 잊고 있을 때 알려 주는 역할을 하는 장치 개발
- 문을 잠그는 것을 잊고 나갔을 때를 대비하여 문이 닫힐 때 저절로 잠기는 디지털 도어록 개발
- 인덕션의 경우 상판 자체에서 발열이 되지 않고 냄비와 같은 용기만을 덥혀 주기 때문에 손을 데일 것을 예방할 수 있는 제품
- 어린아이들이 비디오 안에 손을 넣었다가 다치는 경우를 대비하여 만들어진 비디오 잠금장치

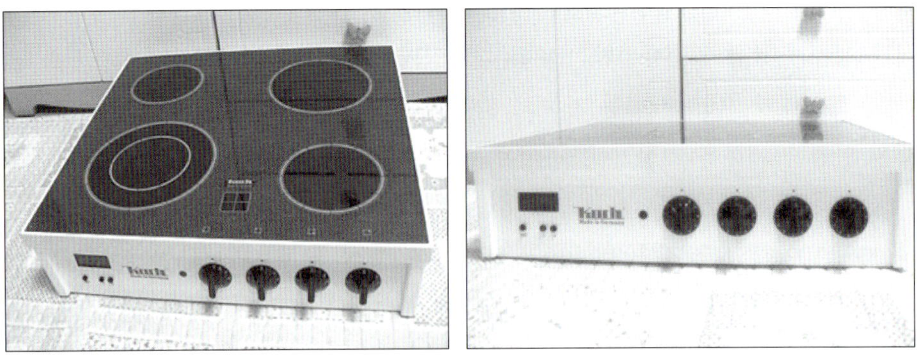

그림 7-1 용기에만 열을 가하는 인덕션

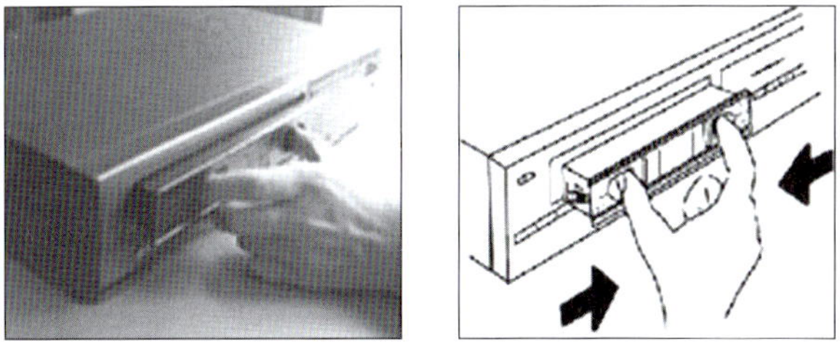

* 사용방법 : 그림과 같이 비디오테이프 투입구에 끼워주세요.

그림 7-2 소비자안전을 위한 비디오 잠금장치

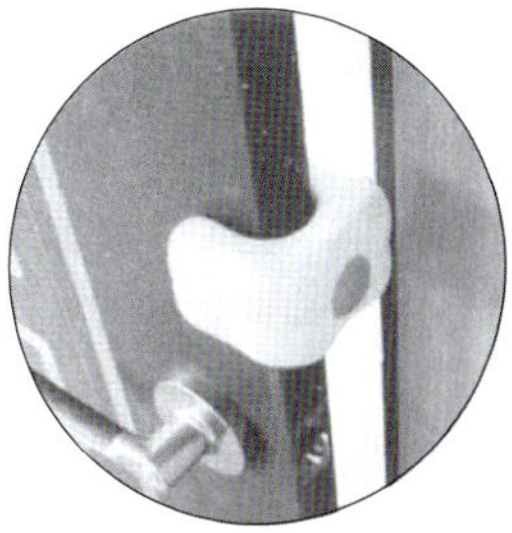

그림 7-3 손끼임 방지 도어 쿠션

- 다용도 잠금장치는 냉장고, 오븐, 식기세척기, 건조기, 싱크대 등 여닫을 수 있는 모든 가구에 부착해 어린이들이 문을 열 수 없게 한 것으로 뗐다 붙였다 할 수 있는 장치
- 아이들이 문 사이에 손이 껴서 다칠 경우를 생각하여 만들어진 도어 쿠션
- 가스누출로 인한 사고를 예방하기 위해 만들어진 인공지능형 밸브 '헤스타'는 소비자가 사용할 시간을 미리 설정해 놓아 소비자가 지정한 시간에 가스를 차단할 수 있는 기능을 가지고 있고, 20초 이상 가스밸브가 열린 상태에서 가스가 사용되지 않으면 자동으로 잠겨 가스누출로 인한 사고를 예방

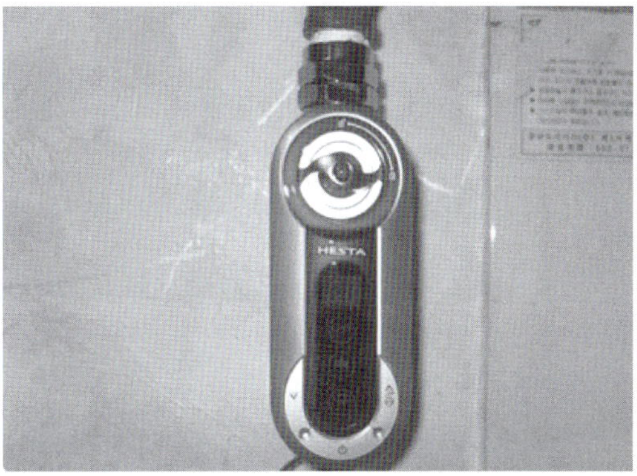

그림 7-4 가스누출 예방 밸브

2. 기업의 안전제품 마케팅

1) 제품안전표시 및 안전정보 제공

소비자안전을 위한 기업의 경영활동 중 하나는 안전과 관련한 표시제도를 적극 활용하는 것이다. 표시는 여러 가지가 있는데, 원산지뿐만 아니라 제조연월일을 소비자가 알 수 있도록 제품표면에 표시할 수 있다. 또한 소비자에게 주의, 위험경고, 안전사항을 표시할 수도 있으며, 소비자가 제조물로 인해 피해를 입었을 때 그것에 대해 보상해 주는 보험에 들었다는 것을 표시함으로써 기업이 안전을 위해 얼마나 노력하는지를 보여 줄 수 있다.

기업은 제품의 안전을 보장하기 위하여 '품질보증' 이나 '제품보증' 을 표시하기도 한다. 다시 말해, 기업에서는 제품의 성능이나 안전을 보증한다는 문구를 제품에 표시하거나 또는 별도의 인증서에 명시하여 제품을 판매하는 경우가 있다. 이렇게 법적으로 최소한의 안전보장을 의미하는 '문서보증' 또는 표시보다 더 큰 의의를 갖는 것은 '묵시적 보증' 이다. 묵시적인 보증은 문서로 표시되지 않더라도 당연히 제품이 안전할 것이라고 기대되는 수준을 확보하고 있다는 것을 보증하는 것이다. 따라서 묵시적인 보증이 표시되지는 않았지만 기업이 이를 보증하여야 한다.

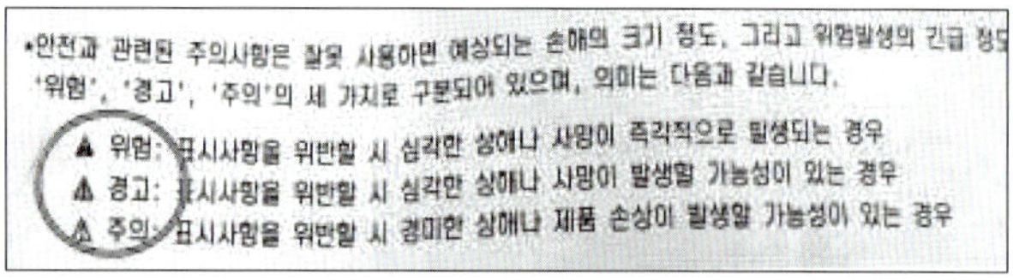

•안전과 관련된 주의사항은 잘못 사용하면 예상되는 손해의 크기 정도, 그리고 위험발생의 긴급 정도
'위험', '경고', '주의'의 세 가지로 구분되어 있으며, 의미는 다음과 같습니다.

⚠ 위험: 표시사항을 위반할 시 심각한 상해나 사망이 즉각적으로 발생되는 경우
⚠ 경고: 표시사항을 위반할 시 심각한 상해나 사망이 발생할 가능성이 있는 경우
⚠ 주의: 표시사항을 위반할 시 경미한 상해나 제품 손상이 발생할 가능성이 있는 경우

사용설명서상의 2가지 표시 분류 사례

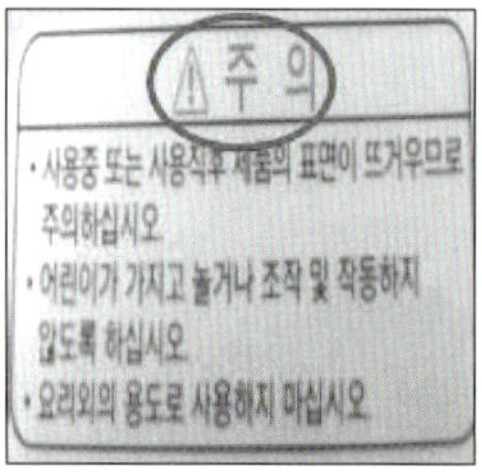

제품 본체 주의 등 '그림표시(기호)' 사례

그림 7-5 위험경고표시

그림 7-6 생산물 배상(제조물책임배상)보험 가입 표시

표시 관련 실제 사례로써, 2008년 광우병파동, 멜라민함유제품문제 등이 불거지면서 모 식품회사들이 제조일자표기제를 시행하였다. 제조일자표기제란 제품의 포장에 제품의 유통기한과 제조일자를 함께 표기하는 것이다. 제조일자표기는 유통기한에 대한 소비자들의 알 권리를 보호해 주고, 이로서 소비자들에게 더 신선한 제품을 공급하겠다는 약속이다.

또 다른 사례로서 그동안 없었던 맥주의 유통기한을 표시하는 제도를 도입하고 있다.

그동안 외국산 맥주의 경우 보통 1년의 유통기한이 표시되어 있지만 국내산 맥주의 경우 표기가 없고 음용권장기한이라는 마시기 최적의 기간만 표시하여 왔다. 현재 식품위생법상 막걸리와 약주는 예외로 유통기한을 표시하도록 돼 있다. 하지만 같은 곡주인 데다 도수도 4~9도로 낮은 맥주가 문제가 되고 있다.

한편, 기업은 제품안전에 대한 정보를 소비자에게 제공함으로써 소비자안전에 기여할 수 있다. 최근 모 기업에서는 위해정보지를 발간하였는데, 자사가 내놓은 제품과 관련된 소비자불만사례를 모아 매주 정보지를 발간하여 소비자들에게 위해정보를 제공하고 있다. 한편, 최근 모 백화점에서는 '생산자조회시스템'을 도입한 바 있는데, 이는 제품의 바코드를 인식기에 대면 그 제품의 원산지와 재배방법, 생산자정

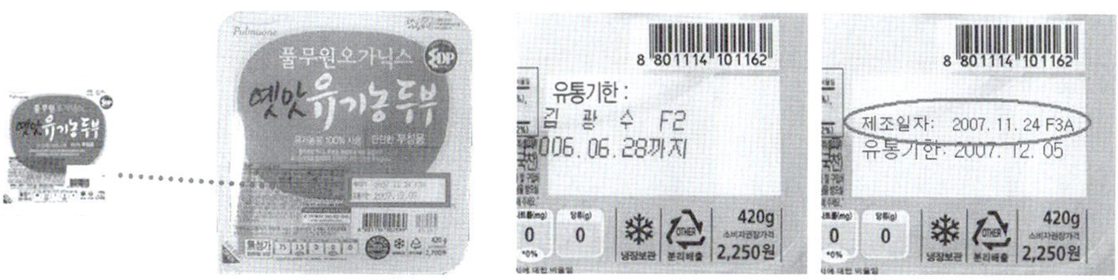

그림 7-7 제조일자 표시사례

표 7-2 맥주·화장품 유통기한 표시

<table>
<tr><th>품 목</th><th>국 가</th><th>제 품</th><th>유통기한 표시</th></tr>
<tr><td rowspan="8">맥 주</td><td>독 일</td><td>벡스</td><td>용기하단 별도표시
(해당 월일까지)</td></tr>
<tr><td>벨기에</td><td>레떼 브라운</td><td>뒷면에 별도표시</td></tr>
<tr><td>네덜란드</td><td>하이네켄 다크 라거</td><td>제조일로부터 1년</td></tr>
<tr><td>멕시코</td><td>코로나 엑스트라</td><td>제조일로부터 1년</td></tr>
<tr><td>중 국</td><td>칭따오 비어</td><td>제조일로부터 1년</td></tr>
<tr><td>일 본</td><td>사포로 비어 캔</td><td>제조일로부터 1년</td></tr>
<tr><td>필리핀</td><td>산 미구엘 페일 필센</td><td>제조일로부터 1년</td></tr>
<tr><td>한 국</td><td>하이트·오비 등</td><td>용입 연월일과 음료권장기한 표시</td></tr>
<tr><td rowspan="3">화장품</td><td>미 국</td><td>에스티로더 폼, 로션</td><td>12개월</td></tr>
<tr><td>프랑스</td><td>크리스찬디올 UV베이스
랑콤 아이리무버
샤넬 에센스, 파운데이션</td><td>9개월
6개월
12개월</td></tr>
<tr><td>한 국</td><td>비타민 E·A·C 및 그 유도체, 과산화 화합물, 효소성분 등 0.5% 이상 함유제품의 경우</td><td>사용기한 표기의무</td></tr>
</table>

보 등을 고객이 쉽게 확인할 수 있도록 하는 서비스라고 한다. 이 같은 정보시스템은 제품의 안전을 확보하는 데 기여할 수 있을 것으로 보인다.

2) 안전 관련 광고 및 판매전략

광고나 홍보전략에 제품의 안전성을 강조한다면 이는 제품안전 확보에 긍정적일 것이다. 제품의 속성이나 특성과 무관한 내용만을 홍보하거나 광고하는 것보다는 제품의 중요 속성인 안전에 대한 정보를 제공하는 광고나 홍보는 소비자의 안전한 삶에 기여할 수 있다. 게다가 특정 기업의 안전 강조 광고나 마케팅이 다른 기업에 안전 관련 경쟁을 촉발시킬 수 있어 긍정적이다. 따라서 기업이 자사제품의 신뢰성을 높이기 위해 안전성을 알려 주는 광고 및 판매전략을 사용한다면 소비자안전에 기여함은 물론이고 이는 안전경영실천의 중요한 수단이 될 수 있다.

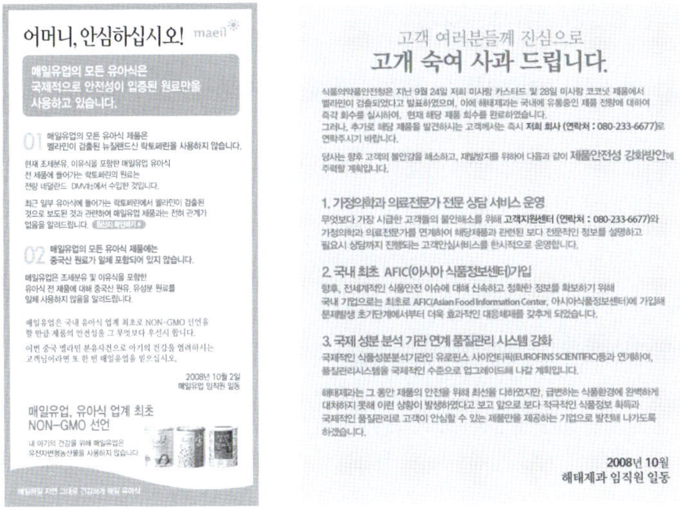

그림 7-8 안전을 주제로 한 광고사례

최근 모 전자회사에서는 드럼 세탁기 안에 어린이가 갇히는 안전사고가 발생하자 안전홍보이벤트를 벌인 바 있다. 게다가 모 전자회사에서는 드럼세탁기 어린이보호 안전캡을 만들어 소비자들에게 제공하였다.

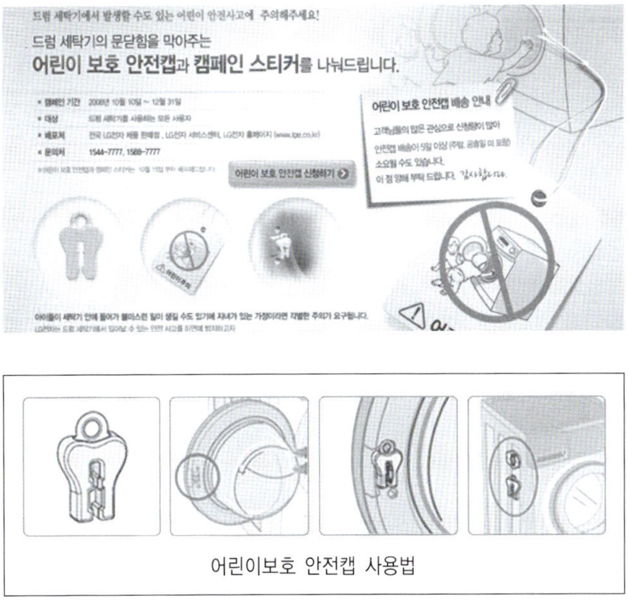

그림 7-9 안전홍보이벤트사례

3) 기업의 안전서비스 제공

소비자들의 안전한 소비생활을 지원하기 위해 기업들은 다양한 노력을 기울이고 있다. 최근 국내 기업의 소비자안전 관련 서비스 제공사례를 다음의 사례 박스에서 제시하고 있다.

사 례

사례 1 모 자동차회사, 귀성차량 안전점검서비스

모 자동차회사는 2009년 1월 고객들의 안전한 귀향을 돕기 위해 설날 귀성차량 안전점검 서비스를 실시하였다. 모 자동차회사는 설 연휴 전인 2009년 1월 28일부터 2월 5일까지 직영서비스센터 및 정비협력업체에 차량을 입고하면 냉각수, 엔진오일, 브레이크오일과 각종 밸브류 및 타이어 공기압 등을 무상점검해 주었다. 또한 설 연휴기간인 2월 5일부터 8일까지 전국 주요 고속도로 24개 휴게소에서 임시 서비스코너를 운영하였고, 고장차량에 대한 긴급출동서비스도 제공하였다.

출처 : 소비자가 만드는 신문, 2009년 1월 27일

사례 2 통신 서비스에서의 소비자안전 : 모 통신사의 안전 로밍서비스

모 통신사는 테러발생이 빈번하고, 안전이 확보되지 않은 외국 국가들이 많아 국외 여행자들을 대상으로 안전 로밍서비스를 적용하고 있다. 구체적으로, 고객들에게 해외위급상황안내, 긴급의료서비스 등을 지원한다. 모 통신사는 세계 최대의 의료지원 서비스 업체인 영국 '인터내셔널 SOS'와 제휴하여 전 세계 어디서나 가능한 '24시간 긴급의료 지원서비스'를 제공한다. 게다가, 자연재해나 전쟁 등 긴급상황이 발생했을 때 해당지역 로밍서비스 이용고객에게 재난상황과 긴급대응방법에 대해 실시간 문자메시지로 알려주는 해외 위급특보서비스를 제공한다고 한다.

출처 : 네이버, 2009년 3월

사례 3 콜택시 회사들의 안전귀가 서비스

밤늦게 귀가하는 여성들을 위해 콜택시 회사들은 그들이 이용하는 택시의 차량번호와 탑승정보를 미리 문자로 전송해 준다. 또한 여성들의 불안한 마음을 위해 여러 콜택시 회사에서는 '탑승정보알리미' 제도를 적용, 친구나 가족들에게 차량번호나 승차위치를 전송해 주는 등 안전한 귀가에 많은 노력을 기울이고 있다. 모 회사의 안심서비스 역시 같은 종류이다.

출처 : 여성동아, 2009년 3월

4) 기업의 소비자안전 지원활동

소비자안전을 지원하기 위한 기업의 활동은 안전정보 및 자료 개발, 배포, 강연

소비자안전코너 7-2

컴퓨터 배터리 안전문제

2008년 1월 노트북 컴퓨터의 배터리가 폭발하였고, 휴대용 전자기기의 배터리 안전에 문제가 발생한 바 있다. 일산에 사는 K씨는 고속도로에서 차를 운전하던 중 아찔한 사고를 당했다. 운전을 하던 중 왼쪽 엉덩이 뒷주머니에서 타는 냄새와 연기가 나며 엉덩이가 따끔거렸던 K씨는 확인 후 핸드폰 배터리가 타고 있었다는 증언이 언론에 소개되었다. K씨는 이 사고로 피하지방이 다 보일 정도로 엉덩이에 2도 화상을 입었고 한 달간 병원을 오가며 치료를 받아야 했다. K씨의 사례에서 문제가 되는 배터리는 바로 리튬 2차 전지이다. 고온이나 외부 충격에 취약한 리튬 2차 전지로 인한 사고는 2005년 9건에서 2007년 15건으로 많지 않지만 꾸준히 증가하고 있다. 최근 3년간 접수된 리튬 2차 전지로 인한 사고를 제품별로 살펴보면 휴대폰이 가장 많고 내비게이션과 MP3, 노트북 컴퓨터 등도 문제가 됐다.

리튬은 폭발이나 화재를 일으킬 수밖에 없는 불완전한 물질이다. 따라서 휴대기기 및 리튬 2차 전지의 안전기준 마련이 시급하고 사업자는 소비자가 안전하게 사용할 수 있도록 리튬 2차 전지의 위험성을 알리고 안전 가이드라인을 명확히 고지할 필요성이 있다. 이번 사건으로 소비자안전에 대한 기업의 역할이 중요함을 알 수 있다.

출처 : MBC뉴스, 2008년 2월 26일

회, 전시회, 교재개발, 안전소비자교육 등 다양하다. 예를 들면, 소비자들이 지적한 제품의 안전성 문제점 개선에 관한 전시회, 소비자의 안전생활수기 공모, 안전교육 관련 연구지원 및 공동사업 추진 등이 고려될 수 있다.

3. 기업의 제품안전 사후관리

기업의 제품안전 사후관리활동은 크게 리콜제도 이행과 제조물책임법에 대비한 안전경영이다.

1) 기업의 리콜제도 이행

소비자안전에 기여하는 기업의 역할 중 하나는 리콜제도의 적극적 이행이다. 그동안 리콜제품은 불량품이라는 소비자들의 인식과 리콜 실시에 따른 비용 등을 우려해 기업에서 리콜에 소극적으로 대응해 왔다. 리콜제도는 예방 차원에서 소비자 안전을 확보하는 효과적인 제도이지만 결함정보를 스스로 보고한 기업이 전무할 정도이고, 리콜을 하는 경우에도 소비자들에게 리콜을 적극 알리기보다 품질개선이나 사후서비스 등의 명목으로 리콜을 실시하는 경우가 대부분이었다. 리콜에 대한 기업의 적극적인 의지, 리콜제도 활성화를 위한 제도개선방안이 강구되어야 하며 소비자들의 인식전환이 이루어져야 할 것이다.

기업은 소비자안전 확보를 위한 리콜제도운영에 있어서 첫째, 자발적으로 리콜제도를 시행하여야 한다. 둘째, 제품사고에 기업의 신속하고 적극적인 대응이 필요하다. 기업들은 자사제품에 문제가 발견되면 소비자가 모르더라도 가급적 빨리 회수하는 것이 바람직하다. 단기적으로는 회수비용이나 보상비용, 그리고 이미지 훼손과 같은 손실이 발생되겠지만, 초기에 조치하는 것이 유리하다. 셋째, 기업은 신속한 리콜이 소비자안전을 확보하고 기업 이미지 제고를 위하여 매우 중요하다는 인식이 있어야 한다. 소비자안전에 대한 대응을 비용이라는 인식에서 벗어나 기업의 경쟁력 강화를 위한 투자라는 긍정적이고 적극적인 사고전환이 필요하다. 소비자안전을 최우선시하는 경영체계가 기업의 경쟁력 강화에 가장 중요함을 인식해야 한다. 물론, 소비자는 리콜을 통해 스스로 결함을 인정하고 안전조치를 강구하는 기업을 신뢰해야 한다. 기업이 리콜 사유를 발견하고도 이를 축소·은폐해 고객을 기만하지 않기 위해서는 기업 못지않게 소비자의 역할이 더 없이 중요하다.

소비자안전코너 7-3

멜라민 과자·납 장난감 '아웃'

이르면 2009년 4월부터 멜라민 과자나 중금속 함유 장난감 등 위해상품을 마트 계산대에서 적시에 걸러내는 시스템이 시범 가동된다. 2009년 11월까지 전국 롯데마트 전 지점에서 시범 가동되며, 점차 다른 대형마트와 편의점 등으로 확대할 계획이다. 지식경제부, 환경부, 식품의약품안전청, 기술표준원은 롯데마트, 대한상의와 함께 7일 롯데호텔월드에서 '위해상품 판매차단시스템' 시범사업 협약식을 개최하고 시스템 가동을 위한 작업에 들어갔다고 밝혔다.

'위해상품 판매차단시스템' 시범사업은 환경부, 식품의약품안전청, 기술표준원에서 실시하는 가공식품, 영·유아용품, 어린이 장난감에 대한 안전성 검사 결과, 국민건강에 위해하다고 판명된 상품 정보는 코리안넷을 통해 롯데마트 본사에 실시간으로 전송된다. 전송된 정보를 토대로 모든 계산대에서 바코드 스캔 시 위해상품은 경보음이 울려 판매가 원천적으로 차단되며 이후 유통·제조업체가 위해상품을 매장에서 즉각 회수한다.

출처 : 아시안경제, 2009년 4월 7일

사 례

리콜사례 1 **미국 존슨 & 존슨 : 타이레놀 사건**

1982년 9월 미국 시카고에 사는 야누스씨 외 7명의 소비자들이 타이레놀을 먹고 갑작스럽게 사망한 전설적인 사건이 발생하였다. 사망의 원인은 '초강력 타이레놀'에 들어 있던 시안화물(cyanide)이 혈액의 산소수송 능력을 저해해서 심장, 폐, 뇌를 손상시켰던 것이다. 사망자의 집에 남아 있던 타이레놀을 수거해 분석한 결과 그 속에 시안화물이 들어 있었는데, 어떤 캡슐에는 시안화물이 65mL(치사량 50mL)나 포함되어 있었다. 이에 회사는 '투명성'과 '윤리성'에 입각하여 즉시 사실을 언론에 공개하고 언론을 통해 대대적으로 경고 캠페인을 펼치는 한편, 시카고 지역의 제품만 수거하라는 미국식품의약국(FDA) 권고를 뛰어 넘어 전국에서 리콜하여(2억 4,000만 달러 비용) 폐기했다. 당시 회사에서는 즉시 사망원인, 복용한 타이레놀 병 번호, 제조연월일, 구입처, 유통경로 등 관련 정보수집에 착수하였고, 정부와 긴밀히 협조하면서 단계별, 조사과정을 모두 공개했다. '사건 원인이 규명되기 전에는 타이레놀 제품을 복용하지 말라'고 소비자들에게 대대적으로 홍보했다.

리콜사례 2 **모 제과회사 비스킷, 소시지 전량 회수**

모 제과회사는 2008년 7월 녹슨 동전이 발견된 비스킷 제품을 리콜한 바 있다. 리콜 대상은 동전이 발견된 비스킷 중 경남 양산공장에서 6월 9일 만들어진 2,880박스였다. 모 제과회사에서는 과자를 포장봉투에 투입하는 공정 중에 동전이 들어갔을 가능성이 있어 금속검출기와 엑스레이 검사기를 추가로 설치하고 제품 포장용지도 금속성 이물질을 검사하기 쉬운 다른 재질로 교체하였다. 또한 동전 이물질을 회수하는 과정에서 곧바로 관련 기관에 신고하지 않고 소비자에게 금전보상을 하려 한 점도 시정해 이물질 발견 시 법규정에 따라 식품의약품안전청에 즉시 신고하는 체제를 갖추겠다고 발표하였다. 모 제과회사는 '고객만족위원회'를 회사 내에 설치해 소비자의 안전과 권익보호에 최선을 다하기로 했다.

출처 : 한국식품의약신문, 2008년 7월 25일

리콜사례 3 **일렉트로룩스 충전식 청소기 리콜**

기술표준원은 2009년 일렉트로룩스 충전식 청소기(제품명 에르고라피도) 1만 4,848개에 대해 리콜을 실시할 것을 권유, 2009년 4월 8일부터 배터리가 장착돼 있는 손잡이 부분을 무상 교환하는 리콜을 실시한다고 밝혔다. 일렉트로룩스의 충전식 청소기에 대해 리콜을 실시하게 된 것은 청소기의 손잡이 부분에 장착돼 있는 배터리인 니켈-수소 전지가 팽창하거나 파열될 위험이 있기 때문이다. 이 제품은 미국에서 파열된 배터리의 가루가 눈에 염증을 유발하는 등 34건의 사고가 발생했다. 이에 미국 소비자제품안전위원회에서 관련 제품(약 32만 개)의 손잡이 부분을 무상 교환하는 리콜을 실시할 것을 지난달 26일 발표한 바 있다. 국내에서도 지난 1월에 이 제품의 배터리가 파열한 사고가 있었으며, 이번 리콜은 기술표준원이 해당업체와 협의를 통해 미국·캐나다에 이어 세 번째로 실시한 것이다. 리콜 대상은 2007년 10월부터 지난 3월까지 판매된 중국산 제품으로 모델은 ZB271RF, ZB271WF, ZB271GF 등 3개이다. 제품에 부착되어 있는 시리얼 번호(74200001~84500400)로 확인할 수 있다.

출처 : 디지털타임스, 2009년 4월 6일

리콜사례 4 진통제 자발적 리콜

시판 중인 진통제 주요 성분에 유해물질이 포함돼 있다는 주장이 제기됨에 따라 모 제약회사가 자발적으로 해열진통제의 제품회수(리콜)에 나서고 식품의약품안전청이 해당물질의 유해성 검토에 들어갔다. 약사단체는 진통제 성분인 '이소프로필안티피린' 이 의식장애, 혼수, 경련 등을 일으키는 부작용을 갖고 있어 일부 선진국에서 판매되지 않거나 사용을 금지하고 있다고 주장했다. 이에 모 제약회사는 지난 15일부터 현재 약국을 통해 시중에 유통된 진통제(20억 원어치)를 전량 회수하고 있다.

출처 : 조선닷컴, 2009년 12월 19일

리콜사례 5 살모넬라균 감염 우려 16개 제품 리콜

켈로그가 살모넬라균 감염 가능성에 대한 우려로 땅콩버터가 포함된 16개 제품에 대한 자발적인 리콜을 시행했다. 연합뉴스의 AP인용 보도에 따르면 켈로그 최고경영자(CEO)는 소비자안전을 도모하겠다는 약속을 지키기 위해 리콜을 발표했다고 한다. 리콜 대상은 오스틴과 키블러 브랜드의 피넛버터 샌드위츠 크랙커스와 페이모스 아모스 피넛버터 쿠키스, 키블러 소프트 배치 홈스타일 피넛버터 쿠키스 등이다. 켈로그의 이번 리콜은 땅콩 제품을 85개 식품회사에 공급하는 조지아 주의 한 시설에서 살모넬라균 감염이 확인된 이후 나온 것이다.

살모넬라균으로 인해 지금까지 43개 주에서 수백 명이 감염됐으며 이 중 적어도 6명이 사망한 것으로 알려졌다. 1주일 전에는 미국 땅콩버터 판매업체인 킹너트가 살모넬라균이 발견된 땅콩버터 2개 브랜드의 제품을 리콜한다고 밝혔다. 킹너트는 문제의 땅콩버터를 생산한 ㈜아메리카땅콩에 대해 발주를 중단하고 시중에 유통된 제품 1,000여 개를 회수하기로 했다. 살모넬라균은 티푸스성 질환이나 식중독을 유발하는 병원체로 어린이에게 치명적인 위험을 끼칠 수도 있다.

출처 : 소비자가 만드는 신문, 2009년 1월 17일

리콜사례 6 팬티도 리콜

패션 내의 모 기업은 2008년 2월 남성용 트렁크 제품 일부에 대해 자발적 리콜을 실시했다. 2007년 12월에 출시된 해당제품은 제품표면에 날염처리된 금박이 세탁 시 일부 훼손되는 문제점이 발견돼 해당 제품판매를 중단하고 2월까지 판매된 2,800여 장을 전량 리콜하기로 결정했다. 모 기업 관계자는, '리콜은 국내 속옷제품으로서는 처음 실시되는 것으로 이를 계기로 제품품질을 지속적으로 관리하고 서비스 질을 높이는 데에 최선을 다하겠다' 고 말했다.

출처 : 소비자가 만드는 신문, 2008년 2월 25일

2) 제조물책임 대비 소비자안전추구경영

제조물책임법이 2000년 공포되어 2002년 7월부터 시행되고 있다. 제조물책임법 제정 이전에 제조물책임법이 도입되면 기업의 경쟁력 약화와 도산 등의 우려를 이

유로 기업은 반대의 목소리를 높인 바 있다. 그렇지만 제조물책임법 시행 이후 아직까지 기업에서 우려하고 있던 바가 현실화된 사례는 거의 없으나 제조업체가 법적 소송에 휘말리면 영업손실은 물론 이미지 악화로 생존까지 위협받을 수 있다. 이 같은 상황에서 기업에서는 소비자안전을 최우선시하는 경영체계로 전환하지 않으면 기업의 경쟁력이 약화된다는 점을 인식하고 있다. 기업에서는 제조물책임 예방책 및 방어대책을 구축하여 제조물하자로 인한 기업 책임을 이행하고자 노력하고 있다. 구체적인 예방책 내용은 다음과 같다.

- 사용자가 통상적 사용이나 오사용을 예상한 제품안전설계
- 사용자가 알기 쉽게 취급설명서나 경고 라벨 작성
- 제품안전대책 방안 강구
- 제조물책임대책을 위한 인재양성 및 교육

한편, 제조물책임 방어책은 제조물책임사고가 발생하였을 경우에 대한 사고처리나 방어책을 말한다. 그림 7-10은 제조물책임대책 체계도를 나타낸다. 제조물책임 방어책에서 가장 필요한 것은 구체적으로 다음과 같다.

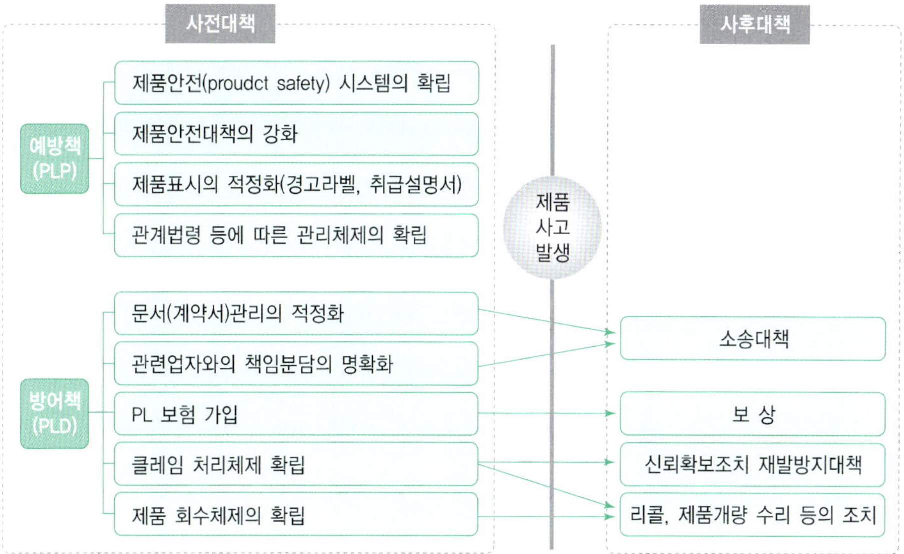

그림 7-10 제조물책임의 대책 체계도
출처 : 오세진 외(2005), 비영리조직 품질경영, 창지사

- 문서관리 및 관련 업체와의 책임분담 명확화
- 피해가 확대되지 않도록 제품회수의 수단을 취하는 일
- 제조물책임보험에 가입하는 것
- 클레임 처리체계를 확립

한편, 그림 7-11은 제조물책임에 대한 대책을 효율적으로 수립함으로써 기업경쟁력을 강화시킬 수 있는 경영체계 구축방안을 제시하고 있다. 자세하게 살펴보면 ① 제조물책임대책방안으로 안전장치를 설치하고 경고표시 등과 같은 안전대책, ② 클레임 전문창고를 설치하거나 클레임 대응 매뉴얼을 준비하고 조직원들에게 교육시키는 클레임 대책, ③ 제품의 안전성에 대하여 문서화하는 소송대책 등이 있다.

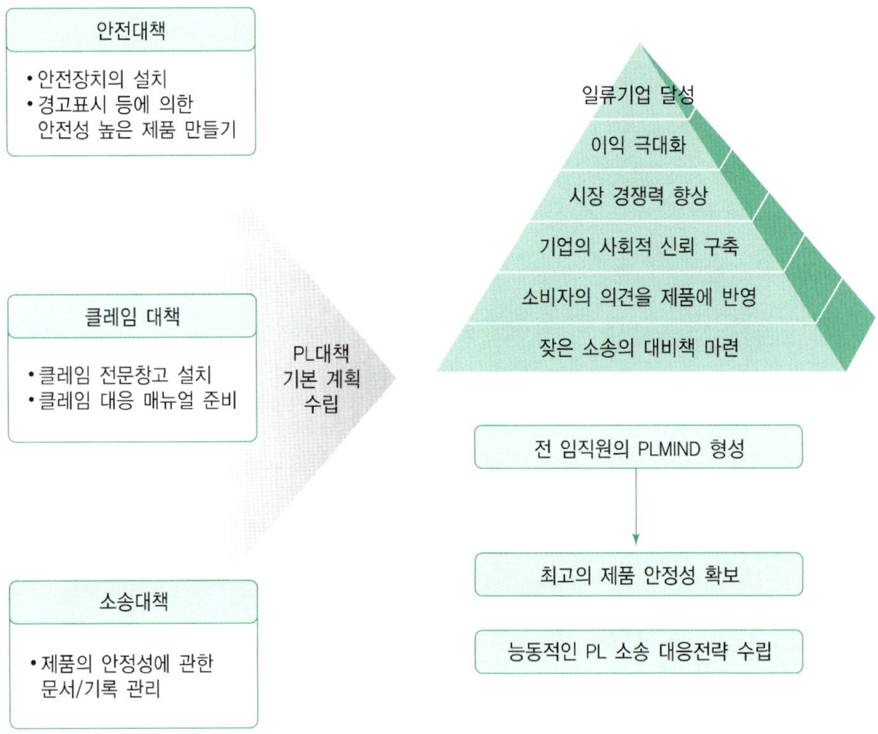

그림 7-11 제조물책임의 경영체계 구축방안

출처 : 오세진 외(2005), 비영리조직 품질경영, 창지사

8
CHAPTER

전자상거래와 소비자안전

CHAPTER 8

전자상거래와 소비자안전

전자상거래에서 유통되는 불량·저가제품 등으로부터 소비자안전이 위협받고 있어 심각한 문제로 제기되고 있다. 안전인증을 받지 않은 불법·불량제품, 수입조악제품, 저가 불법·불량 어린이용 제품, 해외구매대행업체를 통한 제품구매 등이 전자상거래에서 대량 유통되면서 소비자안전이 확보되지 못하고 있다. 인터넷쇼핑몰에서 제품을 구입한 후 소비자들이 제품을 받아 본 후에야 제품안전인증 여부를 확인할 수 있는 경우도 있다. 이 같은 상황에서 온라인상에서 원산지 및 각종 제품안전 관련 정보, 안전인증취득 여부, 제품의 위해 가능성 등 각종 안전정보를 공개해야 한다는 목소리가 높아지고 있다.

전자상거래에서 소비자안전을 확보하기 위해서는 소비자도 그 역할을 수행하여야 한다. 예를 들면, 공산품의 경우 소비자는 구입하고자 하는 제품이 안전인증을 받았는지 여부를 확인할 필요가 있으며, 제품안전과 관련한 정보를 적극적으로 탐색해야 한다. 또한 인터넷쇼핑몰 등에서 유통되고 있는 안전검사미필 제품, 불법·불량제품, 안전치 못한 제품에 대한 시장조사 및 모니터링이 시급하며, 전자상거래 관련 제품안전관리법제도 강화 및 효율적인 안전관리정책이 중요하다. 여기서는 전자상거래에서의 소비자안전 현황, 관련 법제도, 외국의 현황 등에 대해 살펴보고자 한다.

1. 전자상거래와 소비자안전

1) 전자상거래의 소비자문제 현황

전자상거래에서의 주요 소비자피해는 직접 제품을 보지 않고 구매하는 전자상거래의 특성상 구입 후 청약철회를 요구하는 등의 계약 해제·해지가 대체로 가장 많으며 품질하자 29.4%(775건), 물품 미인도·지연 13.9%(367건), 부당대금 청구 6.6%(173건), A/S 미흡 4.9%(130건) 등의 순서로 나타나고 있다.

2) 전자상거래의 소비자문제 특성

전자상거래에서의 소비자문제는 네트워크가 가지고 있는 특성으로 인한 몇 가지 특징을 가지고 있다.

첫째, 거래당사자의 익명성이다. 전자상거래는 소비자나 판매자가 서로의 신분을 익명으로 대면하는 비대면 거래의 특성으로 소비자안전을 확보하기 어렵다.

둘째, 안전정보의 제한성이다. 소비자는 사업자와 그의 상품에 대한 정보, 특히 안전정보를 사업자가 제공하는 것에 의존할 수밖에 없다. 소비자가 사업자가 제공하는 부정확한 안전정보를 토대로 구매할 경우 제품안전사고 및 피해를 당할 가능성이 높다.

셋째, 사업자 책임추궁의 어려움이다. 전자상거래의 경우 사업자의 물리적 소재 파악이 쉽지 않을 뿐 아니라 대면하기가 어렵기 때문에 안전 또는 피해책임을 추궁하기 어려운 경우가 많다. 책임추궁이 가능한 경우라 하더라도 거래금액에 비하여 과비용이 소모되는 경우도 많다.

넷째, 정보보안기술의 한계이다. 네트워크를 오가는 데이터는 항상 타인에게 노출되기 쉽다는 취약점을 갖고 있다. 따라서 암호화기술 및 시스템의 해킹을 방지하는 보안조치가 요청되는데, 이는 기술적 문제이며 일반 소비자가 안전한 거래가 이루어지고 있는지 판단하기 어려운 문제가 존재한다.

다섯째, 안전문제발생 시 단속의 곤란이다. 안전과 관련한 명확한 증거를 확보하기 어렵고 안전의 취약 집단을 겨냥한 교묘한 마케팅활동으로부터 소비자안전을 확보하는 것이 쉽지 않다. 전자상거래에서는 물리적인 흔적을 쉽게 감추거나 위장할 수 있고, 별다른 비용 부담 없이 수시로 쇼핑몰을 열고 폐쇄할 수 있어 유통제품의 안전성 파악이나 입증, 안전한 제품판매 여부 등을 조사하기 어렵다. 위법성이 포착된다 하더라도 익명성으로 인해 책임 주체를 찾는 것이 쉽지 않아 불안전제품판매 후 잠적문제, 안전검증미부착제품 문제발생 시 해결이 어렵다.

3) 전자상거래의 소비자안전문제 유형 및 사례

최근 국제소비자거래가 증가하면서 소비자피해도 급속히 늘어나고 있다. 국내에서 팔지 않는 제품을 사거나, 국내에서 판매하더라도 좀 더 값싸게 구입하기 위해 해외 인터넷쇼핑몰을 이용하다가 피해를 입는 경우가 종종 있다. 해외 유명제품을 저렴하게 사준다는 해외 구매대행업체가 인터넷상에 난립하고 있는 상황에서 일부 업체가 부당한 판매행위를 일삼아 소비자안전이 위협받고 있어 주의가 요구된다. 인터넷 해외구매대행업체가 반품을 해주지 않거나 재고품을 새 제품인 것처럼 파는 등의 문제도 발생하고 있다.

(1) 저가·불량 수입제품의 안전문제

인터넷쇼핑몰에서 판매하고 있는 수입저가의 소형가전제품, 예를 들면 디지털카메라, MP3, 휴대폰 등의 품질이나 안전에 대한 소비자불만이 급증하고 있다. 소비자는 오픈마켓에서 판매되는 제품이 판매자의 품질·서비스 수준을 보장하는 것이 아니라는 점을 인식하고 상품선택에 신중을 기해야 하며 안전치 못한 제품을 구매하지 않도록 노력해야 한다.

(2) 불법유통제품의 안전문제

짝퉁 소형전자제품이 인터넷에서 대량유통이 되어 사회적 문제가 된 바 있다(YTN, 2009년 1월 17일). 경기가 어려울수록 인터넷사이트를 이용하는 소비자들이 많은데, 불법제품, 불안전제품 또는 위해제품이 유통되고 있어 소비자안전이 위협받고 있다. 불법의약품 인터넷 판매, 비타민제나 감기약 등 일반 의약품, 안전성 검사를 받지 않은 불법수입 화장품 등이 정식 유통절차를 거치지 않고 판매되거나 또는 가짜물품들이 불법유통되어 소비자안전이 위협받고 있다.

소비자안전코너 8-1

인터넷쇼핑몰 판매금지 품목

1. 불법물

총포, 도검, 화약류, 분사기, 전자충격기, 석궁, 수갑 등 타인에게 위해를 가할 수 있거나 범죄행위 등을 유발할 수 있는 물품, 불법약품, 마약, 대마초 등, 습득물 및 장물, 소프트웨어 OEM제품, 마이크로소프트 윈도 DSP 제품, 영상물(비디오, DVD), 소프트웨어의 경우 심의 및 등급분류 없는 영상물(비디오, DVD)이나 소프트웨어, 비매품 등

2. 음란물

- 직접적인 성기의 노출 및 모자이크 처리된 성행위를 포함한 사진 또는 영상물
- 변태적인 성행위를 다룬 사진 및 영상을 담은 성인물
- 불법 일본 애니메이션
- 기타 법령에 의해 공공의 신체적·정신적 건강에 위해가 된다고 판단되는 성인물

3. 기 타

단순 패션·액세서리는 판매가 가능하나 고가의 귀금속, 전문 보석류의 경우 전문 자격자가 아닌 이상 판매는 불가이며, 기타 오프라인에서 판매를 할 수 없거나 제한이 있는 품목은 온라인쇼핑몰에서도 역시 제한

온라인쇼핑몰에서 판매한 미안전인증 물놀이 튜브는 특히 위해발생 가능성이 높은 제품으로 팽창하여 폭발의 가능성을 가지고 있다. 아이들이 사용하는 제품인데, 안전인증도 없이 유통되고 있어 심각하다는 지적이 제기된 바 있다. 온라인쇼핑몰 측에서는 오픈마켓 상품은 그 내용과 책임이 모두 판매자에게 있으며, 일체 책임을 지지 않는다고 공지되어 있다. 등록회사가 사라지거나 연락이 닿지 않게 되면 소비자들은 위해상품으로부터의 사고발생 시 어떠한 보상도 받을 수 없다.

(3) 해외쇼핑몰에서 직접 구매제품의 품질 및 안전문제

외국제품을 개인이나 영세업체가 중국 등에서 수입하여 판매하는 경우가 많다. 싼 값에 구입한 이들 제품이 안전하지 않은 경우가 많다. 구입 전 가격과 성능 등 안전성까지 비교하는 것이 필요한 유아용품, 스쿠터 등은 해외에서 직접 구매 시 정확한 비교를 하기 어렵고, 사후 안전문제 발생 시 피해구제가 안 되고 있다.

(4) 해외구매대행업체 이용 구매제품의 안전문제

최근 해외에서 판매 중인 제품을 직수입하여 인터넷으로 판매하는 해외구매대행 사이트가 증가하고 있다. 해외구매대행업체는 구매대행과 국제특송이라는 두 가지 역할을 동시에 하고 있다. 자신의 사이버몰에 해외 유명사이버몰에서 판매하는 상품정보를 올려놓고 소비자에게 구입대금을 미리 받아 해외 사이버몰에서 제품을 소비자에게 배송하는 판매방식을 취하고 있다. 구매대행 사이트를 통해 제품을 구매하면 외국 내에서 판매 중인 제품을 직접 구매하는 장점이 있으나 정식 수입허가를 받지 않은 제품이므로 제품 관련 안전정보를 얻기 어렵다. 또한 제품 관련 문의 및 제품에 하자가 있을 경우 사업자에게 연락하기 어렵고, 한글표시가 되어 있지 않은 경우가 많아 제품의 섭취 및 음용 용량 등 사용과정에서 안전이 확보되지 않고 있다.

수입제품의 공동구매로 인해 안전피해를 본 소비자들은 안전사고경험담의 글을 올리기도 하고, 불매운동의 글을 인터넷에 올리기도 한다. 공동구매로 인해 안전사고피해를 입은 사람들이 확실히 대처할 수 있는 법안이나 제도가 마련되어야 한다는 지적이 제기되고 있다.

(5) 위조·불법상품의 안전문제

관세청 통계에 따르면 표 8-1에 제시한 바와 같이 2007년 4월부터 7월까지 4개월간 관세청이 적발한 위조상품은 320건이며 액수는 1,447억 원으로 나타났다. 관세청에서는 해외에서 수입되는 화물의 극히 일부만을 선별·검색하므로 실제 국내에 반입되는 가짜 상품은 적발된 수치의 몇십 배에 달할 것이다. 이처럼 인터넷을 통한 가짜·불량제품판매를 근절하기 위해서는 정부, 기업, 소비자의 노력이 필요한데, 정부 차원의 근절 방안은 불법제품제조 근절, 가짜·불법제품수입차단, 불법제품유통 단속강화이다. 가짜·불량제품의 유통을 근절시키기 위한 대표적인 방안은 전자상거래업체의 단속강화이다. 한편, 소비자는 인터넷을 통한 가짜·불량제품 판매근절을 위해 구매 전 판매업자정보 확인, 무조건 싼 제품의 선호 금물 등 소비자 선택 및 행동에서 스스로의 주의가 필요하다.

표 8-1 위조상품 적발건수 및 금액 비교

(단위 : 억 원)

연 도	2006년 4월 16일~7월 24일	2007년 4월 16일~7월 24일	전년 대비
적발건수	414	320	△23%
금 액	3,993	1,447	△64%

2. 전자상거래 관련 법제도

우리나라에는 전자상거래에서 발생할 수 있는 여러 문제들을 해결하고 전자상거래를 활성화시키기 위한 법적 그리고 제도적 장치가 마련되어 있다. 그러나 아직도 전자상거래에는 소비자안전문제를 비롯해 세금징수문제, 교통 및 물류문제, 개인정보보호문제, 지적재산권문제, 표준화, 안전한 상거래를 지원하는 인증(CA), 전자서명, 인터넷 도메인 네임 분쟁처리 등 해결해야 할 문제들이 산적해 있다.

1) 전자상거래 관련 법

전자상거래와 관련한 법으로 정보화촉진기본법(1995), 전기통신기본법(1991), 전기통신사업법(1976), 무역업무자동화촉진에 관한 법률(1991), 전산망보급확장과 이용촉진에 관한 법률(1986), 공업 및 에너지 기술개발조성에 관한 법률(1994), 화물유통촉진법(1991) 등 전자상거래의 기반조성 및 촉진을 위한 각종 법을 제정해 두고 있다. 또한 신용정보의 이용 및 보호에 관한 법률(1995), 통신비밀보호법(1993), 공공기관의 개인정보 보호에 관한 법률(1994) 등과 같은 개인정보 및 프라이버시 보호에 관한 법률이 존재한다. 이 중 소비자안전과 관련 있는 주요 법률에 대해 간단하게 살펴보자.

(1) 전자상거래기본법

1999년 전자상거래기본법을 제정하여 전자문서 및 전자서명에 대한 법적 효력을 부과하고, 개인정보보호 등 안전성 확보, 전자거래를 촉진하는 각종 지원시책, 전자상거래 시 소비자보호시책 등을 포함하고 있다. 한편, 1999년 11월 전자거래사업자에게 대금지급보안시스템을 갖추도록 의무화하는 등 전자상거래 소비자보호지침안을 마련했다. 이 지침안은 경제협력개발기구(OECD)기준을 기초로 작성한 것으로 사업자는 소비자에게 주문수신 여부와 내역을 통지해야 하며, 상품별로 배달시점도 통보해야 한다. 또한 계약내용을 담은 약관을 제공하여야 하며, 소비자불만처리와 분쟁해결을 위한 절차를 마련해야 하며, 개인정보보호방안을 수립하여야 한다. 게다가 시스템안전관리 및 보안계획, 사고발생 시 피해구제대책 등을 세우고 정기적으로 시스템의 취약성을 점검하여 자료를 보관해야 한다.

(2) 공정거래위원회의 전자상거래 표준약관

전자상거래 업체가 고객과 서비스업체 간 운영 및 이용에 관한 권리와 의무 및 책임을 규정한 약관이다. 전자상거래의 확장에 따라 2000년 1월 공정거래위원회에서 제정한 것으로 전자상거래 업체의 운영에 관한 운영 주체의 역할과 고객의 역할, 피해보상의 규정들을 약정하고 있다. 주요 내용을 살펴보면 약관의 목적과 각종 용어의 정의, 약관의 명시와 개정, 서비스의 제공 및 변경·중단, 회원탈퇴와 자격상실 등, 회원에 대한 통지, 구매신청과 계약의 성립, 지급방법, 수신확인통지·구매신청 변경 및 취소, 환급·반품 및 교환, 개인정보보호, 온라인쇼핑몰의 의무와 회원의 ID 및 비밀번호에 대한 의무, 이용자의 의무, 연결 몰(mall)과 피연결몰 간의 관계, 저작권의 귀속 및 이용제한, 분쟁해결, 재판권 및 준거법 등이 골자를 이룬다. 또한 개인정보보호의무 등 소비자와 사업자 간의 권리와 책임한도를 명확히 하도록 하고 있다. 개인정보유출 시 피해보상규정을 명문화하며, 배달료 부담 주체를 의무적으로 명시하도록 하고, 상품도착일까지 최소기간을 명기하도록 하며, 반품조건 및 환불기간을 명시하도록 하며, 행위무능력자(한정치산자)에 대한 사업자의 책임과 의무를 규정하고 있다.

2) 전자상거래 관련 소비자안전제도

(1) 인터넷사이트 안전마크제도 : 한국전자거래진흥원의 eTrust 인증

eTrust 인증은 상업적 웹사이트의 소비자·개인정보보호정책 그리고 구매 전체 과정을 평가하여 일정기준을 만족하는 웹사이트 운영업체에게 안전마크를 부여하

그림 8-1 한국전자거래진흥원의 eTrust 인증마크

는 제도이다. 이는 소비자들이 안심하고 구매할 수 있는 우수한 전자거래사업자에게 신뢰안전보장마크를 부여하고 이를 통해 소비자의 신뢰향상 및 건전한 시장질서 확립을 통한 전자상거래를 활성화시키고자 도입된 인증제도이다. 안전마크제도는 인터넷 이용자 및 소비자가 신뢰할 수 있는 인터넷사이트에 대한 정보를 제공받을 수 있으며 개인정보침해, 시스템해킹 등 인터넷 활용에 따른 불안감을 해소시켜 주는 효과를 창출한다. 또한 인터넷상의 개인정보와 소비자정보의 악용 및 이에 따른 피해를 사전에 방지하는 효과도 기대할 수 있다.

3개월 이상 영업한 우수 전자거래사업자들을 대상으로 소비자보호정책 등을 포함하여 전자상거래 관련 한국전자거래 구매과정과 비즈니스 모델의 적합성 등을 종합·평가하여 인증부여 여부를 결정한다. 이때 인증심사는 한국전자거래진흥원과 외부전문가(eTrust 인증마크위원회)에 의해 수행되고 심사결과를 합산하여 최종인증 여부를 결정한다.

(2) 인터넷사이트 안전마크 : 한국정보통신진흥협회의 i-safe

i-safe마크는 인터넷사이트를 대상으로 개인정보보호와 시스템 안전성 등을 종합·심사하여 건전한 사이트에 국가인증마크를 부여하는 제도이다. 이 제도는 이용자에게 올바른 정보를 제공하고 사업자에게는 정보보호에 대한 동기를 부여함으로써 안전한 인터넷 이용환경을 조성하고자 한다. 인터넷사이트의 개인정보보호, 소비자보호, 시스템 안전·신뢰성 등 3개 분야 115개 항목으로 개인정보보호지침(정보통신부, 2000년 6월), 전자거래소비자보호지침(공정거래위원회, 2000년 1월), 정보통신부가 내부적으로 검토한 인터넷사이트 운영시스템 안전·신뢰성 기준(2000년 6월)에 기초하여 선정한다. 안전마크제도는 인터넷 모범상점 인증제

그림 8-2 i-safe마크

그림 8-3 ePRIVACY마크

도를 확대·개선한 것으로, 금융, 교육, B2B 등을 포함한 모든 종류의 인터넷사이트를 대상으로 한다. 특히, 신용정보, 의료정보 등 중요한 개인정보를 취급하고 고도의 보안이 요구되는 금융·의료 등의 분야에 대해서는 최상등급의 안전·신뢰성 기준을 적용하여 심사한다. 심사분야별로 심사기준을 적용하여 다른 색상의 마크를 부여하는데, 금융·의료부문은 노란색, 기타 일반은 초록색을 부여한다. 안전마크의 유효기간은 부여 후 1년이며, 마크를 부여받은 업체는 심사료와 1년 동안의 마크 사용료를 내야 한다.

(3) 개인정보보호 우수사이트 인증마크 : 한국정보통신진흥협회의 ePRIVACY

ePRIVACY마크는 인터넷사이트의 개인정보보호정책 및 관리수준을 종합적이고 객관적으로 평가하여 일정기준을 충족하는 경우 부여하는 제도이다. 정보통신망 이용촉진 및 정보보호 등에 관한 법률, 개인정보보호지침, 한국정보통신산업협회 인터넷사이트 안전마크 심사기준을 근거로 7개 분야 59개 항목(필수 17개 항목)으로 구성되어 있다. 심사항목에는 개인정보의 수집에 관한 조치, 개인정보의 이용 및 관리, 이용자의 권리, 공개 및 책임, 만 14세 미만의 아동에 관한 특별조치, 이용자 권리구제 등이 있다.

(4) 전자상거래 관련 구매안전 서비스 : 결제대금예치(에스크로)

전자금융거래법 제28조에 따라 금융위원회에 등록한 제3자가 소비자의 결제대금을 예치하고 있다가 상품배송이 완료되면 그 대금을 통신판매업자에게 지급하는 것을 말한다. 시중은행, 금융위원회에 등록한 에스크로 업자가 제공 사업자가 되며, 통신판매업자가 자신의 인터넷쇼핑몰에서 전자결제가 가능해야 가입할 수 있는데, 가입방법은 통신판매업자가 구매 안전서비스 제공 사업자 중에 은행 또는 결제대금

예치업자(에스크로)와 계약체결을 통해 가입할 수 있다. 현재 거래하고 있는 전자지급결제대행업자(PG사)와 계약하는 것이 가장 간단한 방법이며, 다른 에스크로업자와 계약하려면 절차가 약간 복잡하다(가입비와 수수료는 에스크로업자마다 차이가 있다). 통신판매업자가 에스크로업자와 계약을 체결한 후에 에스크로업자의 표시인증을 다운받아 통신판매업자(또는 쇼핑몰 관리업체)가 표시고시에 맞도록 인터넷쇼핑몰 초기화면 등에 표시해야 한다. 인터넷쇼핑몰에서 많이 이용되는 구매 안전서비스이기 때문에 소비자가 쉽게 많이 이용할 수 있는 장점이 있으나, 결제대금을 10일 이상 에스크로 회사가 유치하기 때문에 판매대금을 지연하여 수령하는 단점이 있다.

(5) 소비자피해보상보험제도

통신판매업자가 서울보증보험과 체결한 소비자피해보상보험으로서 인터넷쇼핑몰과의 거래과정에서 발생할 수 있는 소비자피해를 보상하는 보험제도를 말한다. 사업자가 소비자피해보상보험 가입사실 표시방법은 통신판매업자 업무대행사인 유클릭(www.usafe.co.kr)에서 표시인증마크를 다운받아 표시고시에 맞도록 인터넷쇼핑몰 초기화면 등에 표시하여야 한다. 소비자피해보상보험은 소비자가 통신판매업자에게 직접 결제대금을 입금해 주기 때문에 자금 흐름이 지연되지 않는 장점이 있으나, 소비자피해보상이 이루어지면 보험회사로부터 통신판매업자에게 구상권이 청구된다는 단점이 있다.

(6) 채무지급보증계약

통신판매업자가 거래과정에서 소비자에게 지급할 채무를 금융기관이 보증해 주는 것을 말한다. 시중은행이 제공사업자로서 금융기관과 채무지급보증계약을 체결할 수 있을 만큼 신용이 높은 통신판매업자가 가입할 수 있다. 통신판매업자가 금융기관과 채무지급보증계약 체결을 통해 가입하고, 통신판매업자가 금융기관에서 제공하는 표시인증을 인터넷쇼핑몰 초기화면에 표시하고 있다. 채무지급보증계약은 소비자가 통신판매업자에게 직접 결제대금을 입금해 주기 때문에 자금흐름이 지연되지 않는 장점이 있으나 계약 수수료가 높다는 단점이 있다.

3) 전자상거래 관련 소비자안전정책사례

전자상거래에서 유통되는 제품의 안전을 확보하기 위한 정부 부처의 다양한 노력이 계속되고 있다. 정부 주요 기관의 안전관리정책을 수행한 사례를 살펴보자.

(1) 기술표준원

기술표준원에서는 사이버쇼핑몰에서 유통되는 제품의 안전을 확보하기 위해 다양한 안전관리정책을 펼쳐왔다. 구체적으로 사이버쇼핑몰 안전관리규정 정비, 사업자의 자율적 안전관리 유도, 불법제품 유통방지 관리체계 구축, 안전관리정보의 지속적 제공 및 교육 등을 통해 불법·불량제품의 유통을 차단하고 안전사고를 예방하여 궁극적으로 유통제품안전관리를 강화하고 있다. 사이버 쇼핑몰을 통한 물품구입은 해마다 급증하고 있으나, 온라인상으로 안전검사 여부 확인이 불가능한 경우가 많아 소비자피해가 확산돼 왔다. 이에 따라 기술표준원은 우선적으로 사업자가 불법제품을 판매하지 않도록 하는 자율적 안전관리를 적극 유도하고자 노력하고 있다. 특히, 소비자가 사이버쇼핑몰을 통해 제품을 구매할 때 일반 매장에서 눈으로 직접 확인하고 구매하는 것과 동등한 수준으로 안전성을 확인할 수 있도록 하기 위해 관련 규정의 정비를 추진하고 있다. 또한 사업자, 소비자 등이 제품안전관리정보를 확인할 수 있도록 온라인 제품안전정보망을 구축하고, 위해정보 및 불법제품 유통정보의 신고접수를 위한 정보관리센터를 운영할 계획이다. 또한 기술표준원은 기업·소비자·정부의 역할분담 및 상호협력체계를 구축하고 자율적인 안전관리환경을 조성하여 불법·불량제품의 유통이 감소되고 있다.

(2) 서울시

서울시에서는 인터넷쇼핑몰 평가제도를 도입하였다(한국일보, 2007년 3월 19일). 구체적으로 그 내용을 살펴보면, 인터넷 업체의 수준을 낱낱이 평가한 지표를 만들어 소비자들에게 선택기준을 제시한다는 것이다. 평가지표는 소비자 평가, 소비자보호 평가, 소비자피해발생 평가 등 3가지 항목이며, 서울시에 등록된 모든 업체에 대해 총점(100점 만점)으로 환산한 후 서울시 전자상거래센터(ecc.seoul.go.kr)에서 소비자에게 평가결과를 공개한다. 소비자평가는 서울시가 직접 쇼핑몰을 이용했던 구매자의 만족도를 조사해 점수를 준다. 총점은 40점으로 질문 항목은 쇼핑 편의성, 서비스 정보 등 20개에 달한다. 소비자보호 평가(50점)의 경우 법적 요건 충족, 거래 안전장치 등 25개 항목으로 평가된다. 소비자피해발생은 소비자단체 등에 접수된 피해사례를 분석해 10점 만점으로 평가한다.

(3) 지식경제부의 수출입제품 관련 안전조치

지식경제부는 대외무역법에 의거한 수출입공고를 통하여 수입상품을 자동품목, 제한승인품목, 금지품목 등으로 정하고 있다. 제한 승인품목에 대해서는 수입제한의 내용을 품목, 수량, 금액, 규격, 지역 등으로 나누고, 이를 직접 관리하거나 또는 협회, 타 부처의 추천 또는 확인 등으로 관리하고 있다. 이러한 대외무역법상의 수입제한품목은 대부분 1차 산업을 중심으로 한 소비재이며 수입 관련 안전관리 및 관련 법은 표 8-2와 같다.

표 8-2 수입제품 관리방법 및 관련 법

수입 절차	관리 형태	관련 법령
수입 계약	수입자격 제한	약사법, 독극물법, 양곡관리법 등 21개
	수입지역 제한	가축전염병예방법, 식물방역법 등 3개
	품목등록, 허가	농약관리법, 독극물법 등 3개
	사전허가, 신고	약사법, 조수보호법, 환경보호법 등 16개
	수입 추천	양곡관리법, 수산업법, 약사법 등 17개
	수량 제한	양곡관리법, 종자법, 비료관리법 등 14개
	시료검사	품질경영 및 공산품안전관리법, 환경보전법 등 8개
	형식승인	환경보전법, 전기용품안전관리법 등 5개
I/L발급, L/C개설	–	–
물품 도착	안전검사	식품위생법, 검역법, 식물방역법
	검 역	약사법 등 6개
통 관	확인검사	농약관리법, 액화석유가스법 등 16개
	수입신고	총포, 도검, 화약단속법, 대마관리법 등 8개

(4) 전자거래분쟁조정위원회의 조정

전자거래분쟁조정위원회는 신속·공정한 분쟁조정으로 전자거래로 인한 소비자 피해를 구제하고, 공정한 거래정착으로 전자거래의 신뢰성 제고와 전자거래산업진흥 및 소비자권익을 도모하는 데 그 목적을 두고 있다. 전자거래분쟁조정위원회의 주요 업무 내용은 다음과 같다.

- 전자거래분쟁조정 및 상담 : 사이버조정시스템(채팅, 음성화상 방식) 및 자동상담시스템 운영
- 연도별 사례집 및 교육용 책자발간·배포 : 전자거래분쟁조정사례집, 전자거래분쟁, 이럴 땐 이렇게, 만화로 보는 전자거래분쟁조정사례, 안심·전자거래 생활백서 등
- 분쟁 유형별 모범조정안 수립
- '안심, 전자거래 아카데미' 교육실시(업계, c/s 담당자 등)
- 경찰청 사이버테러 대응센터와 대국민 사이버민원 공동대응
- 국민 신문고에서의 전자거래 관련 민원처리 등

(5) 민간 인터넷사이트 : 더치트

더치트(www.thecheat.co.kr)는 소비자를 보호하기 위해 한 대학생이 만든 사기꾼 블랙리스트 공유 사이트다. 해당 홈페이지에는 피해를 준 피의자들의 이름과 휴대폰 번호, 은행계좌번호까지 적어놓아 소비자들이 공유하도록 해놓았다. 물론 사기를 당한 경험자들의 조언과 행동 강령, 대처법 등이 자세하게 수록돼 있어 갈수록 늘어나는 온라인 사기피해 방지에 한 몫을 하고 있다. 또한 같은 피해를 입은 사람들과 정보를 공유하고 대책을 마련할 수 있도록 피의자별로 모임을 연계해 주기도 한다. 이 사이트는 몇몇 피의자를 검거하는 데 큰 역할을 하기도 했다(매일경제, 2007년 9월 27일). '더치트' 에는 사기 사례 데이터만 1만 1,000개 이상이 축적되어 검색기능을 이용하면 범인 이름이나 전화번호, 아이디 등으로 자체 데이터를 분석해 범인을 찾을 수 있다. 이 밖에 범행 수법을 담은 사진, 사기 예방법과 대응법까지 알려줘 경찰에서도 온라인 사기방지를 위해 이용을 추천하고 있다.

그림 8-4 더치트 홍보창

3. 외국의 전자상거래 관련 법제도

전자상거래와 관련하여 미국과 EU는 이미 전자상거래에 관한 상당한 정도의 법적 대응책을 마련하였고 현재도 전자상거래 활성화를 위한 법적·제도적 환경정비에 박차를 가하고 있다. UN에서는 1996년 전자상거래 모델법을 제정하였고, 전자서명통일규칙 제정을 추진 중에 있으며, OECD 소비자정책위원회도 전자상거래를 방해하는 법적 장애를 제거하기 위한 방안을 마련 중에 있다. 세계무역기구(WTO)도 전자상거래와 세계무역기구의 역할이라는 연구보고서를 내는 등 전자상거래와 관련한 다각적 노력을 취하고 있다. 전자상거래가 활성화된 외국의 여러 나라에서 최근 시행 중이거나 시험가동 중인 각종 소비자정책은 표 8-3에 제시하였다.

표 8-3 주요 국가의 전자상거래 관련 소비자정책 비교

구 분	주요 기관	주요 정책이슈	정책방향
미 국	FTC	• ID 도용 • 스팸	• 효과적 사기방지법 집행 • ID도용방지 및 개인 정보보호 • 소비자홍보 및 교육강화
영 국	OFT	• 온라인 신뢰성 • 온라인 사기	• 온라인 신뢰성 확보 • consumer Direct • Codeof Practice
캐나다	INDUSTRY CMC	• ID 도용 • 스팸 • 온라인 사기	• 전자상거래시장의 신뢰구축 • 전자상거래 소비자보호법 규정 원칙 마련
일 본	METI JFTC	휴대폰, 인터넷을 통한 스팸메일	• 전자상거래법 규정 명확화 • 분쟁조정제도 구축 • 인터넷 감시 및 법 집행 강화
OECD	OECDCCP (소비자 정책위원회)	• 전자상거래 소비자 보호 가이드라인 • 국제사기방지 및 스팸	• 국제 사기기만 가이드라인 이행 • 소비자분쟁해결 방안 • 스팸 TF운영 결과 도출
EU	European Commission	• 온라인신뢰성 • 온라인 ADR	• 신뢰성 있는 전자상거래 수준확보 (Code of Practice) • 안전한 결제구축 • 온라인 ADR구축 • 사이버범죄방지
한 국	공정거래 위원회	• 온라인사기 및 경제대금예치제도 • 인터넷중개업의 소비자보호	• 온라인거래 안전성 확보 • 사업자의 효율적 자율규제제도 마련 (CCMS 등) • 소비자자율역량강화

1) 미 국

미국은 연방거래위원회(FTC : Federal Trade Commission)를 중심으로 전자상거래 관련 소비자안전문제에 적극 대처하고 있다. 미국의 전자거래소비자보호의 기본 원칙은 소비자 사기방지를 위한 법 집행, 민간 주도를 원칙으로 하되 민간과 공공부문의 협력, 정부·업계·소비자단체의 협력을 통한 소비자교육 등이다. 미국은 전자상거래소비자보호를 위한 특정보호지침을 마련하지 않고, 주 및 연방정부 차원에서 현행 소비자보호 관련 법령을 통해 실행하고 있다. 주법을 통일하기 위한 통일주법전국대의원회의(NCCUSL : National Conference of Commissioners on Uniform State Laws)는 1999년 7월 연차 총회에서 통일전자거래법(Uniform Electronic Information Transaction Acts)을 채택하였다. 이 중 통일전자거래법은 거래영역에서도 전자적 수단의 활발한 이용을 촉진하며 전자기록과 전자서명의 사용을 일반적으로 가능하게 하기 위하여 그의 법적 효력 근거를 마련함으로써 전자상거래의 장애를 제거하고 있다.

또한 컴퓨터 정보의 라이센스 계약과 관련된 입법으로는 미국의 통일컴퓨터정보거래법(Uniform Computer Information Transaction Act)이 있는데, 이는 세계 최초의 것으로 이 법은 상품과 서비스 거래를 위한 표준적인 모델 법으로 구상되었다(2001년에 개정).

또한 미국은 인터넷에서의 기술우위를 바탕으로 전자상거래 관련 기술개발 및 이용확대와 국제적 논의 필요성을 제기하고 있으며, 민간 기업이 주축이 되어 추진하고 있으나 정부에서도 전자상거래를 '국가정보인프라(NII : National Information Infrastructure)' 의 주요 응용분야로 선정하여 수요창출 및 환경조성에 주력하고 있다. 아울러 미국은 국제기구에서의 영향력을 발휘함과 동시에 각국과의 쌍무적인 접근을 통하여 자국의 전자거래에 관한 기본방침을 국제적으로 규범화시키려는 노력을 강화하고 있다.

또한 가상상사중재제도(virtual adjudication), 가상판사(virtual magistrate)제도를 운영 중이다. 미국상사중재협회가 인증하는 훈련된 상사중재관이 온라인상에서 소비자와 공급업자 쌍방을 중재하여 소비자피해구제제도를 만들어 운영하고 있다.

(1) 기본 방향

미국은 근본적으로 전자상거래 시장에서 정부의 개입을 배제하고 시장기능 및 당사자의 자율에 맡기려는 입장을 견지하고 있다. 미국정부의 기본 입장은 1997년에 발표된 '지구촌 전자상거래 기본계획(A Framework for Global Electronic Commerce)'에서 잘 나타나 있으며, 그 기본 원칙은 다음의 세 가지로 요약할 수 있다.

첫째, 정부가 주도하여 발전시키는 전자상거래가 아니어야 하며, 정부는 전자거래의 특성을 파악하여 부당한 간섭을 하지 말아야 한다.

둘째, 정부개입이 필수적인 경우에 그 목적은 전자상거래를 발전시키기 위함이어야 하며, 개입의 정도에 있어서도 예측 가능하며 최소한의 범위 내에서 단순하여야 한다.

셋째, 인터넷을 통한 전자상거래는 전 세계적인 바탕을 두고 발전되어야 하기 때문에 법적 기본방침 역시 세계적인 협력을 통하여 이루어져야 한다. 전자상거래 소비자보호에 관한 정부 차원의 노력으로는 우선 연방거래위원회(FTC)의 활동이 있다. 연방거래위원회는 연방거래위원회법에 의하여 인터넷 피라미드, 사기·기만거래 등 전자상거래 사업자의 부당행위를 규제·단속하고 있으며, 인터넷상의 광고에 대한 광고기본지침을 발표하였다.

그리고 민간 차원에서는 미국경영개선협회(BBB)의 온라인 우표(online seal) 및 Trust-e마크와 같은 온라인 마크제도와 통신판매협회의 가이드라인이 전자상거래 소비자보호제도로 시행되고 있다.

(2) 정부 부문

미국은 1993년 10월 전자상거래를 활용한 조달업무의 효율화(streamlining procurement through electronic commerce)를 발표하여 1997년 1월부터 연방조달업무에 전자상거래 도입을 의무화하였다. 또한 중소기업의 EC보급을 지원하기 위해 1994년부터 16개 지역에 전자상거래지원센터(ECRC : Electronic Commerce Resource Center)를 설립·운영하고, 상무성 주관으로 인증 등 정보보호서비스 구현을 위한 연방 KMI(Key Management Infrastructure), 연방 PKI(Public Key Infrastructure) 프로젝트를 수행 중이다.

1997년 7월 '지구촌 전자상거래 기본계획(A Framework for Global Electronic

Commerce)' 을 공식적으로 발표하여 전자상거래 5가지 기본 원칙과 9개 주요 정책 권고 사안에 대한 미국의 입장을 제시하였다. 그 내용에는 영상물, CD 등 인터넷으로 다운로드를 받을 수 있는 상품의 무관세화는 물론 그 상품의 실물거래에도 관세를 매기지 말 것, 인터넷 상품의 내용에 대한 정부규제금지 등이 있다. 또한 1996년 미국 의회에 자국 내 전자상거래 물품세 부과면제 법안이 상정됐고 이를 계기로 미국 행정부에서도 이를 세계무역시장에 적용하기 위한 기초 작업에 착수하였다.

① 연방거래위원회

연방거래위원회(FTC)는 가상공간의 쇼핑몰 사업자의 사기, 불공정한 행위로 인한 소비피해를 막기 위해 법집행을 통하여 사업자의 불법적 행위를 금지시키고, 소비피해를 구제하고 있다. 전자상거래를 통한 사기행위는 갑작스럽게 등장하여 피해범위를 확대시키면서 짧은 시간 내에 사라지기 때문에 신속한 법집행이 요구된다. 따라서 연방거래위원회는 가상공간의 쇼핑몰 사업자의 사기적 행위에 대하여 신속하게 법을 집행하여 소비자를 보호하기 위하여 법 집행기관에게 온라인을 통하여 사기에 관한 정보를 제공해 주는 소비자 파수꾼, 법집행 기관에게 온라인 관행에 관한 정보를 제공하고, 현행법을 알지 못하여 위반한 쇼핑몰 사업자에게 연방거래위원회가 경고할 수 있는 기회를 제공하는 온라인쇼핑몰 탐색, 온라인 탐색, 가상공간에서의 사기, 기만행위에 대하여 적발하는 인터넷 연구실 등과 같은 기술적인 방법을 사용하고 있다. 이와 더불어 국제적 소비자 사기행위에 대한 협력 체제를 구축하기 위하여 1995년 캐나다와 경쟁 관련 법률 및 사기적 거래행위 규제법률의 효과적인 집행을 위한 노력에 관한 협정을 체결하였다.

② 미국경영개선협회

미국경영개선협회(Council of BBB)는 업계, 소비자대표 및 정부기관으로 구성된 조직으로 온라인 광고규제제도 도입, 온라인 사업자들에게 소비자보호를 위한 가이드라인을 제공하는 규약개발 등의 활동을 하고 있다. BBB는 자신이 정한 일정한 기준에 부합하는 소정의 절차를 통과한 업체에 대하여 BBB 로고를 누르면 해당 업체의 명칭, 주소, 취급재화, 사업개시일 등 그 업체에 관련된 정보를 소비자가 얻을 수 있도록 하고 있다.

(3) 민간 부문

IBM, 마스터카드, 씨티은행을 비롯해 140여 기업과 연구기관과 400만 달러를 정부가 출자하여 1994년 9월에 커머스넷(Commerce Net)이라는 세계 최대의 비영리 컨소시엄을 설립하였다. 커머스넷은 전자상거래의 세계 표준모델을 지향하는 에코시스템을 개발해 1997년부터 상용화하였고, 보스톤은행, 씨티은행, 아메리카은행, 케미컬은행이 비자카드, 마스터카드와 손잡고 설비한 네트워크 컨소시엄인 금융서비스기술 협의체(FSTC)를 중심으로 전자상거래의 지불수단으로 사용될 전자수표와 은행 간 결제시스템을 구축하였다. 다시 말해, 커머스넷은 인터넷을 통하여 전자상거래를 수행하기 위한 관련 회사들의 연합 컨소시엄으로 새로운 전자지불방식을 시험하고 국제 표준 제정을 주도하고 있는 비영리기관이다. 커머스넷은 금융기관, 신용카드회사, 정보통신회사, 연방정부 등이 회원으로 구성된 전미 네트워크 컨소시엄으로 미국의 금융서비스 산업의 경쟁력 제고를 위해 형성되었으며, 전자상거래와 대금 지불, 사기방지 및 통제 금융서비스의 안전한 통제, 금융서비스에의 안전한 접속 등과 같은 프로젝트를 수행하고 있다.

2) 일 본

일본은 우정성, 법무성, 통산성 등 3개 부처가 중심이 되어 전자거래의 활성화 및 소비자보호를 위한 대응방안을 모색하고 있다. 우정성 내의 정보통신 이용환경 정비에 관한 연구회에서 정보통신서비스 관련 소비자피해구제절차 등을 검토하여 1997년 '인터넷상의 정보유통'에 관한 보고서를 발표한 바 있고, 법무성은 전자상거래상의 손해배상의 책임문제를 중점적으로 검토하고 있다. 통산성 산하의 전자상거래실증추진협의회(ECOM)에서는 1998년 '소비자거래가이드라인'을 제정하였는데, 동 가이드라인의 제정 이후 전자상거래는 주식이나 금융거래와 같은 새로운 분야로 확대되었다. 이 가이드라인은 사업자의 광고·선전·권유 시의 표시사항, 계약의 체결·재화 등의 반품·교환, 소비자의 불만처리, 준거법과 재판 관할권에 대하여 규정하고 있다. 2000년 3월에는 종전의 전자상거래실증추진협의회와 산업정보추진센터(CII), 기업 간 전자상거래추진기구(JECALS) 등을 통합하여 전자상거래추진협의회(ECOM)를 발족시켰는데, 전자상거래의 추진을 위한 규칙·표준작성, 보급·홍보 등을 목적으로 워크 그룹으로 나누어 연구하고 있다.

일본의 경우에는 소비자보호를 위해 새로운 법령을 제정하기보다는 기존의 관련 법령(민법, 할부거래법 등)과 사업자 지침 등을 정비하고 네트워크로 직접 송신되는 선전·광고의 규제 등을 통하여 전자상거래의 소비자가 종래의 거래와 같은 수준의 보호를 받을 수 있도록 노력하고 있다. 먼저 기존의 방문판매 등에 관한 법률을 2000년 '특정상거래에 관한 법률'로 개칭하면서 전자상거래를 통신판매의 장에서 규율하였다. 개정된 동법의 주된 내용을 살펴보면, 적용범위의 확대와 전자적 방식에 의한 통지의 인정, 전자상거래가 비대면거래로 계약이 체결되는 점을 고려한 사업자의 확인화면 설치의무의 신설 등이 있다. 2001년 6월에는 전자상거래의 소비자 보호를 위해 전자소비자계약 및 전자승낙통지에 관한 민법의 특례에 관한 법률을 제정하였는데, 동법은 사업자에게 확인화면의 설치 의무를 부과하여 이를 이행하지 않은 경우 소비자가 조작실수와 같은 중대한 과실을 범하였다고 하여도 착오를 주장하여 계약의 무효를 주장할 수 있도록 규정하고 있으며, 계약의 성립시기에 관하여 일괄적으로 도달주의 원칙을 채택하였다.

(1) 특정상거래에 관한 법률

2001년 '방문판매 등에 관한 법률'에서 '특정상거래에 관한 법률'로 명칭을 개정하여 전자상거래를 통신판매의 장에서 규율하고 있다. 개정 전에 제외된 영화, 연극, 음악, 스포츠 등을 감상, 관람하는 권리, 즉 재화권을 적용대상으로 포함시켰으며, 소비자의 컴퓨터 등의 오작동으로 인한 분쟁을 방지하고자 사업자에게 확인서면의 설치의무를 부과하였다.

(2) 온라인쇼핑 트러스트마크제도

1999년 발표한 '온라인쇼핑 트러스트마크제도'는 정부의 후원하에 ECOM에서 시행하는 통신판매협회 및 상공회의소에서 이루어지고 있는 프로그램이다. 2000년 5월부터 시행된 온라인 마크제도는 전자상거래에 참여하는 소비자들이 어떤 쇼핑몰이 믿을 만한 상점인지를 쉽게 분별할 수 있도록 일정한 자격요건을 갖춘 쇼핑몰에 마크를 부여하는 제도이다.

3) EU(유럽연합)

EU는 온라인상의 법률문제에 적극적인 입법으로 대응하는 것에 대하여는 상당히 조심스런 입장을 취하고 있으며 오프라인에 적용되어 온 기존 법률들을 검토하면서 법의 공백상태를 보완해 간다는 입장이다. 주로 데이터보호법, 저작권법, 형법 등의 일부 규정을 개정·보완하거나 이들 법의 적용을 온라인 통신에까지 확대적용하는 조치가 취해지고 있다. 최근 EU의 전자거래지침(Directive on Electronic Commerce, 2000)이 유럽의회에서 확정되었다.

이 전자거래지침은 각종 온라인 거래와 서비스 제공 사업자에 대한 영업 및 감독의 주체와 규제범위, 소비자보호, 분쟁해소절차 등을 규정하여 그 동안 국가별로 서로 다른 규정에 따른 영업활동의 제약과 소비자불편 해소를 겨냥하고 있다. 이 지침에 따라 EU의 전자상거래 서비스업체들은 회원국 내에서는 각국 법률에 구애받지 않고 영업할 수 있게 돼 전자상거래 보급이 제도적으로 가속화하고 있다. EU는 1997년 전자적 매체를 이용한 매매계약에 관련한 입법으로 '원격계약에 관련한 소비자의 보호지침'을 마련하였는데, 동 입법지침은 전자우편을 비롯한 통신수단을 이용하여 소비자와 사업자 간 비대면적으로 이루어지는 격지자 간의 매매에 있어서 소비자보호에 관한 일반적인 사항(사업자의 정보 제공의무, 소비자의 청약·철회권, 소비자피해구제제도 등)을 규정하고 있다. 한편, EC는 소비자의 손해를 효율적으로 규제하기 위하여 1998년 3월 소비자분쟁의 소송외적 해결을 담당하는 기구에 적용할 수 있는 기본원칙을 위원회 권고안으로 제정하였는데, 이후 동 권고안은 전자상거래와 같은 다양한 거래형태가 등장함에 따라 소비자가 전자적 수단을 이용하여 실용적이고 효과적이며 저렴한 비용으로 분쟁을 해결할 수 있도록 2001년 4월 개정되었다. 동 권고안은 적용범위와 소송 이외의 방식으로 소비자불만을 처리하는 기구에 대하여 제시하는 기본원칙, 즉 독립성의 원칙, 투명성의 원칙, 효율성의 원칙, 공정성의 원칙 등으로 구성되어 있다.

4) OECD

선진 29개국의 모임인 OECD는 전자거래에 대해 WTO, APEC 등 다른 국제기구보다 앞서 전자상거래에 대해 검토를 했다. OECD의 각종 전문위원회 가운데 전자상거래상의 소비자보호문제는 소비자정책위원회의 소관사항이다. 소비자정책위원회(CCP : Committee on Consumer Policy)에서 전자상거래문제를 본격적으로 논의하기 시작한 것은 1997년부터이다. 1997년 3월에 개최된 OECD 심포지엄 9가지가 과제로 제기되었다. 액세스의 확보와 규제, 인증, 프라이버시의 보호, 사기와 부실표시의 방지, 상품·서비스의 정보 제공·표시, 계약의 성립, 대금지불, 피해구제, 준거법이다. 그 후 CCP에서는 이러한 모든 과제 중 사기·오인적 거래행위, 분쟁처리·구제메커니즘, 온라인·프라이버시의 3가지에 관해서 소비자보호의 가이드라인을 시급히 작성할 것을 결정하였다. 그 후 OECD는 전자거래상의 소비자보호 가이드라인 초안을 제시하였다. 1997년 분쟁발생 시 준거법과 재판관할은 별도의 약정이 없는 한 소비자가 거주하는 국가의 법과 법원으로 하며, 정보와 사업자는 국제적으로 상호 호환이 가능한 개인정보보안 및 본인 여부 인증시스템을 개발해 사용하도록 의무화하는 등 10개항의 소비자보호가이드라인을 마련하였다.

이 가이드라인은 OECD 이사회의 의결을 거쳐 1998년 10월 캐나다 오타와에서 개최된 OECD 전자거래각료회의에서 '전자상거래 소비자보호에 관한 각료선언' 이 채택되었으며, 1999년 12월 OECD 이사회 회원국에 대한 권고(recommendation) 형태로 결정되었다.

CHAPTER 9

수입제품과 소비자안전

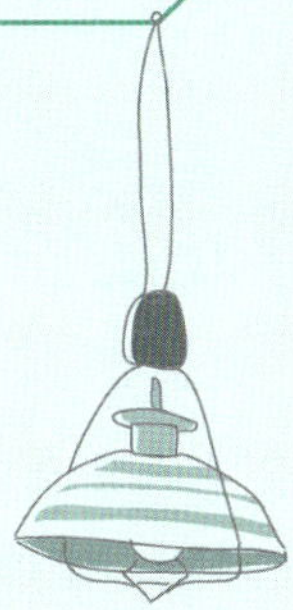

CHAPTER 9

수입제품과 소비자안전

WTO 출범, 자유국제무역확대, 인터넷 발전 등으로 세계시장이 단일화되면서 수입제품이 폭발적으로 증가하고 있다. 최근 우리사회에서 조악한 중국산 장난감 문제, 멜라민 함유제품 등 안전하지 못한 수입공산품 및 식품으로부터 소비자안전이 위협받고 있다. 2007년 중국산 완구의 안전문제는 우리나라뿐만 아니라 유럽 등 전 세계 국가의 중요한 소비자정책 대상이 되기 시작하였고 소비자들은 소비자안전을 구매선택의 중요한 기준으로 삼기에 이르렀다. 그럼에도 불구하고 우리는 수입제품에 대해 너무 관대하다는 지적이 많다. 자국민의 위협이 되는 요소는 생각하지 않고 국가 외교와 기업 이윤을 극대화하기 위해 수입제품을 무분별하게 받아들이고 있으며 소비자들도 안전에 대한 경각심 및 행동에 개선이 필요하다는 목소리가 드높은 상황이다. 일단 사건이 터지고 나야 그 뒤에 어떻게 수습해 보려는 경향이 있다는 지적이 계속되어 왔다. 미국, 유럽 국가에서는 법으로 규정하는 항목들이 우리나라보다 약 200개 이상 많은 것으로 나타나 선진국으로 갈수록 자국민의 안전과 소비자의 권리 등을 우선적으로 생각하는 반면 우리의 경우 기업 우선적 성향이 높은 편이다.

우리나라의 수입제품 안전관리는 여러 정부기관에서 산발적으로 관리하고 있다. 최근 중국·동남아 등으로부터 저가면서 품질이 낮은 공산품 수입 증가, 신종 위해제품 급증 등의 상황에서 기존의 안전인증제도만으로는 소비자안전 확보에 어려움이 있으므로 기존의 제도는 강화하고 새로운 문제에 신속하게 대응할 수 있는 법제도 개선이 필요하다. 예를 들면, 미국의 CPSC, 유럽의 RAPEX 등의 정보시스템을 벤치마킹할 수 있다. 미국 CPSC의 경우 NEISS(100개 병원 등)를 통해 연간 36만 건의 정보 수집, 사망진단서를 통해 8,000건, 의사 및 검시관 보고 4,300건, 언론 및 각종 스크랩 정보 8,000건, 변호사, 의사, 소방서 등으로부터 1만 2,000건이 수집된다고 한다. 또한 인터넷 소비자 회원만 100만 명이라고 하니 그 규모와 적극성을 단적으로 알 수 있다. 따라서 수입제품 관련 현장조사 및 제품안전사고 감축 프로그램을 개발해야 한다. 수입제품안전관리를 위해 현장조사를 확대하여 사고원인, 피해유발원인 등을 명확히 규명하여 DB를 구축하고, 향후 제품안전사고를 줄이기 위한 방안을 수립하여야 한다.

본 장에서는 수입제품으로 인한 소비자문제, 소비자피해 등에 대해 살펴보고, 수입제품안전과 관련한 현행 법제도를 살펴보고자 한다. 또한 외국의 수입제품안전법제도에 대해서도 살펴보고 수입제품안전을 확보하기 위한 방안을 모색하고자 한다.

1. 수입제품과 소비자안전문제

최근 인터넷쇼핑몰에서의 해외구매 및 해외공동구매의 확대, 저가문구 및 장난감의 수입급증, 불량·불법 수입 어린이용품 유통확대 등 수입제품의 범람 속에서 소비자안전이 확보되지 못하고 있다. 보따리상에 의한 수입제품, 안전치 못한 제품의 온라인 구매(해외구매 대행 포함), 상표도용 불법제품, 저가 불법수입제품 등으로부터 소비자안전이 위협받고 있다. 안전인증 및 자율안전확인 품목수입 현황은 무역정보서비스의 한국무역통계(품목별, 국가별 수출·입)를 살펴보면 된다.

안전인증 및 자율안전확인 품목에 해당하는 품목의 HS코드(국제통일상품분류체계 : Harmonized Commodity Description and Coding System)를 파악하여 조회가 가능하다. 최근 조사에 따르면 안전인증품목 중 가장 많이 수입되는 제품은 가정용 압력냄비 및 압력솥, 가스라이터, 가속눈썹 순서로 나타나고 있다. 한편, 자율안전인증 대상 제품 중 가장 많이 수입되는 품목은 건전지, 자동차용 타이어, 생활화학가정용품 순서로 나타나고 있다.

1) 수입제품으로 인한 소비자문제

수입제품으로 인한 소비자문제는 여러 유형으로 나누어 볼 수 있다. 첫째, 고가격으로 인한 소비자손해문제이다. 우리나라에 수입된 휘발유·자동차·비타민 등 수입품목의 가격이 선진국 국가보다 비싸다는 것은 어제 오늘일이 아니다. 과다한 유통마진, 독점적 공급구조, 높은 관세로 인한 수입제한 등 경쟁제한적 요인이 수입제품의 가격을 부풀리고 있다. 현재 우리시장에서 수입소비재 판매 및 유통방식의 특징은 독점적 수입행위와 국내생산자에 의한 동종상품의 수입행위로 요약할 수 있다. 이로 인해 수입상품의 유통마진과 소비자가격은 원산지에 비해 월등히 높고, 수입품과 경쟁상태에 있는 국내 상품의 가격하락을 촉진시키지 못하고 있다.

둘째, 수입제품의 과소비 및 과시소비성향이 소비자문제로 이어지고 있다. 일부 소비자의 과시적 소비나 외제 선호의식은 고급 수입소비재의 급속한 유입을 초래하여 국제수지적자의 한 요인이 될 뿐만 아니라 과소비 등 비합리적 소비의 원인이 되고 있다.

셋째, 수입상품의 경우 생산자와 소비자 사이의 지리적·언어적 격차로 인해 품질, 안전성 등 여러 측면에서 정보의 불완전성 문제가 발생하고 있다. 소비자정보가 불완전할수록 과다한 가격지불, 적절치 못한 구매, 오·남용으로 인한 위해발생 등 또 다른 소비자문제 발생의 원인이 되고 있다. 일부 수입업자들은 수입제품의 사용설명서 등을 제공하지 않아 소비자불편을 초래하고 있고, 수입 중고자동차를 도색해 새 차로 판매하기도 해 사회적 문제가 되는 경우가 종종 발생하고 있다.

넷째, 불량·불안전 수입상품으로 인한 소비자안전문제가 심각하다. 개발도상국으로부터 안전취약제품의 대량유입과 수입식품 장기수송에 따른 부패·변질, 각국간 잔류농약·항생물질의 관리 및 규제방식의 차이 등으로 인해 소비자안전이 확보되지 못하는 경우가 빈번하다. 일부 수입업자는 불량제품을 판매하고도 환불요청을 무시하고, 새 제품을 사라고 권유하며, 잦은 고장으로 소비자가 환불, 교환을 요청해도 이를 무시하는 행동을 보이고 있다.

다섯째, 소비자피해보상의 어려움 문제이다. 사후 피해구제방법인 보상책임을 질 판매업자나 수입업자를 찾을 수 없거나, 보상기구에 대한 표시미비로 상당수 소비자가 안전사고발생이나 피해를 입을 경우 보상을 받지 못하고 있다. 또한 부품이

사례

수입제품 피해사례 1

어떤 소비자가 '브라더 미싱' 매장에서 특수미싱을 구입했는데, 사용 설명서가 들어 있지 않았고 A/S센터에 문의했지만 수입제품이라며 끝내 사용설명서를 얻지 못했다. 이 소비자의 경우 소량으로 들어온 수입제품인데다 사용설명서 개수도 적어 이 같은 문제가 발생한 것이다.

출처 : 한국소비자원, 2007

수입제품 피해사례 2

어떤 소비자가 인터넷을 통해 10만 원을 주고 구입한 '소니 D-NE830' CDP가 3주 정도 지나자 음이 튀기 시작했다. 이 소비자가 A/S센터에 검사를 부탁하니 수리비용으로 7만 1,000원을 요구했다. 하는 수없이 이 소비자는 구입처에 문의하니 업체에서는 병행 수입 제품이라 보증기간이 없어 다른 물건을 구입하라며 전화를 끊어버렸다.

출처 : 한국소비자원, 2007

수입제품 피해사례 3

어떤 소비자가 직원의 권유로 독일 '바흐네트' 세탁기를 구매했으나 세탁을 하면 옷감이 찢어지는 손상이 여러 차례 발생하였다. 이 소비자가 이 문제를 제기하자 업체에서는 A/S가 안 된다고 하여 환불을 요구했더니 '월풀' 세탁기로 교환해 주었다. 교환 후 같은 손상이 생겼지만 수입업체는 한국소비자원에 신고를 하든지 민사소송을 하라고 했다. 손상이 생겼던 '바흐네트' 세탁기가 진열상품으로 다른 소비자에게 속여 판매되었음을 알게 되었다.

출처 : 한국소비자원, 2007

수입제품 피해사례 4

어떤 소비자는 G.E 냉장고를 구입해 사용 중 2년 후부터 성에가 끼는 하자로 2회 수리를 받았으나 개선되지 않아 다시 의뢰하자 업체에서는 수리비로 35만 원을 청구하였다.

출처 : 한국소비자원, 2007

수입제품 피해사례 5

어떤 소비자가 아이와 오디오를 구입하여 사용 중 하자가 발생해 A/S를 의뢰하자 업체에서는 부품이 없다며 일본 본사에 보내 수리를 하였는데, 수리기간으로 8개월이 소요되었다.

출처 : 한국소비자원, 2007

수입제품 피해사례 6 전자제품의 안전성 및 A/S문제

국내 기업이 이미 생산하여 국내에 유통시키고 있는 정식제품과 똑같은 영문판 기가바이트 메인보드 제품이 수입돼 시장가격을 흐리는 한편 소비자들에게 피해를 입히고 있다. 유통업체에 따르면 역수입된 제품은 약 2~3종으로 파악되고 있다. 제품수량은 2,000~3,000여 개 수준이다. 이 제품은 A/S를 받지 못할 뿐만 아니라, EMI 인증(MIC, 전자파적합인증)도 안 받은 수입제품을 구입함으로 인해 전자파피해도 우려되고 있다. 이 제품의 생산업체는 역수입된 제품들에 대해 A/S 불가방침을 세운 바 있다.

출처 : DIP통신, 2008년 10월 22일

없거나 과도한 수리비용으로 적절한 A/S가 이루어지지 않는 문제가 종종 발생하고 있다. 수입제품의 경우 사용 중 제품의 손상이나 고장을 수리하고자 할 경우 불편을 겪는 경우가 많다. 과다한 수리비용청구나 부품부족으로 인한 수리지연이 대표적인 사례이다. 가전제품 수입업체의 직영 A/S센터는 12개 수입업체 평균 2.7개소에 불과하다. 판매 대리점이나 수입품 종합수리점과 계약을 맺어 A/S를 대행하게 하는 A/S 지정점은 12개 업체, 평균 18.3개소이며 여러 상표를 동시에 수리하는 경우가 많아 효과적인 A/S를 기대하기 어렵다. G.E 제품은 미국 본사가 직영하는 'G.E가전서비스'에서 A/S를 총괄한다.

여섯째, 수입품의 유통기한, 영어혼용 표기법 등이 제 각각이어서 피해가 발생하고 있다. 수입원이나 소비자상담실 연락처가 없는 경우, 제조일자 및 유통기한표시가 이해하기 힘든 경우, 유통기한이나 제조일자 표기에서 영어를 사용하여 위변조가 의심되는 경우 등으로부터의 소비자피해가 우려된다.

일곱째, 병행수입제품으로 인한 문제이다. 최근 오픈마켓을 통해 병행수입제품을 구입한 소비자들의 피해사례가 늘어나고 있다. 병행수입이란 독점판매권을 가지고 있는 업체 외에 다른 유통경로로 같은 상품을 수입하는 것을 말한다. 병행수입은 판매업자와 국내 수입업자가 판매를 독점해 생길 수 있는 부작용을 막아보자는 취지로 인정된 제도이다. 즉, 소비자들을 보호하기 위해 생긴 제도인데, 오히려 소비자들에게 피해를 끼치는 사례가 늘고 있다.

미국에서 정식으로 수입해 와 유통시키고 있는 로봇청소기 룸바 수입업체에 따르면, 불법 수입품에 들어 있는 어댑터를 한국전기제품안전협회에 의뢰한 결과 제품과의 원활한 호환이 이루어지지 않고 불안정하다는 결과를 받았다. 이러한 경우 제품의 수명이 짧아지고 고장이 날 뿐만 아니라, 자칫 화재와 같은 큰 사고로 이어질 수도 있다. 정식 수입된 제품은 후에 다양한 사후 서비스를 받을 수 있지만, 병행수입이나 병행수입 제품으로 위장한 불법제품을 구매한 경우에는 고장이 나도 서비스를 받을 수 없어 손해를 볼 수 있기 때문이다. 그 외에도 병행수입제품은 교환이나 환불, 불편사항 접수 처리와 같은 제반 조치 또한 받을 수 없다(DIP통신, 2007년 4월 9일).

2) 수입제품 안전문제 유발요인

수입제품의 안전문제는 수입 보따리상에 의한 유통, 온라인 구매에 의한 유통(해외구매대행 포함), 국내 대기업 제품 상표도용 불법유통, 저가 불법수입제품 다량유통(재래시장, 1,000원숍, 동네슈퍼 등) 등에 의해 그 피해가 심각하게 나타나고 있다. 수입제품의 안전문제가 발생하는 원인에 대해 살펴보자.

첫째, 수입제품에 대한 안전인증제도 운영이 제대로 되지 않는 문제이다. 안전인증대상 제품은 수입 시 모델별로 안전인증을 신청해야 하는데, 일부 수입업자들은 시험검사비용과다로 인해 검사를 회피하는 경우도 있다. 자율안전확인대상제품은 처음 수입 시 제품시험 의뢰, 의뢰 시마다 검사료 및 수수료가 부과되고 있어 수입업체의 경우 시험검사비용 부담으로 안전검사를 받지 않은 채 불법으로 국내에 유통시키는 경우가 많다. 또한 시험검사기간의 장기간 소요로 검사회피가 발생된다.

둘째, 불완전한 수입제품의 관리 및 단속소홀의 문제이다. 불법수입 생활용품에 대한 체계적인 단속이 미흡할 뿐만 아니라 처벌도 미약한 상황이다. 안전검사를 받지 않을 시 3년 이하의 징역 또는 3,000만 원 이하의 벌금에 처하고 있는데, 체계적인 단속이 이루어지지 않고 있어 안전검사를 받은 업체가 상대적으로 불이익(시간적·금전적)을 받게 된다. 3,000만 원 이하 벌금은 수입업체 입장에서는 고가의 검사비용과 장기간 검사기간을 감안할 때 제품을 판매하다가 적발되어 벌금 내는 편이 더 경제적이라 판단할 가능성이 있기 때문이다. 따라서 수입제품 관련 인증제도의 운영 및 절차상의 보완 및 개선이 필요하다. 인증 및 시험절차, 시험검사비용, 시험검사기간, 미인증제품 유통 시 행정적 제제조치 등과 관련한 문제점 파악 및 개선이 시급하다. 수입업체 관계자를 대상으로 하는 교육 및 홍보(비용, 기간, 시료수, 절차)도 필요하다. 또한 수입제품 안전과 관련한 시장에서의 지속적이고 신속한 모니터링을 통한 시장감시체제 확립이 시급하다.

셋째, 리콜제도 운영의 미흡으로 인해 수입제품의 안전문제가 줄어들지 않고 있다. 2007년 상반기 소비자기본법에 의거하여 실시된 리콜 10건은 모두 중국산 아동용 장난감으로 수입제품의 안전성에 대한 소비자의 관심을 증대시키는 계기가 되었다. 그러나 해외에서 실시된 리콜이 국내로 연결된 사례로 외국에서 리콜한 정보를 가지고 동일제품을 리콜한 것이다. 미국과 유럽의 연간 리콜 횟수는 매우 많은 것으로 나타나 우리의 리콜제도 운영의 미흡함을 단적으로 알 수 있다.

2. 수입제품안전관리법제도

1) 수입제품안전 관련 법제도

수입제품으로부터 소비자를 보호하기 위한 별도의 개별 법률은 존재하지 않고 있으며, 소비자안전과 관련한 여러 관련 법에서 제조자, 유통업자 외에 수입업자를 포함하여 관련 내용을 규제하고 있다. 그 결과 수입제품을 담당하는 정부 부처도 한국소비자원의 경우 위해정보수집 및 분석 업무, 공산품의 경우 지식경제부 기술표준원 중심의 안전기준 제정 및 운영 업무, 시·도지사의 경우 리콜제도 업무 등 여러 기관에서 분담하고 있다. 따라서 수입제품으로부터의 소비자안전 확보를 위한 일반법 제정, 수입제품으로부터 소비자안전을 확보하기 위한 전담기구 신설, 수입제품 관련 법제도 개발 및 규정 마련 등이 개선책으로 제기되고 있는 상황이다.

수입제품을 관리하는 부처는 표 9-1에 제시한 바와 같은데, 통합적으로 수입제품을 관리할 수 있는 부서가 필요하다는 주장이 제기되고 있다. 수많은 수입제품을 한 부서에서 관리하기 어려울 수도 있으나 수입제품의 안전관리를 전담하고 총괄할 수 있는 체제를 도입한다면 예산과 인력에 긍정적 효과가 있을 것으로 보인다.

표 9-1 정부부처별 담당 수입품목

품 목	관리 기관
농산품	지식경제부, 농림수산식품부, 산림청, 한국의약품수출입협회, 농수산물유통공사, 한국제유공업협동조합, 한국동물약품공업협동조합, 전자공업진흥회
수산품	국토해양부, 한국원양산업협회
축산품	지식경제부, 농림수산식품부, 한국유가공협회, 대한양계협회, 대한양돈협회, 축협, 축산물유통사업단, 한국의약품수출입협회
주 류	지식경제부, 국토해양부, 국세청
섬유류	한국생사수출조합
설탕 및 소금	대한제당협회, 대한염업조합
광산품 및 귀금속류	대한석탄공사, 대한광업회, 지식경제부, 이리공단 귀금속보석가공협동조합
서화류	과학기술정책과(교육과학기술부), 문화체육관광부

2) 기술표준원의 수입제품안전관리제도

기술표준원은 품질경영 및 공산품안전관리법, 전기용품안전관리법에 근거하여 수입제품 중 안전인증, 자율안전 확인 및 안전·품질표시 대상 공산품에 해당하는 경우 안전인증을 받도록 하는 사전안전관리제도를 운영하고 있다. 품질경영 및 공산품안전관리법, 전기용품안전관리법에 따르면 안전인증 대상 제품은 위험도가 높은 품목으로 국내제품의 경우 공장 출고 전에, 수입제품의 경우 세관통관 전(제조자의 공장심사와 제품검사병행)에 안전인증을 받아야 한다. 자율안전 확인 대상 제품의 경우 업체의 자율적인 안전관리가 가능한 제품으로써 국내제품의 경우 공장출고 전(제조 또는 수입자)에, 수입제품의 경우 세관통관 전(공인기관의 시험·검사에 대한 성적서 첨부, 신고기관에 신고)에 인증을 받아야 한다. 또한 안전·품질 표시대상 제품의 경우 제조자 스스로 안전정보를 제품에 자율표시하는 제도로써 수입업자의 경우 세관통관 전 모델별 안전인증 신청, 자율안전확인을 위한 시험의뢰, 적합판정 후 품목에 따라 유통경로를 통하여 판매하여야 한다. 그러나 여러 이유로 수입업자들이 수입제품의 안전인증제도를 준수하지 않는 경우가 발생하고 있다. 예를 들면, 시험검사비용, 장기간의 시험검사, 불법수입제품에 대한 체계적 단속 미흡, 낮은 벌금 등이 그 이유가 되고 있다.

이 같은 상황에서 사후안전관리를 철저하게 하는 것이 인증제도의 한계를 극복할 수 있다. 즉, 수입제품에 대한 모니터링, 시판품 조사 등을 활성화시켜야 한다. 인증 대상 제품의 경우 수입업자가 인증제도를 수용하지 않고 불법 유통시킬 경우 이를 확인하고 시정조치하기 어려우므로 유통감시를 통해 이를 시정시켜야 한다. 특히, 인증 대상 제품이 아닌 경우에는 사후 모니터링이나 소비자감시가 없으면 제품안전을 사전에 예방하기 어렵다. 게다가 수입되는 수많은 제품을 세관장 확인품목으로 할 수 없으므로 소비자안전을 확보하기 어려운 상황이므로 수입제품유통에 대한 안전관리제도의 개발 및 효과적 운영이 시급한 상황이다.

우리나라 수입제품의 안전사후관리제도가 허술하고 실질적으로 운영되지 않고 있다는 주장은 리콜제도의 운영에서 살펴볼 수 있다. 2007년 상반기 리콜 10건은 모두 중국산 아동용 장난감으로 리콜실시가 양적으로 적은 것은 문제가 있는 제품의 수거·파기 명령을 시·도지사가 할 수 있도록 되어 있기 때문이다. 지방자치단체장이 리콜을 명령하지 않으면 별다른 강제수단이 없어 업체에 리콜을 권고하는 수준에 그칠 수밖에 없다. 더 큰 문제점은 부도처리되거나 파산한 수입업자가 이미 유통시켜 판매되고 있는 제품에 대한 리콜방법이 없어 수입제품 안전관리가 제대로 안 되고 있는 것이다.

결국 위해제품의 개선·수거·파기명령을 중앙 관련 부처나 단일기관을 정해 이들 기관이 신속하게 처리할 수 있도록 법 규정을 강화시켜야 한다. 관련 부처에 저질 또는 위해수입제품이 시중에서 퇴출될 수 있는 강력한 권한을 부여해야 한다. 또한 관련 정부기관에 징벌제도 수행권한, 민형사상 고발조치권을 부여하는 법의 도입을 검토할 수 있다. 특히, 파산한 수입업체가 이미 유통시킨 제품에 대해서는 국민의 안전을 위해 예산을 들여서라도 시제품검사를 통해 안전하지 못한 수입제품을 퇴출시켜야 한다. 제품 조사를 위한 전문인력 확대, 제조·수입·판매자의 리콜 및 위해제품 처리를 위한 강력한 명령권 신설, 위반 시 철저한 벌칙부과(예 : 징벌적 행정조치)가 필요하다.

3) 한국소비자원의 수입제품안전관리제도

한국소비자원의 안전관리 업무는 소비자안전센터를 중심으로 수행되고 있다. 다만, 일반제품과 달리 수입제품에 대한 특별한 조치나 별도의 구체적인 프로그램을 가지고 있지 않다. 한국소비자원의 경우 소비자안전경보 발령, 결함정보보고의무제도, 리콜제도 등을 운영하고 있는데, 이 같은 제도가 수입제품의 특성을 충분히 반영하는 구체적인 프로그램으로 세분화 또는 구체화될 필요가 있다. 한국소비자원은 소비자기본법에 의거 수집한 위해정보의 분석결과에 따라 위해방지 및 사고예방을 위한 소비자안전경보 발령, 물품 등의 안전성에 관한 사실 공표, 위해물품 등을 제공하는 사업자에 대한 시정권고, 지방자치단체에의 시정조치제도 개선 및 건의 등의 업무를 시행하고 있다. 이 같은 업무가 수입제품의 안전문제에 적합하도록 하는 별도의 안전관리정책이나 제도 개발이 필요하다. 미국 CPSC가 수행한 리콜이 연간 수백건이 넘고 있으며 대부분이 수입제품인 것에 비해 2007년 한국소비자원의 리콜건의 권고는 9건, 2008년 7건에 불과할 정도로 실질적 리콜실시권유 성과가 미흡한 상황에서 수입제품의 리콜 또한 충분하게 수행되지 않고 있다.

표 9-2에 제시한 바와 같이 2007년 수입제품의 리콜은 수입 자전거, 수입 장난감

표 9-2 한국소비자원의 리콜권고 실적 중 수입제품 대상 내용

리콜 품목	리콜 내용
자전거 (미라코, 바이크마스터)	2007년 2월 미국 CPSC가 미라코 자전거 1만 1,000대에 대해 앞쪽 바퀴부분 포크(wheel fork)가 적절히 연결되어 있지 않아 자전거가 제어되지 않거나 추락의 위험이 있다며 자발적 리콜실시를 발표해 국내수입처인 '바이크마스터(Bike Master)'와 인천 시청에 리콜 실시 건의
장난감 드럼의자 (이랜드월드)	2007년 11월 중국산 장난감 드럼의자로 인하여 위해를 입었다는 사례가 접수되어 조사를 실시한 바, 제품의 마무리 가공처리 미흡으로 손을 찔리거나 베일 우려가 있는 것으로 조사되어 사업자에게 리콜을 권고하여 사업자가 자발적 리콜 실시
자동차 (BMW코리아)	2008년 3월 BMW320i 차량의 주행 중 시동 꺼짐과 관련 위해정보 접수, 엔진의 공회전 토크 불충분으로 인한 결함이 확인되어 제작사에 자발적 리콜을 권고하여 제작사에서 자발적 리콜 실시

드럼의자, 2008년 자동차(BMW코리아) 등 몇 건 되지 않고 있다.

한편, 한국소비자원의 제품안전정보시스템(CISS)은 크게 9가지 품목별로 각종 정보를 수집·분석하고 있다. 리콜정보, 국내·외 안전정보, 국내·외 안전법령 및 규정 정보를 포함하고 있다. 여기서 수입제품안전정보의 교류를 위해서는 유럽의 RAPEX처럼 다른 국가와 수입제품에 대한 정보교류시스템을 확대하여 가동할 필요가 있다. 또한 한국소비자원이 자체적으로 소비자불만상담 및 피해구제 사례, 핫라인, 안전넷, 어린이넷 등을 통해 각종 정보를 수집하고 있는데, 이 같은 시스템에서 수입제품정보를 별도로 수집관리하고 활용하여야 한다. 다시 말해, 수입제품에 대한 별도의 구체적인 정보분류 및 분석 그리고 수입제품안전정책에의 피드백이 필요하다. 수입제품에 대한 위해정보의 분석 및 평가, 그리고 활용이 주변 국가 또는 주요 수입제품 국가의 정보교류시스템과 연결되어야 한다. 또한 수입제품의 경우 일반 국내제품과는 다른 별도의 소비자불만상담 및 접수 프로그램이 도입될 필요가 있다.

지금까지 기술표준원과 한국소비자원의 수입제품 관련 안전관리제도 등에 대해 살펴보았는데, 수입제품과 관련한 업무를 수행할 수 있는 또 다른 정부기관으로서는 공정거래위원회가 있다. 공정거래위원회는 6개국 중 소비자정책국 내 6개과 중 1개과가 소비자안전업무를 담당하고 있다. 그 외에도 한국전기제품안전협회가 있어 전기제품안전업무를 수행하고 있으며, 민간단체로서 안전을 전문적으로 다루는 단체는 한국생활안전연합이다. 이들 기관에서 앞으로 수입제품안전관리를 적극적으로 수행할 필요가 있다.

표 9-3 한국의 세관장 확인 대상 수입물품

대상법령 및 물품의 범위	구비 요건
(1) 삭제(2004. 5. 12)	삭제(2004. 5. 12)
(2) 약사법 해당물품 중 의약품·한약재	
(가) 의약품	• 한국의약품수출입협회장의 표준통관예정보고서
(나) 한약재	• 식품의약품안전청장 또는 한국의약품수출입협회장의 검사필증이나 검체수거증 또는 수입승인(요건확인)서
(다) 삭제	• 삭제
(라) 동물용 의약품	• 한국동물약품협회장의 표준통관예정보고서
(3) 마약류관리에 관한 법률 해당물품	• 식품의약품안전청장의 수입승인(요건확인)서
(4) 식품위생법 해당물품 중 식품, 식품첨가물, 수산물	
(가) 식품 및 식품첨가물	• 지방식품의약품안전청장 또는 국립검역소장의 식품 등 수입신고필증
(나) 수산물	• 국립수산물품질검사원장의 수입신고필증
(5) 양곡관리법 해당물품	농림수산식품부장관의 미곡수입허가서
(6) 식물방역법 해당물품 중 식물, 종자, 원목, 가공목재	국립식물검역소장의 수입식물검사합격증명서
(7) 사료관리법 해당물품	농림수산식품부장관이 지정한 신고단체의 장(농협중앙회장, 한국사료협회장, 한국단미사료협회장)의 요건확인서
(8) 가축전염예방법 해당물품	국립수의과학검역원장의 동물검역증명서 또는 축산물 수입신고필증
(9) 축산물가공처리법해당물품	국립수의과학검역원장의 축산물수입신고필증
(10) 전기용품안전관리법 해당물품	안전인증기관의 장의 안전인증확인서
(11) 폐기물의 국가 간 이동 및 그 처리에 관한 법률 해당물품으로서 통합공고 '별표 14-1'에 게시된 폐기물	환경부장관의 폐기물 수입허가서
(12) 오존층보호를 위한 물질의 제조규제 등에 관한 법률 해당물품 중 수입금지물질, 국제협약에 의한 수입쿼터 관리품목	한국정밀화학공업진흥회장의 수입확인서
(13) 외국환거래법 해당물품	한국은행총재의 허가서 또는 외국환은행장이 확인한 수입신고서
(14) 방위사업법 해당물품 중 군용총포, 도검, 화약류	방위사업청장의 수입허가서

4) 관세청의 수입제품 통관제도

관세청에서는 수입품의 안전성을 확보하기 위해 통관 시부터 수입품에 대한 안전검사를 강화하는 추세에 있다. 관세청의 세관장 확인 대상 물품은 표 9-3에 제시한 바와 같다. 최근 관세청에서는 수입 절차과정에서 안점검사를 강화하거나 각 소비자단체들과 협력관계를 맺고 수입제품을 검사하고 있다.

예를 들면, 관세청에서는 수입품 이력관리시스템을 도입하여 수입품 안전체크 통관단계부터 2008년 10월부터 강화하고 있다(연합뉴스, 2008년 10월 3일). 이 같은 시스템은 2008년 중국산 멜라민 함유제품 파동이 확대되면서 수입제품에 대한 안전관리가 통관단계부터 강화시켜야 함을 인지한 결과이다. 수입품 이력관리시스템은 외국의 물품 공급자로부터 최종 판매자까지 수입·유통거래 내역을 관리하는 것을 의미한다. 관세청은 특히 사료용이나 비식용 물품으로 통관된 뒤 식용으로 쓰이는 사례가 많은 점에 주목하고 식용 둔갑 우려가 큰 품목을 우선적으로 이력관리시스템 대상에 포함시키고 있다. 통관 시 어린이용 제품이나 멜라민 함유제품 등을 세관장의 확인 대상 품목에 넣는 방안, 안전업무기관과 공동으로 통관 시 안전체크를 효율화하는 방안도 강구하고 있다. 또한 관세청은 식품의약품안전청·농림수산식품부 등 식품안전요건 확인기관과 현재 전체 품목의 22% 선인 통관 단일창구의 활용을 강화할 것으로 보인다. 이 같은 조치는 향후 식품 이외에 공산품에도 확대할 수 있음을 시사한다.

3. 외국의 수입제품 관련 법제도

미국 소비자제품안전위원회(CPSC)에서는 소비자제품안전법, 가연성직물법, 위해물질법, 독극물방지포장법, 냉동냉장고안전법, 방사성건강안전관리법 등에 의거하여 수입제품을 관리하고 있다.

1) 미국의 수입제품안전관리법제도

미국에서 수입공산품의 비중은 비약적으로 증가하고 있다고 한다. 1997년에서

2006년 사이 수입제품이 200% 증가하였는데, 장난감의 85%, 불꽃놀이의 95%, 전자제품의 59%가 수입공산품이다. 특히, 미국 CPSC 시행 리콜 대상 제품 중 85%가 수입공산품일 정도이다. 미국에서 2006년 10월부터 2007년 9월까지 리콜건수는 473건인데, 이 중 수입제품 리콜건수는 389건이며, 이 중 중국산 수입제품 리콜건수는 288건이라고 한다. 미국에서 수입업체 수가 80만 개, 수입제품 관리 세관이 300개, 연간 수입제품 규모가 2조 달러로 미국에서 수입제품의 안전문제는 사회적 이슈임을 알 수 있다. 미국에서 수입 소비제품의 종류와 규모가 비약적으로 증가하면서 CPSC는 수입소비제품의 사용으로 인한 상해, 사망 등의 위험으로부터 미국 소비자를 보호하기 위한 각종 안전정책을 강화시키고 있다. 최근 미국에서 부동액 성분이 함유된 치약, 부패한 애완동물 사료, 납·페인트 성분이 함유된 장난감 등이 대량 유통되면서 리콜 조치가 계속되고 있다. 이들 리콜제품은 대부분 중국산이어서 농무부와 식품의약청(FDA), 소비자제품안전위원회(CPSC) 등 미국정부는 중국산 수입제품 안전검사에 총력을 기울이고 있다.

(1) 미국 수입제품안전 관련 법

미국은 1972년 소비자제품안전법(CPSA : Consumer Product Safety Act)을 제정하여 소비자안전 확보를 꾀하고 있다. 이 법은 37개 조문으로 구성되어 있는데, 내용이 매우 구체적이어서 소비자안전 확보 실현에 그 기능을 다하고 있다. 또한 이 법에서는 소비자제품안전위원회(CPSC)의 세부규칙이 포함되어 있는데, 안전정보 제공, 안전기준, 신제품 검사, 수입·수출품, 민·형사법 및 소송 관련 내용, 주정부와 연방정부의 관계 등 소비자안전에 필요한 종합적인 정책집행이 가능하도록 그 내용이 구체적이다(강창경·정순희·허경옥, 2003 ; 김성천, 2005). 또한 소비자제품안전위원회(CPSC)는 제조업자, 수입업자, 유통업자 및 소매업자에 대한 감독권한을 가지고 있으며, 이로 인해 위해정보수집(제품수거 포함)이 용이하다.

(2) 미국 수입제품안전 관련 기관

미국 CPSC는 공산품 분야를 총괄하여 전문적으로 안전업무 및 안전 관리정책을 수행하고 있는데, 최근 수입공산품 안전문제를 적극적으로 다루고 있고 괄목할 만한 성과를 거두고 있다. 2004년 CPSC는 자체 조직으로 국제협력부(Office of International

Programs & Intergovernmental Affairs)를 신설하고 강제안전기준 개발 시 주정부, 외국 정부 등과 협력, 수입제품 안전관리전략 수립·이행 업무를 하고 있다.

또한 주요 수입제품 제조국 정부 및 국제기구와의 협력, 외국 제조사들의 제품안전추구 촉진 등의 업무를 적극 수행하고 있다. 중국 수입제품의 안전성 문제가 본격적으로 불거진 2007년 7월에는 정부 내 각처 장관들로 구성된 수입안전위원회를(import safety) 발족하였고, 2008년 CPSC 내 수입감시부(import surveillance division)를 창설하였다. 이 부서는 결함제품·부적합 제품에 대한 빠른 식별, 수입감시절차에 훈련된 전문가 투입 등 수입제품 안전확보를 위해 설립되었다. 이 부서 설립 이후 수입제품검사 표본 수 확대, 잠재적 위해제품 조사, 다른 연방기관과의 협조 등 가시적인 업무성과를 올리고 있다. 또한 CPSC 조사원을 미국 주요 수입항구에 파견·근무시키고 있으며, CPSC의 제품안전표준 강화, 조사수행능력 향상을 통한 수입제품 감시활동 확대, 미국 전역 주요 세관 상주 등이 업무성과로 나타나고 있다.

한편, CPSC에서는 제품안전과 관련하여 제조자(수입/유통/판매상)를 대상으로 하는 지원업무를 수행하고 있는데, 그 내용은 제조·취급 소비제품의 규제 관련 정보제공, 안전표준 및 판매허가 관련 지원, 인증서 및 시험결과보고서 정보 제공, 안전위해 가능성 CPSC 보고 강화 관련 지원 등이다.

최근 CPSC 수입감시부의 대표적인 업무성과는 중국과의 긴밀한 협조 및 대중국 대응전략수행이다. 구체적으로 중국과 양해각서 체결, 2005년 미-중 제품안전회담 개최, 중국 제조사 협력·감독·강제적 역할 증대 등이다. 또한 외국 제품안전업무 담당기관 11개 국가와 MOU를 체결하였다(한국소비자원과 MOU 체결). 한편, 대미 수출업체(예 : 중국)에는 미국의 수입제품 안전관리제도를 비디오로 제작·공급하고, 긴밀한 협력관계 구축, 소비자제품안전협력, 정보 상호교환, 위험제품에 대한 조치 등의 성과를 거두고 있다.

이처럼 미국에서 수입제품안전에 대한 정책을 적극적으로 수행하고 있음에도 미국 사회에서 수입제품의 안전문제와 관련한 강력한 프로그램 실행 요구가 여전히 증가하고 있어 2008년 미국 의회에서는 CPSC의 수입제품안전관리업무예산을 증가시켰다. 그 이후 미국 주요 항구에 CPSC의 조사관 배치, 세관국경수비대(Customs and Border Protection)의 화물추적시스템 강화, 전문가를 활용하여 의심되는 수화물 조사·저지, 강제·임의안전표준에 대한 정보 제공, 연방정부·주정부·지역정부 기관 간 긴밀한 협조를 통한 수입규제 강화 등에 대한 업무가 더욱 활발해지고 있다.

미국의 수입제품 통관관리제도의 특징은 첫째, 수입제품에 대한 안전성 조사가 철저하다는 것이다. 예를 들면, CPSC 수입감시반에서 세관, 수출업자, 수입업자에게 표본 제출을 강력히 요구하며, CPSC가 제공하는 안전성 결과 통보 전까지 세관에서는 수입제품의 통관을 보류하도록 하고 있다. 둘째, 치밀한 통관절차 및 철저한 정보관리시스템으로 위해가능제품의 관리가 철저하다. 예를 들면, CPSC에 의해 표본조사가 요청된 경우 위해요소에 대한 사법권을 가진 세관원이 소유주나 수탁인에게 즉각적으로 알려 주도록 하고 있다. 고지를 받으면 소유주나 수탁인은 해당 유해물품을 보류하고 추가적인 기관 통보가 있기 전까지는 통관을 보류시킨다. 셋째, 소비제품안전법에 의거 강제안전기준 미충족 시, 인증서 및 라벨 미첨부 시, 금지된 유해물질 함유 시, 안전위해 가능성이 있을 경우 세관통과가 거절될 수 있도록 하는 강력한 조치를 취하고 있다.

(3) 수입제품 안전관리제도

미국 수입제품안전관리제도의 특징을 살펴보자. 첫째, 수입제품안전업무는 예방지향적이며 신속한 대응을 하고 있다. 구체적으로 안전관리 실행 원칙은 ① 예방(prevention) : 제조 및 유통의 최초단계에서 위험차단, ② 차단(intervention) : 국경에서 안전위해요인 발견 시 통관 불허, ③ 대응(response) : 위해노출 시 신속한 대응이다.

둘째, 수입제품의 안전을 확보하기 위해 제품설계부터 소비까지 전 단계별 제품안전관리업무를 수행한다. 생산단계에서 안전성 확보를 위해 생산공정에서 제조업자의 안전기준 준수와 제3자 시험, 검사시스템 구축을 유도하고 있다. 유통단계에서는 수입제품 유통경로에 대한 감시체계의 상시가동을 시행하고 있다. 예를 들면, 우려제품 조기발견 및 차단, 미국 내 판매단계에서의 안전위해제품의 신속조치(안전위해제품 신속 수거파기, 안전위해제품 정보 실시간 공유)이다. 한편, 소비단계에서 미국시장에서의 시장감시 및 강제수거 등 전통적인 안전관리시스템을 넘어 전 세계 공장 및 시장 간 연계된 안전관리전략을 수행하고 있다.

셋째, 미국의 경우 제품 설계단계에서부터 민간 분야 및 외국정부와 협조체제를 구축하고 있다. 안전기준에 부합된 제품설계 권고 및 안전위해제품을 쉽게 식별할 수 있는 효과적 기술의 활용을 추구하고 있다. 또한 국경과 시장에서의 감시 및 법률 적용 확대, 안전관리의 현대화를 의회에 요구(자체 시험설비 현대화 등 설비 보강, 수입제품시험 및 평가 개선), 중국과 그 외 국가들과의 회담 및 발안, 해외 제조사들을 포함한 민간영역과의 협조, 외국 제조업자 등에 대한 대응(국제 프로그램의 세부사항 제공 웹사이트 구축), 제품의 적절한 규제표준검사 업무를 철저히 수행하고 있다. 대표적인 사례로, 최근 비디오 뉴스와 TV광고를 통해 CPSC의 수입제품 안전 메시지가 전달(9억 6,600만 건)된 바 있다. 여기서 미국의 중국 수입제품안전관리 확보를 위한 노력을 구체적으로 살펴보면 다음과 같다.

- 2년 주기로 미국과 중국 간의 제품안전회담(불꽃놀이, 장난감, 전등, 전기제품 대상)
- 협력업무의 지속적 시행 및 개발 : 2005년 CPSC와 AQSIQ(중국)의 협력적 활동을 위한 액션 플랜(action plan) 결의(기술적 지원, 긴급협의를 위한 메커니즘 제공, 정보교환, 주요 영역이슈를 위한 워킹 그룹(working groups 창설)
- 2005년 중국 수입제품안전 향상을 위해 개발된 중국 프로그램 계획의 수시 점검 및 신속대응
- 위해제품이나 부적합제품 그리고 리콜에 대한 적절한 정보 교환
- 중국 정부 협조극대화를 위한 미국 규제요건에 대한 정보 제공 및 훈련
- AQSIQ(중국 국가품질감독검역총국)와 MOU 체결
- 중국 민간업체 대상 지원(중국 제조업체 대상 정보 제공, 미국 안전규제환경에 대한 정보전달)

넷째, CPSC는 웹사이트를 통해 외국 공무원, 제조업자, 수출업자들을 대상으로 미국의 제품안전 요건에 관한 적극적인 정보 제공을 하고 있다. 2008년 중국어 사이트를 개설(향후 추가 언어버전 제공 예정)하였고, NIST, ANSI와의 협력강화를 시도하였다. 또한 제품설계, 제조단계에서 자발적 준수, 강제표준 준수, 제3자 시험 및 인증 모범 사례를 외국의 제조업자에게 제공하고 있다. 최근 미국 장난감 제조업체를 대상으로 장난감 안전인증프로그램 개발계획을 발표하였다. 게다가 수입업체, 외국 제조업체, 외국공무원 등을 대상으로 제품안전요건 및 안전확인절차, 제품안

전규제법규, 안전기준 등에 관한 교육을 확대시키고 있는데, 주요 교육내용은 미국의 시험 및 인증방법, 모범사례, 해당 정보검색방법 등이다.

다섯째, 외국 제조공장에 대한 안전검사활동이다. 산업계 및 표준개발기관과 공동으로 안전기준 및 인증절차를 개발하였고, 인증의 경우 제품에 대한 독립적인 시험과 원부자재의 품질을 보증하기 위한 부품이력제를 도입하였다. 또한 외국 수출품질관리 기관을 대상으로 안전한 소비자제품 제조 핸드북, 수입업계를 위한 지침서, 수입제품 안전관리에 관한 안내서 등을 개발하여 배포하고 있다.

여섯째, CPSC 수입감시과의 수입제품 검사활동 강화이다. 수입감시과에서는 미국 주요 세관에 수입감시원과 직원을 배치하여 X-Ray 기술을 활용한 첨단감시장비를 활용한 수입제품 무작위검사, 미국 세관 및 국경수비대와 협력 등의 업무를 강화하고 있다. CPSC 파견직원은 세관 및 국경수비대(CBT)의 데이터 및 기술 그리고 미국 국제무역데이터시스템(ITDS)과 전자거래환경(ACE) IT 시스템을 활용하여 미국으로 수입되는 위험제품을 확인·추적한다. 또한 국경수비대시스템을 사용하여 항구에 도착한 제품은 물론 선적지에 대기 중인 제품에 대한 정보수집을 철저히 하고 있다. 한편, 국경수비대는 제품안전 혹은 기타 법을 위반할 가능성이 있는 제품 수입을 중단시키고 국경수비대 자체 시험소에서 안전성 평가를 시행한다. 국경지대 세관관할구역 내에 상주하는 CPSC 직원은 수입제품검사 및 단속권한을 가지고 있다. 세관 및 국경수비대에서 안전위해제품 또는 안전기준미준수제품 발견 시 수입업자 부담으로 해당 제품을 강제수거·파기 권한을 가지고 있다.

일곱째, 제품리콜 등 수입제품의 적극적 사후관리제도가 효율적으로 수행되고 있으며, 소매상에게는 리콜 대상 수입제품을 신속하게 제거하도록 정보를 제공하고 있다. 소매업자가 CPSC가 제공한 안전위해정보를 활용하여 재고품목과 구매예정제품에 대한 안전성을 검토하도록 조치하고 제품으로 인한 사고사례 수집·분석 데이터를 토대로 위험에 대한 조기경보시스템을 운영하고 있다. 그 외에도 세계국가와 리콜에 관한 정보 교환, 제품추적기술을 활용하여 제품을 효율적으로 추적하고 있는데, 외국 정부, 의회, 민간부문, 작업반의 기타 연방기관들과 함께 공동협력 등을 통해 업무가 효율적으로 수행되고 있다.

2) 유럽의 수입제품안전관리법제도

(1) 유럽의 위해정보수집제도

유럽의 제품안전관리제도의 대표적인 것은 유럽공동체에서 광범위하게 운영되고 있는 신속교환정보시스템인 RAPEX(Rapid Alert System for Non-food Consumer Product)이다. RAPEX는 유럽연합을 포함한 30개국(EU 27개국, 아이슬란드, 리히텐슈타인, 노르웨이)에서 유통되는 위해제품정보에 대한 신속경보시스템이다. 최근 RAPEX는 중국과의 협력체제 구축으로 수입제품의 안전성 확보를 위한 정보시스템의 성과를 올리고 있다. 제품위해성에 대한 RAPEX의 공표건수 중 중국제품이 절반

소비자안전코너 9-1

캐나다의 유모차 수입제한

캐나다는 최근 유아보행기의 수입 및 유통 등에 대해 전면 금지조치를 내려 관심이 모아지고 있다. 이 같은 조치는 최근 발생한 유아 추락사 등으로부터 아이들을 보호하기 위한 것이다. 캐나다 통계청에 따르면 1세 미만의 아이들이 유아보행기를 타고 이동할 수 있는 속도는 초당 1m로서, 이는 부모가 잠시 아이에게 눈을 뗀 사이에 사고가 일어나기에 충분한 조건이며, 대부분의 유아보행기 사고는 두부손상, 감전, 추락사 등 치명적인 사고로 이어진다. 미국 통계에서도 2003년 한해 2만 3,000건의 유아보행기 사고가 발생한 것으로 집계됐다. 이미 캐나다는 1989년에 자체적으로 유모차 생산 및 수입에 제한을 둔 바 있다. 그러나 중고시장이나 인터넷 쇼핑 등을 통해 쉽게 유모차를 구입할 수 있는 상황에서 유아보행기 사용률은 연간 꾸준한 성장세를 보였으며, 현재 캐나다에는 약 50만 대의 유아보행기가 유통되는 것으로 추정하고 있다. 이는 5세 미만의 자녀를 둔 가구 중 3가구당 1가구가 사용하고 있는 것과 같은 추세이다.

이번 캐나다 연방정부의 조치에 대해 미국 유아용품생산협회는 반대 성명을 내고, 1997년부터 미국에서는 유아보행기에 대한 신규 기준을 제정해 유아보행기 사고건수를 연간 5,000건 이하로 줄였기 때문에 캐나다 정부도 미국과 같은 기준을 적용하면 될 것이라고 주장했다. 실제로 미국에서는 유아보행기를 크게 만들어 쉽게 문을 통과하지 못하도록 했기 때문에 사고로부터 아이들을 충분히 보호할 수 있다고 한다. 더군다나 유아보행기에 의한 사고를 예방하기 위한 연구가 계속 진행 중이므로 유아보행기 관련 사고는 계속 줄어들 것이라 전망했다.

그러나 캐나다 관계부처에 따르면 아직까지 미국에서 통용되는 기준을 적용하더라도 유아들이 위험에 노출돼 있는 상황은 변하지 않을 것이라 주장하고 있다. 또한 이번 조치로 인해 유아 보행기 외에 각종 유아용품들에 대한 안전도 검사가 강화되고 일부 품목에 대해서는 제한조치가 내려질 것으로 예상돼 유아용품 생산업계들은 앞으로의 추세를 예의 주시하고 있다.

출처 : KOTRA, 2004년 4월 9일

이상을 차지함에 따라 2006년 중국의 AQSIQ와 MOU를 체결하였다. MOU 체결 이후 중국의 AQSIQ는 RAPEX로부터 제품위해정보를 즉각 제공받고, 중국 정부는 이를 토대로 중국산 위해제품에 대한 중국 정부의 위해제품 관련 조치 및 관련 이행 사항을 3개월마다 RAPEX에 통보한다.

최근 2006년부터 2년간 중국산 위해제품에 대한 RAPEX 공표건수 중 약 절반(53% : 수출제한 32%, 감시강화 10% 등) 정도를 중국 정부가 받아들여 조치하는 성과가 있었다. 유럽 RAPEX는 체계적인 위해정보망 확충이 제품안전관리제도 실행의 가장 효과적인 수단임을 알려 주며, 국제 간의 제품안전망 연계 및 협력체계가 중요함을 알려 준다.

(2) EU의 각종 수입제품 관련 법제도

EU의 수입제품 관련 관세제도는 직·간접적으로 영향을 미친다. 소비자안전을 이유로 각종 무역규제 및 장벽을 만들기도 하는 것이 현실이다. 유럽의 수입제품관리에 대한 이해를 돕기 위해 수입제품 관련 EU의 규제제도를 살펴보면 다음과 같다.

① 원산지 규정

원산지규정은 어떤 국가가 외국으로부터의 수입상품에 대해 관세부과 여부를 결정하기 위해 수입제품의 원산지 국가를 적용하는 각종 법률 및 행정제도를 말한다. EU는 원산지 규정을 현지부품사용비율과 결부시켜 역외국의 대 EU 투자가 단순한 조립공장수준에 머물지 않고 EU의 실질적인 산업발전과 역내산업보호를 위한 통상정책도구로 사용하고 있다. 즉, EU 역내에서 외국기업이 단순조립하거나 가공공정을 거치지 않고 단순히 EU 역내를 경유하거나 선적만 하는 것에 대해서는 유럽을 원산지로 인정하지 않는다. 그러나 어떤 제품이 EU 역내에서 생산되었거나 가공되었는지의 여부를 판정하는 것은 쉽지 않기 때문에 EU는 현지부품사용비율을 측정하여 판정한다. EU는 외국기업이 EU 현지투자를 위장해 단순한 부품조립공장을 역내에 설립하여 역내 국가에 재수출하는 우회수출전략을 봉쇄하기 위하여 EU산 부품을 부가가치기준으로 50% 이상 사용하지 않으면 EU 역외산으로 판정하여 반덤핑관세를 부과시키고 있다.

② 반덤핑관세

WTO협정과 함께 본격화된 자유무역의 활성화는 EU로 하여금 자국의 특정산업이 외국의 덤핑수출에 대응하도록 1994년 반덤핑, 관세, 상계관세 및 긴급수입제한 조치 규정을 만들게 하였다. 즉, EU는 역외국의 대 EU 수출가격이 동종제품 수출국의 자국 내 판매정상가격보다 낮아 EU 산업이 피해를 입거나 피해를 입을 우려가 있을 때, 해당 상품에 덤핑을 방지하는 관세를 부과하도록 WTO 반덤핑협정 규정을 제정하였다. 여기서 EU의 반덤핑 규정을 수입제품에 적용하기 위해서는 첫째 덤핑에 대한 증거가 있어야 하며, 둘째 덤핑으로 인해 EU 산업이 피해를 입거나 위협을 받고 있다는 증거가 있어야 하고, 셋째 제안된 덤핑방지책이 EU의 공동이익과 합치되어야 한다는 3가지 조건이 충족되어야 한다. 그럼에도 불구하고 EU는 일방적이고 불투명한 반덤핑 규정을 빈번하게 사용함으로써 국제 간 민감한 무역 이슈가 되고 있다.

③ 상계관세

한편, EU는 역외수출국이 직접보조금 혹은 간접보조금을 지급하여 EU 역내 산업에 피해를 입히는 경우 이를 불공정무역으로 간주하고 각료이사회의 승인을 얻어 역내수입상품에 대해 상계관세(counterveiling duty)를 부과하고 있다. 그러나 EU 자체가 보조금정책을 많이 활용하고 있고, 보조금의 정확한 해석이 어려우므로 상계관세 부과는 극히 제한적으로 활용되고 있다.

④ 긴급수입제한

GATT 19조는 생산과 수출에 대한 예외조항으로 외국으로부터의 수입으로 국내 산업이 심각한 피해를 입거나 피해를 입을 우려가 있는 경우 수입량을 제한할 수 있는 긴급수입제한조치(safe-guard measure)를 인정하고 있다. 따라서 EU 집행위원회가 EU 생산업자의 피해를 인정하면 3년간의 수량제한 조치를 부과하고 있는데, 주로 섬유, 제철, 자동차 그리고 전자 등의 품목에 부과되며, 이 경우 수량제한은 자율수출규제(VER)의 형태로 주어진다. 그러나 EU회원국과 제3국 간의 쌍무협정에 의해 세이프가드 조항이 없으면 긴급수입제한 조치가 부과될 수 없다.

01 국내의 수입통관제도 및 통관법

1. 수입통관절차

다음 그림을 간략히 요약하자면 한국의 수입통관절차는 수출입 신고 → 화물검사 → 관세징수 → 통관·반출입 → 통관 종료를 거치게 되며, 이 절차의 이행을 위하여 통관 관련 법령, 통관 제도 및 절차, 통관 관습 등에 숙련되어야 원활한 통관 절차를 수행할 수 있다.

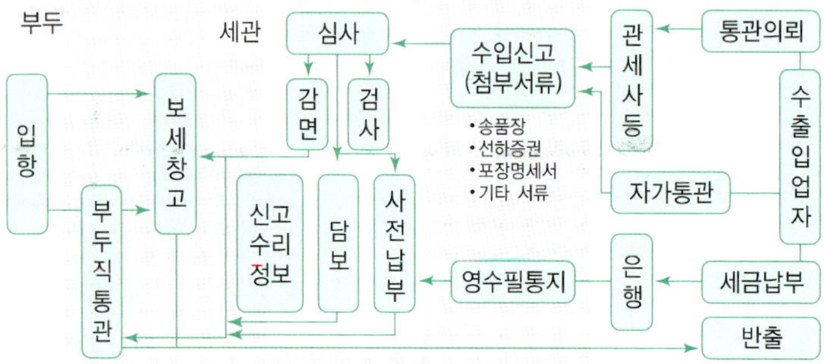

수입통관의 흐름도

출처 : 관세청 홈페이지

2. 수입통관제도

1) 서류 없는(paperless) 수입통관제도

관세청에서 시행하는 제도로 수입신고의 정확도가 높고, 체납사실이나 관세법 또는 환급특례법 위반사실이 없는 성실업체로 지정을 받은 업체가 이용할 수 있다.

2) 부두직통관제도

관세청에서 시행하는 제도로 컨테이너 화물의 신속한 통관을 위하여 부두에서 바로 반출할 수 있도록 한다. 이 제도를 이용하면 수입물품의 운송, 보관에 따르는 기업의 물류비용을 절감할 수 있다.

(1) 이전의 통관제도

수출입화물은 공항 또는 항만에서 하역과 동시에 생산 공장까지 직반출 방식으로 적기수송(just-in-time)하는 것이 가장 효율적이다. 이는 수출입화물의 이동경로가 복잡하고 하역 후 여러 곳을 돌아다니게 되면 운송료, 하역료 등 기업들의 직접경비 부담이 늘어날 뿐 아니라 도로파손, 소음공해 등으로 사회적 비용이 증가되기 때문이다. 미국, 유럽, 일본, 싱가포르 등 대부분의 국가들은 이러한 측면에서 입항된 화물이 하역과 동시에 부두 내에서 직통관 처리되도록 물류시스템을 선진화하여 운영하고 있다. 우리나라는 부산항 등 주요 항만이 하역기능 위주로 운영되고 통관을 부두 밖에서 하는 낡은 관행이 유지되고 있어 현재 대부분의 화물이 부두 밖 ODCY(Off Dock Container Yard)로 이송되고, 일부는 다시 일반보세창고로 옮겨져서 통관됨에 따라 시간과 비용이 낭비될 뿐만 아니라, 이는 전반적 통관지체 및 물류비용 증가의 한 원인이 되기도 했다.

(2) 통관제도의 혁신

관세청에서는 전반적 통관 지체 및 물류비용 증가의 문제점을 해결하고 수출입 물류체계를 근원적으로 혁신하기 위하여 부산항 등 우리나라의 주요 항만에서 화주가 부두 직반출(직통관 및 보세 운송)을 희망하는 물품의 하선장소를 부두 내로 제한하여 즉시 처리하는 부두직통관제를 도입·시행하고 있다. 현재 부산항, 인천항, 광양항, 평택항으로 반입되는 컨테이너 화물에 대하여 이 제도를 시행하고 있으며, 기타의 항만에 대하여는 항만별 여건에 따라 점차 확대·시행할 계획이다.

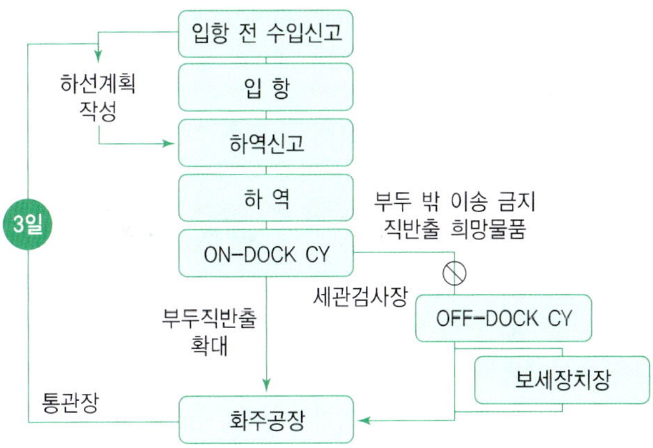

부두직통관제도

출처 : 관세청 홈페이지

(3) 부두직통관제도의 장점

부두직통관제도는 통관소요시간 단축 및 기업물류비 획기적 절감이 가장 큰 장점이다. 부두직통관제 실시로 인한 기대효과는 입항 후 국내시장 유통단계까지의 소요시간이 종전 15일에서 3일로 단축되고 금융비용을 포함하여 연간 약 5,000억 원 상당의 물류비용 절감이 예상된다.

3) 보세구역제도

보세구역제도란 외국물품을 세금을 납부하지 않은 상태에서 장치, 제조·가공, 건설, 판매, 전시할 수 있도록 허용한 관세법상의 제도를 말한다. 이 제도는 중계무역과 가공무역 등 수출진흥에 기여하고 수입물품에 대해서는 보다 안전하고 효율적으로 화물을 관리할 수 있을 뿐 아니라 화주가 본인의 화물을 손쉽고 원활하게 통관해 갈 수 있도록 한다. 보세구역은 효율적인 화물관리와 관세행정의 필요성에 의하여 세관장이 지정하거나 특허한 장소로서 수출입 및 반송 등 통관을 하고자 하는 외국물품을 장치하거나, 외국물품 또는 외국물품과 내국물품을 원재료로 한 제조, 가공, 기타 유사한 작업, 외국물품의 전시, 외국물품을 사용하는 건설, 외국물품의 판매, 수출입 물품의 검사 등을 하는 곳이다.

(1) 보세구역

보세구역은 지정보세구역과 특허보세구역 및 종합보세구역으로 구분된다.

- 지정보세구역은 국가 또는 지방자치단체 등의 공공시설이나 장소 등 일정구역을 세관장이 보세구역으로 지정한 지역을 말하며 여기에는 지정장치장과 세관검사장 2가지가 있다.
    - 지정장치장 : 통관을 하고자 하는 물품을 일시 장치하기 위한 장소로서 세관 구내 창고와 항공, 항만을 관리하는 법인이 운영하는 창고로 물품의 장치와 검사를 한다.
    - 세관검사장 : 통관하고자 하는 물품을 반입하여 세관의 검사만을 받도록 한 장소로 통상적으로 공항만 내에 위치하고 있어 통관의 신속을 기하도록 하고 있다.
- 특허보세구역은 일반개인이 신청을 하면 세관장이 특허해 주는 보세구역이다.
- 종합보세구역은 특허보세구역의 모든 기능(보관, 제조·가공, 건설, 전시, 판매)을 복합적으로 수행할 수 있는 보세구역으로, 지정보세구역이나 특허보세구역과는 달리 관세청장이 지정하며, 일반기업이 종합보세구역제도를 이용하기 위해서는 종합보세구역에 입주하여 세관장에게 종합보세사업장 설치·운영신고를 하여야 한다.

(2) 자율관리보세구역제도

자율관리보세구역은 지정보세구역 또는 특허보세구역 중에서 물품의 관리와 세관의 감시에 지장이 없다고 인정된 보세구역에 대하여 화물관리를 운영인 또는 화물 관리인에게 위임하여 자율적으로 운영하도록 함으로써 세관의 직접적인 규제를 가급적 완화하고 관세행정의 능률적인 수행과 질서유지를 위하여 세관장이 지정한 보세구역을 말한다. 자율관리보세구역에 대해서는 정해진 세관절차를 생략할 수 있으며 이러한 절차는 운영인의 책임하에 보세사가 그 업무를 수행하도록 하고 있다. 자율관리보세구역제도의 이점은 다음과 같다.

- 보세공장 보세건설장 외 작업 허가 시 담보 제공 생략
- 세관직원에 의한 세관봉인대의 시봉 및 관리 생략
- 내국물품의 반·출입신고 생략
- 식품위생법, 축산물가공처리법 규정에 의한 표시작업 및 벌크화물의 사이로 적입을 위한 포장제거 작업의 경우 보수작업 신청 생략
- 환적화물 컨테이너 적·출입 작업신고 생략
- 재고조사를 분기별 1회에서 연 1회로 완화
- 보세구역 운영상황의 점검생략

02 수출입 요건

수출입에는 통관제도 외에도 여러 제도들이 규정되어 있다.

1. 지적재산권보호제도

지적재산권의 종류는 상표권, 저작권, 특허권, 실용신안권, 디자인권 및 부정경쟁으로부터 보호되는 제 권리를 총칭하는 넓은 의미로 사용된다. 산업발전을 진흥하고 정보화 사회를 주도하는 지적재산권을 국제적으로 보호하기 위하여 WTO는 TRIPs 협정을 체결하여 지적재산권 보호에 대한 국제적인 통일을 이루고 지적재산권 침해물품의 국제거래를 엄격히 금지하고 있다. TRIPs란 'Trade Related Aspects of Intellectual Property Rights Including

Trade in Counterfeit Goods'를 말한다. 이에 따라 세관은 국제적으로 금지되고 있는 불공정 무역행위인 상표권 침해물품 및 저작권 침해물품의 수출입을 제한하고 있다(관세법 제235조).

관세법에 의한 상표권 및 저작권 침해물품의 통관보류 외에 '사법경찰관리의 직무를 행할 자와 그 직무범위에 관한 법률'에 의해 수출입 관련 지적재산권 침해사범에 대한 수사권이 세관 공무원에게 부여되어 있다. 이로 인해 세관 공무원이 수출입 관련 기타 지적재산권 침해사범에 대해 조사하여 처벌하고 있다.

2. 원산지제도

1) 원산지

원산지란 수출입 물품의 국적으로 그 물품이 성장했거나, 생산·제조·가공된 지역을 말한다. 일반적으로 원산지는 정치적 실체를 지닌 국가를 의미하나 한 국가의 국경선 밖에 있는 식민지, 속령 또는 보호령과 중국 귀속 후의 홍콩, 마카오 등과 같이 독립적 국가가 아닌 지역도 원산지가 될 수 있다.

그러나 EU, NAFTA, ASEAN 같은 정치적·경제적 독립체가 아닌 지역협력체인 경우에는 원산지 국가가 될 수 없다. 원산지 관련 국제규범이 있으나 각국은 자국의 이익에 따라 해석·적용하여 원활한 무역을 저해하는 경우가 있어, WTO에서는 보다 명료하고 국제적으로 통일된 원산지 규정의 제정을 추진하고 있다. 우리나라의 원산지 표시제도는 1991년부터 시행되고 있다.

2) 수출입품목에 원산지 표시 목적

- 생산활동의 세계화현상으로 2개국 이상에 걸쳐서 생산되는 물품이 증가하고 있다. 이러한 생산과정에서 원산지를 표시함으로써 품질이 떨어지고 임금이 싼 국가의 저가 수입품과 OEM 방식으로 생산한 수입품이 국산품으로 둔갑하는 것으로 구매과정에서 소비자가 피해를 보지 않도록 한다. 그 뿐 아니라 특정 지역 생산품이나 양질의 물품을 생산하는 자(국가)는 원산지를 표시함으로써 소비자로부터 우선 구매의 이익을 얻게 된다.
- 병충해 발생 지역(국가)으로부터의 수입, 멸종 위기에 처한 동·식물 등의 국제거래를 통제할 수 있도록 하여 국민 보건과 자연환경에 대한 보호기능을 한다.

- 특정 국가나 지역으로부터 수입하는 특정 물품에 대하여 호혜적으로 관세양허 등 특혜조치를 취할 때나, 저가 수입 물품에 대한 덤핑 관세를 부과하거나 긴급수입 제한조치 또는 수입 수량을 할당할 때는 당해 물품의 원산지가 기준이 되므로 산업 및 무역정책에 있어서도 중요한 역할을 한다.

3) 원산지 결정기준

원산지 결정기준이란 원산지를 인정하기 위한 기준으로서 결정기준에 따라 정한 원산지는 원산지표시, 무역통계 등에 사용되며, 의심스러운 경우 원산지증명서로 확인하게 된다.

- 완전생산기준(wholly produced criterion) : 1개국에서 물품이 완전히 획득·생산 또는 사육, 번식된 경우에 당해 국을 원산지로 인정하는 제도(기준)
- 실질적 변형기준(substantial transformation criterion) : 당해 물품이 2개국 이상에 걸쳐 생산되는 경우보다 중요한 공정이 보다 많이 수행된 나라를 원산지로 인정하는 기준
- 세번 변경기준 : 하나의 상품이 2개국 이상에서 생산·제조되었을 경우, HS번호(세번)의 6단위 변경이 발생한 나라에서 실질적 변형이 이루어진 것으로 보아 원산지를 인정하는 제도이다. 다만, 원산지결정에 있어서 HS변경기준의 적용 시 관세율표 해석에 관한 통칙 제2호(미조립 완제품)의 개념은 적용하지 않는다.
- 부가가치기준(또는 부품의 가액비율) : 당해 물품에서 차지하는 원료 및 구성품의 가격비율(부가가치율)을 산출한 후 일정비율 이상의 부가가치를 차지하는 국가에 원산지를 인정하는 제도이다. 대외무역법령은 부가가치율 35% 이상을 생산한 국가에 원산지를 부여하고 있으며, 이 기준이 적용되는 품목은 카메라 1개 품목이다.

섬유류의 원산지 결정기준

품 목	원산지 결정기준
재단된 부품(직물)을 봉제하여 생산되는 물품(양복, Y셔츠, 넥타이 등)	봉제공정 수행국
편물된 부품을 봉제하여 생산되는 물품(스웨터 등)	봉제공정 수행국
제품형태로 편직되는 물품(스타킹 등)	편직공정 수행국
자수제품자수비용이 원단가격의 50% 이상일 때	자수공정 수행국
자수비용이 원단가격의 50% 미만 때	제직 또는 편직공정 수행국
모포 및 타월 등 방직제품	제직 또는 편직공정 수행국

- 가공공정기준 : 대외무역법령에서는 의류·수건류·양말류·넥타이 등 섬유류와 가축 및 그 고기에 대하여 각 품목별로 중요한 공정이 수행된 국가를 원산지로 한다.

3. 특혜원산지제도

특정 국가와의 무역 촉진을 위하여 기본(실행)관세율보다 낮은 관세를 부과하는 경우 적용하는 제도로서 관세법 및 협약에서 관련 사항을 규정한다. 특혜원산지제도 적용물품은 다음과 같다.

- 최빈개발도상국에 대한 특혜관세(관세법 제76조) 적용 대상물품
- 세계무역기구협정 등에 의한 양허관세규정 제3조 세계무역기구협정 개발도상국 간(TNDC)의 양허관세 적용 대상물품
- 세계무역기구협정 등에 의한 양허관세규정 제4조 아시아·태평양무역협정(APTA)의 양허관세 적용대상물품
- 세계무역기구협정 등에 의한 양허관세규정 제5조 유엔무역개발회의(UNCTAD) 개발도상국 간 특혜무역제도(GSTP)의 양허관세 적용 대상물품
- 한칠레 FTA, 한유럽자유지역 FTA에 의한 양허관세 적용물품(자율발급)
- 한싱가포르자유무역협정(FTA)에 의한 양허관세 적용물품(세관발급)
- 남북교역 대상물품(남북교류협력법 제26조 제2항 단서) (개성산 → 원산지 신고서)

03 미국의 통관제도

1. 원격지 통관제도

원격지 통관제도(RLF : Remote Location Filing)란 수입 시 검사를 받아야 할 화물이 있는 도착항 또는 지정항구에서 멀리 떨어진 수입자나 관세사가 세관업무를 처리하기 위하여 직접 세관에 방문 없이 전산시스템으로 신고데이터만 전송하여 시간과 경비를 절약하는 큰 혜택을 볼 수 있는 제도이다.

- 원격지 통관제도(RLF)는 1993년 12월 입법된 NAFTA시행법상의 통관현대화법에 의하여 개발·도입한 제도이다. 이는 수입자나 관세사의 통관 업무를 세관이 임의로 설정한 행정 구역에만 의존하는 것을 방지하고 자유로운 수입신고를 보장하기 위하여 고안된 것이다.
- RLF제도에서는 화물의 도착항구 세관에서 더 이상 통관수속을 할 필요가 없다. 신고자료를 갖고 있는 경우, 수입자 또는 수입자가 고용한 직원이 직접 세관을 가지 않고 전자적으로 자료만 전송하면 된다.
- RLF이용을 승인받은 수입자나 관세사는 소비용 물품과 간이수입물품($1,250 이하 물품) 수입신고 시, 전자 물품송장을 포함 전자교역 데이터를 작성하여 RLF를 운영하는 세관에 전송하면 된다.
- RLF는 수입자가 수입물품의 화물 지정검사장 또는 지정항구의 관할 세관과 다른 RLF운영세관을 선택하는 것을 허용한다.
- 수입자나 관세사는 RLF자격요건을 갖추면 RLF를 이용할 수 있다.

2. RLF의 이점

- 신속하고 일관된 화물처리로 인한 통관수속시간 단축
- 편리한 통관 기록유지(예 : 하나의 데이터베이스로 집중관리)
- 서류의 구입, 생산, 처리 및 보관 비용을 크게 절감
- 기타 제반경비의 절감(영수증 발행 및 회계장부 등)
- 전산자원의 활용성 개선
- 전자상거래 시장에서의 충분한 경쟁력 확보
- 고객에 의해 감지될 수 있는 최첨단의 진보적인 기업으로 발전
- 현지에 지사 설립이나 주재 직원 없이 전국적인 사업 영역망 확대 가능
- 현장유지비용(인력, 임대 및 유지비용 등) 없이 한 장소에서 서비스를 받을 수 있는 유연 확보

10

CHAPTER

중고제품의 소비자안전

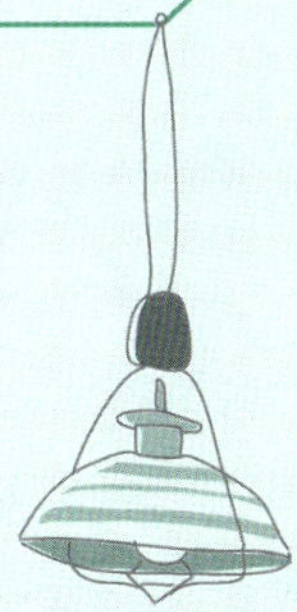

10
CHAPTER

중고제품의 소비자안전

최근 경제불황 여파로 중고제품을 찾는 소비자가 급격히 늘어나 중고시장이 활성화되고 있다. 가전제품이나 가구는 물론 의류나 액세서리, 유아용품까지 없는 중고제품이 없고, 결혼을 준비하는 부부들 역시 신접살림을 모두 중고제품으로 채우는 경우도 생기고 있다. 중고품을 전문적으로 판매하는 업체들을 우리 주변에서 친숙하게 찾아볼 수 있는데, 오프라인은 물론 온라인상의 중고제품거래도 점차 확대되고 있어 경제·환경 측면에서 긍정적 측면이 많은 것은 사실이나 중고시장의 급작스러운 성장 속에서 안전하지 못한 중고제품으로 인한 소비자피해 역시 날로 늘어나고 있는 실정이다.

특히, 중고가전제품은 일반중고제품과 달리 안전성이 크게 염려되는 품목이지만 아무런 규제 없이 유통되고 있다. 제품의 안전성을 높이기 위해서는 폐가전제품의 유통을 원천적으로 막고, 효율적인 안전사고 원인규명시스템이 마련되어야 하며, 제조일로부터 10년이 지났거나 수리된 제품의 안전사고에 대비해 판매업체의 보험가입을 의무화할 필요가 있다. 또한 모든 판매용 중고가전제품에 대해 판매 전 성능 및 안전점검을 실시하도록 하는 등 판매와 관련된 전반적인 사항에 대한 세부지침을 만들어 중고가전제품 판매업체가 준수하도록 해야 한다. 본 장에서는 중고제품 관련 소비자문제, 관련 법제도, 중고제품으로부터 소비자안전 확보방안 등에 대해 살펴보고자 한다.

1. 중고제품의 안전

1) 중고제품 거래증가와 사기피해증가

경제불황 등으로 중고거래가 늘어나고 있다. 최근 온라인거래 사이트 등 관련 업계의 올해 중고거래가 2배 가까이 늘어나는 등 중고시장이 급격히 활성화되고 있다. 특히, 도서음반, 취미수집 관련 중고물품의 거래증가는 급격하고 당장 쓰지 않는 수집품과 생활골동품들이 중고거래 1순위인 것으로 나타났다. 휴대전화, 생활가전, 컴퓨터 등 전자제품의 중고거래도 큰 폭으로 증가하고 있다. 뿐만 아니라 식품, 여성의류, 분유·기저귀 등 여성이 주로 구입하는 상품거래도 큰 폭으로 늘었다. 말 그대로 '우표부터 기저귀까지' 돈만 되면 내다 팔고 있는 것이다.

그런데 중고거래증가와 함께 온라인거래의 특성을 악용한 사기피해도 급증하고 있다. 대표적인 사기피해 정보공유 사이트인 '더치트(www.thecheat.co.kr)' 에 따

소비자안전코너 10-1

수리 시 헌부품 사용하거나 10년 넘은 중고가전제품 많아

알뜰소비를 중시하는 소비자 사이에 중고가전제품이 인기를 끌고 있으나, 비전문가가 수리하는 등 안전사고가 발생할 위험이 크다. 한국소비자원에서는 전국 가전제품판매업체 60개소를 대상으로 조사한 결과, 중고가전제품은 제조시점에서 6~9년 된 제품이 가장 많았다. 10년 이상 된 제품도 많아 노후화 등으로 인한 안전사고 발생가능성도 클 것으로 추정된다. 제조일로부터 10년이 지난 제품의 경우 제조물책임법상 손해배상 청구권의 소멸시효(10년)가 완성돼 안전사고가 발생해도 적정한 보상을 받기 어렵다.

또한 보증기간 등 표시가 없어 피해보상이 어렵다. 중고가전제품 수리 시 제조사에서 공급하는 순정품을 사용하는 비율은 에어컨만 50% 정도이고 나머지 품목은 30% 내외였다. 즉, 품목에 따라 50~70% 정도가 가격 등의 이유로 유사규격 또는 중고부품을 사용했다. 비자격자가 수리하거나 비규격부품을 사용해서 부적절하게 수리돼 안전사고로 이어질 경우, 배상책임은 제조업체가 아닌 판매자에게 있으나 영세한 판매자가 제대로 보상해 주기 어렵다.

대다수 조사대상업체(98.3%, 59개소)는 중고가전제품에 대해 품질보증을 실시하며 보증기간은 6개월인 경우가 가장 많아(62.7%, 37개소) 품질보증에는 큰 문제가 없었다. 그러나 중고가전제품의 보상책임소재를 명확히 하고 원활한 보상을 위해서는 판매자의 상호·연락처·판매일·보증기간 등 적정한 표시가 필요하나, 대상업체의 33.3%가 이를 표시하지 않았다.

출처 : 소비자시대, 2005년 12월호

르면 중고거래 사기신고가 증가하고 있다. '중고나라' 라는 카페의 경우도 1년간 사기피해신고만 5,000~6,000여 건에 달하고 있다. 더치트의 사기거래피해사례 신고 건수는 2006년 6,300여 건, 2007년 9,200여 건, 2008년에는 1만 1,000건으로 급증하고 있다. 296만 명이 가입한 포털사이트 네이버의 중고물품거래 카페 '중고나라' 에는 2008년 한 해 동안 총 5,626건의 사기피해사례가 집계됐다. 대포통장, 대포폰으로 거래를 한 뒤 잠적하는 전형적 사기수법부터 불량제품을 건네는 얌체형까지 그 유형도 다양하다.

2) 중고제품 안전사고 급증

중고가전제품 판매점에서 제품수리 시 순정품 대신 유사규격 또는 중고부품을 많이 사용해 안전사고발생 위험이 높은 것으로 조사됐다. 제품별로는 VTR에 유사규격 또는 중고부품이 가장 많이 사용되었고(73.4%), TV 73.3%, 세탁기 71.1%, 냉장고 69.4%, 전자레인지 64.8%, 에어컨 45.8% 순으로 집계됐다. 또한 중고가전제품에 판매자의 상호, 연락처, 판매일자, 보증기간 등을 표시하지 않은 업체가 33.3%(20개소)에 달해 피해보상 책임소재와 관련한 분쟁이 발생할 우려가 있는 것으로 나타났다. 또한 무자격자에 의한 수리나 유사규격 부품 등을 사용하여 수리한 중고가전제품이 부적절하게 수리되어 안전사고로 이어질 경우, 배상책임은 제조업체가 아닌 판매자에게 있으나, 영세한 판매자가 제대로 보상해 주기 어렵기 때문에 관련 소비자피해를 예방하기 위해서는 제도적 보완이 필요하다.

2005년, 서울 등 5대 도시 가전제품판매업체 60개소를 대상으로 조사한 결과, 조사 대상 업체에서 보유하고 있는 중고가전제품은 제조시점에서 6~9년 된 제품이 가장 많은 것으로 나타났다. 게다가 10년 이상 된 중고제품을 판매하는 경우도 많아 제품노후화 등으로 인한 안전사고 발생가능성도 큰 것으로 조사됐다. 제조일로부터 10년이 경과한 제품의 경우 제조물책임법상 손해배상 청구권의 소멸시효(10년)가 완성되어 안전사고가 발생할 경우에도 적정한 보상을 받기 어렵기 때문에, 이에 대한 보완책이 강구돼야 할 것으로 지적됐다. 한편, 중고가전제품에 대한 품질보증은 98.3%의 업체가 실시하고 있었으며, 보증기간은 6개월이 62.7%로 가장 많았다.

3) 중고제품업체 관리강화

중고가전제품은 일반중고제품과 달리 안전성이 크게 염려되는 품목임에도 불구하고 현재 아무런 규제 없이 유통되고 있다. 중고가전제품의 안전성을 높이기 위해서는 중고가전제품에 대한 제조물책임대책이 마련되어야 한다. 한편, 쓰레기로 버려진 폐가전제품과 중고제품의 구분을 명확히 하여 폐가전제품의 유통을 원천적으로 막아야 하고, 제조일로부터 10년이 경과된 제품이나 수리된 제품의 안전사고에 대비해 판매업체의 보험가입을 의무화할 필요가 있다. 또한 중고가전제품 판매업을 신고업종으로 전환하여 이 업종에 대한 기본적 관리가 이루어져야 한다.

끝으로 모든 판매용 중고가전제품에 대해서는 판매 전에 성능 및 안전점검을 실시하도록 하고, 중고가전제품의 판매와 관련된 전반적인 사항에 대하여 세부지침을 만들어 중고가전제품 판매업체가 준수하도록 해야 할 것이다.

소비자안전코너 10-2

신상 같은 중고 : 품질 그대로 가격 절반 '리퍼브 상품'

'리퍼브 상품'이란 소비자의 단순 반품 혹은 진열 후 저렴하게 판매되고 있는 중고제품을 말하며, 이들 제품은 새 제품과 거의 동일하고 사용상 문제가 없어 알뜰파 고객들의 타깃이 되고 있다. 2009년 4월 SK텔레콤에서 운영하는 오픈마켓 11번가에 따르면, 시중가보다 50% 이상 저렴한 가격대를 형성하고 있는 리퍼브 상품은 전 분기 대비 40% 이상의 판매 증가율을 보인 것으로 나타났다. 실제로, 11번가에서는 다양한 리퍼브 상품을 판매 중인데, 캐논코리아의 'IXUS 970IS 디지털 카메라'(29만 9,900원) 및 영국산 켄우드 멀티프로 다기능 믹서기(5만 7,900원) 등을 시중가보다 저렴하게 판매하고 있다. 오픈마켓 G마켓도 예외가 아니다. 산요코리아의 'XACTI VPC-CA8'(37만 9,000원) 및 아이리버의 '딕플 D11 전자사전'(12만 5,000원)을 저렴한 가격에 판매하며, 이들 제품은 사용한 흔적이 있지만 정품과 동일한 A/S가 가능한 것이 특징이다. 그 외 인터파크는 리퍼브 상품을 한 곳에 모은 '중고숍'을 최근 오픈해 전 카테고리에 걸쳐 7만여 상품을 판매 중이다.

출처 : 스포츠월드, 2009년 4월 10일

2. 중고제품의 소비자문제 유형

1) 교환 및 환불문제

중고제품거래의 경우 온라인상에서 거래와 흥정이 이루어지고 근거리의 경우엔 판매자와 직접 만나 거래를 하는 경우도 있지만 대부분의 경우 시간과 거리상의 문제로 선 입금 후 택배 등의 수단을 통한 거래가 이루어진다. 그러나 이런 경우 입금 후 물건을 제대로 받지 못하는 경우도 빈번하게 발생하며 가장 큰 문제는 물건을 받는다고 해도 제품에 이상이 있을 시에 교환이나 환불이 어렵다는 점에 있다.

온라인 매장이나 오픈마켓 등의 특수거래가 아니라 개인 대 개인의 거래의 경우 사적인 계약관계에 해당하기 때문에 소비자를 특별히 보호하기 위한 법률(소비자기본법, 전자상거래 등에서의 소비자보호에 관한 법률, 약관의 규제에 관한 법률 등)이 적용되는 것이 아니라 일반법인 민법이 적용된다. 민법이 적용된다는 것은 계약상 일반원칙에 따라 민법상 계약취소사유(착오에 의한 의사표시 또는 사기에 의한 의사표시)가 있어야 계약취소가 가능하며, 계약이 체결된 이후에 그 계약을 취소하기 위해서는 계약해제(취소)에 책임이 있는 자가 계약해제로 인한 손해배상(위약금 등)을 해야 계약해제가 가능하다는 것이다. 물건에 하자가 있는 경우 환불을 법적으로 요구할 수는 있으나, 계약상의 하자나 자세한 계약체결사항에 대해 명확한 경우가 드물어 제대로 보호받지 못하는 경우가 허다하다.

소비자안전코너 10-3

인터넷 물품판매 사기 : 20대 등 3명 구속

경남 진주경찰서는 6일 인터넷 중고물품 판매사이트에 허위로 중고물품을 판다는 글을 올려 돈을 가로챈 박모씨(21)와 김모군(16), 함모군(16) 등 3명을 상습사기 및 전자금융거래법 위반 혐의로 구속했다. 경찰에 따르며 박씨는 지난해 1월 26일부터 최근까지 인터넷 중고물품 판매사이트 게시판에 오토바이, 카메라 등을 싼값에 판다고 거짓광고를 올려 김모씨 등 모두 87명으로부터 1,100만 원을 가로챈 혐의다. 또 김군 등 2명도 지난해 12월 30일부터 최근까지 인터넷 중고물품 판매사이트 게시판에 노트북 등을 판다는 거짓광고를 올려 이모씨 등 119명으로부터 2,500만 원을 가로챈 혐의를 받고 있다. 경찰조사 결과 이들은 찜질방이나 모텔 등을 배회하면서 유흥비 마련 등을 목적으로 이 같은 짓을 저지른 것으로 드러났다.

출처 : 뉴시스, 2009년 5월 6일

2) 중고제품 가격문제

신제품의 경우 공장도가격 등 비교적 명확한 가격표시가 되어 있는 반면 중고제품의 경우 가격측정에 대한 별도의 규정사항이 없고, 판매자가 일방적으로 제시한 가격을 따를 수밖에 없기 때문에 객관적이고 적정한 가격의 측정이 어렵다. 특히, 중고제품의 경우 사용기간이나 횟수의 차이에 따라 같은 모델의 물품이라 하여도 품질의 차이가 천차만별인데, 그 차이가 객관적으로 가격에 영향을 미치는 경우는 거의 없어 소비자가 직접 가격을 판단하는 수밖에 없는 문제가 있다.

3) 제품품질 확인의 어려움

중고제품의 경우 온라인에서 개인 간 거래가 많은데, 이 같은 거래의 경우 판매자가 직접 찍어 올리는 사진에 의존하거나 사진정보조차 얻을 수 없는 경우도 많고 본인의 물품이 아니라 비슷한 제품의 사진을 도용하는 경우도 허다하다. 설사 사진정보가 명확하다 하더라도 소비자가 직접 물품을 확인해 보고 구입하는 것이 아니므로, 잔고장이나 내부의 결함에 대해서는 정확히 알기가 어렵다.

소비자안전코너 10-4

일본 2006년 PSE 미부착 전자제품판매금지

일본에서 전기용품관리법이 2001년 4월 전기용품안전법(신법)으로 개정돼 450개 품목의 규제대상제품에 신법마크(PSE)를 표시하는 것이 의무로 규정되었다. 제조업자가 제품의 안전성에 대해 자주적으로 체크하고 문제가 없으면 마크를 붙이는 형태이다. 이에 따라 2006년 4월 이후, 신법 마크가 표지되어 있지 않은 대상제품을 판매 또는 판매 목적으로 진열하는 것은 불가능해진다.

기존 마크를 부착하고 있는 제품에 대해서는 유예조치로 기한을 한정해 판매 또는 판매목적으로 진열하는 것이 인정됐다. 특히, 중고 음악기기 판매 금지와 관련 음악애호가, 유명아티스트, 관련 업자들은 PSE마크 비적용을 위해 집회 및 서명활동을 전개해 대상 품목에서 제외된다. 'PSE를 생각하는 모임'의 중고제품 판매업자는 리사이클 업계의 판매액이 평균 20% 줄어들 것으로 계산, 경제산업성의 예외품목 설정을 요구하고 있는 상황에 경제산업성은 관련 업계의 반발을 완화할 목적으로 3월에 중고 전자악기, 전자기기, 음향기기, 영사기 등을 대상에서 제외하였다.

출처 : 일본경제신문, 2006년 3월 14일

표 10-1 중고가전제품 구입 및 사용상 소비자주의사항

구 분	소비자주의사항
구입단계	• 제품이 손상되거나 빠진 부품이 없는지 확인한다. • 제품에 타거나 그을린 흔적이 없는지 확인한다. • 전선이 벗겨지거나 테이프로 붙여 있지 않은지 확인한다. • 제품이 제대로 작동하는지 판매자와 함께 확인한다. • 사용 중 고장나는 경우를 고려하여 가급적 부품보유기간 이내의 제품을 고른다. • 제품의 수리 여부, 수리부위(또는 교체부품) 등을 확인하여 판매자에게 기록해 줄 것을 요구한다. • 판매가격, 보증기간 등이 업체별로 다양하므로 여러 업체를 비교해 보고 정한다. • 가급적 상호, 전화번호, 판매일, 보증기간 등을 스티커에 표시하는 업체를 선택한다. • 가급적 사용설명서와 부속품이 첨부되어 있는 상품을 고른다.
사용단계	• 통풍이 잘 되고 습하거나 직사광선이 비추지 않는 곳에 제품을 설치한다. • 콘센트는 젖은 손으로 만지지 말고 전원 플러그를 꽂을 때는 안쪽까지 확실히 꽂으며, 뺄 때는 코드를 잡아당기지 말고 반드시 전원 플러그를 잡고 뺀다. • 전원 플러그 날이 검게 그을리거나 구부러지면 바로 전문가에게 점검을 받는다. • 멀티탭을 이용해 한 콘센트에 많은 가전제품을 동시에 사용하지 않는다. • 제품사용 중에 연기가 나거나 타는 냄새가 나는 등 안전사고가 예상되면, 바로 사용을 중지하고 즉시 제조사와 판매업체에 연락하여 제품의 상태확인을 요구한다.

4) 판매자 소재의 불확실

개인 간 거래에서 중고품판매자에 대한 정보는 간단한 연락처와 소재지의 정보 정도가 고작이며 판매 사이트의 경우에도 판매자가 제공하는 정보에 의존하기 때문에 정보의 사실진위 여부 파악이 어렵다. 사기성이 짙은 판매자의 경우 허위정보를 기재하거나, 등록 시 기재했던 연락처를 바꾸는 등의 수법을 사용하기도 하므로 소비자는 주의해야 한다.

3. 중고제품 소비자안전법제도

중고품안전 관련 법으로는 자원의 절약과 재활용촉진에 관한 법률, 전기용품안전관리법, 제조물책임법, 소비자피해보상규정 등이 있다. 소비자기본법 시행령에 따르면, 중고품에 대한 품질보증기간은 표 10-2, 10-3에서 제시한 바와 같이 품목별 보상기준을 사용한다.

표 10-2 중고전자제품매매업(공정거래위원회 고시 제2009-1호)

품 종	피해 유형	보상기준	비 고
중고전자 제품매매업 • 텔레비전 • 냉장고 • 세탁기 • 컴퓨터	• 판매업자가 보증한 기간 이내에 정상적인 사용상태에서 성능·기능상의 하자가 발생한 경우 • 판매업자가 품질보증에 관한 사항을 명시적으로 소비자에게 고지하지 않은 경우	무상수리 또는 수리비 보상(단, 수리가 불가능한 경우에는 구입가 환급)	보증 여부, 보증기간 등은 개별계약에 따른다.
	보증기간(비고란에 정한 기간을 말함) 이내에 정상적인 사용상태에서 성능·기능상 하자가 발생한 경우	무상수리 또는 수리비 보상(단, 수리 불가능의 경우 구입가 환급)	보증기간을 소비자에게 명시적으로 고지하지 않은 경우 보증기간 6개월
	보증기간(비고란에 정한 기간을 말함) 이내에 제품 주요 기능과 관련한 동일하자로 총 2회까지 수리하였으나 하자가 재발하는 경우(3회째) 또는 여러 부위의 고장으로 총 3회까지 수리하였으나 하자가 재발(4회째)하는 경우	구입가 환급	

4. 중고품구매 관련 소비자주의사항

중고제품구매에서 가장 고가이면서 안전에 중요한 중고차를 구입할 경우 충분한 시간을 갖고 충분한 정보탐색을 해야 한다. 중고차의 성능을 제대로 파악하지 못해 사고조작차량과 같은 문제차량을 구입할 수도 있음을 인지해야 한다. 자동차관리법이 개정되어 자동차매매 시 중고차성능과 상태를 나타내는 '중고자동차 성능점검기록부' 를 공개하고 이를 1년간 보관하도록 의무화하고 있다. 만약 판매자가 점검기록부 교부를 꺼리거나 미룬다면 보험개발원에서 운영하는 카히스토리(www.carhistory.or.kr)를 이용해 자동차사고피해로 인한 수리비지급의 보험처리내역을 확인해야 한다. 신차출고 이후부터 모든 보험사고기록이 제공되며 차량번호와 자동차 소유자의 변경도 제공된다. 조회차량이 영업 또는 렌터카 용도로 사용되었는지 여부도 확인되며, 타 차량의 과실로 인한 사고기록과 전손 여부, 도난 여부, 침수 여부 등의 특수보험사고 이력까지 상세히 확인된다.

한편, 중고제품의 품질보증서 관련 주요사항으로써 소비자가 중고가전제품 구입 시 품질보증서가 없는 중고품은 품질보증을 받을 수 없다. 품질을 보증한다는 내용

표 10-3 중고자동차매매업(1개 업종)

품 종	피해 유형	보상기준	비 고
중고 자동차	매매의 알선을 하고 이전등록 신청대행의무를 이행하지 않거나 태만히 하여 피해가 발생한 경우	배상	
	매매 알선 시 매도인이 부담해야 할 비용(공과금 포함)을 매수인에게 전가하는 경우	배상	
	자동차의 성능점검기록부를 교부하지 않거나 허위로 작성·교부한 상태에서 하자가 발생한 경우	수리비 보상	
	성능상 하자가 발생한 경우	무상수리 또는 수리비 보상	성능하자발생 시 보상기간은 중고자동차 품질보증기간으로 함(30일 또는 주행거리 2,000km 이내)
	사고사실, 침수사실을 고지하지 않은 경우	구입가 환급 또는 손해배상	사고, 침수사실 미고지 시 보상기간은 자동차관리법상 성능점검기록부 보관기간(1년)으로 함
	사업자가 일방적으로 계약의 해제를 요구하는 경우	계약금의 2배 보상	
	판매업자가 보증한 기간 이내에 보증을 약정한 부품에 하자 발생 시	무상수리 또는 수리비 보상	보증 여부, 보증기간, 보증대상 부품은 개별약정에 따름
	성능·상태점검에 대하여 차량 인도일로부터 30일 또는 주행거리 2,000km 이내에 하자가 발생하였을 경우	무상수리 또는 수리비 보상	기간 또는 거리 중 하나가 먼저 도래한 경우 보상 제외
	주행거리 조작	해약 또는 주행거리조작에 따른 손해배상	

의 보증서를 받았으면 판매자에게 조속한 무상수리를 해달라고 요구할 수 있다. 또한 보증기간 이내에 판매자가 부품이 없어 수리를 해주지 못하는 경우에는 소비자분쟁해결기준에 의거해 같은 가격의 에어컨으로 교환받거나 구입가를 환불받을 수 있다. 따라서 소비자는 중고품구입 시 판매자로부터 품질보증기간이 명시된 보증서를 받아두어야 한다. 다만, 중고품이라도 소비자분쟁해결기준에 의하면 중고텔레비전, 냉장고, 세탁기, 컴퓨터 및 주변기기의 품질보증기간은 보증기간을 소비자에게 명시적으로 고지하지 않은 경우 6개월로 한다고 되어 있다. 그런데 개인과 개인 간

중고제품거래에서는 더욱 주의가 필요하다. 개인 간 거래 후 연락처인 핸드폰 중지 등의 문제가 빈번하게 발생하고 있다. 제2의 피해자를 막기 위해 카페운영자 측에서 불만신고를 해야 하는데, 대부분의 경우에는 판매자를 다시 찾기가 어렵다. 따라서 핸드폰번호 이외에도 다른 연락수단을 확보해 두고 피해의 최소화를 위해 책임을 나눌 수 있는 중개인을 통한 거래가 직거래보다 조금 더 안전하다. 전자제품 등의 경우에는 거래 시 정품품질보증서 등을 요구하는 것이 좋으며, 소모품의 경우 정품이라 하여도 A/S가 힘들기 때문에 거래에 더 주의를 해야 할 필요가 있다. 오픈마켓의 경우 구매자는 중개자에게 금액을 지불하고 거래종료 후 일정기간이 지나 거래사실 확인 후에 판매자에게 입금되는 방식이므로 일반중고거래 커뮤니티보다는 안정성이 보장되지만, 워낙에 거래 횟수가 많고 규모가 크기 때문에 구매자가 강한 의사표현을 하지 않으면 원하는 만큼의 보상을 받기 어려워지는 경우도 발생한다는 단점이 있다.

한편, 중고자동차의 품질보증제도가 있는데, 중고자동차 품질보증은 구입일로부터 30일 또는 2,000km이다. 중고자동차 품질보증제도는 2005년 건설교통부령으로 자동차관리법 시행규칙을 개정·공포하였다. 품질보증 범위는 자동차매매업자가 교부한 중고자동차 성능점검기록부의 점검사항에 대해 적용이 되며, 단지 소모성 관련 품질하자에 대해서는 품질보증범위에 해당되지 않는다. 따라서 중고자동차 구입 시 품질보증기간을 정한 후 중고자동차 성능점검기록부, 품질보증서, 관인계약서를 발급받아야 한다. 중고자동차 매매업자의 중고자동차 성능점검기록부 미교부 행위는 과태료 부과 등 행정처분 대상이 되며, 중고자동차의 구조장치 등의 성능상태를 허위로 점검하거나 고지한 자는 자동차관리법 규정에 의하여 2년 이하의 징역 또는 500만 원 이하의 벌금에 처하도록 되어 있다.

게다가, 중고자동차매매업 관련 소비자분쟁해결기준에 의하면 소비자는 구입한 중고자동차의 주행거리가 조작된 것이 확인될 경우 매매계약의 해약 또는 주행거리 조작에 따른 손해배상을 받을 수 있다. 또한 자동차관리사업자의 주행거리 무단변경 행위는 자동차관리법에 의거 징역 또는 벌금형에 처해질 수 있는 금지행위이므로 관련 기관에 고발할 수 있다.

한편, 소비자가 중고자동차 매매업체로부터 차량을 구입할 때 자동차 양도증명서에 2003년식 차량이라고 표기되어 이를 믿고 구입하였으나 2002년에 출고된 차량으로 확인되는 경우가 있다. 이때 소비자는 중고차량 연식 차액금 환불을 요구할 수 있다. 중고자동차의 시세는 차종의 모델, 연식, 사고 유무 등에 따라 가격이 결정되며, 중고자동차 시세는 각 시도별 매매사업조합에 문의하면 도움을 얻을 수 있다.

끝으로, 중고자동차 매매 사업자는 성능상태를 정확하게 고지할 의무가 있다. 자동차 매매업자가 자동차를 매도 또는 매매의 알선을 하는 때에는 건설교통부령이 정하는 바에 의하여 자동차 매매계약을 체결 전 자동차 매수인에게 서면으로 당해 자동차의 구조장치 등의 성능상태를 점검한 내용을 자동차관리법 시행규칙에 정한 중고자동차 성능점검기록부 양식에 의해 교부하도록 자동차관리법 제58조 제1항(자동차관리사업자의 고지 및 관리의무 등)에 나와 있다. 자동차 매매업자가 중고자동차 성능점검기록부를 교부하지 않았거나 성능점검내용을 교부하였더라도 점검내용인 엔진 항목에 대해 허위로 점검하였다는 객관적인 사실규명과 엔진고장 발생시

소비자안전코너 10-5

말레이시아 중고차거래 시 사전품질검사 실시

중고자동차 대출시장의 1/4을 점유하고 있는 말레이시아 암파이낸스 BHD(AmFinance BHD)사는 대출승인 전에 푸스파콤(Puspakom)사에서 차량검사를 의무적으로 받도록 결정했다. 암파이낸스사와 푸스파콤사는 금융기관에서 대출신청을 처리하기 전에 중고차 거래상들이 먼저 검사승인을 받도록 하는 합의서를 체결했다.

암뱅크(AmBank)그룹의 탄 스리 아즈만 하심(Tan Sri Azman Hashim) 회장은 "중고차 구입 고객들이 더 이상 사기나 불법 자동차 구입 우려를 하지 않아도 된다"고 말했다. 이러한 전략적 합의는 자동차 업계에서는 처음 있는 일이며 푸스파콤사의 모회사인 DRB-HICOM BHD사의 탄 스리 모드 살레 슈롱(Tan Sri Mhod Saleh Sulong) 회장은 다른 금융기관과도 유사한 협약을 체결할 계획이라고 밝혔다. Saleh회장은 이 협약이 자동차 구입 고객에게 부가서비스를 제공하는 것이며 중고차 거래상에게는 품질 확신을 통한 판매량 제고에 도움이 될 것이라고 언급했다.

푸스파콤사는 암파이낸스사의 지정된 딜러들이 1시간 내 검사를 끝낼 수 있게 익스프리스 레인(express lane) 서비스를 제공할 계획이다. 검사를 끝낸 차량에는 푸스파콤사의 인증서 VR1을 제공하게 된다. 현재 푸스파콤사는 전국에 50여 개의 검사센터를 가지고 있고 암파이낸스사는 2,000여 지정 딜러 네트워크를 가진 중고차 최대 대출기관으로 시장의 26%를 차지하고 있다.

한편, 탄 스리 람리 나가 타립(Tan Sri Ramli Ngah Talib) 교통부 차관은 현재로서는 승용차에 대한 품질검사 제도를 의무화할 계획이 없다고 밝혔다. 현재는 상용차만이 검사를 받도록 되어 있다.

출처 : Business Times, 2004년 2월 27일

점이 해당 차량 구입 후 1개월 또는 2,000km 이내 발생된 사실이 확인될 경우 자동차 매매업자에게 수리비 보상을 요구할 수 있다.

5. 외국의 중고제품 소비자안전법제도

1) 미 국

중고판매상들이 중고가전제품을 판매할 경우 독자적인 브랜드 라벨을 붙이고 제품 뒷면에 R자(Refurbish의 약자)를 붙여 판매하도록 권고하고 있다. 하지만 실제로는 브랜드인지도 때문에 잘 지켜지지 않고 있다. 미국의 경우 중고가전제품의 안전사고에 대한 책임소재는 철저한 판매자책임주의이다. 대부분 PL보험이나 화재보험에 가입하고 있어서 안전사고가 발생하면 보험사, 소방서, CPSC 등에서 공동으로 조사를 벌이는데, 이 경우 소비자는 먼저 보험사를 통하여 손해배상을 받을 수 있고, 보험사는 책임소재 확인 후 판매자나 제조사에게 구상권을 행사할 수 있다.

2) 영 국

중고제품판매업을 하고자 하는 자는 거주지역 의회에 신청서를 작성하여 등록하고 점포에 등록서류 혹은 그 사본을 전시해야 한다. 중고가전제품 판매자는 제품에 대한 모든 거래사항, 즉 제품 취득일, 제품 유형, 제조사, 모델 등 관련한 제품 설명, 제품 수량, 판매자 이름과 주소 등을 장부에 기록하고 필요시 제시해야 한다. 이 기록은 중고제품 취득일로부터 최소 1년간 보관해야 한다. 중고제품의 품질 등에 하자가 있거나 안전사고가 발생한 경우 제조사가 아닌 판매자에게 그 책임을 묻는다. 전기제품의 안전성과 관련된 법규는 소비자보호법(Consumer Protection Act 1987), 전기설비(안전)규정(Electrical Equipment (Safety) Regulations 1994), 저전압전기설비(안전)규정(Low Voltage Electrical Equipment (Safety) Regulation 1989) 등이 있으며, 중고제품도 새 제품과 동일한 안전규정을 준수해야 한다. 중고전기제품의 안전점검은 의무사항은 아니지만 소비자의 안전을 위하여 중고전기제품 판매 전에 제품테스트를 받을 것을 적극적으로 권장하고 있다.

소비자안전코너 10-6

러시아 중고차규제 움직임 언제 본격화되나?

현재 러시아에서 불고 있는 중고차규제 움직임이 다소 주춤한 듯하다. 러시아 공업에너지부 장관은 현지 유력지인 코메르산트와의 인터뷰에서 지난 5월 19일에 논의된 '러시아 자국 자동차 산업 발전을 위한 회의'에서 결정된 중고차 관세 규제 연한 제한 및 중고차 규정 강화 등의 결정이 2005~2008년간 단계적으로 시행될 것이라 피력했다. 특히, 중고차 관세 조정과 관련한 구체적인 방안 수립은 오는 2005년 하반기에나 이루어질 것이라 한다. 지난 주 바로 내일이라도 당장 법안이 시행될 것으로 보였던 것과는 대조적이다.

한편, 현재 GOST 인증 없이 들어오는 수입품에 대해 강한 거부감을 피력하면서, 이러한 불법 통관 차량들은 러시아 법규를 어떤 형태로든 위반하고 있으며, 안전운행에 현실적인 위협이 되고 있다고 우려했다. 따라서 다른 무엇보다 이를 위한 대안이 더 시급하다고 말했다. 현재까지 러시아에는 인증 없이 수입되는 불법 통관 제품에 대한 규제나 이를 들여오는 수입업자들에 대한 제한 규정은 없다. 또한 현재 러시아 자국제품이나 러시아에서 생산되는 외국 브랜드 차량 등은 반드시 인증절차를 밟고 있다면서, 이런 측면에서 수입되는 모든 차량에 대해 인증을 받아야 한다고 강조했다. 러시아 정부는 러시아 국내 자동차협회 및 러시아에서 조립되는 외국 브랜드 기업들의 압력이 점차로 거세지고 있기 때문에 중고차 규제 등의 수입 차량의 제한을 생각하지 않을 수 없다. 그러나 단순한 규제로는 복잡하게 얽혀 있는 러시아 자동차 시장 상황을 정리하는 것은 쉽지 않을 듯하다. 어쨌든 러시아 자동차 시장은 현재 급변기를 맞이하고 있는 것임에는 틀림이 없다.

출처 : 리아통신, 코메르산트

또한 중고제품판매자 재량으로 충분한 자격을 갖춘 전기기사가 안전검사를 실시하고 테스트결과를 보고서에 명시해야 한다.

3) 홍 콩

홍콩에서는 전기제품(안전)규정(electrical products(safety) regulation)안에 중고전기제품에 관한 지침(guidelines on second-hand electrical products)을 규정하고 있다. 새제품과 중고제품 모두 전기제품(안전)규정을 준수해야 하며, 중고전기제품 공급자는 제품 규정의 안전요구사항에 적합함을 보증해야 한다. 중고전기제품 공급자는 소비자에게 공급하기 전에 상품이 안전함을 보증해야 하고, 제품의 안전을 보증하고 제품사용 중에 발생할 수 있는 위험을 방지하기 위하여 필요한 검사를 하여야 하며, 중고전기제품의 시험을 실시하기 위해 유자격자나 등록된 전기 기술자를 고용해야 한다. 중고전기제품에 대한 기본검사는 중고전기제품이 만족스러운 상태인지 확인하는 서비스검사와 수리·재조정을 포함하며, 작업결과는 책임 있는 유자격자에 의해 적절하게 기록되고 인증되어야 한다. 중고전기제품 공급자는 중고전기제품의 장부, 중고제품임을 입증하기 위한 거래기록과 관련 서류, 최초 영수증(가능 시), 제품의 검사, 수리, 재조정 및 시험인증서, 안전성적합최초인증서사본을 보존해야 한다.

소비자안전코너 10-7

호주 이베이사, 리콜 제품 재판매업체에 경고

이베이(Ebay)사는 웹사이트 판매업체들이 리콜된 제품을 파는 행위를 금지하며, 계속해서 부당행위를 할 때는 웹사이트에서 축출하거나 위약금을 물릴 수도 있음을 경고했다. 지난 분기에 미화 14억 4,600만 달러(호주 16억 2,000만 달러)에 달하는 5억 5,900만 개의 품목(listed 559 million items)이 등록되어 있는 이베이사는 소비자들이 판매상들에게 제품에 대해 이메일 또는 전화 등으로 직접 물어보는 노력이 필요하다고 강조했다. 이번 경고는 지난 수개월 동안 미국의 세계적인 대형 장난감 공급업체인 매틀사(Mattel Inc)와 일부 소형 장난감 제조업체들이 장난감 리콜을 발표한 이후에 나온 것으로, 중국에서 생산된 이들 장난감들은 표면 페인트에 납 성분이 과다하게 검출되었거나 또는 작은 마그네틱(자석)으로 인해 이를 아이들이 삼켰을 경우 건강에 유해한 이유로 적어도 2,100만 개에 달하는 장난감들에 대해 세계적인 리콜조치가 취해진 바 있다.

2007년 10월 이베이사의 임의검사에서 과도한 납 성분의 검출로 리콜된 바 있는 미국 RC2사 Oak Brook회사에서 공급한 토마스 앤 프렌드 나무 철로에 대한 111건의 문의내용을 확인할 수 있었다. 웹사이트 판매상들은 정부의 리콜공지가 되어 있는 많은 제품들을 포함하여 매틀사 장난감 6,000개 이상을 판매 등록에 올려놓고 있음이 확인되었다.

이베이사는 자사 사이트에 수백, 수천만 건 이상의 신규 또는 중고 품목이 올라 있는데, 이를 일일이 단속하기란 현실적으로 어렵다고 하면서, 그러나 소비자들에게 리콜품목에 대한 안내와 제품의 카테고리 페이지 및 토이 앤 허비 논단(Toy & Hobbies discussion board)과 같은 인기 있는 포럼의 웹사이트상 물리적 공간을 연계하여 주는 하이퍼링크를 통한 노력을 준비하고 있다고 말했다.

이베이사 장난감과 도구 부문의 캐서린 슈워츠(Catherine Schwartz) 이사는 최근 일련의 장난감 리콜에 비추어 보면 이베이사도 책임을 느끼고 소비자들을 보호하기 위한 추가적인 교육이 필요함을 인지하고 있다고 하면서, 미국 소비자제품안전위원회와 연계하여 소비자들에게 리콜교육을 함께 하고 있고, 리콜된 제품 가운데 이베이에 등록되어 있는 품목들은 사이트에서 판매를 할 수 없도록 강력히 금지할 것이며, 만일 CPSC가 제품수거를 요구한다면 이를 즉시 이행할 것이라 말했다.

1995년에 온라인 시장에 뛰어든 이베이사는 자사 재고와 리콜 금지품목을 가지고 있지 않고 있어 미국 내 사이트에 등록된 제품들에 대한 법적 책임이 없다. 정부의 소비자감시기구는 인터넷 상거래 시대에 있어 소비자들을 보호하기 위해 어떻게 리콜제품들을 감시하고 홍보하여야 할지를 강구하고 있다고 말했다. CPSC의 낸시 노드(Nancy Nord) 부회장은 온라인 상거래시장의 빠른 성장 속에서 소비자들이 온라인 시장에서 판매되고 있는 리콜 가능성이 있는 제품이나 불량제품들을 식별하는 데는 기존의 방법과 달라서 다른 어려움에 직면해 있다고 소비자들의 주의를 당부했다.

출처 : 시드니 모닝헤럴드, 2007년 10월 3일

6. 중고제품의 소비자안전 확보방안

1) 폐기물과 중고제품의 구분 명확화

중고제품의 안전을 확보하기 위해 폐기물과 중고제품의 기준 또는 구분이 명확히 정립되어야 한다.

2) 안전사고 원인규명 체계 구축

명확하고 효율적인 안전사고 원인규명을 위하여 전기제품 인증기관이나 관련 연구소, 한국소비자원이나 소비자대표 및 전자제품PL상담센터 등 사업자 대표로 구성된 원인규명시스템을 구축할 필요가 있다.

3) 판매업체의 신고제도 도입 및 보험 가입 의무화

현재 중고가전제품판매업은 별도의 신고나 등록 없이 자유롭게 영업을 개시할 수 있으나, 중고가전제품판매업은 가전제품의 성능, 안전성 등을 점검, 선별하여 판매하여야 한다. 따라서 전기기사 자격증 등 유자격자가 운영하도록 하거나, 유자격자가 직접 운영하지 않을 경우 전기기사 자격증 소유자의 활용 계획이 포함된 서류 등을 구비하여 영업신고를 하도록 해야 할 것이다.

한편, 10년이 경과된 제품으로 인한 안전사고 발생 시 손해배상 청구권 소멸시효가 완성되어 제조사에 제조물책임법에 의한 배상책임을 물을 수 없다. 또한 중고가전판매업체에서 판매 전 유사규격제품이나 중고부품을 사용하여 수리 후 판매 시, 이 제품을 사용 중에 발생한 안전사고의 원인이 수리잘못으로 판명될 경우 제조사에 제조물책임을 물을 수 없다.

4) 중고품의 품질보증제도 활성화

사업자에 의해 중고가전제품이 판매될 경우에는 판매 전에 유자격자에 의해 제품의 기본적인 성능점검과 함께 안전성점검을 실시하고, 점검제품에 대해 '안전점검필' 표시를 부착하여 판매하도록 할 필요가 있다. 품질보증기간에 대하여는 품목에 관계없이 6개월로 하는 방안과 신제품 보증기간의 1/2로 하는 방안을 생각해 볼 수 있다. 중고품의 경우도 신제품과 같이 일정기간 수회 하자가 재발하는 경우 일정금액을 환불하도록 할 필요가 있다.

5) 인터넷을 통한 중고품거래시장에 대한 규제 강화

중고제품은 인터넷을 통한 직거래가 많다. 이로 인해 사기를 당하는 사람이 많다. 따라서 인터넷상의 중고품판매 관련 소비자법제도의 강화가 시급하다.

6) 소비자교육 강화

안전한 중고가전제품 구입 및 사용에 대한 체계적이고 적극적인 소비자교육이 필요하다. 그 효과를 높이기 위하여 학교교육과 사회교육이 적절하게 병행되어야 할 것이다. 중고제품 매매 관련 사기피해를 예방하기 위한 방안은 다음과 같다.

- 인터넷 매매사이트 게시판 등을 통해 개인 간에 물건을 매매하기로 한 경우에는 가능하면 상대방을 직접 만나서 물품상태 등을 확인한 후 매매할 것
- 온라인상에서 개인 간에 직접 거래하는 경우에는 옥션·인터파크·G마켓·앰플 등과 같이 에스크로 서비스를 제공하는 오픈마켓을 통해서 하거나 은행이 제공하는 에스크로 이체서비스를 이용할 것
- 포털사이트의 검색순위를 맹신하지 말 것
- 상호·전화번호·보증기간 등을 정확히 표시하는 업체를 선택할 것
- 가격·보증기간이 다양하므로 여러 곳을 비교해 보고 결정할 것
- 제품의 수리 여부, 수리 부위(또는 교체부품) 등을 확인해 가급적 판매자에게 기록해 줄 것을 요구할 것
- '더치트(www.thecheat.co.kr)' 등 인터넷거래 사기 방지 포털에서 판매자의 이름, 계좌번호, 휴대전화번호 등을 확인할 것

11 CHAPTER

식품의 소비자안전

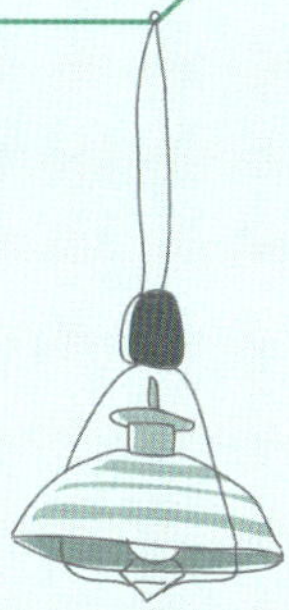

CHAPTER 11

식품의 소비자안전

식품제조·외식업을 포함한 식품산업은 약 총 100조 원의 시장규모로 163만 명이 종사하는 국가경제의 중요한 부분을 차지하고 있다. 하지만 외형적 규모에 비해 대부분이 자영업 중심의 영세업체이며 대기업과 중소기업 간 양극화가 심각한 구조적인 문제를 안고 있다. 이러한 가운데 생산비절감을 위해 중소기업은 물론 대기업들의 식품원료 해외의존도는 더욱 커지고 있어 수입식품의 안전문제가 증가하고 있다. 농식품수입량은 1998년 이후 2배가량 증가했고 가공식품수입은 3배에 달해 수입식품의 안전불확실성이 내재되어 있다. 핵가족화, 여성의 사회진출 확대로 가공식품소비와 외식이 늘고 식품생산이 대량화되면서, 이로 인해 식품안전사고가 끊이지 않고 있다.

최근의 식품안전사고 발생사건을 살펴보면 2000년 중국산 납꽃게 사건, 2002년 성장기용 조제식에서 쇳가루검출, 2004년 불량만두소 사건, 2005년 중국산 김치에서 기생충알 검출, 2007년 로열제리제품에서 항생제 검출, 2007년 한약재에서 카드뮴, 납 등 중금속물질 검출, 2008년 새우깡 쥐머리 검출, 2008년 멜라민 검출 등이 잇따랐다. 이 외에도 참치통조림에서 칼날 발견, 모차렐라 치즈에서 다이옥신 검출, 미국산 냉동채소가공품에서 이물질이 검출되기도 하였다. 이처럼 식품안전사고가 대형화되고 빈번하게 발생하면서 그 파장이 커지자 2005년 3월 식품안전기본법안이 국회에 제출되었고, 2006년 3월 식품안전처 설립 및 정부조직법 개정안을 의결했으나 국회 소위원회에서 개정안이 부결돼 식품안전행정의 일원화 노력은 실패로 돌아갔다.

다양한 식품과 음식의 출현으로 소비자들이 새로운 식품을 풍요롭게 누리고 있음에도 불구하고 식품으로 인한 생명의 위협과 안전사고가 계속 발생하고 있어 본 장에서는 우리나라 식품안전사고 및 피해현황을 살펴보고, 또한 우리나라와 외국의 식품안전법제도를 살펴보고자 한다. 끝으로 소비자안전 확보를 위한 정부, 소비자, 기업의 방향에 대해 논의하고자 한다.

1. 식품안전사고 현황 및 식품안전 이슈

1) 식품안전사고 현황

최근 식품안전사고가 자주 발생하고 있는데, 2008년 3월 노래방새우깡, 참치캔 등 여러 다양한 제품에서 이물질이 검출된 바 있다. 최근 식품의약품안전청의 식품

소비자안전코너 11-1

2008년 새우깡에서 생쥐머리 이물질 검출

2008년 3월 노래방에서 주로 판매하는 대용량 농심 새우깡에서 생쥐머리로 추정되는 이물질이 검출돼 소비자들에게 충격을 준 바 있다. 식품의약품안전청은 농심㈜ 부산공장에서 제조한 새우깡제품을 시험 분석한 결과 생쥐머리로 보이는 이물질을 확인했다. 당시 식품의약품안전청은 새우깡에서 생쥐머리 모양의 이물질이 나왔다는 한 소비자의 제보를 받고 농심 부산공장에 대한 현장조사를 실시했다. 하지만 이물질이 농심 측 확인과정에서 심하게 훼손돼 실제 생쥐머리인지 여부는 정확히 판별할 수 없었다고 밝혔다. 그 후, 농심 부산공장이 자체 실시한 시험분석결과 이물질의 크기는 약 16mm이며 외관은 딱딱하고 기름이 묻어 있었고, 특히 털이 미세하게 탄 흔적이 있는 물질인 것으로 봐서 생쥐머리로 판정되었다. 식품의약품안전청은 농심에 대해 시설개수명령 등 행정처분을 내리는 한편 재발방지대책을 강구하도록 지시했다. 또한 문제의 설비를 이용해 만든 모든 새우깡 제품은 수거, 폐기하도록 조치했다.

농심(주)은 당시 사건으로 인해 소비자대응과 고객만족을 최우선으로 하는 고객응대시스템을 강화했다. 식품사고를 접수하면 현장에 나가 그 자리에서 시료를 분석해 처리하며, 외부전문가로 구성된 '식품안전자문단'을 운영하여 전 생산공장 진단을 통해 생산공정을 업그레이드했다.

출처 : 스포츠서울, 2008년 3월 17일

안전소비자신고센터를 통해 접수된 총 20건의 이물질검출에 대한 원인을 규명한 결과 이물질이 검출된 원인은 제조설비결함 등으로 인해 제조과정 중 혼입된 경우가 가장 많았다. 이런 경우 식품에서 플라스틱, 파리, 곰팡이, 애벌레, 철사, 개미, 유충 등이 검출되고 있다.

한편, 이물질 검출이 아닌 최근 식품안전사고사례를 살펴보면 2000년 납덩어리를 집어넣은 중국산 꽃게가 시중에 대량 유통된 바 있고, 2004년 6월 불량재료를 사용한 쓰레기만두 파동이 일파만파로 커진 바 있다. 또한 2008년 쇠고기 광우병 파동은 한국사회에 커다란 사건으로 확대되기도 하였다.

2) 식품안전의 주요 이슈

(1) 식품산업 전반의 안전

식품산업은 식품의 가공, 저장, 수송, 판매 등의 모든 단계에서 행해지는 제반 경제활동을 총칭하며, 식품제조 및 가공업, 식품첨가물제조업, 식품제조기계 또는 용기포장제조업, 식품판매업, 집단급식소, 식품운반업, 식품보존업 등을 포함한다. 식품안전은 이러한 식품산업 전반에 걸친 모든 영역을 포함한다. 모든 단계에서 식품안전문제가 발생할 수 있기 때문이다. 소비자에게 식품이 전달되기까지 식품은 여러 단계의 유통과정을 거치면서 유통기한, 식품손상 등 식품안전에 문제가 발생할 수 있다. 그런데 식품유통이 복잡해지면서 유통기한 설정, 식품첨가물 사용이 불가피하기 때문에 이와 관련한 식품안전성문제가 끊이지 않고 발생하게 된다. 결론적으로 식품안전문제는 단순히 식품안전 자체 외에 식품의 수송, 보관, 사용 등 유통전반 그리고 식품산업 전반을 포괄적으로 다루어야 한다.

(2) 수입식품의 안전문제

우리나라의 경우 대략 가공식품 44%, 농산물 39% 등 80%가 수입식품으로 대체되고 있다. 최근 국제곡물가격 상승으로 물류비 및 사료비가 증가하면서 이는 식품가격인상으로 이어지고 있고 그 결과 수입식품의 소비자안전사고가 자주 발생하고 있다.

(3) 유전자재조합식품

식품위생법상 유전자재조합식품(GMO : Genetically Modified Organism)은 생물의 유전자 중 유용한 유전자만(병충해저항성, 제초제저항성 등)을 취하여 다른 생명체의 유전자와 결합시키는 등 유전자재조합 기술을 활용하여 재배·육성된 농·축·수산물 등을 말한다. 나아가 이 같은 유전자재조합 농·축·수산물을 원료로 하여 제조·가공한 식품 또는 식품첨가물도 넓은 의미에서 유전자재조합식품이다.

아직까지 유전자재조합식품에 대한 국제적으로 통일된 정의는 없으며 어느 수준까지를 유전자 변형 기술로 보느냐에 따라서 다양한 정의가 존재한다. 게다가 유전자재조합식품이 인체에 미치는 위해성 여부를 과학적으로 입증할 만한 결정적 자료는 없는 실정이다. 미국, 캐나다 등 유전자재조합식품 개발이 활발히 진행되고 있는 국가는 유전자재조합식품이 안전하다는 입장인 반면, EU 국가들은 이들 안전식품에 대한 안전성의 검토가 필요하다는 입장이다. 유럽의 민간환경단체인 그린피스는 유전자변형식품이 안전하지 못하므로 생산을 전면 중단해야 한다고 주장하고 있다. GMO의 잠재적 위해성에 대한 논란은 지속될 전망이며 표시제도, 사후추적조사, 수입승인 등에 관한 국제규범을 마련하고 있다. 유전자재조합식품에 대한 긍정적 입

소비자안전코너 11-2

한국의 유전자재조합식품(GMO)의 주요 문제

한국은 이미 유전자재조합작물의 수입대국이다. 2006년 콩 전체수입량의 약 80%가 GMO였고 옥수수는 약 75%가 GMO였다. 수입한 GMO 중 일부는 직접 가공해 다양한 가공식품으로, 일부는 가축의 사료로 쓰여 최종 육가공품이 우리 식탁에 오르고 있다.

우리나라에서 유전자재조합식품의 소비자문제는 첫째, 해당 제품 어디에도 유전자재조합 원료를 썼다는 표시를 찾아볼 수 없다는 데 있다.

두 번째는 GMO 원료를 두 번 가공하면 유전자표시가 면제된다. 도넛의 경우 수입해 오는 GMO콩이 들어간 중간재료 원료는 GMO표시를 해야 한다. 그러나 도넛은 이 중간재료를 다시 가공한 제품, 즉 2차 가공품이기 때문에 GMO표시가 면제된다는 것이다.

셋째, GMO 원료를 사용한 경우라도 그 원료가 주요 재료 다섯 가지가 아니면 표시가 면제된다. 가공식품에는 매우 다양한 재료가 들어가는데, 보통 10가지 이상이 들어간다. 그러나 여섯 번째 들어간 재료부터 GMO표시가 면제된다. 이렇게 다양한 예외를 인정하다 보니 GMO 표시를 하지 않은 제품에서 GMO가 검출된다고 하더라도 처벌할 방법이 없다.

장의 주장은 식량난문제 해결, 수확량 증산, 화학적 살충제나 제초제의 사용을 줄일 수 있어 환경피해가 적으며 영양과 품질향상에 도움이 된다고 말하고 있다.

(4) 방사선조사식품

방사선조사식품이란 식품을 일정 기간 동안 방사선에너지(이온화에너지)에 노출시켜 필요한 효과(발아억제, 숙도지연, 살균, 살충 등)를 가져오는 처리방법을 방사선조사(food irradiation)라 하고 이렇게 조사된 식품을 방사선조사식품이라고 한다. 방사선조사식품이 안전하다고 주장하는 사람들은 방사선조사식품이 독성학적 안전성, 미생물학적 안전성, 영양학적 안전성이 확보되어 있다고 주장하지만 일부에서는 여전히 이들 식품의 잠재적 위험가능성을 배제하지 않고 있다.

국내에서는 식품의 발아억제, 살충, 살균 및 숙도 조절의 목적으로 식품에 저장된 선량 이하의 방사선으로 1회만 조사할 수 있도록 규정되어 있으며 허용된 품목은 26개 품목으로 주로 가공식품 원료들이 조사·처리되고 있다. 방사선조사식품은 '조사처리'라는 문구로 표시하거나 마크를 직경 5cm 이상의 크기로 표시하도록 되어 있다. 현행 규정에서는 미국과 같이 완제품에 방사선을 조사한 경우에만 표시규정을 의무화하고 있으나 식품의약품안전청은 방사선조사·처리한 원료를 사용한 식품에 대해서도 표시의무화를 추진할 계획이다.

3) 식품으로부터의 소비자피해 유형

식품안전과 관련한 주요 소비자피해 유형은 이물질 검출, 유해식품첨가물, 독성·유해물질 함유, 유통기한 경과, 허위·과장광고로 인한 피해 등이다.

(1) 이물질 검출

이물질 검출로 인한 피해가 식품안전사고에서 가장 흔한 유형이다. 2008년 새우깡에서 쥐머리 발견, 청량음료수인 마운틴듀에서 담배꽁초 찌꺼기와 이물질 다량 검출, 2005년 중국산 김치에서 기생충알 발견, 2008년 비타민보충제에 타르색소 검출 등 이물질 검출사례가 빈번하게 발생하고 있다.

(2) 유해식품첨가물

식품제조과정에서 먹음직스럽게 보이도록 색소나 향료를 첨가하는 경우가 종종 있는데, 이러한 첨가물들은 인체에 유해한 경우가 많아 문제시되고 있다. 유해한 식품첨가물이 함유된 음식을 지속적으로 섭취할 경우 질병을 유발할 가능성이 있고 생명위협의 가능성까지 제기되고 있다. 주요 유해식품첨가물은 발색재(아질산나트륨, 질산칼륨, 질산나트륨) 등으로 햄과 소시지 같은 육류가공식품의 색을 내는 데 많이 사용되며 합성감미료(식품의 단맛을 주기 위해 인공적으로 만들어진 화학적 제품), 화학조미료(MSG), 방부제, 산미료(인산, 구연산, 주석산) 등도 유해식품첨가물로 간주되고 있다.

(3) 농약 등 독성·유해물질

농산물의 경우 농약 사용으로 인한 유해성 문제가 가장 심각하다. 2008년 부산의 농산물도매시장 등에 반입된 농산물 3,778건 가운데 3% 정도가 잔류농약이 허용기준치를 초과한 것으로 조사되었다(뉴시스통신사, 2009년 1월 21일). 국내에서 소비·유통되는 농산물뿐만 아니라 해외로 수출되는 일부 농산물에서도 해당 국가의 허용기준치를 초과하는 농약이 검출되어 반품되는 사례가 빈번하게 발생하고 있다.

소비자안전코너 11-3

2009년 석면파동

2009년에는 제2의 멜라민파동이라 불리는 석면파동이 발생하였다. 석면은 소방관의 방화복, 자동차 브레이크, 건축용 단열재나 방음재, 마루판이나 천장 판넬 등을 만드는 데 사용되는데, 대기에 확산되어 호흡기로 흡수되면 폐질환과 폐암을 유발할 수 있다고 하여 외국의 여러 나라에서는 규제해 왔다. 그런데 신체적 위해성이 강한 석면이 베이비파우더와 화장품, 의약품에 포함되었다고 하여 파장이 거세었다. 특히, 면역력이 약한 아기들에게는 석면이 치명적일 수 있다. 그러나 의약품의 경우 경구 투여하는데, 소화기를 통하여 노출된 경우에는 그 피해 정도에 대해 아직 정확한 근거가 마련되어 있지 않다. 하지만 식품의약품안전청에서는 인체의 안전성 확보를 위하여 의약품에 대해서도 판매금지, 회수명령을 내려놓은 상태이다.

(4) 유통기한 경과

식품의 경우 일정한 기간이 경과하면 부패되기 때문에 유통기한을 잘 확인하고 선택하는 것이 중요하다. 특히, 식당에서 유통기한이 지난 제품을 사용하는 사례가 적발되고 있다. 소비자가 일일이 음식에 사용된 재료의 유통기한을 확인할 수 없기 때문에 알려지지 않은 범위 내에서 가장 빈번하게 발생하는 소비자문제이기도 하다.

(5) 식품의 허위·과장광고

허위·과장광고 등 부당광고로 인해 소비자는 유해하거나 안전하지 않은 잘못된 식품을 선택·구매를 할 수 있다. 특히, 건강식품의 다단계판매에서 자주 발견되는 소비자안전 관련 피해이다. 이 외에도 가짜 건강식품의 둔갑도 허위·과장광고로 인한 식품피해에 포함될 수 있다.

2. 수입식품의 소비자안전문제

현재 우리나라 음식들의 거의 절반 이상이 외국산으로 만들어진다. 최근에는 수입건강보조식품이 많이 유통되면서 수입건강보조식품의 안전문제가 제기되자 2009년 4월 수입건강기능식품 신고 및 검사세부처리규정을 개정한 바 있다.

1) 수입식품의 소비자안전문제 유형

(1) 수입식품의 부당표시

가짜 국산표시식품의 대표적인 사례는 수입산 쇠고기를 국내산으로 둔갑시켜 판매하는 경우이다. 몇 년 전 광우병 쇠고기 파동으로 인해 수입산 쇠고기의 원산지표시제도를 강화하고 있는데, 수입쇠고기가 원료로 사용된 음식에 대해서도 원산지표시의무화를 실시하고 있다.

소비자안전코너 11-4

우리가 먹은 사골, 과연 한우일까?

인터넷설문 조사결과 95%가 넘는 소비자가 한우와 젖소 중 한우를 선택한다고 응답했다. 농림수산식품부 고시에 따르면 국내산 쇠고기는 품종에 따라 한우, 육우, 젖소로 구분된다. 즉, 국내산이라고 하면 한우를 생각하기 쉽지만 실제로는 한우와 육우, 젖소를 다 포함한다. 최근 조사한 결과 젖소의 사골을 한우사골로 속여 판매하는 비율은 젖소고기를 한우고기로 속여 파는 비율보다 3배나 높았다. 전국한우협회의 2007년 상반기 정육점 대상 조사에서는 젖소고기의 한우고기 둔갑비율이 11.8%로 나타났다. 왜 이런 일이 발생하는가? 관련 업계에서는 정부의 단속미흡을 주요 원인으로 꼽는다. 현재 시·군·구청에서 매달 단속을 벌이지만 그 대상이 식육에 집중되어 있다는 점, 또한 품종 간 가격차이도 한몫 거든다.

- 쇠고기 식별정보 : 쇠고기 이력추적시스템은 소의 생산부터 도축·가공·판매에 이르기까지 각 단계별 정보를 기록 관리하는 제도로 문제가 발생할 경우 유통경로를 추적해 신속한 원인규명과 더불어 회수조치를 취할 수 있다. 이 제도는 소비자의 안전한 쇠고기 구입과 원산지 허위표시 등 둔갑판매의 피해를 최소화하는 데 그 목적이 있다.
- 원산지 식별정보 : 국립농산물품질관리원 홈페이지에서 원산지 식별정보를 확인할 수 있다.

(2) 유전자재조합 수입식품의 표시 및 안전성 문제

농림수산식품부는 2007년 6월 농산물품질관리법을 개정하여 콩, 옥수수, 콩나물, 감자 등 4개로 제한하던 GMO 표시대상품목을 '식용으로 수입 또는 생산한 모든 농산물'로 확대하였다. 다만, 표시면제, 즉 예외규정을 살펴보면 첫째, GMO원료를 사용하더라도 가공 후 유전자재조합 DNA나 단백질이 검출되지 않은 경우, 둘째, GMO 원료를 두 번 가공한 경우, 셋째, 주요 재료 다섯 가지가 아니면 표시면제, 넷째, 비의도적 혼입률 3%인 경우(일본은 비의도적 혼입률을 5%, EU는 0.9%, 호주나 뉴질랜드는 1%까지 인정한다), 다섯째, 가축용 사료는 표시면제다. 실제 수입되는 GMO 옥수수는 거의 전량 사료로 사용되는데도 표시면제다. 이렇게 다양한 예외를 인정하다 보니 GMO 성분표시를 하지 않은 제품에서 GMO가 검출되어도 처벌할 방법이 없다. 표시예외규정 때문에 한국인은 유럽인보다 훨씬 많은 GMO 식품을 먹고 있다는 주장이 거세다. 해당 국가의 GMO 규정에 맞추어 재료를 공급하기 때문이다. 그 결과 같은 도넛이라도 유럽은 GMO성분이 0.9% 들어 있지만 우리

소비자안전코너 11-5

유전자재조합식품의 안전성 실험사례

유전자재조합 식품 혹은 유전자조작식품은 생명공학 기술을 이용한 유전자조작으로 만들어 낸 농축산물을 가공한 식품을 말한다. 주로 특정 농산물이나 생물에 유전자조작을 가해 제초제 저항성(제초제를 뿌려도 죽지 않는 성질)이나 병충해 저항성을 띠게 하며, 생장 속도를 빠르게 하거나 열매를 많이 열리게 하기도 한다. GMO는 식량난을 해결할 수 있는 방법으로 인류를 기아에서 구할 기적의 기술이라는 찬사를 받고 있지만, 다른 한쪽에서는 괴물이 먹는 음식, '프랑켄슈타인 음식'이라 불리며 논란을 거듭하고 있다.

2005년 5월 영국 일간지 〈인디펜던트〉는 GMO 최대 개발업체인 몬산토사의 내부실험결과를 입수, 공개해 파문을 일으켰다. GMO 콩을 먹인 쥐의 혈액과 콩팥에서 심각한 이상이 발견된 것이다. 그러나 시판 중인 GMO의 위험성에 대한 어떤 연구도 아직 학계의 공식적인 인증을 받지는 못했다.

나라에서는 쇼트닝, 대두유, 탈지대두단백 등의 이름으로 10%가 넘는 GMO 성분이 들어 있다.

2) 수입식품 안전사고 발생사례

수입식품의 안전사고는 계속 발생되고 있는데, 그 사례를 살펴보면 2009년 3월 수입신고된 중국산 육수농축액(2건 3.5톤)을 정밀검사한 결과 클렌부테롤이 미량검출(검출량 0.3ppb)되어 해당 물량을 불합격조치한 바 있다(농림수산식품부, 2009년 4월 7일). 브라질산 냉동 닭고기에서는 클로람페니콜이 검출된 바 있다. 국립수의과학검역원은 2009년 3월 수입신고된 브라질산 냉동닭고기 23.5톤에 대한 정밀검사 결과 항생물질인 클로람페니콜이 검출되어 해당 물량을 불합격 조치하였다(농림수산식품부, 2009년 3월 11일). 클로람페니콜은 항생제로서 사람에게는 치료용으로 사용되나 축산물 안전 확보 차원에서 1991년부터 가축에서의 사용이 금지된 약품으로 국립수의과학검역원은 해당 수출작업장에 대해 수출선적중단 조치를 취하고 브라질 측에 발생원인 조사 및 재발방지대책을 요구하였다.

식품의약품안전청은 2009년 2월 뉴질랜드 식품안전청(NZFSA)에서 독일CFB사 스페인 공장에서 제조한 피로인산제이철(ferric Pyrophosphate) 멜라민이 검출되어 해당 제품을 유통·판매 금지 및 압류·회수 조치하고, 해당 회사제품에 대하여 수입을 금지한 바 있다(식품의약품안전청 식품관리과, 2009년 2월 24일).

한편, 국립수의과학검역원은 2009년 2월 수입신고된 스페인산 냉동 돼지고기에 대한 정밀검사 결과 기준치를 초과한 엔로플록사신(Enrofloxacin) 및 시프로플록사신(Ciprofloxacin)이 검출되어 해당 물량을 불합격 조치하였다(농림수산식품부, 2009년 2월 19일).

소비자안전코너 11-6

멜라민이란?

멜라민(melamine)은 공업용 화학물질 암모니아(LNH_3)와 이산화탄소(CO_2)로 합성된 요소 [$CO(LNH_2)_2$]를 가열하여 생산되는 물질이다. 멜라민은 1958년에 비단백질 질소원으로 소의 사료로 사용되다가 1978년 다른 비단백질 질소원보다 분해능력이 저조하다는 이유로 사용 금지되었다. 하지만 최근 영·유아가 먹었던 분유에서 상당량의 멜라민이 검출됨에 따라 문제가 되었다. 멜라민 성분이 신장에 결정화된 물질을 만들고 이 때문에 신장의 분비기능에 문제가 생기며 소변을 통해 배설되는 멜라민 결정은 신장의 요농축과정을 통해 농축되고, 농축된 멜라민 결정은 소변 내 옥살산칼슘 및 요산과 결합하여 쉽게 결석을 형성해 '요로결석'이 생긴다는 것이다. 2세 미만 영아들이 분유를 먹고 문제가 생긴 것은 다른 음식을 섭취하지 않고 분유만 먹는 시기인데다 신장이 발달하는 과정에 있기 때문에 독성물질이 들어갔을 때 악영향을 미친 것이다. 당시 중국에서 영유아 사망자는 4명, 무려 5만 3,000명이 신장결석증세를 보였다.

2008년 9월 중국 위생부는 간쑤성 거주 유아들에게 생긴 비뇨기계통 결석이 스자좡 지역의 싼루그룹이 생산한 분유와 관련이 있다고 발표하였다. 정상적인 유아에게도 나타난 비뇨기계통 결석은 모두 싼루 분유를 먹은 경험이 있다는 점에 착안하여 조사한 결과 품질검사총국은 싼루 분유에서 멜라민이 검출되었다고 발표하였다. 멜라민이 인체에 미치는 유해성은 아직 정확하게 규명되지 않았으나 동물실험 결과 산업용 화학제품인 멜라민을 다량 섭취할 경우 각종 염증과 방광 및 신장결석을 유발하는 것으로 나타나 멜라민을 식품에 직접 사용하는 것이 금지되어 있다. 이 사건으로 싼루그룹은 분유 리콜을 실시하였는데, 중국산 원료를 사용한 해외 식음료제품에서도 멜라민이 검출되면서 그 파장이 전 세계로 확산되었다. 당시 우리나라에서도 멜라민이 검출되는 업계가 밝혀져 많은 문제가 되었다.

출처 : KBS TV 이영돈 PD의 소비자고발, 불편한 진실

3) 수입식품의 안전관리방안

(1) 수입식품안전관리를 위한 정부정책의 강화

정부는 수입식품안전관리를 철저히 해야 한다. 이를 위해 수입식품과 관련한 안전검사기준이 강화되어야 하고 새로운 수입식품에 대해 신속한 대응과 검사기준의 정비가 필요하다. 또한 안전검사기준확립과 함께 안전검사기관의 확대 및 검사전문인력의 보강이 필요하다.

정부는 현행 수입상품의 표시제도를 재검토하여 품목별 표시내용, 규격 등을 소비자가 쉽게 식별할 수 있도록 정비할 필요가 있다. 또한 소비자불만이나 피해발생 시 상담처를 표기하여 소비자피해구제의 접근용이성과 수입상·판매상의 책임의식을 제고시켜야 한다. 특히, 수입농산물의 원산지표시 대상품목을 대폭 확대하고, 유통기한표시 등에 대한 철저한 지도와 감독이 따라야 한다.

(2) 수입식품안전정보시스템 구축 및 효율적 활용

식품뿐만 아니라 수입제품 전반에 관해 위해정보를 추적할 수 있는 DB를 구축하여야 한다. 수입식품안전 사고의 빈발과 신속한 대응을 위해 이력추적관리체제를 도입할 필요가 있다. 어디서 통관되고 누가 어디로 배송되었는지, 배송된 제품을 어떻게 팔았는지를 알 수 있는 정보시스템이 구축되어야 한다. 이러한 시스템을 통해 위해수입식품들을 추적하여 신속하고 정확한 회수와 리콜을 수행할 수 있기 때문이다. 또한 외국생산지에서 사용되는 농약 및 재배과정 등에 대한 사전정보수집이 필수적이며, 이를 위해서 국제 모니터링체계 구축 및 수출국에 위해정보수집을 위한 현지조사팀 파견, 대사관 등 현지 주재원의 역할강화를 실시해야 한다.

주요 선진국들은 상품분야별로 수출입상담소를 운영하여 수입 관련 정보를 국내외적으로 수집·분석하고 있으며 지역별로 유해물질의 오염실태를 파악할 수 있는 국제적인 모니터링 체제를 갖추고 있다. 따라서 우리나라에서도 외국의 바람직한 정보시스템을 벤치마킹하고 수입식품안전을 위한 위해정보관리구축 및 활용의 강화가 필요하다.

(3) 수입식품안전 관련 세계국가 간 공조 및 선도적 역할

식품거래가 국제화됨에 따라 소비자피해도 국제적인 양상으로 확대되고 있다. 이 같은 상황에서 수입식품안전과 관련한 국가 간 상호인증제도(mutual recognotion), 전략적 협정, 현지지역에 안전검사기관 설립 등에 대해 적극 검토해볼 필요가 있다. 국가 간 상호인증제도는 수출국과 수입국 간의 수출하는 특정식품에 대한 안전성과 품질보장을 위한 국가 간 상호인증제도이다. 이는 국가 간에 기준·규격에 적합하도록 제조·가공하고 품질관리를 하는 무역협정으로 식품의 안전성보장과 국가 간 기준·규격 차이에 의한 통상마찰을 미연에 방지하기 위한 제도이다.

한편, 우리가 수입식품을 수입할 때 수출국이 개발도상국이면 그 나라와 전략적 협정을 체결하여 수출국정부가 수출국에서 제조과정단계부터 포장, 운반단계 등 과정 전반에 걸친 안전사고예방 및 안전관리를 책임지도록 하는 협력을 체결할 필요가 있다. 또한 현지에 안전검사기관의 설립도 검토할 필요가 있다. 수출국 현지에 한국의 안전검사기관을 설립하여 우리나라 안전기준에 맞는 식품수입을 지원하고 사전에 현지의 안전 관련 상황을 파악하는 데 중요한 기능을 하도록 할 필요가 있다.

(4) 수입업자관리 강화

우리나라에서 식품 및 제품을 수입하고자 하는 자는 시·군·구에 식품 등 수입판매업을 신고하도록 되어 있고 수입 시마다 지방식품의약품안전청 또는 국립검역소에 신고하도록 되어 있다. 그러나 우리나라의 수입식품·제품 업체는 대부분 영세업체이다. 게다가 통관한 이후 유해물질이 함유된 제품이 유통되어 국민의 건강을 해할 우려가 있는 수입제품은 즉시 회수가 필요하지만 수입업체의 소재파악이 어렵고 회수가 적절히 이루어지지 않고 있는 실정이다.

원료에서 최종제품생산단계까지 우리나라의 식품위생 관련 법령에 구속을 받지 않는 수입식품은 국내에서 제조, 가공된 식품에 비해 철저히 관리되어야 하며 이를 위해 수입업자에 대한 행정처분을 현행보다 강화할 필요가 있다.

3. 우리나라 식품안전법제도

1) 식품안전 관련 법제도

(1) 식품안전기본법

식품안전기본법은 식품의 안전에 관한 국민의 권리·의무와 국가 및 지방자치단체의 책임을 명확히 하고, 식품안전정책의 수립·조정 등에 관한 기본적인 사항을 규정함으로써 국민이 건강하고 안전하게 식생활을 영위하게 함을 목적으로 한다. 이 법에서는 식품안전정책을 종합·조정하기 위하여 국무총리 소속으로 식품안전정책위원회를 두도록 하고 있다. 또한 이 법은 긴급대응, 위해성 평가, 신종식품의 안전관리, 식품위해요소중점관리기준, 소비자 및 사업자의 의견수렴 등에 대한 규정을 포함하고 있다.

(2) 식품위생법

식품위생법은 식품으로 인하여 생기는 위생상의 위해를 방지하고 식품영양의 질적 향상을 도모하며 식품에 관한 올바른 정보를 제공하여 국민보건의 증진에 이바지함을 목적으로 한다. 이 법에서는 보건복지부에 식품위생심의위원회를 두도록 하고 있다. 이 법은 식품과 식품첨가물, 기구와 용기포장, 표시, 식품안전정보센터, 위해평가, 유전자재조합식품 등의 안전성 평가, 수입식품 등의 신고 등 허가취소 관련 규정을 담고 있다.

(3) 건강기능식품에 관한 법

이 법은 건강기능식품의 안전성 확보 및 품질향상과 건전한 유통·판매를 도모함으로써 국민의 건강증진과 소비자보호에 이바지하고자 한다. 이 법에서는 보건복지부에 건강기능식품심의위원회를 두도록 하고 있다. 이 법의 주요 내용은 영업, 기준 및 규격과 표시·광고 등, 검사 등이 있다.

(4) 농산물품질관리법

농산물품질관리법은 농산물의 적정한 품질관리를 통하여 농산물의 상품성을 높이고 공정한 거래를 유도함으로써 농업인의 소득증대와 소비자보호에 이바지함을 목적으로 한다. 이 법에서는 농림수산식품부장관 소속하에 농산물품질관리심의회를 두고 있다. 이 법의 주요 내용은 농산물의 규격·품질인증 등, 농산물이력추적관리, 표준규격품 등의 사후관리, 원산지 등의 표시제재, 농산물의 검사 등이 있다.

(5) 축산물가공처리법

축산물가공처리법은 축산물의 위생적인 관리와 그 품질의 향상을 도모하기 위하여 가축의 사육·도살·처리와 축산물의 가공·유통 및 검사에 관하여 필요한 사항을 정함으로써 축산업의 건전한 발전과 공중위생의 향상에 이바지함을 목적으로 한다. 이 법에서는 농림수산식품부장관 소속하에 축산물위생심의위원회를 두고 있다. 이 법의 주요 내용은 축산물 등의 기준·규격 및 표시, 축산물의 위생관리 및 검사, 영업의 허가 및 신고 등이다.

(6) 어린이 식생활안전관리특별법

이 법은 어린이들이 올바른 식생활 습관을 갖도록 하기 위하여 안전하고 영양을 고루 갖춘 식품을 제공하는 데 필요한 사항을 규정함으로써 어린이 건강증진에 기여함을 목적으로 한다. 이 법에서는 식품의약품안전청에 어린이 식생활안전관리위원회를 두고 있다. 이 법의 주요 내용은 어린이 식품안전보호구역 지정관리, 어린이 기호식품관리, 고열량·저영양 식품의 판매금지, 정서저해식품 등의 판매금지, 광고의 제한·금지, 올바른 식생활정보 제공등제, 어린이 급식관리지원센터 등이다.

소비자안전코너 11-7

식품안전과 관련된 법률

- 농림수산식품부
  - 농축수산물 관련 : 농산물품질관리법, 축산물가공처리법, 농약관리법, 가축전염병예방법
- 식품의약품안전청
  - 식의약품 관련 : 식품위생법, 건강기능식품에 관한 법
- 보건복지부
  - 식의약품 관련 : 식품안전기본법, 어린이 식생활안전관리특별법, 공중위생관리법, 국민건강증진법

2) 정부의 식품안전관리기관 및 업무

(1) 식품의약품안전청

식품의약품안전청은 보건복지부 소속기관으로 식품·의약품의 안전관리체계를 구축·운영하여 국민이 안전하고 건강한 삶을 영위할 수 있도록 하고자 1998년도에 설립되었다. 이 기관은 식품, 의약품, 의료기기 분야로 세분화되어 있는데, 주요 수행업무는 다음과 같다.

- 식품의약품 등의 기준·규격·시험방법의 개정
- 유통되는 제품의 품질관리를 위한 지도·단속업무(수입식품 포함)
- 전문인력과 시설장비 보강
- 허위·과대광고 단속업무
- 위해식품정보 공개 및 행정처분업무
- 신문고, 소비자신고센터 등을 운영하여 소비자민원해결(국민제안 설문조사 등을 통해 소비자의견 수렴)

식품의약품안전청은 위해정보의 사전수집·분석 기능이 취약하고, 사고발생 시 신속대응체계가 미흡한 것이 대형식품안전사고의 근본원인이었다는 비판이 계속되고 있다. 위해예방정책관(위해정보수집 및 대책마련업무담당)의 인력확대와 업무의 효율적 수행에 대한 사회적 요구가 계속되고 있다.

(2) 보건복지부

보건복지부는 사회복지에 관한 국가정책을 담당하는 중앙행정기관이다. 수행업무는 사회복지정책수립, 사회복지제도총괄, 보건의료·약품·식품정책 등 국민보건정책을 담당하는데, 최근 식품안전을 핵심 상시과제로 정해 두고 있다.

(3) 농림수산식품부

농림수산식품부는 농업·어업과 식품산업 관련 업무를 총괄하는 중앙행정기관으로서 1948년 헌법(농지개혁실시근거 마련) 제정과 함께 설립되었다. 2008년 정부조직 개편으로 기존의 농림부에 해양수산부의 어업·수산업과 보건복지부의 식품산업

소비자안전코너 11-8

정부의 식품안전관리 담당기관 및 주요 업무

- 정책기관 : KFDA(식품의약품안전청), 보건복지부, 농림수산식품부, 각 부처 식품안전관리위원회
- 정책체계 및 내용 : 추진 배경 목표, 체계, 내용, 식품안전종합대책 마련, 식품사후관리제도
- 식품인증제도 : GAP(우수농산물관리), GMP(우수제조관리기준), HACCP, ISO 22000 등
- 식품리콜제도와 감시 프로그램

업무를 한약 인력·시설·연구지원, 한약처방의 표준화, 한약재의 수급·유통·품질관리, 한방 분야의 국제협력 등 한방 관련 정책까지 관장, 통합하여 확대 개편되었다. 농산·수산·축산, 식량·농지·수리, 식품산업진흥, 농어촌개발 및 농수산물 유통에 관한 사무를 관장하고 있다. 다시 말해, 식품산업, 생산, 가공유통, 농어촌 관리, 농업·농촌·식량·식품·축산·수산분야를 담당하고 있다. 최근 자유무역협정(FTA) 등의 개방에 맞서 국내 식품산업을 육성하기 위하여 신설된 식품산업본부, 농업정책총괄본부, 수산정책본부를 3대 축으로 운영하고 있다. 한편, 정부기관으로 국립농산물품질관리원, 국립수산물품질검사원 등을 두고 농수산물의 품질관리를 꾀하고 있다.

3) 우리나라 식품안전정책체계 및 내용

우리나라의 경우, 식품안전에 대한 소비자의 우려가 여전히 높은 편이다. 사전예측적 안전위생관리부족, 장기적·종합적 대응미흡으로 식품사고발생 가능성이 상존하고 있다. 소비자안전은 물론 국가경쟁력의 핵심요소인 식품안전을 확보하기 위해 보다 체계적인 관리대책이 필요하다.

(1) 식품안전관리정책체계

최근 정부에서는 식품위생법을 강화하고 소비자식품위생감시원, 시민식품감사인을 두고, 포상금 1,000만 원, 영업제한(5년), 형량하한제를 마련하였으며 행정처분 시 영업정보를 공표하는 등의 식품위생법을 강화하였다. 식품위생법에는 식재료전문공급업 신설, 김치류 HACCP 의무화, 과태료 대상 신설(식중독 지연보고 등) 또

는 강화, 위해식품수입판매업자 행정처분 강화, 식품이력추적관리제도의 도입, 원산지표시 대상 확대, 어린이식생활안전관리 특별법안 국회통과 등의 내용이 포함되어 있다. 식품과 관련된 모든 정책과 제도는 소비자를 위한 안전한 식품확보에 집중하는 것으로 정부계획을 수립하고 있고, 현재 우리나라의 식품안전관리정책은 보건복지부(식품의약품안전청), 농림수산식품부, 지방자치단체가 담당하고 있으며 구체적으로 농·수·축산식품의 종류별 및 생산·유통단계별로 안전관리 업무를 분담하여 수행하고 있다.

농산물 및 가공품의 업무분장 내용을 구체적으로 살펴보면 1차 생산품(재배)은 농림수산식품부 소관 부처이고, 2차 가공품, 유통, 조리판매단계는 식품의약품안전청이 담당하고 있으며, 수산물 및 가공품의 경우 1차 수산생산품은 농림수산식품부가 소관부처이고, 2차 가공품, 유통, 조리판매 단계는 식품의약품안전청이 담당하고 있다. 또한 축산물 및 가공품은 1차 축산생산품부터 2차 수산가공품, 유통단계까지는 농림수산식품부가, 조리·판매단계는 식품의약품안전청이 담당하고 있다. 안전관리의 기본이 되는 안전기준설정은 식품의약품안전청에서 전담하고 있고, 품목별 축산 생산 유통관리는 단계별로 소관부처가 관리한다.

표 11-1 농수산식품의 생산·유통단계별 안전관리 정부기관

구 분	1차 생산(품)		2차 생산(품)		유통 (보관/운반)	소비(식당, 백화점 최종판매단계)
	재배/사육	수 입	국내가공	수 입		
농산식품	농림수산식품부				식품의약품안전청	
	기준설정 : 식품의약품안전청					
축산식품			농림수산식품부			식품의약품안전청
	유해물질 잔류허용기준설정은 식품의약품안전청이 농림수산식품부와 협의 후 설정					
수산식품	국토해양부	위탁			식품의약품안전청	
	수입수산식품은 식품위생법에 의해 위탁					
기 타	먹는 샘물은 환경부, 주류 국세청, 천일염 지식경제부 등 부처별 특성에 따라 관리 (학교급식, 군급양은 수요관리이므로 논의대상이 아님)					

(2) 식품안전관리정책 내용

식품안전관리정책을 업무내용별로 구분하여 살펴보자.

① 사전식품안전관리기준 마련

식품의약품안전청 중심의 식품안전을 위한 여러 기준들을 두고 있는데, 다음과 같다.

- 유해물질의 체계적인 탐색 및 관리를 위해 식품유해물질종합관리사업 추진
- 위해정보의 과학적 분석 및 위해정보 제공기반 마련
- 우리나라 국민의 식품섭취양태를 평가하는 식이노출평가시스템 자료를 보완하여 위해물질 위험을 과학적으로 평가
- 위해 중심의 기준 및 규격 강화
- 위해물질기준설정 및 기준준수 여부 확인을 위한 국가유해물질모니터링시스템 마련
- HACCP 지정 대상 및 업체를 지속적으로 확대
- 두부류, 조미식품 등 식탁에 자주 오르는 다소비식품 위주로 HACCP 지정 확대

② 수입식품 안전관리체계 강화

생산국에서부터 안전한 식품을 수입할 수 있는 기반을 마련하고자 노력하고 있다. 생산국 제조업소의 사전확인등록제를 확대하고 우수수입업소제도, GIP(Good Import Practice)를 도입하였고, 위해식품차단을 위한 통관단계검사를 강화하고 있다. 수입식품이 위해항목검출로 부적합 판정된 경우 유통 중인 동일품목에 대해 즉시 경고발령 및 회수폐기조치한다. 수입식품 검사업무 대행사는 식품위해검사기관의 검사능력향상을 지원하고 있다.

③ 생산이력추적시스템 구축

정부에서는 식품생산이력추적관리시스템을 구축하여 식품제조, 가공부터 판매단계까지의 정보를 기록·관리·제공하는 RFID칩을 부착한 식품이력추적제도를 도입하였다. 또한 식중독의 상시적 예방 및 신속대응체계 강화, 학교 식중독조기경보시스템 구축, 범국민 손씻기운동 등 다양한 식품안전프로그램을 개발하고 있고 위해식품의 신속한 회수를 위해 회수명령이행관리체계를 확립하고 있다.

④ 취약계층을 위한 식품안전정책강화

취약계층, 특히 영유아식품의 안전성 및 영양관리체계 마련, 질식사고를 유발하는 땅콩, 젤리 등 식품과 연령별 금지, 주의식품에 대한 기준을 마련하여 영유아의 식품안전사고를 예방하고 있다.

어린이 식품안전관리를 위한 어린이 식생활안전관리특별법을 제정하고 있고, 패스트푸드 등 외식업체의 영양성분표시의무화(10년부터)를 이행하고 있다. 어린이 단체급식영양의 안전관리강화, 어린이 기호식품에 대한 영양기준 및 위해영양성분 관리체계를 제도화시키고 있다.

⑤ 식품표시정책

소비자의 식품선택 폭을 넓히는 다양한 표시정보를 제공하고 있다. 올바른 건강식품의 선택을 위해 일반식품과 차별화하여 영양 및 기능, 비타민, 무기질 표시를 명확하게 개선하고 있다.

음식점 원산지표시제 확대에 따른 후속조치 마련, 첨단기술 신소재원료, 건강기능식품의 안전관리강화, 고부가가치 건강기능식품에 대한 안전관리강화, 응용 신소재식품의 안전성 심사기반구축 등의 노력을 펼치고 있다.

소비자안전코너 11-9

냉동식용어두, 향신료, 신선편의식품 등의 위생기준 강화

식품의약품안전청은 식품의 기준, 규격 설정 중기실행계획(2008~2012년까지)에 따라 2008년도에 실시한 연구사업 결과를 토대로 냉동식용어두, 향신료, 신선편의식품 등에 대한 기준, 규격을 강화하는 개정(안)을 입안예고한다고 밝혔다(식품의약품안전청, 2009년 3월 11일). 냉동식용대구머리에 한정된 어두(생선머리)의 관리범위를 참치머리, 은민대구머리까지 확대하고, 식용어두로부터 분리된 볼살, 목살 등의 부산물을 포함하여 냉동식용어두로 관리하며, 현재의 중금속기준에 추가하여 대장균, 히스타민(다랑어류에 한함)의 기준을 신설하였고 이리, 어란 등 어류 내장부산물에 대해서도 총 수은, 메틸수은, 미생물 등의 안전관리기준을 신설하였다. 또한 즉석섭취식품 및 신선편의식품의 미생물관리, 곡류 및 그 단순가공품, 잔류농약의 관리 등에 관한 기준을 신설하였다. 이렇게 식품의약품안전청은 식품의 안전관리 강화를 위해 '기준·규격 설정 중장기 실행계획'에 따라 연구사업을 수행하고 국제적인 동향파악 등을 통해 위해우려가 높은 물질에 대해서는 지속적으로 기준규격을 설정하는 등 식품의 안전관리를 강화해 나가고 있다.

(3) 식품안전종합대책

최근 정부에서는 식품안전종합대책을 마련·발표하였다. 구체적으로 살펴보자.

① 식품위해요인의 사전예방

정부에서 안전을 인증하는 HACCP제도를 2012년까지 전 식품의 95%까지 확대를 목표로 영세업소 4,000개소에 대하여 3,000만 원(식품진흥기금 50%, 자비 50%) 지원과 업체에서 쉽게 적용할 수 있는 기준개발보급, 기술지도를 병행할 계획이다. 또한 우수농산물관리제도(GAP) 적용을 현재 전체 농산물의 1%에서 12년까지 10%로 확대하는 한편, 2009년 6월부터 쇠고기 이력추적제도를 전면 시행하여 수입산이 국내산으로 둔갑되어 국민을 속이는 일이 없도록 할 계획이다.

② 식품안전에 대한 국민의 참여확대 및 소통강화

식품 중 위해물질 검출, 식품사고로 소비자의 불안감이 가중되고 있다. 식품안전에 대한 신뢰성을 확보하기 위하여 소비자가 식품감시·단속에 직접 참여하도록 하고, 소비자단체 중심의 소비자탐사대를 구성(100명), 식품안전 이슈를 발굴하고, 식품안전기준설정, 현장에 대한 지도·점검을 국민이 직접 참관하는 국민참관인제도를 확대(20명 → 100명)한다.

③ 식품안전사고 발생 예방 및 신속대응

위생적으로 취약한 어린이의 식품안전사고 예방을 위하여 학교 주변 문방구, 분식점 등의 위생시설개선지원과 전담요원을 배치, 부정·불량식품 판매행위에 대한 지도·계몽을 강화한다. 또한 안전하고 영양을 고루 갖춘 우수어린이기호식품에 대한 녹색표시제를 도입, 어린이식품의 안전제고를 유도한다. 안전사고발생 시 신속히 대처할 수 있도록 보건복지부, 농수산식품부, 식품의약품안전청 등 관계기관이 참여하는 범정부 차원의 '식품안전사고 긴급대응단'을 구성, 중대한 위해우려가 있는 식품에 대하여는 신속히 추적조사하고 그 결과를 위해의 심각 정도에 따라 안전 → 주의 → 경계 → 심각, 4단계 경보체계를 가동하여 전파할 계획이다.

④ 안전하고 품질 좋은 식품의 수입 유도

생산국으로부터 안전한 식품이 수입되도록 수입이 많은 수출국 현지에 민간 검사기관을 설치·운영을 지원하여 현지단계에서부터 검사를 강화한다. 통관단계에서 유해물질이 검출된 수입식품은 원인규명 및 개선조치를 취할 때까지 수입금지 및 수입자에게 현지 제조업소의 개선조치사항 제출을 의무화할 예정이다.

⑤ 식품안전관리체계 강화

정부 내 식품안전관리기능을 총괄기구로서 국무총리를 위원장으로 관계부처 장관, 민간전문가가 참여하는 식품안전정책위원회를 설치·운영하고 위원회 산하에 민간전문가, 소비자단체가 참여하는 과학적·전문적 조사연구 및 위해평가를 위한 분야별 전문위원회를 구성·운영할 예정이다.

표 11-2 세계 각국의 식품 생산유통단계별 관리기관

구 분	1차 생산(품)		2차 생산(품)		유 통 (보관/운반 등)	소비(식당, 백화점 등 최종 판매단계)
	재배/사육 등	수 입	국내가공	수 입		
프랑스			농어업부			고용사회연대부
	식품안전청 : 식품안전성 평가, 경제재성산 여부 : 표시기준 등					
영 국	환경식품농촌부				지방 정부	
	식품기준청 : 식품안전성 평가, 교육, 홍보, 도축검사 등 담당					
호 주	지방정부	농수산부	지방정부	농수산부		지방재정부
	식품기준호주뉴질랜드청 : 식품기준설정, 안전성 평가 등 실시					
일 본	농림수산성				후생노동성	
	식품안전위원회 : 식품안전성 평가담당					
미 국	농업부					
			농림부 : 축산식품			지방 정부
	먹는 물, 주류 등은 환경부, 재무부 등에서 담당(유통·소비단계 : 통상 주정부 담당)					
한 국	농림수산식품부		보건복지부(식품의약품안전청) : 일반식품			
			농림수산식품부 : 축산식품			
	먹는 물, 주류 등은 환경부, 국세청 등에서 담당					

4) 식품안전관리체계의 문제점

(1) 식품안전근거법의 일관성 결여

식품안전에 대한 위험평가 및 위험관리와 관련한 법령이 대체로 식품위생법과 관리부처의 해당법률(농산물품질관리법, 축산물가공처리법, 수산물품질관리법 등)로 다원화되어 있다. 즉, 품목의 성격(신선, 가공식품, 농산물, 축산물, 수산물)과 유통단계(수입, 수출, 생산, 가공, 유통, 판매)에 따라 동일한 사안에 대해 다른 기준이 적용되는 등 구조적으로 식품안전관리의 일관성 유지가 어려운 법체계로 구성되어 있다.

소비자안전코너 11-10

식품사고 후 매번 같은 대책, 그러나 사후관리는 부실

먹을거리 관련 사고가 터질 때마다 언론은 '식품안전행정 일원화'의 문제점을 지적했고, 시민단체 역시 식품안전 법체계의 강화와 통합을 요구해 왔다. 이에 정부는 관련 '종합대책'을 내놓고 여론을 잠재웠으나 사고가 날 때마다 비슷비슷한 정책을 반복해 왔을 뿐이다. 제대로 시행되고 있는 것은 거의 없는 상황이다. 최근의 식품안전사고사례와 사건발생 후 정부의 대응현황을 살펴보면 다음과 같다.

- 2000년 9월 중국산 꽃게에서 납 검출 : 사회적 파장이 일자 2001년 3월 HACCP 제도를 도입한 업체에 대해 세제감면을 해주도록 하는 것을 골자로 한 식품안전관리 종합대책을 발표했다. 그러나 이 제도의 활성화는 당시 농림부와 해양수산부가 서로 업무를 떠넘기는 데 급급해 여전히 답보상태에 있다. 당시 수산물 생산이력 추적제 도입 이야기도 나왔으나 현재까지도 시행되고 있지는 않다.
- 2003년 11월 학교급식비리 사건 : 노후한 학교급식시설을 현대화하고 우수 농산물의 사용을 확대하는 것을 골자로 한 식품안전종합대책 추진계획이 발표되었다. 하지만 안전성 평가를 마치지 않은 8개 식품첨가물이 사용금지될 방침이었으나 업계 피해를 우려하여 사용을 허가하기도 하였다.
- 2004년 6월 불량만두 사건 : 위생 점검 공무원 실명제, 식중독 등 식품피해에 대한 집단소송제 도입 등을 주요 내용으로 하는 '유해식품 근절을 위한 종합대책'을 마련하였다. 식품안전기본법을 국회에 상정하고 식품안전정책위원회를 신설하는 내용이 포함되었으며, 식품안전기본법은 기나긴 논란 끝에 통과되었으나 식품안전정책위원회는 현재까지 회의 한번 열리지 않은 유령위원회로 전락하였다.
- 2005년 말라카이트 그린 오염 물고기사건과 기생충김치 파동 : 식품안전 행정에 대한 부정적 여론이 들끓었다. 2006년 10월 정부조직법 개정안을 통해 식품안전행정체계 개편을 추진하였지만 이조차 이해찬 전 총리의 골프 파동으로 무산되어 버렸다.

2008년 정부에서 HACCP을 2012년까지 95% 확대하겠다는 종합대책을 내놓았으나 그 실현방안은 불투명하다. '식품안전사고 긴급 대응단'은 꾸려지지도 않았다. 또한 최근 식품안전부처 일원화, 집단소송제 도입, 원산지표시제 강화, 식품사범처벌강화 등은 10년 가까이 반복의 반복에 불과하다. 여기에 기업의 반발(식품안전 신호등 표시제, 집단소송제)과 부처 간 갈등(부처 일원화)으로 해결되지 못해 왔다.

출처 : 2000~2008년 정부식품안전정책분석 비판 자료

(2) 정부의 부처 간 업무분할

세계 국가들은 생산부터 소비까지 일괄관리를 통해 안전성을 확보해 나가는 추세지만 한국은 보건복지부, 농림수산식품부, 식품의약품안전청, 환경부, 교육과학기술부, 지식경제부, 국세청, 지방자치단체 등 식품관리의 원칙과 기준이 모호하고 다원화되어 있다. 각 부처에서는 자기 부처가 총괄해야 한다고 주장만 하고 있으며, 국회 내에서도 복지위원회와 식품위원회 등 상임위원회에 따라 이견을 보이고 있다. 현재 식품안전업무는 품목별, 단계별로 농림수산식품부와 식품의약품안전청 등이 분산해 수행하고 있다. 식품안전업무의 위해물질에 대한 기준설정은 식품의약품안전청에서 담당하며 농산물 생산단계는 농식품부, 유통(수입 포함) 이후는 식품의약품안전청이 관리한다. 축산물은 사육(생산)·수입·가공·유통단계 모두를 농림수산식품부에서, 소비단계는 식품의약품안전청에서 각각 관리하고 있는 상황이다. 수산물도 생산단계는 농림수산식품부, 그 이후는 식품의약품안전청이 관리한다.

이로 인해 유제품의 경우 우유가 51% 들어 있으면 농림수산식품부 소관이고 우유가 49% 들어 있는 식품이면 식품의약품안전청 소관이 된다. 수산물 중에서도 통조림과 어묵은 식품의약품안전청 소관이 된다. 먹는 샘물은 환경부, 주류는 국세청, GMO식품은 지식경제부가 각각 관리하고 있다. 2009년 멜라민 사태에서도 분유는 농림수산식품부가, 유제품은 식품의약품안전청이 각각 조사하는 불합리한 관행이 또 다시 재현되기도 했다. 이 때문에 식품사고가 발생해도 책임소재가 불분명하고 근본적인 처방 없이 사고발생 후에야 임시방편의 대책이 마련되곤 하여 유사한 식품안전사고가 되풀이되고 있다.

소비자와 업계 입장에서 보면 굳이 나눌 필요가 있을까 하는 업무들이 부처 이기주의에 따라 잘게 썰어져 있다. 예를 들어, 분유 자체는 농림수산식품부, 분유원료 및 이유식은 식육함량이 50% 이하면 식품의약품안전청이 담당하며 50%를 초과하면 농림수산식품부가 책임진다. 약재는 자르지 않았을 때는 농림수산식품부, 잘랐을 때는 식품의약품안전청이 담당하며 축산가공품인 햄·소시지 등 104개 품목은 농림수산식품부, 104개 외의 족발, 보쌈, 편육 등 기타 축산식품은 식품의약품안전청의 책임이다.

표 11-3 식품안전관리 정부기관 및 관련 법률

식 품	소관부처	관련 법률	주요 내용
축산물(가공품)	농림수산식품부	축산물가공처리법	• 축산물의 위생관리 • 축산물의 기준규격 설정 • 수거검사 및 지도, 감독 등
농산물	농림수산식품부	농수산물품질관리법, 농약관리법	• 생산지단계의 오염물질기준설정 • 원산지 표시 등
수산물	농림수산식품부	농수산물품질관리법, 수산물검사법	• 수산물의 품질 및 위생검사 • 표준 등 설정
먹는 물	환경부	먹는 물 관리법	먹는 물의 수질관리 및 위생관리
주 류	국세청	주세법	• 주류의 규격설정 • 주류업체의 지도, 단속
소 금	지식경제부	염관리법	• 기준설정, 품질검사 등 • 천일염을 대상
그 외 식품	식품의약품안전청	식품위생법	수거검사, 지도단속 및 사전·사후 관리 전담
학교급식	교육과학기술부	학교급식법	학교 급식
기 타	시·도 (시·군·구)	위 법령	• 식품 등의 영업 허가 및 지도·단속 • 제반 법령에 의한 집행 업무

이러한 현재의 식품안전관리체계는 업무의 효율적 조정이 곤란하며 식품안전관리의 사각지대가 발생하고 책임소재가 불분명해지며 식품위해사고가 발생한 경우 신속하고 일관성 있는 국가비상시스템의 가동이 곤란하다. 결론적으로, 현행 우리나라의 식품안전관리체계는 식품별 관리부처, 수입식품검역부처, 근거법령 등이 모두 분산되어 식품관리정책이 신속성, 일관성, 통일성을 도모하기 어렵고, 중복규제에 따른 국가 차원의 중복투입으로 인한 효율성 저하, 생산자의 경제적 손실과 불편초래 및 소비자의 혼란이 초래되고 있다.

(3) 식품위생검사기관의 부실

식품위생검사기관은 식품의 안전성을 검사하는 기관으로 식품사고예방을 위해 가장 중요한 역할을 담당하고 있다. 그러나 최근 식품의약품안전청 조사결과 29개 검사기관 가운데 35%인 10개 기관이 부적합한 것으로 나타났으며 허위성적서 발

소비자안전코너 11-11

식품위생검사기관 특별 지도·점검 결과 및 종합관리대책

민간 식품위생검사기관의 허위검사성적서 발급 등으로 식품안전에 대한 소비자들의 불안이 증가함에 따라 최근 식품의약품안전청은 식품위생검사기관 전체(61개)를 대상으로 2008년 12월 17일부터 2009년 1월 30일까지 총 45일간 특별지도·점검을 실시하였다. 그 결과 허위성적서발급 등 21개 위반검사기관을 적발하고, 지정취소·검사업무 정지 등 강력한 행정조치를 취한 바 있다. 식품의약품안전청은 또한 식품위생검사기관을 보다 선진적이고 체계적으로 관리하기 위하여 식품위생검사기관 종합관리대책을 마련, 부실검사기관은 과감히 퇴출시키고 우수검사기관은 지원을 강화하는 등 검사기관의 공정성과 신뢰성 확보를 최우선 과제로 삼고 있다.

급, 의뢰받은 시료를 검사하지 않고 실험이 완료된 다른 시료의 기기분석자료 인용 등의 행위가 드러나고 있다. 또한 식품위생검사기관에 종사하는 검사원의 전문성 부재로 인한 검사결과의 신뢰도저하문제, 검사업무와 관련하여 업무표준화의 필요성, 신규 검사지정기관에 대한 사후관리가 시급하다.

(4) 식품안전관리업무 미흡

서울시 25개 자치구 위생행정평가결과에 의하면 식품접객업소 및 집단급식소에 대한 위생지도·점검 실적이 전반적으로 부진하다는 평가를 받은 바 있다. 또한 식중독 예방 등 위생수준 향상을 위한 집중관리업소의 지도점검실적이 부진하다는 평가를 받았다. 뿐만 아니라 수거검사와 위반업소처분이 미흡하다는 평가를 받았고 자치구 평가에서 하위평가를 받은 5개 자치구의 경우 특히 위생담당인력이 부족하고, 식품접객업소 지도점검과 부정불량식품점검률도 매우 낮은 것으로 나타났다.

(5) 식품위해기준설정 및 평가기능 미흡

모든 농수축산물은 수많은 위해요인에 노출되어 있다고 해도 과언이 아니다. 이러한 위해물질에 오염된 식품을 인간이 얼마나 섭취하면 안전한가를 판단할 수 있는 근거가 위해물질의 잔류물질허용기준(MRL)이다. 잔류물질허용기준에서 소비자가 사용하는 약품이나 농약, 방출되는 중금속이 크게 증가하면서 기준설정품목의 확대가 요망된다. 기존의 농약, 중금속, 항생물질, 호르몬 등 잘 알려진 위해물질

외에도 병원성 미생물이나 환경호르몬(다이옥신) 등 새로운 위해물질에 대해서는 빠른 시일 내에 기준설정이 필요하다. 예를 들면, 최근 발생하고 있는 BSE와 조류독감에 대해서 독성·위험성 평가와 관련한 지속적인 연구가 수행되어야 하며 위해 논란이 계속되고 있는 유전자조작식품과 방사선조사식품 등에 대해서도 기초연구가 수행되어야 한다. 식품의약품안전청, 검역원, 국립수산과학원, 농촌진흥청 등의 기관이 식품위험평가 기능을 수행하고 있으나 전문 인력이 부족하고 전담부서가 설치되어 있지 않다. 또한 평가기능과 관리기능이 동일 조직 내에서 수행되고 있어 객관적인 평가기능수행이 어려운 상황이다.

(6) 정부기관 간 공조체계 부족

식품안전관리는 생산(수입)단계에서부터 소비에 이르기까지 관리 주체가 식품의약품안전청, 농림수산식품부, 시·도자치단체 등 다양하기 때문에 일관된 안전성관리를 위해 기관 간 공조체계구축이 매우 중요하다. 특히, 검사 등 감시업무는 실제로 중복되는 경우가 많아 사전조율이나 사후정보교환이 필요하다. 실제로 시·도와 식품의약품안전청, 검역원과 시·도, 식품의약품안전청이 교차점검을 하고 있으나 사전업무조율이 부족해 해당감시 기능에 공백이 발생하고 있고 때로는 역으로 과다한 감시가 수행되고 있다.

(7) 식품정보공개와 소비자참여장치 미흡

소비자의 식품안전정책에 대한 신뢰회복을 위해서 위험정보는 소비자에게 투명하게 공개하는 것이 바람직하다. 현재 검사실적의 일부를 공개하고 있으나 미흡한 부분이 있고, 특히 위험평가와 관련한 정보는 거의 공개되지 않고 있다. 또한 소비자로 하여금 식품안전에 대한 감시나 홍보에 직접 참여하도록 유도하여 신뢰도를 높일 수 있다. 기존 명예감시원 제도는 관 주도로 형식적으로 운영되어온 경향이 있으며, 소비자단체의 참여도 기획성격의 단발적 시도에 그치고 있어 소비자 및 소비자단체의 지속적인 참여확대가 필요하다.

(8) 체계적 안전식품교육 및 홍보 미흡

아직도 생산자의 안전한 농축수산물 생산에 대한 인식이 부족한 것으로 지적되고 있다. 산지농산물 안전성관리에 대한 생산자의 의식제고를 위해 지속적인 교육이 필요하다. 또 한편으로 소비자의 안전식품 선택요령, 조리방법 등에 대한 소비자식품교육 및 홍보도 부족한 상황이어서 소비자의 식품안전의식과 식품안전정책효과를 충분히 높이지 못하고 있다.

(9) 식품안전통합정보망 구축 미비

위해발생 시 신속한 대처와 효율적인 위생안전감시를 위해 통합식품안전정보망 구축이 필수적이나 현재 개별 기관별로만 정보망이 구축되어 있다. 생산(수입), 유통, 소비단계의 위생감시는 범부처 차원에서 식품안전통합정보망 구축을 통해서 효과적으로 추진되어야 한다.

(10) 실질적 소비자피해보상기준 확립의 필요성

식품으로 인한 소비자피해보상규정에 따르면 소비자가 식품의 변질이나 이물질 등으로 피해를 입었을 경우 소비자는 동일제품교환이나 구입가 환급이 가능하고, 부작용이나 상해발생 시 치료비와 상실소득을 보상받을 수 있다. 그러나 소비자와 사업자 간의 피해보상문제는 기본적으로 민사관계이기 때문에 정부가 이를 강제할 수 없다. 대신 사업자에게 보상에 대한 이행사항을 강제할 수 있고 사업자는 그 분쟁의 해결기준에 따라 처리하고 있다.

그런데 식품에 벌레나 머리카락 등의 이물질이 나왔을 경우 소비자들은 문제를 일으킨 회사의 진심어린 사과를 바랄 뿐이지만, 막상 신고를 접수하면 퉁명스러운 반응과 고객의 잘못으로 몰아가는 태도는 소비자들로 하여금 그 기업을 신뢰하지 않게 한다. 회사의 불만족스러운 사건해결의지로 인해 더욱더 분노하게 된 소비자들은 다른 소비자들의 공감을 얻어 제품불매운동으로까지 이르게 된다. 입으로 들어가는 식품에서 벌레나 머리카락 등의 이물질이 나왔을 때 교환이나 환불을 해주면 끝이라는 기업의 태도는 분명 문제가 있다. 이물질 검출, 부작용이나 상해발생으로 인한 피해의 경우 미국과 같이 민사소송으로 문제를 해결할 수도 있지만 피해액이 적어 소비자입장에서 소송이 부담스럽다. 사회적 피해는 크므로 식품안전사고 발생 시 징벌적 손해배상이나 강력한 행정적 규제가 필요하다. 특히, 현재 소비자식품피해보상기준은 있지만 이 기준이 소비자의 정신적 피해는 인정하지 않고 있다.

따라서 소비자의 피해 정도에 따라 소비자와 기업 모두 만족할 수 있는 피해보상규정을 재확립할 필요가 있다.

소비자안전코너 11-12

위해요소중점관리(HACCP)

HACCP은 우리나라의 경우 식품의약품안전청의 일반식품분야와 농림수산식품부의 축산식품분야로 나뉘어진다. HACCP은 Hazard Analysis Critical Control Points의 머리글자로서 '위해요소중점관리기준'이라 하며 일반적으로 '해썹'이라 부른다. 식품의 원재료부터 제조, 가공, 보존, 유통, 조리단계를 거쳐 최종소비자가 섭취하기 전까지의 각 단계에서 발생할 우려가 있는 위해요소를 규명하고, 이를 중점적으로 관리하기 위한 중요관리점을 결정하여 자율적이며 체계적이고 효율적인 관리를 통해 식품의 안전성을 확보하기 위한 과학적인 위생관리체계이다. HACCP은 위해분석(HA)·중요관리점(CCP)이라는 위생관리방법이다. 최종제품의 검사에 따른 안전성을 보증하려고 하는 것이 아니라 제조에 있어서 중요한 공정을 연속적으로 관리함으로써 각각의 제조공정단계에서 제품의 안전성을 보증하려고 하는 위생관리방법이다.

HACCP은 전 세계적으로 가장 효과적이고 효율적인 식품안전 관리체계로 인정받고 있으며, 미국, 일본, 유럽연합, 국제기구 등에서도 모든 식품에 HACCP을 적용할 것을 적극 권장하고 있다. 원료와 공정에서 발생가능한 병원성 미생물 등 생물학적·화학적·물리적 위해요소분석으로 HA(위해요소분석)와 CCP(중요관리점)로써 위해요소를 예방, 제거 또는 허용수준으로 감소시킬 수 있는 공정이나 단계를 중점관리한다.

HACCP마크

소비자안전코너 11-13

ISO 22000(식품안전경영시스템) 인증

ISO 22000

ISO 22000의 공식명칭은 '식품안전경영시스템'이다. 식품안전경영시스템은 식품공급 사슬상의 모든 조직에 대한 요구사항을 의미함으로써 원재료 구매에서 가공·포장·배송·소비 등 최종 소비지점까지의 전 과정을 대상으로 하는데, 기업 위생관리시스템 수준을 향상시키고 소비자에게 신뢰를 주기 위한 국제경영규격이다. 국내에서 인증을 받은 기업으로는 도미노피자, 매일유업, 한성식품, 삼육식품 등이 있다. ISO 22000의 목표는 식품공급사슬 내의 사업체에 대한 식품안전경영 요구사항을 국제적인 차원에서 조화, 일반적으로 법에 의해 요구되는 것보다 더 명확하고, 일관되며 통합된 식품안전경영시스템을 추구하는 조직에 적용된다.

5) 식품리콜제도

식품리콜제도는 식품위생법, 식품위생법 시행령에 의하여 운영되고 있다. 식품위생법에 의하면 판매의 목적으로 식품 등을 제조·가공·소분 또는 수입한 영업자는 당해 식품 등으로 인한 위해가 발생하였거나 발생할 우려가 있다고 인정하는 때에는 그 사실을 국민에게 알리고 유통 중인 당해 식품 등을 회수하여야 한다고 규정하고 있다. 식품의약품안전청장, 시·도지사, 시장·군수 또는 구청장은 식품위생상 위해가 발생하였거나 발생할 우려가 있다고 인정되는 때에는 영업자에 대하여 유통 중인 당해 식품 등을 회수·폐기하게 하거나 당해 식품의 원료, 제조방법, 성분 또는 그 배합 비율을 변경할 것을 명할 수 있다. 이때 압류 또는 폐기에 관하여 필요한 사항과 회수 대상 식품 등에 해당하는 기준 등은 보건복지부령으로 정하도록 하고 있다.

(1) 회수명령(강제적 리콜)

식품위생법 규정에 의하여 보건복지부장관, 시·도지사, 시장·군수·구청장은 식품회수명령을 하고자 할 때에는 미리 식품회수평가위원회의 심의를 거쳐야 한다. 다만, 식품 등에 병원미생물, 유독·유해물질이 들어 있거나 묻어 있어 인체에 현저한 건강상의 장애를 준 경우나 사망자를 발생하게 한 경우에는 위원회의 심의 없이도 회수명령을 내릴 수 있다. 또한 최근 개정된 규칙에는 회수 및 폐기대상 식품의 위해 정도가 중대하고 급박한 경우에는 식품의약품안전청에 설치된 식품회수평가위원회의 심의 없이 식품의약품안전청장, 시·도지사, 시·군·구청장이 즉시 제조업자와 유통업자에게 회수명령을 할 수 있도록 하는 긴급리콜명령제도를 도입하였다.

회수명령에는 제품명, 제조일자(유통기한), 제조·가공업소명, 회수사유에 관한 사항이 포함되어야 하며, 회수명령을 받은 영업자는 지체 없이 회수 대상 식품 등의 유통·판매를 중지시키거나 중지하고 식품 등의 회수·공표계획을 수립하여, 당해 업소의 소재지를 관할하는 시장·군수·구청장에게 제출하여야 한다. 식품 등의 회수·공표계획을 제출받은 시장·군수·구청장은 이를 지체 없이 시·도지사를 거쳐 보건복지부장관에게 제출하여야 하며, 회수·공표결과 보고에는 회수실적 등의 평가결과(제조·가공량, 회수량, 미회수량 등), 미회수량에 대한 조치계획, 재발방지를 위한 대책 및 회수·공표문에 관한 사항이 포함되어야 한다.

(2) 자진회수(자발적 리콜)

식품위생법 규정에 의하여 식품 등의 자진회수를 하는 영업자는 식품 등의 회수·공표계획을 수립하여, 당해업소의 소재지를 관할하는 시장·군수·구청장에게 제출할 수 있으며, 회수·공표계획에 관하여는 회수명령(강제리콜)에 관한 규정을 적용하여 실시하게 된다. 식품 등의 자진회수를 하는 영업자는 회수대상 식품 등이 없는 때에는 그 회수·공표결과를 당해 업소의 소재지를 관할하는 시장·군수·구청장에게 제출할 수 있으며, 개정된 규칙에 의하면 2000년부터는 문제식품의 자발적인 회수를 유도하기 위해 식품업체들이 자진해서 회수할 경우에 영업정지 등의 행정처분이 면제된다.

(3) 식품리콜사례

최근 국내·외에서 실시된 식품의 리콜제도사례는 다음과 같다.

- 웨그만푸드마켓이 수산물 음식 소스에 밀성분 표시가 빠졌다는 이유로 리콜
- 멜라민파동으로 전 세계에서 중국제품(과자, 분유 등) 리콜
- 키스틱 등 롯데햄에서 만든 어육 소시지에서 인체에 해로운 아질산염이 나왔는데, 이에 따라 롯데햄은 해당 제품을 긴급 리콜, 문제의 제품은 아질산염 검출량이 허용 기준치 이하이지만, 소비자들을 안심시키고 신뢰를 얻기 위해 자발적으로 리콜
- 피스타치오가 살모넬라감염으로 미국에서 두 번째로 가장 큰 피스타치오 가공업체인 Setton Farm사가 200만 파운드에 이르는 피스타치오를 자진적으로 리콜
- 미국에서 광우병 특정위험물질(SRM)이 포함된 쇠고기가 유통 중인 사실이 드러나 해당 제품이 전량 리콜

(4) 식품안전 감시프로그램

식품안전 관련 감시는 정부기관, 지방자치단체, 언론, 소비자 및 소비자단체 등에서 수행하고 있다. 지방자치단체에서는 학교 경계에서 200m 이내에 어린이 식품안전보호구역을 지정하여 어린이 식품안전을 확보하기 위해 노력하고 있다. 한국소비자원, 소비자단체에서는 식품안전모니터링을 실시하고 있다. 또한 TV프로그램 소비자고발, 불만제로 등에서도 식품안전모니터링의 역할을 하고 있다.

4. 외국의 식품안전관리법제도

세계적인 식품관리일원화 분위기 확산은 WTO체계 출범과 자유무역협정(FTA) 체결, 생명공학기술을 이용한 다양한 제품의 등장 등 기존의 식품관리·조직체계로는 더 이상 안전성을 확보할 수 없다는 판단에 따른 것이다. 식품안전문제 및 관리의 국제동향은 크게 세 가지이다. 첫째, 식품 위해요인의 다양화, 위해사고의 광역화, 대형화가 특징이다. 1970~1980년대 미생물에 의한 식중독이 많았으나 1990년대 이후 BSE, O-157, 중금속 다이옥신, 발암물질, AI 등 다양한 원인의 식품문제가 등장하고 있다. 둘째, 식품안전성 확보를 위한 국제규격기준이 CODEX, 즉 식품규격에 관한 지침과 FAO, 식품체인접근법이 주를 이루고 있다. 셋째, 세계의 식품안전관리는 농장에서 식탁까지 모든 식품체인의 안전성 확보수단을 강구하고 있다. 예를 들면, HACCP, GAP도입, 식품안전관리행정의 일원화 등이 그것이다.

표 11-4 국가별 식품안전관리체계

<table>
<tr><th rowspan="2">국 가</th><th rowspan="2">안전기준 설정</th><th colspan="3">주요 식품위생관리체계</th><th rowspan="2">안전관리의
중복 여부</th></tr>
<tr><th>생산단계</th><th>가공단계</th><th>유통단계</th></tr>
<tr><td>일 본</td><td>후생노동성</td><td>농림수산성</td><td>후생노동성</td><td>후생노동성</td><td>식품안전
위원회 설치</td></tr>
<tr><td>미 국</td><td colspan="5">식품위생 관련 35개 법령, 12개 기관이 관여(FDA, CDC, FSIS, AMS, EPA 등),
대통령 산하 식품안전위원회에서 공동협력</td></tr>
<tr><td>덴마크</td><td>농수산/식품부</td><td>농수산/식품부</td><td>농수산/식품부</td><td>농수산/식품부</td><td>일원화
의약품분리</td></tr>
<tr><td>캐나다</td><td>보건부
(농업식품부와
협력)</td><td>농업식품부
산하 식품검사청
(독립기구)</td><td>농업식품부
산하 식품검사청
(독립기구)</td><td>농업식품부
산하 식품검사청
(독립기구)</td><td>일원화
의약품분리</td></tr>
<tr><td>호 주</td><td>농림수산부/
환경부/식품청</td><td>농림수산부</td><td>농림수산부</td><td>농림수산부</td><td>다원화</td></tr>
<tr><td>EU</td><td colspan="5">• 식품안전기준 : 유럽식품청, 법률/집행권한은 없음
• 식품위생관리 : 각 회원국 정부에서 관리</td></tr>
<tr><td>아일랜드</td><td>식품안전청
(독립기구)</td><td>농업식품
농촌개발부</td><td>농업식품
농촌개발부</td><td>농업식품
농촌개발부</td><td>일원화
식품안전청</td></tr>
<tr><td>프랑스</td><td colspan="4">농업부/보건부/소비자부 3개 부처의 관할을 받는 AFSSA 관리</td><td>일원화</td></tr>
</table>

1) 미 국

미국은 약 35개의 식품위생 관련 법령과 12개 기관이 관여하고 있는 식품안전체계가 문제가 있음을 발견하고 이를 정비·보완하기 위하여 1997년 식품안전구상(food safety initiative)을 발표하였다. 또한 미국의 국립과학학술원(NAS : National Academy of Science)은 질병관리·검역·감독·위험평가·법률시행·연구·교육 등 모든 식품안전활동에 대한 책임을 갖는 통합기관을 설립하도록 대통령 직속의 식품안전위원회(President's Council on food Safety)에 요청하였다. 미국의 식품안전정책은 식품의약청(FDA), 식품안전검사국 등에 의해 수행되고 있다.

(1) 식품의약청

미국 식품의약청(FDA : Food & Drug Administration)은 수입식품의 안전성 확보, 식품리콜 모니터링, 식품안전에 대한 연구, 식품업계 및 소비자 대상 소비자교육을 실시하는 등 식품안전의 중추적인 역할을 수행하고 있다.

주요 기능은 식품제조시설 및 식품창고 점검, 식품의 물리적·화학적·미생물적 오염 여부 조사를 위한 조사 및 분석, 시장출하 전 식품 및 색소첨가제의 안전성 재검사, 동물사료의 안전성 모니터링, 식품공장 위생, 식품포장여건, 위험분석 및 주요 관리요점 프로그램 등의 생산기준 확립, 외국정부와 협력, 특정 수입식품의 안전성 확인, 식품회수 모니터링 등이다.

소비자안전코너 11-14

각 나라의 식품안전관리위원회

- 미국의 FDA(식품의약청)
  - 연방 보건후생부의 하부기관으로써 1927년 설립
  - 우리나라 한국소비자원과의 차이점 : 강제적 규제가 가능, 시험을 거치지 않은 제품에 대한 판매금지권, 유해한 제품에 대한 판매중지권한 존재
- 일본 FSC(Food Safety Commission)
- 영국 FSA(Food Standards Agency)
- 중국 BAIC(Beijing Administration for Industry and Commerce) : 북경시 공상행정관리국 식품안전 정도 등 수록

소비자안전코너 11-15

미국 식품안전교육 : Be Food Safe

Be Food Safe means preventing foodborne illness through four easy steps : Clean, Separate, Cook and Chill.

① CLEAN : Wash hands and surfaces often Wash your hands with warm, soapywater for 20 seconds before and after handling food. Wash your cutting boards,dishes, etc., with hot, soapy water after preparing each food item. Wash fruits andvegetables with cold water before using. There is no need to wash or rinse meat orpoultry.

② SEPARATE : Don't cross-contaminate Separate raw, cooked, and ready-to-eat foodswhile shopping, preparing, or storing. Never place cooked food on a plate whichpreviously held raw meat, poultry, or seafood.

③ COOK Cook food to proper temperatures Use a food thermometer to be sure!

④ CHILL Refrigerate Promptly Refrigerate or freeze perishables, prepared foods, andleftovers within 2 hours or sooner. What is the Be Food Safe Campaign?

USDA developed the Be Food Safe campaign in cooperation with the Partnership for Food Safety Education, FDA, and CDC because research shows that Americans are aware of food safety, but they need more information to achieve and maintain safe food handling

behaviors. The Be Food Safe campaign, which is grounded in social marketing, behavior change, and risk communications theories, is designed to provide educators with the tools to inform consumers about foodborne illness and raise the level of awareness of the dangers associated with improper handling and undercooking of food.

• 번역요약

Be Food Safe 프로그램은 식품이 유발하는 질병을 4단계의 과정으로 예방하는 것을 말한다 : Clean, Separate, Cook and Chill.

① Clean : 손과 조리대를 청결하게 유지해야 함을 강조. 음식 조리 전후에 따뜻한 비눗물로 20초가량 손을 씻어야 한다.

② Separate : 교차오염방지를 말한다. 날고기, 조류, 해산물을 담았던 접시에 조리음식을 담아서는 안 된다.

③ Cook : 완전히 익힐 수 있는 적정온도로 조리해야 한다. 식품온도계 사용을 권장한다.

④ Chill : 냉장보관을 말한다. 2시간 내에 냉장보관해야 한다.

Be Food Safe 캠페인은 교육자들이 소비자들에게 식품이 유발하는 질병에 대한 정보를 알릴 수 있도록 하는 도구를 제공하기 위하여, 또 부적절한 취급과 불완전조리와 관련된 위험 인식도를 높이기 위해 고안되었다.

(2) 식품안전검사국

식품안전검사국(FSIS : Food Safety and Inspection Service)은 미국 농무부 산하 식품안전관리기관으로 주요 기능은 육식용 도살 전후 식용동물의 감염 여부, 육류도살자 및 가공공장에 대한 검사, 달걀가공제품의 모니터링 및 점검, 육류제품의 조리 및 포장, 공장 위생, 열처리 및 기타 가공절차에 사용되는 식품첨가제 및 기타 재료사용의 생산기준 설정, 식품회수 모니터링 등이다. 또한 해외 육류가공공장의 위생이 미국 기준에 적합한지 검사 및 확인, 육류가공업체의 자발적인 제품리콜지원 등의 역할을 하고 있다.

(3) 동식물검역국

동식물검역국(APHIS : Animal and Plant Health Inspection Service)은 농무부 산하 기관으로 미국의 식물 및 동물의 질병을 예방하는 기능을 담당하고 있다. 동식물 질병(해충)의 미국 내 유입으로 전염위험이 없도록 하고, 농업무역을 확대하기 위한 SPS표준(기준) 제정·운용, 미국농업의 보호·발전에 기여하는 임무를 수행하고 있다. 한편, 이물관리를 위해 미국 FDA는 인체에 위해를 주지 않는 식품에 자연적으로 존재하거나 또는 혼입을 완전히 막을 수 없는 이물들에 대한 최대잔류량(the food defect action levels)을 설정하고 있다.

고춧가루의 쇳가루를 개(dog)에게 섭취하게 한 후 위벽상처 발생 여부로 7mm의 기준을 설정하여 이보다 큰 것은 위해요소이고 작은 것은 이물질로 규정하는 등 품질관리업무를 수행한다. 또한 식품의 품질관리기준을 과학적 근거에 기초하여 설정하여 이해당사자 간에 안전문제의 불필요한 논쟁을 막고 있다. 몸에 좋은 영양소도 도가 넘으면 독이 되듯이, 인체에 위해를 끼칠 수 있는 식품위해요소와 이물에 대한 구분을 명확히 하는 과학적인 이물관리지침이 마련되어 있다.

2) 프랑스

프랑스는 1990년대부터 BSE 사건, 병원균 대장균 O157-H7 식중독 사건 등 일련의 식품안전사고가 발생했으나 식품위해평가기관의 위해평가 결과가 각각 상이해 대응이 신속하지 못함에 따라 조직을 개편하였다. 1999년 3월 농수산부, 보건부 및 경제재정산업부에서 각각 수행하던 위해평가 및 관리업무 중 위험평가기능을 통합하여 농수산부, 고용연대부-보건부, 경제재정산업부의 3개 부처가 공동 감독하는 식품위생안전청(AFSSA)을 출범시켰다. 프랑스에서 위험관리는 각 부처별로 수행하는데, 농수산부는 식품, 농산물 및 보건위생 관련 정책의 입안 및 실행, 농장에서 식탁까지(farm to table)의 관점하에서 위생규정 마련 및 위생감시업무를 수행하며, 보건부는 감염성 질병, 식중독의 예찰, 식품안전 저해원인의 규명 등을 수행하며, 경제재정산업부는 유통식품의 허위표시나 과대광고 표시의 감시, 식품안전 및 품질 등의 기준규격 준수 여부 확인 등을 담당한다.

프랑스 식품위생안전청(AFSSA)은 1999년 설치된 프랑스의 독립적인 식품위해 위험평가기관으로서 유일한 권한을 지니며, 설립 당시 농업장관 감독하의 CNEVA (국립 동물 및 식품연구소) 내의 연구소와 과학기술분야 연구기관 등을 통합해 구성되어 있고 행정적 성격의 기관으로 보건부, 농수산부, 경제재정산업부와 업무 연계가 있으며 우리나라의 식품의약품안전청(본청)과 같은 조직으로, AFSSA 내에 13개 연구소가 전문분야의 평가연구를 수행하며 위험 평가 외에도 연구 및 과학기술적 지원업무를 한다.

한편, 프랑스 보건부 산하의 법 관리를 받는 국립위생감찰연구소(INVS : Institut National de Veille Sanitaire)는 공공기관으로서 식품위생강화 차원에서 1999년 설립되었다. 주요 업무는 위생감찰과 국민건강관찰 및 그 추이를 살피는 것이다. 전국에 소재한 공공시설(9개의 행정구역간역학반, CIRE)과 공조하는 155명의 종사자는 공중보건을 위협하는 사태발생 시 공공기관에 이를 알리고 권고사항을 전달해야 하는 임무를 하고 있다. 즉, 프랑스의 식품안전을 위한 위험평가는 프랑스 식품위생안전청(AFSSA), 국립위생감찰연구소(InVS)와 프랑스의약품위생안전청(AFSSPS) 세 기관이 담당을 하고, 보건부장관이 주재하는 국립위생안전위원회가 이들을 조정·중재하고 있다.

3) 영 국

영국은 1999년 시행된 식품기준법에 의거하여 2000년 독립적인 정부기구로서 식품기준청(FSA)을 신설하여 모든 식품안전행정을 식품기준청으로 일원화하였다. 식품기준청의 신설과 함께 2001년 농수산식품부를 환경식품농촌부로 농업환경식품을 연계하여 소비자요구에 부합하는 정책을 추진하는 조직으로 개편하였다. FSA의 기본정책방향은 소비자 우선, 정보의 공개와 부처 간 협조적 체계구축, 독립적 의견표방이다. FSA는 특정부처에 소속되어 있지 않고 독립적으로 식품안전평가 및 위생관리업무를 수행하고 있다. 이 기관의 의사결정과정은 투명하고 공개적이며, 특정분야의 이해관계에 부합하지 않는 독립적 체제를 통해 이루어지고 있다.

영국은 BSE(소해면상뇌증)가 최초로 발생한 나라이다. 1980년대 후반 BSE의 발생 원인과 발병 메커니즘이 규명되었으나, 정부대처가 미흡하여 8년이 지난 후에야 예방책이 수립되었고, 이로 인해 식품안전에 대한 사회적 인식이 높아졌다. 식품안전에 대한 사회적 인식이 높아지면서 식품안전관리체계 개편과 기존의 식품안전기본법의 문제점을 보완하기 위해 1999년 식품기준법을 제정하였다.

영국에서는 2000년 식품기준청이 설치되었는데, 식품기준청은 정부조직이지만 특정 정부부서로부터 독립되어, 독자적인 정책수립과 의사결정을 하는 독립체제로 운영되고 있다. 식품기준청은 안전한 식품과 건강한 먹을거리를 비전으로 삼아 식품과 관련한 시민건강과 소비자이익보호를 목적으로 한다. 소비자 우선주의, 개방성과 독립성, 과학과 증거주의라는 세 가지 가치를 기초로 하여 운영되고 있다. 영국 식품기준청은 식품안전과 관련한 기준설정과 위해평가, 연구사업을 수행하고, 식품기준법과 식품안전법을 집행하는 지방정부 및 관련 집행기구들이 소비자보호를 위해 적시에 적절한 행동을 취할 수 있도록 지원하며 지방정부의 식품안전 업무성과를 평가하고 감시하는 역할을 한다.

영국에서 식품안전과 관련해 식품접객업소 및 식품제조업체의 위생관리감독, 유통식품 감시, 관리감독은 기초자치단체에서 하고 있다. 기초자치단체에서 수거한 식품은 시험을 위해 법적 자격을 가진 전문가가 있는 실험기관이나 보건보호청의 지역미생물네트워크에 속한 협력실험기관에 제출된다. 식품안전업무는 규제서비스에 속하므로 지방정부 규제서비스 조정기관에서도 지방정부의 식품안전감시업무 지침개발을 비롯한 지원 사업들을 하고 있다.

4) 일 본

2001년 광우병 발생 후 BSE 문제에 관한 조사검토위원회가 구성되었고 이 위원회 조사결과를 바탕으로 식품안전행정이 근본적으로 개편되었다. 새로운 식품안전행정은 소비자건강보호를 최우선 원칙으로 농장에서 식탁까지 안전성 확보를 목표로 하며 위험분석기법 도입을 원칙으로 하고 있다. 새로운 행정조직 재편으로 식품안전기본법(2003년) 제정과 식품안전위원회(2003년) 구축을 주 내용으로 하고 있다.

일본 정부는 2008년 중국산 장어의 원산지 허위표시 사건 등 식품안전사고가 발생하자 현재 쇠고기 거래 시 적용되고 있는 이력관리제도를 식품 전반으로 확대할 것을 검토하고 있다(요미우리신문, 2008년 7월 7일). 소비자행정을 담당하는 내각부와 농림수산성이 현재 추진 중인 '소비자행정강화 액션플랜'에 식품이력추적제도 등 신법 제정을 포함할 것을 협의 중이며 신법은 2009년 이후 제정될 전망이다. 식품이력추적제도는 식품에 IC태그 등을 붙이는 시스템을 구축하여 사업자가 판매기록을 일정기간 보존할 것을 의무화하는 것으로 식품의 생산부터 가공·판매까지의 정보를 추적하기 쉽도록 하는 제도다. 이 제도는 식품안전상의 문제가 발생하면 관계자나 유통경로를 간단하게 파악할 수 있기 때문에 원산지 허위표시 방지나 식중독 혹은 이물혼입에 따른 피해 확대방지에 효과가 있다. 다만, 사업자 측면에서는 비용증가의 우려도 있다.

일본 정부는 식품에 있어서 해당제도의 적용범위를 어디까지 확대할 것인가를 포함, 세부 검토를 서두르고 있다. 이 제도는 유럽을 중심으로 보급이 진행되고 있으며, 일본은 BSE(소해면상뇌증) 대책을 위해 2003년에 쇠고기이력추적관리법이 제정되었다. 일본 내의 모든 소에는 10자리의 식별번호를 붙여, 문제가 발생하면 즉각 대응할 수 있는 시스템을 구축하고 있다.

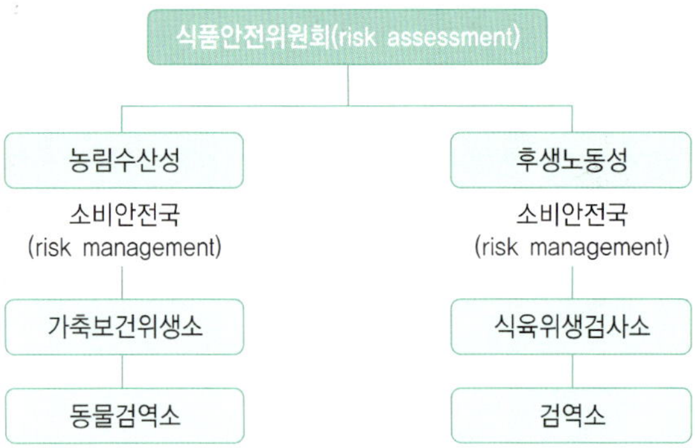

그림 11-1 일본의 식품안전기구 개편

(1) 식품안전기본법 제정

일본에서 2001년 처음으로 BSE가 확인된 이후에도 쇠고기 허위표시, 수입식품의 첨가물과 수입농산물 농약기준치 초과 등과 같은 식품사고가 연이어 발생하면서, 식품안전에 대한 사회인식이 높아졌다.

이러한 일련의 식품안전사고를 통해 일본에서는 다음의 문제점을 인식하게 되었는데, 첫째, 식품안전행정이 생산자를 우선하고 소비자를 경시한다. 둘째, 식품안전관리시스템이 사고 예방과 위험을 최소화하는 데 미흡하다. 셋째, 소비자에게 정확한 정보 제공을 하지 못하고 정보 투명성이 불충분하다이다. 이러한 사회적 배경하에서 일본에서는 2003년 식품안전기본법을 제정하고, 식품위생법을 처음으로 개정하는 등 식품안전에 대처하고 있다.

(2) 식품안전위원회 설치

일본은 2003년 7월 내각부에 식품위험평가를 담당하는 독립된 조직으로 식품안전위원회를 설립하였다. 식품안전위원회는 전문조사회와 사무국으로 구성되어 있다. 전문조사회는 14개 평가팀으로 구성되어 있으며 약 240명의 전문가가 있다. 식품안전위원회는 위험평가를 통해 농림수산성, 후생노동성 등 관련 부처에 위험관리를 하도록 권고하고, 위험관리가 실시되고 있는지 감시하며, 일원화된 위험정보 수집 및 정리, 위험정보 교환, 위기관리에도 관여하고 있다.

5. 식품안전 확보방안

1) 식품안전 확보를 위한 정부정책 방향

(1) 식품안전정보정책의 효율화

소비자가 신뢰하는 식품안전정책을 수행하기 위해 과학적 근거에 기초하여 위해분석이 잘 되어야 하고 또한 그 결과를 공개하고 정책수립에 활용하여야 한다. 식품안전에 대한 정확한 정보를 이해당사자들인 소비자, 기업, 정부 관련 기관 등이 상호 공유하여야 정부, 식품제조업자, 소비자 간의 상호신뢰가 이루어질 수 있다. 최근 식품정보가 공개되고 있지만 식품정책의 공개는 통보형식의 일방적인 정보전달에 그치고 있거나 수렴된 의견들도 어떤 근거로 채택되지 않았는지 그 결과에 대해서는 공개되지 않기에 상호정보공유와 교류 면에서 미흡하다고 하겠다. 많은 식품안전사고들에서 반복되는 거짓말과 은폐에 대한 오해를 불식시킬 수 있는 식품안전관련 정보정책이 필요하다. 또한 식품행정을 담당하는 정부당국은 위해요소와 이물질에 대해 정확히 구분하여 정책을 제시하여야 한다. 예를 들면, HACCP은 잠재적 위해 요소를 사전에 차단하고자 하는 제도이지 품질문제인 이물질을 관리하는 제도는 아니다.

(2) 이물질관리 개선대책 마련

금속검출기, X-ray투시기 설치 및 방충시설 강화 등 이물관리검사 관련 시설을 강화해 이물질관리를 과학적·효율적으로 이행해야 한다. 또한 식품의 이물질검사 방법, 관리요령 등 식품이물질 관리기준과 식품운반, 저장, 진열, 보관 등 유통업소의 식품취급관리요령을 마련하고, 이물질혼입 발생 시 원인검증 및 처리방법을 정하며 그 결과의 기록물보관을 의무화하고, 이물질검출기술을 향상시키기 위해 연구, 기술개발과 교육훈련 프로그램 운영 등에 지원해야 한다.

(3) 식품위해요인의 사전 예방

식품의 제조단계에서 발생 가능한 칼날, 벌레 등 이물혼입, 식중독균 등 위해미생물 등의 위해요인을 제거할 수 있는 안전식품제조업소 인증제(HACCP)를 확대하고, 각종 유해물질에 대한 안전기준을 선진국 수준으로 강화하는 등 식품위해요인에 대한 사전예방을 강화하여야 한다. 최근 정부에서는 안전을 인증하는 HACCP 제도를 2012년까지 전 식품의 95%까지 확대를 목표로 영세업소 4,000개소에 대하여 3,000만 원(식품진흥기금 50%, 자비 50%) 지원과 업체에서 쉽게 적용할 수 있는 기술개발 보급, 무료기술지도, HACCP에 대한 적극적인 홍보를 병행할 계획을 가지고 있다. 또한 식품의 생산부터 최종소비까지 발생가능한 농약, 항생제, 발암물질 등 각종 유해물질에 대한 안전기준을 강화할 계획이라고 한다. 안전기준의 이행 여부를 확인하기 위해 김치, 고춧가루 등 국민 다소비 품목을 대상으로 정기적으로 집중적인 수거·검사가 필요하다.

(4) 소비자불만 신속대응체계 구축

식품 관련 소비자불만에 신속하게 대응할 수 있는 시스템 구축이 필요하다. 식품안전사고 발생 시 신속하게 대응하는 체계를 만들어 국민들의 불안을 최소화시켜야 한다. 예를 들면, 식중독 등 식품안전사고예방을 위하여 식중독발생 주요 원인인 노로바이러스를 집중 관리하여 동 바이러스에 의한 식중독발생을 줄여야 한다. 식품안전사고에 신속하게 대처할 수 있도록 범정부 차원의 식품안전사고 긴급대응단을 구성하여 중대한 위해우려가 있는 식품에 대하여는 신속히 추적조사하고 그 결과를 위해의 심각 정도에 따라 안전 → 주의 → 경계 → 심각의 4단계 경보체계를 가동할 필요가 있다. 이 외에도 다음과 같은 내용을 검토할 필요가 있다.

- 소비자 클레임(claim) 신속 처리 대책, 식품의약품안전청 소비자 신고처리 전담부서 설치
- 소비자단체와의 정보공유체계 구축
- 소비자 클레임 보고 및 기록보관 의무화, 소비자단체와의 정보공유체계 마련
- 기업의 소비자불만 자율관리프로그램(CCMS) 참여유도
- 식품의약품안전청 소비자신고센터 설치·운영
- 위해발생 우려 클레임 즉시 언론 공표
- 유통·판매업자 등에게 휴대폰 메시지로 전파, 판매중지 등 신속경보발령

(5) 신속회수시스템 구축·운영

소비자불만신고 등을 통해 안전에 이상이 있다고 판단되는 경우에는 해당식품 영업자에게 신속히 검사명령제도를 도입하고 안전기준에 위반되면 시중유통을 차단 및 회수·폐기조치를 하여야 한다. 회수조치는 위해의 심각 정도에 따라 3등급(심각한 위해 10일 이내, 일시적 위해 12일 이내, 위해가능성 희박, 17일 이내)으로 차등 적용하여 선진국 수준의 회수율(36%)을 달성하여야 한다. 이 외에도 다음과 같은 내용이 강화되어야 한다.

- 자발적 회수 활성화, 신속 공표 및 회수 강화, 식품이력추적제도 시행
- 자진회수에 대한 홍보 강화

소비자안전코너 11-16

위해 수준의 분류

- Class I (심각한 위해) : 위해인지 3일 이내 리콜 개시, 리콜일로부터 10일 이내 검증 완료
- Class II(일시적 위해) : 위해인지 5일 이내 리콜 개시, 리콜일로부터 12일 이내 검증 완료
- ClassIII(위해가능성 희박) : 위해인지 10일 이내 리콜개시, 리콜일로부터 17일 이내 검증완료

- 자진회수 영업자에 대한 인센티브 강화
- 자진회수 불이행자에 대한 처벌 강화
- 유형별 신속 회수관리 매뉴얼 개발 : 위해 정도에 따라 회수등급을 3등급으로 분류하고, 등급에 따라 관리체계를 차등화하는 회수 등급제 도입(미국 FDA 시행 중) 필요

(6) 식품위해사범 척결을 위한 처벌 강화

식품사고재발방지를 위해 고의, 상습 식품사범에 대한 형량 하한제 강화 및 부당이익환수제 및 집단소송제 도입 등이 필요하다.

(7) 원료식품 등 수입식품관리 강화

- 반가공원료식품 등 수입식품관리 강화, 반가공원료식품 제조국 표시제 도입
- 자사제조용 수입원료에 대한 무작위검사 실시 : 위해정보, 부적합 빈도에 따라 무작위검사 비율 차등 적용
- 수출국 원료 식품제조공장에 대한 위생·안전관리 실태 현지 실사 강화 : 국내 기업이 외국에 투자 설립한 원료식품 제조공장 우선 점검
- 위해정보 수집 강화를 위해 중국(청도)에 식품의약품관 파견 확대 추진
- 우수수입업소(GIP : Good Import Practice)제도 도입
- 사전에 수출국 제조업소의 제조공정, 품질관리, 위생수준을 확인하는 우수식품 수입업소에 대해 검사면제 등 인센티브 부여

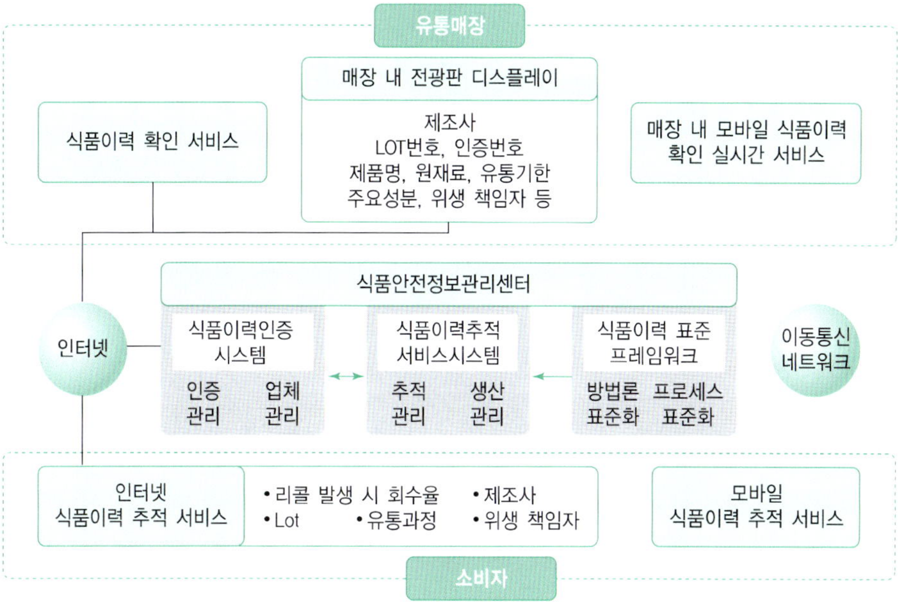

그림 11-2 식품안전정보시스템

(8) 식품안전에 대한 국민의 참여확대 및 소통강화

식품안전에 대한 신뢰성을 확보하기 위하여 소비자가 식품감시·단속에 직접 참여하도록 하고, 식품안전에 관심이 많은 소비자단체 중심의 소비자탐사대를 구성(100명)하여 식품안전이슈를 발굴하고, 이를 소비자, 식품전문가, 정부가 참여하는 식품안전공개토론회를 거쳐 공론화하여야 한다. 식품안전기준설정, 현장에 대한 지도·점검을 국민이 직접 참관하는 국민참관인제도를 확대하며 우수제조업소에 대한 방문도 병행하여 식품안전에 대한 불신의 확산을 방지하여야 한다. 식품안전과 관련한 부정확한 정보로 인한 불안심리 확산을 방지하기 위하여 광우병, GMO 등 식품안전과 관련된 모든 정보를 종합하여 제공하는 식품안전정보센터를 설립·운영하여야 한다.

(9) 각종 식품안전관리 강화 프로그램 개발

식품안전관리를 강화시키기 위해 중소기업이 생산하지만 대기업에서 판매하는 식품에 대하여는 실질적인 위생관리를 대기업에서 책임지도록 하는 법령을 시행하여야 한다. 이와 더불어 식품사고로 피해를 입은 소비자가 해당 영업소에 대한 위생검사를 요청할 수 있도록 하는 소비자위생검사요청제도를 도입할 필요가 있다. 한편, 고의적 식품위해사범에 대하여는 최소 3년 이상의 징역형을 선고하는 형량하한제를 도입하여 식품으로 장난치는 고의적인 식품위해사범은 시장에서 영구히 퇴출할 수 있도록 관계 법령을 개정하여야 한다. 상습적 위반자에 대해서도 판매행위로 얻은 불법 경제적 이익의 2~5배에 해당하는 징벌적 금액을 청구하는 정책이 필요하다.

2) 식품안전 확보를 위한 소비자 및 소비자단체의 역할

(1) 소비자의 적극적인 식품안전감시

소비자의 적극적인 식품안전감시활동이 무엇보다 중요하다. 소비자의 안전감시 및 모니터링이 안전한 식품이 국내에서 유통될 수 있도록 하는 중요한 역할을 할 수 있다. 소비자들은 정부가 모든 것을 해결해 줄 것으로 기대할 것이 아니라 소비자 스스로 적극적으로 기업의 위법행위에 대해 감시하고 위해식품 발견 시 담당기관에 신고하여 소비자피해가 확산되지 않도록 행동해야 할 것이다.

(2) 소비자의 윤리의식 함양

소비자 개인의 욕심을 채우기 위해 식품안전사고를 기회로 삼아 기업에 터무니없는 요구를 해서는 안 된다. 요즘 식품업체 기업들은 블랙컨슈머와 전쟁 중이라고 표현하고 있다. 편의점 빵에서 지렁이가 나왔다는 뉴스가 나온 뒤 얼마 지나지 않아 그 사실이 허위임이 밝혀졌고, 조사결과 기업의 보상금을 얻어내기 위한 한 소비자의 얄팍한 거짓임이 드러났다.

블랙컨슈머들은 공갈, 협박까지 일삼으며, 기업체의 '고객만족주의'를 악용해 향응이나 거액을 요구하기도 하는데, 기업은 이런 블랙컨슈머로 인해 소비되는 합의금과 제품환급의 요금을 원가에 적용하게 되고 이는 곧 다수의 선량한 소비자들에게 손해로 되돌아가게 된다. 그러므로 식품안전사고를 당한 소비자는 기업의 약점을 빌미로 해당 기업에 부당한 요구조건을 제시한다거나 이를 기회로 삼아 한 몫 챙기겠다는 식의 사고와 행동을 하지 말아야 한다.

소비자안전코너 11-17

중랑구 '학교 200m 내 어린이 식품안전지대' 설정

서울시 중랑구가 '어린이 식생활안전관리특별법'이 시행되는 22일부터 어린이 먹을거리 안전 확보를 위해 초·중·고등학교 및 주변 200m 내를 어린이 식품안전 보호구역으로 지정하여 식품안전관리 대책을 본격적으로 추진한다.

첫째, 초등학교 외 중·고등학교 주변까지 어린이기호식품취급·판매업소 확대 관리를 위해 구는 2008년 초등학교 및 초등학교 주변 200m 내 어린이기호식품 취급·판매업소를 대상으로 시범운영·관리해 왔으나 올해는 초등학교뿐만 아니라 중·고등학교, 또 그 주변에 위치한 어린이 기호식품 판매 업소까지 확대 관리하여 어린이 식품안전을 강화하게 된다.

둘째, '학부모식품안전지킴이' 운영을 위해 자녀들의 먹거리에 관심이 많은 관내 22개 초등학교 학부모를 대상으로 '학부모식품안전지킴이'를 구성하여 운영한다.

학부모 식품안전지킴이는 학교별 학부모 6명씩 추천받아 이들로 구성되며, 어린이 식품안전 보호구역 내 식품판매·취급업소 계도, 어린이 식품안전 개선 교육, 홍보활동을 하게 된다.

셋째, 어린이 기호식품 취급·판매업소 표지판 설치, 우수판매업소 지정 및 지도, 점검 강화를 위해 어린이 식품안전 보호구역 내 어린이 기호식품 취급·판매업소 등을 대상으로 학부모 식품안전지킴이와 합동으로 보호구역 내 판매제한 및 금지 식품에 대한 지속적인 지도·점검을 실시한다. 이와 함께 식품안전보호구역을 중심으로 주 통학로와 어린이 기호식품 판매업소 밀집지역에 어린이식품안전보호 구역 표지판을 설치하고 안전하고 위생적인 시설기준을 갖추고 고열량·저영양 식품을 판매하지 않는 업소를 우수판매업소로 지정하여 관리한다.

넷째, 어린이 기호식품 취급·판매업소 위생환경 개선을 위해 어린이기호식품 제조·판매업소의 영세성, 값싸고 질 낮은 원료의 사용, 비위생적인 환경 등으로 어린이 먹을거리에 대한 불안감이 팽배함에 따라 학교 앞 소규모 식품판매업소, 문구점, 분식점 등 먹을거리 관리가 취약한 업소 30개소를 대상으로 위생환경시설 개선을 적극적으로 추진하여 지원할 예정이다.

중랑구 관계자는 "이번 어린이 식품안전 관리대책이 학교 및 학교 주변에 안전하고 위생적인 어린이 식품판매 환경을 조성할 수 있을 것"이라며 "위해요인을 원천적으로 차단해 어린이들의 건강을 지킬 뿐 아니라 어린이 기호식품 안전성에 대한 신뢰를 확보할 수 있을 것으로 기대하고 있다"고 말했다.

(3) 소비자의 적극적인 식품안전정보탐색 및 활용

국내 소비자는 식품안전과 관련한 정보에 관심이 높고 적극적인 반응을 보이지만, 정보를 얻기 위해 돈과 시간을 투자하는 데는 인색하다는 결과가 발표되고 있다. 미국 소비자연맹(CU)에서 발간하는 〈컨슈머 리포트〉를 매월 5달러를 지불하고 정기적으로 보는 회원이 500만 명이나 될 만큼 미국 소비자들은 식품안전정보에 돈을 투자한다. 일본에는 '일본자손기금' 이라는 소비자단체가 1년 예산 7,000만 엔을 들여 식품의 잔류 농약, 항생제, 중금속 등을 전문적으로 분석한다.

우리나라 소비자들도 식품안전정보탐색활동에 보다 적극적이어야 한다. 예를 들면, 소비자들은 성분표시에 대한 적극적인 정보탐색 및 구매 시 소비자의 적극적인 표시정보활용이 요구된다. 제품 겉표지에 표기되어 있는 성분들 중 사용기준을 초과하는 제품이 있다면 구매를 중단해야 한다. 또한 구매단계에서 소비자들의 꼼꼼한 점검이 필요하다. 가공식품의 경우 포장지에 적혀 있는 유통기한과 성분표시내용을 정확히 살펴보고, 포장이 파손되지 않았나 확인해야 한다. 또한 냉동·냉장식품이 적절하게 진열되어 있는지, 한글이 표기되어 있지 않은 불법 수입식품은 아닌지를 살펴볼 수 있다. 또한 가급적이면 생산자이력추적이 가능한 생산자실명제 제품을 선택하도록 한다.

(4) 소비자단체의 식품안전교육 및 홍보

식품안전에 대한 소비자단체들의 교육·홍보하는 역할을 맡아야 한다. 고춧가루의 쇳가루, 김치의 기생충 등 제조공정상 발생하거나, 완전히 제거할 수 없는 이물혼입은 어쩔 수 없는 것임에도 불구하고, 일부 악성소비자들이 과다한 요구나 영업방해 행위 등으로 업체들이 곤욕을 치르게 하는 것을 개선하지 않는 한 기업들의 능동적인 협력을 이끌어 낼 수 없다.

3) 식품안전 확보를 위한 기업의 역할

식품안전에 대한 소비자의 관심도가 점점 커지는 만큼 식품과 관련한 소비자불만 사례도 증가하고 있다. 선진외국과 달리 우리의 식품사고는 제조공정에 대한 관리를 철저히 함으로써 막을 수 있는 이물질검출과 같은 품질사고가 주를 이루고 있다. 또한 국내 업체들의 문제점은 제조공정 중의 관리소홀보다 정작 식품안전사고가 발생한 후 대처하는 방식에 있다. 사고가 발생하면 기업들은 먼저 사고를 덮으려고만 하지, 왜 문제가 발생했는지를 파악하는 데는 소홀하다는 것이다. 소비자들의 의식수준이 향상되고 있고, 기업에 대한 감시가 강화된 지금의 상황에서는 기업의 부적절한 대처로 인한 위기관리실패가 엄청난 피해를 가져올 수 있기 때문에 기업의 소비자불만대응시스템은 바뀌어야 한다. 기업은 제조공정상 문제가 발생하지 않도록 미리 예방 대처하는 노력을 기울여야 하고, 발생할 수 있는 각종 위기를 관리할 수 있는 매뉴얼을 만들어 가상훈련을 통해 식품안전사고발생초기대응을 신속히 하고 관련 이해 당사자들과 정보교류를 할 수 있어야 한다.

(1) 식품안전관리시스템 확보

기업은 식품안전관리를 위해 선진국의 Food Safety System 구축확산을 추구할 필요가 있다. 예를 들면, HACCP(원료, 제조, 유통, 판매단계별 위해요소예방시스템)제도와 CCMS(불만의 사전 예방과 신속한 해결을 위한 시스템) 등의 체계화된 시스템을 모든 식품사가 적용하도록 확대할 필요가 있다. 기업은 제품설계단계에 있어서 중요관리점 강화로 신제품개발단계에 고객의 불만과 제안 등 소비자의 다양한 요구를 반영하고 사전안전관리를 강화하여야 한다. 식품연구소에서는 식품안전에 대한 설계와 고객의 요구를 우선 검토해 반영하여야 한다. 기업의 마케팅부서에서는 안전표시제도 검토, 법무팀에서는 안전법 검토가 이루어져야 하고, 공정생산라인에는 안전표시검토와 생산 성분에 대한 검증, 현장 위생상태를 점검하여야 한다. 고객상담실에서는 식품의 고객불편사항 및 식품위생 및 안전 등에 대한 정보수집의 역할로 사전 신제품안전성검증 프로세스를 강화하는 노력을 기울여야 한다.

또한 제품생산단계에서는 지속적인 식품안전관리시스템에 대한 벤치마킹을 통해 생산자동화 등의 기본인프라를 확충하고 이물질혼입관리에 대한 프로세스를 운용해 잠재된 위해물을 체계적이고 근본적으로 제거하려는 노력을 해야 한다. 유통단계에서는 보관과정 시 발생될 수 있는 다양한 안전문제요인을 통제하기 위한 안전관리기준을 마련하여야 한다.

도·소매업의 유통 및 보관과정 시 생겨날 수 있는 식품안전사고의 사전예방과 관련 사업자를 위한 명확한 관리기준 등을 제시하기 위해 식품유통 및 보관기준을 추진하여야 한다.

(2) 중소협력업체의 식품안전관리강화

대기업의 경우 자사의 식품안전시스템의 노하우를 중소기업의 협력업체에 지원하는 활동을 통해 식품안전자율관리능력을 증폭시켜야 한다. 예를 들면, 중소기업을 대상으로 HACCP체계구축 및 안전식품생산활동을 지원·강화시켜야 한다. 대학과 식품의약품안전청, 소비자단체 등 식품안전전문가들은 중소기업의 식품안전관리 활동을 지원할 수 있는 시스템 구축을 할 필요가 있다. 한편, 해외선진식품기업의 식품안전정보시스템 노하우를 제공하고 식품안전에 대한 우수사례를 공유해 중소기업이 식품안전성 확보에 도움이 되어야 한다. 현장 위생관리점검 및 개선 아이디어를 제공해 희망 중소기업에게 제공하고, 생산자동화를 통해 이물질 및 불량품 선별에 있어 선진 회사에 대한 벤치마킹 및 안전정보공유가 필요하다.

(3) 식품안전중시경영 구체화

식품기업은 안전중시를 제1경영철학으로 삼아야 한다. 구체적으로 식품회사는 고객이 식품을 편리하게 선택, 구매, 사용할 수 있도록 명확한 안전정보전달에 노력하여야 한다. 사용과정에서 발생되는 문제와 불편사항을 즉시 해결할 수 있도록 고객상담실을 운영하여야 하며 클레임 원인분석 강화를 위해 정밀분석기기활용 등 클레임에 대한 과학적인 원인규명과 재발방지가 필요하다. 또한 대기업 중심으로 고객신뢰 회복을 위한 계획으로는 공장견학 프로그램을 도입해 생산시스템의 이해와 위생관리현황에 대한 파악을 지원하는 기회를 소비자에게 제공하며 고객모니터링제도 운영을 통해 온라인 활동고객을 대상으로 블로그를 운영해 강의 제공과 함께 자사제품에 대한 의견을 공유할 수 있다.

또한, 식품영업자가 스스로 안전을 최우선하고 안전에 대하여 책임을 질 수 있는 제도를 도입하여 시행한다. 이를 위해 식품제조시설의 안전관리실태를 소비자단체 등이 직접 확인하고 이를 제품에 표시 및 광고할 수 있도록 하는 소비자단체안전인증제를 도입할 수 있다. 식품의약품안전청에서 관련 민간전문가가 참여하는 안전인증 인력풀과 인증기준을 마련하여 소비자단체의 신청이 있을 경우 함께 제조시설을 시찰하고 그 결과에 따라 소비자단체 안전인증마크를 제품에 부착 또는 광고할 수 있는 제도의 도입도 검토할 필요가 있다.

12

CHAPTER

전기용품의 소비자안전

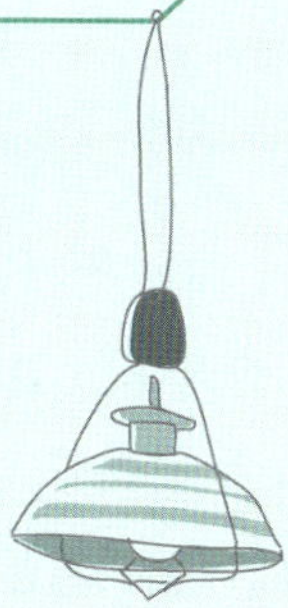

CHAPTER 12

전기용품의 소비자안전

최근 안전성이 검증되지 않은 전기용품 수입이 증가하고 있고 한탕주의식 저급전기용품을 수입판매한 후 잠적하는 업체가 있어 소비자안전이 위협받고 있다. 다양한 전기용품 출시로 생활은 편리해졌지만 안전사고위험 또한 높아지고 있는 것이다. 전기용품의 안전문제는 다른 제품에 비해 화재, 감전 등 위험 및 신체장해발생 가능성이 커서 소비자안전 측면에서 매우 중요한 제품이다. 이 같은 이유에서 정부에서는 2007년 전기용품안전관리법을 제정·시행하고 있다. 전기용품은 소비자의 안전과 직결되는 문제이기에 이에 대응하는 여러 주체들의 각별한 관심과 노력이 필요하다. 최근 LED용 SMPS와 전기온수매트 등 새로운 전기용품의 안전문제가 대두되고 있어 소비자안전정책이 시급하다. 전기용품의 경우 안전인증을 받기 위해서는 관련 기관에 등록, 적법한 절차를 밟아야 하는데, 이에 들어가는 비용과 시간이 높고 단가를 낮추기 위해 싼 부품을 사용하는 등으로 안전이 확보되지 않고 있다. 특히, 수입전기용품의 경우 국내 제조제품에 비해 안전인증절차 자체가 까다로워 전기용품을 수입하는 소규모 업체가 안전인증 절차를 무시하는 경우가 잦다.

기업, 소비자, 정부 간 역할분담과 상호협력을 통해 기업은 스스로 안전한 전기용품을 공급하고 소비자는 안전한 전기용품을 선별·사용하는 자율적 시장환경의 조성이 시급하다. 안전하지 못한 전기용품의 시장진입을 차단하고 안전기준을 잘 지키는 기업이 성공할 수 있는 시장여건을 정착시켜 나가야 한다. 유럽연합(EU), 미국 등에서는 일정 품목에 대해 기업이 안전기준에 적합한지 스스로 시험·확인 후 시장에 출시하고, 사후에 제품이 안전기준에 적합한가를 확인하는 자율안전확인제도를 시행하여 기업의 자율성과 경쟁력을 높이고 있다. 물론 이 같은 사후안전관리제도가 우리의 소비시장 현실에 적절한지에 대해서는 더 검토해 볼 필요가 있다. 본 장에서는 전기용품의 소비자안전사고 현황, 전기용품안전법제도, 전기용품안전 확보 방안 등에 대해 살펴보고자 한다.

1. 전기용품의 소비자안전사고 현황

전기용품의 안전사고에 관한 조사결과로써 대한주부클럽연합회(2008)에 접수된 전기용품 관련 불만신고를 조사한 결과, 전체 신고 354건 가운데 전기장판에 대한 불만신고가 77건으로 가장 많았고, 이어 세탁기 29건, TV 27건, 스팀청소기 25건 등 불만신고가 10건 이상인 제품은 10개 제품으로 조사됐다. 또한 전체 전기용품 불만신고 건수 중 안전 관련 신고 비율이 높은 제품은 스팀청소기(17.5%)와 전기장판(7.7%)으로 나타나 이들 제품의 안전사고 가능성이 상대적으로 높은 것으로 조사됐다. 사고 유형별로는 화재가 176건으로 전체의 49.7%를 차지했다. 누전 70건(19.8%), 폭발 43건(12.1%), 화상 38건(10.7%), 기타 27건(7.6%) 등의 순으로 나타났다. 화재 사고가 난 제품은 전기장판이 59건, 세탁기가 18건, TV가 18건, 정수기가 12건으로 나타났다. 전기장판은 다른 제품에 비해 안전 관련 신고가 월등히 많아 특별한 안전관리 대책이 요구되고 있고, 스팀청소기에 대해서도 화상방지에 대한 안전기준을 보강하는 등 안정성을 높이는 방안을 별도로 모색하여야 한다. 한편, 폭

표 12-1 제품별 안전사고신고 현황(신고건수)

구 분	전기 장판	세탁기	TV	스팀 청소기	에어컨	전기 밥솥	보일러	냉온 정수기	냉장고	렌지 오븐
전 체	996	1,306	4,131	143	1,535	926	585	1,269	5,122	316
안 전	77	29	27	25	24	23	21	19	19	14
비중(%)	7.7	2.2	0.7	17.5	1.6	2.5	3.6	1.5	0.4	4.4

출처 : 네이버뉴스, 2008년 7월 31일

발, 화상, 화재, 감전 등 안전사고를 가장 많이 일으킨 생활용품은 전기매트와 전기온수기인 것으로 조사됐다.

한편, 한국제품안전학회에 따르면 전기매트로 인한 위해사고는 2003년부터 작년 9월까지 총 471건이 보고돼 가장 위험한 공산품으로 지목됐다. 다음은 전기온수기가 461건으로 두 품목의 고발이 각각 400건을 넘었다. 전기보온밥솥과 TV 수상기 역시 각각 378건, 372건으로 다 빈도 품목에 이름을 올렸고 200건을 넘은 품목은 냉장·냉동기기(284건), 전기톱(252건), 주서믹서(228건), 선풍기(209건) 4개였다. 그 외 전기세탁기(185건), 런닝머신(149건), 전기청소기(137건), 전기다리미(107건) 등도 100건이 넘는 안전사고가 발생, 취급 주의품목으로 분류됐다. 이 같은 제품을 사용할 경우 제품의 안전한 관리 및 소비자들의 세심한 주의가 요구되고 있다. 소비자들의 대처방법으로 허위과장광고에 주의, 품질, 안전성, 가격 비교, 온수매트 조절기를 수평한 곳에 설치하는 등의 주의가 필요하다.

소비자안전코너 12-1

전기온수매트의 소비자안전

전기온수매트는 전기장판처럼 편리하면서도 전자파의 걱정으로부터 벗어날 수 있어 인기를 끌고 있다. 그러나 법률에서 정하는 안전인증을 받은 전기용품이 아닌 만큼 화재, 누수 등 안전에 대한 소비자들의 불안감도 커지고 있다. 온수매트는 조절기와 매트로 구성돼 있으며 매트 안에는 직경 약 8~10mm의 호그가 내장돼 있다. 조절기에서 전기히터에 의해 따뜻하게 데워진 온수가 호스를 통해 순환하며 난방을 하게 된다. 그러나 최근 수년간 한국소비자원 상담실을 통해 온수매트와 관련한 화재 및 안전사고 등의 피해 사례가 여러 건 접수됐다. 가정에서 사용하는 대부분의 가전제품이 '전기용품안전관리법'에 의해 안전인증을 받은 후 판매되고 있지만 온수매트는 아직까지 안전인증 대상 전기용품에 포함돼 있지 않다. 관련 법규에 의한 어떠한 안전기준도 마련돼 있지 않은 상태이기 때문에 제품을 사용하는 소비자들의 각별한 주의가 필요하다.

온수매트와 관련한 위해사례 및 품질, 기능과 관련한 상담사례들의 사고발생원인을 분석해 본 결과 ① 온수매트의 핵심 부품인 조절기에서 화재가 발생한 경우, 주로 조절기 내의 물을 데우는 전기히터 부분의 과열에 의한 것, ② 조절기나 온수매트에서 새어 나온 물에 미끄러져 넘어지면서 허리 등을 다치는 사고를 당하는 경우, 조절기와 온수매트를 연결하는 물 순환 호스의 연결 부위 또는 매트 내의 호스에서 발생하는 기계적인 결함, ③ 사용 중 고무 냄새가 너무 심하게 나며 두통이 나는 경우, 매트 안에 설치된 PVC호스를 뜨거운 온수가 순환하는 용도에 적합하지 않은 재질로 제작해 인체에 좋지 않은 성분이 용출되는 것이 원인, ④ 온수가 제대로 순환되지 않는 등 고장이 자주 발생해 겨울철 보조난방기구로 사용하기가 적합하지 않은 경우, 뜨겁게 데운 물을 순환시키는 모터를 용도에 적합하지 않은 제품으로 사용해 고장이 쉽게 발생하는 것이 원인이다.

최근 사고가 많이 발생하는 스팀청소기와 자동차용 온열시트의 사고 유형 및 주의사항을 살펴보자. 첫째, 스팀청소기의 경우 어린이 화상사고가 빈번하게 발생하고 있다. 마개가 제대로 닫히지 않은 스팀청소기의 물이 넘치면서 어린이가 손에 화상을 입는 사고가 접수된 바 있다. 대부분 가정 내에서 발생하는 안전사고는 부모의 안전에 대한 의식과 관심, 사고를 예방하려는 노력으로 사전에 충분히 예방할

소비자안전코너 12-2

전기온수보일러 매트 사고사례

- 사례 1 : 전남 여수시의 김모씨는 최근 W사 온수보일러 매트를 구입해 사용하다 목숨을 잃을 뻔한 아찔한 경험을 했다. 일반전기 매트와는 달리 매트부분에 열선이 깔리지 않아 전자파 발생도 없고 건강에 좋다는 광고를 보고 구입해 사용하던 참이었다. 김씨는 TV시청을 하다 깜빡 잠이 들었다 유독가스에 숨이 막혀 잠을 깼다. 일어나보니 매트조절기에서 불이 발생해 타고 있었다. 주위의 도움으로 불을 진압해 가까스로 대형 사고는 막을 수 있었다. 김 씨는 회사 측에 화재사실을 통보하고 피해보상을 요구했다. 업체 측에서는 즉시 현장을 방문해 확인하고 매트와 조절기를 수거해 갔으나 양측의 입장차가 너무 커 보상 협의를 마무리짓지 못하고 있다.
- 사례 2 : 분당구 운중동의 허모씨는 지난해 10월, I 매트 매장에서 2인용 1개, 1인용 2개의 매트를 총 16만 원에 구입했다. 허 씨는 그간 전기장판을 사용하던 중 전자파로 인한 피해를 입었던 터라 홈쇼핑과 쇼핑몰 등에서 '전자파가 나오지 않는 제품'이라는 회사 측 광고를 보고 구매를 결정했다. 이에 앞서 허 씨는 본사 측에 수차례 전화를 걸어 "1인용은 무전자 열선처리 안 된 제품이 많다고 하더라. 확실히 1인용도 무전자 열선처리된 제품이 맞는지" 확인했다. 이후 허씨는 매트를 배송 받아 2인용은 자신이, 1인용은 아이가 사용하도록 했다. 그러나 얼마 후 매트를 사용하던 중 아이의 몸에 전류가 심하게 흐르고 갑자기 밤에 소변을 가리지 못하는 등 이상한 증상이 나타나기 시작했고 허씨도 아이의 방에서 함께 자고난 후엔 몸에 전기가 심하게 흐르고 심한 두통증상 등 몸 상태가 좋지 않았다.

  허씨는 판매점으로 연락해 "손에 전기를 달고 산다. 심지어 벽에다 손을 대도 전류가 심하게 튈 정도"라며 항의하자 판매점 측은 "사실 무전자기 열선처리가 안 된 제품이 판매됐다"고 고백했다. 이에 당황한 허 씨는 즉시 본사 측에 연락해 교환을 요구했지만 담당자는 "누가 그런 소리를 했냐"며 "열선처리된 제품이 맞고 하자가 없으니 교환해 줄 수 없다"고 말했다. 허씨는 교환이나 AS를 요구했지만 담당자는 "체질의 문제이거나 몸이 약해서 그런 것"이라며 이를 거절했다. 허씨는 과대 과장 광고로 판매에만 열을 올리는 업체 측과 끝까지 싸워 보상을 받을 것이라고 입장을 밝혔다.
- 사례 3 : 대구에 사는 주부 김모씨는 2008년 8월 TV 홈쇼핑을 보고 전기매트를 두 세트 구입했다. 며칠 뒤 김씨는 만 5세인 어린 아들의 잠자리에 사용한 매트가 뜨겁게 과열돼 이불까지 까맣게 타는 사고를 경험하고 놀란 가슴을 쓸어내려야 했다. 자칫 어린 아들이 화상을 입을 수도 있었던 위험성에 대해 판매처에 이의를 제기하자 판매처에서는 해당 제품은 어린이가 사용할 수 없다고 표시된 제품설명서를 지키지 않았다며 김씨에게 책임을 떠넘기기에 급급했다.

수 있다. 구체적인 사전예방 노력으로는 ① 위험요소를 점검한다, ② 위험방지·대처방법을 습득한다, ③ 위험요소를 오랫동안 방치해 두면 그 위험가능성은 더욱 높아지므로 위험을 인지하면 즉시 대책을 마련하고 신속히 조치하여 미리 대처하지 못해 사고를 당하는 일이 없도록 해야 한다.

둘째, 자동차용 온열시트의 경우 시트허리부위에서 화재가 발생, 자동차 가죽시트와 겉옷이 타는 피해를 입을 수 있다. 겨울철 계절용품으로 온열시트가 운전자들에게 인기를 끌고 있다. 인터넷이나 홈쇼핑에서 4만 5,000원에서 6만 2,000원까지 다양한 가격에 팔리고 있는데, 이 제품은 전기용품안전기준품목에 속하지 않아 안전 관련 기준이 없어 위와 같은 사고가 잦은 것으로 나타났다. 전기열선시트는 자동차용 12V24V에 연결, 쿠션으로 연결되는 장치로 온도가 높아지면 자동으로 전기가 차단되는 구조로 되어 있다. 그러나 이 장치가 오작동을 일으키면 온도가 한계 이상으로 올라가 화재를 발생시킬 수 있다.

자동차용 온열시트의 경우 표면온도가 최고 123℃에 이르는 제품이 한국전기전자시험연구원에서 안전인증을 받은 것처럼 허위로 표시하여 소비자를 기만하는가 하면, 온도조절기가 없거나 조절기능을 하지 못하는 제품이 있는 등 여러 가지 안전상의 문제점이 있는 것으로 드러나 제조(수입)에 따른 검사나 인증절차 없이 시중에 유통되는 데 따른 위험성이 여과 없이 드러났다.

2. 전기용품의 안전법제도

전기용품안전관리법에 따르면 전기용품 중 구조, 사용방법 등으로 인해 화재, 감전 등의 위험 및 장해가 발생할 우려가 크다고 인정되는 전기용품은 반드시 안전인증을 받아야 한다. 전기용품의 안전인증은 전기용품안전관리법에 의거 시행되는 강제인증제도로 인증대상 전기용품을 제조·판매하고자 할 때에는 안전인증을 받아야 제조·판매할 수 있다. 국내 전기용품의 안전표시는 IEC(국제전기협회) 기준을 많이 따르고 있다.

소비자의 안전을 위협하는 불량전기용품들은 중국과 동남아에서 수입된 값 싼 제품이거나, 국내 중소업체에서 가격을 낮추기 위해 싼 부품을 사용한 경우가 대부분이다. 전기용품이 소비자안전과 직결되는 제품이므로 단가나 가격경쟁이 중요한 것이 아니고 안전을 우선시하는 인식이 필요하다.

전기용품안전관리법이란 전기용품의 생산·조립·가공, 판매 및 사용함에 있어 안전관리에 관한 사항을 규정함으로써 화재·감전 등의 위험 및 장해의 발생을 방지함을 목적으로 제정된 법률을 말한다. 이 법은 1974년 공포되었으며, 2008년 전면 개정되었다. 이 법에서는 안전인증기관 지정 및 취소, 안전인증의 표시, 미인증제품(안전인증 대상인 경우)의 판매·사용금지 및 개선·파기·수거명령, 안전인증 보고 및 검사, 권한의 위임·위탁, 벌칙적용의 공무원의제(擬制), 벌칙 등의 규정을 포함하고 있다. 이 법에서는 지식경제부 기술표준원이 전기용품의 다양한 인증제도 및 관련 업무를 담당하도록 하고 있는데, 안전인증 유형별로 간단하게 살펴보면 다음과 같다.

1) 전기용품의 안전인증

안전인증 대상 전기용품은 전선 및 전원코드, 전기기기용 스위치, 교류용 전기기기 또는 전원용 캐패시터, 전기설비용 부속품 및 연결부품, 전기용품보호용 부품, 절연변압기, 가정용 전기기기류, 전동공구, 오디오·비디오 응용기기, 정보·사무기기, 조명기기 등이다. 지식경제부 기술표준원에서는 이들 인증대상 전기용품에 대해 안정성 검사를 실시한다. 감전, 전선의 과열위험과 같은 결함이 발견되면 1년간 생산 또는 수입을 할 수 없도록 안전인증을 취소시킨다. 과거 전기용품의 안전검사 결과 불량판정을 받은 형광기기들은 안전기가 제대로 장착되어 있지 않았고, 사람 손에 닿지 말아야 할 부분인 충전부가 손쉽게 떨어지거나, 적정온도기준치를 초과하여 감전 또는 누전의 위험에 노출이 될 가능성이 있었던 제품이었다.

대부분의 업체들이 전기용품의 안전인증에 대해서는 인식하고 있지만 이에 따른 처벌규정 등 법적 구속력을 모르고 있는 경우가 많다. 안전인증을 받지 않으면 불법제품이라는 자체를 인식하지 못하고 있다. 최근 LED용 SMPS의 경우 전기용품에 해당되기 때문에 안전인증을 받지 않고 제조·수입하거나 판매하는 경우가 많으나 이들 제품의 경우도 인증대상으로 지정하고 있다. LED전기용품을 사용하는 소비자 대부분도 이에 대해 잘 알지 못하고 있어 안전인증에 대한 소비자요구가 부족한 것이 현실이다.

2) 전기용품의 자율안전 확인

자율안전확인제도란 위해수준이 낮은 전기용품은 제3의 공인된 안전인증기관에서 제품시험만 받으면 신고 후 바로 판매할 수 있도록 하는 제도이다. 자율안전관리제도는 전기용품 안전인증제도에서 실시하고 있는 공장심사와 연 1회 이상의 정기검사(공장심사+제품시험) 절차를 생략하고 있다. 자율안전확인대상 전기용품이 제품시험에 합격하면 연 1회 이상 실시하는 공장심사와 정기검사를 면제받는다. 최근 안전인증 대상을 축소하고 자율안전확인품목을 확대하는 경향이 있다.

3) 전기용품의 공급자적합성 확인

기술표준원에서는 2012년부터 기업 스스로 제품의 안전성을 확인하고 그 결과를 책임지는 공급자적합성 확인제도를 도입하였다. 이 제도는 제조자 스스로가 시험한 결과를 인정하는 제도로써 전기용품의 시험능력을 갖춘 기업도 안전성검사를 실시할 수 있도록 완화한 제도이다. 현재 안전인증대상, 자율안전확인대상 전기용품은 제3의 안전인증기관에서 제품시험을 받도록 하고 있다.

2010년 프린터나 복사기, 형광램프 등 95종의 전기제품이 정부의 강제안전인증대상 품목에서 제외되었다. 또한 음향기기나 배터리를 이용한 전자제품 등 위험도가 낮은 제품의 경우 기업이 제품의 안전성을 책임지는 공급자적합성 확인제도 대상 품목으로 정하고 있는데, 향후 다른 제품에도 확대할 것으로 보인다.

표 12-2 전기용품의 안전관리인증의 절차 비교

<table>
<tr><th colspan="2">구 분</th><th>안전인증</th><th>자율안전 확인</th><th>공급자적합성 확인</th></tr>
<tr><td rowspan="2">제품시험</td><td>안전성시험</td><td>○</td><td>○</td><td rowspan="2">제조업자·수입업자 스스로 실시</td></tr>
<tr><td>전자파적합성시험</td><td>○</td><td>○</td></tr>
<tr><td rowspan="3">공장 확인</td><td>제조·검사설비</td><td>○</td><td>×</td><td></td></tr>
<tr><td>원자재·공정검사</td><td>○</td><td>×</td><td></td></tr>
<tr><td>제품검사</td><td>○</td><td>×</td><td>×</td></tr>
<tr><td colspan="2">인증·신고</td><td>인증서 발급</td><td>신고서 발급</td><td></td></tr>
<tr><td colspan="2">정기검사(제품시험+공장 확인)</td><td>○</td><td>×</td><td></td></tr>
</table>

이 제도는 안전인증의무제도에서 기업 스스로의 안전확인으로 전환하는 것이다. 다시 말해, 기존 사전규제품목을 사후관리로 전환해 기업경쟁력을 높이고 정부규제 철폐의 분위기가 반영된 것이다. 정부는 이를 통해 기업부담(연간 66억 원 추정)이 줄고 제품개발주기가 단축될 것으로 예측하고 있다. 이 같은 변화는 기업규제완화의 목적뿐만 아니라 한-EU 자유무역협상(FTA) 등 대외 무역협상의 쟁점 중 하나인 제품안전관리제도의 공정성과 투명성을 높이는 데 목적이 있다.

4) 전기용품의 제품안전자율이행제도

제품안전자율이행제도란 자율준수를 약속한 기업(제품안전자율이행협약 신청 기업)이 자율적으로 안전관리를 수행한 이후 자사제품에 이 약속을 표시마크(VAS)로 부착할 수 있도록 하는 제도이다. 안전기준을 잘 지키는 기업이 성공하고, 소비자는 제품을 안심하고 사용할 수 있기 위해서는 기업의 자율적 안전관리가 중요하므로 정부에서는 안전기준을 성실히 수행한 기업에 대해서는 정부포상, 정기검사의 일부 또는 전부 면제하는 등 인센티브를 부여하고 있다.

5) 전기용품의 안전성 모니터링

지방자치단체에서는 대형백화점, 대형마트, 도매상, 전문전기용품 판매업소에서 불법유통 중인 전기용품에 대해 모니터링을 실시하고 단속한다. 국내·외 전기용품 제조(수입)업자가 출고 전(수입제품은 통관전)에 모델별로 안전인증을 받지 아니한 경우, 안전·품질표시기준에 따라 표시하지 아니한 전기용품, 안전인증, 자율안전확인, 안전·품질표시가 없는 전기용품을 판매하거나 판매목적으로 진열하였을 경우 단속대상이 된다.

최근, 중국이나 동남아 등에서 수입되는 불법·불량 전기용품의 증가로 인해 소비자안전이 위협받고 있어 이에 대한 모니터링 단속 및 계도로 전기용품의 안전확보가 필요하기 때문이다. 공산품과 전기용품의 안전관리를 위한 홍보전단지를 배부하는 등 홍보·계도활동도 시행하고 있다. 지방자치단체에서는 적발된 제조업체, 수입업체, 판매업소에 대해 고발, 개선명령, 파기, 수거명령 등 행정처분을 함으로써 사업자는 안전한 공산품 및 전기용품을 시장에 공급하고, 소비자는 올바르게 사용하는 안전문화정착을 위해 노력하도록 유도하고 있다. 기술표준원에서는 안전지킴이단을 구성하여 전기용품의 시장모니터링을 수행하고 있고, 관세청, 지방자치단체, 소비자단체 등과 연계해 전기용품의 안전정보를 수집·관리하는 제품안전정보망을 가동하고 있다.

최근 정부에서는 전기용품 및 공산품 관련 강제안전인증제도에서 자율안전관리제도가 확대됨에 따라 발생할 문제점에 대비해 상습적인 불법·불량제품 제조자와 판매자를 언론에 공개한다는 방침을 세우고 있다. 또한 시판품 조사를 확대하고 안전관리예산도 대폭 늘리는 등 단속을 강화하고 있다. 실제로, 2010년부터 기술표준원에서는 불법·불량 리튬 2차 전지, 휴대전화, 노트북 PC 등 2차 전지 내장형 기기에 대한 시판품 조사를 수행한 바 있다. 또한 홈쇼핑과 인터넷쇼핑몰 등에서 불법제품을 판매, 중계한 사업자에 대한 처벌 규정을 마련했고, 수입제품에 대해서는 유통단계별 안전조치를 강화하고 있다.

3. 외국의 전기용품안전법제도

선진국에서는 소비자의 건강과 안전·환경 등을 위해 제품안전기준을 대폭 강화하고 있다. 미국의 경우 소비자제품안전위원회(CPSC)가 1만 5,000여 종의 소비자제품을 대상으로 시장감시 및 리콜제도 등을 운영하고 있고, 유럽연합(EU) 역시 완구류·기계류·전기제품 등 21개 품목군에 대해 제조물책임법 및 각국 정부의 시장감독을 통해 안전관리를 실시하고 있다.

1) 미국의 전기용품 안전관리

미국의 전기용품과 관련하여 가장 대표적인 것은 민간주도의 품질인증제도인 UL마크이다. 100여 년의 역사를 지닌 미국 최초의 제품안전시험 및 인증기관인 UL주식회사(Underwriters Laboratories Inc.)의 UL인증은 정부의 인증제도가 아니나 시장에서 거의 필수사항이라고 할 수 있다.[5] UL마크는 사실상 전기·전자제품을 보장하는 것으로서 미국에서 유통되는 전기용품의 대부분이 UL인증제품이다. UL인증이

5) UL은 비영리법인의 자격으로 전기·전자제품에 대한 임의규격제정 및 인증, 시험·검사업무를 수행한다.

없는 제품은 미국 내 대부분의 회사들이 수입·판매하지 않고 있어 미국 시장에서 UL인증이 없는 전기용품은 발견하기 어렵다.

2) 일본의 전기용품 안전관리

일본은 전기용품의 안전을 확보하기 위해 경제산업성에서 1961년 제정한 전기용품취체법을 제정·시행한 바 있다. 그 후 정부가 단속해 오던 것을 민간기관의 자율적인 규제로 전환하는 차원의 전기용품안전법을 제정하여 2001년부터 시행하고 있다.

일본에서 전기용품은 크게 특정전기용품(구조 및 사용방법 등으로 보아 위험성이 높은 전기용품)과 특정전기용품 이외의 일반전기용품으로 구분하며, 전기용품안전법에서의 안전규제는 주로 제품유통 전과 제품유통 후로 나누어 규제하고 있다. 전기용품안전법의 주요 안전규제 내용을 간단하게 살펴보자.

(1) 제품유통 전의 조치

특정 전기용품은 구조 또는 사용방법 그 외의 사용상황으로 보아 특히 위험 또는 장해 발생할 우려가 많은 전기용품을 의미한다. 전기용품의 제조 또는 수입 사업을 실시하는 사람은 사업 개시일로부터 30일 이내에, 경제산업 대신에 신고해야 한다. 한편, 신고사업자는 신고하는 전기용품에 대해서는, 기술상의 기준에 적합하도록 해야 하며 검사기록을 작성, 보존해야 한다.

특정전기용품인 경우에는 인정·승인 검사기관의 기술기준 적합성검사를 받고 적합증명서의 교부를 받아 보존해야 한다. 또한 신고사업자는 적합성 검사 등 규정에 따른 의무를 이행했을 때 법령으로 정하는 방식에 의한 표시를 교부할 수 있다. 전기용품에 첨부되는 표시는 특정 전기용품의 경우 PSE마크 표시(일본전기용품형식승인)와 더불어 인정·승인검사기관의 마크, 제조사업자 등의 명칭(약칭, 등록상표를 포함), 정격전압, 정격소비전력 등이 표시된다(전기온수기 등 112품목). 특정전기용품 이외의 전기용품에는 PSE마크와 더불어 제조사업자 등의 명칭(약칭, 등록상표 포함), 정격전압, 정격소비전력 등이 표시된다(전기난로 등 340 품목). 이때 PSE는 Product Safety Electrical Appliance & Materials의 약어이다. PSE마크 등 표시가 첨부되고 있는 것이 아니면 전기용품을 판매, 또는 판매목적으로 진열해서는 안 된다.

(2) 제품유통 후의 조치

일본의 경제산업 대신은 전기용품의 제조, 수입, 판매의 각 사업을 실시하는 사람 등에 대해 그 업무에 관계되어 보고를 명령할 수 있다. 또한 경제산업 대신은 전기용품의 제조, 수입 혹은 판매의 사업을 실시하는 장소, 즉 사무소, 공장, 사업장, 점포 또는 창고 등에 들어가 전기용품, 장부, 서류 그 외의 물건을 검사 또는 관계자에게 질문할 수 있다. 이때 판매사업을 실시하는 것에 관한 것은 사무소, 사업장, 점포 또는 창고 소재지를 관할하는 도도부현 지사가 실시한다. 또한 경제산업 대신은 신고사업자가 기준적합의무에 위반하고 있다고 인정되는 경우에는 신고사업자에 대해 전기용품의 제조, 수입 또는 검사방법 그 외의 업무방법에 관하여 필요한 조치를 취하도록 명할 수가 있다. 게다가, 경제산업대신은 위험 또는 장해의 확대를 방지하기 위해 특별히 필요하다고 인정될 경우에는 신고사업자 등에 대해 판매한 해당 전기용품의 회수조치를 명할 수가 있다.

3) 영국의 전기용품 안전관리

유럽은 각국에서 정한 인증마크가 있지만 유럽 공통의 인증마크로는 CE마크를 운영하고 있다. CE마크는 모든 제품에 대한 인증마크로서 각 제품군별로 지시(directive) 규정이 있다.

예를 들어, Low voltage Directive, Simple Pressure Vessels Directive, Toy Safety Directive, Machinery safety Directive, Medical Devices Directive 등 12개 제품군에 따라 규정하고 있다.

그림 12-1 네덜란드 전기안전마크와 국제전기인증마크

우리나라의 전기용품 안전관리법과 유사한 것은 저압규정(low voltage directive)과 전기용품(안전)규정(the electrical equipment(Safety) regulation)이다.

영국은 전기용품 안전규정개요(the electrical equipment/safety regulation)에서 국무장관은 각 전기제품에 대하여 제품설명 또는 분류, 마킹, 라벨, 구성에 관련한 규정과 전기제품에 관한 소비자보호와 안전을 위해 제품시험에 관한 규정을 제정해야 한다. 적용대상제품은 AC 50V 1,000V, DC 75V 1,500V의 전압을 사용하기 위해 설계 또는 개조된 전기용품 또는 설비를 대상으로 하고 있다.

영국의 전기용품에 대한 안전승인은 제조자가 제품에 대해 적용 지시와 규격(Standard)을 적용하여 책임진다는 자체 승인선언을 하고 CE마킹을 표시하여 판매한다. 기본적으로 전기제품은 전기안전에 관하여 유능한 엔지니어가 설계해야 한다. 절연에 의존하는 전기감전방지를 위해 보호설계를 해야 하며, 보호접지설계를 해야 한다. 영국에서 전기용품제조자는 제조자 이름, 주소, 제품의 설명, 적용된 규격, 제품이 안전에 적합하다는 자세한 설명, 제조자의 권한을 위임받은 사람의 신분 증명 등에 관하여 문서로 작성을 해야 한다. 또한 기술적 자료는 제품생산중단 후 적어도 10년간 보관을 해야 한다.

4. 전기용품안전 확보방안

1) 소비자 스스로 안전 확보 노력

가정 내 전기제품의 수칙이 제대로 지켜지지 않아 발생하는 사고가 빈번하다. 대부분 소비자가 전기용품의 사용설명서를 숙지하지 않은 채 사용한 결과이다. 제품을 처음 개봉하고 설치할 때에만 설명서를 보는 소비자가 약 60%, 사용설명서의 주의경고사항을 제대로 숙지하지 못하는 소비자가 약 45%에 달하고 있다. 무엇보다도 제품의 이상이 발견되거나 그것을 인지하고도 조치를 취하지 않은 소비자가 28%에 달했다는 것이다.

대부분의 소비자는 전기제품의 안전도에 따른 인식이 매우 부족하다. 습한 지역에서 전기제품을 작동하지 않아야 하지만 이도 지키지 않는 소비자들이 많다. 기업은 소비자에게 충분한 양의 안전수칙을 전달해야 할 의무가 있지만, 소비자도 전기용품의 안전수칙을 충분히 숙지하고 안전확보를 위해 실천해야 할 의무가 있다. 전기용품의 안전 여부를 직접 점검하고 소비자들 대상 안전정보 제공 및 홍보, 교육 등을 위한 소비자제품안전감시단을 발족하는 등 소비자단체의 노력도 필요하다.

2) 정부 측면의 문제

정부는 전기용품사업자들을 관리하고 전선 등 공공전기용품 안전관리에도 노력을 기울여야 한다. 공공전기용품의 경우 전등, LPG통, 난로뿐만 아니라 땅속이 아닌 밖에 노출돼 있는 전선 또한 안전문제가 심각하다. 실제로 전구에 화상을 입는 사고가 발생하고 있는데, 길이나 공공장소 등에 설치한 전구의 안전에 대해 정부가 철저한 관리를 해야 한다. 가정에 설치하는 전구는 설치기준이 따로 정해져 있으며 천장에 전구를 설치하기 때문에 문제가 없지만 예를 들면, 노점상의 경우는 액세서리에 조명을 비추기 위해 좌판대 위에 조명이 설치되는 경우도 많고 전등갓도 없는 등 위험방지체계가 없이 설치돼 심각하다. 정부의 노점상에 대한 규격화와 관리기준이 필요하다는 의견이 제기되고 있다.

전기용품안전과 관련하여 중앙과 지방자치단체의 역할을 명확히 하고 효율적 업무협력체제를 구축하여야 한다. 또한 단속 위주에서 탈피해 중소규모업체 컨설팅 및 현장기술지도사업을 펼치는 등 다양한 기술지원 프로그램을 개발·운영하여야 한다. 또한 소비자단체 및 기업과의 공조를 통해 소비자안전을 확보할 수 있는 기반을 조성하여야 한다.

소비자안전코너 12-3

전기용품 안전사고사례

어떤 소비자는 퇴근길 지하철을 타러 역으로 가는 길가에 예쁜 귀걸이 파는 가게를 보고 잠시 멈춰 귀걸이를 구입하러 다가갔다. 그러나 귀걸이를 집으려는 순간 옆에 있는 전등에 손을 살짝 접촉해 화상을 입었다. 그녀는 “살짝만 닿은 줄 알았는데 나중에 물집까지 생기고 3달이 지난 지금도 흉이 남아 검게 그을려 있는 상태”라며 “당시 전등갓 같은 것이 전혀 없고 천장에 있어야 할 전등이 액세서리를 보다 잘 보이게 하기 위해 손에 닿을 위치에 설치돼 있었다”고 말했다.

이에 일부에서는 상점에 전등으로 인한 화상뿐만 아니라 천막 틈으로 LPG통과 난로 등 화기가 밖에 무방비 상태로 노출돼 있어 소비자를 위협한다는 의견이 제기되고 있다.

소비자안전코너 12-4

전기매트 사용 시 소비자주의사항

- 접어서 사용하거나 온도조절기에 강한 충격을 주는 등 제품에 무리한 힘을 주면 고장을 일으킬 수 있으므로 주의해서 사용한다.
- 노약자나 환자 등 본인 스스로 온도감지나 자세변화가 어려운 사람이 사용하는 경우 보호자가 주기적으로 온도확인과 자세변경 등의 조치를 취할 수 있어야 한다.
- 사용 중에 제품 위에 물을 쏟았을 때는 사용을 중단하고 물을 깨끗이 닦아낸 다음 물기가 완전히 마른 후에 사용해야 한다.
- 본체가 훼손되었거나 전원 코드가 손상을 받았을 때는 감전이나 누전의 위험이 있으므로 A/S를 받은 후 사용하도록 한다.
- 의료기기는 의사의 처방과 지도를 받은 후 사용한다.
- 만취상태이거나 심한 감기몸살 등으로 신체반응이 떨어진 상태라면 너무 높은 온도로 설정하는 것은 위험하다.

출처 : 한국전기제품안전협회진흥원

3) 기업의 역할

전기용품에 대한 기업의 자율적 안전관리가 가장 중요하다. 공급자적합성 확인제도가 시행되었으므로 기업의 적극적인 역할이 더욱 필요하다. 과거에는 감전, 화재 등 안전사고예방을 위해 TV, 전기매트 등 148종 전기제품에 대해 인증기관에서 제품시험을 받아 안정성이 검증된 제품만 판매할 수 있었다. 그러나 2012년부터 공급자적합성 확인제도를 시행해 오디오, 카세트라디오 등 위험수준이 낮은 전기용품은 기업이 스스로 안정성을 확인하고 판매하도록 하고 있다. 결국 기업에 자율과 책임을 부여하고 시장이 감시하는 민간자율안전관리제도의 성공 여부는 기업에 달려 있다고 하겠다.

소비자안전코너 12-5

생산공정에서의 안전공정 별도 표기

생활 종합가전 브랜드 '리홈'을 생산하는 모 회사는 2008년 제품안전의 날에 지식경제부장관 표창을 수상했다. 이 회사는 33년간 대한민국 소형가전의 주력업체로 활약해 왔다. 생산 공정에서는 '안전공정'을 별도로 표기했으며 안전검증을 주기적으로 실시하고 있다. 2008년까지 관련 사고가 발생하지 않았고 2000년도부터 출시한 전기압력밥솥에는 국내 최다 12중 안전장치를 적용했다. 2007년에는 작동결함 때문에 쉽게 개발하지 못했던 IH압력밥솥에 스크린터치방식을 적용해 품질향상에 기여했다. 이 외에도 이중안전장치를 탑재한 난방기를 출시해 겨울철 불의의 사고를 막고 안전하게 사용할 수 있도록 했다. 과열방지장치는 온도가 지나치게 뜨거워지는 것을 막아주고 전도안전장치는 제품이 넘어지면 자동으로 작동을 정지시키는 등 겨울철 난방기 사용으로 인한 안전사고에 대비했다. 또한 불에 타지 않는 안전한 선풍기를 개발했는데, 120살의 안전망을 사용했으며 바람의 효율적 생성을 위해 5엽 날개를 장착했다. 다이케스팅 모터를 탑재해 방열효과가 우수하며 난연 재질의 모터 커버를 장착해 장시간 작동 시에도 발열되지 않는다. 또한 불이 붙지 않는 난연 재질의 모터 커버를 장착했다.

13
CHAPTER

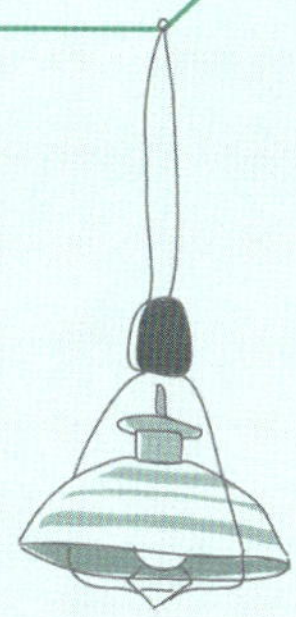

화장품과 의약품의 소비자안전

CHAPTER 13

화장품과 의약품의 소비자안전

화장품은 남녀노소 모두가 피부에 직접 사용하는 것으로 식품 못지않게 소비자안전이 최우선되어야 한다. 2008년 시행된 '화장품전성분표시제'를 통해 소비자의 알 권리와 안전성이 강화될 것이라 기대했으나 이 제도는 아직 실효성을 거두지 못하고 있다. 최근 석면화장품, 인터넷유통화장품의 안전성문제가 대두되어 소비자들을 위협하고 있고, 소비자의 정보부족과 정부의 안일한 대처, 화장품업체들의 상술로 인해 소비자불안은 가중되고 있다.

화장품은 건강한 정상인들이 일상적으로 장기간 사용하는 제품으로 특정질환의 치료를 위하여 일정 기간 사용되는 의약품과는 다르다. 화장품에 의한 부작용이 드물게 일어나며 증상이 심하지 않은 것이 보통이다보니 화장품권장사용조건이나 예측 가능한 오용 또는 우연한 노출에 대해 위험성이 없을 경우 쉽게 안전하다고 판단하는 경향이 있다. 화장품의 심각한 부작용이 식품이나 의약품에 비해 상대적으로 낮다고 해서 소비자안전에 대해 무관심해서는 안 된다. 화장품으로 인한 경미한 증상은 환자 스스로 원인을 제거하는 경우가 많아 화장품의 소비자안전문제가 심각하게 제기되지 않는 경향이 있다. 따라서 본 장 제1절에서는 화장품의 소비자안전에 대해 살펴보고자 한다.

1. 화장품의 소비자안전

삶의 질과 건강에 대한 관심이 높아지고 있고 고령화가 계속되면서 의약품의 중요성은 더욱 높아지고 있다. 신약개발능력이 가속화되고 있고 외국의 신약이 대량 수입되면서 의약품의 부작용 발생 등 소비자문제 및 소비자피해가 증가하고 있다. 의약품은 화학적 합성물로서 본질적으로 위험성이 내재되어 있다. 본 장에서는 의약품과 관련한 소비자문제, 의약품안전을 위한 법제도, 의약품의 소비자피해를 예방하기 위한 방안을 살펴보고자 한다.

1) 화장품의 소비자안전

화장품 유해성분으로 인한 화장품 물질/성분의 안전성 문제가 끊이지 않고 있다. 화장품 관련 상담은 해마다 지속적으로 접수되고 있으며, 이 중 화장품으로 인한 부작용 상담은 전체 상담의 10% 전후로 나타났다. 화장품부작용으로 의심되는 피부문제, 피부발진 등이 대표적 안전문제로 나타나고 있다.

화장품으로 인한 소비자피해를 보상받기 위해서는 화장품과 피해발생과의 인과관계 입증이 중요하므로 부작용 발생 당시 의사의 진단서 및 소견서, 패치테스트 결과 등 객관적인 입증자료를 구비하여야 한다. 화장품 안전문제와 직결되는 성분들에 대해 살펴보면 다음과 같다.

(1) 합성계면활성제

화장품의 역사는 계면활성제의 역사라고 해도 과언이 아니다. 계면활성제는 물과 친한 부분(친수성기)과 물에 반발하는 부분(소수성기)을 겸비하기 때문에 물과 기름을 섞을 수 있다. 영양크림과 세안용 화장품 등은 물과 기름을 계면활성제로 섞어

표 13-1 화장품 부작용의 내용

구 분	피부 발진	가려움	통 증	접촉성 피부염	붉어짐	기존 피부 질환 악화	부어 오름	화상	피부 탈·변색	물 집	기 타
비 율	33.7	19.5	8.8	7.7	6.7	6.1	4.7	2.4	2.0	1.0	7.4

주 : 2008년 1~8월 한국소비자원 접수건수 178건 분석

만든 것이다. 영양크림은 유분이 적을수록 수분을 늘려야 하는데, 이를 위해서는 합성계면활성제가 더욱 많이 함유된다. 한편, 계면활성제가 들어가는 세안용 화장품을 사용하는 이유는 얼굴의 기름때를 제거하기 위한 것인데, 세안용 화장품을 너무 많이 사용하면 피부의 피지성분까지 같이 제거되어 피부부작용문제가 발생할 수 있다. 합성계면활성제는 보통 2~4%, 많은 경우 6% 정도의 비율로 화장품에 배합되고 있다. 강한 세정력으로 각질과 유·수분을 씻어내고, 4~5겹으로 층을 이뤄 피부를 보호하는 각질층을 벗겨내서 각종 성분이나 약제를 피부에 침투시키는 것이 합성 계면활성제의 특징이다. 이로 인해 피부가 과도하게 벗겨질 경우 수분이 증발하여 피부가 빠르게 건조해져 피부 부작용과 노화의 원인이 된다. 대형화장품 회사들은 합성계면활성제의 이 같은 심각성을 알고 이를 대체할 천연계면활성제도 연구해왔다. 하지만 값싸고 대량생산 가능한 합성계면활성제의 장점으로 인해 아직까지 천연계면활성제의 개발 및 사용이 되지 않고 있다.

(2) 방부제와 살균제

식품과 마찬가지로 화장품에는 박테리아와 미생물오염을 막고 품질을 유지하기 위해 방부·살균제를 사용하게 된다. 그런데 대표적인 방부제인 파라벤에 알레르기를 일으키는 소비자가 있으며, 환경호르몬작용이나 자외선에 따른 노화촉진 등이 일어날 수 있다. 파라벤의 대안으로 각종 천연 또는 친환경 방부처리법이 개발되고 있다. 그러나 많은 화장품회사들이 화장품생산에 있어 상하지 않을 것, 변질되지 않을 것을 우선시하고 있고 화장품의 안전성은 후순위가 되고 있다는 지적이 제기되고 있다. 방부제를 넣지 않고도 지금처럼 사용할 수 있는 화장품을 개발해 안전성과 수준 높은 화장품이 주류를 이룬다면 소비자의 피부는 건강해질 것이다.

(3) 타르색소

타르색소는 피부에 바르거나 화장품 자체에 착색을 하기 위해 배합하는데, 무기안료와 유기안료(타르색소) 등이 있다. 무기안료나 천연안료는 자극이 적지만 석유타르에서 만든 타르색소는 대부분 피부장애의 원인이 되거나 발암성이 있어 인체에 유해하다. 화장품에 들어가는 타르색소는 약 90여 종에 달한다. 12종은 식품첨가물로 허가된 것이지만 79종은 식품첨가물로 금지된 것이다. 식품에 금지된 것이 화장품에 안전하다고 볼 수 없다는 지적이 많다. 식품첨가물로 허락되지 않은 색소를 쓰는 일부 화장품회사는 색소가 먹는 것이 아니고 곧바로 씻어 내거나 날아가 버리므로 안전하다고 주장하고 있다. 그러나 혀로 입술을 핥는 경우도 많기 때문에 이런 과정을 통해 상당량의 색소가 체내에 축적될 수 있다. 특히, 타르색소는 햇빛을 받으면 광독성을 나타내므로 낮에 주로 화장을 하는 점을 감안하면 매우 위험하다.

(4) 향 료

화장품에 사용하는 향료에는 크게 천연향료와 합성향료가 있다. 천연향료는 고가여서 보통화장품에는 잘 쓰이지 않고 대부분 화학합성향료가 사용된다. 이런 향료는 단일품목으로 쓰이는 게 아니라 몇 가지를 혼합하여 값이 비싼 향료에 유사한 향을 합성하는 방식으로 사용하고 있다. 이러한 화학물질은 피부를 자극하거나 알레르기의 원인이 된다. 최근에는 정제기술이 발달해서 향료에 따른 알레르기 발생이 감소했지만, 향이 피부를 촉촉하게 해주거나 세포를 활성화시키지는 않으므로 무향료[6]제품을 고르는 것이 불필요한 화장품 부작용을 방지하는 길이다.

(5) 석면문제

2009년 '석면베이비파우더'로 시작된 석면파동이 화장품과 의약품으로까지 확산되어 큰 파문이 일어난 바 있다. 석면은 국제암연구소, WHO 등에서 지정한 1급 발암물질(확실히 발암성이 있는 물질)로 크기가 미세하여 호흡하면 바로 폐로 침투한다. 피부에 사용되면 피부와 눈의 점막을 자극하고 각막염이나 결막염 등의 안질환을 가져올 수 있다. 특히, 파우더 같이 분말제품인 경우에는 공기 중에서 장시간 떠다니면서 인체에 흡입될 수 있기 때문에 미량이라도 건강에 나쁜 영향을 미칠 수 있다. 탄광노동자처럼 석면을 많이 흡입할 경우 10~40년간 잠복기를 거쳐 석면폐,[7] 악성중피종(복막이나 흉막에서 발생하는 암)으로 발전할 수 있다.

탈크를 원료로 하는 화장품이 위험한 것은 메이크업제품에 사용될 때가 아니라 원석에 가까운 높은 농도의 활석가루 상태로 사용될 때뿐이라는 의견도 있다. 1992

6) 무향료는 '향료를 넣지 않았다'는 뜻이지 '냄새가 없다(무취)'의 의미가 아니므로 상품에 따라서는 원료 특유의 냄새가 날 수도 있다.

7) 폐에 들어간 석면이 기관지나 폐포(허파꽈리)를 자극해 모세기관지염과 폐포염 등을 일으키고, 폐기능장애와 폐암 등으로 이어지기도 하는 직업병이다. 헐떡임, 호흡부전, 심부전 등 증상을 일으키며 심하면 죽음에 이르게 된다.

년 하버드대가 진행한 연구에서 활석이 자궁암과 약간 연관이 있음을 언급했고, 1996년 미국 〈유행병학 저널〉에서는 질에 활석가루를 바른 결과 자궁암 발병위험이 50%나 증가했다는 연구결과를 소개했다. 하지만 화장품업계는 화장품이 질에 활석을 바르는 것과 얼굴과 눈에 파우더를 바르는 것은 거의 관계가 없으며, 메이크업 제품에 사용되는 소량의 활석이 피부에 위험하다는 증거도 없었기 때문에 활석으로 만들어진 아이섀도나 페이스파우더를 사용하지 말아야 할 이유도 없다고 주장하고 있다. 다만, 아이들의 피부나 질에 직접적으로 사용하지 않아야 한다고 주장하고 있다.

석면이 포함될 가능성이 있는 탈크를 원료로 만들어진 화장품은 국내유통 중인 파우더나 트윈케이크, 파운데이션, 메이크업베이스 등 피부잡티를 없애고 안색을 밝게 하는 데 쓰이는 가루분말형태 제품이다. 100% 해외에서 제조 및 완제품을 만들어 온 해외브랜드 화장품이라고 해서 안심할 수 없다. 식품의약품안전청은 로레알, MSD 등 100% 해외에서 제조한 다국적 화장품과 의약품 모두 안전성 검증을 수행한 바 있다. 아직까지 석면이 들어간 화장품의 위해성이 직접 밝혀진 바는 없기 때문에 위험성이 어느 정도로 큰지, 얼마나 오랫동안 사용해야 위험한지에 대해서는 확실하지 않다. 또한 화장품 사용으로 인한 석면노출 위험에 대해 병원에 가서 진단을 받을 수도 없는 사항이다. 따라서 증세가 나타날 때까지 소비자들은 답답해도 확인할 방법이 없는 상황이다.

(6) 홈메이드 화장품

자연원료를 사용한 홈메이드 화장품이 유행하고 있다. 하지만 미생물오염으로 인한 피부자극반응, 화학 상식부족 등 안전성에 문제가 있어 소비자피해가 늘고 있다. 믿을 수 없는 화장품 회사들의 횡포에 화가 나는 소비자들의 심정도 이해하지만 그렇다고 직접 만들어 쓰는 것은 올바른 대안이 아니라고 한다. 홈메이드 화장품의 장점은 화학성분이나 인공적인 향이 가미되지 않고 저렴한 비용으로 간편하게 관리할 수 있다는 것이다. 그러나 신선하지 않은 재료를 사용하거나 농약이 묻은 과일껍질을 통째로 이용하면 오히려 부작용을 불러올 수 있다.

시판되는 화장품은 깨끗한 물을 여러 처리과정을 거쳐 세균과 이물질을 제거하여 사용하는 것에 비해 홈메이드 화장품은 이런 전문적인 처리과정과 설비, 과학적인 지식이 부족할 수 있어 여러 가지 위험성을 내포하고 있다. 또한 시판제품들은 이미 연구소에서 여름과 겨울에도 화장품의 안전성을 유지하기 위한 테스트를 통해 품질, 안전성, 유효성 등에 대한 효과를 어느 정도 검증받지만, 홈메이드 화장품은 피부에 효과가 있는지 없는지에 대한 어떤 과학적인 검증자료도 없는 상황이다.

소비자는 홈메이드 화장품도 알레르기를 일으키고 자극을 줄 수 있으며 미생물에 오염될 가능성이 높다는 사실을 주지해야 한다. 화장품은 약과 같아 잘못 쓰면 독이 될 수 있으므로 화장품을 만드는 일은 의약품처럼 전문가에게 맡기되 화장품회사들이 안전한 제품을 만들 수 있도록 끊임없이 감시하고 의견을 피력하는 노력을 해야 한다.

(7) 인터넷 유통 화장품의 안전문제

인터넷쇼핑몰에서 명품화장품을 시중가보다 저렴한 가격에 판매하고 있어 소비자들의 구입이 늘고 있으나 가짜시비 등 소비자들의 불만 및 안전문제가 발생하고 있다. 외국에서 정식으로 화장품을 수입하기 위해서는 본사로부터 제조·판매증명서를 취득한 후 의약품수출입협회로부터 안전성 허가를 받아야 하는 등 통관절차가 까다롭다. 인터넷쇼핑몰에서 판매되는 명품화장품의 경우 간혹 한글라벨이 없는 경우가 있다. 이는 정식통관제품과 차이가 있기 때문이다. 이러한 제품의 유통경로는 3가지 유형으로 나누어 볼 수 있다.

- 속칭 보따리 장사들이 외국에서 몰래 들여와 판매하는 것
- 한국에 있는 판매업자가 홍콩에 주문을 넣어 홍콩 직배송으로 소비자가 받아볼 수 있게 하는 것
- 백화점에서 판매되는 정품이 뒤로 흘러나와 인터넷쇼핑몰에서 재판매되는 것

백화점 판매정품이 인터넷쇼핑몰로 흘러 들어가게 되는 이유는 매출실적과 관련돼 있다는 것이 업계 전문가들의 얘기다. 즉, 백화점매장에 입점한 업체가 백화점측과 약정한 매출을 올리기 위해 판매하지 못한 제품을 뒤로 빼거나 제조일자가 오래된 재고품이 인터넷쇼핑몰로 유통된다는 것이다. 방문판매전용화장품도 이와 마찬가지다. 이때 제품에 표시돼 있는 비표를 제거하게 되는데, 비표에는 판매 대리점과 방문판매원 등이 표시돼 있어서 제조사의 단속을 피하기 위해 비표를 긁거나 지워서 소비자에게 판매한다는 것이다.

그림 13-1 인터넷 유통 화장품의 안전문제
출처 : MBC 불만제로

인터넷에서 판매되는 명품화장품이 모두 불법유통제품은 아니다. 정식수입절차를 거쳐 판매하는 제품도 있지만 암시장제품들도 유통되는 게 사실이다. 합법적이지 않은 유통경로를 통해 판매된 제품을 구입했을 경우 피해가 발생하면 그 피해를 소비자가 고스란히 떠안게 되며 한글라벨이 붙어 있다고 해도 완전한 정품이라고 단정할 수 없다. 또한 보따리상이 들여오는 제품의 경우 우리나라에서는 금지한 성분을 외국에서는 사용할 수 있기 때문에 문제가 될 수 있다. 따라서 정식통관절차를 거치지 않은 제품은 구입하지 않는 것이 바람직하다.

2) 화장품 안전관리법제도

화장품법은 1999년 약사법에서 분리하여 제정되었다. 화장품법은 화장품의 제조·수입 및 판매 등에 관한 사항을 규정함으로써 국민보건향상과 화장품 산업의 발전에 기여함을 목적으로 한다. 이 법은 화장품의 제조, 화장품심의위원회, 화장품의 취급기준, 표시·광고·취급, 화장품업 단체, 감독 등을 규정하고 있다. 최근 시행되고 있는 화장품안전제도들을 살펴보면 다음과 같다.

(1) 화장품 전 성분표시제

화장품 제조에 사용된 모든 성분을 표시하는 화장품 전 성분표시제도가 2008년 이후 시행되었는데, 소비자의 알권리 및 화장품 사용안전성이 대두되면서 대폭 확대되었다. 식품의약품안전청에 따르면 전 성분표시는 가장 함량이 많은 성분부터 표시하며 글자크기는 5포인트 이상으로 누구나 잘 읽을 수 있도록 했다. 향을 내는 성분은 성분명 대신 '향료' 라고 표시하되 알레르기 유발가능성이 있는 아밀신남알 등 26개 성분이 사용될 경우 해당 성분명을 표시하도록 식품의약품안전청은 권장하고 있다. 50mL(g) 이하 제품은 작은 면적 때문에 전 성분을 표시하기 어려워 타르색소, 보존제 등 일부성분만 표시하고, 나머지 성분은 소비자가 쉽게 확인해 볼 수 있도록 업체 전화번호·홈페이지 주소 등을 제품에 표시하도록 했다. 또는 전 성분이 기재된 안내책자를 매장에 늘 배치해 두도록 하고 있다.

그러나 이 제도에 대한 소비자들의 인식부족으로 소비자들은 화장품구매 시 이 제도를 제대로 활용하지 못하고 있다. 한편, 진열된 화장품케이스에는 어떤 것도 명기되어 있지 않기 때문에 소비자는 케이스 안의 제품설명서를 봐야 하지만 그것을 보기 위해서는 포장을 뜯어야 하고 점원들에게 이를 요구하기에는 눈치가 보인다는 것이 소비자들의 반응이다. 게다가 화장품의 성분이 너무 전문적이고 광범위해서 소비자들이 이해하기도 어렵다. 성분을 다 안다고 해도 그 성분이 의미하는 바를 충분히 알 수 없기 때문에 성분표시가 소비자에게 유효한 정보가 되기 위해서는 추가적인 정보가공과정이 필요하다. 전 성분표시제가 실효를 거두기 위해서는 법을 마련하는 수준에서 그치는 것이 아니라 제대로 시행되고 있는지 시장에서 모니터링을 철저히 하고, 책임 있는 조사와 관리·감독이 있어야 한다.

(2) 기능성 화장품 등의 심사규정 개정

식품의약품안전청은 안전성·유효성이 확보되어 자료제출이 생략되는 기능성 화장품 성분의 함량을 고정된 수치에서 일정범위의 수치로 확대하는 내용의 '기능성 화장품 등의 심사에 관한 규정' 개정안을 시행했다. 기능성 화장품을 신속히 개발할 수 있도록 심사의 절차적 규제를 개선하기 위한 개정안에 따르면 미백기능성 화장품의 알부틴 함량이 2%에서 5%로, 에칠아스코빌에텔 함량이 2%에서 1~2%로 변경됐다. 또한 주름개선기능성 화장품의 폴리에톡실레이티드레틴아마이드 함량이 0.2%에서 0.05~0.2%로 바뀌게 돼 이 범위에 해당하는 성분은 기능성 심사를 위한 안전성 유효성 자료제출이 면제된다. 제형도 기존의 액, 로션, 크림 유형에서 액, 로션, 크림으로 변경돼 마스크제품이 새롭게 포함됐다.

(3) 화장품 안전용기포장제도

화장품 안전용기포장 대상 품목 및 기준법에 따라 안전용기포장을 사용해야 하는 화장품 품목은 다음과 같다.

- 아세톤을 함유하는 네일 에나멜 리무버 및 네일 폴리시 리무버
- 어린이용 오일 등 개별포장당 탄화수소화합물을 10% 이상 함유하고 운동점도가 21센티스톡스(40도 기준) 이하인 비에멀젼 타입의 액상제품
- 개별포장당 메틸살리실레이트를 5% 이상 함유하는 액상제품

한편, 제1항에 따른 안전용기포장은 성인이 개봉하기는 어렵지 않지만 만 5세 미만의 어린이가 개봉하기는 어렵게 된 것이어야 한다.

(4) 화장품 소비자분쟁해결기준

화장품의 주요 피해 유형은 이물혼입, 함량부적합, 변질·부패, 유효기간 경과, 용량부족, 품질·성능·기능 불량으로 이 경우 제품교환 또는 구입가 환급이며, 용기불량으로 인한 피해사고, 부작용 등의 경우 치료비, 경비 및 일실소득 배상을 해주도록 되어 있다. 화장품 소비자피해사례를 살펴보면 다음과 같다.

① 나노 화장품

화장품업체들은 나노 소입자가 피부용 크림에서 립스틱에 이르기까지 화장품의 효과를 증대시킨다고 강조해 왔다. 그러나 사람 머리카락 굵기의 수천 분의 1도 안 돼 허파와 뇌 등 장기세포에 침투할 수 있을 만큼 아주 미세한 나노물질의 인체건강과 환경에 미치는 효과에 대해서는 거의 알려져 있지 않은 상태이다. 개선방안으로 EU, 나노화장품 검사강화규정의 채택이 시급하다.

② 지방줄기세포 화장품

일부 바이오벤처업체들이 안전성 검증 없이 팔아온 소위 '지방줄기세포화장품' 판매가 금지되었다. 다른 사람의 세포나 조직에서 유래한 원료를 사용할 경우 후천성면역결핍바이러스(HIV)나 B형, C형 간염바이러스 등 병원체감염 우려뿐만 아니라 세포배양액에 혼입될 수 있는 동물유래단백질 등으로 인한 위험성이 존재할 가능성이 있다. 현재 유럽은 인체유래물질을 화장품원료로 사용할 수 없도록 하고 있다.

③ 인터넷 화장품 구입 피해

한국소비자원이나 소비자정보센터 등에는 인터넷을 통해 구매한 화장품 때문에 부작용이 발생했지만 보상을 받지 못했다는 피해사례접수가 꾸준히 늘고 있어 소비자들의 꼼꼼한 주의가 필요하다.

④ 석면파우더 파동

2009년 베이비파우더에 석면이 들어간 것으로 알려지면서 소비자들을 불안하게 만든 바 있다. 석면은 1급 발암물질로 피부를 통해선 거의 흡수되지 않지만 파우더 가루의 경우 얼굴에 바르다 흡입하게 되면 적은 양이더라도 폐암을 유발할 수 있는 걸로 알려져 있다. 식품의약품안전청은 석면에 오염된 것으로 드러난 로쎄앙의 화장품인 로쎄앙 피니시 페이스파우더, 로쎄앙 더블쉐이딩 콤팩트 10호와 20호, 로쎄앙 퍼펙션 메이크업베이스, 로쎄앙 퍼펙션 페이스 칼라 5종과 베이비파우더 8개사 12개 제품의 판매와 유통을 금지시켰다.

소비자안전코너 13-1

탈크의 위험성

아기 파우더와 화장품, 의약품 등에서 '1급 발암물질'인 석면이 검출된 것은 이들 제품에 쓰인 원료인 '탈크'와 관련이 있다. 탈크의 주요 성분은 마그네슘으로 불에 잘 타지 않고 열과 전기가 잘 전달되지 않으며 분말끼리 잘 달라붙지 않게 하는 성질이 있어서 도료, 종이, 내화·보온재, 화장품, 의약품 등을 만들 때 사용된다. 문제는 탈크가 석면을 함유한 사문암과 섞여 있는 경우가 많아 채굴한 탈크에 석면이 남아 있게 된다는 점이다. 따라서 탈크를 가공할 때 석면을 제거하는 공정을 거쳐야 하는데, 2009년 문제가 된 제품들은 식품의약품안전청의 무지 속에 이런 공정을 거치지 않은 것으로 드러났다. 2009년 석면이 검출된 제품들은 주로 중국에서 수입된 탈크였다.

식품의약품안전청은 아기 파우더에서 석면이 나온 뒤인 지난 2일에야 뒤늦게 석면을 제거하지 않은 탈크를 의약품과 화장품 등의 원료로 쓸 수 없도록 조치했다. 석면이 함유된 탈크는 국제암연구소에서 지정한 1급 발암물질이며, 석면 0.1% 이상 함유된 건축자재 등의 제품은 제조, 수입, 사용이 금지될 정도로 위험한 성분이다. 일본은 20년 전, 미국과 유럽은 3~4년 전부터 파우더 원료로 쓰이는 탈크에 대해 엄격한 석면 검사를 의무화하고 유아제품의 원료에는 아예 석면을 완전히 제거하도록 했다. 선진국들은 이미 베이비파우더의 석면 혼재 가능성을 발견하고 강력한 규제정책을 적용해 왔다.

식품의약품안전청은 2009년 4월 시중에 유통 중인 14개사 30품목의 베이비파우더 제품을 조사한 결과, 8개사 12개 품목에서 석면이 검출돼 판매금지조치를 취했다.

출처 : 포커스뉴스, 2009년 4월 6일

3) 선진 외국의 화장품안전법제도

(1) EU(유럽연합)

유럽에서 제조 또는 수입되어 유통되는 화장품은 안전사후관리시스템인 시장감시제도에 의해 규제된다. 유럽연합회원국은 EU의 지시(directive)와 부록(annex)에 충족하는 화장품의 제조와 판매가 가능하도록 필요한 조치를 취해야 한다. 제조와 수입판매에 대한 사전신고의무에 관해서는 유럽연합회원국의 개별국가의 규제에 따른다.

- 프랑스 : 화장품을 제조·수입하는 자는 프랑스 건강 및 위생제품안전(AFSSAPS)에 신고해야 한다.
- 독일 : 제조·수입업자는 독일정부에 반드시 신고해야 한다. 그러나 화장품의 시장출시에는 사전신고의무가 없다.
- 이탈리아 : 화장품을 제조하는 자는 보건당국과 지역보건당국에 서면으로 신고해야 한다. 신고서에는 광우병과 관련한 증명서가 포함되어야 한다.
- 영국 : 영국 화장품협회 회원사인 경우 제조사 또는 수입사의 회사명과 주소를 협회에서 상무부에 보고하고 비회원사인 경우 독자적으로 신고하여야 한다.

한편, 유럽연합은 발암성, 돌연변이성 또는 생식독성으로 분류되는 성분의 사용을 금지하고 있으며, EU Cosmetic Directive에서는 여러 규정을 두어 원료의 사용을 제한하고 있다. 구체적으로 사용금지 성분, 배합한도 성분, 사용가능한 색소, 유럽 화장품규정에 포함되지 않는 성분, 사용가능한 방부제 성분, 사용가능한 자외선차단 성분이 그것이다. 한편, EU 화장품 원료집에서는 EC위원회가 화장품 산업에서 제공된 정보로부터 수집한 성분목록집을 규정하고 있다. 또한 유럽연합은 알레르기를 일으킬 수 있는 화장품 성분들의 최대허용량에 대한 제재를 강화하고 있다. 특히, 치명적인 알레르기를 일으킬 수 있는 세 가지 방향제 성분에 대해 법률적 절차를 통해 강력히 제재하고 있다. 알레르기를 일으킬 수 있는 성분인 ① 이소유제놀(isoeugenol)의 고밀도 농축량에 있어서는 외코테스트는 일찍부터 그 위험성을 알리고 성분에 대해 평가 절하해 왔다. 이 문제 성분은 2009년 10월부터 화장품에 단 0.02%인 약 200mg만 사용될 수 있다. 또 다른 문제의 방향제성분인 ② 히드록시시트로넬랄(hydroxycitronellal)은 화장품의 단 1%인 10,000이 최대허용량으로 사용되어야만 한다.

(2) 미 국

FDA(식품의약품화장품 안전국)는 색소첨가제를 제외하고는 화장품과 그 원료에 대한 사전승인제도가 없다. 다시 말해, 화장품은 시장에 제품을 내기 전에 미리 FDA의 승인을 받을 필요가 없다. 그러나 미국 FDA에서는 화장품에 사용되는 원료에 대해서 엄격히 제한하며 사용이 금지된 원료의 사용과 부적절한 제품의 생산과 판매에 대해 FDA가 법적인 규제를 발동할 수 있다. 즉, FDA는 화장품에 대해 사전규제는 하지 않으나 잘못된 제품, 안전성이 확보되지 못한 제품에 대해서는 제조업자에게 전적으로 책임을 부과할 수 있다.

(3) 독 일

독일에서는 인체유해색소 CI18050(E128)의 화장품 사용을 금지하고 있다. 독일 위해평가연구소는 파란색과 붉은색을 내는 첨가색소 CI18050을 더 이상 화장품 제조에 사용하지 않는 것이 좋다고 권고했다. 얼마 전까지 이 CI18050색소는 E128이라는 또 다른 이름으로 생활용품의 제조에 사용되어 왔고 부분적으로나마 영양제제조에는 사용할 수 없도록 금지되어 왔던 색소이다. 여러 화학물질을 합성시켜 만드는 이 첨가색소는 먹거나 마신 후에 체내에서 아닐린으로 전환될 수 있는데, 이 아닐린 성분은 암을 유발하고 유전형질을 파괴할 수 있다. 하지만 독일 위해평가연구소는 아직까지 이 첨가색소가 피부와의 접촉에서 일어날 수 있는 연구 결과들에 관해서는 내놓지 않고 있다. 몇몇의 화장품들만이 이 색소의 첨가유무를 표기하고 있긴 하지만 외코테스트에서 조사한 바에 의하면 다음과 같은 화장품(샴푸 포함)에서 CI18050색소가 발견되었다.

4) 화장품 소비자안전 확보를 위한 방안

(1) 정부의 화장품안전관리정책

① 엄격한 규정과 철저한 관리

남녀노소 소비자 누구나 사용하는 생활필수품인 화장품은 인체에 직접 작용하기 때문에 인체위해성을 엄격하게 검증하는 기관을 지정·관리해야 하며, 불량제품에 대한 처벌강화와 명확한 회수지침을 마련해야 한다. 화장품안전성 확보, 화장품 품질향상이 필요하며 불량제품에 대한 처벌강화와 명확한 회수지침을 마련하는 등 안전정책의 법제도 정비가 필요하다. 화장품 제조업체들과 달리 원료를 수입하는 업체들은 신고의무가 없어 안전문제가 발생하더라도 현황 파악이 쉽지 않다. 대한화장품협회는 석면논란을 계기로 화장품원료관리제도 도입을 추진하겠다고 밝힌 바 있다. 원료업체들에게도 신고를 의무화해 안전문제가 발생했을 때 원료에 대한 신속한 추적이 가능하도록 할 필요가 있다.

② 화장품 리콜제도 운영의 효율성 확보

2006년 이후 정부로부터 리콜명령이 내려진 부적합 화장품의 회수율이 43.1%에 그친 것으로 드러났다(일요서울, 2009년 2월 20일). 현행 화장품법[8)]은 부적합제품에 대한 회수의무를 규정하고 있지만, 리콜의무불이행에 대한 처벌규정이 없다. 더욱이 회수지침이 명확한 식품과는 달리 화장품은 회수에 대한 지침이 없어 불량화장품의 유통을 금지하지 못하고 있다.

③ 화장품 원료표시제도 개선

식품의약품안전청은 2010년 소비자들의 안전한 화장품 사용을 위해 '화장품전성분표시제'를 도입했다. 이 제도에 따르면 화장품케이스나 사용설명서에 많이 함유된 성분 순으로 전 성분을 표시하고 별도책자나 인터넷 홈페이지도 이를 소개하도록 하고 있다. 하지만 이 제도는 화장품업체 및 당국의 소극적인 태도로 제대로 지켜지지 않고 있다. 특히, 대부분의 화장품 사용설명서가 제품개봉 전에는 볼 수 없기 때문에 사실상 무용지물이란 소비자들의 불만이 적지 않다.

(2) 화장품 소비자안전을 위한 소비자의 역할

화장품안전 문제발생 시 소비자들의 수동적인 태도가 문제로 대두되고 있다. 화장품안정성 사건이 발생한 이후에야 소비자들은 고객센터에 불만을 드러내거나, 서명운동을 하곤 한다. 소비자들은 화장품안전과 관련한 올바른 대처방법에 대해 잘 모르고 있는 경우가 많고 점차 적극적으로 소비자의 권리를 실현하려는 소비자도 증가 중이나 아직도 대부분의 소비자들은 수동적인 모습에서 벗어나고 있지 못하다. 화장품 관련 소비자의 역할에 대해 살펴보자.

8) 화장품법 제5장 제19조 폐기명령에 관한 조항

① 화장품 구입 시 성분확인

소비자는 화장품의 전 성분표기를 꼼꼼히 살펴보고 발암·환경호르몬 의심성분, 합성계면활성제가 첨가된 제품의 구입을 거부한다면, 화장품회사들을 조금씩 변화시킬 수 있다. 소비자들은 구매단계부터 파라벤, 아보벤젠, 이소프로필 알코올, 소디움 라우릴 황산염 등 위험성이 가장 높은 20가지 화학성분들은 피하는 것이 좋다. 물론 화장품 매장에서 전 성분표기를 확인해 보면 이러한 유해성분이 하나도 안 들어간 제품을 찾는 것은 거의 불가능하므로 가급적 최소로 들어간 제품을 선택하는 것이 좋다. 또한 화장품 중에는 특허를 내세워 의학적 가치를 내세우는 제품들도 있다. 일부 제품의 경우 특허에 대한 정의가 임상결과와는 다르게 소비자에게 잘못 전달되는 경우가 있다. 특허 정의가 객관적인 임상결과내용이 아닌데도 소비자에게 효능·효과에 대해 오인시킬 수 있으므로 특허와 효능·효과의 관계에 대해서도 소비자는 정확히 확인할 필요가 있다.

② 화장품 사용법 숙지

소비자는 자신의 피부상태와 맞지 않는 화장품이나 변질된 화장품을 사용할 경우 피부질환을 초래할 수 있으므로 자신의 피부상태를 먼저 알고 화장품을 사용하는 습관을 가져야 한다. 한국소비자원의 2008년 통계에 따르면 화장품 부작용으로 인한 피해사례가 매년 증가하고 있고 피부발진이나 가려움증이 대표적인 부작용사례로 나타나고 있는데, 이는 화장품에 함유된 특정성분이 피부에 맞지 않거나 변질된 화장품을 사용했을 경우 빈번히 나타나는 증상이다. 또한 6개월에서 3년에 이르는 유통기한을 자랑하는 화장품업체도 많지만 개봉하는 동시에 이미 변질의 가능성을 내포하는 만큼 개봉된 화장품이라면 소비자는 사용기간을 최소 1년을 넘기지 않는 것이 좋다.

이 외에도 화장품의 오일성분이 토양과 하천으로 흘러들어갔을 경우 쉽게 분해가 되지 않기 때문에 토양오염과 생태계파괴를 일으킬 수 있고 화장품에 사용된 방부제나 계면활성제 성분 등도 환경에 치명적 위험을 초래할 수 있다. 따라서 소비자는 화장품을 버릴 때는 화장품 용기를 폼클렌저 등으로 깨끗이 씻은 뒤 건조시켜 버리는 것이 좋다. 특히, 색소와 방부제, 인산, 형광증백제 등 인체에 해로운 화학성분이 자연으로 유출되지 않게 해야 한다. 고압가스를 사용하는 에어로솔 제품(무스, 면도

크림 등)은 사용 후 가스의 잔존 유무를 확인해 프레온가스유출을 사전에 차단해야 한다.

③ 기타 소비자주의사항

한국소비자원이 제시한 화장품 관련 소비자주의사항을 요약하면 다음과 같다.

- 구입 시 제품설명서나 전문가의견을 참조하고 팔꿈치 안쪽에 살짝 발라보아 피부반응확인을 할 필요가 있다.
- 화장품 변경 시 한꺼번에 바꾸기보다는 하나씩 바꾼다.
- 레티놀·아하·자외선차단제 등 기능성 성분을 함유한 화장품은 피부자극을 유발하기도 하므로 민감한 피부에 사용 시 주의해야 한다.
- 미백·주름개선·자외선차단 등 기능성 화장품은 식품의약품안전청의 허가유무를 확인한 후 구입한다.
- 사용방법과 사용상 주의사항을 숙지하고 화장 순서와 횟수를 지키면서 사용한다.
- 내용물이 오염되거나 변질될 수 없도록 전용스푼, 면봉, 화장솜 등을 이용한다.
- 아하(AHA)제품은 햇빛에 대한 피부감수성을 증가시킬 수 있으므로 자외선 차단제를 함께 사용한다.
- 스크럽 세안제는 눈에 들어가지 않도록 주의하고 눈에 들어갔을 시 물로 씻어내고 전문의에게 문의하여야 한다.
- 사용 후에는 반드시 마개를 잘 막고 햇볕이 들지 않는 건냉한 장소에 보관하여야 한다.
- 사용 후 이상반응이 나타나면 즉시 사용중단하고 전문의의 진단을 받는 것이 필요하다.

이 외에도 화장품 구입 시 소비자주의사항은 다음과 같다.

- 소신 있는 제품구매 : 인기제품이라는 것만 무턱대고 찾지 말고 사용해 본 화장품을 토대로 신뢰성 있는 화장품을 구매한다.
- 샘플 화장품 구입 조심 : 보통 샘플은 사용 유효기간이 짧다. 또한 샘플은 대부분 비정상적인 경로로 유출되어 인터넷에서 판매되는 경우가 많다. 정품과 달리

제조일자나 유통기한에 문제가 많아 유통기한이 지난 제품을 모르고 구입해 사용하다 피해가 발생하면 소비자 혼자 책임져야 한다.

- 교환/환불이 불가능한 불량화장품 구매 안하기 : 화장품의 구입 후 교환/환불은 구매 후 7일 이내이다. 교환/환불에 대한 유의사항은 다음과 같다.
  - 사용흔적 있을 경우 구매거절
  - 훼손멸실 기타 고의적 행위에 의한 교환·환불 절대불가
  - 변질이나 피부트러블을 유발했을 경우 기간에 상관없이 교환/환불가능할 수 있으나 구입한 화장품 때문에 피부트러블이 일어났다는 피부과 의사소견서나 패치테스트를 받아야 하는 경우도 있다.
  - 소비자 소수 개인의 한정적 피부트러블은 본인 스스로 조심해야 한다.
- 검증된 사이트에서 화장품구매 : 인터넷쇼핑몰의 경우 통신판매업 신고가 되어 있는지 확인하고 거래를 시작하는 것이 좋다. 의심스럽다면 관할구청에서도 확인이 가능할 수 있다. 보안시스템, 개인정보보호정책공시, 공정거래위원회 표준약관사용 등 기본적인 형식은 거의 모든 쇼핑몰들이 갖추고 있기 때문에 믿을만한 사이트인지 아닌지를 구별한다는 게 소비자로서는 쉽지 않다. 라벨이 있어도 완전한 정품이라고 단정할 수 없다.
- 제조일자, 유통기한 확인 : 소비자들이 화장품 제조일자, 유통기한에 무지했던 몇 년 전만 하더라도 유통기한이 지난 제품을 싸게 파는 사이트가 많았다. 요즘은 유통기한이 지난 제품을 판매하는 경우는 드물지만 아직도 유통기한이 끝나가는 화장품들을 판매하고 있어 주의해야 한다. '기획'으로 묶어 사은품으로 끼워 판매할 때가 많을 수 있으므로 꼼꼼히 확인 후 구매해야 한다. 웰빙 또는 자연화장품, 방부성분 및 기타 첨가물이 없는 화장품은 더 조심해야 한다. 빨리 상할 수 있고 보관 및 사용방법에 더욱 유의해야 한다.

(3) 화장품 소비자안전을 위한 소비자단체의 역할

소비자단체에서는 사실에 근거하고 편견이 없어 신뢰할 수 있는 객관적 정보를 소비자들에 제공해야 한다. 소비자단체에서는 몇 년 전에 자외선차단제의 제품비교평가를 통해 자외선 차단지수가 EU의 최소 요구치보다 낮아 피부를 제대로 보호하고 있지 않다는 사실을 밝혀냈고 스테로이드 검출논란이 있던 아토피 화장품에 대

소비자안전코너 13-2

화장품을 안전하게 사용하는 방법

- 사용상의 주의사항을 잘 읽고 표시된 사용방법에 따라 사용한다.
- 화장품의 용기를 깨끗하게 유지하고 쓰지 않을 때는 잘 닫아둔다.
- 화장하기 전 손을 깨끗이 씻는다.
- 다른 사람과 화장품을 함께 쓰지 않는다.
- 화장품에 침이나 물 등을 섞지 않는다.
- 제품의 색상이나 냄새가 변했을 때는 사용하지 않고 버린다.
- 화장품은 29℃ 이상에서 보관하지 않는다.
- 발진이나 기타 피부에 이상 증상이 발생되었을 때는 사용을 중단한다.
- 사용을 중단한 후 증상이 호전되지 않으면 피부과 전문의 등에게 도움을 요청해 적절한 치료를 받고, 보상을 위해서는 진단서 및 패치테스트 결과 등 객관적인 입증자료를 확보한다.

출처 : 한국소비자원, 소비자안전센터 식의약안전팀

한 실태 조사를 실시한 바 있다. 이러한 중립적 정보 제공을 통해 소비자의 정보비대칭성을 어느 정도 해결해 주는 것이 소비자단체의 역할이라 할 수 있다. 또한 소비자단체는 결함화장품으로부터 소비자피해사례를 신속히 수집하고 그 원인을 분석하여 예방 및 재발방지를 위한 노력을 해야 한다. 또한 소비자단체에서는 화장품 안전 관련 법률 제정을 촉구하거나 대정부건의도 하고 있다. 최근 석면화장품문제에 대한 정부의 부적절한 대응, 화장품 전 성분표시제가 실효성을 거두지 못하는 문제 등에 대해 강하게 비판해 왔고 정식적인 모니터링 실시를 통해 관련 법, 예산 등을 재정비할 것을 요구했다.

(4) 화장품 안전 확보를 위한 기업의 역할

기업에서는 안전한 화장품을 만들어 소비자들한테 제공할 의무가 있다. 화장품안전의 1차적 문제는 분명 기업에게 있다. 석면파우더사건 때 대부분의 기업들이 상품원료의 특성을 모르고 사용했다고 변명하여 소비자들의 분노를 샀던 경험이 있다. 최소한 화장품 기업은 원료의 특성을 제대로 알고 있어야 함은 물론이고, 안전한 화장품을 만들어 소비자들에게 제공할 의무가 있다. 소비자들의 안전을 최우선으로 생각하는 화장품 기업의 의지가 필요하다.

화장품안전 문제발생 시 기업의 대응방식이 달라져야 한다. 제품을 팔기 전에는 고객의 마음을 얻기 위해 온갖 노력을 다하지만, 제품판매 후 막상 문제가 생기게 되면 자신들에게는 책임이 없다는 식으로 책임을 전가하거나 무조건 회피하는 부적절한 대응방식이 나타나는 경우가 많다. 과거 홈쇼핑업체의 황토팩의 중금속 논란 사건에서 황토팩을 절대 환불해 주지 않은 홈쇼핑의 경우 나중에 식품의약품안전청에 의해 아무런 문제가 없다고 공식발표된 이후 소비자들이 더 이상 환불요구를 할 수 없었다. 그러나 식품의약품안전청의 발표가 나기 전에 이미 무조건 환불을 해준 기업에 대해 소비자들은 더욱 신임하게 되었으며 발표 후에도 고객센터에서 환불해 주지 않은 홈쇼핑을 이용하지 않겠다는 소비자들의 글이 계속된 사례가 있었다. 소비자불만이나 안전사고 대응방식이 기업의 이미지를 결정한다는 사실을 기업은 인식하여야 한다.

소비자안전코너 13-3

소비자안전경영사례 : Why Motherbe?

2009년 석면탈크 파동으로 유아용 베이비파우더에 이어 화장품, 의약품에 이르기까지 그 불똥이 확산되면서 소비자들의 분노와 불신감은 극도로 팽배한 바 있다. 그런데 유아제품만의 독특한 철학을 가지고 묵묵히 한길을 가는 중소업체가 있어 화제가 되고 있다. 화제의 업체는 (주)토이맘(www.motherbe.co.kr).

(주)토이맘은 2006년 미국 '마더비'사와 전략적 제휴를 맺고 한국을 비롯 아시아 시장을 공략, 유아용품 시장에서 좋은 반응을 보이고 있다. '마더비'라는 브랜드로 법인을 설립해 베이비파우더 제품 대신 '다이애퍼크림' 등을 선뵈면서 30여 종의 천연 내추럴핸드메이드 '마더비케어'라는 자체 브랜드 런칭으로 엄마들의 마음을 사로 잡아왔다. 인공색소를 첨가하지 않고 천연재료를 핸드메이드로 담아내고 케어제품 전 품목이 일본 후생성 안전인증을 획득함으로써 제품에 대한 안전성을 이미 세계가 인정하고 있다." 마더비케어 전 제품은 화장품 분야 안전검사기준으로 미국 FDA와 더불어 까다롭기로 유명한 일본 후생성 수입허가를 획득했다는 사실만으로도 인정을 받고 있다. 더욱 놀라운 사실은 2009년 석면파동 때 조사한 결과 납, 수은, 비소 등 중금속이 전혀 검출되지 않아 귀추가 주목되고 있는데, 이는 이 회사만이 갖는 천연재료 사용 및 원료 배합기술이 있어 가능하다.

특히, 마더비 다이애퍼크림의 경우 극도로 민감한 피부(RADICAL SENSITIVE SKIN)에도 탁월하여 흔히 아기 기저귀 발진뿐만 아니라 트러블이 잦은 뾰루지 등에도 짧은 시간 내 진정시키는 피부진정효과로 그 효능이 탁월하므로 베이비파우더를 대체할 상품으로 적합하다는 것이 회사 대표의 설명이다.

출처 : 뉴스캔, 2009년 4월 17일

2. 의약품의 소비자안전

1) 의약품 소비자문제

의약품의 안전성문제가 끊이지 않고 있는데, 주로 의약품 성분의 안전성문제가 가장 이슈가 되고 있다. 최근에 발생한 의약품성분의 안전성문제 및 부작용 이슈를 살펴보자.

(1) 진통제의 IPA 안전성 논란

2008년 말 진통제성분 중 하나인 IPA(이소프로필안티피린)의 안전성에 대한 논란이 일어 사회적 이슈가 되었다. 한국인의 두통약이라 불리던 S사의 진통제를 시작으로 대다수의 진통제에서 IPA성분이 검출되었는데, 이들의 부작용사례가 발견되면서 논란이 일었다. 이 성분의 부작용은 주로 골수억제, 과립구 감소, 재생불량성 빈혈 등 혈액에 미치는 악영향과 의식장애, 혼수 등으로 밝혀졌다. 이 사건 이후 제약회사들은 IPA성분을 다른 성분으로 대체하거나 IPA 함유제품을 리콜하는 등의 행동을 보였다.

(2) B형간염 치료제의 부작용문제

모 제약회사에서는 2009년 B형간염치료제 '레보비르'(성분명 : 클레부딘) 판매를 자발적으로 중단했다. 미국제약회사 파마셋이 근육부작용을 이유로 임상시험을 중지한 것에 따른 결정이다. 최근 미국식품의약국(FDA)은 환자 140명을 대상으로 레보비르를 48주 이상 복용하도록 했다. 이 결과 7~9명이 근육무력 등 부작용이 생겨 임상시험을 중단하도록 조치했다(매일경제, 2009년 4월 21일).

(3) 탈크성분 함유 의약품

화장품에 탈크성분이 함유되어 사회적 문제가 되자 의약품에도 탈크성분이 검출된 사건이 발생하였다. 식품의약품안전청은 2009년 4월 석면 함유 우려 의약품에 대해 원칙적으로 판매와 유통을 중단하고, 해당 품목을 회수하도록 조치하였다.

소비자안전코너 13-4

의약품제도 및 약국 이용 관련 용어정리

- 일반의약품(general medicine) : 약국, 슈퍼(일반쇼핑센터) 등에서 구입 가능
- pharmacy medicine : 약국에서만 구입이 가능
- pharmacy only medicine : 약사의 조언하에 구입(상담과 간단한 개인 신상기록 후)
  (예 : 볼타렌(Voltaren), 타가멘트(Tagament) 등)
- 처방의약품(prescription medicine) : 의사의 처방을 가지고 구입할 수 있는 약품들
  (예 : 일반 치료제, 항생제, 호르몬제 등)

(4) PPA 함유된 감기약 파문

정부는 2004년 8월 뇌졸중을 일으킬 수 있는 페닐프로판올아민(PPA)성분이 함유된 감기약에 대한 처방 및 제조금지조치를 내렸다. 식품의약품안전청은 75개 업체 감기약 170여 종에 대해 전면 사용중지 및 폐기조치를 내렸다. PA는 소염제로서 일반 및 처방 코감기약과 다이어트약품에 사용되어 온 성분이다. 문제가 되는 것은 이 성분이 야기할 수 있는 출혈성 뇌졸중이다. PPA성분과 출혈성뇌졸증 발병 간의 관계는 정부주도로 실시된 국내 900여 명의 출혈성뇌졸중환자에 대한 조사결과에 따른 것이다.

2) 의약품 표시문제

소비자입장에서 의약품과 관련한 이슈는 정보의 문제로써 주로 의약품 표시와 관련한 것이다.

(1) 작은 글자, 어려운 한자용어 사용

소비자가 의사의 처방전 없이 약국에서 구입할 수 있는 일반의약품의 표시에 기준보다 작은 글씨체와 어려운 한자용어가 사용돼 소비자가 이해하기 어려운 것으로 밝혀지고 있다. 일반의약품표시 기재 가이드라인에서는 크기(8포인트)를 규정하고 있으나 일부 의약품의 표시가 이 기준보다 작거나 사용기한 등 중요정보가 알아보

기 힘든 경우가 많다. 일반의약품의 포장용기와 첨부문서에서 일반의약품 용기포장 및 첨부문서표시 기재 가이드라인이 규정한 어려운 용어를 사용하고 있다. 가역적, 개선, 객담, 객출부전, 담즙울체, 삼출물, 섬휘안점, 유천포창, 흉내고민 등 소비자가 이해하기 어려운 한자용어를 사용하고 있는 문제가 제기되고 있다.

(2) 중요정보표시의 미비

일반의약품 표시사항 중 중요정보인 사용기한과 제조번호표시가 잘 안 보이는 경우가 많다. 압인으로 표시한 제품 중 사용기한과 제조번호의 압인이 예리하지 않아 글자의 윤곽이 뚜렷하지 않고, 글자의 두께가 너무 얇거나 작은데다가 비닐 코팅된 종이에 빛이 반사돼 글자를 알아보기 어려운 제품도 발견되고 있다.

(3) 첨부문서 작성일 미표시

첨부문서가 들어 있던 일반의약품 중 첨부문서작성날짜 표시가 되어 있지 않은 경우가 있다. 또한 첨부문서 작성일이 표시된 제품 중에는 '이 설명서 작성일 이후 변경된 내용은 OO홈페이지 또는 전화 OOO-OOOO에서 확인하실 수 있습니다' 라고 표시돼 있어 제품의 최신정보를 확인할 수 없다.

(4) 복용법의 어려움

일반의약품 중 가루약 또는 캡슐 등의 형태로 포장돼 소비자가 나누어 복용하기 어려운 제품임에도 불구하고 1/5, 1/4, 1/3, 1/2, 2/3, 1포 등으로 나누어 복용하라고 표시돼 소비자가 이를 지키기 어려운 경우가 있다.

(5) 시각장애인용 점자표시 외면

일반의약품 중 점자표시를 하고 있지 않아 시각장애인을 위한 배려가 부족한 경우가 많다. 약사법 시행규칙 제71조 제1항에는 보건복지부령 제208호에 시각장애인을 위하여 제품의 명칭, 제조업자 또는 수입업자의 상호 등은 점자표기를 병행할 수 있다고 명시되어 있다.

3) 약국과 소비자안전

약국은 소비자의 의약품안전을 지도할 수 있는 소비자와의 접점이다. 약국과 관련한 소비자이슈는 서비스의 질, 복약지도와 관련한 것이다.

(1) 약국서비스

약국서비스에 대한 조사결과 약국처방의 안전성검토서비스가 나쁘고 약국이 처방의 유효성에 대한 검토에 무관심하며, 처방의 경제성에 대한 검토가 미흡하다는 문제제기가 되고 있다. 약제서비스에 대한 소비자불만은 일방적 복약지도, 비효율적 복약지도, 환자의 욕구와 다른 단순 복약지도 순서로 나타났다.

(2) 복약지도 만족도

경실련 보도자료(2002. 12. 3)에 따르면 복약지도에 대한 소비자만족도 조사결과 설명이 충분하다고 느끼는 소비자는 41% 정도로 나타난 바 있다. 복약지도 내용에 대한 소비자의 요구는 부작용발생 시 조치요령, 약물부작용, 복용 시 주의사항, 약물의 복용방법 순서로 나타났다.

뿐만 아니라 처방전 집중에 따른 약국 기능의 왜곡(문전약국 : 비처방약 배제, 동네약국 : 처방약 배제, 담합현상의 심화와 주민의 편리성 배제), 처방검토(DUR) 기능의 미비(약사의 처방검토 능력의 부족, 처방검토(DUR)시스템의 미비, 의사와의 전문적 의사소통의 어려움), 부실한 복약지도(복약지도 환경의 미비, 부실한 복약지도 내용)의 문제점이 제기되었다.

4) 의약품의 소비자안전 확보방안

한국소비자원의 의약품부작용 상담신청건 중 12.1%는 의약품부작용으로 인해 피해가 발생했음에도 인과관계 등 과실입증의 어려움, 사업자의 책임회피로 소비자가 피해를 감수하는 실정이다. 소비자는 직접적인 이익(피해보상)이 없기 때문에 의약품부작용보고제도 등에 참석하지 않는 경향이 있다. 최근 수입 신약품이 도입되는 속도가 빨라짐에도 불구하고 의약품부작용 발생가능성도 계속 증가하나 소비자가 의약품 부작용의 피해구제를 받기 어려운 상태이다.

소비자안전코너 13-5

약품 부작용으로 백인이 된 흑인 남자, 논란 지속돼

아프리카 북동부에 위치한 에리트레아 출신인 테케스트 카흐사이(59세)씨는 '흑인'이다. 그런데 어느 날부터 그의 피부색이 변하기 시작했고 얼굴 일부를 제외하고 몸 전체가 하얗게 탈색되었다. 그가 '백인'이 된 것은 약품 부작용 때문이다. 스웨덴 리드제핑의 한 제재소에서 근무하던 그는 심각한 간장 질환이 발견되어 병원으로부터 처방을 받았다. 그런데 간장약을 복용하자 간 질환은 치유되었지만 피부색이 변하는 부작용이 나타났다.

얼굴에 '검은색 마스크'를 쓴 듯한 외모 때문에, 그는 외출도 마음대로 하지 못하고 은둔생활을 해야 했다. 얼마 전 영국 미러와의 인터뷰에서 카흐사이씨는 "나는 원래 흑인이다. 하지만 갑자기 백인으로 변해버렸다. 내가 누구인지 모르겠다"라며 정체성 혼란과 그에 따른 공포감을 호소했다. 그는 제약회사로부터 1만 5,000파운드(약 3,000만 원)의 보상금을 받은 것으로 전해졌다.

이 사건은 아직도 흑인 이슈 관련 사이트에서는 중요한 논란거리가 되고 있다. 일례로 영국의 흑인 커뮤니티 사이트인 '블랙채트(blackchat)'에는 너무나 슬플 것 같다며 동정하는 이들도 있고 흑인의 고유한 외모를 훼손한 제약회사를 겨냥한 성토도 있으며, 적어도 10만 파운드 소송을 걸어야 했다고 주장하는 네티즌의 글도 볼 수 있다. 한편, 이 사건은 언론에서 크게 다루어지지 않았는데, 만일 백인이 흑인으로 변했다면 서구 언론에서 집중 조명했을 가능성이 높다는 지적도 있다.

출처 : Popnews, 2004년 11월 9일

시판되는 모든 의약품이 완전하지 못한 내재된 위험성이 존재하므로 크고 작은 부작용이 상존함에도 일상에서 의약품 사용은 불가피하다. 정상적으로 의약품을 사용했으나 의약품의 자체 위험으로 인한 무과실 약화사고에 대한 사회적 보장과 자발적 부작용신고제도의 활성화를 위해 약사법에 규정된 피해구제사업 시행이 필요하다. 피해보상의 재원조달, 과실책임입증전환 등 관련 문제의 해결이 필요하다.

외국의 경우 일본(1980년)과 대만(2000년)은 국가가 의약품 부작용 피해구제제도를 운영하고 있으며, 그 외 뉴질랜드와 스웨덴 등 사회보장국가들은 무과실 보상제도를 통하여 폭넓게 의약품으로 인한 피해보상을 시행하고 있다.

(1) 소비자의 역할

① 소비자의 적극적 의약품정보요구 및 활용

소비자들은 약사에게 복약지도료를 별도로 지불한 만큼 의약품에 대한 설명을 적극적으로 요구해야 한다. 또한 소비자들이 약품을 구매한 후 의약품 설명서를 대충 읽거나 거의 읽지 않고, 의사·약사의 부작용설명미흡으로 의약품부작용에 대해 적절한 대처를 하기 어려운 것으로 밝혀지고 있다. 또한 의약품부작용보고제도에 대한 인식이 낮아 우리나라 의약품부작용 보고건수는 인구 100만 명당 연 52건으로 미국 1,568건, 일본 226건에 비해 현저하게 적은 것으로 나타났다. 의약품부작용으로 인한 소비자피해를 예방하기 위해서는 약카드를 휴대하여 생활화하고 의약품설명서를 꼼꼼히 읽고 약을 확인한 후 복용하여야 하며 이상증상이 있으면 즉시 복용을 중단하고 전문가와 상담해야 한다. 의약품의 안전한 복용법을 살펴보면 다음과 같다(한국소비자원, 2005).

- 약을 복용하기 전에 라벨이나 사용설명서에 있는 성분, 용량, 용법, 주의사항, 금기, 유효기간 등을 주의 깊게 읽고 반드시 지킨다.
- 약을 처음으로 복용할 때는 용법, 용량, 주의사항 등 의문이 나는 사항을 반드시 의사나 약사에게 물어본다.
- 다른 사람의 약을 증상이 비슷하다고 복용하지 말아야 한다.
- 약에 표시된 용량보다 더 많이 복용하거나 더 오랜 시간 동안 복용해서는 안되며 증상이 계속되면 의사의 진찰을 받는다.
- 약 복용 후 새로운 증상이 나타나는 경우 의사나 약사와 상담한다.
- 약 복용을 잊었다고 해서 2회분을 한꺼번에 복용해서는 안 된다.
- 습윤 등으로 색깔이 변한 것은 복용하지 않는다.
- 정제, 캅셀제, 가루약 등은 우유, 홍차, 주스 등이 아닌 충분한 양의 물과 함께 복용한다.
- 안약은 사용할 때 용기 입구가 손이나 눈에 닿지 않도록 주의한다.

② 의약품 보관 및 관리

의약품 보관 및 관리가 의약품안전과 관련하여 중요한 사항인데, 많은 가정에서 어린이들이 접근하기 쉬운 장소에 의약품을 보관하고 있어 어린이들이 의약품을 잘못 복용하는 사고가 발생할 위험이 높은 것으로 조사됐다. 또한 2004년 8월 1일 사용 중지된 PPA성분 함유 감기약을 보관하고 있는 가정이 아직도 많아 위해성분 함유 의약품의 사용금지와 관련된 사후조치가 미흡한 것으로 지적됐다. 사용기한이 경과한 의약품 보관, 처방조제약, 재사용 및 본인 이외의 사용으로 약화사고가 발생할 우려가 크기 때문에 의약품의 올바른 복용법 및 보관방법에 대한 인식확립이 시급하다. 의약품의 안전한 보관방법은 다음과 같다.

- 모든 의약품은 직사광선을 피하여 서늘하고 건조한 곳에 보관해야 한다(냉장보관의약품도 있음).
- 어린이의 손이 닿지 않는 곳에 보관한다.
- 오래된 약이나 사용기한 등을 알 수 없는 약은 버리는 것이 좋다.
- 처방전 없이 살 수 있는 약 처방이 필요한 약을 인지하여야 하고, 올바른 의약품 복용방법을 안다.

③ 의약품오남용 금지

의약품은 커다란 피해를 줄 수 있기 때문에 약을 잘 알고 복용해야 하며, 무분별한 약의 사용은 내성획득과 같은 큰 부작용을 일으킬 수 있으므로 주의해야 한다. 최근 3년간 의약품부작용을 경험한 소비자는 10명 중 4명 정도로 나타나고 있다.

(2) 민간단체의 역할

의약품 관련 의료사고가족연합회는 억울한 의료사고를 규명하고, 의료제품 및 서비스 관련 소비자안전을 확보하기 위해 창립되었다. 한편, 녹색소비자연대에서는 의약품 소비자안전을 확보하기 위해 소비자단체, 식품의약품안전청, 기타 의약품 관련 기관과의 정기적인 정보교류활동을 펼치고 있다. 식품의약품안전청, 민간단체, 소비자단체 간 협조체계를 구축하여 의약품안전정보 소통의 활성화를 통해 의약품 안전을 확보해야 한다. 녹색소비자연대에서는 청소년들에게 의약품안전사용교육을 실시하고 있다. 학교교육 안에서의 의약품안전사용과 사용법에 대한 교육은 거의 전무한 상태이다. 간혹 마약이나 흡연에 대한 홍보성 교육이 있을 뿐 평생의 지식이 될 약에 대한 올바른 인식, 복용법, 의사와 약사를 만날 때 바른 방법, 약 보관과 관리법 등 반드시 필요한 의약품에 관한 교육은 충분히 이루어지지 않고 있다.

소비자가 의약품 사용 시 알아두어야 할 내용인 약물과 음식물의 상호작용, 약물 흡수과정과 부작용발생 등의 인식 정도는 매우 낮고, 의약품을 주로 구입하는 장소는 병원근처 약국 또는 동네약국이며 일정한 약국을 이용하는 소비자는 극히 일부

소비자안전코너 13-6

안전한 의약품사용법 : 약카드 작성, 신약복용주의

현재 복용하는 모든 약(처방약, 일반의약품, 한약, 영양제)에 대해 처방한 의사, 복용하기 시작한 날, 부작용이 발생한 약(금기 약)을 기록한 약 카드를 휴대해 의료기관이나 약국을 이용할 때 보여주도록 한다.

- 질병, 처방내용 등 정보가 모여 있어 효율적인 상담 및 처방이 가능한 주치의와 단골약국을 이용한다.
- 의약품 설명서를 꼼꼼하게 읽고 충분히 정보를 확인한 후 약을 복용한다.
- 장기간 약을 복용할 때는 의사의 검사 권고(정기적인 혈액검사)에 따른다.
- 새로운 약으로 변경할 때는 정확한 약인지 확인하고 복용 시 몸에 나타나는 이상 증상이나 효과를 주의 깊게 살핀다. 변경 후 효과가 없거나 부작용이 있으면 즉시 의사와 상담한다.
- 약 복용 중 위장장애(메스꺼움·복부 팽만·위장 통증), 발진, 검은 변, 발열, 두통 등의 부작용이 있으면 즉시 투약을 중단하고 전문가와 상담한다.
- 효과가 비슷한 약이라면 신약보다는 5년 이상 시판된 약을 선택한다.
- 여러 종류의 약을 복용하면 약물 간에 상호작용으로 부작용 발생률이 높다.

로 나타났다. 의약품 부작용을 경험한 소비자 중 부작용이 발생했던 약 이름을 기억하는 소비자는 매우 적고, 소비자가 사용하고 있는 의약품 설명서를 상세히 읽는 소비자도 극히 일부로 조사되었다. 대부분의 소비자는 의료기관·약국을 통하여 의약품 정보를 제공받는 것으로 나타났으며 공공기관(식품의약품안전청, 건강보험심사평가원 등)을 이용하는 소비자는 5.3%로 저조하다.

이 같은 상황에서 소비자에게 의약품의 내재적 위험성과 의약품 시판 후 안전관리제도에 대한 설명, 의약품사용에 필요한 기본적인 정보 제공, 의약품부작용보고의 활성화 등을 위한 체계적인 의약품안전교육 프로그램 개발 및 시행이 필요하다.

소비자는 일정한 약국이용, 약 설명서 자세히 읽기, 최근 복용하는 약과 과거부작용 발생 약을 기록한 약 카드(수첩) 휴대, 부작용의 대처방안, 부작용보고제도의 참여, 피해발생의 입증방법(조제기록부 열람 및 사본교부 가능) 등을 포함한 전반적인 교육 제공이 필요하다. 약 카드에는 처방받은 약과 약국에서 구입한 일반의약품(비타민 등 영양제 포함), 한약(허브) 등 모든 약 이름과 이상증상(부작용)을 모두 기록하여 처방받을 때 참고할 수 있도록 휴대하는 것이 필요하다.

소비자안전코너 13-7

울산시 '가정 폐의약품 회수처리 협약'

울산시는 2009년 5월 6일 울산시약사회, 한국의약품도매협회, 한국환경자원공사 등과 '가정 폐(廢) 의약품 회수 처리사업 협약'을 체결했다. 이에 따라 시는 가정의 폐 의약품이 일반 쓰레기와 함께 버려져 토양과 하천을 오염시키는 것을 방지하기 위해 이들 기관과 폐 의약품을 안전하게 회수해 소각하는 사업을 적극 추진할 계획이다.

울산시약사회는 시민들이 폐 의약품을 가까운 약국의 수거함에 버릴 수 있도록 홍보하고 한국의약품도매협회는 약국에서 거둬들인 폐 의약품을 별도로 보관하며, 한국환경자원공사는 별도 보관한 폐 의약품을 생활폐기물 소각장으로 운반해 처리할 예정이다. 시관계자는 "그동안 항생물질 등이 포함된 가정의 폐 의약품이 쓰레기봉투나 하수도 등을 통해 배출돼 하천과 토양 오염을 초래해 왔다"며 "앞으로 폐 의약품의 올바른 사용과 회수처리 사업을 적극 추진해 환경오염을 방지하겠다"고 말했다.

출처 : 연합뉴스, 2009년 5월 6일

한편, 소비자는 식품의약품안전청(온라인 약물복약 정보방)과 건강보험심사평가원(의약품관리종합정보센터)에 실린 의약품 관련 정보를 활용할 수 있다. '약 봉투 표지'와 '병원 처방전', '복약안내서' 등에 공공기관의 의약품정보 사이트의 안내 문구가 명시될 필요가 있다. 또한 TV, 라디오, 대중매체를 이용한 지속적인 홍보가 필요하다.

5) 의약품안전관리법제도

의약품안전과 관련한 법제도에 대해 간단하게 살펴보면 다음과 같다.

(1) 약사법

약사법은 약사에 관한 사항을 규정하고 그 적정을 기하여 국민보건향상에 기여함을 목적으로 하는 법률이다. 약사법의 주요 내용을 살펴보자. 첫째, 약사나 한약사는 보건복지부장관의 면허를 받아야 하며, 면허증은 대여하지 못한다. 약사에 관한 사항을 심의하기 위하여 보건복지부에 중앙약사심의위원회를 두며, 특별시·광역시 또는 도에 지방약사심의위원회를 둘 수 있다. 약국의 개설은 시장·군수 또는 구청장에게 등록을 하여야 하며, 1개소만 할 수 있다. 의약품의 조제는 약사 및 한약사가 아니면 할 수 없다. 조제는 약국 또는 의료기관의 조제실(의사 또는 치과의사의 처방전)에서 해야 한다.

둘째, 의약품 등의 제조업자는 식품의약품안전청장의 제조업허가를 받아야 하며, 품목별로 허가를 받거나 신고를 하여야 한다. 식품의약품안전청장은 신약의 재심사를 하며, 의약품의 재평가를 할 수 있다.

셋째, 의약품 등의 수입자는 품목마다 식품의약품안전청장의 허가를 받거나 신고를 하여야 한다. 의약품 등의 판매는 한약업자와 의약품 도매상으로 한정하며, 의료용구판매업자는 시장·군수 또는 구청장에게 등록하여야 한다.

넷째, 식품의약품안전청장은 중앙약사심의위원회의 심의를 거쳐 대한약전을 정하여 공고한다. 독약 및 극약은 용기나 포장에 표시를 하여야 하며, 다른 의약품과 구별하여 저장·진열하여야 하고, 판매를 할 때에는 일정사항을 기재하고 날인을 받아야 하며, 14세 미만의 자에게는 판매하지 못한다. 의약품 등의 용기나 포장 및 내부문서에는 각각 일정한 사항을 기재하여야 한다. 의약품 등에 관하여는 허위 또는 과대광고를 하지 못한다. 필요한 경우에는 업무 개시명령, 폐기명령, 검사명령, 개수명령, 관리자 변경명령 등이 취해질 수 있다. 약사·한약사는 업무상 알게 된 타인의 비밀을 누설하여서는 안 된다.

(2) 의약품 소비자분쟁해결기준

의약품으로 인한 소비자피해 발생 시 소비자분쟁해결방안은 표 13-2와 같다.

표 13-2 의약품소비자분쟁해결기준(2007년 10월 개정기준)

피해 유형	보상기준	비 고
• 이물혼입 • 함량, 크기부적합 • 변질, 부패 • 유효기간 경과 • 용량부족 • 품질·성능·기능 불량	제품교환 또는 구입가 환급	
• 용기불량 피해사고 • 부작용	치료비, 경비 및 일실 소득배상	가축폐사는 가축가격 보상
수량 부족	부족수량 지급	일실소득 : 피해로 인하여 소득상실이 발생한 것이 입증된 때에 한하며, 금액을 입증할 수 없는 경우에는 시중 노임단가를 기준으로 함

(3) 의약품안전 정부정책

① 부작용 모니터링제도

1985년 8월 의약품부작용에 관한 정보수집에 대한 규정(보건사회부고시 제85-64호를 제정)에 의하여 정부에서는 1988년 전국적으로 약국 217개, 병원 159개소 등 총 376개소의 부작용 모니터링기관을 지정하고 미국의 자발적 유사사례신고제도와 유사한 부작용 모니터링제도를 운영하고 있다

식품의약품안전청에서는 1998년 12월 16일 개정고시된 내용에서 모니터링 병의원, 약국의 지정제도를 폐지하고 사실상 모든 병의원과 약국으로 확대하여 부작용 신고를 용이하도록 인터넷을 통해 신고할 수 있도록 전산양식을 개발한 바 있다. 제조업자 등 약사, 한약사는 약물유해반응을 인지한 날로부터 15일 이내에 식품의약품안전청장 또는 협조단체 등의 장에게 의무적으로 보고(안전성정보관리규정, 2004)하여야 한다. 주요 신고대상은 주의사항에 기재되지 않은 새로운 유해반응, 이미 알려진 유해반응이나 심각하고 상당한 치료가 필요한 경우, 과량사용 또는 치료목적 이외의 유해반응, 기타 약물상호작용으로 인한 임상 검사치 변동, 이미 알려진 가벼운 약물유해반응 등이다.

실제 신고된 약물유해사례건수는 1988년 5건에서 시작하여 10년까지 100건 미만으로 저조하였으나 2004년부터 제약회사에 접수된 유해사례보고내용을 식품의약품안전청에 의무적으로 보고하도록 조치함으로써 보고건수가 증가하고 있다.

② 약물감시제도

식품의약품안전청은 모든 의약품에 불가피하게 존재하는 부작용을 조기에 파악하여 신속히 조치하기 위해서 의약품부작용보고활성화를 통해 위해정보의 신속한 수집 및 대응조치로 국민건강을 보호하기 위해 지역약물감시센터(regional pharmacovigilance center)를 시범적으로 운영하고 있다. 해당병원 및 인근 지역의 부작용사례수집, 부작용사례에 대한 1차적인 인과관계평가 후 식품의약품안전청에 보고, 지역사회의 의원, 약국 등을 대상으로 부작용보고의 중요성이나 부작용발생을 줄이기 위한 홍보·교육사업을 전개하고 있다.

또한 의약품 등 안전성정보의 보고·수집·분석·평가·전파 등 관리체계에 의하여 중대한 유해사례·약물유해반응, 예상하지 못한 약물유해반응, 이미 알려진 약물

유해반응, 오·남용 또는 약물상호작용, 과량투여로 인한 유해사례 등을 수집하고 있다.

③ 시판 후 관리제도

- 재심사제도 : 신약 또는 일부 전문의약품에 대하여 허가 이후 사용 초기(4~6년간)에 부작용양상을 집중 관찰하여 신약개발 및 허가과정에서 나타나지 않았던 부작용 등을 조사하여 확인한 후 허가사항에 반영하여 부작용피해확산을 방지하는 목적을 두고 있다. 해당 품목 제조업자에게 시판 후 일정 기간 동안 사용증례(600 혹은 3,000 증례)를 수집, 보고하게 하여 사후관리를 의무화시키고 있다(약사법 제32조). 재심사제도의 적용대상 의약품은 종류에 따라 재심사기간과 보고 증례수를 다르게 구분하고 있다.

  만약 해당 신약으로 인한 유해사례발생에 대한 의문이 제기되는 경우 중앙약사심의위원회의 자문을 받거나, 필요하다고 인정되면 신약과 유해사례발생 간의 인과관계를 규명하기 위한 약물역학연구의 수행을 제약회사에 명하고 그 결과에 따라 적절한 행정조치를 취하게 된다.
- 재평가제도 : 의약품재평가제도는 과거에 허가받은 의약품에 대한 유효성과 안전성을 최신의 약학수준에서 다시 평가하는 제도로 1962년 세계보건기구(WHO)에서 의약품재평가 실시를 권고하고 있다. 식품의약품안전청에서는 사전에 연도별로 재평가할 대상 약효군을 지정하여 공고한 후, 매년 해당 약효군에 포함되는 시판 중인 약물들의 안전성과 유효성에 관한 정보들을 종합·평가하고 있다. 허가사항의 내용을 변경하도록 해당제약회사에 통보하거나 유효성이 뚜렷하지 않거나 안전성에 문제가 있는 것으로 밝혀진 약물에 대하여는 시판중지를 명할 수 있다.

(4) 의약품안전관리제도 운영현황 및 개선방향

① 의약품처방조제시스템 설치의무화

2008년 4월부터 건강보험심사평가원이 배포하는 의약품처방조제시스템을 설치하지 않으면 일선 약국에서 보험청구가 되지 않는다. 이 프로그램을 설치하면 매일 아침 의사 또는 약사가 처방, 조제에 사용되는 컴퓨터를 켤 때 건강보험심사평가원이 구축한 금기의약품데이터를 자동으로 다운로드 받게 된다. 또한 병용·연령금기 처방·조제를 하려면 공인인증서를 반드시 갖춰야 한다.

② 의약품안전관리제도

의약품의 품목허가를 받거나 품목신고를 한 자는 시판 후 의약품품질 확보를 위해 의사나 한약사 등 안전관리책임자를 두고 신약 등의 재심사, 의약품재평가, 부작용보고 등의 업무를 시행해야 한다.

③ 의약품 표준코드표시의무화

의약품 바코드에 건강보험심사평가원이 지정한 표준코드(KD코드)부착이 의무화되었다. 바코드를 부착하지 않거나 오류가 발생할 경우 1차로 해당 품목판매 업무정지 15일이 부과된다.

④ 중독우려 한약표시의무화

독성을 함유하고 있어 사용 시 주의를 요하는 한약재에 대해 한약규격품포장에 '중독우려 한약'이라는 표시가 의무화되었다. 중독우려 한약 20개 품목은 감수, 부자, 주사, 천남성, 천오, 초오, 파두, 반묘, 반하, 섬수, 경분, 밀타승, 백부자, 연단, 웅황, 호미카, 낭독, 수은, 보두, 속수자 등이다.

⑤ 의약품 품질관리시스템 구축 시급

우리나라의 GDP 대비 의료비 비중은 OECD국가 중 낮은 수준(6.4%)이지만 의료비 대비 의약품비중이 28.8%로 높아 의약품안전관리정책을 강화해야 한다는 목소리가 높다. 원료에서 완제품까지 총체적인 품질관리시스템을 구축하고, 의약품부작용사례보고 및 부정·불량의약품 유통차단 등이 시급하다. 의약품안전관리와 관련하여 부작용보고 실적이 미미한 점, 의약품안전정책의 부족, 소비자대상 의약품정보 제공 미흡, 부정·불량의약품 유입과 약품 오·남용 증가, 의약품정보의 종합적·체계적 전달체계 미흡 등이 해결해야 할 과제로 제기되고 있다. 따라서 의약품의 안전하고 합리적인 사용을 위해 의약품부작용 사례를 적극 수집하고, 부정·불량의약품유통을 차단하기 위해 사이버 모니터단을 운영하며, 국제위조의약품 대응체제로 WHO긴급경보시스템과 공조를 강화해야 한다. 또한 위해정보 제공 시스템을 통한 의약품정보 제공 및 리콜정보 제공이 시급하다. 투약·사용단계에서 소비자안전 확보를 위해 의약품투약과실 예방을 위한 낱알 식별표시대상을 모든 보험급여의약품과 일반의약품까지 확대 추진하고, 소분·개봉판매로 인한 오염방지를 위한 소량포장제도 활성화도 필요하다(의협신문, 2008년 9월 25일).

⑥ 의약품 복약지도

의약품의 복약지도란 약사법에 명시된 약사의 의무로서 약국에서는 의약품의 용법·용량, 효능·효과, 저장방법, 부작용 등의 정보를 제공하여야 한다. 소비자는 부작용에 관한 정보를 전혀 듣지 못하면서도 약을 살 때 복약지도료를 따로 내고 있다는 지적이 나오고 있다. 2007년 한해 약국의 조제료는 2조 1,716억 원이었는데, 이 중 복약지도료는 11.3%인 2,474억 원으로 보고돼 1회 복약지도료가 약 500원을 넘는 것으로 나타났다.

의약품은 치료수단으로 가장 널리 사용되나 시판 후 부작용을 예측하기 어렵고, 부작용이 단기적, 즉각적으로 발생하지 않으므로 소비자가 피해를 자각하기 어려워 부작용을 간과하기 쉽다. 또한 소비자는 약리지식의 부족으로 피해파악이 힘들기 때문에 전문가의 사전복약지도가 매우 중요하다.

소비자안전코너 13-8

의약품조제과실과 부작용

의약품조제과실의 사례로써 만성질병으로 장기간 약물치료를 받던 환자가 새로운 약을 처방받아 복용하고 이상증상이 발생된 경우, 제일 먼저 약 부작용을 고려해야 하나, 일반적으로 질병의 다른 증상으로 생각하여 투약중단지연, 부작용대처미흡으로 인해 환자상태가 더 악화된 것으로 나타나고 있다. 조제과실의 경우 소비자가 조제약복용 후 이상증상이 있음에도 불구하고 계속 약을 복용하다 증상이 심해지면 약국이나 의료기관을 방문하여 비로소 잘못 조제된 사실을 알려지게 되나 피해사실을 객관적으로 입증하기도 어려운 실정이다.

대응방안으로서 지속적인 보수교육과 홍보가 필요하다. 의약품부작용보고제도의 필요성과 구체적인 보고방법 등에 대한 교육 및 홍보를 위한 대상자별 프로그램을 개발하여 대학(의대, 약대, 간호대), 관련 학회, 병원 실무자(의사, 약사, 간호사 등)에게 의약품 안전성 인식증진교육을 지속하여야 한다. 단순한 보고건수증가보다 질적 보고와 부작용내용의 분석 및 정보화(DB)를 통하여 자료가 활용(feed-back)될 수 있도록 정부 차원의 제도적 지원이 필요하다.

약사의 복약지도는 약사법에 의무사항으로 명시되어 있으나, 실태조사 결과 복약지도 내용은 주로 약의 용량과 투여시간에 국한되고, 부작용에 대한 설명은 미흡한 것으로 조사됐으며, 소비자의 대다수가 복약지도를 충분히 받고 있지 못한 것으로 나타났다. 특히, 신약을 복용할 경우 부작용발생이 높기 때문에 가급적 처방일수를 짧게 하고 환자에게 약에 대한 상세한 설명과 복용 중 약효와 부작용 여부를 집중관찰할 수 있도록 처방 및 복약지도에 대한 표준적(기본) 가이드라인 마련·시행이 필요하다. 또한 의약품 처방, 조제, 투약에 관여하는 전문가(의사, 약사, 간호사)를 대상으로 주기적인 의약품 관련 보수교육을 시행하여 의약품 부작용 예방을 철저히 관리해야 한다.

한편, 현재 약국에서 교부하는 약제비 영수증에 약제비 총액만 제시되고 있으나 약제비의 세부내역을 명시하는 제도개선이 필요하다. 소비자에게 약사의 '복약지도료'가 별도로 산정되고 있다는 정보를 제공하여 약사에게 의약품설명을 적극적으로 요구할 수 있도록 해야 한다.

⑦ 의약품부작용 관련 정보수집·활용

의약품 판매 후 발생하는 의약품부작용은 환자진료에 심각한 위험요소로 작용하고 사회 경제적 손실이 막대하므로 의약품부작용보고제도의 활성화로 수집된 부작용 사례가 실마리정보로서 실태파악과 예방대책에 매우 중요하다. 그런데 의약품부작용보고제도에 대해 소비자들의 인지도가 아주 저조한 것으로 나타났다. 의약품부작용보고제도의 홍보부족과 소비자와 전문가 모두 보고의 필요성을 잘 알지 못하기 때문이다. 소비자와 전문가 집단의 대다수는 평소 의약품부작용에 대한 불안감이 약간 있거나 거의 없는 정도며 불안감이 매우 큰 경우는 극히 일부로 나타났다.

게다가 약사의 의약품부작용 보고가 저조하다. 현재 의약품부작용보고의 의무자는 제약회사와 약사로 규정되어 있고 의료기관(의료인)과 소비자는 자발적 보고로 되어 있으나, 최근 의료기관은 의료기관평가에 의약품부작용보고 항목이 도입되고 지역약물감시센터 운용으로 보고비율이 증가하고 있는 반면 약국의 보고비율은 전체의 2.0% 이내로 미미한 수준이다. 식품의약품안전청은 의약품부작용보고건의 정보처리 결과를 관련 단체에만 통보하고 있어 정보처리결과 전달의 지연과 직접적인 활용미흡 등으로 이 제도에 무관심하다.

이를 개선하기 위한 방안은 다음과 같다. 첫째, 의약품안전정보수집의 중요성에 대한 지속적인 홍보와 효율적인 정보수집시스템 구축·시행이 필요하다. 소비자와 전문가에게 의약품안전사용을 위하여 부작용보고가 실마리정보로서 중요하다는 인식을 증진하기 위한 지속적인 홍보가 필요하다. 둘째, 의약품부작용보고 및 모니터링을 통해 수집된 정보를 과학적으로 분석하여 원인을 규명하고 제약사, 전문가에게 즉각 피드백되어 시정·개선되고 임상에 활용됨으로써 부작용을 조기에 예방할 수 있는 시스템 마련이 필요하다. 셋째, 약사 부작용보고 활성화(인센티브 제공)가 필요하다. 약국의 약사들은 소비자에게 약을 제공하는 마지막단계에 있고 약의 전문가이며 부작용보고제도의 의무자로서 약사들이 적극적으로 의약품부작용보고를 할 수 있도록 여건개선, 인센티브 제공 등 활성화 방안 마련이 필요하다.

14
CHAPTER

시설물 및 레저스포츠용품의 소비자안전

14

CHAPTER

시설물 및 레저스포츠용품의 소비자안전

소비자안전 관련 시설물은 우리가 주위에서 흔히 사용하는 승강기, 놀이터의 놀이기구 등이다. 이 같은 시설물의 경우 관리부실, 시설물 자체결함, 사용부주의 등으로 인하여 안전사고가 발생하고 있고 소비자가 피해를 입고 있다. 시설물안전의 주요 목표는 시설물무사고, 부실진단방지(부실진단비율 3% 미만 달성), 시설물안전상태 개선이다. 최근 정부에서는 시설물안전을 중점과제로 삼아 안전관리체계 개선, 보수보강체계 개선, 시설물 관리 주체의 기술력 향상, 부실업체퇴출유도 및 우수업체 육성, 안전 및 유지관리기술자 역량강화, 예방적 유지관리체계 확립, 유비쿼터스 기술활용, 시설물안전관리 등을 목표로 정하고 있다.

한편, 생활수준향상과 여가시간의 증대 등에 의해 소비자들의 레저스포츠활동에의 참여가 증가하고 있다. 레저스포츠용품의 경우 국산제품뿐만 아니라 값비싼 해외스포츠용품에 대한 수요가 증가하고 있으며, 레저스포츠 서비스 시장이 확대되고 있다. 그러나 스포츠용품에 대한 소비자수요가 증가할수록 이에 따른 안전사고 또한 증가하고 있다. 어린이 및 청소년뿐만 아니라 중장년층에까지 레저스포츠 소비계층이 넓어지면서 레저스포츠용품 및 서비스안전은 중요한 이슈로 등장하고 있다. 보통 스포츠는 야외에서 하는 활동이기 때문에 안전사고가 발생할 경우 심각한 경우에는 사망에까지 이를 수 있다. 소비자의 부주의 탓도 있겠지만 레저스포츠용품이나 시설의 결함으로 생기는 경우가 많다. 이때 수입레저스포츠용품의 경우 안전사고가 발생한다고 해도 쉽게 구제를 받을 수 없다. 본 장에서는 승강기, 놀이시설, 위락시설, 레저스포츠서비스 관련 안전사고 유형 및 사례, 관련 법제도 등에 대해 살펴보고자 하며 관련 정책이 나아가야 할 방향에 대해 제시해 보고자 한다.

1. 승강기 시설물의 안전

승강기 안전사고는 주로 이용자의 사용과실, 관리부실로 나타나고 있어 승강기 안전과 관련된 소비자주의 및 교육과 승강기 안전관리가 중요한 사항으로 인지되고 있다. 한국승강기 안전관리원에 따르면 2008년 전국에 설치된 승강기 수는 38만 2,146대로 5년간 승강기 관련 사고건수는 407건으로 밝혀졌다.

승강기 안전장치와 관련된 특허청 출원특허는 승강기동작의 문제발생 시 대응기술, 승강기검사 또는 오차에 대한 응답기술, 브레이크 장치 및 과속도 검출 등이다. 예를 들어, 엘리베이터 문이 열린 상태에서 동작상의 문제발생 시 브레이크 출력을 조절해 전자안전컨트롤러를 활용, 이동속도, 위치, 상태 등 작동문제 관리 등이다.

지식경제부에서는 안전한 신기술 승강기 개발을 촉진하기 위해 승강기, 형상, 재료 등의 합리화를 실행해 승강기산업의 활성화를 지원하고 있다. 특허청 역시 세계시장을 주도할 핵심·원천기술을 파악해 분야별 지식재산권을 선점하는 지식재산 중심의 기술획득전략을 실행하고 있다.

1) 승강기 안전사고 현황

2005~2007년 사이 발생한 230여 건 승강기 안전사고 중 전체 사고의 절반이 에스컬레이터에서 발생하고 있다.

승강기 안전사고 발생지역은 지하철 역사, 백화점 등의 유동인구가 많은 판매, 영업시설에서 많이 발생하고 있다. 사고원인 중 전체 사고의 62%가 이용자의 안전부주의에 의하여 발생하였고, 13세 미만은 주로 에스컬레이터의 디딤판 틈새나 엘리베이터 문틈에 끼이는 사고, 65세 이상은 에스컬레이터에서 넘어지는 사고가 많았다.

표 14-1 시설물 안전사고 현황

(단위 : 건수)

연 도	승객용 승강기 (엘리베이터)	화물용 승강기 (엘리베이터)	에스컬레이터	휠체어리프트	총 합
2006년	28	15	43	4	90
2007년	28	18	49	2	97
2008년	22	19	108	4	153
계	66	45	112	6	229

소비자안전코너 14-1

승강기 안전을 위한 지침

승강기의 유지관리는 승강기가 주어진 수명 동안 안전하고 정상적으로 사용될 수 있도록 일상점검, 정기점검 등의 예방정비와 수리 등의 일체의 관리행위를 말한다. 승강기 유지관리는 원칙적으로 승강기 제조 및 관리에 관한 법률(줄여서 승관법) 제2조 제4호 규정에 의한 승강기 소유자 등 관리주체의 책임이다. 다만, 유지관리는 효율적 수행을 위하여 일반적으로 자격을 갖춘 자에게 위탁하여 관리업무를 수행하고 있다.

일반적으로 승강기는 운전자 없이 불특정 다수의 이용자가 운전하여 사용하기 때문에 기기의 성능유지를 위한 별도의 유지관리체계가 필요하며, 특히 와이어로프, 도어스위치, 도어인터록, 브레이크, 조속기 등 각종 안전장치의 이상발생을 예방하지 않으면 안전사고를 유발하게 되므로 유지관리는 이용자의 안전을 위해 필요 불가결한 것이다. 따라서 승강기 운행에 따른 인명피해 및 재산상 손실을 예방하기 위하여 전기적, 기계적 성능의 유지관리를 포함한 부분적 개수와 변경, 이에 따른 조정작업이 적기에 이루어져야 할 것이다.

월별사고건수는 활동량이 많은 4~10월 사이에 많이 발생하며, 특히 여름인 7, 8월에 가장 많이 발생하고, 시간대별로는 오후 5~6시 사이에 많이 발생하는 것으로 집계되고 있다.

2) 승강기 안전사고방지방안

(1) 승강기 관리(소유자)의 안전관리

해당 건축물의 승강기 안전관리에 대하여 승강기 정기검사의 신청, 운행관리자의 선임 및 지도·감독, 유지보수업체 선정, 자체검사자 선임 등과 같은 전반적인 책임과 임무를 수행해야 한다.

(2) 운행관리자의 안전관리

승강기 제조 및 관리에 관한 법률 규정에 의하여 관리 주체로부터 선임되어 다음과 같은 승강기 일상관리업무를 수행해야 한다.

- 운행관리규정의 작성 및 유지관리
- 고장·수리 등에 관한 기록 유지
- 사고발생에 대비한 비상연락망의 작성 및 관리
- 인명사고 시 긴급조치를 위한 구급체계 구성 및 관리
- 승강기 사고 시 사고보고
- 승강기 표준부착물 관리
- 승강기 비상열쇠 관리

(3) 유지보수자의 안전관리

승강기 보수업자는 전문 기술인력과 설비 등을 보유해야 하며, 해당 승강기에 대한 안전장치의 이상유무와 기능 및 성능저하 방지 등을 위하여 정기적 자체점검, 예방정비(마모 및 노후부품 적기 교체), 고장발생 시 응급조치 등의 임무를 수행해야 한다.

(4) 이용소비자의 안전관리

승강기 관련 안전사고는 주로 승강장문의 안전장치 미비로 인한 사고로 운행 중인 승강기가 층과 층 사이에 정지하여 갇히는 사고, 탈출과정에서 추락사고, 엘리베이터 하중초과로 완충기와 충돌사고 등이 주를 이루고 있다. 승강기 안전사고를 일으키는 주요 요인은 다음과 같다.

- 비상 시 조치사항을 알지 못하는 어린이가 혼자 탑승
- 착상레벨을 이탈하여 정지한 승강기에서 무리하게 탈출시도를 함
- 관리자가 고장 후 갇혀 있던 승객에게 비상연락장치로 행동절차 및 주의사항을 설명하는 등의 조치가 선행되지 않았음
- 탑승인원 정원초과로 하중을 이기지 못해 완충기와 충돌하였음
- 이용자 부주의에 의한 과실

승강기의 안전한 사용, 사고발생 시 대처방법, 에스컬레이터 안전사용 등에 대해 살펴보면 다음과 같다.

① 승강기의 안전한 사용방법

- 용도에 맞도록 사용하고 정원 및 적재하중을 초과하지 않는다.
- 어린이나 노약자는 보호자와 함께 탑승한다.
- 버튼이나 스위치를 장난으로 누르거나 난폭하게 다루지 않는다.
- 승강기 안에서 뛰거나 장난하지 않는다.
- 승강기 문에 기대거나, 강제로 열지 않는다.
- 승강기를 타거나 내릴 때 승강기가 정지하면 즉시 행동하지 말고 잠시 동안 내부나 외부를 살핀 후 행동을 취한다.
- 사용중지, 고장 또는 점검 중이라는 표시가 붙은 승강기는 절대 사용하지 않는다.

② 엘리베이터 사고 시 대처요령

- 정전 등으로 조명이 꺼지면 당황하지 말고 인터폰으로 연락한다.
- 정전이나 고장으로 운행이 정지되면 인터폰으로 구조를 요청하고, 임의로 탈출을 시도하지 않는다.
- 화재 시에는 절대로 승강기를 타지 말고 비상계단을 이용한다.

③ 에스컬레이터의 안전한 사용방법

- 옷이나 물건 등이 틈새에 끼지 않도록 주의한다.
- 손잡이를 잡고 있어야 하며, 디딤판의 황색안전선 안쪽에 탑승한다.
- 디딤판에서 뛰거나 장난치지 않는다.
- 손잡이 밖으로 몸을 내밀지 않는다.
- 에스컬레이터가 움직이는 방향과 반대로 오르내리지 않는다.
- 화물을 디딤판 위에 올려놓지 않는다.

2. 어린이 놀이시설의 안전

어린이들이 주로 이용하는 놀이시설의 안전문제는 끊이지 않고 있는 과제이다.

1) 어린이 놀이시설 안전 관련 법제도

어린이 놀이시설 안전관리법의 시행에 따라 어린이 놀이시설을 제조, 수입, 설치, 관리하는 자는 안전검사, 설치검사, 정기시설검사 및 안전진단 등의 업무를 수행해야 한다. 어린이 놀이시설 안전관리법은 다른 법들과 다소 중복되거나 관련되는 부분이 많다. 이 법의 관장부서는 지식경제부에서 행정안전부로 이관되었다. 어린이 놀이시설 안전과 관련한 법은 품질경영 및 공산품안전관리법, 현장시공에 관련하여 건설기술관리법, 유지관리 및 전기시설검사와 관련하여 주택법, 유아보육법, 아동복지법, 학교안전사고 예방 및 보상에 관한 법률 등이 존재한다.

(1) 품질경영 및 공산품안전관리법

이 법은 공산품에 대해서 규정하는 법이므로 아동을 위한 공산품은 모두 이 법의 규율 대상이 된다.

(2) 아동복지법

아동복지법은 아동의 건강 및 안전과 아동전용시설의 설치에 관한 규정을 담고 있다. 아동복지시설은 아동양육시설, 아동보호 관련 시설, 아동직업훈련시설, 자립지원시설, 아동전용시설을 포함한다.

소비자안전코너 14-2

놀이터, 겉보기엔 안전해도… 위생·환경 허술

나무 틀이 썩어서 부서지고 나사못이 드러났다. 칠이 들뜨거나 벗겨진 놀이기구는 보기에도 흉하다. 모래가 깔려 있어야 할 바닥은 맨땅이다. 모래를 깔았다고 해도 기생충 알이나 병균 오염이 염려된다. 현행 법규에는 언제, 어떻게 소독한다는 세부기준이 없다.

출처 : SBS 8시 뉴스, 2009년 5월 4일

어린이 놀이터는 심신의 건강유지와 복지증진에 필요한 서비스를 제공하는 아동 전용시설에 해당된다.

(3) 영유아보육법

영유아보육법에 의한 보육시설의 경우 아동복지시설의 경우보다 상대적으로 엄격한 규정을 두고 있다. 영유아보육법 제15조와 시행규칙 제9조에 의해 보육시설은 영유아의 특성에 맞는 설비와 구조로 설치되어야 한다.

(4) 시설물안전관리특별법

이 법은 시설물의 안전점검과 적정한 유지관리를 통하여 재해 및 재난을 예방하고 시설물의 효용성을 증진시킴으로써 공중의 안전을 확보하고 나아가 국민의 복리증진에 기여하기 위한 법이다(1995년 제정). 시설물의 준공 후 안전과 유지관리를 위한 사후관리체계로써 시설물사고의 근본적 개선 및 시설물의 기능을 향상시키기 위해 안전점검 및 유지관리에 관한 업무를 체계화하고 시설물의 관리자 등에게 유지관리의 의무와 책임 등을 부여하며, 이를 전문적으로 수행할 수 있는 공신력 있는 전문기관을 육성하는 등의 내용을 담고 있다.

2) 어린이 놀이시설 안전문제

놀이시설에 대한 규격, 재료, 고정방법 설계지침이나 기준이 미흡하여 놀이안전사고가 발생하고 있다. 또한 놀이시설 제작·시공의 전문성 부족으로 내구성이 필요함에도 일반 건설자재로 제작하여 고정이나 접합, 마감 등이 깔끔하지가 않아 안전사고가 발생할 수 있다. 놀이시설 제작업체의 영세성으로 인해 높은 품질의 시설

표 14-2 어린이 놀이기구 안전검사

구 분	대 상	내 용	효 력	정기검사
안전검사	그네, 미끄럼틀, 정글짐, 공중놀이기구, 회전놀이기구, 흔들놀이기구, 오르는 기구, 건너는 기구, 조합놀이대, 충격흡수용 표면재	매출/수입물량별 검사 (제품검사)	당해 검사물량에 대해서만 유효함	×
안전인증		모델별 인증 (공장심사+제품검사)	인증받은 모델에 대해서 유효함	O

물을 기대하기 어렵고 국내 하도급 관행상 몇 단계를 거친 하도급 업체가 원래 설계된 품질보다 상당히 낮은 금액으로 제작하는 것이 현실이다. 또한 시공에 있어서도 전문기능인력이 아닌 일용잡급의 인력에 의해 놀이시설이 시공되고 있어 제대로 된 놀이시설의 제작 및 설치가 어렵다. 끝으로, 놀이시설의 관리부재가 안전사고의 원인이 되고 있다. 가까운 어린이공원을 가보면 여러 가지 관리상의 문제점이 노출된다. 화장실이 지저분하고 관리가 제대로 안 되어 폐쇄된 곳이 있으며, 설치되어 있는 시설물이 고장나 제 기능을 발휘하지 못하는 곳, 벤치 목재가 부패되든지 파손되어 방치된 곳이 있다.

3) 어린이 놀이시설 소비자피해

놀이터에서 발생할 수 있는 사고는 다양한데, 미끄럼틀을 타기 위해 멋모르고 높은 꼭대기까지 올라갔다가 떨어지는 경우, 반대편으로 타다가 내려오는 아이와 부딪혀 떨어지는 사고, 쇠로 된 미끄럼대의 날카로운 모서리에 찢기는 사고, 그네를 타다가 손을 놓쳐 떨어지는 경우 등 어린이의 연령, 성별, 상황에 따라 매우 다양하게 발생하고 있다. 머리카락이 끼어 대형사고가 나기도 하므로 어린 여자아이의 경우 긴 머리를 묶어 주어야 한다.

아파트 등의 놀이터 바닥재질의 경우 모래바닥재 77%, 고무바닥재 23%로 나타나는데, 최근 고무바닥재가 증가하는 추세이다. 고무바닥재의 유해물질노출 등의 이슈가 제기되고 있다.

시설물 설치 시 어린이들의 추락사고, 끼임사고 등이 발생하지 않도록 안전성을 고려할 필요가 있으며, 계단에 미끄럼 방지 턱이 떨어지지 않았는지, 놀이기구의 고정장치 토대가 지면으로 노출되지 않았는지, 철물로 된 놀이기구가 녹슬거나 부식되지 않았는지 등 각종 시설물에 대한 안전관리 체크리스트를 마련하여 안전관리를 보다 철저히 해야 할 것이다.

최근 조사에 따르면 교실과 복도 창문에 추락방지를 위한 안전시설(안전봉) 설치, 화장실 출입문에 턱을 없애는 것, 난간의 높이 및 난간살 간격의 관련 규정기준 준수, 놀이기구의 고정장치가 지면으로 노출되는 문제해결, 놀이기구에 고정볼트 돌출방지, 철물로 된 놀이기구의 녹·부식방지 등이 필요하다.

4) 어린이 놀이시설 안전 확보방안

(1) 어린이와 부모의 역할

어린이는 놀이시설을 이용하는 주요 이용자이다. 따라서 어린이는 여러 위험에 노출되어 있을 경우를 대비하여, 스스로 안전에 대해 지각하고 안전사고가 발생하였을 경우 대처할 줄 알아야 한다. 어린이 스스로가 안전에 대해 관심을 갖도록 부모나 학교에서 끊임없이 안전교육을 수행해야 한다. 최근 어린이가 놀이시설을 이용하면서 안전에 대하여 쉽게 이용할 수 있도록 놀이터안전 애니메이션이 나오고 있어 바람직하다.

(2) 시설물 관리자 또는 놀이시설물 관리자의 역할

어린이들이 이용하는 놀이시설에 대해 관리자는 정기적으로 놀이터 시설물의 안전과 환경에 대해 점검할 수 있는 대책을 세우고 그것을 관리하고 감독하여야 한다. 최근 놀이터 흙에서 어린이들에게 좋지 않은 성분들이 검출되고 있고, 녹이 슨 놀이시설, 풀이나 잡초가 무성하게 자란 환경, 쇠줄에서의 삐삐거리는 소리, 색칠이 다 벗겨져 보기 흉한 시설물들에 대해 보수관리하여야 한다. 또한 놀이터가 어린이들의 놀이공간이어야 하는데, 불량청소년들의 공간으로 이용되고 있는 경우도 많아 주의가 요구된다.

5) 미국과 외국의 어린이 놀이시설 관련 법제도

미국 ASTM·F1487(American Society For Testing and Materials), 유럽연합 EN1176 등은 놀이터 관련 인정받는 국제안전기준이다.

한편, 유럽의 TÜV(Techniche uberwachungs verein : Technical Inspection Association)와 미국의 IPEMA(International play Equipment Manufacturers Association), 영국의 API(영국놀이터산업협회, Founder member of the European play Equipment Manufacturer Association)는 놀이시설 안전 검사기관이다.

미국에서 어린이 놀이기구 제조자는 놀이터에 설치되는 놀이기구를 공급하기 위해서 국제놀이기구제조자협회(IPEMA : International Playground Equipment Manufactures Association)의 회원으로 가입하고, 동 협회의 안전인증을 획득하여야 가능하다. 안전인증 시에는 미국 시험, 협회의 표준(ASTM F1487, F1918, F1292)이 안전기준으로 적용되며 시험은 디트로이트 시험연구소(DTL : Detroit testing laboratory) 등 4개의 시험기관이 주로 담당하고 있다. 미국 캘리포니아주는 주의 법전으로 놀이터 안전규정을 별도로 마련하고 있다. 이 규정에는 놀이터와 놀이시설에 대한 정의와 놀이터의 관리자 및 안전검사자를 명시하고 있으며, 이 규정에 따라서 놀이터 운영자는 안전검사자로부터 안전검사를 받아야 하며 이 검사의 근거에 놀이터 개·보수 및 교체를 실시하여야 한다. 또한 놀이터에 대한 설치 및 보수는 소비자안전위원회의 '놀이터 안전핸드북'의 조항과 미국시험, 재료학회의 기준에 따르고 있다.

유럽과 미국에 비하여 다소 늦었지만 일본에서는 2003년 국토교통성(國土交通省)이 도시공원 안전확보에 관한 가이드라인을 발표하였고 이를 근거로 일본공원시설협회(Japan park facilities association)가 어린이 놀이기구 안전에 관한 기준안

소비자안전코너 14-3

미국의 놀이시설 등의 안전관리

미국의 놀이시설 안전관리는 미국소비자제품안전위원회(CPSC)의 지침서인 Handbook for Public Playground Safety(공공 놀이시설 안전을 위한 지침서)와 미국재료시험협회(ASTM)의 Standard consumer safety performance specification for playground equipment for public use, ASTMF 1487-01(공공 놀이시설을 위한 표준소비자 안전 성능 요건)의 규정에 따라 운영되고 있다.

CPSC 지침서(Section 7.2)에 의하면 놀이시설 설치검사 이후의 정기검사에 대한 주기는 정해져 있지 않으며 다만 주기적으로 점검을 해야 한다고 권고하고 있다. 주기적인 정기검사는 강제조항이 아니지만 동조항을 적용하는 각 주에서 주기적인 점검이 수행되고 있다. 이는 놀이시설에서 소비자가 상해를 입은 경우, 소송으로 이어질 수 있으며 사고의 원인이 관리 주체의 안전관리 소홀로 판명되는 경우 막대한 손해배상책임을 져야 하기 때문이다. 따라서 놀이시설 설치자, 사용 및 기상요소, 놀이터의 환경 및 보안, 이웃 사용자들, 공공기물파괴가능성 등 여러 요인들을 고려하여 점검주기를 매일, 매달, 격월, 분기별 등으로 정하여 운영할 수 있다. 1981년 CPSC에서 공공놀이시설의 안전성에 관한 핸드북을 발간하고, 제조, 설치, 관리자에게 준수를 권고했다.

놀이시설 제조자는 국제놀이기구제조자협회 회원으로 가입하고, 동 협회의 안전인증을 받아야 사실상 설치가 가능하다. 안전기준은 미국시험재료협회, 표준 ASTM F1487, F1918 등이 있으며 국제놀이기구제조자협회(IPEMA : International Playground Equipment Manufactures Association)가 관련 기관이다.

소비자안전코너 14-4

시설물안전 관련 소비자단체 : 시설물안전진단협회

시설물안전진단협회는 시설물안전관리에 관한 특별법 및 건설기술관계법 등에 따라 일정 규모 이상의 시설물 및 건설공사에 대한 안전점검 및 정밀안전진단업무를 수행하고 있는 건설안전진단 전문기관들이 모인 협회이다. 이 협회는 건설공사 및 기존시설물에 대한 안전진단기법의 연구개발보급, 시설물의 효용증진과 안전확보로 국민복리증진, 건설안전 관련 법령, 제도개선에 필요한 자료 제공 및 국가시책에 협조, 회원상호간의 친목도모와 유기적 협력으로 진단기관지위향상을 도모하는 데 있다.

을 제정하였다. 이 기준은 독일 DIN7926, 유럽 EN1176, 미국 ASTM-F1487 CPSC를 연구하여 만든 것으로 일본의 어린이에게 맞는 JPFA-S2002(일본 어린이 안전가이드라인)를 완성·운영하고 있다. JPEA-S2002가 설명하고 있는 놀이시설물은 일본 어린이들이 실제 경험할 수 있는 위험요소를 그림을 통하여 이해를 쉽게 하도록 하고 있고, 안정성 검토가 되지 않은 기술적 부분에 대해서는 EN1176 또는 ASTM-F1487을 참조하도록 권장하고 있으며, 건축기준법에 부합하는 기준을 준용하였다. 공원관리자에게 배려된 기술사항과, 놀이기구 제조자, 시공자, 보호자 등을 위해 관련 지침서가 만들어졌으며, JPFA-S2002의 지침서의 성격은 도시공원에 설치하게 되는 놀이기구를 대상으로 하고 있다. 문부과학성 및 후생노동성도 JPFA-S2002 지침서를 주지하고, 학교 등 아동복지시설 등에서도 비치하여 놀이터의 안전지침으로써 참고용으로 사용하고 있다.

3. 위락시설의 소비자안전

1) 위락시설 안전 관련 현황

위락시설, 즉 공원에서의 사고발생은 끊이지 않고 있다. 놀이기구에서의 추락, 놀이기구의 충돌, 놀이기구에 끼이는 사고, 놀이기구 고장이나 사고발생 후 구조대원의 추가사고 등이 끊이지 않고 있다.

소비자안전코너 14-5

위락시설 운영업체의 안전관리 현황

- 지방자치단체는 유원협회와 연 2회 안전관리실태 합동점검 실시
- 협회는 공대교수, 기술사 등 전문가 36명을 위촉하여 연 1회 이상 안전성검사 실시
- 운행 중 소음, 진동 등 이상 징후 발견 시 당해 기구의 운행중단 조치
- 성수기에 대비하여 9월 말까지 사업주 자율적인 점검, 정비 완료
- 국가기술자격증 취득자가 매일 1회 이상 시설, 기구 일상점검과 기록관리 유지
- 당일 영업개시 전부터 시험 운전하여 안전상태 확인 등 체크
- 주 전원 고장에 의한 정전 발생 시에 대비 비상발전시스템 확보
- 협회 주관하에 유원시설 종사자 안전교육 연중 2회 실시(안전관리자 1, 운행관리자 1)

2) 위락시설 안전 관련 법제도

위락시설 안전과 관련한 행정처분 및 행정벌은 표 14-3에 제시한 바와 같다.

표 14-3 유원시설업의 시설 및 설비 규정 미준수 관련 행정처분 및 행정벌

행정처분기준	과징금, 과태료, 벌칙
1차 : 시정명령	과징금
2차 : 사업정지 10일	1,600만 원 : 종합유원시설업
3차 : 사업정지 1개월	1,200만 원 : 일반유원시설업
4차 : 취소(신고업종의 경우에는 사업정지 3개월)	800만 원 : 기타유원시설업

소비자안전코너 14-6

위락시설 안전문제 개선 및 안전 확보를 위한 방안

1. 안전문제 개선방안

- 유기기구는 풍속이 10m/s 이상일 때는 운행을 중지하도록 되어 있으나, 유원시설에 풍속계가 설치되어 있지 않아 풍속운행중지 여부가 사업자의 자의적인 판단에 의거 실시되고 있으므로 유원시설 내에 기록이 가능한 풍속계 설치 및 법적 의무화방안을 검토하여야 한다.
- 안전수칙표지판의 규격이 일정하지 않고 크기가 작으며, 설치장소가 잘 보이지 않는 곳에 설치되어 재정비가 필요하다.
- 유기기구별 유아의 탑승제한은 연령과 신장으로 하고 있으나 동일기종에 대해서도 설치연도별, 업소별로 일부 상이하게 적용되고 있어 탑승제한기준이 업소별 일치할 수 있도록 기준마련을 검토하여야 한다.

2. 안전 확보방안

- 기구 탑승 전 안전을 위하여 안내방송을 귀 기울여 청취해야 한다.
- 기구 탑승 전 떨어질 수 있는 물건은 보관실에 보관하고 탑승해야 한다.
- 기구 승·하차 시 안내요원의 유도에 따라야 한다,
- 기구 탑승 시 바른 자세로 안전하게 앉고 안전벨트 등 안전장치착용을 확인하여야 한다.
- 기구 탑승 시 끈이 달린 옷차림이나 목걸이 등은 자칫 놀이기구에 걸릴 수도 있으므로 장신구 등을 착용하지 말아야 한다.
- 기구별 탑승 가능한 키와 나이 조건을 지켜야 한다.
- 아이들이 즐겨 타는 놀이기구인 만큼 보호자의 안전의식이 매우 중요하다. 어린이 2명 꼴로 최소한 한 명의 보호자(어른)가 관심을 두고 주의를 기울여야 한다.
- 사고의 위험이 많은 청룡열차, 범퍼카, 타가디스코 등의 놀이기구는 안전요원의 안내 등 안전수칙을 꼭 따라야 한다.
- 사고발생 시 : 가장 먼저 119로 연락하며 응급환자의 상태를 자세히 말해야 한다. 그리고 구조요원의 지시내용에 따라 응급처치를 한다. 정확한 응급처치는 생명을 보존하거나 상태의 악화를 방지할 수 있지만 부적절한 응급처치는 상태를 악화시킬 수 있다.
- 머리를 다쳤을 때는 몸을 고정해 특히 목을 움직이지 않도록 한다. 토하거나 졸면서 잠만 자려고 하거나 코에서 피가 날 때에는 병원으로 즉시 데려가야 한다.
- 골절상을 당했을 때는 먼저 심한 출혈을 멈추게 해야 한다. 부상자가 불필요하게 움직이는 것을 막아야 하며, 골절부분의 고정은 부상부위의 위, 아래 관절을 포함하여 가능하면 길게 대어야 한다.

4. 레저스포츠용품 및 서비스의 소비자안전

레저스포츠용품은 스포츠웨어류(의류, 신발류, 장갑류, 모자류, 가방류, 양말류) 및 운동용구(구기용품, 체력단련용구) 등 모든 레저 및 스포츠용품을 말한다. 한편, 레저스포츠서비스는 레저스포츠 참가자의 목적을 정상적으로 수행하는 데 필요한 시설, 서비스 등 총체적 환경을 말한다. 경기와 같은 스포츠뿐만 아니라 체육활동을 주요 내용으로 하는 레크리에이션까지 포함하여 이를 위한 일체의 시설을 의미한다.

소비자위해사고 중에는 레저스포츠취미용품으로 인한 사고가 많다. 레저스포츠용품으로 인한 사고는 2004~2005년도 위해사고 다발품목 2위, 2006년도 위해사고다발품목 3위, 5위 정도로 많은 사고가 발생하고 있다. 2008년 상위 5개 위해사고다발품목은 식료품/기호품(18.33%), 토지건물 및 설비(16.45%), 차량 및 승용물(11.67%), 가구(8.60%), 레저스포츠취미용품(7.99%) 순서로 나타났다. 위해원인별 위해사고를 보면, 스포츠, 레저, 취미/놀이용품과 관련하여 10세 미만 어린이들의 경우 놀이, 게임기구 이용 중 이물혼입 및 섭취로 인한 위해가 다수 발생하였으며 10대, 20대의 경우 킥보드, 스키, 스노보드, 인라인스케이트 등의 스포츠용품 이용 중 추락/넘어짐/미끄러짐 혹은 충돌/충격으로 인한 사고가 많이 발생하는 것으로 나타났다.

레저스포츠용품의 위해내용 장소 및 품목을 살펴보면, 봄철에는 학교가 개학을 하고 어린이 야외활동이 늘면서 학교주변시설물 안전사고와 자전거·킥보드·인라인스케이트 등 어린이놀이용품·기구와 관련된 안전사고가 많이 발생하였다. 겨울철에는 스키·눈썰매장에서 추락·낙상·충돌 등의 안전사고가 많았다. 초·중·고 각각 46개교의 체육시설(철봉, 평행봉)을 조사한 결과 학생들의 신체조건을 고려하지 않고, 치수도 일정하지 않아 규격제정이 필요한 것으로 나타났다(체육과학연구원, 2001). 전국 30개 초등학교의 놀이기구(그네, 미끄럼틀 등)의 안전성을 조사한 결과 23개 학교(76.6%)에서 학생들의 안전에 위험이 있는 것으로 나타났다(한국소비자원, 2002).

한국소비자원은 2004년 1월부터 2007년 5월까지 소비자위해감시시스템(CISS)에 접수된 미니바이크 관련 사고 20건과 소비자불만내용 90건을 분석했다. 조사 결과 안전사고 20건 중 조작미숙으로 인한 충돌·전복사고 등 이용자부주의로 인한 사고가 12건(60%)이었고, 핸들파손, 바퀴이탈, 주행 중 시동꺼짐 등 제품하자로 인한 사고가 8건(40%)으로 나타났다.

연령층별 상위 3대 사고품목을 살펴보면 다음과 같다. 0~14세(어린이)의 경우 스포츠레저용품(12.6%), 주택·건물(9.4%), 놀이게임기구(9.1%) 순서로 나타났고, 15~19세(청소년)의 경우 곡류/가공식품(25.6%), 스포츠레저용품(22.2%), 안경/의료용구(9.8%)순이다. 20~59세(성인)의 경우 스포츠레저용품(19.1%), 어패류 및 가공식품(6.5%), 육류 및 가공식품(3.7%)순이었고 60세 이상(노인)의 경우 주택·건물(20.8%), 토지설비(7.6%), 농업용 기계(5.1%)순으로 나타났다. 전체 어린이사고에서 성별로는 남성 5,234건, 여성 3,338건으로 활동량이 많은 남자어린이가 여자어린이보다 1.5배 정도 사고발생이 많은 것으로 나타났다. 어린이안전사고 원인품목별로는 스포츠와 놀이용품 1,133건(25.0%)으로 가장 많았으며 안전사고 원인품목을 보면 건물 및 설비 948건, 가구류 717건, 식료품 및 기호품 398건, 차량 및 승용물 237건, 가사용품 211건, 보건 및 위생용품 133건, 주방용품 123건, 문화용품 122건, 기타 519건 순으로 나타났다.

안전사고의 경우 장소별로는 공원에서의 사고가 65%(13건)로 가장 많았고, 연령별로는 12세 이하 어린이사고가 30%(6건)로 최고였다. 특히, 급격한 도시화 속에 주거공간이 아파트로 바뀌면서 도로나 주차장이 어린이들의 놀이공간으로 활용되고 있어 어린이들의 안전이 심각하게 위협받고 있다. 최근 어린이들이 즐겨 타는 인라인스케이트·킥보드·바퀴 달린 운동화 등은 바퀴 달린 놀이기구 특성상 평탄한 장소를 이용해야 하는데, 어린이들이 도로나 아파트 주차장 외에 이용할 장소가 마땅치 않다 보니 이런 장소에서의 교통사고나 추락사고와 같은 치명적인 안전사고를 당할 위험성이 높다.

1) 레저용품별 소비자안전

(1) 인라인스케이트

인라인스케이트는 초등학생 및 청소년층을 중심으로 인기를 누리는 스포츠용품으로 판매량이 꾸준히 증가하고 있다. 특히, 봄철에는 어린이날의 선물용 특수와 외부활동에 적합한 기온 때문에 다른 계절에 비해 수요가 더욱 많다.

소비자안전코너 14-7

인라인스케이트로 인한 치료비 보상 요구

초등학생이 대형할인마트에서 구입한 수입산 인라인스케이트를 타던 중 브레이크 부분이 벗겨지면서 바퀴 쪽으로 꺾이는 바람에 착지 시 앞으로 쏠리면서 넘어져 우측 관절 타박 및 요추부 염좌로 3주간 재활치료를 받게 되었다. 이로 인해 현재까지의 치료비와 향후 치료비, 그동안 치료로 인하여 다니지 못했던 학원비 등 비용손상분을 인라인스케이트 수입업체에 청구하였다. 이 건은 보호 장구 미착용과 관계없이 제품결함에 의한 안전사고로 판단되어 피해자는 제품의 수리 및 교환과 치료비를 보상받을 수 있었다.

또한 인라인스케이트는 비교적 높은 속도로 주행할 수 있으므로 사용상 주의가 필요함은 물론 제품 자체의 안전성도 확보해야 한다.

인라인스케이트의 안전성을 확보하기 위해서는 바퀴와 베어링 등 중요부품의 품질개선 및 이들 품질에 대한 표시사항 의무화, 현행 안전기준의 보완, 시판제품에 대한 철저한 안전검사가 요구되며, 아울러 사고를 예방하기 위해서 이용자는 반드시 신체보호장구(헬멧, 손목, 무릎보호대 등)를 착용하도록 해야 할 것이다.

(2) 보호장구(헬멧, 보호대) 및 착용

운동용 안전모(헬멧) 및 롤러스포츠 보호장구(보호대) 50개 제품의 안전성을 조사한 결과 25개 제품(50%)이 안전검사를 받지 않았고 안전검사기준에 부적합한 제품도 12개(24%)가 있는 것으로 나타나 소비자의 제품구입 시 주의가 요구된다고 밝혔다. 또한 인라인 등 놀이기구 이용자의 안전모 착용률은 24%, 특히 14세 이하 어린이의 경우 19%로 선진국에 비하여 매우 낮은 수준이며, 특히 안전한 곳보다는 도로와 같은 위험한 곳에서의 착용률(14.3%)이 더 낮은 것으로 나타나 안전문화정착이 매우 시급한 것으로 지적되었다. 선진국 어린이 안전모착용률 실태는 오스트리아(42.9%), 캐나다(72%), 미국(62%)으로 발표된 바 있다. 제품구입 시 어린이가 착용하는 경우에는 보호자가 표시의 제품을 구입해 주어야 하며 안전사고예방을 위해서 자전거, 인라인 등을 탈 때에는 반드시 안전모와 손, 팔꿈치, 무릎보호대의 보호장구를 반드시 착용하도록 하며 가능한 놀이기구를 이용하는 데 원활한 전용공간 등에서 타도록 하는 등 안전수칙을 반드시 준수시켜 주어야 한다.

소비자안전코너 14-8

인라인스케이트 관련 주의 및 권고사항

1. 인라인스케이트 구입 시 주의사항
   - 브레이크는 견고하게 부착되어 있는지, 좌우 교체가 가능한지를 관찰한다.
   - 신발은 발과 발목을 잘 지지할 수 있는지, 신발 크기는 업체별로 차이가 날 수 있으므로 반드시 신어본다.
   - 플레이트는 강하고 신발과 견고하게 부착되어 있는지 살펴본다.
   - 보호장구를 반드시 구입한다. 보호장구는 사용자의 안전을 지켜주는 장비이므로 인라인스케이트 구입 시 필수품으로 헬멧 및 보호대(손, 손목, 팔꿈치, 무릎)를 구입한다.
2. 미국 소비자제품안전위원회(CPSC)의 인라인스케이트 등의 권고사항
   - 헬멧을 쓰고, 팔꿈치 및 무릎 보호대, 손목 가이드와 장갑을 항상 착용한다.
   - 안전하게 정지하는 법을 배운다. 발 앞쪽 끝을 들어 뒤쪽에 붙어 있는 스토퍼를 누른다.
   - 주행은 차가 다니지 않는 장소로 도로면이 평탄하고 포장된 곳에서 타고, 물기가 있는 곳이나 모래, 자갈, 흙 등이 있는 곳은 피한다.
   - 밤에는 주행을 하지 마라. 다른 사람이 주행하는 사람을 못 볼 수도 있고 장애물과 사람이 안 보일 수 있다.

(3) 스트레칭(슬라이드) 헬스기구

최근 복부비만에 특별한 효능이 있다는 광고에 따라 TV홈쇼핑, 인터넷 쇼핑, 통신판매 등을 통해 판매되고 있는 스트레칭 헬스기구(이하 슬라이드)를 사용하다가 이가 부러지거나 턱을 꿰매는 등 심각한 상해를 당하는 사고가 빈발하고 있다. 아울러 쉽게 뱃살을 제거할 수 있다는 광고에 따라 소비자들의 인기상품으로 떠오르면서, 안전성이 검증되지 않은 유사제품도 많이 판매되고 있다. 스트레칭 헬스기구는 주로 중년층이나 운동이 부족한 직장인을 대상으로 많이 판매되고 있다. 그러나 안전검사 대상품목으로 지정되지 않아 제조업체가 불명확하고 안전성이 검증되지 않은 유사제품이 범람하고 있는 실정이다. 또한 유사제품은 사용상 주의·경고, 품질보증 등이 영어로 표기되어 있거나, 전혀 표기되어 있지 않아 소비자들이 제대로 된 사용방법을 숙지하지 못해 사고가 발생하기도 한다.

(4) 번지점프장

청년층을 대상으로 한 번지점프, 래프팅, 암벽등반 등의 스포츠가 증가하는 추세이다. 그러나 2008년 8월 번지점프장에서 번지점프를 하던 소비자의 발목에 묶은 줄이 끊어지면서 사망하는 등 최근 10여 년 사이 22건의 번지점프사고가 발생했다. 이 중 사망사고가 3건이나 될 정도로 위험성이 높은데도 안전관리 소홀과 관련 법령 미비로 안전의 사각지대에 있는 것으로 나타났다.

전국 상설 번지점프장 8개 업체를 조사한 결과, 번지점프 시 점프자의 몸에 연결되는 번지코드(밧줄)에 대한 제품보증서를 갖추고 있는 곳은 1개소밖에 없었으며, 실태조사 결과 번지코드의 상태가 불량해 관리가 부실한 것으로 드러났다. 또한 번지점프대에 안전그물망이 설치된 업체는 2개소밖에 없었다. 사고원인은 사업자의 장비관리 등 안전점검 소홀에 의한 경우가 대부분이며 사망 등 대형안전사고의 위험이 높은 것으로 나타났다. 번지코드가 끊어지거나 연결고리가 제대로 이어지지 않은 경우, 번지코드에 신체의 일부가 부딪혀 발생하는 경우로 소비자의 과실에 의한 사고는 매우 드물며 사업자의 장비·시설 등 안전점검 소홀로 인한 사고가 대부분인 것으로 나타났다. 또한 번지점프사고에 대비한 보험가입 여부에 대해 조사한 결과, 7개 업체 중 1개 업체는 보험에 가입하지 않은 상태에서 영업을 한 것으로 드러나 사고발생 시 보상에 대한 대비책이 허술한 것으로 밝혀졌다.

따라서 소비자의 안전확보와 체계적 관리감독을 위해 번지점프장과 관련된 레저스포츠시설 기준 및 안전기준을 마련하는 법 제정이 시급한 실정이며 아울러 번지코드 사용 횟수 및 사용기간에 대한 기준, 번지점프 구조물 설치 시 착지(인공풀장·자연형태의 수면·에어매트)에 대한 기준, 안전요원의 자격 기준 등 시설 및 장비에 대한 구체적인 기준을 마련하는 것이 시급하다.

(5) 수영장

실내수영장에서 사고가 빈번하게 발생하고 있다. 출발대가 설치된 수영장의 물깊이가 얕아 다이빙 입수 시 이로 인한 안전사고 가능성이 많아 출발대 부근의 물깊이에 대한 기준마련이 필요한 것으로 나타났다. 현재 관련 법규에는 출발대 부근 물깊이에 대한 규정이 없으며 조사대상 수영장의 출발대 부근의 물깊이가 1.15~2m로 수영장별로 차이가 컸다. 출발대에서 출발 시 숙달되지 못한 이용자나 초보자가 다이빙 입수 시 상해를 입을 소지가 크므로 출발대 부근의 물깊이는 충분히 깊어야 할 것이다. 또한 출발대 부근의 물깊이가 1.35m 이하인 수영장도 11개소로 나타나 출발 시 이용자 부주의에 의해 수영장 바닥에 머리를 부딪치는 등 안전사고발생 소지는 항상 있다.

(6) 스키장

스키장에서 넘어지거나 충돌하는 등 이용객의 안전사고도 매해 급증하고 있다. 한국소비자원이 최근 3년간 소비자위해감시시스템(CISS)에 접수된 스키장 관련 안전사고 628건을 분석한 결과, 스키장에서 넘어지거나 미끄러져 발생한 사고가 대부분이었고(76%, 477건), 이로 인해 뼈가 부러지는 골절을 입은 경우(41.2%, 259건)가 많은 것으로 조사됐다.

스키장 안전사고는 2007년 165건, 2008년 161건, 2009년 302건으로 매해 증가하고 있다. 특히, 2009년 1월에는 162건의 안전사고가 접수돼 지난해 동기간(2008년 1월, 73건)보다 두 배 이상 증가한 것으로 나타났다.

2) 레저스포츠용품 및 서비스의 소비자분쟁해결기준

- 제품구입 후 1개월 이내에 자연 발생한 성능·기능상의 하자로 인하여 중요한 수리를 요할 시 : 제품교환
- 제품의 제조상, 구조상의 결함으로 수리가 불가능 시 : 제품교환
- 정상적인 사용상태에서 발생한 품질·성능·기능상의 하자가 있을 시 : 무상수리

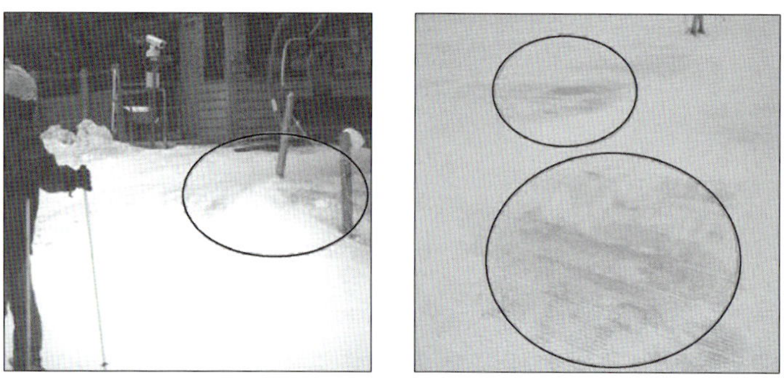

그림 14-1 슬로프 내 결빙된 노면이 그대로 노출되어 있는 스키장

- 동일하자를 3회까지 수리하였으나 고장이 재발(4회째)하였거나, 여러 부위의 고장으로 총 4회 수리받았으나 고장 재발(5회째) 시 : 제품교환
- 전항의 경우라도 다음의 경우 구입가 환급
  - 교환할 제품이 없는 경우
  - 교환한 제품이 30일 이내에 고장이 발생한 때
  - 사용자가 수리 의뢰한 제품을 사업자가 분실했을 경우
  - 품질보증기간 이내 : 제품교환 또는 구입가 환급
  - 품질보증기간 경과 후 : 정액감가상각한 금액에 10%를 가산하여 환급(최고한도 : 구입가격)

한편, 골프용품의 경우 제품교환의 기준이 되는 기간은 다음과 같다.

- 골프채 : 구입 후 3개월 이내
- 기타 골프용품(장갑, 구두) : 구입 후 6개월 이내

소비자안전코너 14-9

스포츠안전재단 설립, 스포츠안전제도 개발

체육인들의 스포츠안전을 도모하기 위한 '(재)스포츠안전재단'이 2010년 9월 창립식을 갖고 원대한 비전을 선포했다. 스포츠안전재단은 '체육인에 의한 체육인을 위한 체육인의 요람'이라며 엘리트체육 선수로부터 생활체육 동호인에 이르기까지 모든 체육인의 안전을 위해 사업을 추진하고자 한다. 스포츠안전재단은 고품격 스포츠안전 문화 정착을 목표로 스포츠안전캠페인, 스포츠안전에 관한 연구·학술활동, 스포츠안전요원 양성 및 스포츠클럽 지원, 스포츠 상해방지활동 및 위로·구호사업 등을 주요 사업계획으로 제시했다. 정부로부터 예산 지원을 받지 않는 '스포츠안전재단'은 회원 모집과 스포츠 안전 관련 수익활동을 통해 스포츠 안전 기금을 마련할 계획이다. 재단 관계자에 따르면 '스포츠안전 보험활동', '스포츠·레저 제휴카드 사업', '스포츠 온라인쇼핑몰 운영', '체육시설 위탁운영 및 컨설팅' 등을 추진하여 자체 재원을 확보할 방침이다.

출처 : 스포츠월드, 2010년 9월 13일

3) 레저스포츠용품 및 서비스의 소비자안전 확보방안

(1) 스포츠용품 분류기준의 개선

기술발달로 새로운 제품들이 출시되고 있다. 하나의 예로 기능성 운동화를 들 수 있다. 기능성 운동화는 기존의 신발에 자세교정, 관절보호, 성장촉진, 다이어트와 같이 다양한 기능이 부가된 제품이다.

기능성 운동화는 현재 공산품으로 분류된다. 따라서 제품에 특별한 기능성이 강조되긴 했지만 이는 운동효과를 돕고, 보조하는 수준이다. 약효나 치료효과를 임상시험을 통해 증명해야 하는 의료기기와는 차이가 있다. 식품은 의약품의 경계 영역에 있는 것을 건강기능식품으로 분류해 관리하고 있다. 이에 반해 공산품과 의료기기의 경계에 있는 기능성 운동화는 관리체계가 명확하지 않다. 최근에는 스포츠용품과 의료기기의 경계가 불분명한 제품들이 출현하면서 이들 제품에 대한 관리 영역을 명확히 해 안전관리를 강화할 필요가 있다.

따라서 소비자와 제조사의 혼란을 막고 제품신뢰도를 회복하기 위해서는 정부가 정책 및 시스템을 개선해야 한다. 기능성 운동화와 같은 스포츠용품이 지속적으로 등장하고, 소비자의 수요 또한 증가하기 때문에 제도구축이 늦어질수록 소비자의 혼란이 가중되기 때문이다. 또한 스포츠용품과 의료기기의 경계 영역에 있는 물품을 관리할 부서를 신설해 '건강보조기기(가칭)' 라는 관리 영역에 맞는 기준을 설정해야 한다. 이러한 기준설정은 소비자와 기업 모두에게 신뢰를 줄 것이며 안전관리를 보다 강화할 수 있을 것이다.

우리나라는 공산품에 스포츠용품이 포함되어 있다. 하지만 분류와 범위가 명확하지 않아 안전사고가 발생했을 경우 제도를 적용하지 못할 수도 있다. 스포츠용품 및 시설, 서비스에 대한 위해현황, 피해사례 및 제도 등을 조사한 결과 안전사고가 발생하더라도 제조자나 수입업자에 대한 처벌 및 보상에 대한 기준이 명확하지 않아 소비자들은 제대로 된 피해보상을 받지 못하는 등 다양한 소비자피해가 발생하고 있다. 따라서 우리나라도 일본이나 미국처럼 스포츠용품에 대한 정의와 분류를 정확히 해야 한다. 또한 최근 산업분야의 경계가 없어지면서 두 가지 이상의 산업분야의 기술을 접목해 만든 제품이 늘어나고 있다. 스포츠용품도 예외일 수는 없기 때문에 스포츠용품의 범위를 좀 더 넓게 볼 수 있어야 한다.

소비자안전코너 14-10

미국의 자발적 리콜사례 : 나이키 운동화 리콜

2004년 나이키 운동화 '겟고'에 대해 미국의 나이키 본사와 소비자제품안전위원회(CPSC)가 리콜을 결정했다. 해당제품을 구입한 소비자들은 제품을 구입한 판매점에서 제품 가격을 전액 환불받거나 타 제품으로 교환받을 수 있다. 리콜의 이유는 운동화 뒤축에 달린 고무탭이 분리될 가능성이 있어 아이들이 이를 삼켰을 경우 안전상의 위험이 야기될 수 있다고 판단됐기 때문이다. 나이키는 미국에서 3건의 고무탭 분리신고가 접수됐을 뿐 아직까지 어린이안전사고는 없었지만 소비자안전이 최우선이므로 자발적 리콜을 실시하게 되었다고 한다.

(2) 국제표준화 적용

스포츠용품 안전에 대한 국제표준규격이 필요하다. 전 세계인들이 같은 스포츠를 즐기기 때문에 사용하는 스포츠용품도 크게 차이가 나지 않는다. 따라서 안전에 대하여 국제표준규격을 정해 놓는다면 수입스포츠용품의 품질보증 강화기능 및 소비자의 신뢰성 확보와 함께 위해가 발생할 위험이 크게 줄어들 것으로 보인다. 특히, 스포츠용품 대부분을 수입하고 있는 우리나라로써는 이러한 국제표준이 큰 도움이 될 수 있을 것으로 보인다.

(3) 스포츠용품의 품질 확보

우리나라 스포츠용품 업체가 영세하여 품질과 안전성에서 미흡한 제품이 유통되고 있다. 주 5일근무제에 따라 레저스포츠용품 수요가 급증하고 있으나 레저스포츠용품에 대한 소비자신뢰도가 낮으며 기업 및 국제경쟁력에서 열악한 위치를 차지하고 있다. 따라서 국가 차원의 품질, 기능 및 안전성향상 지원 및 규제정책이 필요하다.

예를 들면, 지방자치단체별로 스포츠용품의 품질개선을 위한 각종 지원과 레저스포츠용품의 안전관리를 위한 노력을 해야 한다. 한국의 레저스포츠용품의 미국 UL(미국보험자협회시험소 인증), 유럽의 CE(유럽통합인증)마크 획득지원 및 주요 세계 경기연맹 공인획득지원을 통해 레저스포츠용품 산업의 발전을 꾀할 수 있다. 이는 레저스포츠용품의 안전 확보를 통해 소비자신뢰를 높일 수 있다. 또한 ISO(국제표준화기구) 인증자문 및 지원을 통해 스포츠용품산업의 생산효율성을 향상시키고 안전관리에 있어 국제적인 수준으로 높일 수 있다.

한편, 레저스포츠용품 시험검사소를 구축·운영하여 스포츠용품의 품질, 기능 및 안전성시험, 검사업무를 추진하고 시험결과의 국제적 활용을 추진해야 한다. 레저스포츠용품의 공인시험 및 검사기관의 경쟁력을 강화하고, 품질안전 사후관리를 강화해야 한다. 레저스포츠용품에 대한 자료수집 및 분석, 레저스포츠용품 및 서비스의 인증 및 연구개발 촉진, 스포츠용품 품질의 데이터베이스 구축 및 운영을 통해 레저스포츠용품 및 서비스의 안전을 확보해야 한다.

CHAPTER 15

서비스와 소비자안전

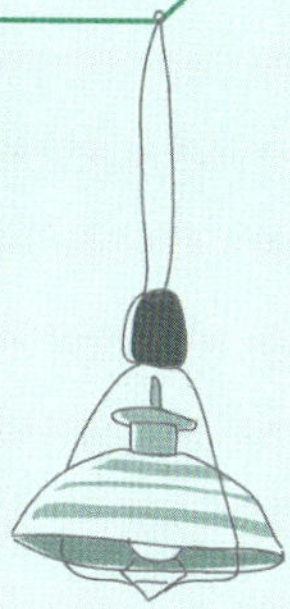

15 CHAPTER

서비스와 소비자안전

1990년대 후반부터 병원성대장균 O-157을 비롯한 신종 식중독균에 의한 식중독의 대량발생과 유럽의 광우병, 다이옥신사건 등 식품유해물질에 대한 소비자의 심각한 우려와 함께 유전자재조합식품의 안전과 알권리에 대한 소비자의 요구가 강력히 대두되고 있다. 최근 식품안전이 위협받는 배경은 새로운 식중독세균 출현, 식품공급시스템의 대규모화, 복합화, 세계규모화, 식품소비형태의 외식화 및 다양화, 세계인구의 증가, 인구고령화 등에 따른 질병에 대한 저항력이 약한 소비자층 증가, 도시로의 인구집중, 식품환경오염 등이다. 생활수준의 향상과 웰빙 붐으로 남녀노소 할 것 없이 피부관리에 대한 수요는 급증하고 있으며, 현대인들의 건강 및 미용에 대한 관심과 투자가 많아지면서 피부 미용 관련 소비자피해도 증가하고 있다.

피부미용시장 규모는 2003년 1만 4,700억 원에서 2007년 1만 6,600억 원으로 5년간 12.9% 증가하였다. 2005년 1만 5,600억 원에서 2006년 1만 5,200억 원으로 다소 감소하였으나 2007년도에는 1만 6,600억 원으로 증가하였다. 피부미용서비스 이용 시 대부분 10회 단위로 약정하고, 고액의 비용을 한 번에 지불하여 장기간관리를 받는 방식으로 계약을 체결하고 있다. 이에 따라 계약기간 중 부작용, 서비스불만족, 소비자의 개인사정 등에 따른 중도해지 요구 시 최초 납부한 고액의 계약금액 환급과 관련한 분쟁의 소지가 많다. 서울시 25개구의 피부관리실에서 제공하고 있는 피부관리서비스 7개 품목(얼굴 기본, 미백, 여드름, 주름노화, 상체마사지, 하체마사지, 발관리)의 평균소요비용을 비교해 본 결과 강남구가 36만 3,300원으로 가장 비싸고, 금천구가 20만 7,300원으로 가장 저렴한 것으로 나타나 1.8배의 가격 차이를 보였다. 피부미용서비스를 받은 후 피부가 붉어지고 부어오르는 등 부작용을 경험하는 소비자피해가 끊임없이 발생하고 있다.

한편, 현대인들에게 의료서비스는 일상생활과 뗄레야 뗄 수 없는 필수상품의 하나가 되었다. 대부분의 아이들이 병원에서 태어나고 있고, 몸이 아프면 치료받으러, 건강하더라도 정기검진을 위해서 병원을 출입하게 된다. 또 다사다난한 인생을 병원에서 마감하는 경우가 많아지고 있다. 이와 같이 의료서비스는 우리의 건강을 지켜주는 소중하고 중요한 것이다. 하지만 이러한 의료서비스를 제공하는 병원과 의사들에게 감사하지 못하고 오히려 다툼이 생기는 일이 종종 있다.

지금까지 식당서비스, 피부미용서비스, 의료서비스 등의 소비자문제 등에 대해 살펴본 바와 같이 이들 서비스로 인한 소비자안전은 소비생활에서 매우 중요하므로 본 장에서는 이들 세 유형의 서비스로 인한 소비자안전문제, 관련 법제도 안전 확보 방안 등에 대해 살펴보고자 한다.

1. 식당서비스와 소비자안전

1) 식당서비스와 소비자안전 이슈

핵가족화, 맞벌이부부 증가, 현대인들의 바쁜 생활 등으로 식당이용자는 급증하고 있다. 건강한 식사와 식당음식의 안전성문제에 소비자들은 많은 관심과 우려를 보이고 있다. 수년 전부터 쓰레기 만두사건, 기생충알 김치사건 등으로 사회적으로 큰 파장이 있었던 만큼 식당의 안전성이 매우 민감하고 관심이 높은 상황이다. 이러한 사회적 현황을 알 수 있는 식당 업체 관련 많은 프로그램들이 있다. 식당에서 행주와 걸레, 물수건들과 농약이 검출되는 채소, 불량소금으로 만든 젓갈, 불량식품 등 식당의 안정성에 대한 사회적 우려는 끊이지 않고 있다. 2009년부터 2010년 6월까지 모범음식점 식품위생법 위반 사례별 현황을 보면 총 1,029건 중 원산지 허위표시 등의 금지위반사례가 224건(21.8%)을 차지했으며, 영업자 등의 준수사항

위반 207건(20.1%) 순이었다. 또한 전국 98만 개의 음식점에 대해 지도·단속을 실시한 결과 허위표시 1,240개소, 미표시 548개소의 위반업소를 적발하였고, 위반 건수 중 쇠고기 허위표시 842건, 미표시 266건, 쌀 허위표시 10건, 미표시 151건, 돼지고기·닭고기·김치 허위표시 388건, 미표시 131건으로 쇠고기의 위반이 가장 많은 것으로 나타났다.

(1) 식당의 소비자안전 피해 유형 및 사례

① 식품첨가물로 인한 질병의 발병

식품첨가물로 인한 질병의 발병은 식당의 소비자안전과 관련해서 크게 대두되고 있는 유형이다. 현재 외식업이나 식당들은 소비자들이 보기에 더 맛있어 보이기 위해서, 또는 더 맛있게 만들기 위해서 사용해선 안 되는 식품첨가물들을 사용하는 경우가 가끔 있다. 예를 들면, 2009년 12월 말 적발한 유명 호텔의 사례이다. 이 음식점은 훈제연어에는 사용할 수 없는 아질산나트륨을 발색제로서 훈제연어의 색깔을 선명하게 하기 위해 사용했다. 아질산염은 발암물질로 잘 알려져 있는데, 오랜 시간 다량 섭취할 경우 소화기계의 암을 유발시킬 수 있다. 2008년에는 설렁탕이나 해장국 등에 넣어 먹는 다진 양념에서 불량 고추나 고춧가루의 사용을 숨기기 위해 사용한 다량의 색소첨가물이 적발되었다. 적발된 색소는 천연원료인 만큼 유해성이 적지만 장기간 복용할 경우 문제가 될 수 있다고 한다.

② 음식재탕

식당의 음식재탕문제는 겉보기엔 새 반찬처럼 깨끗하고 정갈해 보이지만 주방 안은 충격적이다. 어느 한 TV프로그램에서 밝혀낸 결과 20곳의 식당 중 무려 16곳, 즉 80%의 식당이 음식을 재탕하고 있는 것으로 밝혀졌다. 심지어 손님이 남기고 간 밥을 국밥에 말아 다른 손님에게 주는 식당까지 목격되었다. 이러한 음식재탕은 재탕음식으로 인해 식중독뿐만 아니라 B형 감염과 같은 바이러스에까지 감염될 가능성이 있다. 음식점 재탕문제를 해결하기 위해 식품위생법 시행규칙 개정안이 발효되었는데, 음식점의 잔반 재탕이 여전해 실효성을 거두지 못하고 있다.

③ 식중독

식당의 위생문제를 지키지 않아 소비자에게 생길 수 있는 가장 심각하면서 쉬운 피해가 바로 식중독이다. 식품의약품안전청이 여름철 냉면육수, 콩국수 등을 판매하는 여러 식당들의 식중독균 오염 여부 등을 조사한 결과 전국 705개 식당 중 28개의 식당에서 위생지표균인 대장균, 식중독균인 황색포도상구균이 검출되어 영업정지처분을 내린 바 있다. 냉면과 콩국수를 판매하는 식당만을 조사하였는데, 그 결과가 충격적이다.

④ 원산지표기

음식점의 원산지표기도 소비자들이 피해를 받는 대표적인 사례이다. 쇠고기의 원산지표기와 김치의 원산지 표기를 속여 파는 식당업체들이 늘고 있는 추세이다. 또한 폴란드산 삼겹살을 칠레산으로 속여 파는 식당들도 속출하고 있다. 유통기한 표시도 업체들 마음대로 하는 경우도 있는데, 소비자들은 믿고 먹는 수밖에 없으니 그 피해가 속출하고 있다. 소비자들이 원산지가 맞는지 알 수 있는 경로를 파악하기가 쉽지 않아 원산지를 속여 파는 식당들에 대한 대책이 시급하다.

⑤ 정량표시 미흡

대형음식점에서 고기 중량을 속여 판매하는 행위가 기승을 부리고 있다. 전북도는 등심이나 삼겹살 등 식육을 판매하는 대형음식점 24곳을 대상으로 육류중량의 미달 여부를 점검한 결과 83%인 20곳이 중량을 속여 팔았다고 밝혔다(경향신문). 전북도 관계자는 “중량 눈속임으로 부당이득을 취하는 규모가 대형업소의 경우 한 달에 소 한 마리 값은 될 것”이라면서 “소비자들이 육류를 직접 달아 확인해 볼 수 있는 저울 비치 등이 검토돼야 한다.”고 말했다.

⑥ 식당에서의 화상사고

외식인구가 늘어나면서 음식점과 이용자의 부주의 등으로 인한 화상사고가 지속적으로 발생하고 있다. 최근 2년 11개월간 소비자위해감시시스템에 접수된 음식점에서의 화상 관련 안전사고는 총 100건이었다. 접수된 100건 중 음식점의 안전장치 미비로 달궈진 테이블 아래에 다리 화상을 입는 경우, 방치된 불판에 손을 데는 경우 등 화로·불판으로 인한 위해가 42건으로 가장 많았다. 이 중 불판을 교체할 때 기름이 흘러 화상을 입은 사례는 많지 않으나 화상의 위해 정도는 심한 것으로 나타났다. 다음으로 뜨거운 음식물에 의한 화상과 뜨거운 물에 의한 화상이 각각 33건,

7건으로 나타났는데, 용기 자체가 뜨거워 소비자나 종업원이 놓치거나 종업원이 뜨거운 음식물을 나를 때 소비자와 부딪혀 떨어뜨려 발생하는 경우가 많았다. 이러한 음식점 발생 화상사고는 이미 익혀서 나오는 음식이 대부분인 외국과는 달리 뜨거운 국물음식을 선호하고 식탁 위에서 화로·불판 등에 요리해 먹는 우리나라 음식문화와 음식점에서의 안전장치에 대한 인식 미비 등에서 기인되고 있다.

(2) 식당의 소비자안전관리방안

① 음식재탕규제 관리방안

식품의약품안전청에서는 식품위생법의 시행규칙 제42조에 음식재탕을 방지할 수 있는 법적 근거를 마련하였다. 지방자치단체에서도 많은 노력을 기울이고 있다. 한 예로 서울 도봉구는 음식물쓰레기를 줄이고 잔반(다른 손님들이 남기고 간 반찬) 재사용을 막기 위해 남은 음식을 싸주는 캠페인을 하고 있다. 구는 특히 잔반을 재사용하다 적발될 경우 영업점 폐쇄 등 강력한 행정조치를 취할 것을 알리고 있다. 도봉구는 음식물쓰레기를 줄이기 위해 '남은 음식 싸주고 싸오기' 캠페인, 어린이나 소식자(小食者)를 위해 '양 절반, 가격 절반' 운동, 손님이 직접 먹을 만큼 덜어 먹을 수 있는 '공동찬기 사용' 등 음식점 업태에 따른 개선방안을 시행하기로 했다고 밝혔다. 특히, 남은 음식을 포장해 갈 수 있는 '남은 음식 싸주고 싸오기'의 경우 음식 업주는 음식물쓰레기로 골머리를 앓지 않아도 되고 손님은 식비 절감 및 타인이 먹었던 음식을 다시 먹지 않을까 하는 불안에서 해소될 수 있는 1석2조 효과를 가진 사업이다.

강남구도 '남은 음식 재탕 제로(0) 캠페인'을 벌이기로 하고 관내 모범음식점에 잔반 수거 용기를 보급했다. 구는 15일부터 관내 모범음식점 502곳에서 남은 음식을 모두 수거 용기에 버리는 실천운동을 벌이는 한편 음식점 출입구에 '남은 반찬을 재사용하지 않습니다.' 라는 홍보 스티커를 부착하도록 했다.

소비자들 역시 음식재탕의 대안으로 5가지 방법을 제시했다. 그 중 가장 실효성 있는 방식은 반찬을 적게 주고 부족하면 손님이 직접 리필하는 것이다. 식당의 인건비도 줄이면서 손님들 역시 좋아하는 반찬을 마음껏 먹을 수 있기 때문에, 실제 그렇게 운영되는 식당들도 많아지고 있는 추세이다.

② 모범음식점제도 관련 관리방안

국민권익위원회는 모범음식점의 지정기준을 보다 세분화하고 위생관리도 강화하는 내용의 개선안을 마련해 보건복지부 등에 권고했다. 현재 일반음식점 수의 5% 이상을 모범업소로 지정하고 2년간 출입검사를 면제해 주고 있으나 앞으로는 모범업소 지정과 관련 계량화된 세부기준과 통일된 선정방식을 마련하도록 하고 출입검사도 면제하지 않기로 했다. 아울러 서울과 부산 등 7곳에서 '모범업소육성자금'을 지방자치단체 조례로 임의 규정해 지원하는 것에 대해서는 법적 근거를 마련하고 사용목적과 용도규정을 명확히 하도록 했다.

③ 음식정량표시 관리방안

불고기 주문량 속임, 정량미달 석유배달 등 불법행위로 인해 소비자가 피해를 보는 일이 많지만 단속할 제도적 장치가 미흡하여 악덕상행위가 근절되지 않고 있다. 한국소비자원이 '국내 계량·규격의 적정화에 관한 연구'를 목적으로 서울시내 소비자 550명을 대상으로 한 설문조사와 슈퍼마켓·재래시장 등에서 계량·규격 실태조사를 실시한 결과 밝혀졌다. 이 조사에 따르면 소비자 중 50% 정도만 저울 등 계량기를 이용한 적이 있으며 그 중 41.4%가 판매업자의 눈속임 등에 불만이 있다고 했다.

음식점에서 불고기 등은 1인분이 200g으로 되어 있음에도 불구하고 이 사실을 아는 시민은 50.6%에 불과했고, 주문도 중량이 아닌 '몇 인분'으로 하는 경우가 83.3%에 달했다. 잡곡류와 육류·과채류·수산물류는 54%가 법정단위인 미터법을 쓰지 않고 습관적으로 근, 마리, 개, 단 등을 사용하고 있다. 또한 중량표시가 된 가공식품을 구입하면서 정확한지 확인하지 않는 경우도 37.1%였으며 확인자 중 실량부족 경험률이 44.6%나 됐다. 부족량은 5% 이하 78%, 6% 이상이 22%로 나타나 소비자는 물건을 살 때 반드시 무게를 확인할 필요가 있다고 지적했다.

한편, 1990년 정부가 실시한 계량기검사현황에 따르면 판매업자의 계량기는 구조불량, 변조 조작 등으로 110대 중 1대꼴(9.2%)로 불량했다. 이처럼 계량기 불량과 실량 속임수가 근절되지 않는 것은 당국의 지도·단속이 소홀하고 현행 법규가 미흡하기 때문이라고 지적됐다. 현행 법규는 계량을 위반할 때의 벌과금을 10만 원 이하로 규정, 판매업자나 제조업자들이 계량을 속여 취하는 이득에 비해 현저히 낮아 법규의 실효성을 기대할 수 없어 500만 원 이하로 올려야 한다는 지적이 나오고 있다.

한국소비자원은 이 같은 계량 및 규격의 불합리성을 개선하기 위해 다음과 같은 방안을 제시했다.

- 계량법의 체계화
- 계량기 검정 및 검사제도의 정비
- 실량표시제도 강화
- 계량사제도의 강화
- 단위가격표시제 실시
- 식품규격관리법의 제정 및 식품규격마크 제정
- 농수축산물 포장규격의 확대

2) 식품안전 관련 법제도

(1) 식중독관리체계

현재 우리나라의 식중독관리체계는 식품의약품안전청의 식품안전관리지침에 의거하여 관련 부처 협의하에 식품의약품안전청 내에 설치한 중앙식중독대책반이 실무를 담당하고 있다. 또한 식중독사고보고와 관련해서는 식품위생법(제67조 제1항)에 의해 식품 등으로 인하여 중독을 일으킨 환자 또는 그 의심이 있는 자를 진단하였거나 그 사체를 검안한 의사 또는 한의사는 지체 없이 관할보건소장 또는 보건지소장에게 보고하여야 한다고 식중독에 관한 조사보고의무를 규정하고 있다.

식중독에 대한 예방문제는 대규모의 집단식중독발생이나 식품안전사고, 사건발생 시 항상 강조되어 왔으나 전문화된 프로그램이나 지원기관이 없는 관계로 큰 실효를 거두지 못하고 있다. 또한 식품안전관리업무와 마찬가지로 식중독에 대한 관리도 여러 부서로 분산되어 산발적으로 추진되고 있어 종합적이고 집중적인 정책수립 및 예방활동에 어려움이 있을 뿐만 아니라 집중적인 목표 및 비전제시가 미흡하고 체계적인 연구 및 예방사업에 대한 프로그램 개발이 부족하여 실효성이 저조하다 할 수 있다.

식중독관리에 대한 정부는 중요정책결정 및 수행에 대한 업무 부담으로 인해 직접적인 식중독관리에 대한 연구 및 예방활동에는 현실적으로 어려움이 있으나, 이러한 문제를 극복하기 위한 식중독관리 및 예방에 대한 전문적인 민간지원기구 또한 없는 상태이다. 또한 정부조직 내에도 식중독 관련 전담조직의 부재가 그 원인으로 작용할 수 있다.

표 15-1 식중독 관리를 위한 정부조직 및 업무내용

구 분	내 용	
정부 기관	식품의약품안전청 식품관리과	
구 성	본부장(총괄책임)	식품의약품안전청 차장(식품본부장)
	대책위원	• 식품의약품안전청 – 식품관리과장 – 식품미생물과장 • 질병관리본부 – 전염질병관리팀장 – 역학조사팀장 교육인적자원부 학교체육보건급식과장
업무 내용	• 중앙 식중독대책본부 운영 • 식중독 관리사업 종합계획수립 및 추진 • 식중독 발생 상황분석 및 대책시달 • 식중독 관리 매뉴얼 개발보급 • 중앙역학조사반과의 긴밀한 공조체계 유지 • 역학조사에 참여할 식품전문가(연구사 또는 연구관) 2명 지정하고, 식품전문가 및 각 지방 식품의약품안전청별 식품위생감시원 2명씩을 중앙 역학 조사반 편성 시 참고하도록 지령관리본부에 통보 • 식품전문가 및 각 지방 식품의약품안전청별 식품위생감시원 2명씩을 중앙역학 조사반 편성 시 참고하도록 질병관리본부에 통보 • 시·도 식중독 대책반 업무지원 • 하절기 식중독 비상 근무조 편성운영 • 식중독 발생 통계작성 및 질병관리본부 통보 • 식중독 관련 교육홍보자료 개발보급 등	

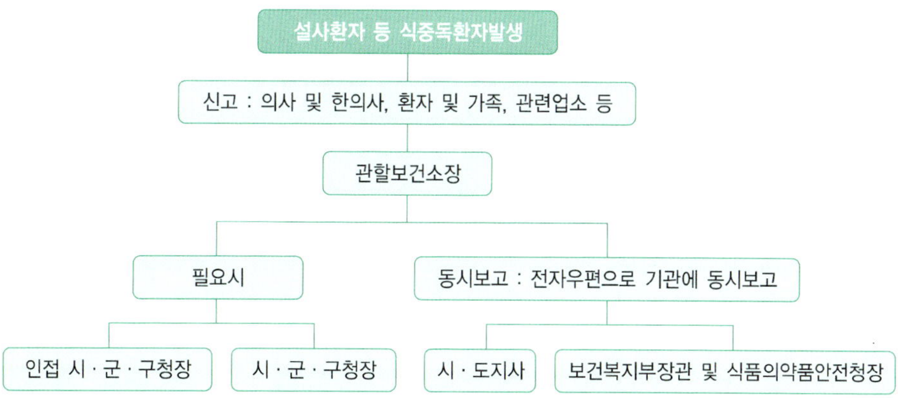

그림 15-1 식중독 발생 후 관리체계

(2) 원산지표시제

농림수산식품부는 음식점 원산지표시제 시행 이후 소비자들의 적극적 호응과 음식점 업주와 언론의 협조로 무난히 정착되고 있다고 평가하였다. 음식점 원산지표시는 국립농산물품질관리원과 지방자치단체를 중심으로 전국 65만 개 음식점을 대상으로 지도·단속과 지속적인 홍보를 실시한 결과 이행률(추정)은 96~98% 수준으로서 음식점 원산지표시제가 당초 우려와는 달리 빠르게 정착되고 있는 것으로 평가된다. 1년 동안 약 98만 개의 음식점에 대해 지도·단속을 실시한 결과 허위표시 1,240개소, 미표시 548개소의 위반업소를 적발하였고, 위반건수 중 쇠고기 허위표시 842건, 미표시 266건, 쌀 허위표시 10건, 미표시 151건, 돼지고기·닭고기·김치 허위표시 388건, 미표시 131건으로 쇠고기의 위반이 가장 많은 것으로 나타났다. 음식점 원산지표시제는 2008년 7월부터 미국산 쇠고기 수입위생조건 개정 관련 보완대책으로 쇠고기의 경우 음식점 규모와 관계없이 쌀의 경우 $100m^2$ 이상 중대형 음식점을 대상으로 실시하였으며 2008년 12월부터는 돼지고기, 닭고기, 배추김치($100m^2$ 이상)를 추가하여 확대 시행하고 있다.

2009년 4월 개정된 대외무역법이 2009년 10월부터 적용됨에 따라 원산지표시 위반에 대한 과징금이 3,000만 원 이하에서 3억 원 이하로 대폭 확대되었다. 1989년 1,000만 원 이하, 1992년 3,000만 원 이하였다. 과징금 부과대상 원산지표시위반은 다음과 같다.

- 원산지표시대상물품을 수출입하려는 자가 대외무역법 시행령 제56조에서 정한 표시방법을 위반한 경우
- 원산지를 거짓으로 표시하거나 원산지를 오인(誤認)하게 하는 표시를 하는 행위
- 원산지의 표시를 손상하거나 변경하는 행위
- 원산지표시 대상물품에 대하여 표시를 하지 아니하는 경우
- 원산지의 표시를 하여야 할 물품 등을 수입하여 분할·재포장 또는 단순 제조과정을 거쳐 거래하거나 낱개 또는 산물로 거래할 때 원산지표시를 하지 아니한 상태로 판매를 목적으로 유통시킨 경우
- 원산지표시 위반을 확인하기 위하여 실시하는 검사를 거부·방해 또는 기피하는 경우

선진국의 경우 생산에서 소비자인 국민의 식탁에 이르기까지 체계적인 관리를 위해 지속적으로 보호하고 행정체계를 일원화하고 있다. 그러나 우리나라는 식품위생법, 농산물품질관리법 등 관련 법령이 이원화되어 있어 농정부서와 위생담당부서 간 서로 책임을 떠넘기는 등 체계적인 관리가 미흡하다. 농민단체는 음식점 원산지 표시와 관련하여 시행되기 전부터 그 실효성에 의문을 제기했었다. 쇠고기 취급 음식점에 비해 단속인력과 관련 예산이 턱없이 부족하고 관련 법령이 이원화되어 있기 때문이다. 이에 정부는 추가인력을 투입하고 농민단체에 원산지 관리단에 준하는 단속권한을 부여하며 관련 예산을 확보하고, 농림수산식품부에서 주관할 수 있도록 관련 법령 통합 등 대책마련을 통해 철저한 단속이 촉구되어야 할 것이다. 하지만 이러한 단속에 앞서 음식업주들의 양심과 소비자들의 관심이 원산지표시제의 핵심이다.

(3) 모범음식점제도

각 구청은 8월 25일부터 9월 10일까지를 모범음식점 실태조사기간으로 지정, 적격업소의 간판을 회수한다는 계획이지만 식품위생법상 처벌조항이 없어 이 같은 일은 반복될 우려가 높다.

모범음식점은 식품위생법 제32조와 시행규칙 제43조에 명시된 모범업소 지정에 관련된 시행근거에 따라 음식업협회에서 선정한다. 모범음식점 신청기간에 업주가 신청을 하거나 협회에서 추천을 하면 음식문화개선운동추진위원회에서 음식의 맛이나 종업원의 친절도, 위생상태를 종합적으로 평가해 모범음식점으로 지정하게 된다. 협회에서 지정추천을 받은 모범음식점은 구청에서 지정증과 간판을 교부받고 소비자의 신뢰 아래 영업을 할 수 있게 된다. 또한 구청에서 물품지원 등의 인센티브도 받을 수 있다. 그러나 모범음식점 간판이 폐업이나 업종변경 후에도 제대로 회수되지 않는 경우가 많다.

그러나 식품위생법상 처벌조항이 전무하기 때문에 해마다 조사가 이루어지기 전까지 소비자들은 '무늬만 모범음식점'에 속임을 당할 우려가 높다. 따라서 소비자들은 모범음식점에 대한 명확한 현황파악과 선정 및 탈락기준이 확립되기 전까진 업주의 양심에 기댈 수밖에 없는 형편이다.

3) 식당서비스 안전문제 해결방안

(1) 식당서비스 안전 확보를 위한 소비자의 역할

소비자들이 식당에서 피해를 보았을 경우 이를 해결하기 위한 방법은 크게 5가지이다.

① 당사자 간 합의에 의한 해결

식당 측과 소비자 측의 합의에 의한 해결을 도출하기 위해서는 식당 측에서 잘못을 인정하고 소비자에게 진심으로 사과를 해야 하며 소비자도 이러한 진정성 있는 사과에 대해 수용하는 자세가 법적 대응으로 가지 않고 사고를 원만하게 해결할 수 있는 방법이다.

② 민간소비자단체에 의한 해결

소비자단체와의 상담을 통해 소비자들은 도움을 얻을 수 있다.

③ 한국소비자원에 의한 해결

한국소비자원은 공정거래위원회 산하에 있는 국가기관으로 보험이나 의료 등의 분쟁사건은 물론 생활문제 및 일상적인 상거래상 발생되는 모든 문제들을 포함하여 법률적인 자문과 해결방법 등을 상담해 주거나 또는 그 해결을 직접 도와주기도 한다. 개인의 입장으로 대기업이나 큰 요식업체들과 어려운 마찰을 빚게 되는 경우 한국소비자원을 방문하거나 전화나 홈페이지를 통해 상담원과 내용을 검토해 보는 것이 좋다. 다음은 한국소비자원을 통해 피해구제를 받는 방법이다.

- 남들의 피해구제사례를 참고한다. 문제가 발생하였을 경우, 일단 한국소비자원의 홈페이지에서 해당 분야의 피해구제사례를 확인하는 것이 좋다.
- 심각한 문제일 경우 피해구제 신청을 접수한다(전화 : 02-3460-3000).
- 피해 상황을 증명할 수 있는 서류를 챙긴 후, 피해구제 신청서를 작성한다.
- 식당에서 피해를 본 경우에는 영수증이나 의사의 진단서, 증거사진 등이 될 수 있다.

④ 변호사의 상담으로 해결

식당서비스와 관련하여 피해발생 시 당사자 간 합의가 되지 않을 경우, 소비자단체나 한국소비자원의 중재 등으로 해결되지 않을 경우 법적 소송을 하는 수밖에 없다.

⑤ 행정기관 등에 의한 해결

소비자보호와 관련된 중앙행정기관에서도 소비자보호시책을 마련하고 있다. 특히, 식품의 경우 식품의약품안전청에 상담 및 고발 등이 가능하다.

⑥ 소송에 의한 해결

최후의 수단은 변호사를 선임하여 직접 대응하는 등 소송에 의해 해결하는 방법이다. 이는 최후의 보루로서 각종 기관들의 도움을 받지 않고 혼자의 힘으로 문제를 해결하기보다는 주로 한국소비자원 등 소비자보호기관의 힘을 빌려 소송을 하는 경우가 많다.

⑦ 소비자의 활동

소비자들은 민간소비자단체에 직접 참여하고 활동할 수 있다. 또한 인터넷 등에 정보 제공 및 교류, 감시의 글, 체험의 글을 올리고 교류하기 등의 활동을 할 수 있다.

(2) 식당서비스 안전 확보를 위한 업체의 역할

① 업체의 자율적·제도적 장치도입

외식업소와 단체급식 등의 업체가 업소 자체의 위생관리수준을 향상시킬 수 있는 제도적 장치마련 및 시행이 필요하다. 외식업체나 식품접객업에 최소한의 조건을 갖추도록 하는 안전관리방법의 도입 검토, 지속적인 검사관 투입, 원부자재의 전처리 위생시스템 도입, 전문화된 전처리 전문업체 육성 등을 검토할 수 있다.

② 식품이력제도

식품의 안전성을 확보하기 위한 식품이력추적관리제 도입이 필요하다. 가공식품·건강기능식품 등의 이력추적관리제는 제조·가공부터 판매단계까지 정보를 기록·관리해

식품의 안전성 등에 문제가 발생할 경우 그 식품을 추적, 원인을 규명하고 필요한 조치를 취할 수 있도록 관리하는 제도이다. 이러한 식품이력추적관리제도는 소비자의 식품 안전에 대한 불안감을 줄일 수 있는 좋은 제도가 될 수 있을 것이며 식품업체가 적극적으로 참여할 수 있도록 하고 소비자들을 대상으로 홍보를 확대하면 좋은 효과를 볼 수 있을 것이다.

③ 자율적·지속적 단속과 규제강화

식당에 대한 지속적인 단속을 업체 자율적으로 해야 하는 것이 어쩌면 가장 효과적일 수 있다. 아무리 많은 제도를 도입해도 사업자 스스로 노력하지 않으면 그 효과가 달성될 수 없다.

④ 대중 요식업체 위생상태 표시 스마일 사용

이미 외국의 많은 나라에서 사용하고 있는 제도인 스마일제도 등을 업체가 검토할 필요가 있다. '스마일' 표시를 위생검사 결과에 따라 웃거나 우는 스마일을 업소 입구에 부착하게 된다. '스마일' 시스템은 덴마크 모델을 도입한 것으로 이미 덴마크에서는 약 십 여 년 전부터 시행되어 오고 있다. 네 가지 유형의 스마일을 검사 결과에 따라 배포하여 업소 입구에 부착하게 하며, 결과는 인터넷상에 공개된다. 이 후 덴마크는 요식업체의 위생상태가 향상된 것으로 알려지고 있다.

⑤ 식품안전에 대한 정보 제공

식당 및 식품업체는 레스토랑과 소비자들에 식품안전 및 위생에 대한 정보 또는 가이드북을 배포할 수 있다. 이 가이드북은 우수업체의 위생 및 식품안전을 지원하는 정확하고 적절한 방법에 대해 다룰 수 있다. 이 가이드북은 업체 관련 종사자에게 개인적인 안전뿐만 아니라 정확한 작업의 장소와 식품위생기준에 대한 최근 정보 및 절차에 대해 제공할 수 있다. 이처럼 식품안전에 대한 가이드북을 전국적으로 배포한다면 식품의 안전성에 대한 효과가 더 향상될 것이다.

(3) 식당서비스 안전 확보를 위한 정부의 역할

① 지속적 안전관리 및 지도·규제

가장 근본적이면서 효과적인 것이 지속적인 단속이다. 또한 설비와 작업 위생관리에 관련된 법령 규제를 명확하게 해야 한다. 시설과 설비 및 작업 위생관리에 관하여 법령과 규제, 기준이 있을 경우에는 이를 명확하게 하고, 법규가 규제에 적합한 체제를 만들어서 운용하며 식품안전에 만전을 기하도록 해야 한다.

② 소비자안전교육 실시

정부는 대학생들과 고등학생, 주부 등을 대상으로 소비자안전교육을 실시하도록 지원·촉진시킬 수 있다. 우리나라의 소비자들은 소비자피해를 당했을 경우 어떻게 조치를 취해야 하는지, 어떻게 고발해야 하는지 등 피해대책에 대한 지식이 아직도 부족하다. 그렇기 때문에 소비자안전 관련 교육을 촉진·지원하는 것이 필요하다.

③ 위생상태표시제

서울시는 소비자들에게 음식점 위생상태에 대한 정확한 정보를 제공 소비자가 이를 확인하고 음식점을 선택하는 음식점위생등급평가제를 개발·실시할 수 있다. 예를 들면, 객관적 기준을 갖고 식재료의 보관 취급 및 조리행위에 대하여 집중적인 평가를 실시, 이에 따라 'A, B, C' 등급을 부여할 수 있다. 전문적이고 믿을 수 있는 검사관을 활용하여 객관적인 검사표를 마련해 평가하고 그 결과를 표시함으로써 소비자와 식당업체들 모두가 이익이 될 수 있어야 한다. 일본 후생노동성에서는 국민들을 건강하고 안심하며 생활할 수 있도록 '식품안전추진활동계획(전체 16개)' 을 수립하였는데, 이는 다음과 같다.

식품안전추진활동계획

- 식품첨가물의 안전성 확보 추진
- 잔류동물용 의약품 등 대책추진
- 수입식품의 안전성 확보 추진
- 이물혼입 방지대책 추진
- 음식물 알레르기 대책 추진
- 기구 용기포장 및 완구의 안전성 확보
- 식품 중 다이옥신 등의 조사연구 추진
- 보건기능식품제도의 창설
- 식품 중 잔류농약 안전성 확보 추진
- 항생물질 내성 세균에 의한 식품오염 방지
- 식중독 대책 추진
- HACCP 추진
- 유전자변환식품의 안정성 확보 추진
- 내분비 교란 화학물질(환경호르몬) 조사연구 추진
- 광우병 대책 추진
- 식품위생행정 추진과 정보의 제공 공개

2. 피부미용서비스와 소비자안전

1) 피부미용 소비자안전 이슈 및 현황

(1) 피부미용서비스 피해 현황

한국소비자원의 위해감시시스템에 피부미용서비스 관련 피해사례가 2009년 171건이 접수됐다. 이 중 연락이 가능한 94명의 소비자사례를 조사한 결과 77.6%(73명)가 병원치료가 필요한 부작용을 겪었고, 후유증이 남은 경우도 31.9%(30명)나 됐다. 반면, 부작용피해에 대해 전혀 보상받지 못하거나(17%, 16명) 남은 서비스횟수잔액만큼만 환급(43.6%, 41명)받는 등 피해보상은 제대로 이루어지지 않은 것으로 나타났다. 위해를 입은 소비자들이 이용한 피부미용서비스의 종류(복수응답, 합계 142건)는 '얼굴 및 신체마사지'가 61.3%(87건)으로 가장 많았고, 다음으로 '경락마사지'가 16.9%(24건), '피부박피' 4.2%(6건) 순이었다.

이 외에도 공중위생관리법상 불법적인 영업행위로 판단될 수 있는 눈썹, 아이라인, 입술문신과 헤어라인문신, 점 빼기, 지방분해 주사 등의 행위도 6건 있었다. 또한 최근 3년간 한국소비자원에 접수된 피부미용, 체형관리 관련 소비자불만은 모두 7,416건, 이 가운데 450건이 중도해지과정에서 발생했다. 이 경우 대부분이 계약당시 이용횟수나 회당요금을 명확히 하지 않아 사후문제해결도 쉽지 않은 경우가 많다.

표 15-2 피부미용서비스의 종류(복수응답)

종 류	건 수	비율(%)	종 류	건 수	비율(%)
얼굴 및 신체마사지	87	61.3	눈썹·아이라인·입술문신	3	2.1
경락마사지	24	16.9	여드름 치료	2	1.4
피부박피	6	4.2	선 탠	2	1.4
체형, 비만관리	4	2.8	손톱관리	2	1.4
속눈썹 연장술	4	2.8	기 타	8	5.7
합 계				142	100.0

기타 : 쑥뜸, 모래찜질, 부항, 헤어라인 문신, 지방분해 주사, 점 빼기 등

주요 부작용증상(복수응답, 합계 222건)으로는 '붉어지고 부어오름'이 21.6%(48건)로 가장 많았으며, '가려움증'이 13.1%(29건), '발진 및 두드러기', '여드름증상'이 각각 8.1%(18건) 순이었다.

부작용발생 원인으로는 피부미용에 사용된 화장품 등으로 인한 경우가 41.5%(39명)로 가장 많았다. 다음으로 '피부미용 종사자의 관리미숙 또는 과실'이 26.6%(25명)로 다수를 차지해 피부미용사의 전문화를 위한 교육이 강화될 필요가 있는 것으로 나타났다.

피부미용서비스를 받은 후 부작용이 발생한 94명 중 77.6%(73명)가 병원에서 치료를 받은 것으로 확인됐다. 다음으로 '서비스중단으로 치유된 경우'가 12.8%(12명), '피부관리실에서 처치'를 받아 회복된 경우가 8.5%(8명), '약국에서 구입한 의약품으로 자가치료'한 경우가 1.1%(1명)였다. 치료에 소요된 기간은 '1주 미만'이 24.5%(23명)로 가장 많았고 '2주 이상~4주 미만'이 17%(16명), '6개월 이상' 14.9%(14명)였다. 치료결과에 있어서는 '완전치료'가 59.6%(56명)로 가장 많은 반면에 흉터나 외부자극에 예민해진 민감성피부 등 후유증이 남은 경우도 31.9%(30명)에 이르렀다.

표 15-3 피부미용서비스의 주요 부작용 증상(복수응답)

부작용 증상	건 수	비율(%)	부작용 증상	건 수	비율(%)
붉어지고 부어오름	48	21.6	기존 피부질환 악화 (여드름, 아토피 등)	9	4.1
가려움증	29	13.1	화농 및 진물	8	3.6
발진 및 두드러기	18	8.1	상처 및 흉터	7	3.1
여드름 증상	18	8.1	발열	6	2.7
접촉성 피부염 등 염증	15	6.8	멍듦	5	2.2
피부변색 (색소침착 및 실조)	15	6.8	각막염, 충혈 등	4	1.8
쓰라림 등 통증	12	5.4	피부건조	3	1.3
화상 및 물집	12	5.4	기 타	13	5.9
합 계				222	100.0

기타 : 몸살, 피부경화, 탈진, 인대파열 등

소비자분쟁해결기준에 따르면 미용업(피부 및 모발)의 경우 신체상의 피해가 발생한 경우 사업자가 비용을 부담해 원상회복하고, 원상회복이 불가능한 경우에는 피해자에게 손해배상하도록 하고 있다. 그러나 피부미용서비스를 이용한 후 부작용이 발생한 경우 사업자에게 적절한 보상을 받았는지 질문한 결과, 전혀 보상받지 못한 경우가 17%(16명)나 됐고, 남은 서비스횟수의 요금만 환급받은 경우는 43.6%(41명)였다. 서비스요금전액을 환급받고 치료비도 지급받은 경우는 9.6%(9명)에 지나지 않았다.

(2) 피부미용서비스 계약 관련 피해

피부미용·체형관리서비스의 이용여건은 나아졌지만 서비스 특성상 고액·장기계약이다보니 환불 거부, 과다위약금부과 등 소비자불만과 분쟁이 끊이지 않고 있다. 최근 3년간 한국소비자원에 접수된 피부미용·체형관리 관련 소비자불만은 모두 7,416건이다. 이 가운데 501건이 피해구제건으로 처리되었으며 90%(450건)가 중도해지과정에서 발생했다. 내용을 살펴보면, 소비자가 이사·임신·부작용 등 불가피한 사유로 서비스이용을 지속할 수 없게 되었을 때 해지를 요구하면 이를 거부한다거나 과다한 위약금을 요구하여 발생하는 피해가 대부분이었다. 이 경우 대부분이 계약 당시에 이용횟수나 회당요금을 명확히 하지 않았던 것으로 드러났는데, 이 때문에 사후분쟁해결도 쉽지 않았다. 그러나 방문판매 등에 관한 법률에 따르면 3개월·10만 원 이상의 계속거래를 약정하는 사업자는 반드시 계약서를 작성하여 계약내용을 명확히 하고 이를 소비자에게 교부해야 하는 의무가 있으므로, 부정확한 계약내용으로 인해 발생하는 소비자분쟁의 일차적 책임은 사업자에게 있다.

한국소비자원에서 피해구제사건 501건을 분석한 결과 평균계약금액은 144만 원이었다. 계약금액이 50만 원이 넘는 사례가 전체의 73.5%에 달했다. 500만 원 이상인 경우도 22건에 달했는데, 가장 금액이 큰 사례는 비만관리프로그램으로 계약금액이 무려 1,374만 원이나 됐다. 계약금액이 큰 사례를 살펴보면 주로 첫 계약 후 관리를 받는 도중에 직원의 권유로 서비스상품을 추가하게 되면서 계약금액이 커지는 경우가 많았다.

소비자안전코너 15-1

방문판매법의 위반 시 규제조치조항

1. '3개월·10만 원' 이상의 서비스계약을 체결하는 계속거래업자는 소비자에게 반드시 계약서를 교부해야 한다. (제28조)
   - 위반 시 최고 500만 원 이하의 과태료를 부과할 수 있다. (제58조)
2. 계속거래업자는 소비자가 계약을 해지·해제하였음에도 불구하고 정당한 사유 없이 조치를 지연하거나 거부해서는 안 된다. (제32조)
   - 위반 시 최고 1,000만 원 이하의 벌금에 처한다. (제56조)
     - 제8조(청약철회 등) 방문판매의 방법으로 재화 등의 구매에 관한 계약을 체결한 소비자는 다음 각 호의 기간 이내에 당해 계약에 관한 청약철회 등을 할 수 있다.
     - 제7조 제2항의 규정에 의한 계약서를 교부받은 날부터 14일. 다만, 그 계약서를 교부받은 때보다 재화 등의 공급이 늦게 이루어진 경우에는 재화 등을 공급받거나 공급이 개시된 날부터 14일

2009년 TV프로그램인 MBC 불만제로는 여드름, 뾰루지, 습진, 아토피 등 피부 트러블을 개선해 준다는 트러블화장품에 대해 조사한 결과 피해증상이 스테로이드 사용 후 나타나는 부작용 증상과 비슷하여 트러블화장품 10개를 구입해 스테로이드 실험을 의뢰했다. 그 결과 총 3개 제품에서 스테로이드 염증해소강도 7단계 중 가장 강력한 효과를 나타내는 1급에 해당하는 클로베타솔 프로피오네이트가 검출됐다. 스테로이드를 장기간 과량투여하게 되면 체내에 없어서는 안 되는 부신피질호르몬의 분비를 저해하게 된다. 이 경우 위장장애, 부종, 여드름, 피부발진 등의 심각한 부작용이 나타날 수 있음을 밝혔다. 그 결과 식품의약품안전청은 해당 화장품제조업자에 대해 행정처분(전 제조업무 정지 12개월) 및 부적합제품에 대한 회수와 폐기를 명령했으며 화장품은 장기간사용으로 부작용이 커질 수 있어 해당 제품을 구입한 소비자들은 사용을 자제해 달라고 당부한 바 있다. 피부미용서비스 관련 소비자피해 유형은 다음과 같다.

- 한번 이용했는데, 해지 위약금은 100만 원
- 해지 불가능한 체형관리
- 환불 안 되니 화장품으로 가져가라?
- 주인 바뀌어서 환불 불가

(3) 피해구제 관련 규정

① 화장품을 사용했다며 청약철회거절

지하철역에서 피부테스트를 받아보라고 하여 피부관리실에 이끌려 간 후 1년간 마사지를 받는 조건으로 200만 원에 계약했다. 다음날 충동구매로 판단돼 철회를 요구했으나 계약당일 화장품 대부분을 개봉해 사용했으므로 안 된다고 한다.

- 처리결과 : 개봉한 화장품은 구입하고 미개봉 화장품은 반품
- 관련 근거 및 참고사항 : 노상에서 영업사원의 권유로 계약할 경우 '방문판매 등에 관한 법률' 에 의해 계약을 체결한 날부터 10일 이내에는 청약철회가 가능하다. 그러나 해당 기간 이내라 해도 상품이 훼손된 경우에는 청약철회를 할 수 없다. 최근 접수되는 피부미용서비스 이용계약은 주 내용이 화장품 구입이고 마사지는 서비스로 제공되는 경우가 대부분이다. 소비자는 영업사원의 설명만 듣고 계약서를 확인하지 않은 채 서명하는 경향이 있다. 반드시 계약내용을 확인하고 계약서를 교부받아 보관해야 한다.

② 효과 없는 피부미용서비스 중도해지

피부미용서비스를 특수 30회, 일반 30회 받기로 하고 총 270만 원을 신용카드로 할부 결제했다. 효과가 없어 다른 특수관리인 스킨스케일링을 별도로 12회 추가 계약 후 100만 원을 지불했다. 현재까지 스킨스케일링 16회, 특수 4회 및 일반 2회를 제공받았지만 효과가 전혀 없어 중도해지를 요구했으나 거절당했다.

- 처리결과 : 추가계약분 100만 원을 매출취소하고 그 외의 계약은 유지하기로 합의
- 관련 근거 및 참고사항 : 마사지를 받았으나 효과가 전혀 없다고 불만을 호소하는 경우가 종종 발생한다. 그러나 현실적으로 효과유무를 판단하기 어렵다. 2000년 12월에 피부미용서비스업에 대한 소비자피해보상규정이 신설됐다. 동 보상 기준에서는 사업자나 소비자의 사유로 중도해지 시에는 '해지 일까지의 이용일수에 해당하는 금액을 공제한 금액을 환급' 하도록 정하고 있다. 이때 이용 일수 해당금액은 (전체 금액×실제 이용일/계약상 전체 이용일)로 산정한다. 계약을 해지할 때는 업체로 내용증명을 발송해 해지의사통보시점을 확실히 해

업체가 거부할 경우 증거자료로 활용하도록 한다. 이 경우 효과 없음이 입증되지 않아 특수추가계약만 취소했다.

③ 피부마사지 받던 중 부작용 발생

피부마사지를 2회 받은 후 얼굴에 부작용이 생겼다. 여드름피부라 별도의 화장품을 사용해야 한다는 업체의 말에 현혹돼 20만 원짜리 화장품을 구입했다. 그러나 얼굴이 부어오르며 가렵고 따가운 증세가 더욱 심해졌다. 병원에서는 1개월 이상 피부염 치료를 해야 된다는 진단을 받았다.

- 처리결과 : 부작용으로 발생한 손해에 대해 40만 원을 배상
- 관련 근거 및 참고사항 : 화장품이 체질에 맞지 않거나 피부가 예민한 경우 마사지가 오히려 트러블 등 부작용을 초래할 수 있다. 이때 화장품이나 마사지로 인해 부작용이 발생했다는 인과관계가 규명되지 않으면 현실적으로 적절한 손해보상이 이루어질 수 없다. 부작용이 발생했다면 의사의 소견서를 첨부해 손해배상을 요구한다.

④ 미성년자가 부모동의 없이 계약

무료쿠폰을 이용하기 위해 피부미용실을 방문했다. 원장의 설득으로 다이어트프로그램을 이용하기로 하고 체형관리 120회에 150만 원을 지급하고 계약했다. 11회 관리를 받던 중 부모가 이를 알게 돼 업체에 계약취소를 요구했으나 거절당했다.

- 처리결과 : 계약취소
- 관련 근거 및 참고사항 : 최근 젊은 여성을 중심으로 성형이나 다이어트 등 피부미용에 대한 관심이 만연해 있다. 청소년도 예외가 아니어서 자칫 판단능력이 없는 청소년들이 사업자의 무분별한 영업행위에 피해를 입을 우려가 있다. 민법에서는 법정 대리인(부모)의 동의 없는 미성년자의 계약은 미성년자 본인이나 부모가 취소할 수 있도록 규정돼 있다. 이때 취소된 계약은 처음부터 무효가 된다. 미성년자는 부모의 동의 없이 계약하고 상품이나 서비스를 제공받았더라도 법적으로는 대가를 지불할 필요 없이 계약을 취소할 수 있다.

2) 피부미용 소비자안전관리법제도

(1) 소비자피해보상규정(미용업)

해당 업종분야는 피부미용업, 모발미용업, 비만관리업이다. 피해 유형에 따른 보상기준은 다음과 같다.

① 제공된 용역이 계약내용과 다른 경우

- 계약해지(해지일까지의 이용일수 해당금액을 공제한 후 환급)
- 이용일수 해당금액의 계산은 [전체금액×실제이용일수/전체이용일수(계약상)] 별도의 화장품요금청구금지로 한다.

② 신체상의 피해가 발생한 경우

사업자의 책임하에(사업자가 비용부담) 원상회복하고, 원상회복이 불가능한 경우에는 손해배상을 한다.

③ 사업자의 귀책사유로 인한 계약해지

- 개시일 이전
  - 계약일로부터 20일 이내에 해지한 경우 : 이용료 전액환급
  - 계약일로부터 20일이 경과한 후에 해지한 경우 : 이용료 전액환급 및 전체금액의 10%를 배상
- 개시일 이후
  - 해지일까지의 이용일수에 해당하는 금액공제 후 환급 및 총 이용금액의 10% 배상
  - 서비스횟수로 계약한 경우 이용횟수에 해당하는 금액 공제 후 환급한다.

④ 소비자의 귀책사유로 인한 계약 해지

- 개시일 이전
  - 계약일로부터 20일 이내에 해지한 경우 : 이용료 전액환급
  - 계약일로부터 20일이 경과한 후에 해지한 경우 : 총 이용금액의 10% 공제 후 환급

- 개시일 이후 : 해지일까지의 이용일수에 해당하는 금액과 총 이용금액의 10% 공제 후 환급

(2) 미용업자 준수 위생관리기준(공중위생관리법 시행규칙)

- 점 빼기, 귓불 뚫기, 쌍꺼풀 수술, 문신, 박피술 기타 이와 유사한 의료행위를 해서는 안 된다.
- 피부미용을 위하여 의료기구 또는 의약품을 사용하거나 보관하여서는 안 된다.
- 미용기구 중 소독을 한 기구와 소독을 하지 아니한 기구는 각각 다른 용기에 넣어 보관해야 한다.
- 1회용 면도날은 손님 1인에 한하여 사용하여야 한다.
- 손님이 보기 쉬운 곳에 면허증 원본을 게시하여야 한다.
- 업소 안에서 윤락·음란 행위를 묵인하거나 그 행위에 사용할 수 있는 기구 등을 보관하여서는 안 된다.

3) 피부미용 소비자안전관리의 문제

(1) 유사·불법의료행위의 위험성

피부관리실에서 행하는 유사의료행위에는 점 빼기, 문신, 귓불 뚫기, 박피술 등이 해당된다. 공중위생법상 의료기구나 의약품을 사용하는 행위를 할 수 없음에도 불구하고 이와 같은 일이 공공연히 벌어지고 있다. 피부관리사들이 하는 유사의료 행위는 관리사들이 인체에 미치는 영향에 대해 잘 알지 못할 뿐 아니라 피부관리실이 위생적으로도 병원보다 떨어지는 면이 많기 때문에 부작용을 일으킬 가능성이 높다. 문신의 경우 눈 주위의 피부는 매우 얇아 바늘을 조금만 깊이 찔러도 문신약이 피하지방조직까지 들어가게 된다. 피하지방조직에 들어간 문신 약은 주변으로 번지게 되어 지저분한 인상을 주게 되고 만다. 피부조직에 대한 이해가 없는 사람이 시술했을 때 제대로 효과도 못 볼 뿐만 아니라 잘못하면 피부병까지 일으키게 된다. 한국소비자원의 조사에 따르면 응답자의 49.9%인 155명이 유사의료행위를 받았고 41명(36.6%)이 피부관리실에서 유사의료행위를 받다가 부작용을 일으킨 것으로 나타났다. 피부과의사를 대상으로 한 조사에서도 유사의료행위로 인한 부작용치료를

위해 병원을 찾은 환자를 진료한 경험이 있다는 의사가 전체의 94.8%(199명)였고 문제가 된 유사의료행위는 점 빼기, 피부 박피술, 문신, 귓불 뚫기 순이었다. 이 중 피부 박피술 같은 것은 시술용액의 농도를 잘 맞추지 못하면 화상을 입을 수도 있는 매우 위험한 것이다.

현행 공중위생관리법상 미용업의 영업범위에는 의료기기나 의약품을 사용하지 않는 순수한 화장이나 피부미용에 한정되도록 규정하고 있으나, 한국소비자원에 접수된 소비자위해사례를 분석한 결과 눈썹이나 아이라인, 입술 등의 문신이나 점 빼기, 지방분해 주사 등 유사의료행위 내지 불법의료행위로 볼 수 있는 사례가 총 6건 조사되었다.

또한 피부미용업체에서 여드름이나 아토피 등 기존 피부질환이 있는 소비자에게 개선효과를 약속하면서 피부미용서비스를 이용하도록 권유하였다가 오히려 부작용이 발생하거나 기존질환이 더욱 악화된 사례도 12건이 있었다. 전문가자문에 따르면 피부질환의 치료는 피부미용의 영역이 아닌 피부과 전문의의 의료행위가 필요한 부분이므로 피부미용사가 과장된 피부미용효과 설명으로 소비자를 현혹해서는 안 된다.

(2) 무면허, 무허가 피부미용업소의 난립

현행법상 의사만이 할 수 있게끔 규정된 문신이나 카이로프랙틱은 물론 불법성형 등의 무면허의료행위도 이뤄지고 있어 대책마련이 시급한 실정이다. 녹색소비자연대전국협의회는 2007년 1년간 전국소비자상담실로 접수된 유사의료행위 관련 소비자상담 302건에 대한 상담내역을 분석한 유사의료행위 302건을 유형별로 구분한 결과, 피부마사지가 36.1%로 가장 많았고, 다음으로 경락마사지(26.5%), 문신(21.5%), 침술(3.0%), 비만관리 등 체형관리(1.3%), 뜸(1.0%) 등이었다. 특히, 소수지만 척추교정이나 기미 제거, 점 제거, 보톡스, 불법성형, 원적외선 치료, 무면허 치과치료 등의 무면허의료행위사례도 포함돼 있었다. 유사의료행위가 이뤄진 장소를 살펴보면 피부마사지와 경락마사지의 경우 피부관리실이 각각 86.3%, 96.3%로 가장 많았고, 가정집이나 옷가게에서 마사지를 받은 사례도 있었다. 문신은 개인집이 24.6%, 미용실이 23.1%, 피부관리실 13.9% 등의 순이었다. 이밖에 수지침이나 벌침 등의 침술은 개인집이나 침술원에서 주로 시술받았으며, 뜸은 뜸방에서, 척추교정은 교정원에서 받은 것으로 나타났다. 유사의료행위 중에서 문신을 시술한 부위를 살펴보면, 문신상담자 총 65건 가운데 실제시술을 받은 62명을 대상으로 시술부위를 분류해 보면 눈썹문신이 64.5%로 가장 많았고, 뒤를 위어 아이라인 17.7%, 입술 3.2% 등의 순이었다.

무엇보다 문제는 유사의료행위로 인한 부작용피해사례가 적지 않다는 점이다. 유사의료행위부작용으로 인한 상담은 문신이 33.9%, 침술 66.7%, 뜸 33.3%, 기타의료행위 25.0% 등으로, 문신이나 침술, 뜸, 기타 의료행위로 인한 부작용 확률이 상당히 높은 것으로 파악됐다.

이러한 유사의료행위로 인해 부작용을 일으킨 경우 인과관계입증이 어렵고, 또 불법의료행위로 인해 피해보상을 받을 수 없기 때문에 소비자들의 피해가 가중되고 있어서 개선방안이 시급히 요구된다. 전국의 피부미용업소 중 절반이 무신고영업을 하는 것으로 나타났다.

2008년 6월 개정된 공중위생관리법에 따르면 피부미용업을 하고자 하는 자는 피부미용사 국가기술자격증을 취득해야 하고 또한 일정시설과 설비를 갖추고 관할 시청에 반드시 영업신고를 하도록 돼 있다. 이를 위반하면 1년 이하의 징역이나 1,000만 원 이하의 벌금형을 받는다.

(3) 피부미용 자격제도의 문제점

기술학교 또는 대학의 미용 관련 학과를 졸업하면 무시험으로 면허발급이 되므로, 졸업자의 미용기술수준이 국가기술자격시험을 통해 면허를 취득한 자보다 낮다는 평가가 일반적이어서 무시험면허취득체계의 문제점이 부각되고 있다. 미국, 일본 등 주요국들은 면허시험 전 일정 기간의 교육과정을 이수하게끔 하고 있으며, 시험통과 후에도 일정 기간 현장에서 실무를 익힌 후 면허를 취득할 수 있는 제도가 있으나 국내면허발급규정에는 이와 같은 규정이 없다. 미국의 경우 이론시험을 100문항, 다선형으로 하고 있다. 국내의 경우 60문항, 4지선다의 이론시험을 실시하고 있어 세부적인 자질 및 현장업무능력 검증이 미흡하다. 각 교육기관 간의 통일된 필수이수과목과 이수시간의 공식적인 기준이 없음에도 불구하고 미용 관련 학과를 졸업하면 동일한 면허증이 발급되고 있다. 이처럼 능력이 검증되지 않은 상태에서 면허가 발급되면 교육기관을 졸업한 후 현장에 취업했을 때 기능적 측면에서 전문성이 부족해서 소비자불만의 원인이 될 수 있다.

4) 피부미용 소비자안전 확보방안

(1) 피부미용서비스 안전 확보를 위한 소비자의 역할

소비자는 피부미용에 사용되는 화장품류에 부작용 여부 확인을 위해 1회 정도 테스트를 받도록 하고 장기간 피부미용서비스를 이용하는 경우에는 부작용발생 시의 보상 여부 등을 명시한 계약서를 요청하며, 부작용이 발생하는 경우에는 즉시 피부미용을 중단하고 병원을 방문해 인과관계를 입증할 수 있는 진단서를 발급받는 등의 피부미용서비스 이용 시의 주의사항을 숙지하여야 한다. 전문가자문에 따르면 피부에 맞지 않은 미용관리를 받거나 필요 이상으로 피부에 자극을 받을 경우 홍반, 발진, 가려움증을 일으키는 접촉성 피부염과 여드름이 자주 발생하는데, 이런 경우 외부의 자극이나 알러지를 유발하는 물질을 가능한 한 빨리 중단해야 한다. 소비자 주의사항은 다음과 같다.

- 확실한 계약의사가 없는 충동구매는 자제한다.
- 피부미용서비스에 대한 테스트를 받아본 후 결정한다.
- 장기간 피부미용서비스를 이용하는 경우 반드시 계약서를 작성한다.
- 피부미용실의 과장된 피부미용효과에 현혹되지 않는다.
- 피부미용을 받은 후 부작용 증상이 나타나면 즉시 피부미용을 중단하고 병원을 방문해 치료를 받는다.

(2) 피부미용서비스 안전 확보를 위한 정부의 역할

① 유사·불법의료행위 관리감독 강화

현행 공중위생관리법상 미용업의 영업범위에는 의료기기나 의약품을 사용하지 않는 화장이나 피부미용에 한정되도록 규정하고 있으나, 한국소비자원에 접수된 소비자위해사례를 분석한 결과 눈썹이나 아이라인, 입술 등의 문신이나 점 빼기, 지방분해주사 등 유사의료행위 내지 불법의료행위로 볼 수 있는 사례가 총 6건 조사되었다. 따라서 관련 기관에서는 피부미용사의 유사·불법의료행위와 관련하여 관리감독을 강화시켜야 한다.

현재 관련법으로 미용업소에서 금지하고 있는 점 빼기, 귓불 뚫기, 문신, 박피술 등의 시술 등 비의료인에 의한 의약품이나 의료기구의 사용과 같은 불법의료행위는 보다 심각한 부작용을 일으킬 수 있다. 또한 여드름이나 기미 등 피부질환의 치료, 알러지 개선, 숙변제거 및 변비 제거, 혈행 개선 등 마치 치료효과가 있는 것처럼 선전하는 일부업소의 허위·과장광고도 문제 발생의 소지가 되고 있다. 따라서 관련 당국에서는 현재 피부 미용실 등에서 시술하고 있는 불법의료행위에 대한 철저한 단속과 감독이 요구된다.

② 피부미용사의 전문화교육 강화

미용업은 일반, 피부, 종합 등으로 세분화하여 보건복지부령에 따라 시장, 군수, 구청장의 면허를 취득한 자만이 이를 수행하도록 하고 있으나, 피부미용부작용의 원인과 관련하여 조사 대상자 중 68.1%(64명)는 피부미용사가 소비자의 피부에 맞지 않는 화장품을 사용하거나 피부미용사의 관리미숙 또는 과실이라고 응답하여 피부미용사의 전문성에 대한 신뢰가 낮은 것으로 나타났다. 또한 일부 응답자 중에서는 피부미용을 받은 후 이상증상이 나타났음에도 피부미용사가 피부가 좋아지는 현상이라며 소비자에게 계속 피부미용을 받을 것을 권유하여 부작용을 악화시킨 경우도 있었다. 관련 협회 등에서는 피부미용사의 전문성을 높이는 교육을 강화하고 피부미용과정에서 소비자에게 부작용이 발생한 경우에는 즉시 피부관리를 중단하고 전문의의 치료를 받는 조치를 취하도록 홍보하여야 한다.

③ 피부미용 자격제도의 개선

미용사자격증 및 면허증을 취득하기 전에 국제적으로 인정받을 수 있는 필수교과목과 필수이수시간을 규정하고, 자격시험의 수준을 높여 미용사들의 지적 능력 및 실기능력을 향상시켜야 한다. 또한 새로운 면허시험제도를 도입하여 교육기관을 졸업하면 면허시험에 가산점을 부여하여 면허취득이 용이하도록 배려하고, 무시험면허제도를 폐지하는 것이 바람직하다. 각 교육기관에서는 통일된 교과목으로 교육을 해야 하며, 면허를 취득하기 위해서는 일정 시간 동안 지정된 이론 및 실습과목을 이수해야 한다.

소비자안전코너 15-2

피부미용사제도의 변화

피부미용사제도 시행을 맞아 화장품 전문점, 방문판매업계에 비상이 걸렸다. 최근 들어 전문점과 방문판매 업계는 부가가치가 높고 장기 고객을 확보할 수 있는 피부미용시술 비중을 늘려왔으나, 새 피부미용사제도 시행으로 불법 영업에 철퇴가 내려질 것으로 예고되고 있기 때문이다.

지난해 공중위생관리법, 국가기술자격법 개정을 거쳐 올해 시행된 피부미용사제도에 따르면 미용사(피부) 면허를 취득하고 설비기준을 갖춘 업소를 개설해야 피부 미용업을 행할 수 있다. 이에 그동안 화장품판매업으로 에스테틱 영업을 해온 전문점과 허가받은 영업소 외의 장소에서 피부미용 시술을 해온 방판업계의 영업행위가 규제 대상으로 떠올랐다. 사실상 불법영업을 해온 전문점과 방판업계는 합법적인 영업 방안을 마련하기 위해 고심하고 있는 모습이다.

5) 외국의 피부미용 소비자안전관리법제도

영국과 중국, 독일 그리고 EU(유럽) 국가들에 피부미용서비스로부터의 소비자안전을 위해 취하고 있는 법적 조치, 제도 등에 대해 살펴보되, 중요한 최근의 성향, 특별한 것들만 살펴보면 다음과 같다.

(1) 영 국

영국에서는 영국화장품공업협회(CTPA)가 화장품유해반응보고방식을 개정하였다. 영국은 미국의 방식과 상당히 다르다. 영국의 시스템 검토 안에서는 개인단체가 운영하고 정부기관은 관여하지 않는다. 또 화장품을 일반적으로 사용하다가 발생한 유해반응을 감시하고 필요에 따라 제품의 성분을 조사한다. 또 영국 방식 안에서는 의사가 진찰하여 건강에 관계가 있다고 확인한 반응만을 대상으로 하여 조사하는 것으로 되어 있다. 각 메이커는 발생한 유해반응의 건수 대상 제품 그룹 유해반응의 종류와 수, 판매개수, 대상제품의 성분과 함유량을 매년 정리하여 보고한다. 제출된 정보의 내용에 대한 비밀은 보장된다. 수집된 정보에 의거하여 CTPA는 보건당국 및 피부과학자와 검토를 하고 화장품의 안전성 향상문제가 있는 그러한 성분의 구명에 유용하게 쓴다.

(2) 독 일

독일에서는 화장품에도 최대 유효기간을 명기하도록 하고 있다. 화장품의 경우 부패로 인해 피부를 상하게 할 수 있음에도 불구하고 최대 유효기간과 같은 기간을 표기할 의무가 없었다. 그러나 EU집행위원회가 화장품에도 최대 유효기간을 명기하도록 의무화하여 주목을 받고 있다. 예를 들어, 개봉하였으나 사용하지 않고 오랫동안 방치한 선크림을 다시 사용하려면 신선도의 유무를 확인할 수 없어 꺼림칙할 때가 많았다. 앞으로 EU집행위원회에서는 소비자의 이러한 의혹을 해결하기 위하여 화장품 용기에 작은 부호를 표기하려고 한다. 이 부호는 소비자들에게 각 용기의 내용물을 개봉한 후 몇 년 몇 개월까지 사용할 수 있는지를 특정한 숫자의 기입으로 명시해 주는 역할을 한다.

현재까지 유럽에서는 개봉 후 30개월 내에 부패할 가능성이 있는 제품들에 한해서만 최대 유효기간을 명기하게 하였으며 30개월 이상을 사용해도 이상이 없는 제품에 대해서는 이러한 의무를 지우지 않았었다. 그러나 이제부터는 모든 화장품에 대해 최대 유효기간을 명기할 의무가 생긴 것이다. EU집행위원회는 2005년 3월 11일부터 동 제도를 시행하려고 한다. 한편, 동 제도는 2003년 2월에 EU의회가 재정한 화장품류 법규 개정안에 의거하여 시행되는 첫 번째 조치이다.

(3) 중 국

중국에서는 화장품 치료효과를 암시할 경우 1만 위안 벌금을 부과한다. 중국 국가품질감독검사검역총국이 발표한 화장품라벨관리규정이 9월부터 시행에 들어갔다. 업계에서는 화장품 라벨에 전 성분표시를 의무화한 것과 치약을 화장품 관리규범에 공식적으로 포함시킨 것이 이번 규정의 주요핵심이다. 전문가들은 규정이 화장품라벨에 기능을 과장하거나 허위 광고하거나 치료효과가 있음을 명시 또는 암시하는 등의 내용을 표기해서는 안 된다고 규정함으로써 일부 화장품기업들의 불규범화된 행위를 억제할 수 있을 것으로 전망했다.

이 규정은 라벨에 화장품 전 성분을 표시하도록 규정했다. 옌쓰샹 전국공산연합회미용화장품산업상회 전문가위원회 부주임은 인터뷰를 통해 화장품 전 성분 표시 의무화가 우선 일부 화장품제조업체의 성분 과대 또는 허위 광고 단속을 위한 정부 관리 차원에서 필요하며, 둘째는 소비자의 알 권리를 보호하고 소비자가 화장품에 표시된 성분을 통해 자신에게 알맞은 제품을 구입할 수 있는 등 많은 장점이 따른다고 언급했다. 현재 EU, 미국, 일본, 한국 등 국가들이 이미 화장품 전 성분 표시를 의무화하고 있으며 전 성분 표시 관련 규정도 완비되어 있는 상황이다.

이 규정은 화장품을 바르거나 뿜거나 뿌리거나 또는 여타 유사한 방법으로 인체(피부, 모발, 손·발톱, 입술, 치아 등)에 사용함으로써 깨끗하게 하거나 예쁘게 가꾸거나 외모를 가꾸거나 또는 인체의 향을 바꿈으로써 양호한 상태 유지를 목적으로 하는 제품이라고 정의함으로써 치약 등 구강청결용품을 정식으로 화장품관리대상에 포함시켰다. 따라서 향후 치약을 포함한 화장품 라벨에 소염, 살균, 여드름제거 등 치료효과를 암시 또는 명시하는 언어가 금지될 전망이다. '규정' 제16조에 화장품 라벨에 기능 과장, 허위 홍보 및 동일 유형 제품을 폄하하거나 구체적인 치료효과를 명시 또는 암시해서는 안 된다고 규정하고 있기 때문이다.

옌쓰샹은 화장품 라벨에 화장품 명칭 또는 규정에 부합하지 않는 명칭을 표기했을 경우 관련 규정에 따라 최고 1만 위안(한화로 약 160만 원)의 벌금을 부과할 것이기 때문에 '규정' 시행과 함께 치약을 포함한 화장품의 치료효과를 암시하는 허위 광고행위가 효율적으로 억제될 것이라고 전망했다.

(4) EU(유럽)

① 화장품 속 방향제에 대한 엄격한 규율 적용

유럽 연합은 알레르기를 일으킬 수 있는 화장품 성분들의 최대 허용량에 대한 제재를 강화한다. 특히, 치명적인 알레르기를 일으킬 수 있는 위험성을 그 동안 안고, 문제시되어 왔던 세 가지 방향성분에 대해서 법률적인 절차를 통해 구체적이고도 강력히 제재할 방침이다. 알레르기를 일으킬 수 있는 성분인 이소유제놀(isoeugenol)의 고밀도 농축량에 있어서는 외코테스트는 일찍부터 그 위험성을 알리고 성분에 대해 평가절하해 왔다. 이 문제 성분은 2009년 10월부터 화장품에 단 0.02%인 약 200mg만 사용될 수 있다. 또 다른 문제의 방향제 성분인 히드록시시트로넬랄(hydroxycitronellal)은 화장품의 단 1%인 10.000이 최대 허용량으로 사용되어야만 한다.

② EU 집행위 알레르기성 화장품 선별 규제 시도

향수는 피부 알레르기의 주요 원인이다. 피부과 의사들은 EU 집행위가 향수에 대한 입법안 채택을 지연시키고 있는 데 대해서 우려감을 표시하고 있다. 스페인의 유럽피부학회 회장은 결정권을 가진 EU 집행위에 압력을 가하고 있는 향수 생산업체들과 대결하기 위해서 유럽피부학회는 강력하게 대응해야 할 것이라고 선언했다.

프랑스 스트라스버그의 루이 파스퇴르대학은 알레르기성 습진과 밀접하게 연관되어 상표도 전혀 알려지지 않은 Lyral이라는 제품이 무질서하게 대량 시장화되고 있는 실태를 경고하기 위해서 직접 EU 집행위에 서신을 발송했다고 한다.

알레르기와 같은 병을 치료할 수 있는 방법이 없다면 알레르기 물질을 피할 수 있는 KD법이 마련되어야 할 것이다. 알레르기에 민감한 물질을 탐지해서 우리의 생활환경으로부터 제외시켜야 한다는 주장에 향수 생산업계는 쉽게 동의하지 않고 있다. 향수를 개발하고 향기를 풍기는 물질을 찾아낸다는 것은 한없이 복잡하다. 예를 든다면, 독물학적 검출과는 반대로 어떤 물질의 알레르기 유발성 여부를 직접 예측할 수 있는 방법은 없다. 하나의 향수는 몇 십 가지의 서로 다른 분자의 조합이기 때문이다. EU 집행위는 알레르기에 민감한 사람의 피부에 유해한 물질에 대한 전체적인 목록을 수립할 수 있도록 10개의 유럽 실험소로 편성된 연구계획에 자금을 지원하고 있다. 생산업체들이 동 목록에 기록된 물질을 향수 생산 원료로 더 이상 사용하지 못하게 하기 위한 전략이다.

소비자안전코너 15-3

방문판매업계 무상서비스 주장은 '어불성설'

합법적인 영업이 원천 봉쇄된 방문판매업계는 뾰족한 대안이 없어 한숨만 쉬고 있다. 현재 판매원이 방문을 통해 실시하는 에스테틱 시술은 공중위생관리법상 피부미용은 영업소를 전제로 이루어져야 한다는 규정에 전면 배치되기 때문이다. 일부 방판업계는 이윤추구를 위한 영업행위가 아닌, 무상서비스로 제공되는 피부미용시술은 상관없다는 해석을 내놓고 있으나 설득력을 얻지 못하고 있다.

보건복지부 공중위생과는 방문판매를 통해 시제품을 발라주는 정도의 행위가 아닌, 전문 에스테틱 업무를 행하는 것은 공중위생관리법 위반이라고 말했다. 돈이 오가지 않는 무상의 개념과 영업의 범주를 명확히 설정해야 한다. 방문판매업계가 무상 서비스라고 주장하는 에스테틱 시술은 이미 화장품 판매대금에 포함된 것으로 봐야 한다. 미용업은 법적으로 면허와 업소가 전제되는 분야이며, 화장품판매를 증진시키기 위해 실시되는 에스테틱 서비스를 순수한 무상행위로 간주하기 어렵다는 입장이다.

알레르기성 물질의 목록이 완성된다면 피부 알레르기의 90%를 확인할 수 있을 것이다. 또 다른 방법으로 화장품과 관련한 EU 지침의 개정이 시도될 것이다. 제1차적인 개정 내용은 목록에 기록된 유해한 물질의 사용은 불가능하지만 화장품에 대해서는 예외 조항이 허용될 수 있다. 개정된 지침 내용은 내년 2월 말에 발표될 것이고 부작용을 일으키는 26개의 향수는 벌써 목록에서 언급되고 있다.

3. 의료서비스와 소비자안전

1) 병원에서의 소비자안전 관련 이슈 및 현황

(1) 병원에서의 소비자안전 관련 이슈

선진국일수록 의료사고에 관련된 분쟁이 훨씬 많다. 사실, 미국과 영국 같은 선진국에서는 의료분쟁이 중요한 사회문제 중의 하나이다. 미국은 매년 약 10만여 명이 의료사고로 목숨을 잃는다는 통계가 있다. 또 1950년대까지만 해도 의사 100명 중 한 명꼴로 의료과실 소송의 피고인 신세가 되었지만, 1990년도에는 10명 중 한 명꼴로 증가한 것을 보면, 의료사고증가율이 매우 높은 것이 사실인 것 같다. 영국의 경우도, BBC방송에 의하면 의료진의 실수로 매년 2~3만 명이 사망하고 있고, 이보다 훨씬 더 많은 사람들이 상해나 부작용을 겪고 있는 것으로 보인다. 이들 선진국과 비교해 볼 때 우리나라 의료사고나 분쟁 수치는 아직 낮은 수준이다. 하지만 조만간 선진국 수준으로 증가할 것에 대비해 적극적인 대책이 필요할 것이다.

한국소비자원에 접수돼 처리되는 의료서비스 불만 형태를 보면, 쌍꺼풀 수술 후 좌우균형이 맞지 않아 짝눈이 되었다는 (생명에는 지장이 없는) 사례에서부터, 의사의 과실로 환자가 사망하거나 식물인간이 된 중한 사례까지 아주 다양하다. 진료과목별로 보면 치과와 산부인과가 많은 편이고, 그 다음으로 내과, 정형외과, 성형외과 등의 순이다.

과거에는 의료사고에 관련된 환자나 가족의 피해는 병원 측과 합의를 보거나, 아니면 담당의사나 병원을 상대로 민사소송이나 형사고소를 해야만 구제가 가능했다. 하지만 지난 1998년 소비자보호법이 개정되면서 피해자들은 한국소비자원에서도 조정을 통해 피해를 구제받을 수 있게 된 것이다.

실제로 최근에는 사망이나 장애 등 중한 사고에 대한 구제요청도 늘고 있고, 또 조정을 통해 문제가 해결되는 경우가 적지 않다(하지만 조정에 강제력이 없어 해당 의사나 병원이 불복하면 피해자가 도움을 얻기 힘들다는 한계가 있다). 한국소비자원 외에도 의료법에서 정한 조정절차에 의해 피해자들이 소송비용이 많이 드는 재판을 통하지 않고도 상담과 조정을 통해, 이른바 재판 외 분쟁 해결절차를 통해 문제해결이 가능하다. 현재로서는 이러한 조정에 의한 해결이 의료서비스 분쟁에서 소비자의 안전할 권리를 회복하는 효과적인 방안으로 보인다.

(2) 병원에서의 소비자안전 관련 현황

우리나라는 지난 1977년 건강보험을 도입한 이후 약 30여 년에 걸쳐 보건의료 기반의 확충과 함께 의료보장제도를 발전시킴으로써 보건의료체계를 크게 정비한 바 있다. 21세기에 들어오면서 건강보험제도의 관리운영방식이 통합되고 의약분업이 도입됨으로써 보건의료체계의 기본적 틀이 완성되어 가고 있는데(OECD, 2003), 보건의료 환경여건의 급격한 변화에 따라 보건의료체계의 지속적 개혁이 요구되고 있어서 새로운 비전과 정책과제들을 설정하여야 하는 상황에 처해 있다. 이러한 상황에서 우리나라의 보건의료체계 개혁에 대한 사회적 논의는 주로 건강보험제도를 중심으로 진행되어 왔다.

한국소비자원에 접수되는 의료서비스 불만 관련 상담건수를 보면 2000년에 1만여 건이던 것이 지난해에는 1만 3,400여 건으로 증가했으며, 실제로 입은 피해를 구제해달라고 요청한 사안도 2000년엔 400여 건에서 지난해에는 1,000여 건으로 늘어났다. 또 의료사고에 관련된 소송의 경우도 사법연감에 따르면, 1992년에 82건에 불과했던 의료소송이 2002년에는 882건으로 10배 이상 폭증하였다.

이와 같이 의료서비스에 대한 불만이나 분쟁이 늘어나는 주된 이유 중의 하나는 환자들의 권리의식이 과거에 비해 상당히 높아졌기 때문이다. 사실 과거에는 의사들의 잘못된 진료 때문에 사고가 발생했다 하더라도, 병원이나 의사를 상대로 보상을 받기가 매우 어려웠으며, 유일한 방법이 소송이었다. 하지만 소송에서 환자가 의사의 과실을 입증해야 했기 때문에 여러 가지 어려움이 따랐다. 그래서 몸으로 항의하여 병원으로부터 위로금 형태의 보상이나 합의금을 받거나, 아니면 포기하는 경우가 대부분이었다. 하지만 최근 들어 의료소송에서 법원이 피해자의 입증책임을 어느 정도 줄여 주고 있어 피해자의 권리회복 여건이 다소 나아졌으며, 이 점이 의료분쟁이 늘어나는 하나의 요인으로 작용했다고 볼 수 있다. 다시 말해, 피해자가 병원 측의 과실을 모두 입증하지 못하더라도 법원이 병원 측의 과실을 인정하는 경우가 과거에 비해 늘고 있는 것이다.

실제로, 최근 2년간 의료소송사건 중 피해자(원고)의 약 30%는 패소했지만, 26% 정도는 승소했고, 또 나머지 44%는 조정이나 화해를 통해 일정 수준의 배상을 받았다. 또 소비자보호원에서 1999년부터 의료사고로 인한 소비자피해구제업무를 하고 있고, 민간단체들도 적극적으로 의료사고 피해자들을 돕고 있는 점도 최근 의료분쟁이 늘어나는 요인이 되고 있으며, 이 또한 의료분쟁에서의 소비자의 안전할 권리를 향상시켜 주는 결과를 가져왔다고 볼 수 있다. 어쨌든, 이러한 사법적 환경변화와 소비자기관·단체의 도움 그리고 피해당사자의 적극적인 권리의식의 발현을 통해 의료사고로 인한 소비자의 억울함이나 피해가 어느 정도 회복될 수 있는 여건이 마련된 것은 퍽 다행스러운 일이다.

① 종합병원 의료서비스 불만처리 실태조사

종합병원(전국의 3차 진료기관 40개 병원)을 대상으로 조사한 결과 1996년 1월부터 10월 말까지 종합병원에 접수된 이용자의 불만·피해 등 상담건수는 총 2만 5,742건이고, 주로 방문 1만 8,463건(71.7%), 서면 4,056건(15.8%), 전화 3,195건(12.4%)이다. 이에 반해 병원이용자의 진료상담이나 불만·피해를 전담하는 상담실을 별도로 운영하는 병원은 16개소(43.2%)이고 아직도 원무과 등에서 불만 신고함 운영 등으로만 이용자의 불만처리를 하고 있는 병원은 21개소(556.8%)에 이른다.

② 의료소비자의 정보획득실태 조사 결과

1999년 2~3월에 한국소비자원이 의료소비자 300명을 상대로 조사한 결과에 의하면, 의료소비자들이 의료기관 이용 시 갖는 불만들은, 진료절차가 복잡하고 진료대기시간이 길다 74%, 진료결과·치료방법을 잘 설명해 주지 않는다 30.7%, 진료비가 비싸다 26.7%, 진료시간이 짧다 23.3%, 의료인들이 불친절하다 23%, 병원 간에 협조가 잘 이루어지지 않아 중복검사 등이 많다 19.3%, 오진이 많고 의료사고가 있다 10%, 의료시설이 낙후되어 있다 6.7%, 의료기관이 멀리 위치해 있다 6% 등으로 나타났다. 특히, 의사의 설명에 대한 의료소비자의 만족도는 처음 간 병원에서는

52.6%, 옮겨간 병원에서는 77.4%이고, 의료기관 간 비협조로 인한 중복검사 과다와 관련해서는 69.6%가 병원을 옮긴 후 중복검사 경험이 있었다고 응답했다.

2) 의료서비스안전 관련 문제

(1) 시장적 방식을 구현하는 우리나라 의료체계

국민의 건강수준 향상이나 학문 발전에 중점을 두기보다는 시장적 방식에 의해 의사, 한의사, 치과의사 등 의료 인력을 양성하고 있으며 1~3차 진료기관체계 역시 시장적 방식에 의해 운영되고 있는 실정이다.

(2) 의료인력의 불균형

의료인력 중 의사인력을 예로 들면, 우리나라는 그 동안 급성기 치료의 의료서비스를 중심으로 발전, 이에 대한 의사인력은 많은 반면에 기초의학연구, 예방 및 건강증진 서비스를 담당하는 의사인력은 크게 부족한 실정이다. 또한 민간의료부문에서는 원천적으로 제공하기 어려운 서비스인 건강보건사업 부문에도 의사인력이 부족한 실정이고 장기요양서비스를 담당하는 의사인력이나 호스피스분야의 인력도 크게 부족한 실정이다.

(3) 과다한 의료장비 투자

심사평가원 자료에 의하면 2002년 우리나라의 CT장비는 인구 100만 명당 28대 수준으로 독일의 고가장비설치기준(100만 명당 5.9대)에 비하면 4배가 넘는다.

(4) 진료비 지불체계와 보건의료서비스 제공체계의 각각 구조적 문제

현재의 진료비 지불체계는 건강보험공단에서 각 의료기관에서 청구한 진료비에 대하여 심사평가를 거친 후 각 의료기관에게 지불하는 방식을 취하고 있다. 따라서 보험자는 개별 의료기관을 상대로 해야 하며, 이로 인한 이들 간의 적대적 관계가 계속 유지되고 있는 실정이다.

보건의료서비스 제공체계는 공공의료기관과 민간의료기관이 완전히 분리된 채 제공되고 있으며, 공공의료기관 역시 그 소속에 따라 각각 독립적인 의료서비스를 제공하고 있다. 따라서 공공의료기관 내의 유기적 관계를 기대하기는 어려우며, 공공의료기관과 민간의료기관은 항상 경쟁적 관계에 놓여 있다. 뿐만 아니라 이러한 경쟁적 관계로 인하여 공공의료기관은 그 설립목적과는 무관하게 민간의료기관과의 경쟁에서 살아 남아야 하고, 만약 자체 생존가능성이 희박한 경우에는 과감히 민간에게 이양하는 방식을 채택하고 있는 것이 현실이다.

진료비 지불체계와 보건의료서비스 제공체계에 각각 구조적 문제가 있을 뿐만 아니라, 진료비 지불체계와 보건의료서비스 제공체계 간의 유기적 결합이 없는 것 또한 중요한 구조적 문제이다.

(5) 의료민영화 정책

국민들은 현재 건강보험의 낮은 보장성과 비급여 부담 때문에 병원 치료비에 큰 불안을 가지고 있다. 또한 의료기관의 영리화와 경쟁 심화에 따라 급성기병상은 과잉 공급되고 있고, 필수공익의료기관은 부족하며 국민의료비는 OECD 국가 중 가장 급속하게 증가하고 있다. 그러나 최근 정부에서는 공익의료병원의 적자 운영문제로 인해 영리병원을 도입하려 하고 있다. 기존의 공익의료병원의 영리화를 촉진하고, 민간의료보험을 활성화하는 의료민영화정책을 지속적으로 추진하고 있다. 이러한 정부의 정책기조는 올해도 지속되고 있다.

(6) 과잉진료의 문제점

의료서비스 분쟁에 있어 빼놓을 수 없는 소비자불만 중의 하나로 과잉진료문제가 있다. '불필요하게 과다한 검사나 진단, 투약' 의 경우를 과잉진료라고 하는데, 진료비를 부풀릴 목적으로 하기도 하지만 소송과 같은 분쟁을 피하기 위한 목적일 때도 종종 있다. 미국의 경우에는 이러한 과잉진료 관행으로 환자 1명당 330달러(약 30만 원)의 추가비용을 지불하고 있다고 한다. 문제는, 이러한 과잉진료로 국민보험재정의 증가를 초래해 결국 일반 보험가입자인 국민의 부담이 늘어난다는 사실이다. 물론 경우에 따라서는 환자의 건강을 해칠 수도 있다.

(7) 병원 이용약관의 문제점

63개 병원을 대상으로 수술·입원약관 등 병원이용약관상 불공정한 약관조항을 조사한 결과, 수술약관상 병원의 수술후유증에 대한 환자의 이의제기 금지조항, 재판 청구 전 조정신청 조항, 입원약관상 제반규정 준수 및 각종 지시 순응 조항, 진료비 미납 시 병원의 조치에 대한 항변권 제한 조항, 비품·기물 망실 시의 이의 없는 변제조항, 채권의 임의양도 조항, 환자신상에 발생하는 일체의 사태에 대한 책임전가 조항, 입원 중 발생한 일체의 사고에 대한 이의제기금지 조항, 수술 시 동의절차 배제 조항, 재판관할 합의조항, 현금 및 소지품 분실 시 보상조항 등 소비자의 권리를 부당하게 제한하는 약관조항들이 포함되어 있었다.

(8) 입원환자에 대한 진료 외적 병원서비스의 문제점

38개 병원을 대상으로 입원환자에 대한 진료 외적 병원서비스 실태를 조사한 결과, 불합리한 입원기간 산정방식, 입원비 등 진료비의 신용카드 사용제한, 환자식대의 차이가 크고 식단이 단조로움, 비품세트(세면도구, 물통 등)를 입원환자에게 일괄 지급함으로써 불만 야기, 입원환자 또는 보호자 차량에 대한 주차비 배려가 없어 불편 등 문제점이 드러났다.

① 병·의원 현명하게 이용하기

병·의원에 '아파서 간다' 기보다는 '큰 병을 얻기 전에, 병의 조기발견과 예방을 위한 서비스를 받기 위해 간다' 는 사고의 전환이 필요하다. 우리 주위의 병원들이 주로 병을 고치는 데 필요한 시설을 가지고 있고, 검진 시 고가의 비용을 받기 때문에 병원은 심각하게 아플 때 가는 것으로 잘못된 생각을 하게 된다.

병·의원 이외 보건서비스를 제공하는 기관이나 제도(보건소, 가정 간호, 호스피스 서비스, 주간보호센터)가 있는데, 평소에 이런 시설들에 대한 정보를 가지고 주위 어느 곳에 이런 시설들이 있으며 어떻게 이용할 수 있는지 미리 확인해 두는 것이 좋다.

- 보건소 : 국민 누구나 언제나 저렴한 비용으로 손쉽게 건강검진, 교육, 예방서비스를 받을 수 있다. 정부에서 국민건강을 위해 국민이 낸 세금으로 서비스를 제공하는 것이므로 서비스를 받을 권리가 있으며 권리를 주장할 수 있다. 현명한 소비자라면 보건소 인터넷 게시판에 자기의 의견을 게시해 자치단체장이 구민이 원하는 서비스를 인식하도록 해야 한다. 일반병원이 보건소에 비해 건강검진

비나 예방접종비가 비싼 이유는 건강보험에서 보험재정상 건강검진이나 예방서비스에 대해서는 민간병원에까지 보험급여를 인정하지 않기 때문이다(민간병원에서 검진이나 예방접종을 받으려면 보험혜택을 받을 수 없어 100% 본인 부담으로 받아야 한다). 보건소에서 제공하는 서비스는 검진서비스, 예방 접종 서비스, 운동 처방, 금연클리닉, 건강교육서비스 등이다.

- 가정간호서비스 : 암, 당뇨병, 고혈압, 중풍 등 단기간에 치유하지 못하는 병으로 병원에 입원해 있다가 집으로 퇴원할 때 받을 수 있다. 환자는 집에 있고 간호사가 집으로 오는 제도로 의료인이 관찰, 판단, 처리해 주어야 하는 상황이나 환자가 병원에 가기 힘들 때 이용할 수 있다. 병원에 가정간호사를 요구하면 병원에서 채용하고 있는 간호사를 연결해 주거나 가정 간호하는 기관에 연결해준다. 특히, 말기암 환자의 경우 임종까지 고통과 통증이 2~3개월에서 1년까지 지속되어 가족들이 돌보기가 어려울 때 가정간호사의 도움을 받는 것이 필요하다.
- 호스피스서비스 : 암 환자 등 죽음을 앞둔 환자의 경우 심리적으로 우울하고 자포자기할 수 있으므로 종교단체나 민간기관에서 호스피스 간호를 받는 것이 필요하다. 의학적인 것은 의료인이 도와주지만 심리적·영적인 것은 호스피스가 도와주어 환자가 인생을 정리하고 편안하게 죽음을 맞을 수 있도록 도와준다(의료서비스는 아니지만 병을 앓는 데 있어 환자상태에 따라 적절한 도움을 주는 사람을 찾는 것이 중요하다).
- 사회복지시설의 중풍·치매환자를 돌보는 주간보호센터 : 가족들이 직장에서 근무하는 동안 저렴한 비용(점심 값 정도)으로 보호해 준다. 혈압체크, 체조 등의 재활운동, 점심 제공, 게임을 통해 정신을 놓지 않고 자극받게 한다. 갈수록 암이나 중풍 등 완치된 것이 아니라 병을 안고 살아가야 하는 경우가 늘고 있고 필요에 따라 적절하게 이용할 수 있는 다양한 기관이 있다. 현명한 소비자라면 우리 주위의 도움을 받을 수 있는 시설을 알아두는 것이 필요하다.

② 병·의원 꼼꼼하게 따져보기

- 의료서비스의 질이 좋고(믿을 수 있고) 돈이 덜 드는 곳이 좋다.
- 아프거나 병이 났다고 의심될 때 대부분 큰 병원이 좋을 것이라고 생각하여 대학병원으로 몰리지만 무조건 대학병원이 좋은지는 숙고해 보아야 한다.

- 어떤 병원을 갈지 판단하는 것이 중요하다. 어떨 때 큰 병원으로 가고 어떨 때 작은 병원으로 갈 것인지 잘 판단해야 한다.
- 건강에 대해 권고해 줄 수 있는 단골의사를 정해 단골의사에게 상담하고 도움을 받아 결정하는 것이 가장 좋다.
- 병원에 가기 전에 인터넷 상담을 통해 상담할 기회를 갖는다. 국민건강보험공단의 '병원 안내' 인터넷사이트를 이용한다.
- 여러 경로를 통해 정보를 많이 얻어 판단해야 하며 질적으로 신뢰할 수 있는 의료기관을 선정해야 한다.

③ 비용 따져보기

- 병원 : 대학병원은 동네병원에 비해 의료비가 많이 비싸다. 흔치 않은 병이 아니면 동네 가까운 병원에서 치료받도록 하려는 정부정책상 의료수가 자체가 차이가 난다. 시설, 인력, 장비 등 큰 병원을 유지하기 위해 들어가는 비용의 일부를 환자가 부담해야 하기 때문에 크고, 인력이 많고 장비가 많아 원가가 높은 병원일수록 의료비가 비싸다.
- 선택진료 : 외래의 경우 환자가 알고 선택진료를 하지만 입원할 경우 환자의 의사를 묻지 않고 선택진료(특진-보험혜택을 주지 않아 환자가 100% 부담함)를 신청하는 경우가 많다. 입원 시 수간호사나 의사가 선택진료를 받을지 여부를 묻고 환자동의하에서만 선택진료를 할 수 있다. 우리나라 병원은 선택진료를 받을지 여부를 제대로 묻지 않고 선택진료를 신청해도 진료해 주지 않는 경우가 많다(입원 시 선택진료 여부, 선택진료를 선택했다면 담당의사가 언제 오는지 확인하는 것이 중요하다).
- 병실 : 국민건강보험 혜택을 받을 수 있는 병실은 6인실뿐이다. 입원비 중 병실료와 식대가 차지하는 비중이 크다. 따라서 입원 시 비용을 최대한으로 줄일 수 있도록 간호사에게 6인실을 이용한다는 것을 빨리 알려야 한다. 다른 사람에게 전염시키거나 다른 사람에게 전염되면 안 되는 병(예 : 백혈병) 등 불가피하게 타인과 병실을 함께 못쓰고 1인실을 써야 하는 경우에는 6인실이 아니라도 건강보험 혜택을 받을 수 있다.

- 비급여 치료나 검사 : 건강보험재정이 충분하지 않고 전 국민을 대상으로 하다 보니 의사가 필요로 하는 만큼의 검사나 치료를 따라가지 못해 비급여가 생긴다. 의사 입장에서는 환자에게 특정약이나 치료가 필요하다고 보나 건강보험 급여범위 안에는 포함이 안 되는 것이 있다. 비 급여 치료의 경우 병원에 문의하여 상황을 이해해야 한다. 비 급여 검사의 경우 의사가 의료지식이 앞서 불가피한 것도 있으나 간혹 병원에서 환자 중심이 아닌 병원 중심으로 과잉검사하는 것이 아닌지 확인해 보는 것이 필요하다(CT촬영의 경우 보험급여 혜택을 받을 수 있는 경우가 있으므로 확인해 보아야 한다).
  - 진료비 영수증의 진료내역을 반드시 확인해야 한다. 진료내역에 대해 원무과 직원에게 설명을 요청해도 된다. → 소비자들이 확인해야 병원에서도 원칙에 맞게 적용한다.
  - 연말정산 시 세금공제 혜택을 받을 수 있으며 본인 부담금이 150만 원이 넘으면 국민건강보험공단 지사에서 그 부분에 대한 보상혜택을 준다.

④ 병원의 서비스를 정확하게 평가

- 소비자들이 잘 알고 이용할 수 있도록 매년 병원서비스를 평가하여 서비스 평가 등급을 매겨 알려 주는 것이 필요하다.
- 소비자들도 대학병원급에서 하는 입원기간 중 서비스 만족도 조사 시 정확하게 평가하여 정확한 의견을 적어 주어야 한다.
- 간호사가 많아 환자 수발을 제대로 들어 주고 적절한 간호서비스를 받을 수 있는 곳이 좋다. 환자 대비 간호사 비율을 알려 달라고 요구할 권리가 있다.

⑤ 좋은 의사 만나기

환자에게는 좋은 의사를 만나는 것이 무엇보다 중요하다. 좋은 의사의 요건은 다음과 같다.

- 환자를 동료처럼 대해 주고 환자와 함께 질병을 치료한다고 생각하는 의사
- 환자의 말을 세심하게 귀담아 듣고 자상하고 친절하게 대해주는 의사
- 생명의 귀중함을 알고 지식의 한계를 아는 의사
- 과학·의술·자신의 한계를 알고 겸손하게 생각하며 자신의 능력 밖이면 지체없이 다른 동료 의사에게 보내주는 의사

- 환자의 면역기능 증강을 위해 주사나 약에만 의존하지 않고 생활습관(음식, 술, 담배, 운동)을 지도해 줄 수 있는 의사
- 실력을 갖춘 의사 : 의학도 불완전하고 끊임없이 변하므로 꾸준히 공부해야 하며, 시대에 뒤떨어지지 않고 기술이나 지식을 연마하고 있다는 것을 나타내야 한다(의사협회에서 실시하는 교육에 참여하고 영수증을 병원 벽에 붙여 놓아야 한다).

환자에게 늦었다고 겁을 주는 의사는 좋은 의사가 아니다. 환자의 상태와 치료방법을 알려 주고 안심시키는 의사가 좋은 의사이다. 한편, 의사와 환자 사이에는 신뢰가 있어야 한다. 또한 환자 스스로 좋은 의사를 판단할 수 있는 능력을 갖추어야 좋은 의사를 만날 수 있다.

⑥ TV·신문 건강정보 바로보기

- 의학 관련 기사의 문제점 : 의학적인 지식은 복잡하고 전문적이어서 일반인에게 설명하기 어렵다. 일반인에게 설명하기 어려운 의학지식을 제한된 시간이나 공간에서 쉽게 설명하려다 보니 축약, 단순화하게 되어 과장되거나 잘못 설명되는 경우가 많다. 의학 기자들이 저지르기 쉬운 실수이다.

  (예 : 국내 신문에 암세포에 직접 약물을 투여하는 방법으로 간암을 완치할 수 있다는 기사가 실린 적이 있다. 많은 암환자들이 희망을 걸었다-그러나 실제로는 암이 '완전관해' 된다는 것으로 '완전관해' 라는 것은 눈에 보이는 암덩이가 없어졌다는 것이다. 그러나 현대의학 지식으로 발견할 수 있는 암의 크기는 제한되어 있으며(0.5mm 미만은 확인할 수 없다) 간 이외의 전이된 암은 치료할 수 없는 것으로 '관해' 는 완치는 아니었다('완전관해' 를 일반인들에게 쉽게 설명하려다 보니 완치로 오인시킨 것이다))
- 신물질 개발정보 : 새로운 물질, 신약, 치료제 개발에 대한 기사가 많다. 그러나 그 의미는 매우 다양하다. 이러한 것들이 당장 우리에게 어떤 혜택으로 온다고 하기보다는 각 단계에 따라 치료가능성이 높아졌거나 새로운 전기를 마련한 것 정도로 이해하면 된다. '신물질' 의 개발 소식은 제품화하기까지 10년 이상의 시간을 요하며, '신약' 이 개발됐다 하더라도 동물실험을 여러 번 거쳐야 실용화되므로 시간이 얼마나 걸릴지는 알 수 없다. 처음으로 개발됐다는 것이 실제

로는 아주 오래된 이론을 재확인하는 것에 지나지 않을 수도 있다.

⑦ 환자 의무기록 바로알기

환자 의무기록이란, 환자의 질병에 관계되는 모든 사항과 의료진이 시행한 검사와 처치내용 및 그 결과에 대한 모든 사항과 결과를 기록한 문서이다. 환자 의무기록의 용도는 다음과 같다.

- 환자에게 외래, 입원, 응급의 경우 일관성 있고 계속적인 치료를 제공할 수 있는 근거가 된다.
- 의료진에 의한 진료에 있어 의료팀의 의사전달 도구가 된다.
- 의학연구 및 교육을 위한 임상자료가 된다.
- 법적인 문제가 발생했을 경우에 환자, 의사, 병원을 보호할 수 있는 증거자료가 된다.
- 의료의 질을 검토·평가, 병원자원 감사, 평가하는 데 기본자료가 된다.
- 병원 통계, 병원행정, 국가보건기획에 의사결정 지원을 받을 수 있는 정보 제공을 한다.
- 진료비 산정의 근거자료가 된다.

⑧ 감정보다 차분한 조기대응 중요

명예훼손과 가처분신청 통보를 받은 환자들은 일단 당황해 그에 대한 대처도 제대로 하기 힘들다. 설사 환자 잘못이 없는 것으로 판결이 내려지더라도 병원에서 사과하거나 보상을 하는 경우가 드물어 환자들은 의료사고, 명예훼손 소송에 이어 세 번 상처받을 수 있다. 때문에 의료사고가 발생해 화가 나고 억울한 마음이 앞서더라도 대책도 없이 무작정 인터넷이나 언론에 글을 유포하고 전단지를 배포하는 행위는 법적으로 불이익을 받을 수 있어 유의해야 한다. 의료사고가 발생했을 경우 최대한 빨리 증거보존 신청을 통해 진료기록을 확보하고 변호사나 의료단체, 의료인의 자문을 받는 등의 절차를 밟아야 하며 그렇지 않을 경우 상황이 역전될 수 있다. 인터넷이나 언론에 제보 시 꼭 사실만을 적어야 하고 진실규명이 가능한 내용을 적어야 하는데, 애매한 부분이 있다면 한국소비자원의 의료분쟁조정팀의 도움을 받는 것이 좋은 방법이다.

3) 외국의 의료서비스 소비자안전관리법제도

(1) 일 본

의료제도 측면에서 일본은 매우 흥미로운 나라이다. 의료비 지출을 투입으로, 건강수준을 산출로 볼 때 일본은 투입 대비 산출 측면에서 가장 효율적인 나라 중 하나이다. OECD선진국과 비슷하거나 낮은 수준의 의료비를 지출하면서도 세계에서 가장 오래 산다. 1998년도 일본의 GDP 대비 보건의료지출은 7.6% 수준이지만, 평균수명은 80세이다. 우리나라 사람보다 평균 5.6년을 더 살고 GDP 대비 보건의료지출이 13.6%인 미국 사람보다도 평균 3.3년을 더 산다. 국가별 건강수준 척도로 자주 쓰이는 영아사망률도 OECD 국가 중에서 가장 낮다. 하지만 의료제도 전문가들은 일본이 이룩한 건강수준의 성과가 일본의 의료제도에 의한 것이라고 여기지 않는다. 선진국에서 제고하는 의료기술이나 약품과 다른 무언가를 일본의 의료기관이 제고하고 있지도 않고 다른 선진국과 비교하여 의료에 대한 접근성이 유난히 높지도 않기 때문이다.

만약 일본이 중국, 북한이나 한국처럼 동양의학을 공식적인 의학으로 삼았다면 장수 비결의 하나로 동양의학도 거론되었을 법하다. 하지만 일본에서 동양의학 의사를 양성하는 교육기관도, 동양의학에 대한 법적 근거도 없다. 그래서 전문가들은 일본인들의 건강 행태에서 장수의 해답을 구하려고 한다. 흔히 저지방 고섬유의 식사를 적게 먹는 그들의 식생활을, 목욕을 즐기면서 위생을 중시하는 그들의 생활방식을 거론한다. 낮은 범죄율과 높은 교육수준, 높은 평균 수입도 부분적인 답으로 여긴다.

또 한 가지 흥미로운 것은 일본은 비용 지출 요소를 많이 갖고 있으면서도 실제 GDP 대비 보건의료지출은 아직 낮다는 점이다. 2000년도 전체 인구 중에서 65세 이상 노인이 차지하는 비율은 이탈리아, 그리스, 스웨덴 등과 함께 세계 최고 수준(17.1)으로 우리나라의 2.4배이며 이들 노인은 젊은이들보다 5배의 의료비를 지출하고 있다. 인구 1,000명당 병상 수 또한 세계 최고 수준으로 우리나라의 3.2배에 달한다. 평균 재원일수는 노인들의 '사회적 입원' 경향을 반영하여 45일에 이르는데 전 세계적으로 비교대상이 없을 정도로 길다.

일본인들의 많은 약품소모량은 널리 알려진 사실로 다른 선진국과 비교하여 약제비 비중이 높다(의료비의 약 24%). 인구당 고가 의료장비(CT, MRI 등) 보유대수 또한 세계 최고이다. 우리나라와 마찬가지로 입원, 외래 모두 행위별 수가제를 채택하고 있다. 비용 지출요소가 많음에도 GDP 대비 보건의료지출이 낮은 이유로 GDP 수준이 워낙 높기 때문이라는 분석에서부터 의사를 제외한 여타 의료인력에 대한 인건비가 낮기 때문이라는 분석도 있지만 해답이 명확하지 않다. 하지만 일본도 1980년대 이후 의료보험 재정난을 겪으면서 본인부담을 높이는 등 비용절감을 위한 활동을 강화하고 있다. 특히, 증가하는 노인 의료비를 해결하기 위해 일본은 2000년도에 요양보험을 사회보험방식으로 도입하였다. 고령화 사회(65세 노인인구 비율이 7% 이상)에서 고령사회(14% 이상)로의 노인인구의 증가 속도가 전 세계적으로 가장 빠를 것으로 예상되는 우리나라의 입장에서는 일본으로부터 의료보험제도를 배웠던 것처럼 앞으로 요양보험에 대한 학습기회도 얻게 될 것이다.

(2) 미 국

의료제도 측면에서 미국은 매우 독특하다. 주요 선진국 중 유일하게 전 국민 대상의 국가보건서비스(NHS)나 사회보험이 없어, 국민의 16%인 약 4,400만 명(1998년)은 '무(無)보험자'로 남아 있다. 그렇다고 의료제도가 '후진적'이라고 이야기할 수만은 없는데, 인구의 12% 정도는 우리나라의 의료보호에 상응하는 메디케이드(medicaid)의 적용을 받고, 일단 의료보험 적용을 받으면 환자는 총 의료비의 20% 정도만을 본인부담하면 된다. 현재 우리나라의 의료보호 대상자가 전 국민의 3%도 안 되고, 의료보험 적용을 받더라도 본인부담 비율은 50%에 이른다는 점을 상기해 볼 때, 의료제도의 '후진성'에 대해서는 별도의 논의가 필요하다.

미국의 의료비 수준은 세계적인 관심사이다. GNP 대비 13.6%(1998년)에 이르는 미국의 국민의료비는 세계 최고로, 우리나라(5.0%)의 2.7배이다. 미국의 1인당 GNP는 3만 달러가 넘어 우리나라의 4배 수준이므로, 1인당 의료비의 절대 규모는 10배 정도이다. 인구 1,000명당 의사 수가 미국은 2.7명(1998년)으로 한국(1.3명, 한의사 포함)보다 2배가 많으므로, 의사 1인당 의료비의 절대 수준은 미국이 5배 높다.

이웃하면서도 서로 다른 의료제도를 운영하는 미국과 캐나다(캐나다는 국민보건서비스 방식)는 투입(의료비)과 산출(건강수준) 측면에서 흔히 비교된다. 미국은 캐나다보다 GNP 대비 국민의료비를 1.4배 더 쓰면서도 2.3년을 덜 산다. 미국에서 태어나는 1,000명의 아이 중에서 1.7명의 아이가 돌이 되기 전에 더 죽는다. 돈을 더 쓰면서도 건강수준은 만족스럽지 못하고, 의료보험을 가지지 못한 사람들도 전 국민의 1/6인 상황은 자연스럽게 전 클린턴 행정부 의료개혁의 시발점이 되었다.

그러나 클린턴의 의료개혁이 실패로 끝난 후, 미국 의료제도를 실질적으로 바꾸고 있는 흐름은 매니지드 케어(managed care, 관리의료)이다. 2005년이 되면 메니지드 케어의 대표적 유형인 HMO(Health Maintenance Organization)에 가입한 미국 국민이 50%가 될 것으로 예측될 정도이다. '돈은 적게 쓰고 의료서비스의 질적 수준은 유지 또는 향상시킨다.' 라는 말로 요약할 수 있는 매니지드 케어는 민간 의료보험회사와 의료 제공자가 의료비 수준과 의료비 지불방식, 진료의 내용 모두에 대하여 계약을 하는 구조이다. 진료내용을 정해 놓고 의료비를 의료 제공자와 협상하는 과정에서 보험료 수준은 하락하게 되는데, 의료 제공자(병원 등) 입장에서 보험회사와 계약을 하지 못하면 문을 닫아야 하지만, 보험회사는 다른 의료 제공자와 계약을 하면 된다. 메니지드 케어가 급증하는 이유는 종래의 의료보험과 비교하여 10~20% 싼 보험료 수준 때문인데, 높아가는 의료비의 부담(기업에게는 간접임금이다)을 느끼는 미국의 사업주들은 메니지드 케어방식의 의료보험을 구입하고 있다. 미국 의사들에게 메니지드 케어는 큰 위협이 되고 있는데, 우월적 지위의 보험회사들이 의료비와 의료내용을 '관리' 하고 있기 때문이다. 결과적으로 미국의 의사들은 수입의 하락을 맛보아야 하고, 더군다나 진료내용의 계약으로 인해 지금까지 누려 왔던 진료의 자율성을 간섭받기 시작하였다.

(3) 프랑스

최근 들어 의료분야에서도 프랑스에 대한 관심이 늘고 있다. 작년 6월 세계보건기구가 전 세계 191개 회원국의 의료제도를 비교하고서 프랑스 의료체계를 세계 1위로 올려놓았기 때문이다. 58위를 기록한 우리나라로서는 벤치마킹할 것이 어디 없는지 찾기 바빠진 것이다. 그러나 큰 기대를 하였다면 실망할 가능성도 크다. 여러 보건의료 지표를 활용하였지만, 브른트란트 세계보건기구 사무총장이 밝혔듯이 작년 발표는 '의료체계의 효율성' 을 기준으로 한 것이다. 의료제도를 평가하는 또 다른 가치인 형평성은 충분히 고려되었다고 보기 어렵다. 실례로, 프랑스 국립보건의학연구소의 보고에 따르면, 사회계층 간 수명격차는 유럽연합 14개국 가운데 프랑스가 가장 큰 것으로 나타났다.

우리나라 정부에서도 프랑스의 몇몇 제도를 검토하고 있는데, 대표적인 것이 지난 4월부터 논란이 되었던 '진료비 선불제'와 '스마트 카드제'이다. 진료비 선불제(cash reimbursement)란 의료기관에서 진료를 받고 진료비 전액(본인 부담분+보험공단 부담분)을 지불한 후, 영수증을 보험공단에 제출하면 본인 부담금을 제외한 나머지 금액을 되돌려 받는 방식이다. 정부는 환자들의 의료이용을 줄이기 위한 방안으로 이 제도를 검토하고 있는데, 환자가 진료를 받자마자 진료비 전액을 의료기관에 지불해야 하므로 목돈이 없는 저소득층은 의료기관 이용에 어려움을 갖게 되므로 형평성에 문제가 있는 제도로도 알려져 있다. 스마트 카드제는 의료보험 청구과정의 투명성 확보를 위해 정부가 검토하고 있는데, 신용카드에 신상정보와 질병치료기록을 담아 어느 의료기관에서나 카드 소지자의 병력(病歷)을 쉽게 알 수 있도록 하는 방법이다. 하지만 막상 이 제도를 도입하고 있는 프랑스에서도 사생활 보호를 중시하는 국민들의 동의를 얻지 못해 실제 진료현장에서의 사용은 활발하지 않다고 한다.

프랑스 의료제도를 보면서 주목해야 할 부분은 의사(특히, 개원의)와 관련된 제도의 성격과 의료기관(병원)과 관련된 제도의 성격이 다르다는 점이다. 의사와 관련된 제도는 소위 '자유의료'의 성격을 갖고 있는 반면 의료기관의 경우 '공공활동'과 '정부 규제'의 성격이 강하다. 예를 들면, 의사에 대한 진료보수의 지불방식은 우리나라와 같이 행위별 수가제이다. 한편, 입원병상의 2/3 정도는 지방자치단체에서 운영하는 공공병원의 것이고 이의 운영을 위한 예산은 정부가 미리 그 총액을 결정한다. 민간병원 중에서 비영리 공공활동을 하는 의료기관도 1/3이나 된다. 전체 의사의 1/2을 차지하는 전문의에 대한 의료보험의 진료보수가 차등화되어 있고 보험에서 규정한 협약요금과는 별도로 환자에게 추가 요금을 청구할 수 있는 의사도 있다. 한편, 지역별로 인구대비 병원 병상 수의 규모를 제한하고 의료기관의 고가의료장비 도입(DT, MRI 등)에 대하여 인구당 고가의료장비 대수 제한을 두고 있다.

이러한 성격의 차이는 역사적으로 프랑스의 병원은 구빈, 자선시설에 기원을 두고 종료기관이 운영하다 프랑스 혁명 이후에 지방자치단체로 운영이 이관된 반면, 프랑스의 의사제도는 부유층을 대상으로 한 개인 진료를 그 뿌리로 하기 때문이라는 분석이 유리하다.

(4) 싱가포르

싱가포르의 의료제도가 전 세계적인 주목을 끌고 있다. '메디세이브(Medisave)'라는 이름의 '개인 의료비 저축 통장(MSA : Medical Saving Accounts)' 제도 때문이다. 일부 보건 경제학자들로부터 '보건의료 재원조달에 있어서 새로운 발명품'이라는 찬사를 받는 이 제도는 세계에서는 유일하게 1984년도에 싱가포르가 도입하였다. 그런데 이제는 세계은행(world bank)이 각국 의료보험제도의 개편방안으로 거론하고 있고 미국의 부시 행정부는 의료분야 공약으로 채택하였다. 1998년 구조조정차관 협상안에서 세계은행은 이 제도의 도입을 우리 정부에 제안하였고 현재 전국경제인연합회는 의료보험제도 개편방안으로 공식적으로 주장하고 있다. 보건복지부도 올해 초 도입을 추진한 바 있다.

이 제도는 강제로 월급에서 일정 비율(싱가포르는 6~8%)을 의료비 통장에 저축을 해뒀다가 나중에 질병치료에 사용하도록 하는 방안이다. 의료보험료와 달리 적립금은 개인 소유이고 가족의 치료비를 충당하는 데도 사용이 가능하며 상속도 된다. 자신의 의료비를 자기가 책임을 지게 되어 불필요한 의료이용을 줄일 수 있고, 노인이 되었을 때 쓸 의료비를 젊었을 때 마련한다는 점이 장점으로 거론된다. 한마디로 '개인 책임' 의 의료제도이다. 사회보험의 원리인 '상부상조' 와는 이념적으로 반대편에 서 있다. 저소득층의 경우 많지 않은 개인소유 적립금 때문에 의료이용을 기피할 수 있어 형평성에 문제가 있는 제도로도 알려져 있다.

세계 각국 정부는 의료비 절감방안으로 이 제도에 관심을 보이고 있다. 그러면 싱가포르에서의 보건의료는 '개인 책임' 이라는 원리가 지배할까? 실상은 그렇지 않다. 보건의료에 대한 정부의 책임성이 크다. 무엇보다 전체 병상의 80%는 정부가 소유한 병원의 것이다. 정부는 이들 병원에 보조금을 지불하여 국민들이 낮은 비용으로 입원 의료서비스를 이용할 수 있게 한다. 일차 진료의 경우, 민간의원이 큰 비중을 차지하기는 하지만(80%), 정부가 운영하는 종합병원(polyclinic)도 있어 이곳에서 예방, 조기검진, 치료 등 포괄적인 보건의료를 제공한다.

특히, 노인과 아동에 대해서는 진료비의 75%를 정부가 지원하고 일반인에 대해서는 절반을 지원하기 때문에 투약까지 포함한 외래 진료비는 7,000~1만 원 정도이다. 이러한 제도 운영을 위해 전체 의사의 절반을 정부가 고용하고 있다. 노인을 위한 요양서비스는 VWOs(Voluntary Welfare Organizations)이라는 복지기관이 담당하는데, 정부는 이들 기관의 운영비 절반과 자보비용의 90%를 지원한다. 엄밀히 하자면, 싱가포르 의료제도는 국가 책임의 바탕 위에 개인 책임의 원리가 작동하는 형태이다. 전체 의료비 중에서 메디세이브가 차지하는 비중이 아직 10% 수준에 머무르는 것만 보아도 그렇다. 의료를 개인이 책임져야 할 것인가, 국가(또는 사회)가 책임져야 할 것인가는 이념적으로 매우 치열한 논쟁거리이다. 보건의료재정의 압박을 받고 있는 상당수의 서구 국가들은 환자 부담을 높이는 등, 개인 책임을 강화하는 정책을 추진하는 것이 사실이다. 하지만 이들 정책의 이면에는 상당한 정도의 국가 책임이 전제되고 있다는 사실도 간과해서는 안 된다.

의료서비스는 일상생활에 많은 편익을 가져다주는 데 반해, 의료서비스의 과다, 의료서비스의 이용불균형, 의료서비스의 결함, 의료과오 등 해결되어야 할 새로운 과제를 안고 있다. 이런 의료서비스분야의 취약성을 어떻게 극복할 것인가 하는 문제는 소비자정책의 과제이기도 하다. 따라서 의사의 책임을 강화하고 의료소비자의 권리를 실현하기 위한 소비자보호방안의 검토가 필요한 시점이다.

의료소비자문제를 어떻게 해결할 것인가 하는 문제는 의료소비자정책의 과제이다. 기존의 의료정책이 의료서비스공급의 측면에서 의료인의 양성이나 의료기관의 설치 등 의료산업의 육성·진흥에 중점을 두는 정책추진방식을 취하고 있는데, 의료소비자의 이익의 옹호·증진 및 의료소비자의 권리실현을 위해서는 우선 국민생활에 직접 혜택이 가는 의료소비자 중심의 의료정책 기조로 전환되어야 한다. 그리고 구체적으로 의료서비스수요의 측면인 의료소비자의 보호를 위한 의료소비자안전대책의 강구, 의료서비스 관련 표시·광고·거래의 적정화, 의료소비자의 주체적인 대응능력 배양, 의료산업의 공정하고 자유로운 경쟁조건의 정비 등 구체적인 의료소비자정책의 구현을 통해 의료소비자의 권리가 실현되도록 노력해야 할 것이다.

의료소비자보호방안의 기본방향은 소비자기본법상 소비자의 권리 중 의료소비자에게 중요한 의미를 갖는 안전할 권리, 알권리, 선택할 권리, 피해구제를 신속·공정하게 받을 권리 등이 실현되도록 해야 한다.

참고문헌

국내문헌

강영실(2004). 장애인 복지의 이해. 도서출판 신정.

강이주·김영신·허경옥(2006). 알기 쉬운 가계경제학. 도서출판 신정.

강창경(1997). 소비자안전법 비교연구. 소비자문제연구, 20. 한국소비자보호원.

강창경·정순희·허경옥(2003). 소비자법과 정책. 시그마프레스.

공정거래위원회(2006). 소비자안전·지방소비자 분야의 소비자보호 및 정책추진 활성화방안 연구. 공정거래위원회.

공정거래위원회(2009). 리콜가이드라인. 소비자정책국, 소비자안전정보과 미공개자료.

곽노성(2003). 식품안전관리 강화를 위한 정부조직 개편방안. 한국보건사회연구원.

권혁기(1999). 도입단계의 일본 내 인터넷 비즈니스. 주간경제 525호.

기술표준원(2004). 어린이, 고령자, 장애인 안전보호를 위한 공산품안전관리 개선방안.

기술표준원(2005). 기술표준백서. 산업자원부 기술표준원.

기술표준원(2006). 소비자·기업 속으로 가까이 간다.

기술표준원(2007). 각국 제품안전정책 기준·동향 한눈에.

기술표준원(2007). 리콜 가이드라인 제정 공청회. 공청회자료집.

기술표준원(2007). 소비자안전모니터링 제도. 기술표준 64호, 50-54.

기술표준원(2007). 제품안전관리기본체계 구축방안연구.

기술표준원(2008). 공산품안전관리제도 질의·답변 사례집.

기술표준원(2008). 글로벌 시장에서 제품안전성 향상을 위한 각계의 역할. 2008 제2회 국제 제품안전 워크숍.

기술표준원(2008). 미국 소비제품안전법.

기술표준원(2008). 미국의 소비제품 안전관리제도.

기술표준원(2008). 안전정책개발 워크숍. 워크숍자료집.

기술표준원(2008). 전기용품안전인증, 궁금증 풀어드립니다.

기술표준원(2009). 제1회 제품 안전관리 민·관 협동 워크숍.

기술표준원(2009). 제품안전관리제도.

백민경(2007). 식품위생법상 식품리콜제도의 개선방안 연구. 법과 정책연구. 7(1), 265-284.
백윤철·이기욱(2002). 인터넷과 전자상거래법.
보건복지부(2006). 2005년 장애인 실태조사 결과.
산업자원부(2006). 기술표준원, 소비자·기업 속으로 가까이 간다.
산업자원부(2007). 각국 제품안전정책 기준·동향 한눈에.
서민교·전정기(2003). 전자상거래와 소비자보호. 집문당.
서승완(2001). 국민기초생활보장법제의 개선방안. 한국법제연구원.
서울YWCA소비자정보센터(2007). 피부관리실 이용 실태조사와 광고지 표시·광고 분석 결과 조사.
서정희(1992). 노인의 소비자사회화에 관한 연구. 소비자학연구, 3(2), 15-27.
성지미·문숙재(1988). 저소득층의 소비자기능과 소비자문제인지에 관한 연구. 한국가정관리학회지, 6(1), 51-69.
송순영(1999). 노인소비자 보호 방안에 관한 연구. 한국소비자보호원 연구보고서.
송순영(2000). 노인용품과 소비자보호. 한국소비자보호원 연구보고서.
송순영(2001). 노인 소비자를 위한 소비자교육 프로그램 개발. 한국소비자원.
송순영(2006). 고령소비자 피해구제 활성화방안 연구. 한국소비자보호원 연구보고서.
송순영(2006). 고령자 소비자정책의 발전방향. 소비자문제연구 30.
송순영(2006). 노인소비자 피해현황 및 정책 대응 방향. 한국소비자보호원 개원 19주년 기념 소비자정책세미나 발표집.
신광순(2003). HACCP 시스템의 개념. 신광출판사.
심영(2005). 정보사회의 노인 소비자를 위한 생산적 복지 지향의 소비자교육 방안. 소비자학연구, 16(1), 151-178.
심영·이혜임(1999). 리콜제도에 대한 소비자인지와 소비자정보 및 교육의 필요성. 소비자학연구, 10(2), 85-111.
심재한(2007). 리콜제도와 소비자보호. 상사판례연구, 20(4), 125-163.
안전관리개선기획단(2004). 안전한 나라 만들기를 위한 주요추진업무 백서.
양병우(2003). 농림부의 국가별 식품안전보고서-축산식품 안전전략개발에 관한 연구. 농정연구센터.
양세정·김동엽·김대원·주인숙(1998). 빈곤의 경제학. Schiller, B. R. The economics of poverty and discrimination 번역서. 석정.
오영식(2006). 어린이 놀이시설의 안전관리를 위한 제도방안 모색. 발간사.
오정화(2009). 해외소비자정보위원(독일). 외코테스트.

옥기진(1996). 소비자안전에 관한 공법적 연구-제품결함시정(리콜)제도를 중심으로. 경희대 석사학위논문.
우세홍 외(2010). 최신 식품첨가물. 신광문화사.
원용서(2003). 해외소비자정보위원(벨기에). Le Soir.
유성은(2007). 기업윤리와 경영성과. 한국학술정보.
유재홍(1992). 광고수용자로서의 노인계층에 관한 연구. 광고연구, 14, 73.
윤광운·방정기(2002). 전자상거래법. 삼영사.
윤대혁(2005). 글로벌시대의 윤리경영. 무역경영사
이기춘(1999). 소비자 교육의 이론과 실제. 교문사.
이기헌(2006). 식품안전에 관한 소비자인식 조사 및 제도개선 방안 연구. 한국소비자보호원 연구보고서.
이득연 외(1993). 소비자교육 관련 교과서 내용 집필 방향. 한국소비자원.
이민표(1994). 노인소비자의 소비행동에 관한 연구. 동국대학교 박사학위논문.
이상식(2006). 사기성 거래행위에 대한 법집행 강화방안. 한국소비자보호원.
이상희(2007). 최신 식품안전과 위생관리. 대왕사.
이선화(2009). '피부미용·체형관리' 계약 전 한 번 더 생각하세요!. 소비자시대.
이윤금(2006). 미국의 노인소비자교육. 한국소비자보호원 개원 19주년 기념 소비자 정책세미나 발표집.
이의선(2006) 제품안전관리체제에 대한 연구 : 국내의 현황분석 및 개선방안을 중심으로. 숙명여자대학교 대학원 석사논문.
이의훈·김숙응(2004). 실버 마케팅. 형설출판사.
이정환(2004). 선진국의 식품안전 관리체계와 국내 도입방안. 한국농촌경제연구원.
이종영(2008). 제품안전 정책기본방향 연구(제품안전기본법의 제정방안 검토). 기술표준원.
이종영(2009). 제품안전관리의 이론적 이해. 제1회 제품안전관리 민관합동워크숍. 기술표준원.
이종영(2010). 제품안전기본법의 법적 위상과 내용. 한국제품안전학회 2010년 하계 학술대회집, 22-34.
이종인(2006). 소비재 리콜제도의 효율성 확보방안 연구. 한국소비자원.
이종인(2006). 전자상거래 소비자제도의 실효성 확보에 관한 연구. 한국소비자원.
이준우(2006). 노인소비자보호와 성년후견제도. 한국소비자보호원 개원 19주년 기념소비자 정책세미나 발표집.
이혜임·이승신(1996). 노인소비자의 구매문제에 따른 정보원천별 소비자정보요구. 한국가정관리학회지, 14(4), 107-128.

임남혁(2008). NITE 안전관리 전략분석 및 활용방안 모색. 안전정책개발 워크숍 자료. 지식경제부 제품안전 정책국.

임성만(2005). 장애인복지 주거시설에서의 소비자와 서비스제공자의 권리와 책임-패널 토론II, 13회 RI KOREA 재활대회 자료집.

장동수(2003). 전자상거래의 소비자피해에 따른 제도적 보호방안에 관한 연구. 목원대학교 대학원.

재정경제부(2001). 소비자보호법의 리콜제도 해설 및 업무처리 요령.

재정경제부(2004). 소비자안전강화방안에 관한 연구.

전국주부교실중앙회(2007). 안전·품질표시제품 안전모니터링 위탁용역사업. 기술표준원 위탁용역 보고서.

정길홍(1998). 사회복지개론. 홍익제.

정영숙(2005). 빈곤과 최저생계비 측정에 관한 연구-노인, 모자, 장애인 가구에 대한 비교. 소비자학연구, 16(1), 195-207.

정영숙(2000). 노인가계의 소비패턴과 복지정책적 함의. 소비자학연구, 11(1), 59-74.

정영학(1994). 신주택사업실무편람. 신주택미디어.

정용선·김인숙(1998). 노인소비자 정보탐색에 영향을 미치는 변수들에 관한 연구 : 건강보조식품을 중심으로. 마케팅과학연구, 1, 87-108.

정용수(2010). 자동차리콜제도의 실효성 제고 방안. 한국소비자안전학회. 한국소비자원 소비자안전정책 세미나 자료집, 1-24.

정지영(1992). 노인 소비자문제의 경험과 불평행동에 관한 연구. 한국노년학, 12(1), 19-38.

조지모쉬스(2003). 노인 소비자 마케팅. 시그마프레스.

지식경제부(2008). 전기용품안전인증, 궁금증 풀어드립니다.

차태훈·김창수·김재우(2005). 리콜효과 : 커뮤니케이션 유형과 고객충성도를 중심으로, 광고연구 제68호.

최광준(1996). 소비자안전 및 부당광고 : 물품검사를 통한 안전적·정보제공적 소비자보호. 한독법학, 12, 163-177.

최난주(2002). 피부미용서비스 부작용 심각. 한국소지바원 식의약안전팀.

최병록(1997). 제품리콜제도의 활성화방안-OECD 관련 과제. 한국소비자원.

최병록(2010). 소비자안전확보를 위한 리콜 관련 법제 개선방안. 한국소비자안전학회. 한국소비자원 소비자안전정책 세미나 자료집, 39-72.

최병선(1989). 소비자보호를 위한 정부역할 및 규제의 합리화. 행정논총, 28(1), 179-210.

최선경(2005). 성인 정신지체인의 가족을 위한 장애인 복지 실천방안-소비자 주권주의 관점을 중심으로. 사회복지실천, 5, 197-187.
최선화 외 4인(1999). 사회문제와 사회복지. 양서원.
최은희(2007). 소비자안전정책에 있어 사후규제가 사전규제에 미치는 영향, 숙명여자대학교 대학원 박사학위논문.
충북영동대학교 고령친화산업지역정보센터(2007). 고령친화산업의 전망과 지역산업의 연계 세미나.
통계청(2005). 한국통계월보.
통계청(2007). 2006년 12월 및 연간 사이버쇼핑몰통계조사 결과.
하정철(2010). 우리나라 식품리콜제도 개선방안. 한국소비자안전학회. 한국소비자원 소비자안전정책 세미나 자료집, 25-38.
한국법제연구원(2001). 디지털경제시대의 소비자보호와 법-전자상거래와 제조물책임.
한국보건사회연구원(2004). 장애인사회통합을 위한 차별해소방안.
한국보건사회연구원(1998). 1998년도 전국노인생활실태 및 복지욕구 조사.
한국보건산업진흥원(2008). 국민건강보호를 위한 피부미용 실태조사 및 제도개선 방안 연구. 건강증진사업지원단.
한국생활안전연합(2007). 어린이용 제품 안전모니터링 위탁사업. 기술표준원 보고서.
한국소비생활연구원(2006). 식중독사고 왜 빈번한가. 소비자식품안전 심포지엄.
한국소비자단체협의회(2004). 실버세대 : 합리적인 노후생활 길 찾기.
한국소비자보호원(1988). 장애자 소비생활에 관한 연구. 한국소비자보호원 연구보고고서.
한국소비자보호원(1995). 각국의 리콜제도 운영실태와 우리나라 리콜제도 도입방향검토.
한국소비자보호원(1996). 우리나라 리콜제도의 발전방향.
한국소비자보호원(1997). 우리나라 리콜제도의 활성화방안-공산품을 중심으로. 공청회자료.
한국소비자보호원(1997). 우리나라 자동차 리콜제도의 문제점 및 개선방안.
한국소비자보호원(1998). 소비자 위해실태 및 안전의식.
한국소비자보호원(2001). 소비자보호법의 리콜제도 해설.
한국소비자보호원(2005). 공산품안전제도 개선 위해사례 연구. 기술표준원보고서.
한국소비자보호원(2006). 소비자위해감축방안에 관한 연구. 한국소비자보호원.
한국소비자보호원(2006). 소비자위해정보백서.
한국소비자보호원(2006). 소비자피해구제 연보 및 사례집.
한국소비자보호원(2007). 소비자피해구제 연보 및 사례집.
한국소비자보호원(2008). 소비자피해구제 연보 및 사례집.

한국소비자원(1996~2010). 소비자피해 구제연보 및 사례집.

한국소비자원(1999). 노인 소비생활 실태 및 소비자문제 연구 결과. 연구보고서.

한국소비자원(2000). 소비자안전제고를 위한 인프라구축방안연구. 재정용역연구보고서.

한국소비자원(2000). 유아용 완구의 안전성 실태조사. 한국소비자원.

한국소비자원(2005). 영유아 위험물질 삼킴 안전사고 실태조사 : 삼킴, 삽입, 흡인 안전사고. 한국소비자원.

한국소비자원(2006). 소비자안전체감지수의 개발 및 산출에 관한 연구.

한국소비자원(2006). 소비자위해감축방안에 관한 연구. 한국소비자원.

한국소비자원(2010). 소비자안전국 식의약안전팀 피부미용서비스 안전실태 조사보고서.

한국식품영양학회(2008). 최신 식품위생관계법규. 문운당.

한국온라인쇼핑협회(2007). 사이버쇼핑몰 안전모니터링 사업-공산품·전기용품 분야. 기술표준원 보고서.

한국정밀화학산업진흥회(2007). 생활용품의 효율적 안전관리를 위한 유통실태 조사. 기술표준원 보고서.

행정안전부(2010). 국가안전관리기본계획 2010-2014. 중앙안전관리위원회.

허경옥(1996). 리콜제도와 제조물책임법에 관한 고찰. 대한가정학회지, 34(5), 67-83.

허경옥(2008). 제품구매에서 소비자의 안전추구행동 분석, 한국가정관리학회지, 26(5), 61-74.

허경옥(2008). 제품안전 사후관리효율화방안연구-제도개선 및 전담기구 운영 등. 기술표준원.

허경옥(2009). 대학강좌용 제품안전개론 개발. 지식경제부 기술표준원 보고서.

허경옥(2009). 수입제품으로부터의 소비자안전 확보방안. 소비문화연구, 12(2), 1-18.

허경옥(2010). 생활 속의 소비자안전 확보를 위한 소비자안전관리정책의 방향. 한국생활과학회지, 19(2), 311-323.

허경옥(2010). 소비자학의 기초. 교문사.

허경옥(2011). 리콜 관련 법제도 현황조사 및 리콜 활성화 방안 조사연구. 소비자정책교육연구, 7(1), 87-108.

허경옥(2011). 소비자법과 정책의 이론과 실제. 파워북.

허경옥(2011). 소비자상담과 피해구제. 교문사.

허경옥(2011). 소비자의 리콜제도에 대한 태도, 리콜요구도, 리콜참여도에의 영향요인 분석. 소비자정책교육연구, 7(2), 167-182.

허경옥(2011). 소비자의 제품안전의식과 관련 행동, 제품안전사고 현황 파악 및 경제 주체들의 제품안전추구행동 방향 모색 : 제품 관련 안전정보, 안전교육, 안전정책을 중심으로. 소비자정책교육연구, 7(3).

홍은표(1997). 노인소비자에 관한 문헌고찰과 미래연구의 방향. 한국생활과학회지, 6(2), 73-82.

황순욱(2008). 피부미용산업 실태조사 및 제도개선방안. 정책개발단 화장품산업팀. 한국보건산업진흥원.

황의독·이은경(1992). 노령화사회와 노인소비자 : 한국노인산업의 현황과 전망. 한국소비자학회 총회 및 학술대회, 56-83.

국외문헌

Bartos, R.(1980). Over 49: The invisible consumer market. *Harvard Business Review*, 58, 140-148.

Bernhardt, L. L., Kinnear, T. C.(1976). Profiling the senior citizen markets, *Advances in Consumer Research,* 3, 449-452.

Crandall, R. C.(1980). Gerontology: A behavioral science approach, Addison-Wesley pub. com. Inc.: Philippines.

Friedman, M. P., & Wasserman, L.(1978). A community survey of purchase experiences of older consumers. *Journal of Consumer Affairs*, 12, 300-308.

Gelb, B. D.(1978). Exploring the gray market segment. MSU Business Topics.

Hayes, L, R.(2000). Are prices higher for the poor in New York City? Journal of Consumer Policy, 23(2), 127-152.

Howells, G. G.(1997). EC consumer law, Dartmouth publishing Company.

Kendall, V.(1994). EC consumer law, John Wiley & Sons.

Lumpkin, J. R., Greenberg, B. A.(1982). Apparel-shopping pattern of the elderly consumer. *Journal of Retailing,* 58(4), 79.

Martin, C. R., Jr.(1976). A transgenerational comparison: The elderly fashion consumer, *Advances in Consumer Research,* 3, 453-456.

Mason, J. B., & Bearden, W. O.(1979). Satisfaction and dissatisfaction with food shopping among the elderly. *Journal of Consumer Affairs*, 13, 359-369.

Neugarten, B.(1974). Age groups in American society and the rise of young old. *Annuals of the American Academy of Political and Social Science*, 415, 187-198.

Perroff, R., McCaskey, P.(1978). Non-monetary costs associated with consumer fraud and dissatisfaction of the elderly, *American Council of Consumer Interest*, 24th Annual Conference, 136, 161.

Phillips, L., & Sternthal, B.(1975). Age differences in information processing: A perspective on the aged consumer, *Journal of Marketing Research*, 444-457.

Schulte-Nölke, H., & Twigg-Flesner, C., Ebers, M.(2007). EC Consumer Law Compendium-Comparative Analysis. John Wiley & Sons.

Sherman, E., Schiffman, L.(1983). Applying age-gender theory, *Advances in Consumer Research*, 11, 569-573.

Tongren, H. N.(1988). Determinant behavior characteristics of older consumers. *Journal of Consumer Affairs*, 22(1), 148.

Wadell, F. E. (1975). Consumer research program for the elderly- The forgotten dimension. *Journal of Consumer Affairs,* 9(2), 164-175.

Weatherill, S. (2005). EU consumer law and policy, Edward Elgar.

찾아보기

ㄷ

ㄹ

ㅁ

ㅂ

ㅅ

ㅇ

ㅈ

지은이

허경옥
이화여자대학교 경제학과 졸업
미국 University of Wisconsin-Madison 대학
소비자경제학(석사, 박사)
현재 성신여자대학교 생활문화소비자학과 교수

주요 저서
소비자투자와 자산관리(2011)
소비자상담과 피해구제(2011)
소비자법과 정책의 이론과 실제(2010)
소비자학의 기초(2010)
새로 쓰는 소비자의사결정(2009)
소비자정보론(2008)
저소득, 노인, 장애인가족의 소비자복지(2008)
소비자트렌드와 시장(2006)

소비자안전

2011년 9월 26일 초판 인쇄
2011년 9월 30일 초판 발행

지은이 허경옥
펴낸이 류제동
펴낸곳 (주)교문사

책임편집 강선혜
본문디자인 에바다에딧
표지디자인 신나리
제작 김선형
영업 정용섭·이진석·송기윤

출력 현대미디어
인쇄 동화인쇄
제본 대영제본

우편번호 413-756
주소 경기도 파주시 교하읍 문발리
출판문화정보산업단지 536-2
전화 031-955-6111(代)
팩스 031-955-0955
등록 1960. 10. 28. 제406-2006-000035호

홈페이지 www.kyomunsa.co.kr
E-mail webmaster@kyomunsa.co.kr
ISBN 978-89-363-1193-3 (93590)

값 24,000원
* 잘못된 책은 바꿔 드립니다.